Seen um Bozen

Seen im Vinschgau

Seen in den Dolomiten
und im Nordosten Italiens

Seen im Trentino

Gardasee
Seen um den Gardasee
Verona

Iseo-See
Bergamo

Comer See
Seen in der Brianza
Luganer See

Seen im Varesotto
Lago Maggiore
Lago d'Orta

Text und Recherche:	Eberhard Fohrer
Lektorat:	Sabine Beyer
Redaktion und Layout:	Sven Talaron
Karten:	Matthias Patrzek, Michael Neumann
Fotos:	Alle Fotos von Eberhard Fohrer außer:
	S. 85: Florian Fritz
	S. 298, 361: Achim Wigand
Covergestaltung:	Karl Serwotka
Covermotive:	oben: Isola Bella im Lago Maggiore
	unten: Varenna am Comer See
	(Fotos: Eberhard Fohrer)

ISBN 978-3-89953-404-7

© Copyright Michael Müller Verlag GmbH, Erlangen 2002, 2005, 2008. Alle Rechte vorbehalten. Alle Angaben ohne Gewähr. Printed in Germany.

Aktuelle Infos zu unseren Titeln, Hintergrundgeschichten zu unseren Reisezielen sowie brandneue Tipps erhalten Sie in unserem regelmäßig erscheinenden Newsletter, den Sie im Internet unter **www.michael-mueller-verlag.de** kostenlos abonnieren können.

3. überarbeitete und erweiterte Auflage 2008

OBERITALIENISCHE SEEN

Eberhard Fohrer

INHALT

Kartenverzeichnis

Zeichenerklärung für die Karten und Pläne

═══	Autobahn	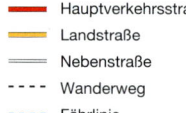 Grünanlage			Kirche
═══	Hauptverkehrsstraße	▲ Berggipfel			Kloster
═══	Landstraße	☀ Aussicht		BUS	Bushaltestelle
═══	Nebenstraße	Λ Campingplatz		i	Information
- - - -	Wanderweg	Badestrand			Post
- - - -	Fährlinie	Turm		P	Parkplatz

Was haben Sie entdeckt?

Was war Ihre Lieblingstrattoria, in welchem Hotel haben Sie sich wohl gefühlt, welchen Campingplatz würden Sie wieder besuchen? Bitte schreiben Sie uns, wenn Sie Kritik, Verbesserungsvorschläge, Anregungen oder Empfehlungen zu diesem Buch haben.

Eberhard Fohrer
Stichwort „Oberitalienische Seen"
c/o Michael Müller Verlag
Gerberei 19
91054 Erlangen
eberhard.fohrer@michael-mueller-verlag.de

Die „Schöne Insel": Isola Bella im Lago Maggiore

Die Oberitalienischen Seen erleben

Jenseits der schneebedeckten Alpengipfel beginnt der Süden – hunderte großer und kleiner Seen liegen zwischen Hochalpen und der hitzeflirrenden Poebene, manche wie mediterrane Fjorde eingeschmiegt, andere wie klare, tiefgrüne Perlen zwischen hohen Bergwäldern versenkt, manche breit und üppig, andere bescheiden und ländlich. Kernige Alpenflora vermischt sich mit Palmen und Jasminduft, an den Hängen gedeihen üppige Weinreben, auf dem Wasser glitzern reflektierende Sonnenstrahlen, im Hintergrund eine tutende Fähre, in der Hand ein Glas abendroter Campari …

Kaum eine Region hat unsere Sehnsucht nach dem heiteren und lebensfrohen Süden so geweckt wie die der Oberitalienischen Seen. Von Goethe bis Hermann Hesse, von Nietzsche bis Kafka, von Queen Victoria bis Adenauer – sie alle ließen sich von der bukolischen Atmosphäre einfangen und bezaubern. Doch trotz hoher Besucherzahlen und der damit mittlerweile verbundenen Kommerzialität, Zersiedlung und Verkehrsdichte ist die Region um Gardasee, Iseo-See, Comer See, Lago Maggiore und Lago d'Orta bis heute liebens- und besuchenswert geblieben.

Was ist es, das die Seenregion einzigartig macht? Ganz sicherlich zunächst ihre prächtige und vielgestaltige Natur, denn hier in den südlichen Alpenausläufern, wo einst eiszeitliche Gletscher mächtige Becken aushobelten, in denen später die großen Seen entstanden, mischt sich die erhabene Großartigkeit der Bergwelt mit üppig-submediterranen Einflüssen. Von den Nadelwäldern und Rebhängen Südtirols bis zu den windzerzausten Palmen, schlanken Zypressen und silbrig-grünen

Olivenhainen des Gardasees reicht die Spannbreite der pflanzlichen Vielfalt. Hochgebirgsvegetation und südländische Flora gehen eine stimulierende Verbindung ein, verstärkt, ja oft fast wie verzaubert durch das großartige, je nach Tageszeit, Sonneneinstrahlung und Bewölkung stetig wechselnde und von vielen Dichtern besungene Licht der Seen, das eine riesige Palette von Stimmungen hervorbringt. Dazu kommen die einzigartigen klimatischen Gegebenheiten: ganzjährig mild, im Winter weitgehend frost- und schneefrei, die Sommer heiß, aber nicht drückend. Dass dies bereits im 18. und 19. Jh. geschätzt wurde, erkennt man an den großzügigen Villen und Palästen, die mit opulenten Parkanlagen und üppigen Landschaftsgärten vielerorts die Ufer säumen.

Womit bereits der zweite große Reiz der Seen genannt ist, nämlich ihre kulturelle und architektonische Vielfalt. So findet sich einerseits der Prunk von Barock, Klassizismus und Belle Epoque, entstanden über Jahrhunderte hinweg, in denen die stillen Seeufer zum Refugium der Reichen und Schöngeistigen Europas wurden. Andererseits gibt es sie hier auch heute noch, die jahrhundertealten Dörfer, die wie verhärmte Steinlawinen die Seehänge überziehen und deren enge, verwinkelte Gassen und brüchige Mauern von einer langen, schweren Geschichte zeugen. Vor dem Einsetzen des Tourismus war das Leben an den Seen mühsam und hart. Verkehrswege und größere Ansiedlungen gab es nur in den flachen südlichen Regionen der großen Seen, die bergigen Nordhälften waren oft völlig unerschlossen – die westliche Uferstraße am oberen Gardasee erbaute man beispielsweise erst in den dreißiger Jahren des letzten Jahrhunderts. In den kleinen, abgelegenen Küstenorten lebte man vom Fischfang und bescheidenen Anbauflächen, die den Steilufern mühsam abgerungen wurden. Zahlreiche Burgen an den Seeufern weisen auf die Kämpfe der Vergangenheit zurück – die Mailänder Visconti rangen mit den Venezianern und den Skaligern aus Verona um die Vorherrschaft an den strategisch und handelswirtschaftlich bedeutsamen Seen, später mischten sich die Habsburger ein, blutige Risorgimento-Schlachten wurden hier geschlagen und im Ersten Weltkrieg verlief die Frontlinie zwischen der Donaumonarchie und dem neuen italienischen Nationalstaat quer durch das Seengebiet. Die Spuren all dieser Epochen sind heute noch vielerorts sichtbar. Eine sinnvolle Ergänzung jedes Seeurlaubs bildet in diesem Zusammenhang sicher-

Campione del Garda, historische Baumwollspinnerei am Gardasee

Frühsommer am Comer See

lich der Besuch der seenahen Städte mit ihren reichen Kulturschätzen – *Trento*, *Verona*, *Brescia*, *Bergamo* und *Mailand*.

Und schließlich sind es heute natürlich vor allem die vielfältigen Freizeit- und Sportmöglichkeiten, die die Region der Oberitalienischen Seen zu einem der beliebtesten Tourismusgebiete Italiens gemacht haben: flache Wiesenufer, die im Gegensatz zu den Adria- und Rivierastränden oft Baumschatten bieten, beständig aus Alpen und Poebene herüberwehende Winde, die Surfern und Seglern optimale Gegebenheiten bieten, dazu das teils alpin steile, teils sanft ausgleitende Berg- und Hügelrelief, das die Seen umgibt – ideal für Wanderer und Mountainbiker, aber auch für panoramareiche Seilbahnen und spektakuläre Höhenstraßen. Die Saison an den Seen beginnt demzufolge bereits zu Ostern und endet erst spät im Jahr, denn auch der Herbst hat seine Reize – die Trauben sind reif und die jungen Weine wollen ausgiebig gekostet und gefeiert werden.

Dieses Buch setzt seinen Schwerpunkt im „klassischen" Gebiet der großen Seen *Lago di Garda*, *Lago d'Iseo*, *Lago di Como* und *Lago Maggiore*, unterschlägt aber auch nicht die Badeseen im alpinen Südtiroler und Trentiner Raum, darunter den einladend im größten Südtiroler Weinbaugebiet gelegenen *Kalterer See* (Lago di Caldaro), seines Zeichens wärmster See der Alpen, das Zweiergespann *Lago di Caldonazzo* und *Lago di Lévico* im Valsugana bei Trento sowie den bildhübschen *Lago di Molveno* am Fuß des Brenta-Massivs. Dazu kommen noch viele kleine, bei uns oft nahezu unbekannte Gewässer, die als leuchtend grüne und nahezu kreisförmige Seen die Karstregionen der Berge beleben – z. B. der idyllische *Lago di Lavarone* südöstlich von Trento, der als einer der saubersten Seen im gesamten Alpenraum gilt. In den hochalpinen Regionen gibt es außerdem zahlreiche Stauseen, die im 20. Jh. angelegt wurden, um die Versorgung der Millionenstädte in der Poebene sicher zu stellen – so z. B. der *Reschensee* im Oberen Vinschgau, z. B. der *Lago di Santa Caterina* bei Cortina d'Ampezzo und der malerische Lago di Sàuris im

Nordosten. Doch wohin einen die „Seensucht" auch treibt, die Schönheit und Harmonie der oberitalienischen Seenlandschaft wird den aufgeschlossenen Besucher – trotz zweifellos vorhandener Sünden der Moderne, trotz lärmender Uferstraßen und Massenbetrieb – überall in ihren Bann schlagen.

Badespaß in sauberem Wasser?

Wo alljährlich hunderttausende von Urlaubern baden, ist die Wasserqualität natürlich eine besonders wichtige und sensible Angelegenheit. Sind die Seen dem sommerlichen Ansturm gewachsen, reichen die vorhandenen Einrichtungen wie Kanalisation, Kläranlagen etc. aus? Als Vorreiter gilt hierbei der Gardasee mit seiner vorbildlichen Ringkanalisation. In den Sommermonaten wird am gesamten See die Wasserqualität regelmäßig überprüft, was in den letzten Jahren überwiegend gute bis sehr gute Ergebnisse zeitigte, lediglich der Südosten gilt punktuell als belastet. Säuberungsschiffe fischen zudem regelmäßig den Müll auf. Comer See, Iseo-See, Luganer See und Lago Maggiore schneiden in dieser Hinsicht nicht so gut ab – hier gibt es noch keine umfassende Kanalisation, teilweise werden Industrieabwässer eingeleitet und nicht jeder Ort verfügt über eine Kläranlage, und wenn, sind sie oft veraltet. Die Umweltorganisation Legambiente konstatiert deshalb: „Die großen Seen sind in einem deutlich schlechteren Zustand als das Meer." Die kleineren Gewässer in den Südalpen kämpfen vor allem gegen das „Umkippen", verursacht durch die so genannte Eutrophierung, d. h. übermäßige Nährstoffzufuhr (Einleitung von ungeklärtem Brauchwasser, Nutzung als Badeseen, Überdüngung durch die Landwirtschaft, Industrieabwässer). Dieser Prozess begünstigt die massenhafte Entwicklung von Algen, was dem Gewässer Sauerstoff entzieht, wodurch schließlich Pflanzen und Tiere eingehen – der See kippt um. In Südtirol und im Trentino wird dieser Gefahr am entschiedensten entgegengetreten, sodass vor allem die gewissenhaft überwachten Südtiroler Badeseen derzeit als musterhaft gelten. Eher traurige Beispiele sind dagegen die weiter südlich gelegenen, lombardischen Gewässer Lago di Varese, Lago di Pusiano und Lago di Alserio, wo z. T. Badeverbote ausgesprochen werden mussten – doch das Problem ist längst erkannt und auf lange Sicht ist Besserung in Sicht.

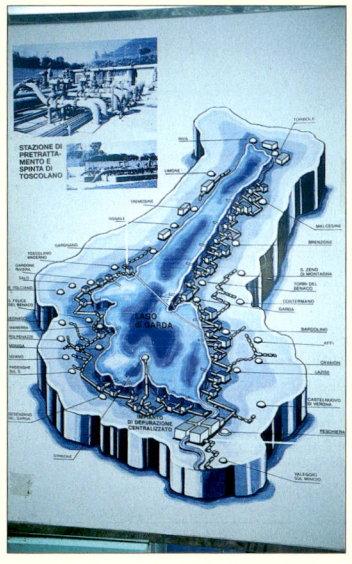

Vorbildlich:
Ringkanalisation am Gardasee

Endlich am Ziel: Badestrand in Riva del Garda (Gardasee)

Anreise

Mit dem eigenen Kraftfahrzeug

Der Süden ruft – und alljährlich wälzen sich endlose Blechkarawanen über die Alpenautobahnen. In den Sommermonaten kann das hohe Verkehrsaufkommen dabei durchaus für unangenehme Überraschungen sorgen. Vor allem zu Beginn der Ferienzeiten sind Staus an der Tagesordnung. Hören Sie in jedem Fall Verkehrsfunk, um etwaige Überraschungen rechtzeitig vermeiden zu können. Eventuell kann es sinnvoll sein, nachts zu fahren bzw. aufzubrechen.

Sowohl auf italienischen Autobahnen wie auch in der Schweiz und in Österreich fallen Mautgebühren an. Doch vor allem für den Transit durch Österreich gibt es einige überlegenswerte kostenfreie Routen (→ unten/Alternativen) und in Italien verlaufen parallel zu den Autobahnen oft Staatsstraßen (SS = strada statale), die man ohne Obolus befahren kann – allerdings kommt man dort nicht immer übermäßig flott voran, da viele LKW diese Strecken nutzen und zudem zahlreiche Ortschaften durchquert werden.

Endlich in Oberitalien angekommen, erlebt man die Szenerie der herrlichen Seen zwischen den majestätischen Berghängen immer wieder als berauschend – trotzdem sollte man stets stocknüchtern und sehr vorsichtig fahren. Fast immer überlastet, oft reichlich eng und staugeplagt ziehen sich die Uferstraßen an *Gardasee*, *Iseo-See*, *Comer See* und *Lago Maggiore* entlang. Vor allem in den nördlichen Bereichen der großen Seen – speziell am Gardasee – sorgen unbeleuchtete Tunnels und manchmal kilometerlange Galerien für stockenden Verkehr. Eine Herausforderung für den Fahrer bilden aber auch die von den Uferstraßen seitlich abzweigenden Straßen, denn oft steigen die Berghänge extrem steil an und es geht äußerst kurvig und sehr eng hinauf – langsam und mit Bedacht fahren ist angesagt. Dies gilt ebenso für die abgelegenen Südtiroler und Trentiner Hochalpenseen und auch die Verkehrsführungen in den verwinkelten Ortschaften sind meist unübersichtlich und schwierig. Eine kostenintensive Angelegenheit ist das *Parken*, vor allem im Hochsommer – gratis kann man dann oft nur weit außerhalb der Ortszentren parken, gebührenpflichtige Parkplätze findet man zentral an den Uferstraßen beschildert (Preise 1–2 €/Std., 3,50–7 €/Tag).

> **Achtung**: Die italienischen Bußgelder gehören zu den höchsten in Europa, Parkverstöße und Geschwindigkeitsüberschreitungen werden deutlich strenger geahndet als in Deutschland. Die Mindestgebühr für Falschparken beträgt 35 €, Radarkontrollen werden in Italien seit 2004 durchgeführt. Ab 71 € werden Verkehrverstöße ins Heimatland zurückverfolgt.

Aus Süddeutschland

Wer aus bzw. über Süddeutschland anreist, wird in aller Regel die Brenner-Autobahn (A 22) benutzen. Der Gardasee beispielsweise ist so von München aus in 4 bis 5 Stunden zu erreichen, normalen Verkehr vorausgesetzt. Von *München* nimmt man zunächst die A 8 in Richtung Salzburg und ab Inntaldreieck die A 93 zum Grenzübergang Kiefersfelden/Kufstein, weiter nach *Innsbruck* geht es auf breiter Autobahn. Von der Olympiastadt zum Brenner hinauf überquert man die 820 m lange und 190 m hohe Europa-Brücke. Am *Brennerpass* in 1374 m Höhe passiert man die österr./ital. Grenze, danach geht es zügig bergab die lang ausgleitenden Südtiroler Täler entlang, sommerliche Staugefahr birgt allerdings die große Mautstelle bei Sterzing. Über *Bozen* (→ Kalterer See) und *Trento* (→ Lago di Caldonazzo, Lago di Lévico u. a.) kommt man schnell nach *Rovereto* (→ Gardasee) und weiter nach *Verona*, wo man auf die A 4 wechselt (→ Iseo-See, Comer See, Lago Maggiore u. a.). Wer die Seen im Nordosten Italiens (Friaul-Julisch Venetien) besuchen will, kann hinter Salzburg von der A 8 auf die *Tauernautobahn* A 10 wechseln und bis Villach fahren, wo man die *Alpen-Adria-Autobahn* A 23 über Tarvisio, Tolmezzo und *Udine* erreicht.

> **Autobahngebühren Österreich**: Alle österreichischen Autobahnen sind gebührenpflichtig – die *Zehntages-Vignette* kostet für PKW derzeit ca. 7,60 €, eine *Zweimonatsvignette* ca. 21,80 €, die *Jahres-Vignette* ca. 72 € (Motorräder: ca. 4,30 €, 10,90 €, 29 €). Vignetten sind bei den Automobilclubs, an grenznahen Raststätten und an der Grenze erhältlich. Tipp: Für einen Aufenthalt, der länger als 10 Tage dauert, nicht die Zweimonatsvignette nehmen, sondern für Hin- und Rückreise je eine Zehntages-Vignette (Hinweis für die Rückfahrt: Die Vignetten sind seit 2007 auf Südtiroler Seite nicht mehr erhältlich, sondern erst am Brenner und an den folgenden Raststätten/Tankstellen bis einschließlich Innsbruck Süd). Separat gezahlt werden muss außerdem bei Hin- und Rückfahrt die Auffahrt zum Brenner mit der Europa-Brücke. Kostenpunkt für PKW, Kleinbusse und Motorräder ca. 8 €, Gespanne 13 € (dafür gibt es eine Maustelle, aber man kann auch an einer der grenznahen Tankstellen bezahlen bzw. vor der Reise beim ADAC). Fahrzeuge ab 3,5 t müssen statt der Vignette für 5 € eine so genannte „Go-Box" erwerben, die die Gebühren elektronisch erhebt. Weitere Informationen unter www.go-maut.at oder ☎ 0800-40011400.

▶ **Alternativen**: Um die österreichische Maut zu sparen, kann man für den Transit mehrere „Schleichwege" nutzen – den *Zirler Berg* und danach die alte Brennerstraße, den *Reschenpass* mit anschließender Fahrt durch den Vinschgau (→ S. 55), die „Direttissima" durchs *Engadin* zum Comer See (→ S. 244) und die *Felbertauernstraße* am Weg in den Nordosten Italiens (→ S. 66). Allerdings wird man dafür in der Regel einiges mehr an Zeit benötigen.

• *Über den Zirler Berg* Von München die **Stamberger Autobahn** nach **Garmisch-Partenkirchen** nehmen, Autobahnende 17 km vor Garmisch, auf der Landstraße weiter zum Grenzübergang **Mittenwald/Scharnitz**. Abenteuerlich ist dann die Fahrt den **Zirler Berg** hinab ins Inntal (15 % Gefälle, in umgekehrter Richtung für Gespanne verboten!), alle paar hundert Meter steile Auslaufspuren, beeindruckender Blick aufs Tal und Innsbruck. Zum Ende des Bergs hin Vorsicht: wenn man auf dieser Straße bleibt, gerät man unweigerlich auf die Inntal-Autobahn! Man muss deshalb vorher nach **Zirl** abbiegen und auf der **B 171** nach Innsbruck fahren. Dort nimmt man die **alte Brennerstraße (B 182)** durchs reizvolle Eisacktal hinauf zum Brenner.

• *Über den Reschenpass* Schöne Strecke über Garmisch-Partenkirchen, aus Schwaben kommend über Kempten und Füssen. Von Garmisch aus umfährt man das Zugspitzmassiv westlich und hält sich in Richtung **Fernpass** (1209 m). Nach dem Pass kurvt die steile Bergstraße hinunter zum **Schloss Fernstein** am hübschen gleichnamigen See, eine dunkelgrüne Wasserfläche mit Bootsverleih inmitten von Nadelwäldern (Selbstbedienungsrestaurant, Hotel und Campingplatz). Bei **Nassereith** nach **Imst** und weiter in Richtung Landeck (etwas unübersichtliche Streckenführung), dann durch den 6955 m langen **Landecker Tunnel** ein Hochtal hinauf zur italienischen Grenze am **Reschenpass** (1504 m). Kurz nach der Grenze passiert man den lang gestreckten **Reschensee**, danach den **Haidersee** (→ S. 56). In einer langen Schleife geht es nun den attraktiven **Vinschgau** hinunter nach **Meran** und weiter auf einer neuen Schnellstraße nach **Bozen**, dort Auffahrt auf die Autobahn A 22 oder weiter auf der Staatsstraße.

• *Durchs Engadin* Interessante Variante, falls man von Bayern schnell zum Comer See gelangen will. Bis kurz vor **Nauders** dieselbe Strecke wie unter Reschenpass beschrieben. Dann in die nahe Schweiz abzweigen (beschildert), auf der Landstraße 27 ein langes Tal mit Steilhängen (unteres Engadin) entlang und über **Zernez** (bester Ausgangspunkt für Touren im Schweizer Nationalpark) ins obere Engadin mit dem weltberühmten Skikurort **St. Moritz** am gleichnamigen See (Camping Olympiaschanze 2 km westlich vom Ort). Weiter geht es an drei schönen Seen vorbei, über den eindrucksvollen **Malojapass** (1815 m) und in steilen Haarnadelkurven hinunter in die italienische Schweiz. Über **Chiavenna** gelangt man rasch zum Nordende des **Comer Sees**.

• *Durch die Hohen Tauern* Man nimmt die A 93 in Richtung Innsbruck und fährt in Kufstein Süd ab, um auf die **Felbertauernstraße** (B 108) zu gelangen, die zum Plöcken- oder Naßfeldpass führt. Durchquert wird dabei der 5286 m lange **Felbertauerntunnel** (mautpflichtig, PKW/Wohnmobil ca. 10 €, Motorrad 8 €).

Aus Österreich

Günstigster Einstieg für alle, die aus dem Osten der Alpenrepublik kommen und rasch an den großen Seen sein wollen, ist die durchgehend fertig gestellte Autobahn A 2 von *Wien* über Graz nach *Klagenfurt* und *Villach*, dann auf der Alpen-Adria-Autobahn A 23 (Grenzübergang Tarvisio) über Tolmezzo und *Udine* zur A 4, die an der Adria entlang und an Venedig vorbei nach *Verona* und weiter nach Westen führt. Dabei kann man auch die Seen der Region Friaul-Julisch Venetien besuchen (→ S. 76 ff.).

Wer mehr von den Alpen sehen will, kann auch die schöne Bergstrecke über den *Semmering*, Bruck an der Mur und Leoben nach *Klagenfurt* wählen. Unterwegs sind nur wenige Kilometer zwischen Semmering und Mürzzuschlag Bundesstraße, ansonsten Autobahn bis Judenburg, danach verschiedene Möglichkeiten bis Klagenfurt, von dort weiter wie oben beschrieben auf A 2 und A 23 zur Adria. Alternativ dazu kann man die den Osten Österreichs der Länge nach durchquerende Autobahn A 1 von *Wien* nach *Salzburg* nehmen. Von Salzburg kommt man auf der A 8 Richtung München bis zum *Inntaldreieck* und über Innsbruck zum *Brenner* (→ oben).

Aus der Schweiz und Westdeutschland

Für alle, die aus dem Westen der Republik kommen, bietet die Rheinautobahn Frankfurt-Basel die ideale Anfahrt. Weiter geht es landschaftlich eindrucksvoll – aber mit Pflicht zur Vignette (→ Kasten) – auf der berühmten St.-Gotthard-Autobahn (N 2 bzw. E 35) über *Luzern* (schöne Strecke am Vierwaldstätter See) und durch den *St.-Gotthard-Tunnel* (www.gotthard-strassentunnel.ch). Der mit 16,9 km längste Straßentunnel durch die Alpen ist (bis auf die Vignet-

Der Weg ist das Ziel:
Stop-over am Fernsteinsee

te) gebührenfrei und eine bekannte Wetterscheide: Auch wenn es am nördlichen Tunneleingang Bindfäden regnet, am südlichen Ausgang lacht meist die Sonne. Weiter auf malerischer Strecke mit bereits prächtiger mediterraner Vegetation auf einem Damm über den Luganer See zum schweiz./ital. Grenzübergang *Chiasso*, unmittelbar nach der Grenze trifft man auf *Como* am gleichnamigen See.

Autobahngebühren Schweiz: Alle Schweizer Autobahnen (Nationalstraßen) und autobahnähnlichen Straßen sind gebührenpflichtig. Pauschal wird der Preis von 40 SFr (ca. 26,50 €) für eine Vignette (Plakette) erhoben. Die Vignette ist nicht übertragbar und jeweils für ein Kalenderjahr gültig incl. der Anschlussmonate (Dezember des Vorjahres und Januar des nächsten Jahres). Die Plaketten sind an den Grenzen und auf jeder Schweizer Poststelle erhältlich, man kann sie aber bereits vor der Fahrt bei einem Automobilclub erstehen.

▸ **Alternativen**: Für diese Hauptstrecke gibt es einige meist weniger belastete Ausweichrouten.

• *Direttissima Ulm → Mailand* Ein Blick auf die Landkarte zeigt, dass die Strecke von **Ulm** über das **Kreuz Memmingen** nach **Bregenz** (A 7/A 96) und weiter auf der N 13 via **Chur** und durch den **San-Bernadino-Tunnel** (6,6 km, gebührenfrei) fast in direkter Luftlinie nach **Como** führt. Derzeit ist die

Strecke allerdings im Raum Bregenz noch nicht als Autobahn ausgebaut. Doch der gesamte Ausbau ist geplant und wird wohl zur Entlastung der Brennerstrecke führen.

• *Von Stuttgart über Luzern* Autobahn A 81 von **Stuttgart** über Rottweil bis Autobahnkreuz Singen, weiter auf der Bundesstraße nach Schaffhausen, von dort Autobahn über **Winterthur** nach **Zürich**, auf der Transit-Schnellstraße um das Stadtzentrum herum und nach **Luzern**, wo man auf die oben beschriebene N 2 durch den St.-Gotthard-Tunnel trifft.

• **Von Bern** In Richtung Lago Maggiore kann man die **Lötschberg-Autoverladung** (www.bls.ch) benutzen. In Kandersteg mit dem Auto auf den Zug, 15 Min. später ist man in Goppenstein (PKW, Wohnmobil bis 3,5 t und Kleinbus bis 9 Sitzplätze kostet ca. 13 €, Motorrad 9,50 €, Fahrrad 5 €). Anschließend Weiterfahrt über die nicht allzu steile **Simplon-Passstraße**, die mittlerweile sehr gut ausgebaut ist.

Die Alternative: Mit dem AutoZug nach Süden

Wer sich die lange Tour durch deutsche Lande und über die Alpen nicht zumuten möchte, gleichzeitig einen aktiven Beitrag für den Umweltschutz leisten will, für den bieten die AutoZüge (früher: Autoreisezüge) eine brauchbare Alternative. Von Berlin, Hamburg, Hildesheim und Düsseldorf starten sie 1–2x wöchentlich immer abends (Ankunft am nächsten Vormittag) nach **Bozen**; von Berlin, Hamburg, Düsseldorf und Frankfurt geht es ebenfalls 1–2x wöchentlich nach **Verona**, die Züge verkehren zwischen Anfang April und Ende Oktober. Vor allem für Familien mit Kindern sind die AutoZüge ein stressfreier, wenn auch nicht ganz billiger Einstieg, wobei die Kosten je nach Reisedatum sehr unterschiedlich sind – eine vierköpfige Familie wird in der Hochsaison jedoch mindestens 500 € los, ab Berlin oder Hamburg mind. 600 € (jeweils einfach). *Achtung*: max. Höhe des Fahrzeugs incl. Dachaufbauten 167 cm, Gepäckmitnahme auf dem Fahrzeug ist nicht erlaubt. Details in der Broschüre „AutoZug Katalog", unter DB AutoZug Servicetelefon 01805/241224 (tägl. 8–22 Uhr, 0,14 €/Min.) oder unter www.dbautozug.de.

Rund um den italienischen Verkehr

Fahrzeugpapiere/Versicherung: Mitzuführen sind selbstverständlich der nationale Führerschein (*patente di guida*) und der Fahrzeugschein (*libretto di circolazione*), bei Schadensfällen wird außerdem die grüne Versicherungskarte verlangt. Auch einen Auslandsschutzbrief sollte man abschließen (Hilfsleistungen bei Panne, Unfall oder Diebstahl), alle Automobilclubs und Versicherer bieten ihn an, Jahrespreis zwischen 25 und 50 €, z. T. ist er auch bereits in der Haftpflichtversicherung enthalten. Bei neuen Fahrzeugen ist außerdem eine vorübergehende Vollkaskoversicherung anzuraten, da die Deckungssummen italienischer Haftpflichtversicherer sehr niedrig sind. Bei Diebstahl springen Voll- und Teilkasko ebenfalls ein.

Tankstellen: Angeboten werden *benzina senza piombo* (Bleifrei), *super senza piombo* (Super) sowie *gasolio* (Diesel). Die Preise liegen ein wenig höher als in Deutschland und deutlich höher als in Österreich. Tankstellen sind an den Autobahnen 24 Std. durchgehend geöffnet, in Ortschaften meist Mo–Sa 8–12.30 und 15–19 Uhr, Sonntag ist Ruhetag. An vielen Zapfautomaten können Sie während der Schließzeiten im „Self-Service"-Verfahren mit unzerknitterten Euroscheinen oder immer öfter auch mit Kredit- oder Bankkarte tanken.

Achtung: Wer LPG-Gas tankt, kann sich unter **www.gas-tankstellen.de** über die Standort der Zapfstellen informieren.

> **Spartipp**: Kalkulieren Sie bei Hin- und Rückreise Ihren Tankvorrat so, dass Sie in Österreich tanken können. Dort sind die Spritpreise deutlich günstiger als in Deutschland (Stand 2007).

Italienische Verkehrsschilder: *accendere i fari* = Licht einschalten; *attenzione uscita veicoli* = Vorsicht Ausfahrt; *deviazione* = Umleitung; *divieto di accesso* = Zufahrt verboten; *rallentare* = langsam fahren, z. B. wegen *lavori in corso* (Bauarbeiten) oder wegen *pericolo* (Gefahr, oft vor Steigungen

Gelegentlich wird es eng: auf der westlichen Uferstraße am Gardasee

und Kreuzungen); *inizio cantiere* = Beginn der Baustelle; *inizio zona tutelata* = Beginn der Parkverbotszone; *parcheggio* = Parkplatz; *rotatorio* = Kreisverkehr; *senso unico* = Einbahnstraße; *strada interrotta* = Straße gesperrt; *strada senza uscita* = Sackgasse; *temporamente limitato al percorso* = Durchfahrt vorübergehend verboten; *tornante* = Steilkehre; *tutti direzioni* = alle Richtungen; *zona a traffico limitato* = Bereich mit eingeschränktem Verkehr; *zona disco* = Parken mit Parkscheibe; *zona pedonale* = Fußgängerzone; *zona rimorchio* = Abschleppzone.

Höchstgeschwindigkeit: innerorts 50 km/h; **außerorts** für PKW, Motorräder und Wohnmobile bis 3,5 t 90 km/h, Wohnmobile über 3,5 t 80 km/h, PKW mit Anhänger 70 km/h; **Schnellstraßen** (zwei Spuren in jeder Fahrtrichtung), PKW, Motorräder und Wohnmobile bis 3,5 t 110 km/h, Wohnmobile über 3,5 t 80 km/h, PKW mit Anhänger 70 km/h; **Autobahnen**, PKW und Wohnmobile bis 3,5 t 130 km/h (falls ausdrücklich per Schild erlaubt, auch darüber), für Motorräder bis 149 ccm verboten, darüber 130 km/h, Wohnmobile über 3,5 t 100 km/h, PKW mit Anhänger 80 km/h.

Pannenhilfe/Notrufe: Notrufsäulen stehen in Abständen von 2 km an den Autobahnen. Der Straßenhilfsdienst des italienischen Automobilclubs **ACI** (www.aci.it) ist in ganz Italien rund um die Uhr unter ℘ 803-116 zu erreichen (aus den Mobilfunknetzen mit 800116800). Die Pannenhilfe ist kostenpflichtig, auch für Mitglieder von Automobilclubs. Im Rahmen der „ADAC PlusMitgliedschaft" werden die Kosten für Pannenhilfe bis zu ca. 100 € und für das Abschleppen bis zur nächsten ACI-Werkstatt bis zu ca. 150 € übernommen.

Polizeinotruf ℘ 112, **Straßenpolizei** ℘ 113, **Unfallrettung** ℘ 118, **deutschsprachiger Notrufdienst des ADAC** (in Mailand) ℘ 02-661591.

Stadtverkehr und Parken: Die historisch gewachsenen Stadtzentren Italiens mit ihren engen und verwinkelten Gassen sind dem hohen Verkehrsaufkommen in keiner Weise gewachsen. Fast überall hat man inzwischen drastische Maßnahmen ergriffen: Ganze Altstadtzentren sind zeitweise oder ständig für den Autoverkehr gesperrt (*zona a traffico limitato*), nur autorisierte Fahrer und Anwohner dürfen dort parken. Ärger und Kosten vermeidet man, indem man sich eine Parklücke außerhalb des „Centro storico" sucht und zu Fuß hineinläuft bzw. einen Bus nimmt. In Fußentfernung zu den Sehenswürdigkeiten gibt es in vielen Städten auch oft **gebührenpflichtige** (und meist bewachte) **Parkplätze** (ca. 1–2 €/Std., bei längerem Aufenthalt wird es billiger). Im Zentrum kann man entweder an Gebührenautomaten oder gratis mit Parkscheibe in der **zona disco** parken. Während der Siestazeit ist das Parken an Stellplätzen mit Parkuhren meistens gratis. **Parkverbot** besteht an schwarz-gelb gekennzeichneten Bordsteinen sowie auf gelb markierten Parkflächen. Urlaubern ist es gestattet, mit dem PKW vor Altstadthotels vorzufahren und auszuladen. Manchmal bekommt man dann vom Hotel einen **Anwohner-Parkausweis** ausgehändigt. Über eigene Garagen verfügen nur Hotels ab der teuren Drei-Sterne-Kategorie aufwärts.

Unfälle: An der Windschutzscheibe eines in Italien zugelassenen Wagens ist ein Aufkleber mit der Adresse der Versicherungsgesellschaft und der Versicherungsnummer angebracht. Diese unbedingt notieren und Zeugen ermitteln.

Wichtige Verkehrsvorschriften: **Abblendlicht** ist auch tagsüber auf allen Autobahnen und Landstraßen vorgeschrieben, für Zweiräder gilt generell "Licht an";

privates Abschleppen auf Autobahnen ist verboten;

Straßenbahnen haben grundsätzlich Vorfahrt;

die **Promillegrenze** liegt bei 0,5. Achtung, die Strafen bei Alkohol am Steuer sind sehr hoch, neben Bußgeldern bis 2500 € (!) droht auch der sofortige Einzug des Führerscheins;

das Telefonieren während der Fahrt ist nur mit einer **Freisprechanlage** gestattet;

im **Kreisverkehr** gilt grundsätzlich rechts vor links (sofern nicht ausdrücklich durch Verkehrszeichen anders geregelt), d.h., der im Kreis Fahrende muss dem von außen Kommenden den Vortritt lassen. Allerdings wird das in der Praxis nicht immer beachtet, so dass am Kreisverkehr erhöhte Vorsicht anzuraten ist.

Motorräder unter 150 ccm sind auf italienischen Autobahnen verboten;

Parkverbot besteht an schwarz-gelb markierten Bordsteinen und gelb markierten Flächen;

Dachlasten und Ladungen, die über das Wagenende hinausragen, müssen mit einem reflektierenden, 50 x 50 cm großen, rot-weiß gestreiften **Aluminiumschild** (kein Kunststoff!) abgesichert werden (erhältlich im deutschen Fachhandel, in Italien an Tankstellen). Fahrrad- oder Lastenträger mit Heckleuchten und Nummernschild, die im Kfz-Schein eingetragen sind, sind von dieser Regelung ausgenommen.

Für den Fall, dass man z. B. wegen Unfall oder Panne auf einer Autobahn das Auto verlässt, muss im Auto eine reflektierende **Sicherheitsweste** (DIN EN 471) zur Hand sein. Erhältlich ist sie bei uns in Tankstellen, Baumärkten etc.

Autobahngebühren Italien: Die italienischen „Autostrade" sind kostenpflichtig. Die Gebühren (pedaggio) berechnen sich nach der Länge der gefahrenen Strecke und nach Art und Größe des Fahrzeugs, für PKW/Motorräder kostet die Fahrt vom Brenner auf der A 22/A 4 bis Verona z.B. 13,50 €. Die Tarife kann man unter www.autostrade.it ermitteln. Kontrollstellen (Alt stazione!) gibt es am Beginn jedes neuen Autobahnabschnitts und an jeder Einfahrt, hier wird ein Ticket ausgegeben (am Automat entweder bereits griffbereit oder gelben bzw. roten Knopf drücken), beim Verlassen oder Wechseln der Autobahn wird zur Kasse gebeten. Mautkarte nicht verlieren, sonst muss die mögliche Gesamtstrecke gezahlt werden. Den Zahlungsverkehr erleichtert die magnetische Viacard, erhältlich im Wert von 25 € und 50 € bei den Automobilclubs, an Grenzübergängen und großen Raststätten. Für Karteninhaber gibt's an den Zahlstellen Extraspuren, dort werden die Beträge automatisch abgebucht (Auto bahnticket einführen, Betrag erscheint auf der elektronischen Anzeigetafel, dann Viacard einführen). Vorteil: kein Hantieren mit Geld bzw. Wechselgeld und kürzere Abfertigungszeiten. Jedoch Vorsicht: immer auf ausreichende Deckung achten bzw. eine zweite Karte mitführen, denn Aufzahlen in Bargeld ist nicht möglich. Auch mit den gängigen Kreditkarten kann mittlerweile gezahlt werden, man benutzt dafür die eigens ausgewiesenen Spuren. Falls Sie sich falsch eingeordnet haben, stoßen Sie keinesfalls zurück (kann als Rückwärtsfahren auf der Autobahn geahndet werden – hohe Bußgelder, sogar Fahrverbot!), sondern drücken Sie die Hilfstaste („assistenza" o. Ä.). Sie erhalten dann einen Quittungsstreifen, mit dem Sie die Maut bei einer anderen Mautstelle bezahlen bzw. nachträglich überweisen können.

Auch Biker schätzen die Seenregion

Weitere Anreisemöglichkeiten

▶ **Mit der Bahn**: Die *Brennerstrecke* über Innsbruck, Bozen und Trento nach Verona ist neben der *Gotthardbahn* aus der Schweiz das wichtigste Einfallstor in den Süden. Mit der Eröffnung des 34,6 km langen *Lötschberg-Basistunnels* wurde im Sommer 2007 noch eine weitere Option für den Transit in den Westalpen geschaffen – damit verkürzt sich gegenüber der klassischen Gotthardroute die Streckenführung deutlich und man kommt in wenig mehr als 4 Std. von Basel nach Mailand.

Tägliche Direktzüge und Kurswagen fahren ab München, Basel, Zürich und Wien u. a. nach *Verona* und *Mailand*, im Sommer z. T. auch direkt an die Seen, z. B. nach *Como* (Comer See) und *Peschiera* (Gardasee). Gutes Sitzfleisch muss man dafür mitbringen, Eurocity-Züge sind von München nach Verona etwa 5 ½ Std. unterwegs, andere Züge brauchen bis zu 7 Std. Da das Passagieraufkommen über die Alpen, nicht zuletzt wegen der wachsenden Billigflugangebote, seit einigen Jahren nachlässt, haben die Bahnverwaltungen von Deutschland, Österreich und Italien eine Reihe günstiger Tarife eingeführt. Unschlagbar ist dabei das Angebot „SparNight" der Deutschen Bahn: Frühbucher erhalten in bestimmten Nachtzügen nach Italien Preise ab 29 € pro Person im Sitzwagen, ab 39 € im Liegewagen und ab 59 € im Schlafwagen. Allerdings ist das Angebot kontingentiert (Informationen/Buchungen über ✆ 01805/141514, www.nachtzugreise.de, alle Reisezentren der Deutschen Bahn und Reisebüros mit DB-Lizenz). Wer nicht auf diesen supergünstigen Tarif zurückgreifen kann, muss tiefer in die Tasche greifen: Der Normaltarif von München bis Verona liegt z. B. bei etwa 73 €. Reduzieren kann man diesen Preis durch die beiden BahnCard-Varianten 25 bzw. 50 und durch die beiden Frühbuchertarife, den „Sparpreis 25" und der „Sparpreis 50", mit jeweils 25 bzw. 50 % Rabatt auf den Normaltarif. Die Bahnpreise in Italien sind verhältnismäßig günstig, wegen des schwierigen alpinen Terrains ist das Streckennetz im Gebiet der Seen allerdings dürftig ausgebaut, viele der kleineren Seen sind gar nicht zu erreichen. Ein kurzer Überblick: Am Ostufer der großen Seen *Lago di Como*, *Lago Maggiore*, *Lago d'Iseo* und *Lago d'Orta* verläuft je eine Bahnlinie, der *Gardasee* besitzt dagegen nur am Südufer Bahnanschluss. Ab Trento verkehren Züge durch das Valsugana zu *Lago di Caldonazzo* und *Lago di Lévico*, außerdem das Val di Non hinauf zum Stausee *Lago di Giustina*. Der *Lago di Santa Croce* in Venetien ist nur von Süden aus über Treviso zu erreichen, für den *Lago di Cavazzo* im Friaul fährt man über Tarvisio und steigt im nahen Venzone aus. Eine Bahnlinie folgt schließlich von Meran dem Vinschgau bis Mals, von dort sind es allerdings noch gut 15 km bis zum *Reschensee*.

Tipps und Tricks für Bahnreisende

- Aus den Fahrplänen sollte man sich den geeigneten Zug heraussuchen: Nahverkehrszüge **Locale** (L) bzw. **Regionale** (R) sind langsam und halten an jeder Station. Etwas flotter bewegen sich **Diretto** (D) und **Interregionale** (IR), die aber ebenfalls häufig halten. Der **Espresso** (E) ist dagegen durchweg schnell. Am schnellsten fahren die komfortablen **Inter/Eurocity-Züge** (IC/EC), allerdings mit teils erheblichen Zuschlägen.
- Am Fahrkartenschalter sagt man: **„Un biglietto (due biglietti) per Verona (Brescia, Milano...), solo andata (andata/ritorno)"** – „einen Fahrschein (zwei Fahrscheine) nach Verona (Brescia, Mailand...), einfache Fahrt (hin und zurück)"
- Wichtig: Bevor man den Bahnsteig betritt, muss man das Zugticket an einem der Automaten **entwerten**, die an den Zugängen aufgestellt sind. Andernfalls gilt man als potenzieller „Schwarzfahrer" – und das kann einiges kosten!
- **Nachlösen im Zug** ist in Italien nur möglich, wenn der Schalter des Abfahrtsbahnhofes geschlossen ist. Sollte das nicht der Fall sein, zahlt man beim Schaffner mehr als das Doppelte des regulären Fahrpreises!
- **Zuschlagspflichtige IC-Züge** sind auf den aushängenden Fahrplänen mit gestrichelter Linie gekennzeichnet (Zuschlag = supplemento).
- Auf den Fahrplänen immer die Spalte „Servizi diretti e annotazioni" beachten, dort ist vermerkt, ob der betreffende Zug nur **werktags** („si effetua nei giorni lavorativi") oder nur **feiertags** („si effetua nei festivi") fährt.
- Wenn der Fahrkartenschalter geschlossen ist, gibt es die Zugtickets in der Regel in der **Bahnhofsbar** oder im **Zeitschriften-** bzw. **Tabacchi-Laden**. Immer häufiger ersetzen allerdings auch **Automaten** die Schalter (Anweisungen auch in Deutsch vorhanden). Hierbei muss man aufpassen, denn manchmal kann nur mit Kreditkarte gezahlt werden oder es wird Restgeld nur bis zu einer bestimmten Höhe zurückgegeben.
- Auf kleineren Bahnhöfen hängen oft zusätzlich die Abfahrts-/Ankunftszeiten der **nächstgrößeren Bahnhöfe** bzw. Städte aus – nicht verwechseln!
- Oft werden noch in letzter Minute die **Gleise gewechselt**. Bis zuletzt auf Durchsagen und Mitwartende achten, außerdem immer noch einmal fragen, bevor man einen Zug besteigt.
- Gut zu wissen: **partenza** = Abfahrt, **arrivo** = Ankunft, **binario** = Gleis, **coincidenza** = Anschluss, **orario** = Fahrplan, **prezzo del biglietto** = Fahrpreis.

● *Information*   Deutsche Bahn AG (DB): www.bahn.de (Informationen auch unter ☎ 11861); Österreichische Bundesbahnen (ÖBB) www.oebb.at; Schweizerische Bundesbahnen (SBB) www.sbb.ch;

Italienische Staatsbahnen (Ferrovie dello Stato: www.ferroviedellostato.it Tipp: Wer sich nicht selbst durch den Tarifschungel kämpfen möchte, dem sei www.gleisnost.de empfohlen. Die Bahnkenner finden für Sie garantiert die günstigsten Verbindungen.

Preiswertes Vergnügen: Bahnfahren in Italien

▸ **Bus**: Die Deutsche Touring GmbH bietet mit ihren „Europabussen" Fahrten nach *Rovereto* und *Verona* (→ Gardasee), *Brescia* (→ Iseo-See) sowie *Mailand* (→ Comer See/Lago Maggiore). Preisbeispiel Frankfurt – Mailand ca. 117 € retour (bei frühzeitiger Buchung Rabatt).
Auskünfte/Buchung in allen **DER-Reisebüros** sowie bei **Deutsche Touring GmbH**, Am Römerhof 17, PF 900244, D-60486 Frankfurt/M., ✆ 069/7903240, www.deutsche-touring.com.

▸ **Flugzeug**: Der Großflughafen *Malpensa* (→ S. 24) liegt nördlich von Mailand und wird täglich von vielen Fluglinien aus Deutschland, Österreich und der Schweiz angeflogen. Vor allem aber der Flughafen *Orio al Serio* bei Bergamo (→ S. 24) hat sich zum Drehkreuz für Billigflugangebote nach Norditalien entwickelt – so mancher Urlauber steigt deshalb vom Auto auf den Flieger um, auch Kurztrips von wenigen Tagen sind jetzt populär geworden, weil finanziell erschwinglich. Wichtig ist jedoch eine frühzeitige Buchung – je näher der Abflugtag rückt, desto teurer wird das vermeintliche Schnäppchen. Falls man nicht mit öffentlichen Verkehrsmitteln unterwegs sein will, muss außerdem die Anmietung eines Leihwagens in die Kosten einbezogen werden (→ Kasten).
Die führenden Low Cost Carrier bieten derzeit folgende Flugrouten ins Seengebiet (Stand Frühjahr 2007, Änderungen möglich): nach *Orio al Serio* fliegt Air Berlin von zahlreichen deutschen Flughäfen, Ryanair von Frankfurt-Hahn, Weeze (Düsseldorf), Bremen und Lübeck sowie TUIfly von Hannover, Leipzig-Halle und Stuttgart. Außerdem fliegen Ryanair von Frankfurt-Hahn und Bremen nach *Verona* und German Wings von Köln/Bonn nach *Malpensa* sowie von Köln/Bonn und Berlin-Schönefeld nach *Verona*. Die Flüge können ausschließlich online gebucht werden: www.airberlin.com, www.ryanair.com, www.tuifly.com, www.germanwings.com. Gute Websites zum Vergleich der aktuellen Preise sind www.billig-flieger-vergleich.de, www.traveljungle.de und www.billigflieger.de.

Reiseschnäppchen: mit dem Billigflieger ins Land der Seen

Flughäfen im Gebiet der Seen

● *Bergamo*   Der Flughafen **Orio al Serio** liegt in unmittelbarer Stadtnähe. Shuttle-Busse von ATB fahren regelmäßig in 10 Min. zum Hauptbahnhof, Verbindungen zu den Seen gibt es vom dortigen Busbahnhof. Die Gesellschaft Autostradale (www.autostradale.it) fährt nach Brescia, von dort hat man Zug- und Busverbindung zum Iseo-See. ℡ 035/326111, ✆ 326339, www.sacbo.it.

● *Mailand*   Der Flughafen **Malpensa** liegt nur einen Katzensprung vom Lago Maggiore entfernt. Der Malpensa Express pendelt regelmäßig zum Hauptbahnhof von Mailand (11 €, www.malpensaexpress.it), ebenso der „Malpensa Shuttle Air Pullmann"-Bus (6 €, www.malpensashuttle.it).

Nach Como und Menaggio am Comer See fahren mehrmals tägl. SPT-Busse (www.sptlinea.it), Alibus (www.safduemila.com) fährt nach Arona, Baveno, Stresa und Verbania am Westufer des Lago Maggiore, außerdem gibt es Zugverbindungen zum Lago Maggiore. ℡ 02/74852200, www.sea-aeroportimilano.it.

● *Verona* (Veneto)   Der Flughafen **Valerio Catullo di Villafranca/Verona** liegt wenige Kilometer südwestlich von Verona. APTV-Busse fahren alle 20 Min. zur Busstation Porta Nuova beim Hauptbahnhof in Verona, von dort gibt es Verbindungen zum Gardasee. ℡ 045/8095666, www.aeroportoverona.it.

Mietwagen online: Mit einer Vorab-Buchung bei einem Mietwagenbroker fährt man oft günstiger als mit einer Anmietung vor Ort. Und auch der juristische Aspekt ist zu bedenken, denn der Gerichtsstand ist immer in dem Land, in dem das Auto gemietet wurde. Günstige Offerten bieten z. B. www.autoeurope.de, www.autovermietung.de, www.billiger-mietwagen.de, www.economycarrentals.com, www.m-broker.de, www.rentacar-europe.com und www.sungo.de. Allerdings ist der Service vor Ort im Fall einer Panne oder eines Unfalls nicht immer zufrieden stellend. Unter www.mietwagennet.de kann man die Angebote verschiedener Anbieter unkompliziert vergleichen.

▸ **Fahrrad**: Für den Fitnessaufenthalt per Mountainbike ist das abwechslungsreiche Terrain um die Seen wie geschaffen. Von brettflachen Talebenen über ausgedehnte Hügelzonen bis zum alpinen Kraftakt ist hier auf engem Raum alles versammelt.

Gemächliches Familienradeln mit Kind und Kegel geht dagegen nicht überall, da das Verkehrsaufkommen hoch ist und oft geeignete Radwege fehlen. Wer nicht mit dem Auto unterwegs sein will, kann seinen Drahtesel auch in vielen Zügen mitnehmen, vom Bummelzug bis zum IC. In durchgehenden Zügen mit Fahrradmitnahme nach Italien (ca. 3 x tägl.) muss für ca. 10 € eine *internationale Fahrradkarte* erworben werden, verbunden damit ist die Reservierung für einen Radstellplatz. Eine frühzeitige Buchung ist anzuraten. In Italien ist eine Reservierung nicht möglich. Die Deutsche Bahn bietet auf ihrer Internetseite (www.bahn.de) Fahrradinformationen unter „Mobilität und Service", außerdem unter unten stehender Radfahrer-Hotline. In Stoßzeiten sind die Zustände in den Fahrradabteilen nicht selten chaotisch, oft werden die Räder bis an die Waggondecke gestapelt. Empfehlung für die Fahrt: Das Rad möglichst an feste Gegenstände anschließen und keine Helme, Fahrradcomputer daran belassen, Diebstähle kommen vor. Ein Fahrrad als *Gepäckstück* aufzugeben und es dann einige Tage später am Zielbahnhof abzuholen ist nur nach Südtirol möglich (ca. 25 €, ab dem dritten Rad Rabatt, Verpackung nötig). Problemlos ist der Transport in speziellen *Fahrradtaschen* (110 x 80 x 40 cm), die in Italien in allen Zügen (Ausnahme: Hochgeschwindigkeitszug „Pendolino") mitgenommen werden dürfen, allerdings ist auch dafür eine Fahrradkarte notwendig.

Eine weitere komfortable Alternative bietet die Fahrradmitnahme im *Flugzeug*. Die Billigflieger berechnen dafür 25 € pro Flug, rechtzeitige Anmeldung und Bezahlung sind obligatorisch. Das Rad muss gut verpackt sein: Lenker nach innen drehen, Pedale entfernen, Luft aus den Reifen lassen und das Rad in Plastikfolie, Pappe etc. einwickeln. Man muss unterschreiben, dass die Fluggesellschaft für keinerlei Schäden aufkommt.

Infos zum Radtransport unter ✆ 01805/151415, der **Radfahrer-Hotline** der DB (0,14 €/Min.). März bis Okt. tägl. 8–20 Uhr, Nov. bis Febr. Mo–Fr 9–16 Uhr.

Urlaub sportlich: Mountainbiker am Gardasee

Wissenswertes von A bis Z

Ärztliche Versorgung

Die meisten niedergelassenen Ärzte behandeln nur gegen Barzahlung, die heimische Krankenkasse erstattet die Kosten jedoch gegen detaillierte Rechnung ganz oder anteilig zurück (je nach Kasse verschieden). Urlauber mit der „European Health Insurance Card", EHIC genannt (früher Auslandskrankenschein „E 111", erhältlich bei Ihrer Krankenkasse) werden in staatlichen Krankenhäusern kostenfrei behandelt. Auch bei einigen wenigen Ärzten, die dem staatlichen Gesundheitssystem angeschlossen sind, ist die Behandlung gratis – allerdings müssen Sie dafür vorher die EHIC bei einer Niederlassung (Azienda) des staatlichen Gesundheitsamtes Unità Sanitaria Locale (USL) vorlegen und erhalten ein italienisches Gutscheinheft (Modulario per l'assistenza sanitaria) für ärztliche Behandlungen und Arzneien. In den Sommermonaten wird in den meisten Urlaubsorten an den großen Badeseen eine Sanitätsstation betrieben, die *Guardia Medica Turistica*, ohne Krankenschein kostet eine Behandlung dort ca. 21 €, ein Hausbesuch 31 €, ein Rezept 6 €.

Einkaufen

Shopping kann im Norden Italiens so richtig Spaß machen. In den verwinkelten Seeorten ist der Tante-Emma-Laden um die Ecke noch nicht ausgestorben und beim Stöbern in den engen Altstadtgassen wird man manche Entdeckung machen können.

Vor allem die kulinarischen Produkte sind es, die einen Seenurlaub in höchst erfreulicher Weise abrunden. Prall gefüllt und farbig präsentieren sich die Theken der Feinkostläden mit frischem Obst und vielfältigem Gemüse, dazu gibt es Wein en masse, Olivenöl, Grappa und Liköre in ansprechenden Flaschen, wertvollen Essig, getrocknete und frische Pilze, eingelegte Früchte, Honig verschiedener Blüten, Gewürze ... Natürlich lohnt unbedingt die Mitnahme eines guten Tropfens aus einer der zahlreichen *enoteche* (Weinhandlung mit Verkostung), z. B. ein gehaltvoll-fruchtiger *Amarone* aus dem Valpolicella (östlich vom Gardasee) oder ein *Recioto* aus demselben Gebiet.

Aber die Seen sind nicht nur Urlaubsgebiete, sondern auch traditionell gewachsene Zentren handwerklicher und industrieller Produktion. So ist Como ein Weltzentrum der *Seidenverarbeitung*, nördlich vom Orta-See haben Alessi und andere Hersteller von hochwertigen *Haushaltsgeräten* und *Kücheneinrichtungen* ihren Sitz, *Designermöbel* findet man in Cantù, südlich vom Comer See, *Outlet Stores* bekannter Modemarken im Umkreis des Lago Maggiore und der

Verkauf von Schmiedeeisen an der Promenade von Cannobio

Bergort Premana ist bekannt für seine solide verarbeiteten *Messer* und *Scheren*. Weiterhin erhält man zu Zeiten des Schlussverkaufs (saldi) im Juli/August überall die elegante und formschöne italienische Schuhmode zu recht günstigen Preisen. Und schließlich ist auch die Modemetropole Mailand nicht weit, wo man entweder – mit dem nötigen Kleingeld ausgestattet – direkt bei Versace kauft oder aber in Second-Hand-Outlets (so genannte „Stocks") auf die Suche geht.

Auch Märkte gibt es an den großen Seen reichlich. Fliegende Händler besuchen reihum die großen Uferstädte und an jedem Wochentag findet in einem anderen Ort ein großer *Straßenmarkt* statt. Zwar ist das Angebot – abgesehen von den üppigen Kulinaria – nicht gerade originell, doch kann man Schnäppchen machen, Fälschungen von Markenartikeln sind allerdings gängige Handelsware. Interessant und vielseitig sind dagegen die *Antiquitäten- und Flohmärkte* (Mercatini di Antiquariato/Mercatini delle pulci), die ein bis mehrmals monatlich in verschiedenen Orten an den Seen abgehalten werden, aber auch in den nahen Städten Verona, Bergamo und Brescia.

Schließlich haben sich auch viele *Kunsthandwerker* und *Künstler*, kreative Boutiquen und Galeristen an den Seen niedergelassen: Aquarellisten und Keramiker, Seidenmaler und Schmuckmacher, Textildesigner und Fotografen – sie alle schätzen das milde Klima, die betörende Vielfalt und die Farbenpracht der Seen – und nicht zuletzt das Geschäft mit den Urlaubern.

- Tipp für Mode- und Preisbewusste: Der **Schlussverkauf** (*saldi*) im Juli/August und Februar bringt radikale Preisnachlässe von 50 % und mehr!
- Einkauf direkt bei der **Fabrik** kann deutlich Geld sparen helfen. Viele Firmen bieten ihre Produkte direkt an. Schilder „Punto vendita diretto" weisen den Weg.

Einladend: grüne Laube am Comer See

Essen und Trinken

Ein schöner Abend am Wasser, ein intensives Gespräch, dazu eine zarte See-forelle und ein kühler Weißwein – das sind Urlaubserlebnisse, die im Gedächtnis bleiben. Gelegenheiten dazu findet man an den Seen reichlich – doch im Hochsommer teilt man dieses Vergnügen mit vielen anderen, was der Qualität des Gebotenen nicht immer gut tut.

Die Seen bilden eine kulinarische Schnittstelle zwischen Nord und Süd, gleichzeitig treffen hier drei italienische Regionen mit ihren unterschiedlichen Spezialitäten aufeinander: Trentino-Südtirol, Lombardei und Venetien. Doch ob Speck im Norden, Risotto im Osten oder „pasta e fagioli" im Süden – verbindendes Element sind immer die Fische. Wegen der riesigen Nachfrage werden sie allerdings schon lange nicht mehr ausschließlich aus den Seen geholt, sondern in großen Anlagen rundum gezüchtet. Als Beilage wird Ihnen außerdem immer wieder die „Polenta" begegnen. Der gelbe Maiskuchen hat in Oberitalien etwa die Bedeutung unserer Kartoffel und schmeckt durchaus lecker. Leider verleitet der intensive deutschsprachige (Massen-)Tourismus viele Wirte mittlerweile dazu, das „Essen von der Stange" zu perfektionieren – vor allem in der Hochsaison sind in den Zentren der Urlaubsorte überschaubare Portionen, mäßige Qualität und etwas höhere Preise leider nicht mehr unüblich. Tipp deshalb: Öfter mal ins Auto setzen und in die Umgebung fahren, dort erhält man mindestens dieselbe Qualität in größerer Menge für weniger Geld. Fast immer einen Versuch wert sind die ländlichen Lokale, die unter dem Stichwort „Agriturismo" firmieren – diese besitzen durchgängig ein recht hohes Qualitätsniveau bei relativ kulanten Preisen. Verlassen Sie sich ansonsten nicht nur auf die standardisierte Speisekarte des Hauses, sondern lassen Sie sich beraten, wählen Sie die Spezialitäten des Hauses und seien Sie experimentierfreudig.

Und falls Sie es noch nicht wissen: Seit Januar 2005 gilt in allen italienischen Gastronomiebetrieben von der kleinsten Bar bis zum Sternetempel absolutes Rauchverbot, das – einigermaßen unerwartet und auch ein bisschen unitalienisch – strikt eingehalten wird. Zuwiderhandlungen sind mit durchaus merklichen Strafen belegt und werden als sehr unhöflich empfunden. Zum Qualmen also raus auf die Straße zu den anderen Verbannten – eine gute Möglichkeit für einen Plausch mit den Einheimischen.

Stilecht essen: italienische Speisenfolge

Der vollständige Reiz der italienischen Küche entfaltet sich erst, wenn man sich an die traditionelle Speisenfolge hält. Zunächst stimmt man den Magen mit einem oder mehreren *antipasti* (Vorspeisen) ein – z. B. geräucherter Schinken mit Melone, zartes Carpaccio (hauchdünne Scheiben rohes Rinderfilet) oder „polenta con luccio" (Polenta mit Hecht). Dann folgt der *primo piatto* (erster Gang), meist Nudeln oder Reis – z. B. Gnocchi, Strangolapreti oder Tortellini. Alternativ kann man auch eine *minestra* (Suppe) wählen. Jetzt erst kommt der *secondo* (Hauptgang) auf den Tisch, entweder Fleisch oder Fisch. Traditionellerweise wird er ohne *contorni* (Beilagen) serviert, diese müssen extra bestellt werden. In manchen Orten hat man sich aber den deutschen Essgewohnheiten angepasst und bietet das Hauptgericht mit Beilagen (auf der Karte meist vermerkt). Zu guter Letzt könnte man noch ein *dessert* (Nachtisch) wählen, doch meist ist man zu diesem Zeitpunkt bereits satt.

Wer sich auf ein solch üppiges Menü einlässt, muss keine Angst haben, hungrig wieder aufzustehen. Doch es hat seinen Preis. Essen gehen ist in Italien kein ganz billiger Spaß. Selbstverständlich hat man aber die Möglichkeit, nur einen primo piatto zu wählen, also z. B. ein Nudelgericht, dazu Salat o. Ä. Sparsame können in Touristenorten auch häufig ein so genanntes Festpreismenü ordern, „menu a prezzo fisso" oder „menu turistico". Dieses ist weitaus günstiger als Speisen à la carte, allerdings nicht immer von nachhaltiger Qualität. Vorsicht bei der Preiskalkulation anhand aushängender Speisekarten – der ausgedruckte Preis der einzelnen Gerichte sagt noch nichts über den tatsächlichen Endpreis aus, denn bei jeder Mahlzeit werden pro Person noch zwischen 1,50 und 3 € für *coperto* (Gedeck) aufgeschlagen. *Servizio* (Bedienung) ist dagegen meist im Preis enthalten – jedoch nicht immer, vor allem in gehobeneren Lokalen muss man dafür noch oft 10–15 % Aufpreis in Kauf nehmen. Erfreulicherweise ist in den letzten Jahren verstärkt der Trend zu bemerken, diese Extras aus Gründen verschärfter Konkurrenz nicht mehr zu berechnen – in Südtirol ist dieser Brauch sowieso unüblich.

▶ **Südtirol und Trentino:** Im hohen Norden Italiens isst man gerne herzhaft alpenländisch, teils deftig. *Speck* – geräucherter und gewürzter Schweineschinken – wird überall angeboten, ebenso *Gulasch*. Der bodenständigen Tiroler Küche hat jedoch die italienische Verfeinerung gut getan, eine interessante alpin-mediterrane Mischkultur ist das Ergebnis. Eine besonders leckere Spezialität ist z. B. *carne salada e fasoi* – hauchdünne Scheiben von gepökeltem Rindfleisch, in Olivenöl getaucht und gegrillt, serviert mit weißen Bohnen. Neben alpinem Wild und Pilzen gibt es dank der vielen Gewässer aber auch häufig Fisch. Ein traditionelles Gericht ist *bigoi*

Panoramaterrasse in Varenna (Comer See)

con aole (Spaghetti mit Sardinen), als Leckerbissen gelten die *Passerforellen* aus dem gleichnamigen Fluss, an dem Meran liegt. *Canederli* heißen die typischen Knödel der Region, *strangolapreti* – Priesterwürger – sind leckere Spinat-Klößchen aus Kartoffelteig (Gnocchi), die fast auf der Zunge zergehen. Weitere Spezialitäten sind *Kas- und Topfennocken* (gefüllte Grießknödel), *Tiroler Gröstl* (verschiedene Fleisch- und Wurstarten mit Bratkartoffeln), *Terlaner Weinsuppe* und zum Dessert *Apfelstrudel* und *Schwarzplententorte* (aus Buchweizenmehl mit Nüssen und Preiselbeermarmelade).

▶ **Venetien**: Die Küche des Veneto gilt als leicht und bekömmlich. Jahrhundertelang beherrschte die Republik Venedig den größten Teil der Poebene, die sich ideal zum Reisanbau eignet. Dementsprechend ist die Liste der venezianischen Reisgerichte endlos, mindestens sechzig Rezepte gibt es, allen voran *risi e bisi* – Reis und junge Erbsen, in einer Fleischbouillon gekocht. Eine besondere Spezialität in der Seenregion ist der *risotto alla tinca* (mit Schleie), aber auch der maritime *risotto con scampi* (Hummerkrabben) wird gerne serviert. Natürlich sind auch Pastagerichte weit verbreitet, besonders beliebt sind z. B. die schmalen Bandnudeln namens *tagliolini* sowie *pasta e fasoi* (oder *pasta e fagioli*), eine dickflüssige Suppe aus Nudeln und roten Bohnen. Ganz besonders himmlisch schmecken außerdem die *tortellini di zucca* aus Valeggio sul Mincio (südlich vom Gardasee), das sind kleine Nudelkissen, gefüllt mit süßem Kürbisbrei. Selbstverständlich erhält man wegen der nahen Adria auch häufig Meeresfrüchte und -fische. Zu den typischen Fischen des Veneto zählt der *stoccafisso* oder *baccalà*, der Stockfisch (Kabeljau). Trotz seiner norwegischen Herkunft gibt es zahlreiche Spezialitäten auf dieser Basis, z. B. *baccalà mantecato* (cremig püriertes Stockfischmus) oder *baccalà alla vicentina* (mit diversen Gewürzen in Milch gekocht). Auch das venezianische Perlhuhn *faraona* steht im ganzen östlichen Oberitalien auf der Speisekarte. *Fegato* *alla venezia* (Leber mit Zwiebeln) ist schließlich das wohl bekannteste Lebergericht der Welt und *bollito misto* ein Gericht aus verschiedenen Sorten von gesottenem Fleisch.

Schleienfischer am Iseo-See

Kulinarisches Erlebnis: Fisch vom See

Immer im Mittelpunkt der typischen Gerichte stehen die Fische. Viele dutzend Arten gibt es in den zahlreichen Seen zwischen Brenner und Poebene. Da die begehrtesten Speisefische allerdings wegen der großen Nachfrage inzwischen weitgehend gezüchtet werden, ist der Beruf des Seefischers am Aussterben. Als „König" der Seen gilt der lachsartige **carpione**, dessen wohl schmeckendes weißes Fleisch sehr geschätzt wird. **Lavarello** (Blaufelchen/ Renke), in manchen Gebieten auch als **coregone** bekannt, wurde erst Anfang des 19. Jh. aus der Schweiz eingeführt, ist aber heute einer der meistverlangten Fische an den Seen, besonders lecker z. B. als „lavarello al cartoccio" (in Folie). Der kräftige **luccio** (Hecht) wird gerne als Vorspeise mit Polenta gereicht, ebenso die gesalzenen und an der Luft getrockneten **alborelle** oder **aole** (kleine Süßwassersardinen). Die sehr verbreitete **trota salmonata** (Lachsforelle) ist ein typischer Zuchtfisch, man erkennt sie an der rötlichen Farbe ihres Fleisches. Ein besonders typisches Gericht in der Lombardei ist **tinca ripiena** (gefüllte Schleie), die im Ofen gebacken und gerne „con piselli" (mit Erbsen) serviert wird – der Ort Clusane am Iseo-See ist in ganz Oberitalien für seine Schleien bekannt. Der beliebte **pesce persico** (Flussbarsch) wird dagegen meist mit Risotto zubereitet. Nur noch selten zu finden ist wegen der hohen Ansprüche an die Wasserqualität der zu den Lachsfischen gehörige **salmerino** (Bachsaibling). Weitere Speisefische sind **anguilla** (Aal), **branzinetto** (Seebarsch), **sarda di Lago** (Seesardine) und **salmone** (Lachs).

▶ **Lombardei**: An den großen lombardischen Seen sollte man einmal *ossobuco* bzw. *stinco di vitello* bestellen, eins der bekanntesten Gerichte der Lombardei – Kalbshaxen mit Knochen, meist in Brühe, *aceto balsamico* (Balsamessig) oder Wein geschmort und mit Reis serviert. Das berühmte *costoletta alla milanese* entspricht zwar in etwa dem Wiener Schnitzel, allerdings wurde das Rezept nicht aus Österreich importiert, sondern gerade umgekehrt – der Feldmarschall Radetzky war es angeblich, der das Gericht in Mailand entdeckte und nach Hause mitbrachte. Als besondere Spezialität gelten außerdem Spießgerichte, z. B. die *spiedini di vitello* (Kalbfleischspießchen) sowie *agnello* (Lamm) und *porchetta* (Spanferkel). Ansonsten ist wie im Veneto Reis ein Kennzeichen der lombardischen Küche, denn auch hier sorgen die riesigen Reisfelder am Po für ununterbrochenen Nachschub – *risotto alla milanese* ist mit Safran gewürzt bzw. gefärbt, *minestrone alla milanese*, eine Gemüsesuppe Mailänder Art, wird ebenfalls mit Reiseinlage (anstatt der üblichen Pasta) gereicht. Eine ganz besondere Rarität ist schließlich der *tartufo* (Trüffel), der z. B. im Gebiet des Valtenesi im Südwesten des Gardasees kultiviert wird.

Die Weine der Seenregion

Wer einen guten Tropfen kosten will, muss auswählen. Achten Sie immer auf die Ursprungsbezeichnung eines Weines: Qualitätsweine werden ausgezeichnet mit *DOC* („denominazione di origine controllata" = kontrollierte Ursprungsbezeichnung), die allerbesten mit *DOCG* („denominazione di origine controllata e garantita" = kontrollierte und garantierte Ursprungsbezeichnung). *IGT* („indicazione geografica tipica") weist ebenfalls auf einen bestimmten Herkunftsort hin und kann durchaus gute Weine bezeichnen, einfache Tafelweine nennt man *vino della tavola*. In vielen Restaurants kann man einen offenen „vino della casa" (Wein des Hauses) bestellen, dieser ist preiswerter als Flaschenwein und in der Regel gut.

Die besten **Südtiroler Weine** stammen aus dem ausgedehnten Anbaugebiet um den Kalterer See, der direkt an der „Südtiroler Weinstraße" liegt. Traditionell werden hier zwar Rotweine aus der Vernatsch-Traube (auch Trollinger genannt) hergestellt, doch mittlerweile sind auch die Weißweine groß im Kommen, darunter *Sylvaner, Weißburgunder, Cabernet* und *Chardonnay*. Spitzenreiter in der Beliebtheit sind der volle fruchtige *Kalterer See* (rot) und der trocken-aromatische *Gewürztraminer* (weiß). Im Herbst trifft man sich überall zum „Törggelen" – so heißt die Kostprobe des frischen Federweißen mit gebratenen Maronen, frischen Hauswürsten und Speck. Das eigentümliche Wort hat übrigens nichts mit „Torkeln" zu tun, sondern rührt von der Torggel, der Traubenpresse her, die wiederum auf das lateinische „torquere" (pressen) zurückgeht.

Die **Trentiner Weine** sind großteils weiß, mit hohem Anteil an Chardonnay. Eine wachsende Bedeutung kommt den Schaumweinen zu. Aus der roten Traube Teroldego wird der frische und vollmundige DOC-Wein *Teroldego Rotaliano* erzeugt. Seit Jahrhunderten berühmt ist der rote *Marzemino*, von dem bereits Mozarts „Don Giovanni" schwärmte.

An den Ufern des **Gardasees** erstrecken sich eine ganze Reihe von Weinbaugebieten. Einen besonderen Ruf hat zwar keiner der produzierten Tropfen, doch die Auswahl ist groß und immer wieder für Überraschungen gut. Im Südosten um *Bardolino* wird der gleichnamige rubinrote Wein produziert – ein Massenwein sicherlich, der aber als „Classico" auch DOC-Qualität besitzt. Am Südufer gibt es gleich mehrere Weine: den *Lugana*, einen frischen, leichten Weißwein mit grünlichen Re flexen, den eher schlichten *Tokai di San Martino della Battaglia* und die Weine der „Colli Morenici Alto Mantoviano" (Moränenhügel des oberen Mantuaner Gebiets): die Roten *Rubino* (DOC), *Merlot Alto Mincio* und *Morenico Rosso*, die Weißen *Morenico Bianco*, *Pinot Grigio*, *Bianco Custoza* (DOC) u. a.

Nicht zu vergleichen sind die genannten Weine allerdings mit den großartig gehaltvollen Weinen *Amarone* und *Recioto* aus dem nahen **Valpolicella-Gebiet** (nördlich von Verona) – der Amarone schwer und trocken mit leicht bitterem Nachgeschmack, der Recioto süß.

Wer die Seen der Dolomiten um Cortina d'Ampezzo besucht, hat es nicht mehr weit ins **Prosecco-Land** zwischen Conegliano und Valdobbiadene. Der perlende Schaumwein aus Venetien ist alkoholarm, leicht und fruchtig, spritzig und prickelnd, es gibt ihn in süßen oder trockenen Varianten. Als bester Perlwein gilt der *Cartizze* aus der Gegend um Valdobbiadene. Und in der östlich anschließenden Region Friaul-Julisch Venetien werden in den **Colli Orientali del Friuli** die körperreichsten Weißweine Italiens kreiert, die mit den berühmten Tropfen aus dem Piemont und der Toskana durchaus auf Augenhöhe stehen.

Weinreben, wohin man blickt

Die lombardischen Weine schließlich genießen bisher keinen sonderlich hohen Bekanntheitsgrad. Zu den besten Anbaugebieten zählen das **Valtellina-Tal** (östlich vom Comer See) und die **Franciacorta** (südlich vom Iseo-See) – letztere Region ist bekannt für ihren Spumante, z. T. mit DOCG-Klassifizierung.

Tipp: Jeder größere Ort besitzt mindestens eine Weinstube, „Osteria" oder „Enoteca" genannt. Dort können Sie in angenehmer Atmosphäre die besten Weine der Region kennen lernen, dazu oft auch die traditionelle örtliche Küche.

Geld

Auch in Italien gilt der *Euro* (€), d. h. ein etwaiger Geldwechsel fällt nur noch für Schweizer an (1 € entspricht etwa 1,65 SFr). Mit Bankkarte und Geheimnummer müssen Sie keine einzige Bank betreten, um an Geld zu kommen, denn in allen größeren Orten gibt es *Geldautomaten* (Bedienungsanleitung auf Wunsch in Deutsch). Pro Abhebung zahlt man allerdings ca. 5 €. Tipp: mit der Postbank SparCard sind die ersten vier Abhebungen im Jahr gratis (max. 250 € pro Abhebung). Für das

Einlösen von *Reiseschecks* müssen Sie am Bankschalter vorstellig werden, eine kleine Gebühr wird ebenfalls meist fällig.

Information

Italien betreibt in Deutschland drei Fremdenverkehrsämter namens ENIT (Ente Nazionale Industrie Turistiche), in Österreich und Schweiz je eines. In Italien besitzt jede Provinz ein Verkehrsamt, das für die gesamte Provinz Auskünfte gibt, genannt APT (Azienda di Promozione Turistica) oder IAT (Ufficio Informazioni e di Accoglienza Turistica). Zusätzlich verfügen alle Städte und touristisch bedeutsamen Orte über eigene Informationsstellen (Details in den jeweiligen Texten). Vor allem in Südtirol und im Trentino sprechen die Mitarbeiter Deutsch.

• *Italienische Fremdenverkehrsbüros*
Deutschland, Kaiserstr. 65, D-60329 Frankfurt/M. ✆ 069/237434, ✉ 232894, enit.ffm@t-online.de; Mo–Fr 10–17 Uhr, Sa/So geschl.
Friedrichstr. 187, D-10117 Berlin. ✆ 030/2478398, ✉ 2478399, enit-berlin@t-online.de; Mo–Fr 10–17 Uhr, Sa/So geschl.
Lenbachplatz 2, D-80333 München. ✆ 089/53 1317, ✉ 534527, enit-muenchen@t-online.de; Mo–Fr 10–17 Uhr, Sa/So geschl.

Österreich, Kärtner Ring 4, A-1010 Wien. ✆ 0043/1/5051639, ✉ 5050248, www.enit.at, delegation.wien@enit.at; Mo–Do 9–17, Fr 9–15.30 Uhr, Sa/So geschl.
Schweiz, Uraniastr. 32, CH-8001 Zürich. ✆ 0041/43/4664040, ✉ 4664041, enit@bluewin.ch; Mo–Fr 9–17 Uhr, Sa/So geschl.

Internet: www.enit-italia.de

Internet

Wer zwischendurch schnell einmal seine Mails abrufen möchte, kann in größeren Städten auf zahlreiche Internet-Cafés und Call-Shops zurückgreifen. In kleineren Städten finden sich öffentlich zugängliche Terminals gelegentlich in Bars (mit ca. 4–5 €/Std. relativ teuer) oder häufig auch in den Stadtbibliotheken (Biblioteca comunale), dort meist umsonst, dafür nicht immer mit günstigen Öffnungszeiten. Viele Hotels und auch Campingplätze bieten außerdem an WLAN-Hotspots die Möglichkeit zur Einbuchung ins Netz. Dafür braucht man allerdings manchmal ein Guthaben, das sich in den Shops der italienischen Mobilfunkanbieter (TIM, Wind u. a.) erstehen lässt.

Informationsreiche Websites zu den Seen sind z. B. www.gardasee.de, www.lagodigardamagazine.com, www.gardasee-info.de, www.iseosee.info, www.comer-see-italien.com, www.comer-see.net, www.comersee-info.de, www.derlagomaggiore.de, www.lagomaggiore.net, www.ciaolagomaggiore.com und www.reisefuehrer-lagomaggiore.de.

Klima/Reisezeit

Das Klima an den Oberitalienischen Seen ist noch nicht so ausgeprägt mediterran wie in Mittelitalien. Doch an der „Sonnenseite der Alpen" wirkt alles ein bisschen üppiger und intensiver als im germanischen Norden.

In den niedrigeren Lagen zieht der Frühling schon im Februar mit seiner Blütenpracht ein – und noch der Oktober zeigt sich mild und warm. Doch zur gleichen Zeit kann es in der Eisriesenwelt vom oberen Schnalstal kräftig schneien. Wegen

Reisepraktisches

Die Burg von Malcésine kann besichtigt werden

der erheblichen Höhenunterschiede gibt es zwischen Brenner und Poebene bis zu zwanzig Klimazonen – während sich am Gardasee bereits die ersten Urlauber sonnen, sind die Ufer von Pragser Wildsee oder Lago di Misurina in den Dolomiten noch tief verschneit. Generell sind die Temperaturen an den großen Badeseen Lago di Garda, Lago d'Iseo, Lago di Como und Lago Maggiore ganzjährig mild, denn die Berge halten die kalten Nordwinde ab, die großen Wassermassen wirken zusätzlich ausgleichend.

Zu Ostern beginnt die Saison – im *April* und *Mai* grünt und blüht alles in fast subtropischer Vielfalt, Surfer finden ideale Windverhältnisse, die Temperaturen sind mild. Zum Baden ist es allerdings noch zu kühl. Der Mai ist eine wunderbare Zeit für Aktivurlauber, Kultur- und Landschaftsreisende, ebenso die erste *Junihälfte* – es ist warm, aber nicht zu warm. Doch schon im Lauf desselben Monats kann man spüren, wie es Tag für Tag heißer wird, die Badesaison beginnt. Den *August* sollte man – falls man nicht an die Schulferien gebunden ist – besser meiden: Die Badeorte an den Seen sind überfüllt, Staus auf den Uferstraßen und gestresstes Personal gehören zum Alltag. Im *September* beginnen in Bayern und Italien die Schulen, an den noch badewarmen Seen kehrt wieder Ruhe ein. Im Oktober ist Weinernte, die allerorts mit Festlichkeiten begangen wird – in Südtirol trifft man sich zum „Törggelen", aber auch die Pilze sind jetzt reif, die Speisekarten locken mit Wildgerichten und Bergwanderer genießen die letzten schönen Tage.

Wasser-/Lufttemperaturen am Beispiel Gardasee: Im Frühjahr (März bis Mai) beträgt die Wassertemperatur 9–18 Grad, die der Luft 15–24 Grad. Von Juni bis August steigen die Wassertemperaturen von 17 Grad bis zum Spitzenwert von 27 Grad, die Luft hat 24–32 Grad. Im September kommt man noch auf die angenehmen Werte von 22–17 bzw. 28–20 Grad, im Oktober/November fallen sie auf 15–10 und 20–10 Grad.

Museen, Sehenswürdigkeiten, Galerien und Kirchen

Museen und sonstige Sehenswürdigkeiten kosten fast immer Eintritt (meist zwischen 1 und 6 €). Wer nachweislich unter 18 oder über 65 Jahre alt ist, erhält in staatlichen Museen freien Eintritt und Ermäßigung in Museen anderer Träger, auch Schülern und Studenten wird oft Rabatt gewährt. Der Besuch von Kirchen ist in der Regel frei, nur in Verona kosten die wichtigsten Kirchen mittlerweile Eintritt – die Gelder werden zur Restaurierung und zum Erhalt der Kunstschätze verwendet.

Öffnungszeiten: *Kirchen* sind etwa von 7–12 Uhr offen. Dann wird unbarmherzig geschlossen und frühestens gegen 15 Uhr, oft erst 16 Uhr wieder geöffnet bis 19 oder 20 Uhr. Sonntags während den Messen ist keine Besichtigung möglich. Manche Kirchen sind bis auf die Gottesdienstzeiten ständig geschlossen, der Schlüssel ist gelegentlich in der Nachbarschaft erhältlich.

Die Öffnungszeiten von *Museen* und *Sehenswürdigkeiten* sind je nach Saison unterschiedlich und werden nicht selten mehrmals im Jahr geändert. Einzige Konstante ist, dass staatliche Museen montags fast immer geschlossen sind und man sie in den übrigen Tagen zwischen 9–14 Uhr meist geöffnet vorfindet.

Telefon

Öffentliche Telefone funktionieren mit *magnetischen Telefonkarten* (carta telefonica), erhältlich für 5 bzw. 10 € in Tabak- und Zeitschriftenläden, manchmal auch an Rezeptionen von Hotels und Campingplätzen. Vor dem Gebrauch muss die vorgestanzte Ecke abgebrochen werden. Die verbrauchten Beträge liest der Apparat von der Karte ab, bis sie leer ist. Eine zweite Karte kann man nachschieben, ohne dass das Gespräch unterbrochen wird. Die Gültigkeitsdauer der Karten ist meist auf ein oder zwei Jahre begrenzt. Als Alternative dazu gibt es *internationale Telefonkarten* (scheda telefonica internazionale), die etwa 10 € kosten. Damit kann man bis zu 6 Std. in Europa telefonieren und fährt so deutlich günstiger als mit den normalen Telefonkarten. Man führt sie jedoch nicht ins Telefon ein, sondern wählt eine kostenlose Nummer (numero verde), die auf der Karte vermerkt ist – sowohl fürs Festnetz (rete fissa) wie fürs Handy (cellulare). Danach gibt man die Geheimnummer ein, die ebenfalls auf der Karte vermerkt ist, und kann erst dann die Teilnehmernummer wählen. Vor jedem Gespräch wird das Guthaben angesagt.

- Wenn Sie **aus Italien** ins Ausland anrufen: Bundesrepublik Deutschland = 0049; Österreich = 0043; Schweiz = 0041, dann die Null der Ortsvorwahl weglassen.
- Wenn Sie aus dem Ausland **nach Italien** anrufen: aus der BRD = 0039, aus Österreich = 04, aus der Schweiz = 0039. Wichtig: Die **Null der Ortsvorwahl** muss immer mitgewählt werden!
- Wenn Sie in Italien **innerhalb eines Fernsprechbereichs** (Provinz, Großstadt etc.) telefonieren, müssen Sie ebenfalls die Ortskennziffern mitwählen – also innerhalb der Stadt Verona 045, in Mailand 02 etc.
- Werktags zwischen 22 und 8 Uhr und an Sonntagen von 0 bis 24 Uhr telefoniert man billiger.
- Wenn Sie eine italienische **Mobiltelefonnummer** anwählen, muss die 0 weggelassen werden (bei den in diesem Buch erwähnten Nummern bereits geschehen).

▶ **Mobiltelefon**: Sobald sich das Handy in eines der italienischen Handynetze eingebucht hat, kann man fast überall problemlos telefonieren und Anrufe entgegennehmen, Funklöcher treten nur vereinzelt in den Bergen auf. Man zahlt dann die jeweiligen Tarife des italienischen Netzbetreibers, zusätzlich werden für jeden Anruf so genannte Roaming-Gebühren Ihres Mobilfunk-Providers fällig, die jedoch seit 2007 auf Betreiben der EU deutlich reduziert wurden. Spartipp: Wenn man sich vor der Reise beim eigenen Betreiber informiert, welches ausländische Netz das günstigste ist, kann man dieses vorab im Menü des Mobiltelefons einstellen. Wenn Sie aus Deutschland in Italien angerufen werden, zahlen Sie immer die Weiterleitungsgebühren – selbst wenn der Anrufer in Italien ist, wird das Gespräch über Deutschland umgeleitet. Auch für Anrufe auf Ihre Mailbox zahlen Sie doppelt: den Anruf aus Deutschland und die Umleitung auf die Mailbox in Deutschland (Tipp: absolute Rufumleitung Ihres Handys deaktivieren). Für den, der viel telefoniert oder längere Zeit in Italien bleibt, lohnt sich eventuell der Kauf einer italienischen SIM-Karte von einer der vier italienischen Mobiltelefongesellschaften (TIM = Telecom Italia, Omnitel-Vodafone und Wind). Sie kostet ca. 50 €, hat allerdings auch ein Gesprächsguthaben in derselben Höhe. Man bekommt damit eine italienische Nummer und muss die Gespräche, die aus dem Ausland kommen, nicht mitfinanzieren. Beim Kauf muss man den Personalausweis vorzeigen und eine Adresse (auch Hotel o. Ä.) in Italien haben.

Übernachten

An den Seen in Oberitalien finden sich Unterkünfte aller Art – von der stilvollen historischen Villa mit Seeblick bis zur einfachen Pension im alten Stadthaus, vom schlichten Agriturismo-Betrieb in den Bergen bis zum mondänen Vier-Sterne-Hotel im üppigen Landschaftsgarten.

Problemmonate für individuell Reisende sind allerdings Juli und August. Vor allem im August, dem traditionellen Reisemonat für italienische Familienferien, sind in den Seeorten 90 % der verfügbaren Betten und Stellplätze ausgebucht. Vorbestellung ist dann ratsam, sollte jedoch am besten noch im Vorjahr erfolgen, um Erfolg zu haben. In der Hochsaison besteht auch häufig *Pensionspflicht*, d. h. Übernachtung mit Frühstück und mindestens einer Mahlzeit (Halbpension = HP) wird berechnet, außerdem muss man mindestens drei Nächte bleiben. Auch Übernachtung mit Frühstückszwang (offiziell verboten) treibt die Preise oft in unkontrollierbare Höhen – wobei das Frühstück dann oft lächerlich gering ausfällt. Anders in der Nebensaison. Dann sind die Hoteliers froh, ihre Zimmer voll zu bekommen, und man kann noch hier und dort ein Schnäppchen machen. Lassen Sie sich vom italienischen Fremdenverkehrsamt in BRD, CH oder A die alljährlich aktualisierten Unterkunftsverzeichnisse *(Annuario degli Alberghi)* der Region bzw. Provinz oder Stadt schicken, die Sie bereisen wollen. Darin sind alle registrierten Hotels, Pensionen und *locande* (Gasthöfe), oft auch Campingplätze und Ferienwohnungen mit Adresse, genauen Preisangaben, Öffnungszeiten und Hinweisen zur Ausstattung verzeichnet. In der Regel erhalten Sie diese Prospekte auch kostenlos bei den lokalen Informationsämtern. Diese helfen gelegentlich auch bei der Zimmersuche (in Südtirol fast überall, ansonsten eher sporadisch). Eine gute Möglichkeit, sich über Hotels verschiedener Preisklassen zu informieren sowie Reservierungen vorzunehmen, bietet das Internet.

Anbieter von *Ferienwohnungen* findet man im Internet oder über Tages- und Wo-chenzeitungen. Eine große Auswahl an Lago Maggiore und Idro-See besitzt z. B. „Azur Freizeit GmbH" (Kesselstr. 36, D-70327 Stuttgart, ☎ 0711/4093500, ✆ 4093580, www.azur-fewo.de), am Comer See lohnt ein Kontakt mit „La Breva" (Wangener Weg 5, 82069 Hohenschäftlarn, ☎ 08178/9978799, ✆ 9978733, Schweiz ☎ 081/2505044, www.labreva.com), viele Optionen bieten auch www.fewo-direkt.de, www.interchalet.com, www. comerseereisen.com und www.lago-maggiore-urlaub.de. Die immer populärer werdenden *Agriturismo-Höfe* kann man im Internet abfragen und buchen, z. B. über agriturismo.com, agriturist.it, terranostra.it, turismoverde.it u. a. Die Zimmer sind meist funktional ausgestattet, bestechen aber häufig durch die schöne Lage und Aussicht – und die hauseigene Küche ist fast immer erfreulich.

Campingplätze liegen an so gut wie allen Seen, besonders zahlreich sind sie im Südosten des Gardasees, im Süden des Iseo-Sees, um Domaso am Comer See und um Cannobio am Lago Maggiore. Geöffnet sind sie in der Regel etwa April/Mai bis September/Oktober, gelegentlich auch ganzjährig.

Jugendherbergen findet man z. B. in Riva (Gardasee), Como (Comer See) und Verbania (Lago Maggiore) sowie in den Städten Bozen, Bergamo, Mailand, Trento und Verona. Detaillierte Infos im Internet unter www.ostellionline.org.

Die **Hotelpreise** im praktischen Reiseteil dieses Buches sind Zirkapreise und beziehen sich auf ein **Doppelzimmer (DZ) mit Bad** und gegebenenfalls mit Frühstück. **Zimmer mit Etagendusche** sind als solche kenntlich gemacht. Wenn eine Preisspanne angegeben ist, meint die erste Zahl den Zimmerpreis in der **Nebensaison**, die zweite bezieht sich auf die **Hauptsaison** (Juli/August). **Halbpensionspreise** und **Jugendherbergstarife** sind pro Person angegeben.

Gemütliche Bleibe: Hotel San Giorgio in Lenno am Comer See

Morgenstimmung am Kalterer See

Seen um Bozen

Wer über den Brenner nach Italien einreist, kann bereits im Umfeld der Südtiroler Landeshauptstadt gute Bademöglichkeiten in einigen sauberen kleinen Gewässern finden.

Schönster See ist zweifellos der *Kalterer See* direkt an der berühmten „Südtiroler Weinstraße", westlich der Autobahn nach Trento. Zwischen kilometerweiten Rebhängen durchquert man hier das wichtigste Weinbaugebiet Südtirols. Neben den traditionellen roten Vernatsch-Weinen werden inzwischen auch zunehmend Weißweine produziert, die einen ausgezeichneten Ruf genießen. Im Herbst sollte man eine der vielen Torkelstuben besuchen, um den neuen „Gewürztraminer" zu kosten.

Nur einen Katzensprung von Kaltern entfernt liegen mitten in einem Waldgebiet die zwei kleinen *Montiggler Seen*, die sich gut zum ruhigen Spazierengehen und Bootfahren eignen. Außerdem kann man den berühmten *Karer See* – Kaiserin Sissis Lieblingsplatz – von Bozen aus auf der eindrucksvollen „Großen Dolomitenstraße" erreichen oder den idyllischen *Völser Weiher* unterhalb der berühmten Seiser Alm besuchen.

Die Wasserqualität der Südtiroler Seen wird das ganze Jahr über regelmäßig kontrolliert, die Ergebnisse sind nachzulesen unter www.provincia.bz.it/umwelt.htm, Abschnitt „Zustand der Badegewässer Südtirols".

Kalterer See (Lago di Caldaro)

Der beliebteste Badesee Südtirols erstreckt sich inmitten von üppigen Weinhängen, wo buchstäblich jeder Quadratmeter zum Anbau der Reben genutzt wird. Ein idyllisches und friedvolles Fleckchen, das allerdings im Sommer auch viel besucht wird. Das hübsche Dorf Kaltern liegt 4 km nördlich etwas erhöht.

Der Kalterer See gilt – ganz entgegen seinem Namen – als wärmster Alpensee (im Sommer bis 28° C!). Im Jahr 2006 wurde er zudem von der italienischen Umweltschutzvereinigung Legambiente als zweitsauberster See Italiens ausgezeichnet (nach dem winzigen Lago Sirio bei Ivrea im Piemont). Zwar ist die Westseite fast gänzlich verschilft, doch ermöglichen Holzstege den Zugang ins Wasser. An der Nordwestspitze liegt das touristische Zentrum *St. Gretl*, hier gibt es die meisten Übernachtungsmöglichkeiten und das 2006 völlig neu konzipierte Freibad „Lido" mit einer kühn erhöhten Schwimmplattform aus Beton, die im Boden Bullaugen aus Glas besitzt. Weiterhin kann man in den Freibädern „Seegarten" und „Gretl am See" baden, es können Fahrräder und Tretboote gemietet werden, außerdem beginnt hier ein (Rad-)Wanderweg um den See. Etwa 2 km südlich liegt etwas oberhalb vom See die kleine Streusiedlung *St. Josef am See*. Südlich vom See erstreckt sich ein mehrere Quadratkilometer großer Schilfgürtel namens *Moanfleck*, der unter Naturschutz steht und in dem über hundert verschiedene Vogelarten nisten.

Um den See lassen sich Radtouren machen (Broschüren im Tourist-Info von Kaltern), man kann ihn umrunden und auch auf die umliegenden Hügelketten führen zahlreiche Spazier- und Wanderwege, z. B. zur Leuchtenburg und nach St. Peter. Besonders schön ist eine Wanderung durch das so genannte *Frühlingstal (Valle di Primavera)* am Rand des Montiggler Walds, wo im März und April Millionen von Blumen blühen. Und auch für die Kultur ist gesorgt, denn auf der neuen Seebühne finden im Hochsommer regelmäßig die „Kalterer Seespiele" statt.

*A*nfahrt/*V*erbindungen/*Ö*ffnungszeiten

• *Anfahrt/Verbindungen* Wer im Hochsommer mit dem **PKW** zum Baden kommt, sollte das möglichst früh am Morgen tun, da erhebliche Parkplatznot besteht.
Der kostenlose **Seebus** pendelt Mitte Juni bis Mitte Sept. tägl. vom Dorf Kaltern und seinen Fraktionen zum See und zurück, im Juli/August etwa stündlich.
• *Öffnungszeiten/Preise* **Freibad Lido**, Mai bis Okt. 9–19 Uhr, Eintritt ca. 5 €, Kinder (6–16 J.) 2,40 €, ab 60 J. 3,50 €.

*Ü*bernachten

*** Seehotel Ambach, Klughammer 3, avantgardistisches 60-Betten-Haus in der nordöstlichen Seeecke direkt am Ufer, elegant und stilsicher geformt, schöne Terrasse, gepflegte Liegewiese. HP pro Pers. ca. 53–90 €. ℡ 0471/960098, www.seehotel-ambach.com
TIPP! *** Remichhof, St. Josef am See 27, etwa 1 Fußminute vom See, ehemaliger Landsitz zwischen Weinplantagen, seit etwa zwanzig Jahren Pension, grundlegend renoviert. Alles großzügig ausgestattet, geräumige Zimmer mit Teppichboden und Vollholzmobiliar, jedoch nur z. T. Balkon, schöne Treppen aus Tonkacheln, alles pikobello sauber, freundlicher Service durch Familie Maran, eine Frühstücksterrasse. Freier Eintritt im familieneigenen Strandbad. DZ mit Frühstück ca. 70–98 €, wenn möglich reservieren, sehr beliebt. ℡ 0471/960144, ℻ 960011, www.remichhof.it.

*** Seegarten, Kalterer See 17, großes, komfortables Haus direkt neben dem gleichnamigen Strandbad, tagsüber laut, nachts relativ ruhig. 20 Zimmer mit Du/WC, z. T. Balkon, vor dem Haus große Liegewiese und öffentlicher Badestrand. Im Haus Hallenbad und Sauna. HP pro Pers. (incl. Eintritt zum Badestrand, Liegestuhl, Fahrradverleih und Tennis) ca. 65–85 €. ☎ 0471/960260, ✎ 960066, www.seegarten.com

Residence Roland, St. Josef am See 65, ruhige Lage, 150 m vom Seeufer entfernt. Sechs Ferienwohnungen (34–50 qm), jeweils Küche mit Mikrowelle und TV. Parkplatz am Haus, Waschmaschinenbenutzung, Privatstrand mit Liegewiese. Wohnung für 2 Pers. ca. 50–99 € pro Tag. ☎ 0471/960080, ✎ 960726, www.residence-roland.com.

● *Camping* ***** Gretl**, am Nordwestende des Sees, gut ausgestatteter Platz mit Swimmingpool, modernen Sanitäranlagen und ausreichendem Baumbestand. Eigener Strand und Liegewiese, Strandbad und Restaurant „Gretl am See" gleich daneben. ☎ 0471/960244, ✎ 960011.

*** St. Josef, am Südwestufer, einfacher Rasenplatz mit mäßigem Baumbestand, Cafeteria, Laden, deutsche Zeitungen, Sanitäranlagen okay. Ein Badesteg führt durch den Schilfgürtel zum See, für Kinder ist ein eigenes Bassin abgetrennt. ☎/✎ 0471/960170, www.camping-kalterersee.com.

Hinweis: Beide Campingplätze sind im Sommer durchgehend belegt und müssen frühzeitig gebucht werden.

Essen & Trinken/Shopping

Schon seit Jahrhunderten wird am See Wein angebaut, diverse Adelsgüter kreieren mittlerweile Spitzenprodukte, die mit dem früheren Ruf des „Kalterersee" nichts mehr gemein haben.

Gretl am See, das Restaurant beim gleichnamigen Badestrand wird geführt von Ex-Windsurfweltmeister Klaus Maran, der hier auch eine Surfschule betreibt. Leckere und fantasievolle Küche, die asiatische und mediterrane Elemente vereint. ☎ 0471/960273.

Castel Ringberg, St. Josef am See 1, ehemaliges Jagdschloss direkt an der Uferstraße, große Terrasse mit herrlichem Panoramablick, traditionsreiche Kellerei und renommiertes Restaurant, geführt vom ambitionierten Koch Stefan Unterkircher, der bekannt ist für seine innovative Küche. Mo-Abend und Di geschl. ☎ 0471/960010, www.castel-ringberg.com (Kellerei: ☎ 0471/860172, www.elenawalch.com).

Gut Manincor, in der Nachbarschaft von Castel Ringberg liegt die 400 Jahre alte Renaissanceresidenz von Michael Graf Goëss-Enzenberg. Herzstück ist der unterirdische, drei Stockwerk tiefe Weinkeller, der 2004 eröffnet wurde. Die Vielfalt der gräflichen Weine macht die Verkostung zum echten Vergnügen. Mo–Fr 9.30–19, Sa 10–14 Uhr. ☎ 0471/962230, ✎ 960204, www.manincor.it.

Panholzerhof, an der Zufahrt zur Nordwestecke des Sees, historischer Adelssitz mit Kellerei und Buschenschank, geführt von Baron Christian Dürfeld Giovanelli. Buschenschank Juni bis Okt. 17–23 Uhr, Weinverkauf 9–11 und ab 14 Uhr, So geschl. ☎ 0471/960162, www.keil.it.

Kaltern (Caldaro)

(ca. 4000 Einwohner)

Das Weinbauzentrum oberhalb vom See zeigt sich als freundliches Städt-chen mit mittelalterlichen Steinhäusern, Erkern, Türmchen und weit vor-springenden Rundziegeldächern. Die lange Hauptgasse lädt zum entspann-ten Bummeln ein.

Am zentralen *Marktplatz* findet man einen Brunnen mit Mariensäule, die Tourist-Information und Cafés, an einer Längsseite verläuft ein Laubengang. An der Unter-kante steht die *Pfarrkirche* mit Deckenfresken, in die Fassade eingelassen sind Grabplatten mit Totenschädeln im Halbrelief.

Vom Ortsteil Sankt Anton fährt die längste und steilste Standseilbahn Europas – erbaut 1903 unter Kaiser Franz Josef – in 12 Min. hinauf zur 1363 m hohen *Mendel (Mendola)*, dem Hausberg der Kalterer. Oben angekommen, kann man zu verschie-denen Hütten wandern, z. B. in 1 Std. zur gut ausgestatteten *Halbweg-Hütte* (1560 m), weiter südlich liegt die Hütte *Malga Romeno* (1773 m), im Sommer immer Treff-punkt eines fröhlichen Wandervölkchens. In der anderen Richtung erreicht man in etwa 90 Min. den 1738 m hohen *Penegal*, wo man einen herrlichen Blick über das Überetsch (Kaltern und die Nachbargemeinde Eppan) genießt.

*A*nfahrt/*V*erbindungen/*I*nformation

• *Anfahrt/Verbindungen* **PKW**, von Bozen die SS 42 in Richtung Eppan, kurz danach die schmale Weinstraße zum Kalterer See. Oder über die Brennerautobahn bis 15 km süd-lich von Bozen, dort Ausfahrt Egna Ora (Neumarkt Auer) und Beschilderung nach Kaltern folgen. Große Parkplätze liegen am südlichen Ortseingang und oberhalb vom Ort.

Bus, SAD-Busse verbinden mit Bozen, Tra-min und Auer.
• *Information* **Tourismusverein** an der Ober-kante vom Marktplatz. Informatives Unter-kunftsverzeichnis, Stadtplan, Broschüren zu Wandern und Biken (kostenpflichtig), Zim-mervermittlung. Mo–Fr 9–12.30, 13.30–18, Sa 9.30–12.30, 14–18, So 10–12 Uhr.
☏ 0471/963169, 📠 963469, www.kaltern.com.

*Ü*bernachten

*** **Aehrental**, Goldgasse 19, ein wunderbar restauriertes Jagdschloss des 17. Jh. am Rand des historischen Kerns von Kaltern, aufmerksam geführt von Familie Leander Morandell. Behaglich eingerichtete Zimmer mit Parkett- oder Fliesenböden, netten Sitz-ecken, TV und modernen Bädern. Schöner, großer Garten, Restaurant, eigene Liege-wiese mit Privatstrand und Café am See. HP im DZ ca. 75–95 € pro Pers.
☏ 0471/962222, 📠 965941,
www.schlosshotel.it.
*** **Weißes Rössl**, schlossartiges Patrizier-haus mit Erkern und Türmchen ganz zentral am Marktplatz. Innen behutsam moderni-siert, teils gotische Gewölbebögen, Lift, oberes Stockwerk komplett ausgebaut, Zimmer mit schweren Vollholzmöbeln und Teppichböden, Badewanne im Bad. Abge-

schlossener Parkplatz. DZ mit Frühstück um die 76–80 €. ☏ 0471/963137, 📠 964069, www. weisses-roessl-kaltern.com.
** **Roter Adler**, gemütliche Herberge neben dem Weißen Rössl, Zimmer mit TV, abge-sperrter Parkplatz, freier Eintritt ins Strand-bad am See. DZ mit Frühstück ca. 60–71 €.
☏ 0471/963115, 📠 964880,
www.roter-adler.com.
*** **Torglhof**, Saltnerweg 30, gepflegte Frühstückspension im oberen Ortsteil, sauber und modern, 25 Zimmer und 2 Apartments, kleiner Pool im Garten. DZ mit Frühstück ca. 72–80 €. ☏ 0471/962316, 📠 965899, www.torglhof.it.

Ansonsten zahlreiche **Privatzimmer** und **Ferienwohnungen** ab etwa 38 € im Ort und Umgebung, Vermittlung durch Information.

Entspannt bummeln: im Ortszentrum von Kaltern

*E*ssen & *T*rinken/*C*afés/*W*einkeller/*U*nterhaltung

● *Essen & Trinken* **Zum Turm**, Andreas-Hofer-Str. 32, an der Hauptstraße gegenüber der Kirche, gemütliche Sitzgelegenheiten in einer schlauchförmigen Passage, die z. T. mit wildem Wein überwachsen ist. Spezialität sind die Nudelgerichte in der Pfanne (ab 2 Pers.) und die überbackene Gemüsepfanne. So geschl. ✆ 0471/963281.

Kalterer Hof, Goldgasse 23, gutbürgerliche Südtiroler und italienische Küche im Souterrain eines großen Ansitzes aus dem 16. Jh., auch Pizza. Di geschl. ✆ 0471/964343.

Spuntloch, Goldgasse 35, uriger Gewölbekeller im Ansitz Paterbichl (seit 1731) am Rottenburger Platz, oberhalb vom Zentrum. Serviert werden hauptsächlich Grillgerichte, dienstags gibt es Fisch. Mo–Sa 17–23 Uhr, So geschl. ✆ 0471/961062.

● *Cafés* **Zum lustigen Krokodil**, Goldgasse 10/b, Vorzeigeobjekt mitten im Zentrum, Espresso in schönem, neuem Ambiente. Sa-Nachmittag und So geschl. ✆ 0471/965358.

● *Weinkeller* (Buschenschänken) **TIPP!**
Weinhaus Punkt, Marktplatz 3. Altes, vom Wiener Stararchitekten Hermann Czech

ansprechend umgestaltetes Gewölbelokal auf zwei Etagen, eröffnet im Januar 2006. Bei Markus Thaler und Patrick Pfitscher kann man im gediegenen Rahmen die Weine Kalterns probieren und dazu Kleinigkeiten essen. Di–So 7.30–23 Uhr. ✆ 0471/964965.

Torgglkeller, Bichl 2, mitten im Ortszentrum, etwas oberhalb der Hauptstraße. Auf der gut besuchten Terrasse kann man reichhaltige Brotzeitplatten zu sich nehmen oder sich am Salatbuffet laben, winziger Kinderspielplatz ist angeschlossen. So geschl. ✆ 0471/963421,
www.torgglkeller.com.

Drescherkeller, Maria-von-Buolplatz 3, ebenfalls im Ortskern, im früheren Herrensitz. Das „Reich'sche Schlössl" stammt aus dem 16. Jh. und ist seit 1665 in Familienbesitz. Sitzgelegenheiten im Hof, hervorragender Eigenbauwein und kalte Gerichte. 10–20 Uhr, Di geschl. ✆ 0471/963119.

● *Unterhaltung* **Weinstadl**, direkt an der Weinstraße südlich vom Ort, konventionelles Tanzvergnügen für Jung und Alt, gut sortierte Bar, gelegentlich Livemusik. 20–3 Uhr, Di geschl. ✆ 0471/963368.

● *Shopping* Natürlich in erster Linie Wein – im Umkreis des Weinmuseums (→ Kasten) reihen sich die Verkaufsstellen mehrerer Kellereien, wo man die örtlichen Weine degustieren kann: **Vinothek Battisti**, **Kellerei Kaltern**, **E & N (Erste und Neue) Kellerei Kaltern**, weiterhin gibt es den **Drescherkeller** am Maria-von-Buolplatz (→ Weinkeller) und neuerdings das ultramoderne **Winecenter** direkt an der Südtiroler Weinstraße (→ Kasten). **Grödner Holzschnitzer**, neben dem Weinmuseum, typische Schnitzereien aus dem Grödner Tal.

Markt jeden Mittwoch in der Kellereigasse am nördlichen Ortseingang.

● *Sport* Fahrradverleih **Sarner Bike** in der Goldgasse 12c. ✆ 0471/964891, www.sarnerbike.it.

Hallenbad (öffentlich) im Hotel Weingarten, Unterplanitzing 9, ✆ 0471/963387.

Minigolf beim Restaurant Gretl am See, ✆ 0471/960273.

Rund um den Kalterer Wein

● Im **Südtiroler Weinmuseum**, Goldgasse 1, schräg gegenüber vom Weißen Rössl, wird die Geschichte des Südtiroler Weinbaus von den Römern bis heute dargestellt, stimmungsvoll untergebracht in den Gewölberäumen eines früheren Adelskellers (Di–Sa 9.30–12, 14–18, So 10–12 Uhr, Mo geschl., ca. 2,20 €).

● Tägliche Besichtigung der renommierten, über hundert Jahre alten **Kellerei Kaltern** am nördlichen Ortsausgang, direkt an der Südtiroler Weinstraße. Gleich daneben wurde kürzlich von der Wiener Architektengruppe feld72 das edle **Winecenter** erbaut, in dem auf mehreren Stockwerken 420 meist kleinere Weinbauern ihre Produkte zum Verkauf anbieten. Bahnhofstr. 7, ✆ 0471/966067, www.winecenter.it, www.kellereikaltern.com.

Montiggler Seen (Laghi di Monticolo)

Zwei sensible Kleinode liegen nördlich vom Kalterer See, eingebettet in ehemalige Gletschermulden und umgeben vom satten Grün der Nadel- und Laubwälder. Der südlichere See ist ca. 700 m lang, 250 m breit und 17 ha groß, das kleine Gewässer nordöstlich davon besitzt nur 5 ha Fläche.

Wenige Meter vor dem südlichen See passiert man das gediegene Gartenhotel Moser, am Seeufer liegen nebeneinander Hotel Sparer und Restaurant Lido, außerdem das Freibad Lido (www.eppan.com/lido) mit temperierten Becken und Wasserrutschen sowie ein Tretbootverleih. Der Rest des Sees ist unbebaut. Eine Umrundung zu Fuß dauert etwa 1 Std. (Beginn des Wegs zwischen Hotel Sparer und Lido), den nördlichen See kann man in 15 Min. erreichen, außer einer Badewiese mit hölzerner Plattform gibt es dort keine Einrichtungen. In den Feuchtgebieten südlich vom See kann man ebenfalls wandern und von dort auch das Frühlingstal erreichen (→ Kalterer See).

● *Anfahrt/Verbindungen* **PKW**, etwa 6 km Zufahrt ab St.-Michael-Eppan, unterwegs bietet sich der Gasthof Egath mit schlichten Holzbänken auf einer Wiese unter Kastanien für eine Pause an. Oberhalb vom See kann man gratis parken und in ca. 20 Min. hinunterlaufen, direkt am See gebührenpflichtiger Parkplatz.

Bus, mehrmals täglich fährt von Ende Juni bis Anfang Sept. der Seebus (City-Bus) ab Eppan.

● *Übernachten* ****** Gartenhotel Moser**, schmuck herausgeputztes Haus im Tiroler Stil zwischen Apfel- und Weinplantagen. Großer Garten mit schöner Sonnenwiese, schickes Hallenbad, Südtiroler Stubensauna, Dampfbad, Terrassenrestaurant, großer Erlebnisspielplatz mit Tieren (!) für Kinder, Fahrradverleih, Sauna/Wellness- und Beauty-Bereich. Gut eingerichtete Zimmer mit TV und Balkonen mit üppigem Blumenschmuck. Halbpension im DZ ca. 71–

Bootsverleih am größeren der beiden Montiggler Seen

95 € pro Pers., in einer Suite ca. 94–115 €. Ferienwohnungen im nahe gelegenen Örtchen Montiggl. ℰ 0471/662095, ℰ 661075, www.gartenhotelmoser.com.

**** Seehotel Sparer, direkt am See, komfortable Zimmer, idyllische Caféterrasse, Privatbadesteg, Liegeterrasse, Wellness- und Beauty-Bereich. Tagsüber vor dem Haus viel Betrieb durch Badegäste. Halbpension im DZ ca. 71–99 € pro Pers. ℰ/℠ 0471/664061, www.seehotel-sparer.it.

TIPP! Waldthaler Manfred, Montiggl 86/a, freundlich geführte Privatpension eines Weinbauern zwischen Obst- und Weingärten, sehr ruhige Lage. Gut eingerichtete Zimmer, z. T. mit Balkon, Liegewiese und Spielecke. DZ mit Frühstück ca. 50–60 €. ℰ 0471/660685, ℠ 663632, www.waldthaler.com.

> **Achtung**: Wegen des geringen Wasseraustausches sind die zwei kleinen Seen vom „Umkippen" bedroht und werden bereits seit 1978 künstlich mit Sauerstoff versorgt. Es wird darum gebeten, beim Baden wenig Sonnenöl zu verwenden.

Große Dolomitenstraße und Karersee (Lago di Carezza)

Der winzige Karersee (Lago di Carezza) verbirgt sich inmitten von sattem Nadelwald, in seinem glasklaren und tiefgrünen Wasser spiegeln sich die schroffen Zinnen des Látemar-Gebirgszugs. Im 19. Jh. war der Lieblingsplatz Kaiserin Sissis noch still und menschenleer, heute ist er in der warmen Jahreszeit von Ausflüglern überlaufen. Seine natürliche Anmut hat er trotzdem nicht verloren. Prächtig ist auch der Blick auf die Felswand des im Norden ansteigenden Rosengartens.

Zu erreichen ist der Karersee von Bozen auf der „Großen Dolomitenstraße", der wohl berühmtesten Straße Südtirols. Sie ist anfangs extrem kurvig und weist große Höhenunterschiede auf, entsprechend anstrengend ist sie zu befahren. Zunächst nimmt man vom Ortsteil Kardaun die SS 241, die schmal und kurvig dem Wildbach in der extrem steilwandigen Schlucht des *Eggentals (Valle d'Ega)* folgt. Um

Auf dem 2950 m hohen Sass Pordoi

Welschnofen (Nova Levante) weitet sich die Schlucht, bald hat man linker Hand einen herrlichen Blick auf die Wand des *Rosengarten (Catinaccio)* und erreicht den See. Ein Zaun verhindert den direkten Zugang zum Ufer, es gibt aber einen hübschen Rundweg um den nur 300 m langen und 120 m breiten See, von dem man zu mehreren Aussichtspunkten absteigen kann (ca. 45 Min.).

Wenn noch etwas Zeit zur Verfügung steht, sollte man die Dolomitenstraße weiter fahren, den Karer-Pass (1745 m) überqueren und ins *Fassa-Tal (Val di Fassa)* hinunterkurven. Bei *Canazei* beginnt dann eine steile Serpentinenstrecke mit herrlichen Panoramen hinauf zum 2239 m hohen *Pordoi-Joch (Passo Pordoi)*, das die Grenze zur Region Venetien bildet. Auf der Passhöhe kann man die Gelegenheit nutzen und mit der eindrucksvoll konstruierten Seilbahn – eine der längsten freitragenden der Alpen – auf den *Sass Pordoi* hinaufgondeln, die Fahrt auf 2950 m dauert nur wenige Minuten (hin und zurück ca. 12 €, nur hinauf 7,50 €, Fahrten alle 10 Min.), unterwegs genießt man fantastische Ausblicke auf die steilen Felswände und die Dreitausender im Umkreis: Marmolada, Rosengarten und Langkofel. Die Bergstation oben steht auf einem Plateau mit ewigem Schnee. Auf einem gut sichtbaren Weg kann man in einer knappen Dreiviertelstunde wieder zum Pass hinunterlaufen.

● *Übernachten* ***** Rosengarten**, Rosengartenstraße 43, Welschnofen, hoch oben in herrliche Ruhe gelegen, familiär und freundlich geführt, gutes Preis-Leistungs-Verhältnis, prima Essen und toller Blick auf den Rosengarten. DZ mit Frühstück ca. 52–80 €. ✆ 0471/ 613262, ✆ 613510, www.hotelrosengarten.it.

Paolinahütte, vom Ort Karersee (Carezza) fährt ein Sessellift zum bewirtschafteten Rifugio in 2125 m Höhe, wo man von Anfang Juni bis Anfang Okt. übernachten kann. ✆ 0471/612008.

Völser Weiher

Der idyllische See bei Völs (Fiè allo Sciliar) ist einer der reizvollsten Badeseen in Südtirol. Ein Teil des Gewässers steht zwar unter Naturschutz, doch es gibt ein kleines Strandbad, Holzstege und ein schönes altes Gasthaus aus Holz, auch Ruderboote können gemietet werden.

Seen um Bozen

350 km Wanderwege und eine reiche botanische Vielfalt findet man auf der berühmten *Seiser Alm (Alpe di Siusi)* in etwa 1700 bis 2300 m Höhe. Die mit 52 qkm größte Hochebene Europas erstreckt sich zwischen den imposanten Kulissen der mächtigen Bergmassive *Langkofel*, *Plattkofel* und *Schlern* (2564 m), letzterer bekannt als *der* Hexenberg der südlichen Alpen, auf dessen Dach man Reste einer prähistorischen Kultstätte entdeckt hat.

Das pittoreske Städtchen *Kastelruth (Castelrotto)* ist touristisches Zentrum im Umkreis der Seiser Alm. Ende Mai findet hier der „Oswald-von-Wolkenstein-Ritt" statt, ein großes Turnierfest auf Haflinger-Pferden (aus Hafling bei Meran). Weithin berühmt ist die Fronleichnams-Prozession, die jedoch am Sonntag danach stattfindet, da Fronleichnam in Italien kein Feiertag ist. Sehr sehenswert ist das *Schloss Prösels* im Stil der Spätgotik und Renaissance mit prächtigen Sälen und Freskomalereien.

● *Öffnungszeiten* **Schloss Prösels**, Führungen tägl. außer Sa Juli/August 10, 11, 15, 16, 17 Uhr, Juni u. Sept. 11, 14, 15, 16 Uhr, Mai u. Okt. 11, 14, 15 Uhr. Eintritt ca. 4 €, Kinder 6–14 J. 2 €. ✆ 0471/601062, www.schloss-proesels.it.

● *Anfahrt/Verbindungen* Es gibt einen kleinen **Parkplatz** am See, der im Sommer aber stark überlastet ist. Besser, man geht ab Völs zu Fuß (ca. 30 Min.).
Kabinenbahn Seiser Alm, von Sankt Ulrich zur Seiser Alm. Ende Mai bis Ende Okt. tägl. 8.30–18 Uhr, Radmitnahme möglich, hin und zurück ca. 12 €, einfach ca. 8.80 €.
Seiser Alm Bahn, von Seis (Siusi) zur Bergstation in Compatsch, tägl. 8–19 Uhr, hin und zurück ca. 11 €, einfach 8,50 € (www.seiseralmbahn.it).

● *Information* **Tourismusverein Völs**, Bozner Str. 4, Völs am Schlern. Viele Wander- und Radtipps zur Seiser Alm. ✆ 0471/725047, ✉ 725488, www.seiseralm.it.

● *Übernachten* ***** Waldsee**, Weiherstr. 28, gut geführtes Haus direkt am Völser Weiher, ruhige Lage, eigener Badesteg, prima Essen, Hallenbad und Sauna. DZ mit Frühstück ca. 120–175 €. ✆ 0471/725041, ✉ 725745, www.hotel-waldsee.com.

**** Camping Seiser Alm, St. Konstantin 16/a, zwischen Völs und Seis, komfortabler Platz mit reichlich Schatten. ✆ 0471/706459, ✉ 707382, www.camping-seiseralm.com.

Bozen (Bolzano) (ca. 98.000 Einwohner)

Die Hauptstadt Südtirols, heute Italiens nördlichste Großstadt, liegt in einem weiten Talkessel inmitten hoher, grüner Bergrücken. Mit ihren barocken Bürgerhäusern, Erkern, langen Laubengängen und hübschen Lichthöfen wirkt die Altstadt noch durch und durch österreichisch.

Der erste Anblick von der Autobahn erbaut allerdings nur wenig – qualmende Schlote, dreckige Fassaden und lärmender Verkehr prägen die Außenviertel. Seit der Zwangsitalianisierung von 1919 wurde in großem Maßstab Industrie angesiedelt, hauptsächlich Metall verarbeitende Betriebe. Das zog Zehntausende von Arbeit suchenden Süditalienern nach Bozen – mit dem beabsichtigten Effekt, dass die deutschsprachige Bevölkerung in der wichtigsten Stadt Südtirols heute deutlich in der Minderheit ist (ca. 25 %). In der faschistischen Epoche wurde dann die Neustadt westlich vom Zentrum angelegt mit ihren langen, schnurgeraden Straßenzügen monumental, unpersönlich und langweilig zugleich.

Im relativ kleinen historischen Zentrum der alten Handelsstadt kann man schön bummeln, sitzen und beobachten – nach wie vor prallen hier die Mentalitäten aufeinander: alte Tiroler Bergbauern und geschniegelte Italiener feilschen am Obstmarkt, fesche Dirndlmadeln sprechen unter sich ihren nahezu unverständlichen Dialekt, bedienen deutsche Touristen – sichtlich gern – in Hochdeutsch und Italiener – sichtlich ungern – in deren Muttersprache. Die Sehenswürdigkeiten der Stadt waren früher nicht unbedingt hochkarätig zu nennen. Das hat sich jedoch 1998 radikal geändert: Der Gletschermann „Ötzi" im neuen Südtiroler Archäologiemuseum ist eine Weltsensation, seine Besichtigung ein unbedingtes Muss.

Anfahrt/Verbindungen/Information (siehe Karte S. 51)

● *Anfahrt/Verbindungen* **PKW**, von der A 22 Ausfahrt Bozen Nord oder Bozen Süd. Achtung: Bozen ist sehr stauanfällig. Vermeiden Sie Stoßzeiten bei der Fahrt ins Zentrum! Alle Parkplätze um die Altstadt sind gebührenpflichtig. Das große Parkhaus Mitte liegt südlich vom Bahnhof, Tiefgaragen gibt es unter dem Waltherplatz und gegenüber vom Bahnhof.

Bahn, der Bahnhof ist ein Bau aus faschistischer Zeit am Rand des Zentrums. Häufige Verbindungen nach Trento und Verona, stündlich nach Meran. Die Bahnhofsallee führt mit ihren dicht belaubten Kastanien schräg gegenüber zum nahen Waltherplatz.

Bus, Überlandbusse von SAD (www.sad.it) fahren ab Busbahnhof an der Perathoner Str., seitlich der Bahnhofsallee, Fahrpläne und Tarife unter www.sad.it.

Fahrrad (15), kostenloser Verleih (gegen Kaution) an der Ecke Waltherplatz/Bahnhofsallee.

● *Information* **Städt. Verkehrsamt (AAST)**, Waltherplatz 8, reichhaltiges Infomaterial, u. a. umfangreiche Unterkunfts- und Restaurantliste, Wander- und Mountainbike-Broschüre. Mo–Fr 9–18.30 Uhr, Sa 9–12.30 Uhr, So geschl. ✆ 0471/307000, ✉ 980128, www.bolzano-bozen.it.

Waltherplatz und Dom in Bozen

*Ü*bernachten *(siehe **K**arte **S**. 51)*

Die Bozener Hotellerie hat eine ganze Reihe guter und gepflegter Häuser vorzuweisen. Günstiger wohnt man allerdings in den hoch gelegenen Ortsteilen Kohlern und St. Magdalena.

**** Greif (12), das traditionsreiche Hotel in bester Lage präsentiert sich als erstes „Kunsthotel" Südtirols. Alle Zimmer und Suiten sind mit Werken zeitgenössischer Künstler ausgestattet. DZ mit Frühstück ca. 165–245 €. Waltherplatz 7, ℘ 0471/318000, ℘ 318148, www.greif.it.

**** Stiegl (3), Hotel aus der Zeit der Jahrhundertwende mit historischem Flair und modernem Komfort. Großer Garten mit Restaurant und Swimmingpool. Eigener Parkplatz und Tiefgarage. DZ mit Frühstück ca. 95–135 €. Brennerstr. 11 (fünf Minuten vom historischen Zentrum), ℘ 0471/976222, ℘ 981141, www.scalahot.com.

*** Figl (8), traditionelles Stadthaus am stimmungsvollsten Platz im Zentrum, vor kurzem umfassend erneuert, moderne Zimmer mit TV. DZ ca. 98–108 €, Frühstück extra. Kornplatz 9, ℘ 0471/978412, ℘ 978413, www.figl.net.

* Regina A. (16), von außen großer, langweiliger Klotz, relativ laut, aber die sachlich eingerichteten Zimmer sind modern und sauber, neue Bäder, ordentliches Frühstücksbuffet. Kostenlos Parken im Hof (bis 7.30 Uhr) oder im benachbarten Parkhaus (ca. 6 €). DZ mit Frühstück ca. 80–100 €. Rittnerstr. 1 (schräg gegenüber vom Bahnhof), ℘ 0471/972195, ℘ 978944, www.hotelreginabz.it.

● *St. Magdalena* kleines Winzerdorf in steiler Hügellage inmitten von Weinbergen, ca. 20 Fußminuten vom Zentrum. Die genannten Adressen sind auch zum Essen ein Tipp.

*** Magdalenerhof (13), gepflegt-rustikales Haus, aufmerksam geführt von Familie Ramoser. Hervorzuheben sind die idyllische Speiseterrasse und das reichhaltige Buffet,

im Garten ein Pool. DZ mit Frühstück ca. 95–125 €. Rentschnerstr. 48a, ℘ 0471/978267, ℘ 981076, www.magdalenerhof.it.

* Schwarze Katz (14), bei Familie Mayr gibt es günstige DZ für ca. 45–50 € mit Frühstück (nur Etagendusche), dazu ein freundliches Gartenlokal. St. Magdalena 2, oberhalb der Durchgangsstraße, ℘ 0471/975417, E-Mail: schwarze.katze@virgilio.it.

Kandlerhof (18), alter Weinbauernhof ganz zentral bei der winzigen Dorfkirche. Seit mehr als 200 Jahren im Besitz der Familie Spornberger, eigene Weine, spektakuläre Sicht bis hinauf in den Rosengarten. St. Magdalena 30, ℘ 0471/973033, www.kandlerhof.it.

● *Jugendherberge* **Bozen (19)**, große, moderne Herberge in der Nähe vom Bahnhof (nicht IYHF). Zimmer mit einem bis vier Betten und jeweils eigenem Bad, Internet, Waschraum, Infothek. Geeignet für junge Leute, aber auch für Familien. Übernachtung mit Frühstück ca. 19 €. Rittnerstr. 23, ℘ 0471/300865, ℘ 300858, www.jugendherberge.it.

● *Camping* ****** Moosbauer (2)**, an der SS 38 nach Meran, ca. 5 km vom Zentrum (auf Schilder achten). Relativ kleines Rasengelände mit Bäumen, Pool und Ristorante/Bar. Bus 10a ab Bahnhof. ℘ 0471/918492, ℘ 204894, www.moosbauer.com.

*** Steiner (20), an der SS 12 in Leifers (Laives), 7 km südlich von Bozen. Gepflegter Platz zwischen Obstgärten, schattige Stellplätze unter Ulmen. Moderne Sanitäranlagen, Freibad und beheizte Schwimmhalle (im Sommer geschl.), Restaurant im benachbarten Hotel. April bis Okt. ℘ 0471/950105, ℘ 951572, www.campingsteiner.com.

*E*ssen & *T*rinken/*U*nterhaltung *(siehe **K**arte **S**. 51)*

Um den *Obstplatz* liegen die beliebtesten Treffpunkte, die meisten Restaurants gibt es in der *Bindergasse*. Bedienung zweisprachig, Essen sehr österreichisch: Knödel, Rindergulasch, Apfelstrudel und Schlutzkrapfen.

Roter Adler (11), auch „Vögele" genannt, das historische Wirtshaus beim Obstmarkt besitzt eine exquisite alte Holztäfelung. Geboten werden raffinierte Gerichte Südtiroler Art, teils mit internationalem Einschlag.

Abends sitzt das gut betuchte Jungvolk gern beim Bier oder Wein draußen unter den Arkaden. Geöffnet 8–24 Uhr. Zwei Wochen im Juli, außerdem Sa-Abend und So geschl. Goethestr. 3, ℘ 0471/973938.

Vino Veris (17), neues Weinlokal mit Trattoria in den imposanten mittelalterlichen Kellergewölben des ehemaligen „Heilig-Geist-Spitals". Im Sommer kann man draußen am Platz essen, kleine Karte mit hausgemachten Gerichten, dazu exzellente Weinauswahl. Auch oft Party-Events mit Disco. Tägl. 10–1 Uhr. Dominikanerplatz 3/b (direkt neben der Dominikanerkirche → Sehenswertes), ℡ 0471/300892.

Batzenhäusl (1), seit fast 600 Jahren kann man in der ehemaligen Schänke des Deutschen Ordens für einen „Batzen" seinen Schoppen Wein trinken. Hinter der überrankten Fassade verbirgt sich ein kürzlich modernisierter Innenbereich mit kleinem Garten. Serviert werden leckere Südtiroler Gerichte für nicht zu teures Geld. Nur abends geöffnet, dafür warme Küche bis mindestens 1.30 Uhr nachts. Di geschl. Andreas-Hofer-Str. 30, ℡ 0471/050950.

Weißes Rössl (4), traditionelle Gastwirtschaft mit Atmosphäre und großer Auswahl an Südtiroler Fleischgerichten: Gulasch, Schweinshaxe, Bauernplatte etc. Zu erkennen an der hübsch bemalten Fassade. Juli und So geschl. Bindergasse 6, ℡ 0471/973267.

Fischbänke (5), originelle Location am ehemaligen Fischmarkt, geführt von Cartoonzeichner Cobo. Integriert in das Lokal sind die marmornen Fischverkaufstische vor dem Haus, daneben plätschert ein Brunnen. Beliebt zum Brunch: Käse, Bruschetta, Speck am Brett etc. Mitte April bis Mitte Okt., Sa-Abend und So geschl. Dr. Streiter Gasse 26.

● *Kneipen/Nachtleben*   **Hopfen & Co (7)**, Brauerei mit gemütlichem Café/Pub/Restaurant. Treffpunkt junger Leute, die mit ihrem Bier (das im Keller gebraut wird) oder Wein bis auf die Straße stehen, oft Livemusik. Tagsüber treffen sich hier die Marktbesucher zu einem Plausch. Kleine, aber feine Speisekarte. So geschl. Obstplatz/Ecke Silbergasse 36.

Nadamas (6), bunte Szenekneipe direkt am Obstmarkt, Bruschette, Couscous und griechischer Salat, dazu hoher Geräuschpegel. Bis Mitternacht warme Küche. So geschl. Obstmarkt 43/44.

Weitere beliebte Treffs sind das **Lounge Exil Caffè (10)** mit einer Vielzahl von Tee- und Kaffeesorten am Kornplatz 2 (So geschl.) und der Irish Pub **Pogue Mahone's (9)** in der Erbsengasse 10.

● *Eis*   **Gelateria Avalon**, Paolo Coletto verarbeitet für sein hervorragendes Eis ausschließlich frisches Südtiroler Obst der Saison. Freiheitsstr. 44, Nähe Mazzini-Platz.

SHOPPING

Das kommerzielle Herz Alt-Bozens schlägt seit über 800 Jahren in der Laubengasse, dort findet man zahlreiche alteingesessene Geschäfte.

● *Laubengasse/Nordseite* **Tschager**, Nr. 10 (Nähe Rathausplatz), auf fünf Stockwerken Kunsthandwerk und Souvenirs.

Mumelter, Nr. 22/a, feine Tiroler Tuche.

Schwarzer Adler, Nr. 46, historische Apotheke.

Seibstock, Nr. 50, weit gefächerte Auswahl an Delikatessen aus Italien und anderen Ländern.

Rizzolli, Nr. 60, umfangreiche Hutkollektion.

● *Laubengasse/Südseite* **Zimmermann**, Nr. 21, seit dem 19. Jh. Importeur für Porzellan aus ganz Europa.

Sportler, Nr. 37, eins der führenden Sporthäuser in Europa, zahlreiche Filialen in Norditalien und Österreich.

Südtiroler Werkstätten Atesini, Nr. 39, im barocken Merkantilpalast des 18. Jh. sind kunsthandwerkliche Produkte aus ganz Tirol ausgestellt, z. B. Holzartikel, Puppen und Glas.

Athesia, Nr. 41, größte Buchhandlung Südtirols.

Oberrauch Zitt, Nr. 67, führender Hersteller von Kleidung aus Loden. Modehaus seit 1836, Manufaktur und Museum im Pustertal.

Calligari Fulterer, Nr. 69, Delikatessenladen mit Süßigkeiten, Essig, Öl, Spirituosen und Wein.

Apotheke zur Madonna, Ecke Laubengasse/Kornplatz, besteht seit 1443, schönes barockes Schnitzwerk.

● *Märkte* **Samstagsmarkt**, 8–14 Uhr großer Markt am Siegesplatz aus faschistischer Zeit, jenseits der Talferbrücke. Hauptsächlich Textilien und Schuhe.

Obstmarkt, Obst und Gemüse Mo–Fr 8–19 Uhr und Sa-Vormittag am Obstplatz (→ Sehenswertes).

Bauernmarkt, Direktverkauf Südtiroler Bauern dienstags 7–12.30 Uhr am Mazziniplatz.

100 m

Bozen (Bolzano)

Sehenswertes

Zentrum der Stadt ist der angenehm offen gebaute *Waltherplatz* mit prächtigem Blick auf die steilen Hänge ringsum. Dominierend steht in der Platzmitte das Denkmal des berühmten Südtiroler Minnesängers *Walther von der Vogelweide*, der im Vogelweider Hof bei Lajen (Laion) oberhalb von Klausen geboren wurde. Die große *Pfarrkirche*, ein schöner gotischer Baukörper mit mehrfarbigem Dach, wurde nach schweren Weltkriegsbeschädigungen komplett restauriert. Das Innere ist schlicht gehalten – Kreuzrippengewölbe, reliefverzierte Kanzel aus Sandstein, hohe, goldene Seitenaltäre, Freskenreste, heller Chorumgang.

Nur wenige Schritte weiter Richtung Westen steht die *Dominikanerkirche* mit angeschlossenem Kloster. Der lange Kirchenraum wird durch einen Lettner in zwei Bereiche geteilt. Die schmale *Johannes-Kapelle* rechts vom hinteren Hauptschiff ist

Reiche Auswahl am Obstmarkt

vollständig mit eindrucksvollen bunten Fresken der Giotto-Schule ausgemalt (14. Jh.), die Szenen der biblischen Geschichte darstellen. Ebenso schön geschmückt ist der benachbarte *Kreuzgang* (Eingang Nr. 19/a).

Nördlich vom Waltherplatz liegt der Fußgängerbereich Bozens mit dem lang gestreckten *Obstplatz*, in dessen Buden jeden Vormittag außer sonntags ein malerischer Obst- und Gemüsemarkt stattfindet. Wahrzeichen des Marktes ist der weiße *Neptunbrunnen* an der Ecke zur Laubengasse.

Geradeaus kommt man nach wenigen Metern zur *Franziskanerkirche* mit Kloster. Am eindrucksvollsten ist hier der Kreuzgang, über dem die Zellen der Mönche liegen. Links herum gehend kann man auf naiv anmutenden Ölgemälden in düsteren Farben die Geschichte des Franz von Assisi verfolgen.

Am Obstplatz beginnt auch die schönste Straße der Stadt, die schmale *Laubengasse* mit pastellfarbenen Erkerhäusern und prächtigen Bogengängen, unter denen zahlreiche alteingeführte Geschäfte liegen. Damit eine größtmögliche Zahl an Läden untergebracht werden konnte, sind sie oft handtuchschmal, ziehen sich aber tief in die Häuser. Dazwischen öffnen sich immer wieder schmale Durchgänge, die zu den typischen Lichthöfen führen. Seitlich von der Laubengasse, auf dem verkehrsberuhigten *Kornplatz*, findet man einige gemütliche Restaurants und Cafés.

Im westlichen Ortsteil Gries (Talfer überqueren und die pompöse Freiheitsstraße entlang) kommt man schließlich zur *Grieser Pfarrkirche* mit dem herrlich geschnitzten Altar des berühmten Südtiroler Bildhauer Michael Pacher.

● *Öffnungszeiten/Preise* **Pfarrkirche**, Mo–Fr 10–12, 14–17 Uhr, Sa 10–12 Uhr; 14–16 Uhr, So 13–17 Uhr.
Dominikanerkirche, Mo–Sa 9.30–17 Uhr, So 13–17 Uhr.

Franziskanerkirche, Mo–Sa 8.15–12, 14.30–19 Uhr.
Grieser Pfarrkirche, April bis Dez. Mo–Fr 10.30–12, 14.30–16 Uhr, Sa/So geschl., ca. 1,50 €.

Stadtführungen: Wegen des großen Interesses an „Ötzi" veranstaltet das Verkehrsamt für ca. 12 € pro Pers. 1–2 x wöch. eine Führung mit Besichtigung des Archäologischen Museums. Einen Rundgang ohne Ötzi gibt es ca. 4-mal wöch. für ca. 4 € pro Pers. jeden Mittwoch und Samstag. Anmeldung jeweils am Tag vorher bis 18 Uhr.

MuseumCard: Für 2,50 € kann man diese Karte erwerben, mit der in den Bozener Museen und im Schloss Runkelstein Ermäßigungen gewährt werden.

Museen

Stadtmuseum (Sparkassenstr. 14): umfangreiche Sammlung zur Kulturgeschichte und Volkskunde Südtirols, darunter historisches Mobiliar, gotische Skulpturen, Fastnachtsmasken, Trachten und Gemälde.
Öffnungszeiten/Preise Di–Sa 10–18, Mi 10–20 Uhr, Mo geschl., Eintritt ca. 5 € (mit Schloss Runkelstein 10 €).

„Ötzis" letzte Ruhestätte

1998 wurde das hochmoderne Südtiroler Archäologiemuseum in der Museum-Str. 43 eröffnet. Bei fast 100 % Luftfeuchtigkeit und -6 Grad Celsius liegt hier der 5300 Jahre alte mumifizierte Leichnam von Ötzi hinter Glas. Diese Bedingungen entsprechen exakt den klimatischen Gegebenheiten des Gletschers in 3000 m Höhe, wo ihn ein Nürnberger Ehepaar im Spätsommer 1991 im ewigen Eis entdeckt hatte (→ S. 62). Der Anblick dieses verkrümmten Menschen, der drei Jahrtausende vor Christus lebte, ist ein einzigartiges Erlebnis. Klein und zerbrechlich liegt er da, wirkt fast beseelt. Zum Zeitpunkt seines Todes war er etwa Mitte Vierzig, ein für die Jungsteinzelt sehr hohes Alter. Er litt an Halswirbelabnutzung, Arterienverkalkung und Arthrose der Hüftgelenke. Ums Leben gekommen ist er wahrscheinlich im Kampf, denn an seinem Kupferbeil konnte man mittels Gen-Analyse das Blut mehrerer Menschen nachweisen und er selber wies mehrere Verletzungen auf. Die bislang vertretene Theorie, dass Ötzi ein Pfeil, der ihm von hinten das linke Schulterblatt durchschlug, den Tod brachte, wurde 2007 von der Europäischen Akademie Bozen in Frage gestellt: Der Gletschermann habe einen schweren Schlag auf den Kopf bekommen, sei daraufhin mit dem Rücken auf einen Stein gefallen und an einem Schädel-Hirn-Trauma gestorben. Ausgestellt sind auch die umfangreichen Reste seiner Kleidung und Ausrüstung – besonders erstaunlich ist dabei, wie sorgfältig alle Teile verarbeitet wurden.
Ötzi steht im Zusammenhang einer chronologisch aufgebauten Sammlung: Im Erdgeschoss findet man die Steinzeit, im ersten Stock die Kupferzeit (mit Ötzi), darüber Bronze- und Eisenzeit sowie Römerzeit bis zum Frühmittelalter.
Öffnungszeiten Mai bis Sept. Di–So 10–18 Uhr, Do 10–20 Uhr, Mo geschl.; Okt. bis April Di–So 9–17 Uhr, Do 10–19 Uhr, Mo geschl. Eintritt ca. 8 €, Senioren ab 65 J., Schüler und Stud. bis 27 J. ca. 6 €, Kinder bis 6 J. frei. ✆ 0471/320100, www.iceman.it.

Naturkundemuseum (Bindergasse 1): die geologische Entstehungsgeschichte Südtirols und seiner Lebensräume, außerdem ein großes Meerwasseraquarium.
Öffnungszeiten/Preise Di–So 10–18 Uhr, Mo geschl., Eintritt ca. 5 €.

Seen um Bozen

Merkantilmuseum (Silbergasse 6): 1997 wurde ein prächtiger Renaissancepalast zwischen Silber- und Laubengasse, früher Sitz des städtischen Handelsgerichts, zum Museum umgebaut. Bei einem Rundgang kann man die Räume mit einer reichhaltigen Sammlung von barocken Gemälden und Möbeln besichtigen.
Öffnungszeiten/Preise Mo–Sa 10–12.30 Uhr, Eintritt ca. 3 €.

Bozen/Umgebung

Drei Seilbahnen tragen ihre Passagiere in wenigen Minuten aus dem Kessel hinauf in die klare Luft der Berge – auf den *Ritten*, nach *Kohlern* und nach *Jenesien*.

Das bis zu 1000 m hohe Hochplateau des *Ritten (Renon)* zwischen Eisack- und Sarntal ist seit Jahrhunderten Sommerfrische der Bozener. Mit der längsten Seilschwebebahn der Welt (4556 m) geht es ab Talstation an der Rittnerstr. (ca. 500 m rechts vom Bhf.) in 12 Min. nach *Oberbozen (Soprabolzano)* (Achtung: Bis Anfang 2009 wird die Seilbahn renoviert, in dieser Zeit verkehren nur Busse). Von dort zuckelt eine museale Bimmelbahn 7 km bis *Klobenstein (Collalbo)* in 1150 m Höhe. Kurz vor Oberbozen passiert man die so genannte „Erdpyramiden", bis zu 30 m hohe Erdsäulen, die an der Spitze jeweils einen Deckstein tragen.

Burg Runkelstein thront auf einem steilen Fels am Eingang des Sarntals (Stadtbus 12, zu Fuß ca. 30 Min. oder per Rad immer an der Talfer entlang). Im Westhaus ist ein wertvoller Freskenzyklus aus dem 14. Jh. erhalten, der das weltliche Leben an einem mittelalterlichen Hof darstellt. Die schöne Burgschänke lädt zur Rast ein.

Östlich von Bozen ragt die steile Wand des berühmten *Rosengarten (Catinaccio)* auf – so genannt, weil er bei den richtigen klimatischen Bedingungen zum Sonnenaufgang und -untergang fast unwirklich rot leuchtet.

Der schöne *Durnholzer See* liegt im Talschluss des Durnholzer Tals (Valdurna) nördlich von Bozen und ist ein beliebtes Sommerausflugsziel. Man kann ihn in etwa einer Stunde umrunden.

Öffnungszeiten/Preise **Burg Runkelstein**, Di–So 10–18 Uhr, Mo geschl., Eintritt ca. 8 €, Stud. ca. 5,50 €, nur mit Führung. ℡ 0471/329808 (Italien: 800-210003).

Messner Mountain Museum Firmian in Schloss Sigmundskron

Unübersehbar thront die imposante Ruine südwestlich der Stadt über der Etsch. Reinhold Messner hat hier 2006 nach dreijähriger Sanierung ein großes Bergmuseum eröffnet, die alten Mauern wurden dabei durch eine moderne Konstruktion aus Stahl und Glas ergänzt. Das Museum zeigt auf 1100 qm die Bedeutung der Berge für den Menschen, thematisiert sind die Geschichte des Alpinismus und die Auswirkungen des Tourismus auf Natur und Umwelt. In einer Grotte wird die Sagenwelt der Dolomiten dargestellt, ein wichtiger Schwerpunkt sind auch tibetische Ausstellungsstücke.

Öffnungszeiten/Preise März bis Dez. Di–So 10–18 Uhr, letzter Einlass 17 Uhr. Mo geschl. Eintritt ca. 8 €, Kinder 6–14 J. 3 €, Stud., Oberschüler und Senioren ab 65 J. 6 €, Familienkarte 18 €. ℡ 0471/631264, www.messner-mountain-museum.it.

Kulinarischer und optischer Genuss: Apfelernte im Vinschgau

Seen im Vinschgau (Val Venosta) und in den Seitentälern

Der Vinschgau bietet eine interessante Anreisevariante zum Brenner. Man fährt über den Reschenpass und anschließend das lang gestreckte Tal der Etsch entlang, das sich zwischen Ötztaler Alpen und Ortler-Gruppe wunderschön hinunter nach Meran zieht.

Aus 1500 m geht es in sanften Kurven hinunter bis auf 500 m Meereshöhe. Gleich nach der Grenze passiert man den hoch gelegenen *Reschensee* und den sich südlich anschließenden *Haidersee*. Die ruhigen Orte im Oberen Vinschgau bieten eine erholsame Alternative zum Trubel weiter unten, doch die Sommer sind kurz und die Temperaturen oft frisch. Im Mittleren und Unteren Vinschgau folgt dagegen ein gut besuchter Fremdenverkehrsort dem anderen. Ampeln sorgen oft für kilometerlange Staus, die neue vierspurige Schnellstraße zwischen Meran und Bozen bringt jedoch mittlerweile spürbare Entlastung. Die einzigen beiden Seen sind der *Zufrittsee* und der *Vernagter Stausee*, beide hoch oben in schmalen Seitentälern gelegen und über reizvolle Bergstraßen zu erreichen.

Einzigartig im Vinschgau sind die so genannten „Waale", ein Netz von Bewässerungskanälen, die kilometerweit die Hänge des niederschlagsarmen Tals entlang führen. Die begleitenden Wege sind für Wanderer ein äußerst attraktives Betätigungsfeld. Besonders reizvoll ist der Vinschgau im Frühherbst zur Apfelernte – viele Quadratkilometer sind mit Plantagen voller großer saftiger Früchte in bester Qualität bedeckt, ein Genuss für Auge und Gaumen, Verkaufsstände findet man dann an vielen Straßen.

Versunken im Reschensee: der Kirchturm von Graun

Reschensee (Lago di Resia)

Der gut 8 km lange Reschensee in 1500 m Höhe unmittelbar nach dem Grenzübergang ist kein natürliches Gewässer, sondern ein Stausee – wie so viele im nördlichen Grenzbereich Italiens, die die Versorgung der Großstädte in der Poebene gewährleisten.

Bereits 1920 begann man hier mit der Anlage eines kleinen Sees. Während der faschistischen Epoche wurde er wesentlich vergrößert und als 1949 trotz heftigster Proteste der Bewohner die heutige Staumauer gebaut wurde, überflutete der nunmehr stark erweiterte neue See das gesamte Dorf *Graun* samt all seiner Landwirtschaftsflächen am Ostufer. Fast tausend Menschen waren von der Katastrophe betroffen und wurden zur Umsiedlung gezwungen, 181 Häuser wurden gesprengt und 120 bäuerliche Betriebe verloren ihre Existenzgrundlage. Seitdem ragt nur noch der heute mit Beton ausgegossene Kirchturm von Graun über den Wasserspiegel hinaus und hat den Touristikmanagern so ein äußerst plakatives Werbemittel verschafft – kaum ein Bild des Reschensees, in dem nicht der im Wasser stehende Kirchturm den Vordergrund bildet.

Die Orte am See sind leider ein wenig durch die stark befahrene Durchgangsstraße SS 40 in Mitleidenschaft gezogen, die ja eine wichtige Alpentraversale darstellt (→ Anreise).

▶ **Reschen (Resia)**: Die größte Ortschaft am See liegt am nördlichen Seeende. Wegen der häufigen frischen Brise, die über die Berge weht, trifft man hier vor allem Windsurfer und Segler. Es gibt einen Strandbereich mit Liegewiese (Zugang am südlichen Ortsausgang bei Pizzeria Aladdin), wo auch Tretboote verliehen werden. Der Seerundweg ist mit seinen 31 km für Fußgänger etwas zu lang, beliebt ist aber die Radrundfahrt um den See, Verleihstationen gibt es in Reschen mehrere. Oder man macht eine Wanderung ins kleine Dorf *Rojen (Roja)* , das 500 m oberhalb vom Westufer liegt (hin und zurück gut 4 Std.). Das dortige gotische Kirchlein St. Nikolaus aus dem 13. Jh. ist überraschend reich mit spätmittelalterlichen Fresken der Meraner Schule ausgestattet (Schlüssel im Gasthof Rojen/Bergkristall). Eine Seilbahn führt außerdem vom nordwestlichen Seeende nach *Schöneben* in 2100 m Höhe hinauf (Juli bis Sept. ca. 8 x tägl.).

• *Anfahrt/Verbindungen* SAD-Busse von und nach **Mals** ca. 11 x tägl., dort Anschluss an den Vinschgerzug.

• *Information* **Verkehrsamt Vinschgauer Oberland**, an der Durchgangsstraße, schräg gegenüber vom Seehotel. Mo–Sa 9–12, 14.30–18 Uhr, So geschl. ✆ 0473/737090, ✉ 633140, www.reschenpass.it.

• *Übernachten* ***** Seehotel**, Via Nazionale 19, ein wenig altmodisch, aber Panoramablick auf den See und Hallenbad (15 x 7 m). HP pro Pers. im Sommerhalbjahr ca. 52–76 €, im Winter teurer. ✆ 0473/633118, ✉ 63 3420, www.seehotel.it.

Villa Claudia Augusta, ein wenig oberhalb vom See, größere, gepflegte Pension mit Zimmern und Apartments, Sauna im Haus. Von Familie Ziernhoeld aufmerksam geführt. DZ mit Frühstück ca. 55–60 €. ✆ 0473/633160, www.ziernhoeld.it.

Garni Marlene, gemütliches und modern ausgestattetes Haus an der Durchgangsstraße, die Zimmer liegen zum See hin, jeweils Balkon und schöner Blick, Liegewiese, Schaukel, Tischtennis, gutes Frühstücksbuffet. DZ mit Frühstück ca. 55–60 €. ✆ 0473/633123, ✉ 632529, www.garni-marlene.com.

• *Essen & Trinken* **TIPP! Schlössl am See**, am Seeufer entlang zur Talstation der Schöneben-Bahn, prächtiges „Schlössl" mit mehreren Terrassen in unschlagbarer Lage direkt am Seeufer, dazu günstige Preise, z. B. Bikerteller für 6,50 € und Salat 2,50 €. Mit Zimmervermietung. ✆ 0473/633533, www.schloessl-reschenpass.net.

Aladdin, Nationalstr. 5, gute Pizzeria am südlichen Ortsausgang, feine mediterrane Küche und fangfrischer Fisch, auf Lavastein zubereitet. Am Di (außer Juli/August) „All-you-can-eat-Buffet" für ca. 7 €. ✆ 0473/633075, www.pizzeria-aladdin.it.

Garni Wallnöfer, an der Durchgangsstraße, freundlicher Bikertreff, lockere Atmosphäre, auch Pizza wird serviert. Mit Zimmervermietung. ✆ 0473/633227, ✉ 632319, www.moto-bike-wallnoefer.it.

• *Sport* mehrere Radverleiher an der Durchgangsstraße, z. B. **Sport Winkler** neben dem Tourist Info, ✆ 0473/633126.

> **Drei Länder Rad- und Bikearena**: Die Tourismusverbände des Schweizer Engadin, des Südtiroler Vinschgau und der österreichischen Region Nauders haben die schönsten Radtouren in der 3-Länder-Region zusammengestellt und bieten geführte Touren verschiedener Schwierigkeitsgrade mit geprüften Guides (www.rad-bike-arena.com).

▶ **Graun (Curon)**: Der kleine Ort am Ostufer ist durch die oben angesprochene Überflutung bekannt, er wurde am Rande des entstandenen Sees wieder neu aufgebaut. In einem Holzpavillon beim Parkplatz (im Hochsommer gebührenpflichtig) gegenüber vom Kirchturm ist die leidvolle Geschichte der Seestauung dokumentiert. Spazieren gehen kann man von hier aus auf dem gut ausgebauten Seerundweg, Baden an einem kleinen Strand unterhalb vom Parkplatz – wem das nur 17–18 °Celsius kalte Wasser zu frisch ist, der kann ins beheizte Freibad von Graun ausweichen. Das Motorschiff „Hubertus" unternimmt von Mitte Juli bis Ende September täglich Rundfahrten (Start 15 Uhr vom Anleger am Kirchturm), geboten werden auch Wandertaxis zur Grauner Alm (Malga di Curon).

Haidersee (Lago di Muta)

Der ruhige See mit flachen Grasufern und Wald erstreckt sich unmittelbar südlich vom Reschensee, der Hauptort St. Valentin (San Valentino) liegt am Nordende.

Das fischreiche Gewässer besitzt die angeblich größten Renken im Alpenraum und ist deshalb vor allem bei Anglern beliebt. Ruderboote werden zahlreich beim

Bootshaus von St. Valentin vermietet (ganzer Tag ca. 13 €, halber Tag 10 €). Eine Fischerkarte kostet pro Tag 21 €, zzgl. Lizenz von 31 € für die gesamte Saison (Ende April bis Okt.). Man bekommt sie direkt im Bootshaus, in der Bäckerei Angerer in St. Valentin und im Gasthof Alpenrose bei den Fischerhäusern „Case dei Pescatori" (ausgeschildert). Von St. Valentin startet eine Seilbahn auf die *Haideralm* in 2120 m Höhe (Ende Juni bis Ende Sept. 9–12, 13–16.30 Uhr, jeweils zur vollen Std., www.haideralm.it).

Am Südrand der Hochebene stehen zwei markante Windräder, dann geht es in steilen Serpentinen hinunter in den Vinschgau.

• *Übernachten* **Garni Regina**, Kirchgasse 6, einfache Pension mit Liegewiese bei der Talstation der Seilbahn, Blick auf Haideralm und Ortler. DZ mit Frühstück ca. 44–55 €. ☎ 0473/634601, 634275, www.garni-regina.com.

Camping Thöni, kleiner Wiesenplatz zwischen Reschen- und Haidersee, 5 Fußminuten von St. Valentin. 30 Stellplätze auf einer schattenlosen Wiese, moderne Sanitäranlagen, Spielplatz und Aufenthaltsraum mit TV. ☎ 0473/634020, 🖷 634121, www.camping-thoeni.it.

▸ **Mals (Malles)**: etwa 8 km südlich des Valentino-Sees, größter und attraktivster Ort im Oberen Vinschgau, dessen Türme weithin das Tal überragen. In der Nähe des neuen Bahnhofs findet man das Erlebnis-, Frei- und Hallenbad „Sportwell" mit langer Wasserrutsche und großer Liegewiese (www.freibad.it). Über dem nahen Dorf Burgeis thront das imposante, ganz in Weiß gehaltene *Benediktinerkloster Marienberg*, über Jahrhunderte hinweg kulturelles Zentrum des Vinschgaus. Sieben Patres und vier Brüder leben und arbeiten hier zusammen. Sehr sehenswert ist die Krypta mit bedeutenden romanischen Fresken aus dem 12. Jh.

Mit dem Vinschgerzug durch den Vinschgau

Nach 16-jähriger Schließung wurde 2005 die Vinschgau-Bahn zwischen Mals und Meran neu eröffnet. Die Strecke war bereits 1906 angelegt worden und brachte damals dem Tal einen großen wirtschaftlichen Aufschwung. Nach dem Ersten Weltkrieg sollten die Österreicher als Reparationszahlung an Italien die Bahn von Mals über den Reschenpass bis Landeck weiterführen. Das Vorhaben wurde jedoch durch den Zweiten Weltkrieg unterbrochen. 1989 wurde die Strecke von Meran nach Mals wegen mangelnder Rentabilität stillgelegt. Nun transportieren hochmoderne und farbenprächtig bemalte Triebwagenzüge etwa stündlich Urlauber und Einheimische auf der 60 km langen Strecke – sie benötigen dafür nur etwa 1 Std. und sind damit gut 30 Minuten schneller als SAD-Busse.

• *Öffnungszeiten/Preise* **Marienberg**, Führungen Juli/August Mo–Fr 10, 11, 15 und 16 Uhr, Sa 10 und 11 Uhr, Mai, Juni und Okt. Mo–Fr 10.45 und 15 Uhr, Sa 10.45 Uhr. Übrige Zeit nur nach Voranmeldung unter ☎ 0473/831306, www.marienberg.it. Eintritt ca. 3 €.
• *Übernachten* **Camping Mals**, netter, kleiner Terrassenplatz fast unmittelbar vis-à-vis der Bahnstation (→ Kasten). Sanitäranlagen pikobello, Spielplatz und Bar. Freier Eintritt im Bad Sportwell, Sauna zum halben Preis. ☎ 0473/835179, 🖷 845172, www.campingmals.it.

Camping Zum Löwen, Wiesenplatz im Nachbarort Tartsch, auch hier freier Eintritt im Bad von Mals. ☎ 0473/831598, 🖷 831598, www.camping-loewen.it.
Camping Sägemühle, weitgehend schattenloser Wiesenplatz in Prad an der Zufahrt zum Stilfserjoch. Tipp ist das platzeigene Hallenschwimmbad, in der Nähe liegt ein Freibad, zu dem man Freikarten erhält. ☎ 0473/616078, 🖷 617120, www.campingsaegemuehle.com.
• *Essen & Trinken* **TIPP! Remo**, neue, gemütlich-rustikale Pizzeria am nördlichen Orts-

eingang vom Nachbarort Tartsch, schöner Garten, die Gaststube mit Bruchsteinmauern, im Keller Platz zum Törggelen. Für Kinder gibt es einen Streichelzoo mit Lama, Hängebauchschwein und „Heuschnugge"

(Schaf). Außer Pizza auch leckere Speisekarte der Saison, im Herbst z. B. frische Pfifferlinge mit Polenta. Do geschl. ✆ 0473/835210.

▶ **Glurns (Glorenza)**: etwas abseits der SS 40, kleines historisches Städtchen mit der einzigen vollständig erhaltenen Stadtbefestigung Tirols, dank der malerischen Ringmauer mit ihren Wehrtürmen ein viel besuchtes Ausflugsziel.

Übernachten **** **Camping Gloria Vallis**, neu angelegter Vier-Sterne-Zeltplatz, moderne Sanitäranlagen, große Stellplätze, die angepflanzten Bäume sind aber noch recht klein. ✆ 0473/835160, ✆2 845767, www.gloriavallis.it.

▶ **Schluderns (Sluderno)**: Der letzte Ort im oberen Vinschgau wird überragt von der großen *Churburg*, einer der besterhaltenen Burgen Südtirols mit prächtig bemaltem Arkadenhof und einer der größten Waffenkammern Europas.

Öffnungszeiten/Preise **Churburg**, Ende März bis Ende Okt. Di–So 10–12, 14–16.30 Uhr, Mo geschl.; Eintritt ca. 8 €, nur mit Führung (www.churburg.com).

Spektakulärer Alpentransit: Übers Stilfser Joch zum Comer See

In *Spondinig (Spondigna)* beginnt die legendäre Auffahrt zum *Stilfser Joch (Passo dello Stelvio)*. In Trafoi fängt die eigentliche Bergstraße an, die sich in extremen Kurven bis in 2578 m Höhe schraubt und zu den großartigsten Alpenstraßen gehört. Die ehemalige Militärstraße wurde Anfang des 19. Jh. von den Österreichern errichtet, die damit den Zugang zur unterworfenen Lombardei sicher stellen wollten. Heute kann man hier über Bormio, Tirano und Sondrio zum Nordende des Comer Sees (→ S. 247) gelangen. Bei der Auffahrt ist allerdings Vorsicht angebracht, denn zahlreiche Motorradfahrer testen auf der engen Straße ihr Können.

▶ **Schlanders (Silandro)**: Der Hauptort des Vinschgaus besitzt ein hübsches Zentrum mit ausgedehntem Fußgängerbereich, in dem viele Cafés zum Verweilen einladen. Der schlanke, 96 m hohe Kirchturm der Pfarrkirche ist der höchste Südtirols.

● *Information* **Tourismusverein Schlanders**, Göflaner Str. 27, zentral in der Stadt. Großes Angebot an Prospekten. Mo–Fr 9– 12.30, 14–19, Sa 9–12.30 Uhr. ✆ 0473/737050, ✆ 621615, www.schlanders-laas.it.

▶ **Latsch (Láces)**: Das historische Städtchen besitzt eine Vielzahl von Kirchen und Kunstwerken, die *Pfarrkirche* und der Zinnenturm der Burg Latsch (nicht zu besichtigen) stehen direkt an der Durchgangsstraße. In der *Spitalkirche zum heiligen Geist* ist ein prachtvoller gotischer Flügelaltar des schwäbischen Meisters Jörg Lederer erhalten, die Gemälde an den Rückseiten der Flügel stammen von einem Schüler Dürers. In der außerhalb liegenden *Bichl-Kirche* am Ortsausgang in Richtung Kastelbell steht ein 5000 Jahre alter Menhir mit rätselhaften Ritzzeichnungen. Mit dem Sessellift kann man auf die *Tarscher Alm* hinauffahren und in etwa 90 Min. zum kleinen *Tarscher See* wandern, der umgeben von Fichtenwäldern in 1828 m Höhe malerisch an der Nordseite des Ultnerkammes liegt.

● *Information* **Tourismusverein Latsch**, Hauptstr 38/a, Mo–Fr 9–12, 15–18, Sa 9– 12 Uhr. ✆ 0473/623109, ✆ 622042, www.latsch. suedtirol.com.

● *Übernachten* *** **Dietl**, H.-Pegger-Str. 6, familiäre Pension mit großem Pool und Liege- wiese. DZ mit Frühstück ca. 54–60 €. ✆ 0473/ 623195, ✆ 7231039, www.pensiondietl.it.

** **Obstgarten**, Krummweg 22, in Goldrain bei Latsch, gepflegtes Haus mit Garten, guten Zimmern und Apartments. DZ mit Frühstück ca. 41–44 €, Apartment für 2 Pers.

Seen im Vinschgau

40–50 €. ✆ 0473/742168, 📠 740976, www. obstgarten.it.

**** Camping Latsch, schöne Stellplätze auf einem Wiesengelände bei Latsch an der Etsch, trotz der nahen SS 38 relativ ruhig, Frei- und Hallenschwimmbad sowie Sauna. Mit angeschlossenem Gasthof. Ganzjährig. ✆ 0473/623217, 📠 622333, www.camping–latsch.com.

*** Camping Cevedale, Vinschgauerstr. 59, baumbestandenes Wiesengelände in Goldrain, nagelneue Sanitäranlagen und Erleb-

nisschwimmbad. März bis Nov. ✆ 0473/742132, 📠 740584, www.camping-cevedale.com.

● *Essen & Trinken* **TIPP! Sonneck**, in Allitz bei Schlanders, das viel gelobte Restaurant von Herbert Thanei besitzt eine Terrasse mit wunderbarer Aussicht, serviert werden Südtiroler Spezialitäten mit stets frischen Zutaten (auch vom Biohof), angenehme Atmosphäre, kinderfreundlich und nicht zu teuer. Di geschl. ✆ 0473/626589, www.gasthaus-sonneck.it.

Martelltal (Val Martello) und Zufrittsee (Lago di Gioveretto)

Von Latsch (Láces) fährt man auf steiler, schmaler und kurviger Straße mit vielen prächtigen Panoramen etwa 18 km das Martelltal hinauf, bis man den malerisch abgelegenen Stausee in etwa 1850 m Höhe erreicht, der hier 1957 angelegt wurde.

Über den Beginn des Tals wacht die pittoreske Burgruine von *Kastelbell*. Später durchquert man die Dörfer *Ennewasser* und *Martell* mit verschiedenen Unterkünften. Kurz bevor die Straße steil zum See ansteigt, kommt man zu den berühmten Erdbeerplantagen des Tals, den höchstgelegenen der Alpen – die süßen Früchte wachsen bis in 1800 m Höhe und werden im August geerntet, im Juni wird ein großes Erdbeerfest gefeiert. Ein Gehege mit Lamas liegt inmitten der Erdbeerfelder. Kurz danach fährt man zehn extrem steile Kehren (14 %!) hinauf und durch einen kleinen Tunnel. Gleich danach erreicht man die mächtige Staumauer. Hier gibt es einige wenige Parkplätze, wo man das Seepanorama in voller Schönheit genießen kann, herrlich ist auch der Blick auf die vergletscherte *Zufallspitze* (3700 m) im

Am Zufrittsee

Lamagehege an der Auffahrt zum See, im Hintergrund Erdbeerfelder

Talschluss. Auf sehr schmaler Straße mit einigen uneinsehbaren Engstellen (hupen!) geht es bis zum südlichen Seeende. Dort passiert man zunächst das „Zufritthaus" und kurz danach das Hotel „Zum See", beide mit gebührenpflichtigen Parkplätzen. Die Straße führt nun noch ein Stück weiter hinauf zu den Berggasthöfen „Borromeohütte", „Enzianhütte" und „Schönblick". Auch hier gibt es wieder mehrere Parkplätze, die im Sommer oft schon morgens besetzt sind, denn sie sind Ausgangspunkt für mehrere schöne und durchgängig gut ausgeschilderte Wanderwege. So kann man in 40 Min. zur Zufallhütte (2265 m) aufsteigen, in 2 Std. zur Martellhütte in 2610 m Höhe (✆ 335-5687235, www.martellerhuette.com) wandern – dabei kommt man am „Bau" vorbei, den Resten des ersten Staudamms von 1891 – oder einen 10 km langen Gletscherlehrpfad begehen (ca. 4–5 Std.). Außerdem kann man vom Alpengasthof Zufritt aus in etwa 2 Std. auf den Wegen 20 a, 6/8 und 10 eine Rundwanderung zur Lyfi-Alm (2165 m) und zurück machen.

▶ **Seeumrundung**: Beim Gasthof „Zum See" am südlichen Seeende beginnt ein breiter Spazierweg (Weg 36), der gut ausgebaut (kinderwagentauglich) und mit schönen Panoramen am Ostufer entlangführt, unterwegs passiert man den Zufrittbach, der hier weiß schäumend in den See strömt. Am nördlichen Seeende kann man dann über die hohe Staumauer zur schmalen Straße am Westufer gelangen und auf ihr zurück zum Ausgangspunkt gehen – dabei aber erhöhte Vorsicht wegen des Verkehrs! Gesamtlänge etwa 6 km, Dauer ca. 2 bis 2 ½ Std.

● *Anfahrt/Verbindungen* **SAD-Busse** fahren mehrmals tägl. von Latsch bis Martell, von dort gibt es um 9.30 Uhr morgens eine Verbindung zu den Gasthöfen oberhalb vom Zufrittsee (zurück ca. 17 Uhr). An allen Haltestellen hängen die Fahrpläne aus. **Parken** kostet ca. 0,50 €/Std. und 3 €/Tag.

● *Übernachten/Essen & Trinken* **Ortlerhof**, Ennewasser 174, Martell, 10 km vor dem Zufrittsee. Aufmerksam geführte Pension, guter Standard, überdachter Pool, Liegewiese, Whirlpool und Sauna. DZ mit Frühstück ca. 50–60 €. ✆ 0473/744518, 🖷 745235, www.ortlerhof.com.

Wanderer oberhalb vom Zufrittsee

Stallwies, Waldberg 1, Martell. Familie Stricker bewirtschaftet in 1953 m Höhe den höchstgelegenen Hof des Martelltals. Jausenstation in prachtvoller Panoramalage, kleiner Streichelzoo, einige Gästezimmer. DZ mit Frühstück ca. 50–57 €. ☎/☏ 0473/744552, www.stallwies.com.

* Alpengasthof Zufritt, kurz vor Seeende direkt oberhalb vom dicht bewaldeten Ufer. Zehn einfach eingerichtete Zimmer, teils mit Balkon, dazu Sauna und gute Küche mit Vollwertkost, auch viel Vegetarisches. Dank der freundlichen Bewirtung durch Familie Stieger (Oma Frieda, Rita, Josef und Koch Alois) kehren viele Stammgäste immer wieder gerne zurück. Restaurant mit Außenterrasse (kein Seeblick). DZ mit Frühstück ca. 46–60 €. ☎ 0473/744772, ☏ 744775, www.zufritt.com.

*** Hotel zum See, modernisiertes Haus am Seeende beim Beginn des Rundwanderwegs, geführt von Familie Fleischmann. Die Küche ist auf Forellengerichte spezialisiert und bietet dafür ein gutes Dutzend Zubereitungsarten, auch Wild wird angeboten. Zimmer mit Balkonen, am Haus eine Bergwiese mit Liegestühlen. DZ mit Frühstück ca. 75–125 €, auch HP möglich. ☎ 0473/744668, ☏ 745348, www.hotelzumsee.com.

• *Shopping*   **MEG Martell** (Marteller Erzeuger Genossenschaft), Ennewasser 249. Erdbeeren im Direktverkauf, an der Straße in Martell beschildert. ☎ 0473/744700.

Schnalstal (Val di Senales) und Vernagter Stausee (Lago di Vernago)

Östlich von Latsch passiert man den Eingang zum imposanten Schnalstal, das als Zugang zum ganzjährig nutzbaren Skigebiet von Kurzras (Corteraso) in den Ötztaler Alpen dient und 1991 durch den Fund des Gletschermanns „Ötzi" weltbekannt wurde (→ S. 53).

Über dem Taleingang thront hoch über der SS 38 *Schloss Juval* aus dem 13. Jh. Mitte der 1980er Jahre hat es der Extremkletterer und Abenteurer Reinhold Messner gekauft und seitdem Zug um Zug renoviert. Zu besichtigen sind eine reichhaltige Sammlung von Stücken aus Tibet sowie Masken aus vier Kontinenten und eine Bergbildergalerie. Nach der Besichtigung kann man sich im Buschenschank „Schlosswirt Juval" stärken (→ unten).

Das Tal ist anfangs schluchtartig eng, mittlerweile kann man aber auf einer neuen Straße mit zwei Tunnels (116 bzw. 300 m lang) bequem einfahren. Einen Stopp wert ist das ruhige Örtchen *Karthaus (Certosa)* mit dem ehemaligen *Kloster Allerengelsberg*. Die Bauern des Tals waren den Karthäusermönchen abgabepflichtig und zerstörten das Kloster in den Bauernkriegen von 1525, doch erst im 18. Jh. wurde es endgültig aufgelöst. Daraufhin holten die Bauern sich aus den Mauern, was nicht niet- und nagelfest war, und bauten die Zellen zu Wohnungen um – daraus entstand allmählich der Ort, der noch heute großteils aus den Überresten des Klosters besteht. Zu besichtigen sind der lange Kreuzgang, an dem die ehemaligen Zellen der Mönche liegen (im Sommer werden hier Werke Südtiroler Künstler ausgestellt), die gut erhaltenen Ringmauern mit Schießscharten, das Priorhaus und die

Seen im Vinschgau

Schaftrieb im Schnalstal

Mitte Juni treiben die Schnalstaler Hirten ihre Schafherden über das Eis des Niederjochs (3012 m) auf die Hochgebirgsweiden des Venter Tals (hinteres Ötztal) in Österreich, wo sie seit Jahrhunderten Weiderechte haben. Der 44 km lange und äußerst strapazenreiche Marsch dauert zwei Tage, beim Aufstieg muss ein Höhenunterschied von 3200 m bewältigt werden, beim Abstieg nach Norden 1800 m. Diesen uralten Verbindungsweg über den Alpenhauptkamm hat auch schon Ötzi begangen. An zwei Wochenenden von Anfang bis Mitte September kommen sie wieder zurück – Ereignisse, die immer viele Zuschauer anziehen und einmal in Vernagt, einmal in Kurzras mit einem großem Fest gefeiert werden. Musik spielt auf, Bierbänke und eine Bar werden aufgebaut. Dort kann man dann z. B. die Schnalser Schneemilch kosten, ein Dessert aus Brot, Milch, getrockneten Früchte und Sahne. Die einzelnen Schafherden sind farblich markiert und werden derweil in provisorischen Pferchen gehalten, die Hirten stehen für alle Fragen Rede und Antwort. Informationen über die jeweils aktuellen Termine gibt es beim Tourismusverein Schnalstal.

Heiliggrabgrotte („Gruttn"), eine Nachbildung des Grabes Christi in Jerusalem (Übersichtsplan auf dem Dorfplatz).

Wenige Kilometer weiter liegt bei *Unser Frau in Schnals (Madonna di Senáles)* der „Archeoparc Schnals". Hier wird seit 2001 versucht, Ötzis Zeit zu rekonstruieren. Das Museum führt in die Welt der Jungsteinzeit ein, im Freigelände stehen rekonstruierte Behausungen, man kann Brot backen, Bogen schießen und Tongefäße formen, lernt Feuerstein, Wolle und Leder zu verarbeiten.

▸ **Vernagter Stausee (Lago di Vernago)**: Wenn man die letzten Serpentinen zum See hinauffährt, erblickt man von unten bereits die große Staumauer, die völlig mit Gras überzogen ist und so wie ein streng symmetrischer Naturhang wirkt – ein eigenartiges Bild. Im sonnenreichen Weiler *Vernagt* angekommen, genießt man den Blick über den tiefblauen See inmitten waldreicher Hänge. Man kann auch die Staumauer begehen, mit deren Bau ein gutes Dutzend Bauernhöfe und die Kirche von Vernagt (Vernago) überflutet wurden. Auf einem Fußweg ohne größere Höhenunterschiede lässt sich der See im Rahmen einer leichten Wanderung in ca. 2 ½–3 Std. umrunden, dabei werden zwei Hängebrücken passiert.

▸ **Kurzras (Corteraso)**: architektonisch leicht futuristisch wirkende Hotelsiedlung in 2012 m Höhe am Ende des Tals, im Winter von Skifahrern frequentiert, im Sommer kommen die Wanderer. Man kann ganzjährig das 10 x 25 m große Olympiahallenbad besuchen oder mit der Schnalstaler Gletscherbahn, der höchsten Seilschwebebahn Europas, bis auf über 3200 m hinauffahren (noch weiter geht's oben per Sessellift) – und eventuell wieder hinunterlaufen. In der Bergstation ist die „Ötzi Show Gallery" dem legendären Gletschermann gewidmet, der 1991 im ewigen Eis des Schnalser Similaungletschers gefunden wurde, 93 m von der österreichischen Grenze entfernt, aber noch auf Südtiroler Seite. Das Berghotel Grawand bei der Bergstation ist das höchstgelegene Hotel Europas und organisiert im Sommer Fahrten mit dem „Ötzi-Express", einer geschlossenen Pistenraupe, ins Eis des Gletschers. Schöne Alternative ist die Fahrt mit dem Sessellift ab Kurzras zur Lazaunalpe und der anschließende Abstieg.

• *Anfahrt/Verbindungen* **Busse** von Naturns im Vinschgau bis Kurzras verkehren etwa 8 x tägl.

• *Information* **Tourismusverein Schnalstal**, Karthaus 42, I-39020 Schnalstal, ✆ 0473/-679148, ✆ 679177, www.schnalstal.it.

• *Öffnungszeiten/Preise* **Schloss Juval**, Palmsonntag bis 30. Juni und 1. Sept. bis Anfang Nov. Do–Di 10–18 Uhr, Mi und Juli/August geschl. (dann bewohnt Reinhold Messner das Schloss selbst); Führungen auf Deutsch jeweils zur vollen Stunde. Eintritt ca. 7 € (Familien 15 €), Stud., Oberschüler und Senioren 6 €, Kinder (6–14 J.) ca. 3 €. Achtung: Keine Parkmöglichkeit am Schloss, Parkplatz im Tal, von dort Shuttle-Bus ab 9.30 Uhr hinauf oder zu Fuß auf dem Waalweg von Tschars (ca. 1 Std.). ✆ 0348/4433871, www.messnermountainmuseum.de.

Archeopark Schnals, April bis Anfang Nov. Di–So 10–18 Uhr, Mitte Juli bis Ende August tägl. Eintritt ca. 8 €, Schüler 5 €, Familienkarte 18 €, Kinder bis 6 J. frei. ✆ 0473/676020, www.archeoparc.it.

Olympiahallenbad Kurzras, tägl. 8–11, 15–20 Uhr, ✆ 338-9612643, www.olympiahallenbad.com.

Schnalstaler Gletscherbahnen, Seilbahn Mo–Fr 8.30–16.30 Uhr, Sa/So ab 7.30 Uhr (im Winter tägl. ab 8.30 Uhr), hin/zurück ca. 20,50 €, Kind 15 €; Sessellift Grawand nur bis 13 Uhr. ✆ 0473/662171, www.schnalstal.com.

Ötzi-Express, tägl. Mitte Juni bis Mitte Sept., Treffpunkt 11 Uhr an der Rezeption des Berghotels Grawand. Dauer ca. 1 ½ Std., Preis ca. 18,50 €, Kind 12,50 €. Anmeldung bei der Hotelrezeption, ✆ 0473/662118, ✆ 662172, info@grawand.com.

Lazaun Sessellift, Ende Juni bis Mitte Sept. 9–12.30, 13.30–16.30 Uhr, Preis einfach ca. 8 €, Kind 6,50 €.

Seen im Vinschgau

Schnalstaler Gletscherbahn: höchste Seilschwebebahn Europas

● *Übernachten/Essen & Trinken* *** **Schnals**, Karthaus Nr. 60, gemütliches Haus mit großer Sonnenwiese und Terrasse an der Durchgangsstraße. Tipp für Motorradfahrer, Besitzer Stefan Kofler ist selbst Biker, bietet Touren, eine Motorradwerkstatt und eine Garage. Gute Küche im Haus, zudem kleines Hallenbad und Sauna. Shuttletaxi zum Stausee, nach Kurzras etc. DZ mit Frühstück ca. 64–84 €. ✆ 0473/679102, ✆ 677007, www.hotel-schnals.it.

** **Leithof**, in Vernagt an der Durchgangsstraße, ordentliche Pension mit Liegewiese und Sauna direkt oberhalb vom Ufer des Vernagter Stausees. DZ mit Frühstück ca. 60–90 €. ✆ 0473/669678, ✆ 669755, www.leithof.com.

● *Essen & Trinken* **Schlosswirt Juval**, schöner, alter Bauerngasthof neben Schloss Juval, Monika Schölzhorn bietet Südtiroler Spezialitäten, die Zutaten stammen von Messners Biohof „Oberortl" und einem kleinen Weinhof. Mi geschl. ✆ 0473/668056.

Zur Goldenen Rose, schöne, sonnige Lage am Ortseingang von Karthaus, man sitzt vor dem Haus und genießt die Südtiroler Gerichte mit Zutaten aus dem eigenen Gemüsegarten. Tipp ist das Knödel-Degustations-Menü. ✆ 0473/679130.

Grüner, mehrere Generationen alter Familienbetrieb am autofreien Dorfplatz von Karthaus, direkt an die Klosterkirche und das Priorhaus angebaut. Gepflegtes Speisen in den Mauern des ehemaligen Klosters, gute lokale Speisekarte. ✆ 0473/6791.

TIPP! Finailhöfe, oberhalb vom Vernagter Stausee, auf engsten Serpentinen geht es hinauf zu den ehemaligen, über 800 Jahre alten Bauernhöfen mit der höchstgelegenen Jausenstation der Alpen, wo man auf der Terrasse selbst gemachten Speck, Rotwein, Käse, die leckeren Schnalser Nudeln und den herrlichen Blick genießen kann.

Piccolo Hotel Gurschler, in Kurzras, beliebtes Restaurant mit sonnigem Wintergarten. ✆ 0473/662100.

Wer bei der Weiterfahrt nach Süden eine Alternative zur Schnellstraße von Meran nach Bozen sucht, kann die panoramareiche Höhenstraße über Lana nach Fondo westlich über dem Etschtal wählen (SS 238). Dort genießt man im ersten Teil überwältigende Blicke auf das tief unten liegende Tal, danach geht es durch die üppigen Apfelgebiete der „Zona del Golden Delicious" bis zum Stausee Lago di Santa Giustina im Trentino (→ S. 89).

Am Lago di Cavazzo im nördlichen Friaul

Seen in den Dolomiten und im Nordosten Italiens

Die majestätische Dolomitlandschaft im östlichen Südtirol und Veneto lässt nur Raum für kleine Seen, die aber mit ihren tiefgrünen Wasserflächen, in denen sich die umliegenden Wälder spiegeln, zu den schönsten im Alpenraum gehören. Dazu kommen die Gewässer der Julischen Alpen und Voralpen im äußersten Nordosten des Landes, wo mit dem Parco Naturale Dolomiti Friulane auch einer der größten und landschaftlich unberührtesten Naturparks der Alpen liegt.

Manche der Seen sind nicht natürlichen Ursprungs, sondern Stauseen mit imposanten Mauern. Zum genussvollen Baden sind sie – je nach Höhenlage – oft etwas zu frisch, Wassersport wird aber auf den meisten von ihnen betrieben. Tragische Berühmtheit hat der Lago del Vajont erreicht, wo ein Erdrutsch in den sechziger Jahren über 1500 Tote forderte. Die wichtigsten städtischen Zentren der Seenregion sind der Wintersportort *Cortina d'Ampezzo*, wo 1956 die Olympischen Winterspiele ausgetragen wurden, und die in den südlichen Voralpen gelegene Provinzhauptstadt *Belluno*. In der nordöstlichen Region Friaul-Julisch Venetien ist das pittoreske Städtchen *Venzone* ein angenehmer Anlaufpunkt.

Im Folgenden die wichtigsten Seen von West nach Ost.

Pragser Wildsee (Lago di Bráies)

Für manche der schönste See der Dolomiten – ein tiefgrünes Gewässer in 1500 m Höhe im Naturpark Fanes-Sennes-Prags, ringsum dicht bewaldet und eingefasst von imposanten Felszinnen.

Nicht selten ist der See noch bis in den Mai zugefroren, im Sommer herrscht dagegen oft reger Andrang. Am Nordende steht das große, altehrwürdige Hotel „Pragser Wildsee", dort kann man parken und in einem Café am See einkehren. Das Hotel besitzt ein Archiv zur Zeitgeschichte, in dem die wechselvolle Geschichte des Hauses dokumentiert wird, nach der Befreiung von der Naziherrschaft diente das Hotel z. B. als Auffanglager für nach Südtirol verschleppte prominente KZ-Häftlinge, darunter der bekannte Pfarrer Martin Niemöller (www.archivpragserwildsee.it).

Die Seeumrundung zu Fuß dauert eine knappe Stunde (ca. 3,5 km). Man wandert am besten zunächst an der Ostseite entlang bis zur Südostecke, dort teilt sich der Weg. Rechts geht es am See weiter, links kann man zum Rifugio Biella in 2327 m Höhe am *Seekofel (Croda di Becco)* aufsteigen.

● *Anfahrt* Von Bruneck geht es parallel zum Fluss Rienz das weitgehend flache Pustertal nach Osten. Kurz nach dem schmalen See von Welsberg (Monguelfo) zweigt eine 9 km lange Straße nach Süden zum Pragser Wildsee ab.

Regelmäßige **Busverbindungen** gibt es in der warmen Jahreszeit ab Bruneck.

● *Information* **Tourismusverein Pragser Tal**, Außerprags 78. ☎ 0474/748660, ✆ 749242, www.pragsertal.info.

● *Übernachten* **Pragser Wildsee**, hundertjähriges Haus direkt am See. 160 Betten, nostalgische Atmosphäre, Zimmer mit Balkon, nach vorne traumhafter Seeblick, großes Restaurant, Tennis und Wassersport. HP pro Pers. ca. 45–75 €. ☎ 0474/748602, ✆ 748752, www.pragserwildsee.com.

Weitere Hotels stehen an der Zufahrtsstraße zum See.

**** Camping Olympia bei Niederdorf (Villabassa), an der SS 49. Schöner Platz direkt am Fluss Rienz, mit Freibad. ☎ 0474/972147, ✆ 972713, www.camping-olympia.com.

Die Pfarrkirche im Zentrum von Cortina d'Ampezzo

Seen im Höhlensteintal (Val di Landro)

Beim Südtiroler Sommerkurort *Toblach (Dobbiaco)* zweigt die SS 51 nach *Cortina d'Ampezzo* ab, das bereits im Veneto liegt. Die Straße führt durch das teils schluchtartig wirkende Höhlensteintal, in dem manche Schneerinnen selbst den Sommer überdauern. Man passiert zunächst den beliebten *Toblacher See (Lago di Dobbiaco)* mit Zeltplatz, Caférestaurant und Bootsverleih, später den tiefgrünen *Dürrensee (Lago di Landro)*. Kurz danach öffnet sich linker Hand ein Seitental, das den Blick auf die mächtige Berggruppe der *Drei Zinnen (Tre Cime di Lavaredo)* freigibt. Hier kann man auf der „SS 48 bis" nach etwa 7 km den idyllischen Lago di Misurina erreichen (→ S. 70), der bereits in Venetien liegt.

Übernachten ***** Camping Toblacher See**, schöner Platz mit modernen Sanitäranlagen und Restaurant am See. ✆ 0474/972294, 🖅 976647, www.toblachersee.com.

Cortina d'Ampezzo   (ca. 7000 Einwohner)

Der berühmte Wintersportort liegt eingebettet zwischen mächtigen Dolomitenzinnen. 1956 wurden hier die Olympischen Winterspiele ausgetragen, was Cortinas Reputation bis heute prägt – von Dezember bis März tummeln sich oft bis zu 40.000 Gäste gleichzeitig in Cortina. Und auch im Hochsommer flüchten viele Italiener vor der Hitze in die kühleren Berge. Die wunderschöne Umgebung bietet zahllose Wandermöglichkeiten, diverse Seilbahnen und Sessellifte erklimmen die Steilhänge rundum. Im Mai und Juni ist dagegen Nebensaison, überall wird renoviert und vieles ist geschlossen.

Vom Ortsbild her bietet Cortina nicht viel, besitzt aber hübsche alpenländische Architektur mit Holzbalkonen und eine lange Fußgängerzone. Die große Pfarrkirche *Santi Filippo e Giacomo* wurde 1775 an der Stelle eines älteren Marienheiligtums erbaut. Sie fällt durch ihren eleganten weißen Turm aus Dolomitkalk auf, auf dessen Spitze eine mächtige goldene Kugel mit Kreuz thront, das Glockenspiel ist dem von Big Ben nachempfunden. Im Inneren finden sich reichhaltige Barockaltäre, Fresken des 18. Jh. und täuschend echt gemalte Stuckverzierungen. Wenige Schritte entfernt steht die hisotrische *Ciasa de Ra Regoles* mit einer Gemäldegalerie moderner Kunst (Museo d'Arte Moderna „Mario Rimoldi") sowie einer Fossilien- (Museo Paleontologico „Rinaldo Zardini") und Volkskundesammlung (Museo Etnografico „Regole d'Ampezzo").

Anfahrt/Verbindungen/Information/Öffnungszeiten

• *Anfahrt/Verbindungen* **PKW**, von Norden kommend über Bruneck (Brunico) und Tobler (Dobbiaco) das **Höhlensteintal** (Val di Landro) entlang oder von Bozen die fantastische **Große Dolomitenstraße** (Grande Strada delle Dolomiti) nehmen (→ Südtirol). **Bahn/Bus**, nächster Bahnhof in Toblach (Dobbiaco), 32 km nördlich (Region Trentino-Südtirol). Busstation an der Via Marconi im oberen Teil von Cortina.

• *Information* **APT** an der Piazzetta San Francesco 8, unterhalb der Pfarrkirche. Es wird Deutsch gesprochen. Liste von Hotels und Privatunterkünften, Stadtplan, Umgebungskarte mit Wanderwegen, Sportmöglichkeiten. Tägl. 9.30–12.30, 15.30–18.30 Uhr, ✆ 0436/3231, 🖅 3235, www.apt-dolomiti-cortina.it.

• *Öffnungszeiten/Preise* **Museen**, Mitte Juni bis Mitte Sept. Di–So 10–12.30, 16–19.30 Uhr, Juli/August tägl. 10–12.30, 16–20 Uhr und Weihnachten bis Ostern tägl. 16–19.30 Uhr. Übrige Zeiten nach Vereinbarung unter ✆ 0436/2206; Einzelpreis 2,50 €, Sammelticket 4,50 €.

Übernachten

Hotellerie auf hohem Niveau, was sich auch auf die Preise bezieht, jedoch starke Schwankungen zwischen Haupt- und Nebensaison. Unterkünfte mit Ristorante in der Regel nur mit Halb- oder Vollpension. Es gibt auch zahlreiche Privatzimmer und Apartments im Ort, DZ ab etwa 40 € (Liste im Tourist-Büro).

*** Menardi, Via Majon 110, im nördlichen Ortsbereich, direkt an der Einfallstraße von Toblach. Alteingesessenes Haus mit ausgezeichnetem Ruf, seit mehreren Generationen von Familie Menardi geführt. Einrichtung traditionell-alpenländisch, freundlicher Service, großer Garten und Parkplatz DZ mit Frühstück ca. 90–210 €. ✆ 0436/883400, 🖅 867510, www.hotelmenardi.it.

** **Villa Alpina**, Via Roma 72, hübsch aufgemacht im traditionellen Stil eines Bauernhauses, mit Garten und Parkplatz. DZ mit Frühstück ca. 70–170 €. ✆ 0436/2418, ✉ 867464, www.villaalpina.it.

** **Villa Gaia**, Via delle Guide Alpine 96, pieksaubere Zimmer in der Nähe vom südlichen Ortsausgang (von der Via Roma rechts ab). DZ mit Frühstück ca. 80–160 €. ✆ 0436/2974, ✉ 862170, www.hotelvillagaia.it.

• *Camping* Wenige Kilometer unterhalb der Stadt auf dem Campo di Sopra am Fluss Boite liegen drei Campingplätze, beschildert an der SS 51: **** **Cortina** (ganzjährig), ** **Rocchetta** (Juni bis Sept.) und ** **Dolomiti** (Mai bis Sept.), von der Stadt stündlich zu erreichen mit Bus 2 ab Piazza Roma. Ein weiterer Platz, **** **Olympia** (ganzjährig), liegt oberhalb von Cortina d'Ampezzo an der Straße nach Dobbiaco (Toblach).

Stellplatz für Wohnmobile am nördlichen Ortseingang.

Essen & Trinken/Nachtleben

Über siebzig Restaurants und Pizzerien bieten teilweise erstklassige Küche, besonders schön sitzt man in den außerhalb gelegenen Restaurants.

Baita Fraina, allein stehendes Haus in ruhiger Hügellage südlich von Cortina, zu erreichen auf einem schmalen Sträßchen ab SS 51 (beschildert). Bei der engagierten Familie Menardi fühlen sich vor allem Familien mit Kindern wohl, denn es gibt eine große Spielwiese, die man von der Sonnenterrasse einsehen kann. Auch tagsüber gut als Zwischenstopp geeignet. Menü um die 30–45 €. Mit Zimmervermietung. Mo und Mai/Juni sowie Okt./Nov. geschl. ✆ 0436/3634.

Lago Ghedina, großes Ausflugslokal in herrlicher Lage am gleichnamigen See, knapp 5 km westlich vom Zentrum. Mit Zimmervermietung. Ganzjährig geöffnet, Di geschl. (in Mai/Juni sowie Okt./Nov. nur Fr, Sa und So geöffnet). ✆ 0436/860876.

Il Ponte, Via B. Franchetti 8, Pizzeria am Flusslauf des Bigontina, östlicher Beginn der Fußgängerzone. Architektonisch originell mit hoher Holzempore, von deren Brüstung man dem Pizzabäcker auf die Schieber gucken kann. Ganzjährig geöffnet, Mo geschl. ✆ 0436/867624.

Self-Service Stazione, im Busbahnhof an der Via Marconi, das preiswerteste Essen in Cortina, Menü um die 12 €. Sa und im Winter geschl. ✆ 0436/2529.

• *Nachtleben* Die wilden sechziger Jahre, als Cortina voll im Trend lag und sich sogar der legendäre Klaus Kinski oft blicken ließ, sind zwar vorbei, doch auch heute ist das Nachtleben ausgeprägt – allerdings nur im Winter.

Bilbò Club, beliebte, zentral gelegene Disco in einer Passage am Largo Poste, nördlich der Fußgängerzone. Alternativen dazu sind **Area** in der Via Ronco 82 (viel junges Publikum) und **Belvedere** im Ortsteil Pocol.

Sport/Lifte

• *Sport* Riesenangebot, im Tourist-Büro gibt es Spezialbroschüren.

Mountainbikes kann man mieten im Centro Sportivo an der Via Roma 91/c (halber Tag 16 €, Tag 26 €); **Hallenbad** im Ortsteil Guargnè (ca. 6,20 €); **Golf** beim Miramonti Majestic Grand Hotel an der SS 51; **Minigolf** am Camping Rocchetta, Ortsteil Campo; **Reiten** am Reithof Meneguto, Ortsteil Fraina; **Tennis** u. a. im Stadion A.R. Apollonio, via dei Campi; **Eisstadion** (Juli–September); **Rafting** mit „Cortina No Limits", ✆ 0436/860808; **geführte Wanderungen** durch Bergführer (Info im Tourist-Büro); mehrere **Fitnesscenter** u. v. m.

• *Lifte* im Sommer tägl. 9–17 Uhr, lohnen unbedingt. Die reizvollste Tour startet am Olympiastadion: Die Seilbahn „Freccia nel Cielo" geht über Col Druscie und Ra Valles bis auf den Gipfel des **Tofana di Mezzo**, mit 3243 m die höchste Seilbahn ab Cortina d'Ampezzo (hin und zurück ca. 26 €). Bei klarem Wetter kann man bis zum Meer sehen.

Eine weitere Seilbahn startet in der Nähe vom Busbahnhof an der Via Marconi zum Rifugio auf dem **Tondi di Faloria** in 2122 m Höhe (ca. 13 € hin und zurück).

Ein Sessel-/Gondellift fährt in zwei Etappen ins Massiv des **Monte Cristallo** bis auf 2896 m Höhe (ca. 13 € hin und zurück), Abfahrt an der Straße zum Lago di Misurina (→ nächster Abschnitt). Ein Sessellift geht vom Hallenbad (Ortsteil Guargnè) hinauf zum **Rifugio Mietres** in 1710 m Höhe (ca. 10 € hin/rück).

Lago di Misurina

Dieser malerische kleine See liegt in fast 1800 m Höhe und ist vor allem bei Sonnenschein ein wunderschönes Ausflugsziel. Im Norden erhebt sich die majestätische Kulisse der Tre Cime di Lavaredo (Drei Zinnen) (2998 m), in Richtung Süden genießt man den Blick auf das Massiv des Sorapiss (3205 m). Auf dem „Sentiero Lungo Lago" ist der See zu Fuß bequem zu umrunden.

Am Südufer steht das ehemalige „Grand Hotel Misurina e Savoia", heute ein Kurheim für asthmakranke Kinder. Entlang des Westufers reihen sich Hotels, Ristoranti und Cafés aneinander, an mehreren Stellen kann man Tretboote leihen.

Nördlich vom See führt eine gut ausgebaute, etwa 8 km lange Panoramastraße (die letzten 4 km sind kostenpflichtig) hinauf zu den großen Parkplätzen am wunderbar gelegenen „Rifugio Auronzo" in 2300 m Höhe vor der Wand der Drei Zinnen. In den Sommermonaten drängen sich hier allerdings die Massen. Von dort führt ein leicht zu bewältigender Wanderweg in etwa 90 Minuten zur „Dreizinnenhütte" an der Nordseite des Massivs, wo man den berühmten Dreizinnenblick hat. Achtung: Im gesamten Gebiet sind Mountainbikes verboten.

Eine andere, deutlich schlechtere Höhenpiste zieht sich etwa 6 km weit hinauf zum „Rifugio Angelo Bosi" auf dem *Monte Piana* (2225 m), wo Stellungen des Ersten Weltkriegs restauriert und als Freilichtmuseum zugänglich gemacht wurden. Der Wanderweg führt entlang wiederhergestellter Schützengräben durch das ehemalige Frontgebiet, 14.000 italienische und österreichische Soldaten haben hier ihr Leben verloren. Im Rifugio Bosi werden Fundstücke verwahrt. Vom See gibt es auch einen Shuttledienst zur Hütte (Infos unter ✆ 336-593330).

● *Anfahrt* Von Cortina auf der SS 48 in steilen Windungen mit herrlichen Ausblicken zum **Passo Tre Croci** in 1809 m Höhe, kurz vorher gibt es einen Sessellift zum Monte Cristallo. Nach dem Pass geht es durch dichten Nadelwald hinunter bis zu einer Kreuzung, wo man sich links hält.

● *Übernachten* *** **Lavaredo**, Via Monte Piana 11, großes, gemütliches Alpenhaus am See, dreißig Zimmer mit TV. HP ca. 44–75 € pro Pers. ✆ 0435/39227, 📠 39127, www.lavaredohotel.it.

* **Sport Hotel**, Via Monte Piana 18, ordentliches Albergo mit Restaurant/Bar im Untergeschoss. DZ mit Frühstück ca. 55–80 €. ✆/📠 0435/439125.

Frühsommer am Lago di Misurina

Camping Alla Baita Misurine, kleines, schattenloses Wiesengelände am schmalen Nordende des Sees, einfache Sanitäranlagen. Mitte Juni bis Mitte Sept. Keine Buchung möglich. ✆/📠 043/539039, www. suedtirol-hotels.com/misurina.

Rifugio Auronzo, in 2300 m Höhe vor den Drei Zinnen, Übernachtung im 2- bis 4-Bett-Zimmer 24–27 €, im Schlafsaal 14 € pro Pers. Juni bis Sept. ✆ 0435/39002, www. rifugioauronzo.it.

TIPP! Rifugio Locatelli alle Tre Cime di Lavaredo, die bekannte „Dreizinnenhütte" in 2405 m Höhe nördlich der Drei Zinnen ist eine der schönstgelegenen Alpenhütten und das meistbesuchte Schutzhaus im Naturpark Sextener Dolomiten. Preise ähnlich wie im Rifugio Auronzo. Juli bis Sept. ✆ 0474/972002.

Lago di Santa Caterina

Südlich vom Lago di Misurina geht es das Tal des an mehreren Stellen gestauten Flusses Ansiei entlang bis zum lang gestreckten Fremdenverkehrsort *Auronzo di Cadore* am Nordufer des Stausees. Der 2 km lange, oft türkis schimmernde See mit dem prächtigen Panorama des *Monte Aiarnola* (2456 m) im Hintergrund entstand 1930, damals wurde die 55 m hohe, an ihrer Basis bis zu 35 m breite Staumauer erbaut. Ein Badestrand liegt in Villagrande beim Ponte Transacqua am Nordende des Sees. Das Südufer ist unbewohnt und dicht bewaldet.

● *Information* direkt an der Durchgangsstraße, Via Roma 10. ✆ 0435/9359, 📠 400161.

● *Übernachten* *** **Panoramic**, Via Padova 15, Villapiccola, bevorzugte Lage nah am See, herrliches Panorama, schöner Garten. DZ mit Frühstück ca. 65–90 €. ✆ 0435/400198, 📠 400578, www.panoramichotel.com.

** **Victoria**, Via Cella 23, kleines, gepflegtes Albergo mit Garten direkt am See. DZ mit Frühstück ca. 60–80 €. ✆ 0435/99933, 📠 400305.

Valle d'Ampezzo

Schnellste Verbindung von Cortina d'Ampezzo nach Belluno ist die SS 51, die das Valle d'Ampezzo (auch: Valboite) am Fluss Boite entlang über *San Vito di Cadore* schnurstracks nach Süden bis zum Piave-Tal mit dem Stausee Lago di Pieve di Cadore (→ S. 72) führt. Unterwegs passiert man mehrere kleine Seen, der größte ist der *Lago di Boite*.

▶ **San Vito di Cadore**: größter Fremdenverkehrsort im Valle d'Ampezzo, umgeben von waldreichen Bergzügen. Im Ort liegt der kleine *Lago di San Vito*, der eigentlich nur ein tiefgrüner Weiher ist. Sehenswert sind die Pfarrkirche aus dem 18. Jh., die gotische Kirche „Madonna della Difesa" aus dem 16. Jh. und das kleine Heimatmuseum. Die Ausflugsmöglichkeiten sind zahlreich, z. B. auf die sonnige, hoch gelegene *Alpe di Senes* und zu den diversen Rifugi im Umkreis, auf den *Monte Pelmo* oder den *Monte Antelao*.

● *Information* **APT**, Via Nazionale 9, Holzhaus direkt an der Durchgangsstraße. Viel Material. 9–12.30, 15.30–18.30 Uhr. ✆ 0436/9119, 📠 99345, www.apt-dolomiti-cortina.it.

● *Übernachten* *** **Meublè Valley**, Via Costa 13, ruhige Lage oberhalb der Hauptstraße, nahe am Ortskern. Gemütlich-rustikale Zimmer, sonnige Terrasse. DZ mit Frühstück ca. 70–110 €. ✆ 0436/890550, 📠 9504, www.meublevalley.it.

● *Essen & Trinken* **Chalet al Lago**, beschauliche Lage direkt am winzigen Lago di San Vito. ✆ 0436/9410.

Il Covo, Pizzeria mit Discobar an der Zufahrt zum See. ✆ 0436/898154.

Rifugio Larin, 3 km westlich in 1200 m Höhe, zu erreichen von Serdes auf der Straße 436. Schönes Rifugio mit herrlichem Blick, nur im Sommer geöffnet. ✆ 0436/9112, carmen.devido@libero.it.

Museo nelle Nuvole: Das „Museum in den Wolken"

Südlich von Cortina hat der ehemalige Extrem-Bergsteiger und jetzige Europaparlaments-Abgeordnete Reinhold Messner am *Monte Rite* in 2181 m Höhe eine mächtige Befestigung aus dem Ersten Weltkrieg zum Dolomiten-Museum umgebaut. Es ist das höchstgelegene Museum Europas. Man erreicht es auf der SS 51, indem man nach dem Lago di Vodo auf die SS 347 abzweigt und über Cibiana di Cadore mit seinen sehenswerten Murales bis zum Passo di Cibiana fährt. Von dort zu Fuß auf einer alten Schotterstraße in 90 Minuten oder per Shuttlebus in 15 Minuten (tägl. 8.30–18.30 Uhr, hin/zurück ca. 10 €) zum Gipfel mit umfassendem Dolomitenrundblick. Die Festung mit ihren 20 Räumen zeigt die Geschichte der Dolomiten und ihrer Entdecker, dazu eindrucksvolle Skulpturen und Gemälde. In den gesprengten Lafetten wurden gläserne Beobachtungspunkte ausgebaut. Hinter der Festung beginnt ein Naturlehrpfad an der Nordseite des Bergs, vorbei an den Wiesen, auf denen die Yaks von Messner weiden.

Öffnungszeiten Ende Juni bis zum ersten Schneefall im Herbst tägl. 10–18 Uhr, Eintritt ca. 5 €, Kinder 3 €, Familien 12 €; ✆ 0435/890996, 890997, www.monterite.it, www.reinhold-messner.de.

Übernachten *Rifugio Dolomites*, direkt unterhalb der Festung am Monte Rite, einfache Zimmer mit schweren Bruchsteinwänden, Heizung und ordentlichen Sanitäranlagen. Nettes Restaurant mit einer hölzernen Außenterrasse, die halb über dem Abgrund schwebt, Self-Service (nur Juni bis Sept.). DZ ca. 70–90 €, im Mehrbettzimmer ca. 30–35 € pro Pers. ✆ 0435/31315.

*** *Remauro*, weitere Zimmer und gute Bergküche im Gasthaus am Passo di Cibiana (1536 m), am Fuß des Monte Rite. DZ mit Frühstück 62–95 €. ✆ 0435/74187, 74054, www.remauro.it.

Lago di Pieve di Cadore

Gut 10 km langer, schmaler Stausee mit Wald- und Wiesenufern. Wegen der verschlammten Ufer und des stark wechselnden Wasserstandes ist er zum Baden nicht geeignet.

Die mächtige Staumauer am Südende des Sees kann man von Pieve di Cadore aus anfahren (Beschilderung: „Al Lago"). Durch den Bau dieses Damms wurde der Piave-Fluss so weit gebändigt, dass er weiter unten nur noch als seichtes Flüsschen durch das breite Tal kriecht. Kaum mehr vorstellbar ist heute, dass jahrhundertelang zu langen Flößen zusammengebundene Baumstämme aus den Wäldern der Alpen auf dem Piave bis zum Meer trieben. Südlich vom See schlängelt sich die Straße das enge Piave-Tal entlang nach Süden – einen Abstecher ins Flößermuseum (→ Kasten) sollte man einbauen, ansonsten geht es weiter zum Lago di Santa Croce oder nach Osten zum Lago del Vajont.

▶ **Pieve di Cadore**: Geburtsort des berühmten Tiziano Vecellio (1488/90–1576), besser bekannt als Tizian, des wohl bedeutendsten Malers aus Venetien. Auf der zentralen Piazza Tiziano ist der Meister mit Pinsel und Palette in Bronze verewigt. Er verließ Pieve allerdings bereits im Alter von neun Jahren und ging nach Venedig, kam aber mit zunehmendem Alter gerne im Sommer in sein Heimatdorf zurück, um der Hitze in der Lagunenstadt zu entgehen. Seitlich davon steht das frühere Rathaus mit dem „Gran Caffè Tiziano", ein paar Schritte dahinter die große, äußerlich etwas

Am Stausee von Pieve di Cadore

Seen in den Dolomiten

ungeschlacht wirkende Pfarrkirche. Im Palazzo neben der Kirche befindet sich das *Museo della Magnifica Comunità del Cadore*, u. a. mit paläontologischen und archäologischen Funden sowie einer kleinen Gemäldesammlung. An der Durchgangsstraße, etwas unterhalb der Piazza, steht die *Casa natale del Tiziano*, das Geburtshaus Tizians, das nach langer Restaurierung wieder geöffnet ist. Es zeigt im Erdgeschoß Fotoreproduktionen seiner Werke, im ersten Stock sind Reproduktionen der Briefe Tizians an seine Heimatstadt sowie Drucke und Stiche ausgestellt.

Die „Zattieri del Piave": Holz für Venedig

Buchstäblich lebenswichtig waren die Dolomiten in früheren Jahrhunderten für das traditionell waldarme Venetien. Vor allem in den Waldgebieten um Belluno, die heute als Naturpark „Parco Nazionale delle Dolomiti Bellunesi" ausgewiesen sind, schlugen Generationen von Holzfällern die stark harzhaltigen Stämme, auf denen ein Großteil der Lagunenstadt Venedig steht. Mit biegsamen Gerten zu großen Flößen zusammengebunden, wurde das Holz auf dem Piave bis in die Lagune von Venedig verschifft. Umfassend dokumentiert wird die knochenharte Arbeit der „Zattieri" (Flößer) im neuen *Museo Storico degli Zattieri del Piave* in Castello Lavazzo-Codissago zwischen Pieve di Cadore und Belluno. Um den kleinen Ort zu erreichen, muss man beim Holzverarbeitungszentrum Longarone von der SS 51 auf die andere Flussseite wechseln. Dort befindet sich das ausgeschilderte Museum rechter Hand der Durchgangsstraße.

Öffnungszeiten/Preise Juni bis Sept. Di–So 9–12, 15–18 Uhr, Mo geschl.; Okt./Nov. und März bis Mai Sa/So 10–12, 15–18 Uhr; Eintritt ca. 3 €. ☎ 0437/77 1057, franco.darif@libero.it.

Ein weiteres ungewöhnliches Museum, das *Museo dell'Occhiale*, befindet sich im nahen Weiler Tai di Cadore und dokumentiert mit zweitausend Ausstellungsstücken die Entwicklungsgeschichte der Brille.

● *Öffnungszeiten/Preise* **Museo della Magnifica Comunità del Cadore**, Mitte Juni bis Mitte Sept. Di–So 9.30–12.30, 16–19 Uhr, Mo geschl.; Eintritt ca. 1,50 €.
Casa natale del Tiziano, Auskunft unter ✆ 0435/32262.
Museo dell'Occhiale, Via degli Alpini 39, Juni bis Mitte Sept. tägl. 8.30–12.30, 16.30–19.30, übrige Zeit nur Sa 8.30–12.30 Uhr.

✆ 0435/500213, www.museodellocchiale.it.
● *Übernachten* Mehrere Hotels in Pieve und Domegge di Cadore.
** Camping Cologna, hügliges Wiesengelände am Westufer des Sees, ab Domegge di Cadore über eine schmale Brücke zu erreichen. Nur Juni bis September.
✆/🖷 043/572135.

Biegt man in Longarone nach Osten ab, überquert man die Grenze zur Region Friaul-Julisch Venetien und kommt zum berühmten Lago del Vajont (→ S. 76).

Lago di Santa Croce

Hübscher Voralpensee mit leuchtend grünem Wasser, eine Domäne der Windsurfer, die hier vor allem im Frühjahr und September beste Bedingungen finden. Die Sommermonate dagegen sind ideal für Anfänger. Auch Paraglider werden gelegentlich gesichtet, die sich von den umliegenden Hängen in die Lüfte schwingen.

Die viel befahrene SS 51 führt unmittelbar am Westufer entlang. Beschaulicher ist die wenig frequentierte Straße am Ostufer. Treffpunkt der Fischer ist dort die erhöht gelegene Bar „Da Fortunato", gleich daneben liegt direkt am See unten die „Baywatch Bar". Nach Süden setzt sich der See in zwei Staustufen fort. Die SS 51 schraubt sich in weiten Kehren immer tiefer, hoch darüber schwebt die abenteuerliche Brückenkonstruktion der Autobahn.

● *Übernachten* *** Alla Spiaggia**, in Farra d'Alpago am Nordufer, nettes Albergo direkt am See. DZ ca. 40–60 €. ✆ 043/74238.
** Camping Sarathei, flaches Wiesengelände unter Pappeln gleich neben dem „Alla Spiaggia". Strandfläche vor dem Platz, Windsurfschule, Restaurant/Pizzeria, Kinderspielplatz. Ganzjährig. ✆ 043/746996, 🖷 454937, www.sarathei.it.

Blick von der Bar „Da Fortunato" auf den Lago di Santa Croce

Belluno

(ca. 32.000 Einwohner)

Das alte Zentrum der charmant verschlafenen Provinzhauptstadt liegt malerisch auf einer Landzunge über dem Piavetal. Schon die Kelten fanden es hier schön, nannten sie die Siedlung doch „Belo-Dunum", was so viel heißt wie „leuchtende Stadt".

Zentrum der Innenstadt ist die weite *Piazza dei Martiri*, ein lang gestreckter Platz mit Grünanlage, auf der einen Seite flankiert von einem breiten Laubengang mit den großen Cafés der Stadt. Der Laubengang setzt sich noch auf die benachbarte Piazza Vittorio Emanuele fort, dort geht es durch die *Porta Doiona* in die schmalen Altstadtgassen, ebenfalls mit zahlreichen Laubengängen und Palazzi aus Gotik und Renaissance.

Über die bildhübsche Piazza del Mercato kommt man schnell zur *Piazza Duomo*. Platzbeherrschend ist der Dom *Santa Maria Assunta* mit einfacher Bruch- und Backsteinfassade sowie hohem Campanile im typisch venezianischen Stil, dahinter eine schöne Aussichtsterrasse zur Piave. Der spätere Papst Johannes Paul I. war hier 20 Jahre lang Generalvikar – Papst dagegen nur 33 Tage. An der Nordseite der Piazza steht der filigran verzierte *Palazzo dei Rettori* mit Arkadengang, gotischen Doppelfenstern und zwei zentralen Loggien. Einen auffallenden Kontrast dazu bildet die massive *Torre Civica* aus dem 11. Jh., spärlicher Rest einer Burg, die hier einst stand. Nur wenige Schritte entfernt steht im Innenhof des *Palazzo della Crepadona* in der Via Ripa ein prächtiger, mit Jagdszenen und einer rätselhaften Inschrift geschmückter Sarkophag des Römers Flavius Ostilius. Im ersten Stock des Palazzo finden wechselnde Ausstellungen statt, so z.B. 2007 die große Tizian-Ausstellung „L'ultimo atto" (Der letzte Akt), für die Stararchitekt Mario Botta eigens eine Halle errichtete. Im nahen *Museo Civico*, Via Duomo 16, werden Ausgrabungsfunde aus der Stein-, Bronze- und Römerzeit sowie eine Pinakothek mit Werken einheimischer Maler präsentiert, u. a. das fast 4 m lange Gemälde „Christus vor Pilatus" des Venezianers Tintoretto und Holzskulpturen des aus Belluno stammenden Bildhauers Andrea Brustolon (1662–1732).

Seen in den Dolomiten

● *Öffnungszeiten/Preise* **Museo Civico**, Di–Sa 10–12, 16–19, So 10.30–12.30 Uhr, Mo geschl., Eintritt ca. 2,10 €. ✆ 0437/944836.

● *Anfahrt/Verbindungen* **Bahnhof** und **Busstation** liegen einen knappen Kilometer nordwestlich der Altstadt.
Ein großer gebührenpflichtiger **PKW-Parkplatz** liegt westlich unterhalb der Altstadt. Per Rolltreppen kommt man hinauf und landet direkt am Domplatz.

● *Information* **APT**, Via Rodolfo Psaro 21. ✆ 0437/940083, ✉ 940073, www.comune.belluno.it.

● *Übernachten* ***** Cappello e Cadore**, Via Ricci 8, restaurierter Bau aus dem 19. Jh., ganz zentral bei der Piazza dei Martiri. Elegante Einrichtung, gepflegte Zimmer mit TV, Parkplatz. DZ mit einem Frühstücksbuffet ca. 60–110 €. ✆ 0437/940246, ✉ 292319

*** Astor, Piazza dei Martiri 26/e, direkt an der ruhigen Südseite des Hauptplatzes, kürz-lich renoviert, guter Standard, Panoramablick über Altstadt und Piave, Garage. DZ mit reichhaltigem Frühstücksbuffet ca. 60–100 € (Superior 85–135 €). ✆ 0437/942094, ✉ 942493, www.astorhotelbelluno.com.

** Al Ponte della Vittoria, Via Monte Grappa 1, guter Stop-over etwas außerhalb, direkt an der SS 51, bei einer Piave-Brücke. Beliebter Fernfahrertreff, Ristorante und Bar, in der es oft laut her geht. Zimmer okay und sauber. DZ mit Frühstück ca. 65–75 €. ✆ 0437/925270, ✉ 927510.

**** Park Camping Nevegal, großer Platz auf der gleichnamigen Hochfläche 12 km südöstlich von Belluno in etwa 1000 m Höhe. Ganzjährig. ✆ 0437/908143.

● *Essen & Trinken* **Moretto**, Via Valeriano 8, preiswerte Trattoria in der Altstadt. So geschl. ✆ 0437/943476.

Taverna, Via Cipro 7, gemütliche Osteria in einem handtuchschmalen Gässchen der Alt-

Blick auf den malerischen Lago di Sàuris

stadt, nach hinten kleine Terrasse, gute tradi- tionelle Küche. So geschl. ✆ 0437/25192.
Al Borgo, Via Anconetta 8, südlich vom Zentrum, an der Straße nach Feltre. Gedie-

genes Restaurant in einer Villa des 18. Jh., umgeben von einem großen Park. Mo-Abend und Di geschl. ✆ 0437/926755.

Lago del Vajont

Der heute fast leere Stausee liegt am Westrand des Parco Naturale Dolomiti Friulane, des größten friulanischen Naturparks mit einer Reihe von majestätischen Zweitausendern und endlosen Waldgebieten. Am 9. Oktober 1963 kam es hier zu einem verheerenden, später als „The Vajont Disaster" bekannten Erdrutsch, bei dem über 1500 Menschen in Longarone und den umliegenden Ortschaften ums Leben kamen – eine der größten Naturkatastrophen, die sich je in Europa ereignet haben.

Verantwortlich für das schreckliche Unglück war, obwohl Experten eindringlich davor gewarnt hatten, die Errichtung eines gewaltigen Staudamms – damals mit 261 m eine der höchsten der Welt – im instabilen Tal des Wildbachs Vajont. Nach längeren intensiven Regenfällen stürzten 270 Mio. Tonnen schwere Erd- und Gesteinsmassen in den Stausee, wodurch eine riesige Flutwelle entstand. Die Bogenstaumauer hielt dem Wasserdruck nicht stand, die Flut schwappte mit ungeheurer Wucht darüber, ergoss sich über die Ufer und zerstörte die Dörfer am See völlig. Bis heute kann man die 2 km lange und 500 m hohe Abrisskante am *Monte Toc* (1921 m) im Gelände gut erkennen. Auch das Vajont-Tal mit den Dörfern *Erto* und *Casso* ist noch immer von dem Ereignis gezeichnet. Erto wurde als Erto Vecchio wiederaufgebaut, das darüber liegende Erto Nuovo ist eine unschöne Ansammlung von Beton. Im Besucherzentrum kann man eine umfangreiche Dokumentation zur Katastrophe von Vajont besichtigen, darunter auch Filmmaterial.

• *Information* **Besucherzentrum Erto**, Via Pascoli 1, im ehemaligen Schulhaus des Dorfes. Sa/So 10–12, 14–18 Uhr, im August tägl. ✆ 0427/879246, ✎ 877900, www.erto.it.

• *Übernachten/Essen & Trinken* **Ospitalità a Erto**, „Albergo diffuso" mit verstreut liegenden 4-Pers.-Apartments in Erto und Umgebung, je nach Saison ca. 40–100 €. ✆ 333-5237665, vacanze@erto.it.

Gallo Cedrone, Via Roma 37, im restaurierten und vor wenigen Jahren wiedereröffneten Restaurant von Massimo Bernarda im alten Ortskern kann man leckere Gerichte im Wechsel der Jahreszeit versuchen, z. B. im Herbst Wildgerichte und gnocchi zucca di polenta. Auch Apartments werden vermietet. ✆ 339-5616728.

• *Shopping* Der Bildhauer, Bergsteiger und Schriftsteller **Mauro Corona** hat sein Atelier in der Via IX Ottobre, gegenüber der Pfarrkirche. Er ist einer der angesehensten Holzbildhauer Italiens, seine lebensgroßen Skulpturen sind höchst authentisch und lebensecht. Weitere Informationen unter www.dispersoneiboschi.it.

Lago di Bárcis

Der Stausee unmittelbar südlich vom Parco Naturale Dolomiti Friulane ist in den fünfziger Jahren durch die Stauung des Wildbachs Cellina entstanden, der in einer pittoresken Felsklamm nach Montereale abfließt. Er kann zu Fuß oder mit dem Rad umrundet werden (Länge der Tour ca. 6 km), an der Seepromenade liegen Picknickzonen, im Sommer werden Kajaks verliehen.

• *Information* **Besucherzentrum** des Nationalparks mit ornithologischer Ausstellung in Andrèis. Okt. bis Mai So 15–18 Uhr, im August tägl. ✆ 0427/764416, ✎ 877900.

• *Übernachten* *** **Celis**, in Bárcis direkt am See, Zimmer mit TV, wunderbarer Blick aufs Wasser, hübsche Speiseterrasse und Pool. In der Küche werden Produkte aus biologischem Anbau verwendet, Risotti, Wildgerichte und Forellen aus dem Fluss. ✆/✎ 0427/76376, www.celis.it.

Lago di Sàuris

Der wunderbar türkis schimmernde Stausee mit mächtiger Staumauer liegt versteckt in den Bergen über dem oberen Tagliamento-Tal. Die ersten Menschen, die in der unberührten Wildnis siedelten, kamen Mitte des 13. Jh. aus Grenztälern zwischen Kärnten und Tirol. Bis heute hat sich das Saurische („de zahrar sproche") als eigene Sprache erhalten.

Zwei steile Straßen führen hinauf in die abgelegene Idylle. In 1000 m Höhe angekommen, öffnet sich der Blick unvermittelt auf den See. Ein ganzes Stück höher liegt die Ortschaft *Sàuris di Sotto* (1212 m), noch höher *Sàuris di Sopra* (1400 m), außerdem gibt es noch das abgelegene *Lateis* (1225 m). Die Häuser der Dörfer bestehen weitgehend aus Holz und bieten prächtige Beispiele für die alpenländische Architektur. Kulinarisch ist Sàuris vor allem für seinen Schinken bekannt, seit 1999 gibt es aber auch ein eigenes Bier, das „Zahre Beer". In der Umgebung findet man zahlreiche Wandermöglichkeiten, vor allem die traditionellen Sennereien sind beliebte Anlaufpunkte, z. B. das *Rifugio Malga Losa* in 1765 m Höhe.

• *Information* **Ufficio Turistico della Carnia**, am Ortseingang von Sàuris di Sotto rechts, neben Restaurant „Kurhaus". Mo–Sa 9–12, 16–19, So 9.30–13 Uhr. ✆ 0433/86076, ✎ 866900, www.sauris.com.

• *Übernachten* *** **Il Borgo di San Lorenzo**, am Ortseingang von Sàuris di Sopra, kleiner Komplex von Holzhäusern mit Ferienwohnungen, beliebt bei Familien, gut eingerichtet mit Küche, TV etc. Wochenpreis für 4 Pers. ab ca. 510 €. ✆ 0433/86221, ✎ 86242, http://albergodiffuso.carnia.org/slorenzo.

** **Pame Cinto**, allein stehendes Haus in ruhiger Lage zwischen Sàuris di Sotto und Sàuris di Sopra. Schöne Terrasse mit weitem Blick, zehn Zimmer, bodenständige Küche. DZ mit Frühstück ca. 50–70 €. ✆/✎ 0433/86251 o. ✆ 333-7974922.

** **Riglarhaus**, im ruhigen Ort Lateis, vom See auf kurviger Straße zu erreichen.

Größeres Haus, freundlich geführt, moderner Standard. Auch zum Essen ein Tipp. DZ ca. 55–75 €. ✆ 0433/86013, 🖷 86049, http://alberghi.carnia.org/riglar.

TIPP! * Garni Plùeme**, ganz neues Haus, vollständig aus Holz und tadellos gepflegt, originelle, behagliche Zimmer verschiedener Zuschnitte. Der junge Luca Schneider führt sein Reich mit Hingabe und Fröhlichkeit. DZ mit Frühstück ca. 60–75 €. Sàuris di Sotto 26/a, ✆ 0433/866347, plueme@tiscali.it.

• *Essen & Trinken* **TIPP! Alla Pace**, schönes Steinhaus von 1804, mitten in Sàuris di Sotto, im alteingeführten Restaurant werden die interessanten Gerichte weitgehend mit lokalen Produkten zubereitet, Preise durchaus im Rahmen. Mi geschl. ✆ 0433/86010.

Riglarhaus, Paola Schneider bietet traditionelle karnische Küche, Spezialität des Hauses ist *dunkatle* (Schweinefleisch mit Polenta). Sehr großes Weinsortiment, zum Abschluss wird eine Vielzahl friulanischer Schnäpse angeboten. ✆ 0433/86013.

• *Shopping* **Wolf**, am oberen Ortsrand von Sàuris di Sotto, nicht zu verfehlen. Seit 1862 wird hier der berühmte *prosciutto di Sàuris* hergestellt.

Lago di Cavazzo

Der idyllische, von dichtem Grün umgebene See liegt im Tal des Tagliamento nicht weit vom Städtchen Venzone. Er ist der größte See im Friaul, besitzt eine Fläche von 1,2 qkm, ist 2,2 km lang und bis zu 36 m tief.

Zwar wird der nördlichste Zipfel von der Autobahn auf malerisch anzusehenden Stelzen überquert, doch das stört am Südende des Sees nicht, wo der eigentliche Bade- und Erholungsbetrieb stattfindet. Es gibt dort einen Bootsverleih, mehrere Lokale, einen Kiesstrand mit glasklarem, aber eiskaltem Wasser und einen schönen Uferbereich zum Spazierengehen. An windreichen Tagen treffen sich bereits frühmorgens die Windsurfprofis der Region. Zwei Campingplätze liegen am südlichen Westufer.

• *Übernachten/Essen & Trinken* **Al Lagho**, Hotel mit Restaurant auf der Landzunge am südlichen Seeende, genau beim Parkplatz am Seeufer. Im Restaurant ein schöner Fogolar (Feuerstelle), draußen geräumige Terrasse, Spezialität ist Meeresfisch. ✆ 0432/979233, 🖷 979388.

Alla Terrazza, Ristorante/Albergo direkt am Abzweig von der östlichen Uferstraße nach Bordano. Es duftet köstlich und auf der idyllischen Terrasse speist man wunderbar, wenn auch leicht vom Verkehr beeinträchtigt. Die Zimmer im Obergeschoss sind dagegen klein und schlicht, besitzen TV und Nasszelle. DZ mit kleinem Frühstück ca. 48 €. ✆/🖷 0432/979139.

La Darsena al Bunker 2, am südlichen Ostufer, leger-gemütliches Pizzalokal, vorne die Bar, in der sich abends die Jugend trifft. Am Wochenende bedient Monia, die hervorragend Deutsch spricht. ✆ 0432/979092. Zwei Campingplätze liegen nebeneinander am Westufer des Sees (Ende April bis Ende Sept.):

**** Camping Lago Tre Comuni**, größerer, sonniger Wiesenplatz mit wenigen Bäumen, an dem man wegen fast fehlender Beschilderung leicht vorbeifährt. Moderne, sehr saubere Sanitäranlagen, große Bar, Laden, freundliches Personal. ✆ 0432/979525, 🖷 486421, www.campinglagodeitrecomuni.com.

*** Camping Val del Lago**, kleinerer Platz mit reichlich Baumschatten. Geführt vom netten Ehepaar Stefanutti, ebenfalls sanitär sehr gut, wenn auch etwas wenig Duschmöglichkeiten. ✆ 0432/979164, 🖷 979455.

Venzone   (ca. 3000 Einwohner)

Das malerische Städtchen ist vollständig von einer imposanten mittelalterlichen Doppelmauer mit 14 Türmen und begrüntem Festungsgraben umgeben. Der weiße Kalkstein, aus dem alle Bauten besteht, bietet einen eindrucksvollen und ungewöhnlichen Anblick.

1976 zerstörten schwere Erdbeben die Altstadt völlig, kaum ein Haus blieb stehen. Auch die beiden großen Kirchen, die Brücken und fast alle Türme der Stadtmauer brachen in sich zusammen. Innerhalb von zehn Jahren wurde Venzone mit einer eigens dafür entwickelten Technik wieder detailgetreu aufgebaut, teilweise unter Verwendung des früheren Mauerwerks. 1995 konnte auch der 1338 geweihte gotische Dom *Sant'Andrea Apostolo* wieder zur Benutzung freigegeben werden.

Von den vier Stadttoren kommend, münden die gepflasterten Gassen auf die weite, offene Piazza Municipio mit dem gotischen *Palazzo Comunale* aus dem 14. Jh. und einigen Straßencafés. In der nach zwei Seiten offenen Loggia des Palazzo Comunale kann man eine Fotodokumentation zur Zerstörung und den Aufbauarbeiten betrachten. Größte Sehenswürdigkeit am Ort ist das „Geheimnis der Mumifizierung": In der Krypta der Rundkapelle *Sant'Michele* neben dem Dom sind fünf mumifizierte Leichname ausgestellt, deren Zersetzungsprozess durch parasitären Pilzbefall (wiss. Name: Hypha Bombicina Pers) verhindert wurde. Die älteste ist „Il Gobbo" (gestorben 1384).

- *Öffnungszeiten* Le Mummie di Venzone, Sommer 9–19, Winter 9–17 Uhr, Eintritt ca. 1,50 €.
- *Anfahrt/Verbindungen* Parkplätze findet man an der östlichen Umgehungsstraße vor der Stadtmauer.
- *Information* Pro Loco, kleines Büro beim Hauptplatz, Via Glizoio di Mels 5/4, gegenüber der Locanda al Municipio. April bis Sept. Do 15–19, Fr–So 10–13, 15–19 Uhr. ✆/✉ 0432/985034, www.venzone.org.
- *Übernachten/Essen & Trinken* *** Carnia, Via Canal del Fero 28, direkt an der SS 13 nördlich von Venzone. Großes, modernes Haus mit bekannt guter Küche regionaler Prägung (Mo geschl.), beliebt bei Bikern. DZ mit Frühstück ca. 65–75 €. ✆ 0432/978013, ✉ 978187, www.hotelcarnia.it.

Locanda al Municipio, Via Glizoio di Mels 4, bei der Piazza Municipio, gegenüber Infobüro. Das schlichte Gasthaus mit Innenhof bietet hervorragende lokale Küche, z. B. *frico di patate* und hausgemachte Pasta, dazu eine Reihe von Weinen aus dem Collio (Mo geschl.). An den Wänden hängen Fotos von Filmen, die vor gut 40 Jahren gedreht wurden (ein guter Vergleich, wie das Bild von einst dem Venzone von heute wieder ähnelt). Einige Gästezimmer werden vermietet. ✆ 0432/985801.

TIPP! Caffè Vecchio, Via Mistruzzi 2, Schmuckstück an der zentralen Piazza Municipio, vorne die Bar mit integrierter Lottoannahmestelle (!), herrlichem Kaffee und prima Eis, hinten im Gewölbe der Speiseraum, dort gibt es z. B. leckere Nudelgerichte. Di geschl. ✆ 0432/985011.

Lago del Predil (Raibler See)

Der tiefgrüne See im dünn besiedelten Val Rio del Lago südlich von Tarvisio ist knapp 1,5 km lang, etwa 500 m breit und bis zu 35 m tief. Er ist fast völlig von Wald umgeben und unbesiedelt. Ein fichtenbestandenes Inselchen, Teil eines zerstörten Moränenbogens, liegt pittoresk im Wasser.

In den Sommermonaten ist der See bei Windsurfern und Bootsfahrern beliebt, Schwimmer müssen dagegen abgehärtet sein, denn der Raibler See gehört zu den kältesten Gewässern der Alpen. Am Ufer findet man viele malerische Fleckchen, oft mit Sitzbänken, herrlich ist der Blick nordwärts auf die pittoresken *Cinque Punte* bzw. *Raibler Fünfspitz* (1900 m).

Die Bergwerkssiedlung *Cave del Predil* nördlich des Sees besaß im Mittelalter die größten Blei- und Zinklager der nordöstlichen Alpen. Seit 1991 sind die Bergwerksanlagen stillgelegt und zeigen sich als imposantes Industriedenkmal am Hang jenseits des Fiume Slizza. Das *Museo della Tradizione Mineraria* vermittelt die Geschichte der Bergwerke, zeigt die alten Maschinen und Gewinnungstechniken.

- *Öffnungszeiten/Preise* Museo della Tradizione Mineraria, Di–Sa 10–18.30, So 10–13, 14–18.30 Uhr, Mo geschl. Eintritt ca. 2,60 €, Kinder 1,60 €. ✆ 0428/68257.
- *Essen & Trinken* Chalet al Lago, gemütliches Plätzchen mit Terrasse am Südende des Sees, hier dürfen auch Wohnmobile stehen.

• *Sport* **Pit Stop**, VDWS-Schule mit Bar, Kurse von Mitte Juni bis Mitte Sept. ✆ 339-5282532, ✆ 0428-40980.

Centro Nauti-Cave, kleines Wassersportzentrum, Verleih von Tretbooten, Kajaks, „Surfbikes" und Mountainbikes. ✆ 335-7886927.

Laghi di Fusine (Weißenfelser Seen)

Die beiden kleinen, glasklaren Seen östlich von Tarvisio sind nur wenige Kilometer von der slowenischen Grenze entfernt. Sie sind umgeben von dichten Nadelwäldern, in Richtung Süden ragt eindrucksvoll der 2677 m hohe Monte Mangart auf. Im Sommer sind sie ein beliebtes Naherholungsziel für die Tarvisianer, die Zufahrt ist dann kostenpflichtig.

Der nördliche der beiden unterirdisch miteinander verbundenen Seen heißt *Lago Inferiore* (Unterer See), ist 13,5 ha groß und liegt in 924 m Höhe. Hier kann man in der Osteria „Belvedere" gemütlich am Ufer sitzen und Boote leihen. Ein Weg führt in etwa 30 Minuten einmal rundum. Der *Lago Superiore* (Oberer See) liegt 800 m weiter südlich und etwa 5 m höher. Er ist etwa 9 ha groß, besitzt sumpfige Ufer und ist als Vogelschutzgebiet ausgewiesen. Hier dürfen Wohnmobile stehen, es gibt eine Wiese mit Picknickbänken und die Bar „7 Nani" unter hohen Fichten. Ein hübscher

Aussichtspunkt aus Holz liegt am Nordufer. Die beiden Seen sind durch einen Waldweg verbunden. Dort trifft man auf einige riesige Findlinge, so genannte „erratische Blöcke", die zu den größten ihrer Art in den Alpen gehören.

Der Wanderweg 512 zieht sich in knapp zwei Stunden zum „Rifugio Luigi Zacchi" in 1380 m Höhe an den Hängen des Monte Mangart.

• *Öffnungszeiten* **Laghi di Fusine**, Zufahrt an Wochenenden von Mitte Juli bis Anfang Sept. kostenpflichtig, Auto 3 €, Motorrad 1,30 €, Wohnmobil 5,20 €. An einigen Wochenenden wird die Straße ganz gesperrt, dann verkehren Busse.

• *Übernachten* **TIPP! Edelweiss**, Laghi di Fusine, Holzhaus mit Restaurant direkt am Ufer des nördlichen Sees, durchaus romantisch. Frau Laura Pio spricht hervorragend Deutsch und vermietet drei Zimmer, zwei davon mit Balkon. DZ mit Frühstück ca. 70 €. Reservierung dringend erforderlich. ✆ 0428/61050.

Rifugio Luigi Zacchi, 22 Betten, derzeit in Restaurierung, Wiedereröffnung geplant (vorher anrufen). 20. Juni bis 20. Sept. ✆ 0428/61195.

• *Essen & Trinken* **Osteria Belvedere**, gemütliche Terrasse am nördlichen See, kräftige ländliche Küche, z. B. *gulasch con polenta*, *spaghetti ai funghi* und *grigliata mista*, aber auch *strudel di mele* (Apfelstrudel). Mit Bootsverleih (30 Min. ca. 4,50 €).

Idyllische Szenerie am Lago Inferiore

Blick auf den Lago di Santa Giustina

Seen im Trentino

Von den 297 Seen des Trentino sollen im Folgenden nur einige leicht erreichbare herausgegriffen werden. Ein paar besonders reizvolle Seen finden sich im Einzugsgebiet von Trento, von denen der hoch gelegene Lago di Molveno sogar als eins der schönsten Badegewässer der Alpen gilt.

Ein beliebtes Erholungsgebiet bilden auch die beiden, durch einen dicht bewaldeten Höhenrücken getrennten Seen von *Lévico* und *Caldonazzo* im *Valsugana*, wenige Kilometer südöstlich von Trento, in etwa 440 m Höhe zwischen den hügligen Ausläufern der Dolomiten. Der Lévico-See ist zwar schöner, der Caldonazzo-See dafür aber größer und besser zum Baden geeignet. Ein Ausflug ins nahe Valle di Pinè führt zu den Seen *Lago di Serraia* und *Lago delle Piazze*. Der südlich vom Lago di Caldonazzo gelegene *Lago di Lavarone* ist ein guter Ausgangspunkt, um die nahe gelegenen österreichischen Festungen des Ersten Weltkriegs zu besuchen, der *Lago di Cei*, westlich der Etsch, ist bekannt für seine Stille und die schönen Seerosen. Durch das so genannte „Valle dei Laghi" kann man schließlich am pittoresken *Lago di Toblino* vorbei zum ebenfalls zum Trentino gehörenden Nordufer des *Gardasees* mit dem gepflegten Kurort Riva und der Surferhochburg Torbole weiterreisen (→ S. 108 bzw. 133).

Lago di Caldonazzo

Der mit etwa 5 km Länge größte See des Trentino liegt eingebettet in niedrige, teils bewaldete Hügel und Apfelplantagen. Am Westufer verlaufen dicht nebeneinander eine Straße und die Bahnlinie von Trento nach Venedig, am Südufer mit seinem großen Strandgebiet ballen sich die touristischen Einrichtungen, das Ostufer ist nahezu unbesiedelt.

Der Lago di Caldonazzo ist der begehrteste Badesee weit und breit und im Sommer dementsprechend überfüllt. Beliebt ist er auch bei sportlichen Naturen, es wird viel gesegelt und gesurft – und er ist der einzige See des Trentino, auf dem Wasserskifahren gestattet ist.

• *Anfahrt* **PKW**, zu erreichen sind Lago di Caldonazzo und Lago di Lévico von Trento auf der gut ausgebauten SS 47 durchs Tal der Brenta, das so genannte „Valsugana". **Bahn**, die „Ferrovia della Valsugana" fährt von Trento auf der eingleisigen Strecke am Westufer des Lago di Caldonazzo entlang, dann über Lévico Terme, Primolano und Bassano del Grappa nach Venedig. Verbindungen tagsüber etwa stündl. mit dem Triebwagenzug Minuetto (www.tetrento.it).

Castel Pergine: Festmahl in der Burg

Kurz bevor man den Lago di Caldonazzo erreicht, passiert man Pergine Valsugana, dessen malerische Bergfestung aus dem 13. Jh. weithin sichtbar ist. Seit über fünfzehn Jahren ist hier das Feinschmeckerlokal Castel Pergine untergebracht, geführt von Verena Neff und Theo Schneider. Im Haus werden auch 21 Zimmer vermietet, HP pro Pers. ca. 50–72 €, Mitte November bis Mitte April geschl., Reservierung erwünscht. ☎ 0461/531158, 📠 531329, www.castelpergine.it

▶ **San Cristofero**: am Nordufer, nur eine Hand voll Häuser und ein mittelalterliches Kirchlein auf einer Anhöhe am See. Es gibt mehrere kleine Liegewiesen und ein großes Strandbad, alle zu erreichen auf einem für den Verkehr gesperrten Uferweg, landeinwärts dahinter liegen Ferienhäuser und ein Zeltplatz. Südwestlich schließt sich das Biotop *Canneti di San Cristofero* an, ein naturbelassener Uferraum mit Teichrosen, Schilf und Schwarzerlen.

Wenn man an der Uferstraße ein wenig weiter südlich den Schildern „Lago" folgt, fährt man auf schmaler Straße über die Bahnlinie zu einer Liegewiese mit Kiosk (nur HS) und Picknickbänken.

• *Übernachten* ***** Lido Seehof**, großes Haus mit Dependance in einem eigenen Park am See, seit den vierziger Jahren familiengeführt. 74 Zimmer, Animation für Kinder und Jugendliche, umfassendes Sportangebot. VP pro Pers. ca. 40–57 €. www.hotellidoseehof.it.

*** Camping San Cristofero, weiträumiger Platz mit großen Stellflächen, eigenem Schwimmbad und gutem Ristorante/Pizzeria. Ende Mai bis Mitte Sept. ☎ 0461/512707, 📠 707381, www.camping.it/trentino/sancristoforo.

▶ **Valcanover**: Die kleine Ortsfraktion am Westufer besitzt eine besonders schöne Badezone mit Liegewiese am See sowie zwei Unterkünfte/Restaurants mit Seeblick und einen reizvoll gelegenen Campingplatz.

• *Übernachten* **** Da Ciolda**, modernes Haus zwischen Uferstraße und See, herrlicher Seeblick, Panoramarestaurant und gemütliche Wiese. DZ mit Frühstück ca. 70–75 €. ☎ 0461/548007, 📠 548046, www.daciolda.it.

Mezzolago, Ristorante/Pizzeria mit Zimmervermietung vis-à-vis der Badezone, fast direkt am See, schöne Wiese, dahinter verläuft die vom Triebwagenzug „Minuetto" befahrene Bahnlinie (nur tagsüber, ca. 1 x stündl.). DZ mit Frühstück ca. 60–70 €. ☎ 0461/530158, www.tienne.it/mezzolago.

* Camping Punta Indiani, auf halber Höhe des Westufers auf einer baumreichen Landzunge, die Bahnlinie führt auf einem Damm durch das Gelände, kleiner Strand. ☎ 0461/548062, 📠 548607, www.campingpuntaidiani.it.

▶ **Calceranica al Lago**: das Tourismuszentrum des Sees am südlichen Seeende. Es gibt einen langen öffentlichen Kies-/Sandstrand mit Grasflächen, Bäumen und beliebter Spazierpromenade, dahinter liegen eine Reihe von meist einfachen Campingplätzen zwischen üppigen Apfelplantagen. Die schmale Uferstraße ist im Sommer oft stark überlastet und darf nur in einer Richtung befahren werden.

● *Anfahrt/Verbindungen* Die nächste Bahnstation ist wenige hundert Meter entfernt in **Caldonazzo**. Die schmale Uferstraße besitzt nur wenige Parkplätze (im Sommer 1 €/Std., 7 €/Tag).

● *Übernachten* ** **La Piroga**, Via Penisola Verde 1, schöne Lage direkt am See, dahinter die Bahnlinie. Restaurant mit offener Terrasse, Zimmer mit Sat-TV. DZ mit Frühstück ca. 65–75 €. ✆ 0461/723150, ✍ 724572, www.hotellapiroga.it.

** **Bellavista**, nur über die Straße zum Strand, 18 Zimmer, DZ mit Frühstück ca. 65–80 €. ✆ 0461/723214, ✍ 723258, www.garnibellavista.com.

** **Lido**, am Ende der Straße direkt am See, 12 Zimmer, DZ mit Frühstück ca. 60–75 €. ✆ 0461/723455, ✍ 724580.

Residence Garden, optimal am See gelegenes Haus mit Garten, vermietet werden Ein- und Drei-Zimmer-Apartments, zu buchen über www.terra-reisen.de.

Vor allem aber gibt es mehr als ein halbes Dutzend meist kleiner Campingplätze um Calceranica, darunter den ruhig gelegenen Platz ** **Penisola Verde** direkt am See (✆ 0461/723272, ✍ 1820746, www.camping.it/trentino/penisolaverde), außerdem ** **Punta Lago** (www.campingpuntalago.com), * **Belvedere** (www.campingbelvedere.it), * **Riviera** (www.campingriviera.net), ** **Spiaggia** (www.camping.it/trentino/spiaggia) sowie ** **Mario** (www.campingmario.com) und * **Al Pescatore** (www.campingpescatore.it), die beide einen schönen Pool mit Kinderbecken besitzen

● *Essen & Trinken* **Al Pescatore**, direkt am See, von der schattigen Terrasse hat man einen ausnehmend schönen Blick auf Wasser und Strandleben. ✆ 0461/723425.

Badestrand in Calceranica al Lago

Europa, ebenfalls direkt am Strand, Seefisch und Pizza. ✆ 0461/723329.

Le Foreste, Pizzeria an der Straße nach Bosentino hoch über Calceranica, herrlicher Panoramablick über den See. ✆ 0461/724284.

● *Sport* **Windsurf-/Segelschule** und **Bootsvermietung** am Strand.

Ca' Rossa: Schlemmen mit Seeblick

Am Südostufer des Lago di Caldonazzo steht diese Villa in bevorzugter Lage direkt am See. Auf der Panoramaterrasse sitzt man wunderbar, man kann aber auch den benachbarten Strand benutzen und ein Sonnenbad nehmen. Die Küche bietet Meeresgerichte und Pizza, zu den Spezialitäten gehören *tagliolini ai gamberi freschi*, *grigliate miste di pesce* und *spaghetti bottarga*, die Weinauswahl ist vielseitig.

Via Valsugana 26, Ischia di Pergine Trento, tägl. geöffnet. ✆ 0461/511100.

▶ **Lago di Cadonazzo/Umgebung**: Für sportliche Naturen bietet sich der Radweg „Valsugana" an, der von Calceranica durch das ganze Valsugana bis *Pianello* an der Grenze zum Veneto führt. Das sind 45 km, die sich hervorragend beschildert, fast immer asphaltiert und mit wunderschönen Landschaftseindrücken garniert durch die Talebene schlängeln, weite Teile an der Brenta entlang, aber auch an den Talrand wechselnd. Es sind einige einfache Steigungen zu bewältigen, insgesamt ist der Weg aber absolut familienfreundlich und in den Ferien entsprechend frequentiert. An diesem Radweg liegt auch *Borgo Valsugana*, ein altes, verwinkeltes Städtchen mit engen Gassen und Arkaden am Fluss, überragt von einer Burgruine, dem Castel Telvana.

Lago di Lévico

Der schmale, etwa 3 km lange See ist eingebettet zwischen steile, dicht bewaldete Hänge, die ihm einen fast fjordartigen Charakter geben.

Die Ufer sind fast völlig unerschlossen, nur oberhalb vom Südende liegt der Anfang des im 20. Jh. als Gartenstadt konzipierten Kurortes *Lévico Terme* mit dem modernen Thermalbad „Palazzo delle Terme", mehreren großen Kurhotels und allabendlich romantisch beleuchteten Terrassencafés. Bei der Stammkundschaft handelt es sich denn auch um eher ältere Semester, die sich an den Heilkräften der arsen- und eisenhaltigen Quellen laben. Diese Quellen erlauben verschiedenste Kurarten und sollen auch gegen Stress und seine psychosomatischen Folgen hilfreich sein.

Etwa 1 km unterhalb vom Ort kann man das Strandbad „Lido" mit Rasenflächen, Ristorante und Holzstegen ins Wasser besuchen, ein Stück weiter befindet sich ein hübscher kostenloser Badestrand mit Wiesenflächen und Picknicktischen unter schattigen Bäumen. Für kürzere Regenschauer bietet sich ein Besuch des *Museo della Polenta* an. Neben einer repräsentativen Auswahl an Kupferkesseln für die Maisbreizubereitung hat Frisanco Renzo eine beachtliche Anzahl Helme und Militaria zusammengetragen (Voranmeldung unter ✆ 0461/701831).

Im Umkreis von Lévico Terme kann man ausgezeichnet wandern und Rad fahren, Broschüren dazu sind erhältlich im Informationsbüro. Fast ein Muss ist der wunderschöne Rad- und Wanderweg um den See. Am einfachsten ist der Einstieg beim Hotel du Lac auf der rechten Seeseite. Dort zieht sich auf etwa 3 km Länge ein ebener Kiesweg am See entlang, immer unter Bäumen verlaufend, ideal zum Wandern, Joggen, Radeln. Am Seeende geht es dann entweder links auf einen nur zum Wandern und Mountainbiken geeigneten Waldweg, der am anderen Ufer zurückführt, kurz vor dem Seeende wegen eines Naturschutzgebiets steil nach rechts oben abbiegt und dann an der Straße nach Tenna herauskommt. Diese kann man dann auf schmalem Bürgersteig bis unten zu Ende gehen. Alternativ kann man nach dem ersten Teil der Strecke am hinteren Seeende auf verschlungenen Wegen eine steile Steigung erklimmen, kommt oben zum Ort Ischia und kann dann die geteerte Straße Richtung Tenna und Levico abwärts weiterfahren.

Anfahrt/Verbindungen/Information

● *Anfahrt/Verbindungen* **Bahn**, Lévico Terme ist eine Station an der Strecke von Trento nach Venedig. Der Bahnhof liegt unterhalb vom Ort, der Viale Stazione führt geradeaus ins Zentrum hinauf, zu den Campingplätzen am See muss man sich links halten.

● *Information* **APT**, Via Vittorio Emanuele 3, gegenüber Palazzo delle Terme. Sommer Mo–Sa 9–12.30, 15–18, So 9–12 Uhr, Winter Mo–Fr 9–12.30, 15–18 Uhr, Sa 9–12 Uhr. Viel Prospektmaterial, darunter auch Infos zu Wanderrouten im Umkreis. Es wird Deutsch gesprochen. ✆ 0461/706409, www.valsugana.info.

Abendstimmung am Lago di Lévico

Übernachten

Die Möglichkeiten sind zahlreich, sowohl im Ort als auch am See unten.

*** Al Sorriso, großzügiges Haus im alpenländischen Stil an der kaum befahrenen Uferstraße, wenige Schritte vom öffentlichen Badestrand. Großer Garten, Pool, Tennis, Kinderspielgeräte, Wellnesszentrum mit Hallenbad. DZ mit Frühstück ca. 90–150 €, im Sommer nur Halbpension möglich. Auch über Reiseveranstalter zu buchen. ☎ 0461/707029, ☏ 706202, www.hotelsorriso.it.

*** Romanda, Palazzo des 16. Jh. mitten im Zentrum, alteingesessen, liebevoll folkloristisch eingerichtet und sehr aufmerksam geführt von Familie Bosco. DZ mit Frühstück ca. 65–90 €. ☎ 0461/707122, ☏ 701710, www.hotelromanda.it.

*** Villa Primavera, am unteren Stadtrand, gemütliches und kinderfreundliches Haus mit schönem Blick, geführt von Familie Prandel, Terrasse vor dem Haus, Garten, Parkplatz, Pool. HP ca. 70–100 € incl. Babysitting und Kinderanimation, hohe Kinderermäßigung. ☎ 0461/706193, ☏ 706376, www.familyhotelprimavera.it.

** Vecchia Fattoria, in einer Seitengasse der Straße zum See, 13 Zimmer, einfach und nett eingerichtet, mit Swimmingpool. DZ mit Frühstück ca. 54–70 €. ☎/☏ 0461/706408, www.albergovecchiafattoria.it.

Agritur Rincher, in der Località Prese bei Roncegno Terme, ca. 15 km außerhalb in Richtung Padua. Uriger Berghof mit vielen landwirtschaftlichen Aktivitäten, geführt von Familie Zottele. DZ mit Frühstück ca. 50–60 €, HP pro Pers. ca. 35–50 €. Reservierung sinnvoll. ☎ 0374/8403522, www.agriturrincher.com.

● *Camping* **** Lévico**, einziger Platz direkt am See, flaches Wiesengelände mit Bäumen. Schmaler Kiesstrand, Enten und Gänse laufen herum, schöner Blick auf die bewaldeten Hänge um den See. Mit Bar und nettem Ristorante, dessen Tische im Gras unter Sonnenschirmen stehen. Tretboot- und Surfbrettverleih. ☎ 0461/706491, ☏ 707735, www.campinglevico.com.

* Jolly, an derselben Zufahrtsstraße wie Camping Lévico, gepflegter Platz mit abgezirkelten Wegen unter niedrigen Bäumen, Pool, 150 m zum See mit Privatstrand. Ristorante von Camping Lévico kann benutzt werden (200 m entfernt). ☎ 0461/706934, ☏ 707735, www.campingjolly.com.

**** Due Laghi, Nähe Camping Jolly, an der Straße nach Tenna, sehr großes Gelände nicht unmittelbar am See, sauber abgeteilte Stellflächen auf Gras, Pool und Tennis, 400 m zum See, dort Privatstrand. Platz wurde von einem großen Automobilclub als mustergültig bewertet. Etwas teurer. ✆ 0461/706290, ✉ 707381, www.campingclub.it.

Essen & Trinken

Boivin, gepflegtes Restaurant in den Gewölben der Seitenfront des Hotels Romanda. Sehr gute und fantasievolle Küche, je nach Jahreszeit variiert das Angebot, reichhaltige Weinauswahl in der angeschlossenen Enoteca. Mo geschl. ✆ 0461/701670.

Al Conte, Via Regia 8, gemütliche Pizzeria in einem malerisch vergammelten Innenhof mit alten Holzbalkonen. Günstige Pizza, z. B. *pizza tirolese* mit Tiroler Speck. ✆ 0461/702302.
La Cantinota, Via Trieste 1, preisgünstige und gute *cucina tipica trentina*, Sa-Mittag und So geschl. ✆ 0461/701699.

Lago di Lévico/Umgebung

▸ **Vetriolo Terme**: Der höchste Kurort Europas versteckt sich mit seinen eisenhaltigen Quellen in 1500 m Höhe, gut 1000 m über Lévico Terme. Schöner Halbtagesausflug durch dichten Wald auf 12 km langer, steiler Serpentinenstraße in Haarnadelkurven, immer wieder herrliche Panoramablicke und wunderbar ruhig – ideal zum Wandern in frischer Bergluft. Die Korbliftanlage zum *Rifugio Panarotta* in 1830 m Höhe wurde leider vor einigen Jahren stillgelegt. Eine neue Zubringerstraße ist geplant.

• *Übernachten/Essen & Trinken* ***** Compet**, etwas unterhalb von Vetriolo im Weiler Compet, trotz Kreuzung dreier Bergstraßen abends ganz ruhig. Neu renoviertes, pensionsähnliches Haus, freundliche Gastgeber und gute Küche. HP pro Pers. ca. 45–56 €. ✆ 0461/706466, ✉ 707815, www.hotelcompet.it.

▸ **Forte Col de Bene**: Festungsruine auf dem gleichnamigen Hügel nordwestlich von Lévico Terme. Das Bollwerk gehörte zu dem österreichischen Festungsring, der Ende des 19. Jh. in den trientinischen Voralpen gebaut wurde und das Valsugana kontrollieren sollte. Vom Fremdenverkehrsamt den Viale Roma hoch und links in die Via San Biagio einbiegen, dann an einer Kreuzung rechts einen Schotterweg hinauf zur Hügelspitze (653 m). Zu Fuß hin/rück ca. 3 ½ Std.

▸ **Forte di Tenna**: weitere kleine österreichische Festung aus dem 19. Jh. auf dem Hügel zwischen Lévico- und Caldonazzo-See. Von Lévico Terme führt eine schöne Panoramastraße ins Örtchen *Tenna* auf dem Höhenrücken. Von der Piazza San Rocco erreicht man das Fort durch Via Roma und Via San Valentino (Besichtigung nur von außen).

▸ **Alberè di Tenna**: Von Tenna weiter die Straße nach Norden kommt man in die *Pineta Alberè*, einen dichten Kiefernwald mit zahlreichen markierten Spazierwegen. Geeignet für ein paar Tage Ruhe und Ausspannen in gesunder Waldluft – nicht allzu hoch, dennoch mit alpinem Charakter.

• *Übernachten* ***** Margherita**, gut ausgestattetes Haus mitten im Wald oberhalb der Straße, sehr ruhige Lage, große Freiluftterrasse und Ristorante mit ausgezeichneter ländlicher Küche. Zimmereinrichtung nicht auf dem neuesten Stand, aber alle mit Balkon und Du/WC. Es gibt Sauna, Einrichtungen für Hydromassage, zwei kleine Pools und Tennisplatz. Mindestaufenthalt drei Tage. DZ mit Frühstück ca. 70–115 €, Halbpension um die 45–70 € pro Kopf, im August meist lange im Voraus ausgebucht. ✆ 0461/706445, ✉ 707854, www.hotelmargherita.it.

Abwechslung vom Badealltag: Eine Tagestour nach Venedig

Mit dem Auto vom Lago di Caldonazzo und Lago di Lévico aus einen Tagesausflug in die weltberühmte Lagunenstadt zu machen, ist anstrengend und bringt einige Probleme mit sich – vor allem den heftigen Verkehr und die horrenden Parkgebühren in Venedig. Was liegt also näher, als bequem mit dem Zug zu fahren: Jeden Morgen und am Vormittag gibt es mehrere Verbindungen durch das Valsugana, die Fahrt dauert ca. 2 ½ Std., zurück fahren die letzten Züge zwischen 18 und 19 Uhr. Endstation der Züge im Valsugana ist Pergine und auch an den Seen selbst gibt es Bahnstationen, z. B. in Calceranica al Lago, jedoch sollte man sich vorher informieren, ob der Zug hier auch hält.

Lago di Serraia und Lago delle Piazze

Die beiden Seen auf dem dicht bewaldeten *Altopiano di Pinè* sind vom Valsugana aus durch das Valle di Pinè zu erreichen. Um den Lago di Serraia mit dem Dorf *Baselga* ist ein bequemer und gut befestigter Uferweg angelegt. Der höher gelegene Lago delle Piazza besitzt einige schöne Badestellen, es gibt zwei Campingplätze, Tennis- und Fußballplatz sowie einen Reitstall. In den umliegenden Wäldern bieten sich viele Möglichkeiten zu Spaziergängen.

● *Übernachten* ***** Pineta**, Hotel und Camping (*) direkt am Lago delle Piazze, geräumige, terrassenartige Wiesenfläche, umgeben von Tannenwald. Badewiese und schöner Strand, Restaurant, Waschmaschine. DZ mit Frühstück ca. 70–84 €. Hotel März bis Okt., Camping Mai bis Sept. ☎/📠 0461/556642, www.infopineta.it.

* Camping Verdeblu, 100 m vom See entfernt, Wiese mitten im Wald. Bungalows, Restaurant, Waschmaschine. Juni bis Mitte Sept. ☎/📠 0461/556718, www.pinecamping.it.

Lago di Lavarone

Der von üppigem Grün umgebene Karstsee liegt in 1100 m Höhe auf der hügligen Hochebene von Lavarone und ist vom Lago di Caldonazzo auf schöner Bergstraße zu erreichen.

Schon Ende des 19. Jh. wurde er vom gehobenen Bürgertum der Habsburger Monarchie als Sommerfrische auserkoren, Sigmund Freud war mehrfach hier und sogar ein Grand Hotel wurde damals erbaut. Heute ist er ein beliebtes Ausflugsziel mit einem guten Dutzend Hotels im oberhalb gelegenen Örtchen *Chiesa*. Es gibt eine schöne Badezone, man kann gemütlich Ruderboot oder Tretboot fahren, auch ein Campingplatz ist vorhanden. Ende der 1980er Jahre erhielt er im Rahmen einer groß angelegten Untersuchung das Prädikat „sauberster See Italiens".

● *Übernachten* ***** Esperia**, Piazza Italia 29, zentrale Lage im Ort oberhalb vom See. DZ mit Frühstück ca. 55–80 €. ☎/📠 0464/783124, www.albergo-esperia.com.

* Garni Daniela, 8 Zimmer, Parkplatz, DZ mit Frühstück ca. 50 €. ☎ 0464/783150.

*** Camping Lago di Lavarone, Wiesengelände beim See. Ganzjährig geöffnet. ☎ 0464/783300, www.campinglagodilavarone.it.

* Camping Belvedere, kleiner Platz bei Oseli am Weg zum Forte Belvedere (→ nächster Abschnitt). ☎ 0464/783142.

▶ **Forte Belvedere**: Anfang des 20. Jh. errichteten die Militärs der Habsburger Monarchie auf den Hochebenen östlich von Rovereto und Trento, wo damals die Grenze zu Italien verlief, sieben gewaltige Betonfestungen, die heute italienische Namen tragen: *Forte Pizzo di Vézzena, Forte Busa Verle, Forte Luserna, Forte Belvedere,*

Seen im Trentino

Markanter Blickfang: Palazzo Assessorile in Cles

Forte Cherle, *Forte Sommo Alto* und *Forte Dosso del Sommo*. Im Ersten Weltkrieg waren diese Stellungen hart umkämpft. Die bizarr zerbombten Ruinen sind heute populäre Ausflugsziele für Wanderer und Mountainbiker, doch nur noch das große mehrstöckige *Forte Belvedere* ist in gutem Zustand erhalten, das Innere wurde zu einem Museum ausgebaut.

● *Anfahrt* Von **Chiesa** nimmt man die Straße nach **Cappella**, dort geht es weiter in Richtung **Oseli**, nach etwa 1 km führt links eine kurze asphaltierte Piste (beschildert) zum Fort in 1177 m Höhe.

● *Öffnungszeiten/Preise* **Forte Belvedere**, Ende März bis Ende Juni & Sept./Okt. Di–So 10–12, 14.30–18 Uhr, Mo geschl., Juli/August tägl. 10–18 Uhr; Eintritt ca. 4 €. ✆ 0464/780005, www.fortebelvedere.org.

Lago di Cei

Der kleine pittoreske Badesee, entstanden erst vor achthundert Jahren durch einen Erdrutsch, liegt in 925 m Höhe nordwestlich von Rovereto und ist über Nogaredo zu erreichen.

Er ist teilweise in Privatbesitz, doch zum Baden und Sonnen bleibt noch genügend Platz. Seine Ufer sind von dichtem Baumbestand umgeben und auf dem Wasser gedeihen weiße und gelbe Seerosen, es wirkt deshalb etwas trüb. Wenn man nicht gerade in der absoluten Hochsaison kommt, kann man hier die wunderbare Stille weitab der großen Straßen genießen. Tipp ist auch die nahe Malga Cimana, wo man gut und typisch essen kann – nur wenige Fußminuten entfernt hat man einen wunderbaren Blick auf das Tal der Etsch.

● *Übernachten* ** **Lago di Cei**, rustikales Haus nah am See, Panoramaterrasse, Tennis. DZ mit Frühstück ca. 52–70 €. ✆ 0464/801100, ✉ 801212, www.lagodiceihotel.it.

● *Essen & Trinken* **Malga Cimana**, etwas südlich vom See, über eine Forststraße zu erreichen. Eine ehemalige Sennerhütte wurde modernisiert und in ein Landlokal umgebaut, in dem die typischen Produkte des Trentino serviert werden, z. B. *canederli al formaggio* oder mit *sugo di lepre*, Wurst, Käse und Polenta. ✆ 335-8396829.

Lago di Santa Giustina

Der größte Stausee des Trentino liegt bei Cles, nordwestlich von Trento. Über Mezzolombardo fährt man das breite, üppig mit Apfelbäumen bestandene Val di Non, eine nach Süden geneigte Hochebene mit zahlreichen Schluchten, hinauf und überquert kurz vor Cles den mächtigen, über 150 m hohen Staudamm – hier stürzt das Wasser mit ungeheurer Wucht durch einen kleinen Tunnel in die tiefe Klamm, die sich der Fluss Noce gegraben hat.

Der See hat mehrere von Felsen gesäumte Seitenarme und ist beliebt bei Kajakfahrern. Tourismus gibt es aber kaum, nur die Apfelblüte lockt Besucher an, die Apfelbäume stehen im Nordufer bis dicht ans Ufer. An der zentralen Piazza des lebendigen Hauptorts *Cles* steht der mächtige *Palazzo Assessorile* mit gotischen Doppelfenstern aus dem 15. Jh. Davor sieht man die Nachbildung einer römischen Bronzeplatte, die so genannte „Tavola Clesiana", auf der die Verleihung des Bürgerrechts durch Kaiser Tiberius an die Talbewohner thematisiert wird. Die Originalplatte wird im Castello Buonconsiglio von Trento verwahrt. Die Burg von Cles am See ist noch heute in Besitz der Nachfahren des Fürstbischofs Bernhard von Cles, dem es gelang, von 1545–1563 das erste Konzil der Papstkirche nach der Lutherschen Reformation nach Trient zu holen (keine Besichtigung). Vom Parco Dos di Pez, wenige Fußminuten östlich vom Ortskern, kann man Burg und See bestens überblicken.

Nicht versäumen sollte man östlich vom See die eindrucksvolle Wallfahrtsstätte *Santuario di San Romedio*, errichtet etwa seit dem Jahr 1000 an der Stelle, wo sich der Tiroler Adlige Romedius bei der Rückkehr von einer Pilgerreise nach Rom in die Bergeinsamkeit zurückzog und fortan als Eremit lebte. Am Ende einer steilwandigen Schlucht türmen sich fünf Kirchen und sieben Kapellen übereinander, verbunden durch einen Treppenweg mit 131 Stufen. Unter der Hauptkirche werden in einer Urne die Reliquien des Heiligen verwahrt.

● *Information* **Pro Loco**, Corso Dante Alighieri 30, zentral am Hauptplatz von Cles. Mo–Sa 9–12.30, 15–19 Uhr (Winter bis 18 Uhr), So 9–12 Uhr. ✆ 0463/421376, 🖷 422794, www.valledinon.tn.it.

● *Öffnungszeiten* **Santuario di San Romedio**, tägl. 9–17 Uhr (April bis Sept. bis 19 Uhr). ✆ 0463/536198. Shuttlebusse fahren ab Sanzeno (Rist. Al Mulino) Mitte Juli bis Mitte Sept. tägl. 9–18 Uhr alle 20 Min.

● *Übernachten/Essen & Trinken* ***** Cles**, in Cles, Piazza Navarrino 7, ganz zentral am Hauptplatz, gepflegtes Haus mit Restaurant

Blick vom Staudamm auf das tiefe Tal des Flusses Noce

und Garten. DZ mit Frühstück ca. 70–84 €. ℡ 0463/421300, ✉ 424342, www.albergocles.com.
*** Antica Trattoria, Via Roma 13, altes Stadthaus wenige Meter von der zentralen Piazza, 2004 grundlegend renoviert. Elegantes Restaurant mit prächtigem Ofen aus dem 18. Jh., umfassende Weinauswahl. Zimmer modern und komfortabel. ℡ 0463/421631, ✉ 609945, www.anticatrattoriacles.it.

Äpfel aus dem Val di Non

Das Val di Non ist eins der größten Apfelanbaugebiete des Trentino, genannt „Zona della Renetta – Golden e Red Delicious". Die Äpfel tragen hier sogar eine DOP-Klassifizierung und werden im Frühherbst zur Apfelfabrik „Melinda" (www.melinda.it) bei Cunevo gebracht, die Trecker stehen dann dort in langer Wartereihe die Straße entlang. Melinda produziert alljährlich etwa 300.000 Tonnen Äpfel, das sind etwa 60 % der gesamten Trentiner Produktion, gut 5000 Bauern sind dem Konsortium angeschlossen.

Lago di Tovel

Kleiner, idyllischer See mit herrlich klarem und leuchtend grünem Wasser in 1178 m Höhe, versteckt gelegen im Naturpark Adamello-Brenta inmitten waldreicher Berglandschaft, wenige Kilometer südlich vom Lago di Giustina. Im Sommer ist er ein beliebtes Ziel für Tagesausflügler, vor allem an Wochenenden wird es sehr voll.

In *Tuenno* zweigt die Zufahrt ab, eine 11 km lange, schmale und kurvige Straße über Stock und Stein, am Ende wird das große Geröllfeld eines ehemaligen Gletschers durchquert. Vom Parkplatz kommt man nach etwa 5–10 Min. zum Seeufer, ein bequemer Wanderweg führt einmal rundum (ca. 90 Min.). Unterwegs trifft man auf zwei Hotels/Restaurants, einen Imbiss und das Besucherzentrum „Lago Rosso". Außerdem kann man vom Parkplatz aus den „Sentiero delle Glare" durch das Geröllfeld des Gletschers wandern, eine leichte Tour in etwa parallel zur Straße (ca. 90 Min.).

Nicht mehr rot, sondern leuchtend grün: Lago di Tovel

● *Information*   **Centro Visitatori „Lago Rosso"**, Juli bis Mitte Sept. tägl. 10–19 Uhr. ℡ 0463/451033, parcoadamellobrenta.tn.it, c.v.tovel@pnab.it.

● *Übernachten*   *** Miralago**, kleines, uriges Albergo am Beginn des Seerundwegs, nicht weit vom Parkplatz. Serviert werden im hauseigenen Restaurant Canederli, Gulasch und Polenta. DZ mit Frühstück ca. 40–50 €. ℡ 0463/450090, ✉ 451411.

* Lago Rosso, 900 m weiter (PKW-Zufahrt ab Seeparkplatz beschildert), schon länger nicht mehr modernisiertes Albergo, aber vorteilhaft direkt am See gelegen, mit Restaurant und Fahrradverleih. DZ mit Frühstück ca. 50 €, HP pro Pers. ca. 38 €. ☎ 0463/451242, ✆ 450812, albergo.lagorosso@cheapnet.it.

Orso Grigio, Paninoteca zwischen beiden Alberghi am Seerundweg, Panini und Bootsverleih.

Lago Rosso: Der „Rote See"

Der poetisch klingende Beiname des Tovel-Sees spielt auf die auffallende Rotfärbung seines Wassers an, die bis in die 1960er Jahre alljährlich im Sommer auftrat und von der noch eindrucksvolle Fotos existieren. Eine Legende führt das Phänomen auf das Blut der Königin Tresenga zurück, die hier mit ihrem Heer vernichtend geschlagen wurde. Tatsächlich verantwortlich dafür war jedoch eine spezielle, durch Karotinpigmente gefärbte Algenart namens „Glenodinium sanguineum", die in den Sommermonaten an die Wasseroberfläche drang. Sie ernährte sich von den starken Stickstoff- und Phosphorkonzentrationen im See, verursacht durch die Stuhlentleerung von Kühen. Seit die Rinderwirtschaft im Naturpark eingestellt wurde, ist die Alge nur noch in Restbeständen vorhanden und die Rotfärbung verschwunden. Die heute vorherrschende Alge ist die grüne „Baldinia anauniensis", daher die aktuelle kräftige Farbe des Sees.

Lago di Molveno

Nordwestlich von Trento steigen die Gipfel des Brenta-Massivs bis zu 3000 m an. An ihrem Fuß liegt in 865 m Höhe der schönste See des Trentino, ein glasklares, tiefgrünes Gewässer, das besonders fischreich ist.

Molveno, der einzige Ort, staffelt sich mit gepflegter alpenländischer Architektur am nördlichen Seeende steil den Hang hinauf. Nur hier ist der See zugänglich, eine weiträumige, etwa 10 ha große Wiesen- und Parklandschaft mit Kiesstränden, schattigen Bäumen, Freibad und Sporteinrichtungen bildet das Ufer, ideal zum Sonnen und Baden. Ein Blickpunkt im kleinen Ortskern ist die monumental wirkende Pfarrkirche *San Carlo Borromeo* mit ihrem freistehenden Glockenturm. Sehenswert ist auch die mittelalterliche Kirche *San Vigilio* am zentral im Ort gelegenen Friedhof mit ihrem Freskenschmuck, sowohl innen wie außen. Der *Lago di Bior*, ein kleiner Seeausläufer nach Norden, ist besonders bei Anglern begehrt. Am südlichen Seeende liegt der winzige *Lago Nembia* mit flachem Ufer, Badestrand und Holzplattform, der besonders für Kinder geeignet ist.

Entstanden ist der Lago di Molveno durch einen gewaltigen Erdrutsch vor etwa 3000 Jahren. Diese Altersangabe konnte mittels der Radiokarbonmethode anhand der vielen in den See gespülten Baumstämme getroffen werden, die man am Grund entdeckte, als der Wasserspiegel des 120 m tiefen Sees für den Bau einer Gefällekraftwerksanlage gesenkt wurde. Auch prähistorische Stücke aus der Bronzezeit hat man dabei gefunden. Den bizarren Anblick des fast gänzlich abgelassenen Sees kann man in den Monaten von Dezember bis April erleben, wenn mit den abgelassenen Wassermassen Strom erzeugt wird – der kleine türkise Wasserrest wird dann umrahmt von einer zerklüfteten Mondlandschaft.

Für einen reinen Badeurlaub ist der Lago di Molveno sicher nicht die erste Wahl, dafür ist er mit maximal 18 Grad (Ende September) einfach ein bisschen zu kalt – geschwommen wird in der internationalen Maßen entsprechenden Schwimmhalle im Sportzentrum am See. Trotzdem bietet Molveno vielfältige Möglichkeiten für einen Aktivurlaub: Die Ora, ein thermischer Wind, bläst mit der gleichen Regelmäßigkeit – wenn auch nicht ganz so kräftig – wie am Gardasee und prädestiniert Molveno als Segel- und Surfrevier mit gut gefülltem Regattenkalender. Der See kann zu Fuß in etwa 3 ½ Std. oder per Rad in 1 ½ Std. umrundet werden (an der Westseite kommt man u. a. an einem Fort aus napoleonischer Zeit vorbei) und die umliegenden Berge sind mit ihrem dichten Netz von Hütten (von Juni bis September bewirtschaftet) ein ausgezeichnetes Mountainbike-, Bergwander- und Klettergebiet. Und schließlich entwickelt sich Molveno mehr und mehr zum Dorado der Paraglider (→ Altopiano del Pradel) und weiß mit Luca Donini gar einen Weltmeister dieser Sportart in den Reihen ihrer Bürger.

*A*nfahrt/*V*erbindungen/*I*nformation

• *Anfahrt/Verbindungen* Busse von **Trentino Trasporti** (www.ttspa.it) fahren Molveno – Andalo – Fai della Paganella – Trento und zurück ca. 7 x tägl., weitere Verbindungen gibt es über Andalo nach Cles (Lago di Santa Giustina).

• *Information* **Ufficio Informazione Turistica**, zentral im Rathaus, Piazza Marconi 5. Mo–Sa 9–12.30, 15.30–18.30 (im Sommer bis 19 Uhr), So 9.30–12.30 Uhr. ☎ 0461/586924, ✉ 586221, www.aptdolomitipaganella.com.

Molveno Holiday, neben dem Informationsbüro, Zimmer- und Apartmentvermittlung. ☎ 0461/586086, ✉ 586412, www.dolomitimolveno.com.

> **Tipp**: Die „Molveno Holiday Card" bietet zahlreiche Ermäßigungen in Restaurants, Sporteinrichtungen und Berghütten.

*Ü*bernachten

Über zwanzig Hotels bieten von Mai bis Oktober und im Winter ihre Dienste an, der Standard ist hoch. Im Sommer fast überall Mindestaufenthalt von drei Tagen, zudem Pflicht zur HP.

*** **Lido**, Via Lungolago 10, komfortables Haus in zentraler Lage an der Uferstraße, seit 1937 geführt von Familie Donini. Großer Garten, behagliche Zimmer mit TV, sehr gute Küche. HP pro Pers. ca. 42–96 €. ☎ 0461/586932, ✉ 586143, www.hotel-lido.it.

TIPP! *** **Lago Park**, Via Bettega 12, etwas außerhalb, wunderbare, vollkommen ruhige Lage in der nordöstlichen Seeecke, unmittelbar am Wasser, davor kleiner Kiesstrand. Älteres Traditionshaus mit schattigem Garten, schöner Caféterrasse und kleinem Pool. In den nostalgischen Gemeinschaftsräumen Parkettböden und Kamin, Modernisierte Zimmer mit Olivenholzböden (!) und TV, meist mit Terrasse oder Balkon. HP pro Pers. ca. 45–85 € (nur mit Frühstück 10 € weniger). ☎ 0461/586030, ✉ 586403, www.dolomitiparkhotel.com.

*** **Lago Nembia**, am Südende des Molveno-Sees, modernes Gebäude direkt zwischen Straße und dem kleinen Lago Nembia, Parkplatz, Zimmer mit TV, Restaurant mit Wildspezialitäten. HP pro Pers. ca. 40–80 €. ☎ 0465/730019, ✉ 730256.

*** **Londra**, Via Nazionale 34, Mittelkassehotel im hoch gelegenen Ortsteil, an der Straße nach Andalo, ein wenig in die Jahre gekommen, aber toller Panoramablick DZ mit Frühstück ca. 50–120 €. ☎ 0461/586943, ✉ 586313, www.londramolveno.it.

*** **Alpenrose**, Via Lungolago 54, einfacheres Haus in der Nähe des Campingplatzes, nur über die Straße zur Badewiese. DZ mit Frühstück ca. 36–60 €. ☎ 0461/586169, ✉ 586026, www.alpenrosemolveno.it.

** **Bellariva**, Via Lungolago 23, direkt neben dem Campingplatz in Molveno, wenige Meter vom See. Direkter Zugang zum Ufer, großer Garten, Parkplatz, Restaurant/Café. DZ mit Frühstück ca. 64–120 €. ☎ 0461/586952, ✉ 586338, www.bellariva.com.

• *Camping* *** **Spiaggia Lago di Molveno**, großes, gepflegtes Gelände in Molveno am See, 300 m langer Kiesstrand, Kinderspielplatz, Imbissstube „Tavola Calda" (kleine Auswahl an Pasta und Secondi, auch Pizza), moderne Sanitäranlagen. ☎ 0461/586978, ✉ 586330, www.campingmolveno.it.

● *Essen & Trinken* **TIPP! Antica Bosnia**, Via Paganella 7/B, gemütlich-kommunikatives Lokal, etwas versteckt mitten im Ort. Keine jugoslawischen Gerichte, sondern interessante Variationen der regionalen Küche werden hier geboten, z. B. *petto d'oca affumicato*, auf der hauseigenen Speisekarte nett übersetzt mit „Verruste Gänsebrust". ✆ 0461/586123.

Bucaneve, Via Giuseppe Garibaldi 50, im Zentrum neben dem Informationsbüro die Gasse hinauf, eine „Osteria tipica Trentina" mit authentischem Angebot aus garantiert trentinischen Produkten, z. B. *risotto alle mele trentine al vino Teroldego* oder *canederli di formaggi* (Trentiner Käseknödel). Hinter den Haus eine kleine offene Terrasse. ✆ 0461/586464.

El Filò, Piazza Scuole 5, hübsch aufgemacht im Kellergeschoss, typische Gaststube mit Holzabteilen im alpinen Stil, Tiroler Speck, Lachsforelle, Hirsch und Wildschwein mit Polenta. Mai bis Okt. ✆ 0461/586151.

L'Osteria del Maso, Via Lungolago 7, gegenüber vom Friedhof, kneipenähnliches Restaurant mit großem offenem Grill und Terrasse, traditionelle Fleischküche und Pasta, kein Fisch. ✆ 0461/586345.

La Botte, Via Cima Tosa 4, zentral im Ortskern, neben dem Municipio eine Gasse hinein. Große Pizzeria mit überdachter Terrasse, in der auch Fleisch vom Holzkohlengrill serviert wird. ✆ 0461/586948.

Al Caminetto, Via Lungolago 8, unten an der Seestraße, gute Pizzeria mit schöner, überdachter Außenterrasse, allerdings eher gehobenes Preisniveau. ✆ 04617586949.

Genzianella, Località Novic, allein stehende Haus mitten im Wald, beschildert an der Straße von Molveno nach Andalo. Menü ca. 14 €, auch Pizza. Ganzjährig geöffnet. ✆ 0461/586605.

● *Sport* Windsurfen, Freibad, Schwimmhalle, Basketball, Beachvolleyball, Minigolf, Tennis, Tretboote Boccia und mehr …

*Hotel „Lago Park" am
Lago di Molveno*

Bogenschießen, Sportcenter im Ortsteil Ischia, auch Anfängerkurse. ✆ 0461/586347.

Klettern/Bergsteigen, riesiges Angebot, darunter auch kostenlose Touren mit qualifizierten Bergführern. Naturkletterwand in Ischia. Üppiges Informationsmaterial im Informationsbüro.

Paragliding, Informationen gibt der Club Vola Bass, Piazza Marconi 1, ✆ 347-4769919, www.volabass.it (leider keine Anfängerkurse). Tandemflüge bieten Renato „Reny" (✆ 340-3354812), Diego Malferrari (✆ 329-2704316) und Francesco Schepis (✆ 348-0456751).

Surf-Center Marco Segnana, Windsurfunterricht und Verleih von Mountainbikes. Mitte Juni bis Anfang Sept. ✆ 0464/505963, 📠 505498, www.surfsegnana.it.

Altopiano di Pradel

Eine reizvolle Alternative zum Badebetrieb bildet der schöne Ausflug in offenen Zwei-Personen-Kübeln einer Seilbahn (Funivia) zur sonnigen Hochebene Altopiano di Pradel in 1367 m Höhe.

Im Umkreis der Bergstation stehen mehrere Gasthäuser. Nach links führen Wanderwege zum *Rifugio Croz dell'Altissimo* (60 Min., ✆ 0461/585698), zum *Rifugio Selvata* (90 Min., ✆ 333-7811702) und zum *Rifugio Pedrotti* (ca. 4 Std., ✆ 0461/948115). Letzteres ist Ausgangspunkt für Kletterer, die die markanten Felsnadeln

Campanile Alto (2937 m) und Campanile Basso (2883 m) erklimmen wollen, die 1899 das erste Mal bestiegen wurden und die bekanntesten Klettergipfel der Brentagruppe sind. Nach rechts kommt man rasch zu einem kürzlich modernisierten Sessellift, der zum *Rifugio Montanara* in 1525 m Höhe (✆ 0461/585603) hinauffährt. Ein Stück weiter erreicht man den Kletterpark „Forest Park", wo sich Kletterkids voll austoben können.

Paraglider aufgepasst: Der Startplatz liegt nur 5 Fußminuten vom Rifugio Montanara, der Landeplatz unten am See ist in Luftlinie etwa 300 m vom Campingplatz entfernt. Die vom Gardasee kommende Ora ermöglicht hier tatsächlich stundenlange Flüge – allerdings Vorsicht wegen des Düseneffekts in der Talschneise!

● *Anfahrt zum Altopiano di Pradel* **Funivia**, Talstation mit Parkplatz (1 €/Std.) im oberen Ortsteil von Molveno. Betriebszeiten sind Mai 8.30–13, 14–17 Uhr, Juni & Sept. 8.30–12.45, 14.15–17.45 Uhr und Juli/August 8–18.30 Uhr. Hin und zurück nach Pradel ca. 8 €, einfach 5 €. **Sessellift**, tägl. 8.30–12.30, 14–17.30 Uhr, hin und zurück Pradel–Montanara 5,50 €, einfach 3,50 €. Beide Lifte hin und zurück 11 €, einfach 8 €.
Auf markierten Waldwegen kann man auch **zu Fuß** hinaufsteigen, nur Gäste der Hotels auf der Hochebene dürfen ihr **Auto** auf der steilen, betonierten Piste zur Hochebene benutzen (Anfahrt über Andalo).

● *Transport für Paraglider* **Taxi Giordani Mario**, Via Lungolago 34, Mario bietet mit seinem Geländebus (Platz für 14 Flieger/Ausrüstung) einen Shuttleservice zum Startplatz für 6 € Euro (ab 4 Pers.) incl. Abholung an der Unterkunft. ✆ 0461/586009.
● *Übernachten* ***** Piccolo Baita**, modernes Haus mit gepflegter Liegewiese, Zimmer mit Balkonen, allerdings ohne Seeblick. VP ca. 44–75 €, Minimum 3 Tage. ✆ 0461/586110, www.hotelpiccolobaita.it.
● *Sonstiges* **Forest Park**, tägl. Ende Mai bis Mitte Sept. ✆ 0461/586978, ✆ 586330, www.forestpark.it.

Seen im Valle dei Laghi

Wer den Gardasee als Ziel hat, kann von Trento die landschaftlich reizvolle SS 45 bis nach Riva nehmen. Auf dieser Route kann man mehrere kleine Gewässer besuchen.

Zunächst durchquert man in einem 1000-m-Tunnel den *Monte Bondone* und kommt dann an der Abfahrt zum *Lago di Terlago* vorbei, der mit Badestrand, Campingplatz und Albergo gut für Urlauber gerüstet ist. Wenn man den Feldweg rechts vom Campingplatz nimmt, kommt man nach 100 m linker Hand zum See mit Nacktbadeplätzen auf der Wiese.

Durch Terlago führt eine gut ausgebaute Straße zu den beiden unbesiedelten und abgelegenen, aber wunderbar smaragdgrünen Seen *Lago Santo* und *Lago Lamàr*, zusammen *Laghi di Lamàr* genannt. Der Lago Santo besitzt eine schöne Liegewiese, in der Nähe gibt es einen guten Campingplatz und ein Wanderweg führt auf die Spitze der *Paganella* (2098 m).

● *Übernachten* ***** Lillà**, modernes und komfortabel ausgestattetes Hotel wenige Meter vom Ufer des Lago di Terlago. DZ mit Frühstück ca. 80 €. ✆ 0461/868027, ✆ 868605, www.hotellilla.com.
** Camping Lido Lillà, Grasplatz mit schattigen Bäumen und Bar zwischen Hotel und Seeufer. ✆ 0461/865377, www.campeggio lidolilla.it.
** Camping Laghi di Lamar, gepflegtes Terrassengelände mit Pool am Weg zu den gleichnamigen Seen, ruhige Lage in den Bergen. ✆ 0461/860423, ✆ 02/700538636, www.laghidilamar.com.

▸ **Lago di Santa Massenza**: Etwa 16 km ab Trento passiert man diesen ausschließlich für die Elektrizitätsgewinnung genutzten See mit der größten Wasserkraftanlage Italiens, deren riesige Turbinen durch Wasser aus höher gelegenen Staubecken angetrieben werden, die aus dem Lago di Molveno gespeist werden.

Üppig grün: Lago di Toblino mit Kastell

Lago di Toblino

Der bildschöne See ist von einem dichten Schilfgürtel umgeben und rundum üppig grün mit Bäumen bestanden. Er steht unter Naturschutz.

Das besonders milde Mikroklima hat hier das Entstehen submediterraner Vegetation begünstigt, so gibt es z. B. zahlreiche Steineichen, die ja eigentlich typische Mittelmeergewächse sind. Am Ortseingang von *Sarche* steht sogar die mit 28 m Höhe größte Steineiche Norditaliens. Zahlreiche Vögel, darunter auch viele Zugvögel, nisten auf den kleinen Inseln im See, z. B. Fischreiher, Haubentaucher, Blässhühner, Kormorane und Eisvögel. Ein Fußweg führt parallel zur Straße am Westufer entlang.

Pittoresk thront das *Castello di Toblino* auf einer schmalen, grünen Halbinsel, ein Café mit ruhiger Seeterrasse lädt zur Einkehr ein, im stilvollen Restaurant speist man unter Arkaden oder im freskenbemalten Innenhof (März bis Nov., Di geschl., ✆ 0461/864036). Am südlichen Ortsausgang von Sarche liegt die „Cantina Toblino" (Mo–Fr 8–12, 14–18 Uhr), wo man sich aus großen Tanks preiswerten offenen Wein in Kanister abfüllen lassen kann (Mindestmenge 5 Ltr.), Kanister gibt es gegenüber zu kaufen.

Lago di Cavédine und Umgebung

Wer südlich vom Lago di Toblino von der SS 45bis auf die schmale Straße zum Lago di Cavédine abzweigt, durchquert die Steinwüste „Marocche", ein riesiges Gebiet aus gigantischen Felsbrocken.

Die in ihrer Öde faszinierende Trümmerlandschaft – insgesamt 15 qkm groß – entstand, als sich nach der letzten Eiszeit die Gletscher aus dem Sarcatal zurückzogen, ganze Wandabschnitte des freigelegten Tals stürzten damals ein. Die einsame Straße führt am Ostufer des Lago di Cavédine entlang. Eine gute Möglichkeit zum Rasten, Baden und Surfen bietet die gemütliche Pizzeria/Spaghetteria „Windsurf" (✆ 0461/568340) mit Badestrand. Auch einige Fußpfade und Fahrradwege führen durch das Gebiet.

▶ **Lago di Lagolo**: winziger, hübsch zwischen Nadelwäldern gelegener See in 938 m Höhe auf dem *Monte Bondone*, zu erreichen auf kurviger Straße über Calavino und Lasino. Das nette, kinderfreundliche Hotel Floriani steht mit Restaurant direkt am See, weiterhin gibt es ein zweites Restaurant und einen Kinderspielplatz.

Ein schönes Ausflugsziel ist die *Riserva Naturale integrale Tre Cime del Monte Bondone* mit einem großem Botanischen Garten in der Località Viote (1565 m), in dem zweitausend Pflanzenarten aus fünf Kontinenten gedeihen.

• *Öffnungszeiten/Preise*   **Giardino Botanico Alpino delle Viote**, Juni u. Sept. 9–12, 14–17 Uhr, im Juli/August bis 18 Uhr. Eintritt ca. 2 €, Familienkarte 4 €. ✆ 0461/948050, www.mtsn.tn.it.

• *Übernachten*   **TIPP! *** Floriani**, 20 mit viel Holz ansprechend gestaltete Zimmer, Restaurant, schöne Liegewiese direkt am See, sehr ruhig. HP pro Pers. ca. 40–57 €, Ende April bis Ende Sept. ✆/✆0461/564241, www.albergofloriani.it.

Casa Pederzolli, Via Cesure 12, zwei Ferienwohnungen in einem Haus, Infos bei Dario Pederzolli unter ✆ 0461/568329 oder in www.fewo-live.de.

▶ **Castello di Drena**: Abrunden kann man die Seentour im Valle del Laghi mit dem Besuch der exponiert am Beginn des grünen *Valle di Cavedine* stehenden Burg von Drena, östlich oberhalb des Sarcatals. In den wenigen erhaltenen Innenräumen des windumtosten Kastells mit seinen Zinnenmauern und dem 27 m hohen Bergfried ist eine kleine archäologische Ausstellung untergebracht, einige lebensgroße Puppen dokumentieren die Wohnverhältnisse in früheren Zeiten.

• *Öffnungszeiten/Preise*   **Burg von Drena**, März bis Oktober Di–So 10–18 Uhr, Mo geschl., übrige Zeit nur Sa/So 10–18 Uhr, Januar geschl. Eintritt ca. 2,50 €, von 12 bis 18 und über 65 J. ca. 2 €.

• *Übernachten*   ***** Daino**, in Pietramurata, etwa 5 km südlich vom Lago di Toblino. Ordentlich ausgestattetes Hotel mit angeschlossenem Campingplatz und Swimmingpool. Stellplätze gut beschattet, Waschmaschine. Benachbart Fußball, Tennis und Klettergarten. DZ mit Frühstück ca. 65–75 €. ✆ 0464/507131, ✆ 507400, www.hoteldaino.it.

Trutziges Gemäuer: die Burg von Drena

Neptunbrunnen und Caffé Italia

Trento (Trient)   **(ca. 98.000 Einwohner)**

Die Hauptstadt des Trentino liegt wie Bozen in einem weiten Talkessel und ist architektonisch ebenfalls noch weitgehend österreichisch geprägt, zeitweise fühlt man sich fast nach Innsbruck versetzt. Entsprechend zeigt sich das für italienische Verhältnisse ruhige Straßenleben.

In der Altstadt reihen sich hohe, freskenverzierte Renaissance-Paläste mit weit vorspringenden Holzbalkendächern und gedrungenen Laubengängen. Mittelpunkt ist der imposante Domplatz mit der sich anschließenden Renommierzeile Via Belenzani, rundum erstrecken sich einige Gassenzüge, die hübsch zum Bummeln sind. 1545–1563 fand in Trient mit mehrjährigen Unterbrechungen das weltberühmte „Konzil von Trient" statt, das als Auslöser der katholischen Gegenreformation in die Geschichte einging. Für dieses Ereignis ging man daran, die gesamte mittelalterliche Stadt zu einem prächtigen Renaissancekunstwerk umzugestalten. Dies prägt bis heute die Atmosphäre des Stadtzentrums.

Anfahrt/Verbindungen/Information

● *Anfahrt/Verbindungen* **PKW**, Trento liegt direkt an der Autobahn A 22 vom Brenner nach Verona. Parkplätze gibt es z. B. gegenüber vom Kastell und an der Via Manzoni (dort auch Parkhaus „Autosilo"), Tiefgarage „Europa" beim Bahnhof.
Bahn, Station an der Brennerlinie München – Verona. Züge gehen außerdem durchs Valsugana, entlang des Flusses Brenta, nach Venedig. Bahnhof nördlich vom Zentrum, ca. 10 Min. zu Fuß zum Domplatz.
Bus, Trentino Trasporti (www.ttspa.it) fahren ab Busbahnhof (benachbart zum Hauptbahnhof), z. B. stündl. nach Riva del Garda am Gardasee.
Funivia Trento – Sardagna, Seilbahn auf dem Monte Bondone. Talstation in der Via Motegrappa 1 an der Etsch, Fahrten etwa stündl., ca. 0,90 € einfach.

Seen im Trentino

• *Information* **APT**, Via Manci 2, zwischen Bahnhof und Altstadt, Ecke Via Belenzani. Stadtpläne, Unterkunftsverzeichnis (incl. Ferienwohnungen und Agriturismo), deutschsprachige Broschüre „Trento". Mo–Sa 9–18, So 9–13 Uhr (Nebensaison So geschl.). ℡ 0461/216000, ℻ 216060, www.apt.trento.it.

Übernachten

Trento ist nicht in erster Linie Touristenstadt, die Hotels sind hauptsächlich auf Geschäftsreisende ausgerichtet und dementsprechend teuer. Jedoch existiert eine Jugendherberge.

**** Accademia (4), historisches Gemäuer bei der Konzilskirche Santa Maria Maggiore. Das vollständig renovierte Haus besitzt schöne Zimmer im schlichten, modernen Stil mit guten Bädern, TV und Minibar, wahlweise mit Parkett oder Teppichboden, dazu geräumige Suiten. Hinten kleiner, grüner Garten, angeschlossen ein gutes Ristorante. DZ mit Frühstück ca. 150–175 €, Sonderangebote am Wochenende. Vicolo Colico 4/6, ℡ 0461/233600, ℻ 230174, www.accademiahotel.it.

*** Aquila d'Oro (5), ideale Lage wenige Schritte vom Domplatz. Gepflegt und freundlich, moderne Zimmer mit Teppichboden, TV, Telefon und Klimaanlage. Frühstück im obersten Stockwerk mit tollem Blick. Eigener Parkplatz. DZ mit Frühstück ca. 90–105 €. Sonderangebote am Wochenende. Via Belenzani 76, ℡ 0461/986282, ℻ 986292, www.aquiladoro.it.

** und * Venezia (6), die beiden Häuser nehmen von links und rechts das Aquila d'Oro in die Zange, 50 einfache Zimmer teils mit Linoleumböden, freundliche Rezeption. Vom Zwei-Sterne-Haus Blick direkt auf den Domplatz. DZ mit Bad ca. 69 €, mit Etagendusche ca. 55 €, jeweils mit Frühstück. Piazza Duomo 45 bzw. Via Belenzani 70, ℡ 0461/234559, ℻ 234114, www.hotelveneziatn.it.

• *Außerhalb* ***** Villa Madruzzo**, in Cognola, etwa 3 km östlich oberhalb von Trento. Prächtige Villa aus dem 18. Jh., früher in Besitz des Fürstbischofs von Trient, heute umgebaut in ein elegantes Hotel mit großen Zimmern (Alt- und Neubau), schönem Garten und gutem Restaurant mit Speiseterrasse. DZ mit Frühstück ca. 97–108 €. ℡ 0461/986220, ℻ 986361, www.villamadruzzo.it.

• *Jugendherberge* **Ostello Giovane Europa (1)**, zentrale Lage an einer Verkehrsstraße zwischen Bahnhof und Altstadt. Geräumiges, privat geführtes Hostel, etwa 100 Betten in 1- bis 6-Bett-Zimmern, alle mit Du/WC. Übernachtung mit Frühstück pro Pers. zwischen 13 (6-Bett) und 25 € (Einzel). Via Torre Vanga 9, ℡ 0461/263484, ℻ 222517, info@gayaproject.org.

• *Camping* **** Malga Mezavia**, Località Sopramonte, 94 Stellplätze auf dem Monte Bondone in 1200 m Höhe. Anfahrt über eine sehr kurvige Höhenstraße. ℡ 0461/948178, ℻ 948141.

Essen & Trinken

Trento bietet eine gut durchwachsene Mischung von schlicht-bodenständigen und schick-gepflegten Trattorien. Örtliche Spezialität sind die *canederli* (Knödel) und die berühmten „Priesterwürger" namens *strangolapreti* (Spinat-Gnocchi).

Scrigno del Duomo (7), neue Osteria in bester Lage direkt am Domplatz. Zwei erfahrene Gastronomen bieten hier interessante regionale Spezialitäten, dazu gibt es eine riesige Weinauswahl aus aller Welt. Man sitzt im fensterlosen Kellergewölbe oder im Vorhof. Die Weine können auch gekauft werden. Piazza del Duomo 29, ℡ 0461/220030.

Il Cappello (3), gute Trentiner Küche in feiner Atmosphäre, exzellente Weinauswahl, etwas höhere Preise. So-Abend und Mo geschl. Piazzetta Bruno Lunelli 5 (Nähe Kirche San Pietro), ℡ 0461/235850.

Alla Grotta (2), günstige Alternative an derselben Piazza, Freiluftpizzeria, reichhaltige Portionen. So geschl. ℡ 0461/987197.

Orso Grigio (9), rundum behagliches Ristorante mit schöner Freilufterrasse neben dem Haus, wechselnde Spezialitäten, mittlere Preise. Via degli Orti 19 (südliche Altstadt, Nähe Piazza Fiera), ℡ 0461/984400.

Antica Trattoria al Vòlt (8), ebenfalls südlich vom Zentrum, schon seit über hundert

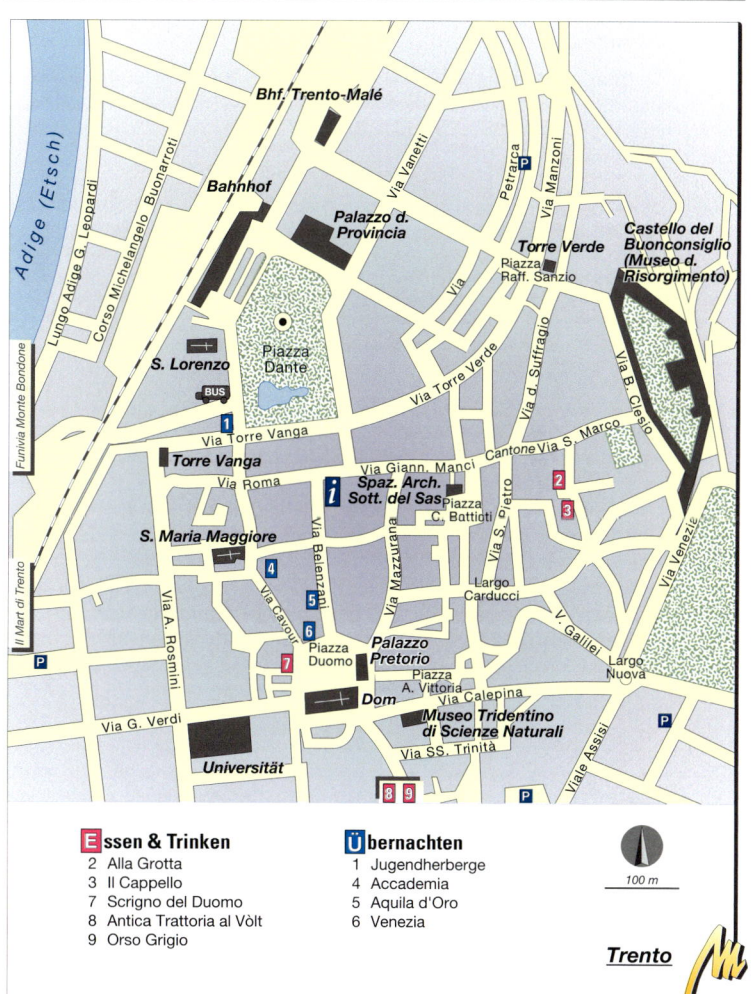

Seen im Trentino

E ssen & Trinken
2 Alla Grotta
3 Il Cappello
7 Scrigno del Duomo
8 Antica Trattoria al Vòlt
9 Orso Grigio

Ü bernachten
1 Jugendherberge
4 Accademia
5 Aquila d'Oro
6 Venezia

100 m

Trento

Jahren wird hier im schlichten Rahmen preisgünstige Trentiner Küche serviert. Do-Mittag und So geschl. Via Santa Croce 16, ✆ 0461/983776.

● *Außerhalb* **TIPP! Maso Cantanghel**, das kleine, gemütlich eingerichtete Lokal neben einer ehemaligen österreichischen Festung ist weithin bekannt für seine Wirtin Lucia, die vorzüglichen Tagesmenüs (6 Gänge),

die exzellenten Weine aus der eigenen Kellerei und den ausgezeichneten Service. Sa/So geschl. In Civezzano, Via della Madonnina 33, etwa 7 km östlich von Trento. Reservierung unter ✆ 0461/858714. Die Weine der angeschlossene Kellerei können Mo–Fr 14–18 Uhr verkostet werden. ✆ 0461/858742, www.masocantanghel.eu.

Sehenswertes

Wer das Zentrum von Norden betritt, wird wahrscheinlich die prächtige *Via Belenzani* entlang zum Domplatz schlendern. Sie ist gesäumt von Renaissancepalästen mit prächtigen, teils verblassten Fassadenmalereien, die so wohl schon während des Konzils hier standen.

> Mit der **Trento Card** für 24 (10 €) oder 48 Stunden (15 €) erhält man u. a. freien Eintritt in den Museen, kann kostenlos alle öffentliche Verkehrsmittel (auch die Funivia auf den Monte Bondone) und Fahrräder benutzen und erhält 10 % Rabatt auf Parkplätzen, in Restaurants und Geschäften. Auskünfte im Tourist-Info oder unter www.apt.trento.it, erhältlich ist die Karte u. a. im Fremdenverkehrsamt und im Schloss Buonconsiglio.

Domplatz und Umgebung: Der weite, offene Platz ist für den Verkehr gesperrt und bildet ein beeindruckendes Ensemble – in der Mitte der reich verzierte *Neptunbrunnen* mit dem Wassergott an der Spitze, umgeben von allerlei üppigen Gestalten und Wassergetier, linker Hand der burgartige *Palazzo Pretorio*, als mächtiger Blickfang an der Südfront der Dom.

Der *Dom San Vigilius* ist ein kunstvoller, grauer Bau, dessen strenger Charakter durch zahlreiche architektonische Details abgemildert wird. Zur Piazza hin dominiert das Querschiff mit prächtiger Rosette, rundum verläuft eine niedrige Galerie. Im düsteren Inneren befindet sich ein hohes Schiff mit Kreuzrippengewölben, links und rechts führen zwei Treppen zur Galerie hinauf. In den Querschiffen und im Altarbereich kann man Reste alter Fresken aus dem 13.–15. Jh. bewundern, in der großen Sakramentskapelle (Cappella Alberti) rechter Hand außerdem ein berühmtes Holzkruzifix vom Nürnberger Bildhauer Sixtus Frey. Vor diesem Kreuz wurden die Beschlüsse des berühmten Konzils verlesen, das hauptsächlich in dieser Kirche stattfand. Der Christus am Kreuz soll zum Schluss zustimmend genickt haben. Das Grab des Bernhard von Cles findet man links neben dem Seiteneingang vom Domplatz. Im Untergrund sind die Grundmauern einer *frühchristlichen Basilika* aus dem 6. Jh. zu besichtigen (Eintritt in der Besichtigung des Diözesanmuseums eingeschl.). Es lohnt sich außerdem, einmal um die Kirche zu schlendern, hinten im Apsisbereich gibt es ein eindrucksvolles Ensemble verschlungener Doppelsäulen. Hier findet auch werktags jeden Vormittag der *Markt* statt.

Neben dem Dom steht der zinnenbewehrte *Palazzo Pretorio*, der ehemalige Bischofspalast, in dem sich heute das *Diözesanmuseum* befindet. Erst vor einigen Jahren vollständig restauriert, kann man in den kühl temperierten Sälen Gemälde und große Tafelbilder zum Konzil betrachten, im obersten Stockwerk sind Bischofsgewänder und der Domschatz untergebracht.

● *Öffnungszeiten/Preise* **Diözesanmuseum**, Juni bis Sept. Mi–Mo 9.30–12.30 und 14–18 Uhr, übrige Zeit nur bis 17.30 Uhr. Eintritt 4 €, über 65 J. 2,50 €, 12–18 J. 1 €, Familienkarte 8 €. Im Eintritt ist die Besichtigung der frühchristlichen Basilika unter dem Dom eingeschlossen. ☏ 0461/234419, www.museodiocesanotridentino.it.

Frühchristliche Basilika, Mo–Sa 10–12, 14.30–17.30 Uhr. Eintritt ca. 1,50 € (oder 4 € mit Diözesanmuseum).

Castello del Buonconsiglio: Durch kleine Altstadtgassen kann man vom Dom zur „Burg der guten Einigung" hinüberlaufen. Groß und massig thront die ehemalige Residenz der Fürstbischöfe am Rand der Altstadt, bestehend aus mehreren, stilistisch bunt zusammengewürfelten Palazzi aus verschiedenen Jahrhunderten, die von

Am Domplatz von Trento

einer Mauer mit Rundtürmen umschlossen sind. Besonders schön ist von außen die elegante venezianische Loggia im *Castelvecchio* (13. Jh.), dem ältesten Teil der Anlage. Nach dem Eingang kommt man zunächst zum *Museo Storico* (derzeit geschl.), das mit umfangreichem Material an den Ersten Weltkrieg und die Wiedergewinnung des Trentino erinnert, aber auch die folgende faschistische Epoche integriert. Höhepunkt im Rahmen des *Museo Castello del Buonconsiglio*, das zahlreiche Kunstwerke aus Mittelalter und Renaissance enthält, ist der großartige Freskenzyklus der „dodici mesi" (zwölf Monate) aus dem 15. Jh. in der runden *Torre d'Aquila* des Castelvecchio (nur mit Führung). Für jeden Monat (der März ist allerdings einer Wendeltreppe zum Opfer gefallen) sind Szenen aus dem Leben des Volks und des Adels einander gegenübergestellt – die Adligen völlen und freuen sich des Lebens, die Bauern schuften unermüdlich für den Wohlstand der Herren.

In der *Giunta Albertina* (17. Jh.) und im *Magno Palazzo* (16. Jh.) durchschreitet man zahlreiche Prunksäle mit schweren Holzdecken, üppigem Freskenschmuck und diversen Ausstellungsstücken, in der *Loggia Romanino* sind die Köpfe mehrerer Kaiser und Könige in Steinmedaillons gemeißelt.

Interessanter als der Pomp der Fürstbischöfe ist die Todeszelle des Trentiner Journalisten *Cesare Battisti* im südlichen Garten. Er kämpfte als Initiator der Zeitschrift „Il Popolo" mit Wort und Tat gegen die österreichische Besatzung und wurde hier 1916 von den Österreichern wegen Hochverrats erschossen, mit ihm seine Mitstreiter Damiano Chiesa und Fabio Filzi – eine Bilddokumentation dazu findet man im Kriegsmuseum von Rovereto.

● *Öffnungszeiten/Preise* Di–So 9–17 Uhr (Juli/August 10–18 Uhr). Eintritt ca. 6 €, Familienkarte 12 €, unter 18 und über 65 J. frei, Stud. bis 26 J. ermäß.; nur Torre d'Aquila 1 € (Voranmeldung obligatorisch, auch online möglich). ✆ 0461/233770, www. buonconsiglio.it.

Seen im Trentino

Spazio Archeologico Sotterraneo del Sas (S.A.S.S.): Unter der Piazza Cesare Battisti wurde ein großer Teil der einstigen römischen Garnisonsstadt „Tridentum" ausgegraben. Eindrucksvoll beleuchtet und mit Musik- und Videountermalung ansprechend aufbereitet, präsentiert sich das unterirdische Viertel mit einem langen Straßenstück aus schweren rötlichen Pflastersteinen, einem Torturm, Resten von Häusern (teils mit Fußbodenheizung), Kanälen, Mosaikböden und einem tiefen Brunnen.
Öffnungszeiten/Preise Juni bis Ende Sept. Di–So 9.30–13, 14–18 Uhr, übrige Monate Di–So 9–13, 14–17.30 Uhr, Mo geschl.; Eintritt ca. 2 €, unter 18 und über 65 J. 1 €. ✆ 0461/230171.

Weitere Sehenswürdigkeiten: Das *Museo Tridentino di Scienze Naturali* in der Via Calepina 14, gleich hinter dem Dom, zeigt eine reichhaltige Sammlung zu Geologie, Geografie, Flora und Fauna des Trentino.

Die Renaissancekirche *Santa Maria Maggiore*, in der ebenfalls zeitweise das Konzil von Trient tagte, erreicht man vom Dom durch die Via Cavour. Außer ihrer historischen Bedeutung hat die Kirche nichts Außergewöhnliches an sich, jedoch hat hier schon Georg Friedrich Händel die Manuale der Orgel betätigt.

Die Kreuzung namens *Cantone* (Ecke Via San Marco/Via del Suffragio) bietet mit ihren malerisch verblichenen Gebäuden aus verschiedenen Epochen einen ungewöhnlichen Anblick. Der *Palazzo del Monte* ist ein gelungenes Beispiel für die Symbiose aus venezianischer und trentinischer Architektur, die Fassadenfresken stellen einige der Arbeiten des Herkules dar. Die von hier aus leicht bergab verlaufende *Via del Suffragio* ist mit ihren Laubengängen einer der schönsten Straßenzüge der Stadt. Einst wohnten hier hauptsächlich deutsche Handwerker und Kaufleute.

Die *Via Giannantonio Manci* wird von zahlreichen Renaissancepalästen gesäumt, darunter der *Palazzo Salvadori*, der an der Stelle der einstigen jüdischen Synagoge steht. Steinmedaillons über den Toren stellen das „Martyrium des Simonino" dar: 1475 schwemmte die Etsch eine Kinderleiche an, der Bischof machte die Juden der Stadt für den Tod des Kindes verantwortlich. Mehrere Erwachsene und Kinder wurden daraufhin auf dem Domplatz hingerichtet, die Synagoge wurde zerstört und noch bis 1965 (!) feierte man in Trento das Märtyrerfest des kleinen Simon.

Il Mart di Trento, Teil des großen Museo d'Arte Moderna e Contemporanea di Trento e Rovereto (Mart), ist nahe der Etsch im Renaissancepalast Palazzo delle Albere (Via R. da Sanseverino 45) untergebracht, Hauptgebäude ist aber das hochmoderne „Il Mart" in Rovereto.

• *Öffnungszeiten/Preise* **Museo Tridentino di Scienze Naturali**, Di–So 10–18 Uhr, Eintritt ca. 2,50 €, 12–18 und über 65 J. 1,50 €, Familienkarte 5 €. ✆ 0461/270311, www.mtsn.tn.it.

Il Mart di Trento, Di–So 10–18 Uhr, Eintritt 5 €, unter 18 und über 65 J. 3 €, Familienkarte 12 €. ✆ 800-397760 (gratis in Italien), www.mart.trento.it.

Was haben Sie entdeckt?

Was war Ihre Lieblingstrattoria, in welchem Hotel haben Sie sich wohl gefühlt, welchen Campingplatz würden Sie wieder besuchen? Bitte schreiben Sie uns, wenn Sie Kritik, Verbesserungsvorschläge, Anregungen oder Empfehlungen zu diesem Buch haben.

Eberhard Fohrer
Stichwort „Oberitalienische Seen"
c/o Michael Müller Verlag
Gerberei 19
91054 Erlangen
eberhard.fohrer@michael-mueller-verlag.de

Bei Sirmione am Südufer des Sees

Gardasee (Lago di Garda)

Als der 37-jährige Geheimrat Johann Wolfgang von Goethe am 12. September 1786 von der Passhöhe über Torbole erstmals den Gardasee erblickte, fühlte er sich „herrlich belohnt" und wünschte seine Freunde neben sich. Um wie viel enthusiastischer wäre sein Urteil wohl ausgefallen, hätte er die Chance gehabt, den größten See Italiens in seiner ganzen Länge vom 2000 m hohen Kamm des Monte Baldo aus zu überblicken?

Mehr als 200 Jahre später. Das geflügelte Dichterwort ist noch immer aktuell. Der Lago di Garda, obwohl mittlerweile wichtigster touristischer Anziehungspunkt an der Südseite der Alpen, übt nach wie vor eine unvergleichliche Wirkung aus: tiefblaues Wasser mit blitzenden Sonnenreflexen, das silbrige Grün der Olivenhaine, die majestätischen Berghänge, Palmen im Wind, die knallig bunten Segel der Surfer, eine Fähre, die sich tutend ihren Weg bahnt, irgendwo die Zinnen einer stolzen Skaligerburg ... Eine bukolisch üppige Szenerie breitet sich aus, man fühlt sich dem Mittelmeer sehr nahe.

In der Tat: Der Gardasee – im Italienischen *Benaco* (lat.: lacus benacus) genannt – ist ein großes Geschenk der Natur und wohl der schönste See Europas. An der Schwelle zum sonnigen Süden mischen sich hier mediterrane Einflüsse in wunderbarer Weise mit alpenländischem Ambiente. Da ist zunächst die grandiose und paradiesisch üppige Vegetation am Seeufer – schlanke Feigen- und Fächerpalmen, hoch gewachsene dunkelgrüne Zypressen, stämmige Zedern, dichte Olivenhaine, rosig blühender Oleander, pralle Feigen, saftig gelbe Zitronen ... Steigt man die Hänge hinauf, trifft man bald auf Kastanienbäume, Steineichen und Buchen, später auf Tannen und Latschenkiefern, durchquert schließlich die hochalpine Heideland-

schaft mit ihren karstigen Hängen aus Dolomitkalk. All diese botanischen Lebensräume erstrecken sich im Umkreis von wenigen Kilometern – eins der besonders
faszinierenden Erlebnisse hier. Dazu kommt die herrliche „Kulisse", die im wahrs-
ten Sinn des Wortes einer Theaterbühne gleicht – das Nordende des Sees ist von
schroffen Felsrücken völlig eingerahmt, nach Süden öffnet er sich verheißungsvoll
und erscheint schier endlos. Fährt man eine der panoramareichen Uferstraßen –
im Westen die *Gardesana Occidentale*, im Osten die *Gardesana Orientale* – entlang,
die mit zahllosen Tunnels und Galerien in die felsigen Hänge gesprengt sind, werden
die Hügel sanfter, der See weitet sich gleichsam zum Meer, Rebhänge und Oliven
umgeben die bei sonnigem Wetter strahlend türkis leuchtende Wasserfläche, die
markante Landzunge von Sirmione – ein genialer Scherz der Natur – winkt her-
über. Ein Weiteres: Die klimatischen Verhältnisse könnten nicht besser sein. Der
Frühling setzt zeitig im Jahr ein, die Sommer sind heiß, aber nicht drückend – die
berühmten Seewinde sorgen für ständige Erfrischung – und noch der Spätherbst
besitzt viele milde und sonnige Tage. Nicht selten sind die Winter weitgehend
frostfrei. Gleichgültig aber zu welcher Jahreszeit, der Lago di Garda bietet immer
einzigartige Impressionen – ob an Bord eines schaukelnden Bootes, unter Palmen
am Ufer oder auf einem der zahlreichen Wanderwege hoch über dem See.

Kein Wunder also – die ganze Seeregion ist hochgradig vom Tourismus eingenommen, viele Unterkünfte sind lange im Voraus ausgebucht, in der Hochsaison ist oft
kein freies Bett mehr zu finden. Wegen seiner Nähe zu Bayern ist der Gardasee
Süddeutschlands liebstes Feriengewässer geworden. „Man" spricht Deutsch – wer
will, kann hier seinen Urlaub verbringen, ohne ein einziges Wort Italienisch fallen
zu lassen. Doch trotz Millionen von Gästen hat er seinen Reiz nicht verloren.
Schon wenige hundert Meter vom Ufer entfernt genießt man die sanfte Ruhe der
Olivenhaine, weiter oben lockt die majestätische Weite der Bergwelt. Der große
und abwechslungsreiche See bietet für jeden etwas: Naturfreunde, Wanderer,
Sportler, Ruhesuchende, Familien, Urlauber mit gehobenen Ansprüchen, sie alle
kommen gerne – und oft immer wieder.

Die Qual der Wahl: Wohin am Gardasee?

Der obere Gardasee ist des deutschen Surfers Paradies: Böse Zungen be-
haupten, während der Saison könne man den See trockenen Fußes von Brett
zu Brett überqueren! Ein Grund dafür – die fast idealen Windverhältnisse!
Sie sind so zuverlässig, dass man beinahe die Uhr danach stellen kann: Von
Mitternacht bis Mittag bläst ein leichter Nordwind die Alpen herunter, mittags ab ca. 13 Uhr kommt die stärkere *Ora* aus dem Süden, die 4–5 Beaufort
erreicht. Im flacheren Süden wird dagegen hauptsächlich Familienurlaub gemacht, zahlreiche Strandbäder, Pensionen und weitläufige Campingplätze
sind auf die Bedürfnisse ihrer kleinen und großen Gäste eingestellt. Generell
ist das Wasser im Norden einige Grad kälter als im Süden. Aber auch bezüglich der Sauberkeit besteht ein gewisses Gefälle: Während die Obersee –
laut Eigenwerbung der Kommunen – „Trinkwasserqualität" besitzt, kommt
es im Südosten schon mal zu Badeverboten wegen bakterieller Belastung.
Das Westufer ist deutlich ruhiger und weniger überlaufen als der Osten und
der Süden, im Südosten liegt dagegen mit „Gardaland" ein besonderes Highlight für junge Gäste.

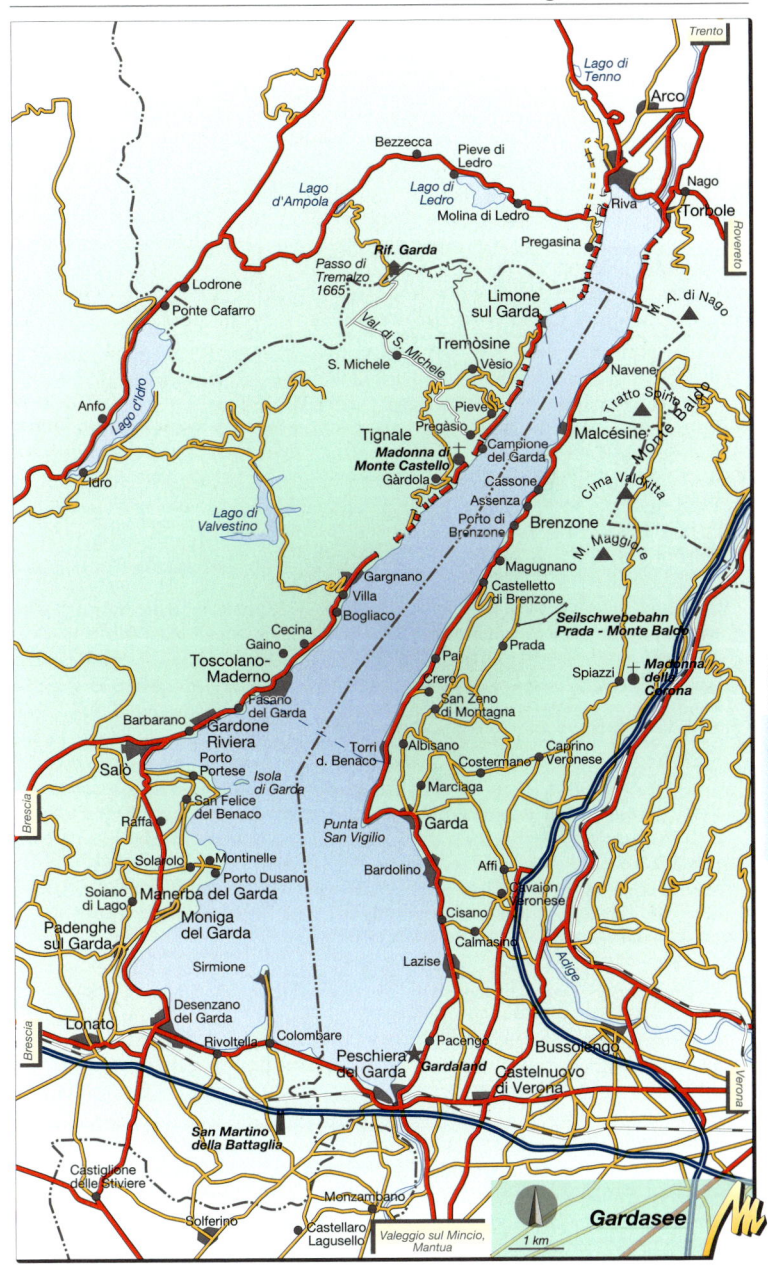

Nessie im Gardasee?

Es kann kein besonders guter Tag für die Klosterbrüder auf der Isola Borghese, der heutigen Isola di Garda (→ S. 127), gewesen sein, damals im 16. Jh. „Einige Gelehrte", so berichtet Bongiani Grattarolo 1599 in seiner „Geschichte von Salò", „wollten herausfinden, wie tief das Wasser sei (das dem Hörensagen nach unermesslich tief war). Sie ließen ein Senklot herab, dem ein Taucher folgen sollte. Als der Knäuel zu einem guten Teil abgewickelt war, gab man ihm Zeichen, dem Lot zu folgen. Er starb fast vor Furcht, weil er unter der Insel in einer düsteren Höhle gewisse Fische sah, maßlos große Ungeheuer. Auch haben die Brüder bei sehr heißem Wetter unter Wasser jene Ungeheuer bemerkt ..."

Seeungeheuer im Gardasee? Die antiken und mittelalterlichen Autoren, die den Gardasee beschrieben – Plinius, Catull oder Dante – haben darüber kein Wort verloren. Zwar gibt es einige Drachendarstellungen in Kirchen rund um den See (in der Kirche von San Severo in Bardolino z. B. ein Fresko des siebenköpfigen Drachens der Apokalypse aus dem 12. Jh. und an der Westfassade der Kirche Santa Maria in Cisano ein langobardisches Drachenrelief), doch die Sagen des Sees romantisieren lieber Nixen und Nymphen, wie die Engadina oder die Seejungfrau Melsinoe, von der der Ort Malcésine seinen Namen ableiten soll. Eine Seejungfrau im Gardasee hat allerdings bislang noch niemand gesehen. Das Seeungeheuer aber ist im August 1965 wieder aufgetaucht. Verschiedene Augenzeugen, so der Mailänder Monsterforscher Maurizio Mosca, hätten damals innerhalb eines Tages ein „etwa zehn Meter langes Tier mit einem riesigen Kopf" bei Punta San Vigilio (Garda) gesichtet. Die Netze der Fischer seien zerrissenen worden, man habe Fische gefangen, „die Wunden von den Bissen eines Raubtieres trugen". Noch im Sommer 2003 fragte daher die Zeitung „Giornale di Brescia": „Gibt es ein Ungeheuer im See?" und am 16. Dezember 2004 feierte ein Video des Schriftstellers Andrea Torresani in Garda Premiere, das sich mit der Sichtung beschäftigte. „Mein Film", erzählte Torresani der Veroneser Tageszeitung „L'Arena", „ist ein historisch-dokumentarischer Exkurs zwischen Legende und Wirklichkeit".

Maurizio Mosca, der Monsterexperte, der ein Buch über Sichtungen von Seeschlangen in italienischen Seen geschrieben hat, vermutet, das Monster habe den Gardasee längst verlassen, weil – so eine alte Sage – alle lombardischen Seen untereinander durch Tunnel verbunden seien. Schließlich werden auch am Comer See und am Lago Maggiore bis heute mit schöner Regelmäßigkeit Beobachtungen von Wassersauriern gemeldet (→ S. 248 und S. 310). Weil ein überlebender Dinosaurier im Gardasee dann doch etwas zu viel Fantasie erfordert, vermutet er, das Ungeheuer müsse ein riesiger Fisch gewesen sein, ein Monsterstör oder ein Riesenwels. Tatsächlich können Welse sehr groß werden – Anglern im oberen See von Mantua etwa ging ein 220 cm langes und 70 kg schweres Exemplar an den Haken. So folgen Beobachtungen von Monstern im Gardasee in den letzten Jahren dem Stereotyp vom Wels als „Hai des Süßwassers" – 1990 soll ein Monsterwels, der 100 kg wog und 2 m lang war, zwei Studenten bei Lazise angegriffen haben und um 1988 will Vittorio Gabriotti, ein Taucher aus Brescia, im Golf von Salò in 5 m Tiefe „zwei Schatten" von rund 1,30 m Länge in den Algen erblickt haben. Schließlich sollen Soldaten, die gegen Ende des 20. Jh. Brot in den Kanal von

Peschiera warfen, einen etwa 1 m großen Fisch gesehen haben, der auf-
tauchte und danach schnappte.

Und auch in den Zu- und Abflüssen des Sees wurden Ungeheuer gemeldet:
Im kleinen Lago di Nambino über der Sarcaquelle erschlug ein Schäfer vor
1673 „einen bizarren Fisch, der den Kopf einer Katze, eine Rückenmähne
und einen spitzen Schwanz hatte. Das Tier war 40 cm lang." Noch im 19. Jh.
sei es in der Kirche Santa Maria di Campiglio in einer Glaskugel aufbewahrt
worden, die von der Kirchendecke hing – ein Bericht von 1897 beschreibt
zusätzlich ein in der Kirche ausgestelltes „Drachenei". Und in der Kirche
Santa Maria delle Grazie in Curtatone (→ S. 189) wird ein mumifiziertes
Krokodil gezeigt, das um das Jahr 1500 im Schilf des Mincio bei Mantua gefangen worden sein soll – vielleicht der Urvorfahre jenes Krokodilmonsters,
das 1965 bei Garda für Aufregung sorgte?

(Text und Recherche: Ulrich Magin)

Anfahrt/Verbindungen

● *PKW* Ausfahrten von der Brenner-Autobahn sind **Lago Garda di Nord** (südlich von
Rovereto) und **Affi-Lago Garda di Sud**
(9 km nördlich von Verona). Seitdem die
Umgehung um Mori fertig ist, erreicht man
den See von ersterer Abfahrt in nur noch 15
Min. Ein wenig länger ist man von Affi aus
unterwegs.

● *Bahn* Es gibt nur zwei Bahnstationen am
Südende des Sees: **Desenzano** und **Peschiera**, beide an der Bahnlinie Venedig–Verona–Mailand. Von **Verona** ist man in einer
knappen halben Stunde dort und kann mit
Bussen oder per Schiff in alle Seeorte weiterfahren. Von München und Zürich fährt
ganzjährig 1 x täglich ein Direktzug zum Gardasee. Viele weitere Verbindungen sind möglich mit Umsteigen in Verona bzw. Mailand.
Wer in den Norden des Sees will: Von **Rovereto** an der Bahnlinie Brenner–Verona
kommt man mit Bussen von „Trentino
Trasporti" (www.ttspa.it) schnell nach Riva
del Garda.

● *Schiff* Die Fähren und (teureren) Tragflügelboote der **Navigazione sul Lago di
Garda** (www.navigazionelaghi.it) pendeln
zwischen allen Orten am See, Abfahrten 1–
2 x stündl., **Fahrradtransport** ist auf allen
Fähren möglich, einige wenige Male am
Tag auch Autotransport. Regelmäßiger **Autotransport** zwischen Malcésine und Limone in der Nordhälfte des Sees sowie
zwischen Torri del Benaco und Maderno in
der Seemitte, Abfahrten alle 1–2 Std.

Gardasee Karte Seite 105

Eindrucksvoll: Steilfelsen im Nordwesten des Gardasees

Westufer (Nord nach Süd)

Die wilde Schönheit des Westufers zeigt sich vor allem im Norden – von Riva del Garda bis südlich von Campione stürzen die Felshänge fast senkrecht ins blaue Seewasser. Unterstrichen wird die alpine Dramatik durch das schmale Band der Uferstraße – tief in den Berg gehauen, führt die berühmte „Gardesana Occidentale" mit zahlreichen Tunnels halbhoch über dem See entlang.

Nur an zwei Stellen, wo sich Wildbäche durch die gewaltigen Felsbarrieren gebohrt haben und flache Schwemmlandebenen entstanden sind, haben sich Ortschaften direkt am Seeufer ansiedeln können: *Limone* und *Campione*. Bis 1931 hatten sie noch keinerlei Straßenverbindung. Dazu kommen noch die grünen Hochebenen von *Tremòsine* und *Tignale* mit ihren zahlreichen Ansiedlungen – wie gewaltige Aussichtbalkone hängen sie hoch über dem See und bieten dem Gast vor allem Ruhe und Entspannung in ländlicher Umgebung, aber auch jede Menge sportlicher Betätigung. Ab *Gargnano* ändert sich der Charakter des Westufers völlig – der alpine Charakter verschwindet, mediterran und südländisch wirkt das Ambiente jetzt. „Riviera Bresciana" wird der Uferstreifen bis Salò genannt und ist schon lange eine bevorzugte Erholungsregion für die Begüterten aus dem nahen Brescianer und Mailänder Tiefland. Seit Ende des 19. Jh. zog das milde, ausgeglichene Klima dann auch wohlhabende Kurgäste aus England, Deutschland und Österreich hierher – das Örtchen *Gardone Riviera* begann damit seine bis heute andauernde Karriere als Nobelbadeort, einige der besten Hotels im ganzen Seegebiet liegen hier. Mit dem „Vittoriale degli Italiani" des exzentrischen Gabriele d'Annunzio besitzt Gardone aber auch eine der interessantesten Sehenswürdigkeiten am See. Die einzige wirkliche Stadt in dieser Ecke ist *Salò*, die vor allem durch das unrühmliche Zwischenspiel der faschistischen „Republik von Salò" bekannt wurde. Südlich von Salò beginnt die milde grüne Hügellandschaft des *Valtenesi*, traditionell bekannt für seinen Wein und seine Oliven, mittlerweile aber vor allem als Camperparadies ein Begriff – mehr als vierzig Plätze warten hier auf Gäste.

Insgesamt hält sich im Westen der Urlaubertrubel gegenüber dem flacheren Ostufer noch in Grenzen. Eine Ausnahme ist lediglich der viel besuchte Bade- und Ausflugsort *Limone*.

Riva del Garda   (ca. 14.000 Einwohner)

„Hauptstadt" der nördlichen Seehälfte, geschäftiges Zentrum mit recht großer Altstadt, gehörte bis 1919 zu Tirol. Touristisch für jeden etwas – Schwimmen, Surfen, Radeln, Klettern, Wandern, dazu das Flair einer hübschen und lebhaften Kleinstadt. Die ausgedehnte Badezone ist eine der schönsten und gepflegtesten am See.

Die malerische *Piazza 3 Novembre* am See ist eingefasst von Laubengängen, der 34 m hohe Stadtturm *Torre Apponale* aus dem 14. Jh. ist das Wahrzeichen der Stadt, in den Sommermonaten kann er bestiegen werden. Ein paar Ecken weiter steht die mittelalterliche *Rocca*, ganz von einem Wassergraben umgeben, in dem sich Gänse und fette Forellen tummeln. Wegen der brisanten Grenzlage hatte die Festung diverse Herren – von den Skaligern und Visconti über die Bischöfe von Trento bis zu den österreichischen Herzögen. Im Inneren gibt es ein *Museo Civico*

Malerisch am Nordufer: das Städtchen Riva

mit einer Pinakothek, archäologischen und frühgeschichtlichen Stücken zur Alpenregion sowie einer Sammlung von Dokumenten, Fotografien und Funden zur Entwicklung des Gardasees. In der barocken Pfarrkirche *Chiesa Santa Maria Assunta* stehen acht Seitenaltäre mit schönen Ölgemälden, am eindrucksvollsten ist die große achteckige *Cappella del Suffragio* (dritte Kapelle rechts). Interessanteste Kirche ist aber die achteckige *Inviolata* an der Umgehungsstraße (Richtung nördlicher Ortsausgang) – konstruiert von einem unbekannten portugiesischen Architekten, birgt sie im barocken Innenraum fantasievolle, in Weiß und Gold gehaltene Stuckdekorationen, prächtige Fresken, Altäre und Gemälde.

Eindrucksvoll thront über der Stadt der steile *Monte Rocchetta* mit der venezianischen *Bastione*, einem Rundturm in 200 m Höhe (ab Umgehungsstraße Via Monte Oro ca. 30 Min. zu Fuß), herrlicher Seeblick.

*A*nfahrt/*V*erbindungen/*I*nformation/*Ö*ffnungszeiten

● *Anfahrt/Verbindungen* **PKW**, großer gebührenpflichtiger Parkplatz mit Schranke am Viale Fabio Filzi, östlich der Rocca, ebenfalls kostenpflichtig sind die Parkplätze beim Informationsbüro.

Bahn, nächste Bahnstation ist Rovereto an der Brenner-Linie, von dort häufig Busse von Trentino Trasporti.

Bus, Busbahnhof in der Neustadt am Viale Trento, weitere Station an der Fähranlegestelle. APTV-Busse 62–64 verkehren entlang des Ostufers von und nach Verona, Bus 27 von Trasporti Brescia Nord und SIA-Busse pendeln am Westufer, Trentino Trasporti fahren nach Arco.

Fähren, mindestens 1 x stündl. gehen Personenfähren über Torbole, Limone und Malcésine in die Orte im Süden.

● *Information* **APT**, Giardini di Porta Orientale 8, östlich der Rocca bei der Spiaggia degli Olivi. Bestausgestattetes Büro am See, Regale voll Infomaterial zu allen Orten, Veranstaltungskalender, Wanderkarten etc. Mo–Sa 9–12, 14.30–18 Uhr, So 9–12, 15.30–18.30 Uhr. ☎ 0464/554444, 📠 520308, www.gardatrentinonline.it.

Gardasee
Karte Seite 105

• *Öffnungszeiten/Preise* **Torre Apponale**, ab Ostern bis Mitte Juli & Sept./Okt. Di–So 10–18 Uhr (Mo geschl.), Mitte Juli bis Ende August tägl. 10–18 Uhr, Eintritt ca. 1 €.

Museo Civico, März bis Mitte Juni u. Okt. Di–So 10–18 Uhr (Mo geschl.), Mitte Juni bis Ende Sept. tägl. 10–18 Uhr. Eintritt frei. Führung nach Anmeldung unter ✆ 0464/573869.

*Ü*bernachten

Viele Unterkünfte im Zentrum und Umkreis, trotzdem im Sommer meist ausgebucht, das Infobüro hilft. Weiter außerhalb kann man z. T. schön ruhig unterkommen, Surfer wohnen gerne direkt am Strand.

*** Cervo (15), Via Armando Diaz 15a, gepflegtes Haus mitten in der Altstadt, ordentlich ausgestattet, Lift, Zimmer mit Teppichboden und TV, Sonnenterrasse mit Seeblick. DZ mit Frühstück ca. 80–100 €. ✆ 0464/552277, ✉ 554367, www.hotelcervoriva.it.

*** Bellariva (26), Viale Rovereto 58, im Grünen gelegenes Haus am Badestrand östlich vom Ort, ideal für Surfer (Surfcenter benachbart), ruhige Lage. Zimmer mit TV und Frigo-Bar. DZ mit Frühstück ca. 100–130 €. ✆ 0464/553620, ✉ 556633, www.hotelbellariva.com.

Übernachten

2 Villa Maria
5 Rita, Orchidea
6 Jugendherberge
8 Ancora
9 La Montanara
11 Residence La Colombera
14 Camping Garda
15 Cervo
18 Casa Alpino
19 Camping Monte Brione
21 Standplatz für Wohnmobile
24 Camping Al Lago
25 Camping Bavaria
26 Bellariva

Essen & Trinken

1 Osteria La Servite
3 Spaghetti Haus
7 Alla Grotta
9 La Montanara
10 Vaticano
13 Al Volt
16 Bella Napoli
17 Commercio
18 Alpino
20 PaneSalame
22 Birreria Maffei
23 La Rocca

Nachtleben

4 Tetley's Pub Houses
12 Maroni & Pub all'Oca

Gardasee
Karte Seite 105

** Ancora (8), Via Montanara 2, vollständig renoviertes Altstadthaus nahe der Stadtmauer, elf komfortabel ausgestattete Zimmer und ein Mini-Apartment. Mit Restaurant, hinter dem Haus schöne Speiseterrasse. DZ mit Frühstück ca. 95 €. ☎ 0464/522131, ✆ 550050, www.rivadelgarda.com/ancora.

** Villa Maria (2), Viale dei Tigli 19, kleine Pension im Neubauviertel nördlich der Altstadt, etwa 7 Fußminuten ins Zentrum. DZ mit Frühstück ca. 52–65 €. ☎ 0464/552288, ✆ 561170, www.garnimaria.com.

* La Montanara (9), Via Montanara 18–20, in der Altstadt, neun Zimmer, einfach und sauber, unten gemütliche Trattoria. DZ mit

Frühstück um die 50 €, mit Etagendusche etwas günstiger. ☎ 0464/554857, ✆ 561552, E-Mail: montanarait@yahoo.it.

* Casa Alpino (18), Via Cerere 10, Seitengasse der Via Florida. Geräumige und saubere Apartments mit Waschmaschine, in zentraler Lage, unten im Haus preiswertes Restaurant mit Freiterrasse (→ Essen & Trinken). Wohnung mit 4 Betten ca. 75 €, mit 6 Betten 95 €. Drei Tage Mindestaufenthalt. ☎/✆0464/552245, www.casaalpino.it.

* Rita (5), Via Brione 19, unterhalb vom Monte Brione, knapp 2 km vom See an einer wenig befahrenen Straße. Einfache Pension mit familiärer Atmosphäre, relativ ruhig und sonnig, Frühstücksterrasse,

Parkplatz. DZ mit Frühstück ca. 60–70 €. ☎/☞ 0464/551798, www.garnirita.com.

* Orchidea (5), Via Brione 17, benachbart zu Rita, ähnlicher Standard, z. T. frisch renoviert, ebenfalls mit Pool. DZ mit Bad und Frühstück ca. 55–65 €. ☎/☞ 0464/554565, www.orchidea-gardasee.de.

TIPP! Residence La Colombera (11), Frazione Sant'Alessandro, Via Rovigo 30, ein Stück landeinwärts vom Camping Brione. Großes, schön renoviertes Landschloss aus dem 16. Jh., von Antonio freundlich geführt. Vermietet werden neun geräumige und liebevoll eingerichtete Zwei- und Dreizimmer-Apartments für jeweils 2–4 und 4–5 Pers., jeweils mit Sat-TV, z. T. mit Balkon. Großes Grundstück mit Weinreben und Olivenbäumen. Parkplatz, Abstellräume für Mountainbikes und Surf-/Segelmaterial, Waschmaschine, Spielgeräte für Kinder. Auch zum Essen ein Tipp, man sitzt im Gewölbe oder draußen unter Weinreben, leckere und interessante Speisekarte. Apartment für 2 Pers. 48–86 €, für 4 Pers. 58–115 €. ☎ 0464/556033, 561506, www.lacolombera.it.

● *Jugendherberge* **Ostello Benacus (IYHF) (6)**, Piazza Cavour 10, neben der Kirche Santa Maria Assunta im Hinterhaus. Übernachtung mit Frühstück im Mehrbettzimmer ca. 14 €, im DZ ca. 17–19 € pro Pers. April bis Okt., Check-In 15–23 Uhr. ☎ 0464/554911, ☞ 559966, www.ostelloriva.com.

● *Camping* Vier Zeltplätze gibt es, aber nur zwei direkt am See.

* Bavaria (25), stadtnächster Platz, ca. 3 km östlich vom Zentrum am Viale Rovereto, kleines Gelände unter hohen Bäumen, sanitär einfach, guter Kiesstrand direkt davor, Surfcenter. Ganz passabel das dazugehörige Ristorante/Pizzeria an der Straße. Am Ufer entlang kann man bis nach Riva laufen. ☎ 0464/552524, ☞ 559126, www.bavarianet.it.

* Al Lago (24), ein Stück weiter in Richtung Torbole, etwas größeres Gelände. ☎ 0464/553186, ☞ 559772, www.campingallago.com.

**** Monte Brione (19), bestausgestatteter Platz bei Riva, landeinwärts der Straße, 350 m zum Strand, großer Swimmingpool. ☎ 0464/520885, ☞ 520890, www.campingbrione.com.

* Garda (14), kleines Gelände mit 19 Stellplätzen neben „Monte Brione", preiswert. ☎/☞ 0464/552038, www.villasperanza-rivadelgarda.it.

Standplatz für **Wohnmobile (21)** gegenüber Camping Monte Brione.

*E*ssen & *T*rinken/*N*achtleben *(siehe *K*arte *S*. 110/111)*

La Rocca (23), schön gelegenes Terrassenlokal vor der Burg, Fischspezialitäten aus dem See. In der Nebensaison Mi geschl. ☎ 0464/552217.

Al Volt (13), Via Fiume 73, elegantes Gewölbelokal, Feinschmecker schätzen die hausgemachten Nudelgerichte und *gnocchetti*, aufmerksamer Service, wechselnde Speisekarte. Mo geschl. ☎ 0464/552570.

Commercio (17), am Beginn der Via Maffei, direkt bei der Piazza Garibaldi. Schöne, alte Einrichtung, junger Chef und ebensolches Personal. Gute Auswahl an Pizzen, die über den Tellerrand lappen. An der Straße sitzt man hübsch. Mo geschl. ☎ 0464/521762.

Birreria Maffei (22), ebenfalls Via Maffei, gleich am Marktplatz (Piazza delle Erbe). Altösterreichischer Charme im Vestibül eines großen Palazzo, man sitzt auf rustikalen Holzbänken und genießt Gulasch mit Spaghetti, *cotechino* (Schlachtwurst) mit Sauerkraut, Roastbeef und Forelle. Mi geschl. ☎ 0464/553670.

PaneSalame (20), Via Marocco 22, versteckte Osteria in einer handtuchschmalen Gasse. Im überwölbten Gastraum servieren Davide und Federica Bruschette, Wurst und Käse, dazu gibt es eine gute Auswahl an passablen Weinen. Mo geschl. ☎ 0464/551954.

Bella Napoli (16), Via Armando Diaz 29, beliebte Pizzeria in der Altstadt, geführt von einer Familie aus Neapel. Junge Leute und Surfer kommen gerne hierher. Hinter dem Haus kann man gemütlich draußen sitzen. Leckere und große Pizzen ab ca. 6 €. Mi geschl. ☎ 0464/552139.

Vaticano (10), Via Santa Maria 8, gleich beim Domplatz. Leserempfehlung: „Fisch und Nudelgericht vom Feinsten. Mama nimmt die Bestellung auf, bezahlt wird am Tresen. Obligatorisch der kostenfreie Grappa nach dem Essen." Di geschl. ☎ 0464/554262.

Alpino (18), Via del Corvo 6, an einer kleinen, versteckten Piazza, zu erreichen über die Via Florida. Preiswertes Lokal, das auch von Einheimischen besucht wird, ruhige Außenterrasse. Trentiner Küche, z. B. Wild und Polenta. Primi ab ca. 5,50 €, Secondi ab

7 €. Vermietung von Apartments (→ Über-nachten). ✆ 0464/552245.

La Montanara (9), Via Montanara 18, enga-giert geführte Trattoria, in der man sehr gu-tes Essen zu fairen Preisen bekommt, z. B. leckere Pasta für ca. 6 €. Mi geschl. ✆ 0464/554857.

Spaghetti Haus (3), Via Masetto 6, außer-halb der Altstadt, vom Strand ein Stück landeinwärts. Jede Menge Plätze drinnen und im weitläufigen Garten mit Pool. Be-liebt bei Familien, denn zum Lokal gehört ein gut ausgestatteter Kinderspielplatz. Ser-viert werden dampfende Spaghetti in riesi-gen Schüsseln, aber auch Fleisch vom Grill, dazu gibt es ein opulentes Salatbuffet. Preis-lich in Ordnung. Di geschl. ✆ 0464/551886.

• *Außerhalb* **Alla Grotta (7)**, im Örtchen Grotta (Ortsteil von Arco), direkt unterhalb vom Hang des Monte Brione. Ein altes Bauernhaus, ausgebaut zu einem rustikalen Gasthof, man sitzt an großen Holztischen, dekoriert mit hübschem Blumenschmuck. Üppiger Rohkostteller *insalatone* mit 12 verschiedenen Salaten, verschiedene ein-gelegte Gemüse, Zwiebeln etc., Raclette und Fondue Schweizer Art, *carne salada e fasoi* (hauchdünn geschnittenes Pökel-fleisch vom Rind mit weißen Bohnen), Na-ckensteak. In der Nebensaison Di geschl.,

sonst tägl. ab 18 Uhr. ✆ 0464/553244, www.allagrotta.com.

TIPP! Osteria La Servite (1), im Örtchen San Giorgo, ein wenig nördlich von Grotta. Wunderbare Lage neben Weinfeldern, um-geben von Rebstöcken, dahinter ragt die pittoreske Burg von Arco empor. „Cucina e vino" heißt hier das Motto, täglich wird *costata taglio Fiorentino* (Florentiner Rump-steak) serviert, ansonsten kann man lokale Spezialitäten, Wurstwaren und Käse kos-ten, Teigwaren und Brot sind hausge-macht. Kein Coperto. 16–23.30 Uhr. Mo geschl. (Okt. bis März nur Do–So geöffnet). ✆ 0464/557411, www.leservite.com.

• *Nachtleben* **Maroni (12)**, großes Freiluft-café am Domplatz, Beginn der Via Santa Maria. In der Saison spielen hier mehrmals wöch. Livebands.

Pub all'Oca (12), Via Santa Maria 9, gegen-über vom Maroni hinter einer efeuberank-ten Fassade. Gemütlich ausstaffierte Knei-pe im typischen Pubstil. Geführt von einem passionierten Segler, an den Wänden zahl-reiche Schiffsmodelle, Ledersofas laden zum Sitzen ein. 18–2 Uhr, Mo geschl.

Tetley's Pub Houses (4), Viale Rovereto 11/b, beliebter Bikertreff (neben Feeling Hotel Luise), gemütliche Pubatmosphäre, diverse Biersorten.

Sonstiges

• *Baden* langer Kiesstrand mit Surfcentern und Campingplätzen östlich vom Ort.

• *Internet* **Bar Zanoni**, Viale Rovereto 101, tägl. 7–24 Uhr (20 Min. ca. 2 €). ✆ 0464/556050.

Caffè San Marco, Viale Roma 18. Nur mit „tessera" (Mitgliedskarte). ✆ 0464/551609.

• *Kinder* Geplagte Eltern können ihre Sprösslinge auf dem schönen **Spielplatz** neben dem Wassergraben der Burg be-schäftigen.

• *Märkte* **Obst- und Gemüsemarkt** Mo–Sa Vorm. an der Piazza delle Erbe; jeden 2. Mi **Kleidermarkt** in den Straßen Via Dante, Prati und Pilati.

• *Mountainbikes* Besonders reizvoll sind Touren auf der alten **Ponale-Straße** und über den **Monte Brione** (→ Riva del Gar-da/Umgebung).

Verleih: **Bikeshop Girelli**, Viale Damiano Chiesa 15–17, ✆/℻ 0464/556602, www.girelli-bike.it; **Bikeshop Pederzolli**, Viale dei Tigli 24, ✆/℻ 0464/551830, www.pederzolli.it.

• *Windsurfen* Der bekannte Gardasee-Surf-

pionier Marco Segnana betreibt inzwischen alle drei Surfstationen.

Surf Segnana Spiaggia Porfina, der popu-lärste Surfspot in Riva, gleich neben dem Jachthafen Porto San Nicolò gelegen. Hier fegt die Ora oft mächtig herein. Parken kann man kostenlos im Hafen. Die Wind-surfschule liegt auf dem anliegenden Cam-ping Bavaria. ✆ 0464/505963, ℻ 505498, www.surfsegnana.it.

Sailing du Lac by Surfsegnana, am Strand vor dem Hotel du Lac et du Parc, auch Ka-tamarankurse und Verleih. ✆/℻ 0464/552453, www.sailingdulac.com.

Pier Windsurf, super Ora-Spot beim Hotel Pier in Richtung Limone. Die Felsen ragen hier steil auf und die Ora wird stark be-schleunigt. Beim morgendlichen Vento muss man dafür weit raus auf den See. Großes Problem ist der viel zu kleine Park-platz (Fahrzeug ca. 10 € pro Tag, zusätzlich 7 €/Pers., sehr früh kommen!), es gibt des-halb einen Shuttle-Service ab Riva. ✆ 0464/550928, ℻ 559527, www.pierwindsurf.it.

Gardasee Karte Seite 105

Riva del Garda/Umgebung

Riva ist reich an lohnenden Ausflugszielen, vor allem Mountainbiker, Wanderer und Kletterer finden ein großes Betätigungsfeld. Ein besonderer Leckerbissen ist die alte *Ponale-Straße* ("Sentiero del Ponale Giacomo Cis" bzw. "Alpiner Höhenweg D 01") von Riva zum Ledro-See hinauf, die lange wegen Steinschlag gesperrt war, seit 2004 aber wieder geöffnet ist. Wanderer und Mountainbiker können die panoramareiche Serpentinenstrecke nun wieder wie früher nutzen, besonders die rasante Abfahrt hat es vielen Radlern angetan. Die Straße beginnt an der Gardesana kurz vor dem ersten Tunnel südlich von Riva, für Autos ist sie gesperrt. Oben mündet sie auf der Straße zum Bergdorf *Pregàsina*.

> Infos zum Nachbarstädtchen **Torbole** unter Ostufer, S. 133, zu **Tenno-**, **Ledro-** und **Idro-See** auf S. 190.

▸ **Monte Brione**: Wie ein Riegel schiebt sich dieser 374 m hohe Bergrücken zwischen Riva und Torbole, ein Straßentunnel stellt die Verbindung zwischen beiden Orten her. Direkt vor dem Tunnel zweigt links eine Straße ab, von der wenige Meter weiter rechts eine kurvige Straße ein Stück weit den Berg hinaufführt (für Motorfahrzeuge gesperrt), weiter geht es auf Waldwegen. Die Bergtour ist vor allem auch bei Mountainbikern beliebt, herrlicher Seeblick.

▸ **Arco**: sportlich angehauchtes Städtchen 6 km nördlich von Riva im Sarca-Tal. Palmenpromenaden und schmiedeeiserne Pavillons vermitteln noch etwas vom Flair der k. u. k.-Epoche, als Arco ein beliebter Kurort war. Hoch über der Stadt thront eine malerisch verfallene *Burg* mit herrlichem Blick, zerstört im Spanischen Erbfolgekrieg von den Franzosen unter General Vendôme, vor einigen Jahren grundlegend restauriert und zu besichtigen, u. a. sind ein ehemaliger Kerker, mehrere große Zisternen und ein Saal mit Fresken erhalten. Sehenswert ist auch der große *Botanische Garten* namens "Arboretum".

Die senkrecht hinter der Stadt ansteigenden Felswände sind ein Dorado für Freeclimber. Anfang September finden in Arco sogar alljährlich die Weltmeisterschaften "Rock Master" statt, allerdings an einer künstlichen Kletterwand ("Parete Arrampicata"), die in der Nachbarschaft des Campings Arco steht – aus dem einfachen Grund, weil sich dort die Zuschauertribünen besser aufbauen lassen (www.rockmaster.com). Auch für Mountainbiker ist Arco ein populäres Ziel, die in umliegenden Bergen zahlreiche Trails finden.

● *Öffnungszeiten/Preise*   **Burg**, April bis Sept. 10–19 Uhr, Okt. und März 10–17 Uhr, übrige Zeit 10–16 Uhr, Januar nur Sa/So. Eintritt ca. 2,50 €, von 12 bis 18 J. und über 65 J. ca. 1,50 €. ✆ 0464/510156.

Arboretum, April bis Sept. 8–19 Uhr tägl., sonst 9–16 Uhr. Freier Eintritt, Lageplan erhältlich.

● *Information*   **APT**, Viale delle Palme 1, vor dem Casinò Municipal. Mo–Sa 9–12, 14.30–18, So 10–12, 15.30–18.30 Uhr. Wie in Riva ebenfalls sehr gut bestückt. ✆ 0464/532255, ✉ 532353, www.gardatrentinonline.it.

● *Übernachten*   ✱✱✱ **Al Frantoio**, Via delle Grazie 22, im Ortsteil Varignano, westlich von Arco. Neu eröffnetes, in leuchtendem Gelb gehaltenes Hotel in einer ehemaligen Ölmühle. Zimmer mit Terrassen oder Balkonen, nur die vordersten bekommen von der vorbeiführenden Straße etwas mit. Innen modern und recht geschmackvoll, viel mit Holz, dazu Sauna, Dampfbad und Whirlpool. Gästeräder stehen zur Verfügung. DZ mit Frühstück ca. 70–100 €. ✆ 0464/518317, ✉ 515175, www.garnialfrantoio.it.

✱ **Garden**, beliebtes Albergo im Ortsteil Prabi, nördlich vom Zentrum. Vor allem für

Kletterer erste Adresse – das Haus liegt nur 200 m von der Colodri-Kletterwand und 50 m von der Kunstwand „Rock Master". Garten, Schwimmbecken, Parkplatz und gute Küche. Die freundliche Wirtsfamilie spricht Deutsch. 10 Min. ins Zentrum. DZ mit Bad und Frühstück ca. 64 €. ✆ 0464/516379, ✆ 517512.

* **Cattoi**, Viale Rovereto 64, einfaches, preisgünstiges Haus im Ortsteil Vignole an der Durchgangsstraße, Zimmer nach hinten mit weitem Blick. Restaurant und sogar Pool. DZ mit Frühstück ca. 60–66 €. ✆ 0464/517070.

Villa Italia, Viale delle Magnolie 29, ganz zentral neben dem Casinò Municipale, klassizistische Stadtvilla im typischen Habsburgergelb. Innen komplett modernisiert, geräumige Ferienwohnungen mit kleinen Küchen für 2, 4 oder 5 Pers., dazu gibt es ein kleines Hallenbad. Wohnung mit 2 Betten kostet ca. 50–74 €. Hübscher Garten mit Restaurant „Carpe Diem". ✆/✆ 0464/516529, www.zanellahotels.com.

TIPP! Guesthouse Arco, Via Fabbri 16, der frühere Bergführer und Kletterer Hans-Martin G__ (genannt „Pater", da er einst Theologie studieren wollte) hat eine Mühle aus dem 18. Jh. mit acht modernen Apartments ausgestattet. Garten, Grillplatz, Kinderkletterturm und Boulderraum, Waschmaschine, Tief- und Bikegarage. Apt. für 2 Pers. ca. 70–85 €, für 4 Pers. 100–120 €. Ein zweites „Guesthouse" liegt ein wenig außerhalb. ✆ 0464/514111, ✆ 515343, www.guesthouse-arco.com.

Agriturismo Michelotti, in Bolognano, Via Soccesure 2, etwa 1,5 km östlich von Arco (von der Straße Arco–Nago den Viale Stazione hinauf und an der Kirche vorbei geradeaus). Umgebauter Bauernhof mit Zwei- und Drei-Zimmer-Apts. für 2–6 Pers., nette kinderfreundliche Anlage. Es gibt einen schönen Garten, Pool, Tennis und Boccia. Apt. für 2–4 Pers. 25–80 €. ✆ 0464/516272, ✆ 516272, www.agriturmichelotti.it.

Die beiden Campingplätze von Arco liegen sehr ruhig im Ortsteil Prabi, direkt an der Sarca, vis-à-vis der Kletterwand.

*** **Camping Arco**, sehr groß, mit olympischem Swimmingpool, Tennis, Minigolf und Klettergarten. ✆ 0464/517491, ✆ 515525, www.arcoturistica.com.

** **Camping Zoo**, etwas weiter nördlich, naturbelassen und preiswert. ✆ 0464/516232, ✆ 518448, www.camping.it/trentino/zoo.

● *Essen & Trinken* **Cantina Marchetti**, Piazza Marchetti 1, stimmungsvoller Weinkeller aus dem 16. Jh., direkt neben dem Dom im

Dom und Burg von Arco

freskenverzierten Palazzo Marchetti. Im geräumigen Innenhof liegt eine Art Biergarten, dort werden Pizzen aus dem Holzofen serviert, außerdem eine Fleischplatte nach Art des Hauses, *filetto di cavallo* (Pferd) und das leckere *carne salada e fasoi*. Essen insgesamt eher einfach, aber nicht preiswert. In der Nebensaison Mo geschl. ✆ 0464/516233.

Alla Lega, Via Vergolana 8, um die Ecke von der zentralen Piazza, wird von Touristen regelrecht gestürmt, unbedingt reservieren. Man isst im gemütlichen, weinüberrankten Innenhof. Mi geschl. ✆ 0464/516205.

TIPP! Da Marosi, versteckt im Örtchen Bolognano, östlich von Arco, gegenüber vom Agriturismo Michelotti (→ Übernachten). Bauernhof mit einfacher Gastwirtschaft im Innenhof, gute und reichhaltige Hausmannskost zu günstigen Preisen, ideal für Familien. Di geschl. ✆ 0464/532654.

● *Cafés* **Conti d'Arco**, Piazza Marchetti 3, beliebter Radlertreff an der Piazza neben der Kirche, geführt vom stadtbekannten „Pio".

● *Eis* Il **Gelatiere**, das beste Eis der Stadt, schräg gegenüber vom Domeingang.

● *Sport* **Friends of Arco**, Località Laghel 29 (nördlich von Arco), geführte Kletter-, Wander-, Bergtouren und Canyoning, spezielle Angebote für Kinder und Familien, außerdem Verwaltung der Kletterwand des Rock Master. Büro in Arco in der Via Segatini 64. ✆ 0464/532828, ✆ 333-1661401, 📠 532828, www.friendsofarco.it.

Erlebnis Natur: Wasserfall Cascata Varone

Wenige Kilometer nördlich von Riva hat man bei Varone die Gelegenheit, ein überwältigendes Naturschauspiel zu beobachten: Mit unglaublicher Wucht stürzt sich ein fast 100 m hoher Wasserfall durch einen turmhohen Spalt im Fels, ausgehöhlt in einer 20.000 Jahre dauernden Erosion. Verantwortlich dafür ist der darüber liegende Tenno-See (→ S. 190), dessen abfließendes Wasser einfach im Berg verschwindet und als Fluss Varone in den Gardasee fließt, z. T. mit Pipelines von der ansässigen Papierindustrie genutzt. In zwei Stollen, die in den Fels gegraben sind, kann man ganz nah an den Sturzbach herankommen. Binnen kurzem ist man von der Gischt nass bis auf die Haut, die Temperatur gleicht einem Kühlschrank – besonders an heißen Sommertagen eine echte Wohltat.

Öffnungszeiten   Nov. bis Feb. nur sonntags 10–17 Uhr; März u. Okt. tägl. 9–17 Uhr; April u. Sept. tägl. 9–18 Uhr; Mai bis August tägl. 9–19 Uhr. Eintritt ca. 5 €, Kinder bis 5 J. gratis.

Von Riva del Garda nach Limone

Die Gardesana Occidentale (SS 45 bis) zieht sich mit zahlreichen Tunnels und Galerien am üppig bewachsenen Steilufer entlang.

Angepasste Fahrweise ist hier eine unbedingte Notwendigkeit. In den Tunnels kommt es immer wieder unvermutet zu Staus, z. B. wenn sich zwei schwere LKWs begegnen und Millimeterarbeit leisten müssen – und schon ein einziger Fahrradfahrer kann eine Kolonne hinter sich herziehen. Den letzten Tunnel durchquert man etwa 3 km nördlich von Gargnano.

Bis Ende der 1920er Jahre gab es keine durchgehende Küstenstraße am Gardasee, weder am West- noch am Ostufer. Der Nordzipfel des Sees gehörte zu Österreich, der Süden den Italienern – dazwischen stürzten die von Gletschern abgeschliffenen Hänge direkt ins Wasser und bildeten eine natürliche Grenze. 1929 wurde die „Gardesana Orientale" (SS 249) am Ostufer fertig gestellt, 1931 die „Gardesana Occidentale" (SS 45). Vor allem Letztere war ein äußerst kühnes Projekt mit mehr als 70, teils kilometerlangen Tunneln und Galerien – ihre Streckenführung musste später nochmals geändert und verbessert werden, die alte Trasse ist noch teilweise erhalten.

Limone   (ca. 1000 Einwohner)

Das Örtchen zwängt sich malerisch unterhalb der Steilfelsen ans Wasser – dank seiner herrlichen Lage, wegen der üppigen Blumenpracht und der großen Zitronengewächshäuser ist es ein bevorzugtes Ziel zahlloser Reisegruppen, die ständig mit Bus und Schiff angekarrt werden und die kleine Altstadt überschwemmen.

Noch in den zwanziger Jahren besaß Limone keine Straßenverbindung und war nur über den See zu erreichen. Man lebte von Oliven und Fischfang, baute außerdem in

Limone: Blick von der Gardesana auf den malerischen Ortskern

großen Gewächshäusern Zitronen an, deren charakteristische Pfeilerreihen bis heute das Ortsbild prägen. Obwohl ihr Anbau längst eingestellt wurde, vermarktet Limone sein „Zitronenimage" trefflich: Egal ob Hausnummern, T-Shirts, Handtücher, Souvenirs oder Infobroschüren – die Zitrone ist überall dabei. Der Name Limone rührt allerdings nicht davon her, sondern vom lateinischen Wort „Limes", denn wenige Kilometer nördlich verlief lange die Grenze zwischen Italien und Österreich. Heute blüht in den hübschen, engen Gässchen der Andenkenkitsch – von bunten Fahnen über jubilierende Porzellanengel bis zu billigen Lederimitaten ist alles zu haben.

Südlich von Limone weitet sich die Uferebene, dort liegen die lange Strandzone, ein großes Sportzentrum und zwei Campingplätze. Eine schöne Panoramastraße führt hinauf zur Hochebene von Tremòsine.

> **Tipp**: Im Juli und August gibt es 2–3 x wöch. geführte kostenlose Wanderungen in den Bergen oberhalb von Limone, Auskünfte und Anmeldung im Tourist-Büro.

● *Anfahrt/Verbindungen* je ein großer gebührenpflichtiger **Parkplatz** liegt oberhalb der Durchgangstraße (Einfahrt gegenüber vom Informationsbüro) und am neuen Hafen unten.

Zwischen Limone und dem gegenüberliegenden Malcésine pendeln **Fähren** mit Autotransport. **Busse** halten beim Informationsbüro an der Durchgangsstraße.

● *Information* **IAT**, am Parkplatz Caldogno, direkt an der Gardesana Occidentale. Reichlich Prospektmaterial in Deutsch. Mo–Sa 9–12.30, 15.30–19 Uhr, So geschl.
☎ 0365/918987, ✆ 954720,
www.visitlimonesulgarda.com.
Weiteres Infobüro am **Parkplatz** am neuen Hafen. ☎ 0365/954265.

● *Übernachten* **** Al Rio Se**, Via Nova 12, etwa 800 m nördlich vom Zentrum. Familiär geführtes Albergo mit kleinem Pool und gutem Restaurant, hervorzuheben die schöne Panoramaterrasse. Durch einen Weingarten steigt man hinunter zum Seeufer mit schmalem Kiesstrand. Parkplatz. DZ mit Frühstück ca. 64–97 €. ✆/✉ 0365/954182, www.hotelalriose.com.

** **Augusta**, Via Nova 14, ähnlicher Standard wie beim Nachbarn, ordentliche Zimmer, Restaurant, hübscher Swimmingpool im Olivenhain. DZ mit Frühstück ca. 50–86 €. ✆/✉ 0365/954157, www.limone.com/augusta.

TIPP! ** Monte Baldo, Via Porto 29, die Herberge direkt am malerischen, alten Hafenbecken wurde von den Besitzern der Trattoria Gemma übernommen und grundlegend renoviert. Gut ausgestattete Zimmer, die meisten mit Balkon und Meeresblick, ausgezeichnetes Ristorante und gut sortierter Weinkeller. DZ mit Frühstück ca. 70–140 €. ✆/✉ 0365/954021, www.montebaldolimone.it.

Südlich vom Zentrum liegen ** **Camping Garda** (✆ 0365/954550, ✉ 954357, www.hg hotels.com) und ** **Camping Nanzel** (✆ 0365/954155, ✉ 954468, www.campingnanzel.it).

● *Essen & Trinken*   **Gemma**, Piazza Garibaldi, Terrassenlokal mitten im Zentrum, stimmungsvolle Lage direkt am See. Gute Küche, z. B. leckere Forellen, Preise noch im Rahmen (Coperto/Servizio inbegriffen). Mi geschl. ✆ 0365/954014.

Al Torcol, Via IV Novembre 44, gegenüber vom Parkplatz, unterhalb der Durchgangsstraße. Rustikale Alternative zum See unten, geräumige, überdachte Terrasse, große Auswahl, viel vom Grill, auch Pizza. ✆ 0365/954169.

Tovo, Via Tamas 17, hoch über Limone, große Pizzen in vielen Variationen, nicht teuer und kinderfreundlich. ✆ 0365/954064.

Da Luigi, an der Straße von Limone nach Tremòsine, kurz vor Bazzanega links, mit Parkplatz. Gute Pizzen, Nudel- und Fischgerichte, dazu fantastischer Blick auf den See und nicht teuer.

Campaldo, Via Campaldo 28, hoch oben am Hang, urige Speckstube und Weinschenke mit wunderschönem Blick. ✆ 0365/954328.

● *Shopping*   **Cooperativa Agricola Possidenti Oliveti**, Via Campaldo 10. Bei der Berufsgenossenschaft der Olivenbauern im oberen Ortsbereich von Limone gibt es nicht nur Öl, sondern auch viele weitere kulinarische Produkte. Besichtigung der Ölmühle April bis Okt. Mo–Fr 16–18 Uhr. ✆ 0365/954446.

Sehenswertes: In der Nähe der Schiffsanlegestelle steht das Kirchlein *San Rocco* aus dem 16. Jh., errichtet aus Danksagung für die Verschonung vor der Pest.

Das historische Zitronengewächshaus *Limonaia del Castèl* findet man etwas oberhalb vom See zwischen Via Orti und Via Castell, 2004 ist es für die Öffentlichkeit zugänglich gemacht worden.

Hoch oben am Ende der Via Tovo, direkt unterhalb der Steilhänge der küstennahen Berge, kommt man zum *Centro Comboniano Tesöl*. Am 15. März 1831 wurde hier Daniele Comboni geboren, später einer der wichtigsten Afrika-Missionare der katholischen Kirche. 1881 starb er an Malaria, 2003 wurde er von Papst Johannes Paul II. zum Heiligen erklärt. Zu besichtigen sind das schlichte *Geburtshaus*, das im Stil des 19. Jh. belassen wurde, eine *Gedächtniskapelle*, eine *Ausstellung* zur Mission in Afrika, ein kleines *Museum* mit Funden aus aller Welt (z. B. Fossilien) und ein *Zitronengewächshaus*. Gottesdienste finden sonntags um 10 und 17 Uhr statt, an Werktagen um 16 Uhr, samstags um 16 Uhr auf Deutsch. Ein afrikanisches Museum der Comboni-Missionare gibt es auch in Verona (→ S. 214).

Von Limone nach Gargnano

Die Uferstraße verläuft weiterhin mit zahlreichen Tunneln hoch über dem See, kaum Ortschaften.

▶ **Campione del Garda**: kleines Seedorf unterhalb einer himmelhohen Felswand, nur wenige Besucher verirren sich hierher. Aufgepasst: Abfahrt von der Gardesana mitten in einem Tunnel! Historisch interessant ist der große Komplex einer ehemaligen *Baumwollspinnerei*. Achtung: Derzeit ist Campione eine einzige große Baustelle – der nördliche Ortsteil wurde bereits komplett modernisiert, nun wird die

Hautnah am See. Pizzeria in Gargnano

alte Fabrikanlage zu einer exklusiven Feriensiedlung umgebaut. Ein schöner Strandbereich mit Wiesen und Bäumen liegt an der Ostseite der Halbinsel, ein schattenloser Kiesstrand am Nordufer (bislang Stellplatz für Womos).

▶ **Pieve di Tremosine**: Etwas nördlich von Campione zweigt eine abenteuerlich schmale und steile Bergstraße (langsam und vorsichtig fahren!) durch eine enge Schlucht ins hübsche Dörfchen Pieve auf der Hochebene von Tremosine ab. Das Restaurant „Miralago" ist dort fast 400 m über dem Gardasee direkt über die Kante der senkrecht abfallenden Felswand gebaut! Spektakulärer kann ein Ausblick kaum sein.

▶ **Madonna di Monte Castello**: Die Wallfahrtskirche thront in fantastischer Lage auf einem steilen Felsvorsprung hoch über dem See. Zu erreichen ist sie auf einer Straße, die nördlich von Gargnano von der Gardesana abzweigt und nach Gardola auf die Hochebene von Tignale hinaufführt (langsam fahren, damit man den Abzweig nicht verpasst, Zufahrt sehr steil!). Oberhalb der Kirche kann man noch bis zum Gipfelkreuz klettern und hat vor sich eins der schönsten Fotomotive am See.

Gargnano
(ca. 3300 Einwohner)

Schönes, historisches Städtchen mit ruhiger, friedvoller Atmosphäre. Die Bademöglichkeiten sind allerdings nur bescheiden.

Am stimmungsvollen Hafenbecken stehen alte Palazzi, in deren Fassaden Kanonenkugeln stecken – 1866 beschossen österreichische Truppen den Ort während der „Risorgimento„"-Aufstände, die schließlich zur nationalstaatlichen Einigung Italiens führten. 1943–45 war der zentral gelegene *Palazzo Feltrinelli* Sitz der faschistischen „Republik von Salò„" unter Hitlers Marionette Mussolini. Seinen Wohnsitz hatte der Duce in der etwa 1 km nördlich liegenden *Villa Feltrinelli*, die vor einigen Jahren zum Luxushotel ausgebaut wurde (Zimmer ab rund 700 € aufwärts). Sehenswert ist im Ort die Kirche *San Francesco* mit hübschem Kreuzgang, dessen Kapitelle steinerne Orangen und Zitronen zieren.

Gardasee
Karte Seite 105

• *Information* **Pro Loco**, direkt an der Gardesana, gegenüber der Busstation. 10–12, 15–18 Uhr, Mi Nachmittag, Do Vormittag und So geschl. ✆/☎ 0365/791243.

• *Übernachten* *** **Villa Giulia**, prächtige, historische Villa im viktorianischen Stil, nördlich vom Zentrum direkt am Seeufer, sehr ruhige Lage. Komfortable Zimmer, Swimmingpool, Privatstrand und Terrasse über dem See. DZ mit Frühstück ca. 205–308 €. ✆ 0365/71022, ☎ 72774, www.villagiulia.it.

*** **Du Lac**, Ortsteil Villa, Via Colletta 21. Kleine, leuchtend ockerrot gestrichene Stadtvilla direkt am See, 12 Zimmer mit Balkon. Seit vielen Jahren in Familienbesitz, Musik liebender Gastgeber, Klavierzimmer, sehr hübsch der Wintergarten mit darüberliegender Terrasse, Zimmer mit historischem Mobiliar eingerichtet. DZ mit Frühstück ca. 88–120 €. Leider kein direkter Zugang zum See. ✆ 0365/71107, ☎ 71055, www.hotel-dulac.it.

*** **Bogliaco**, im ruhigen gleichnamigen Ort südlich von Gargnano. Das große, repräsentative Albergo neben dem Hafen wird freundlich geführt und besitzt schlicht-elegante Zimmer mit TV. Vor der Tür eine Terrasse direkt am See, idyllischer Platz für ein Abendessen zu zweit. Gute Küche und hervorragender Service. Signore Roberto und seine Frau sprechen auch Deutsch. DZ mit Frühstück ca. 80–100 €. ✆ 0365/71404, ☎ 72780, www.hotelbogliaco.it.

* **Gargnano**, seit 1901 direkt am Hafenbecken, schlichtes Albergo mit nostalgischem Charme in stimmungsvoller Lage, schöner Blick. DZ ca. 60–70 €. ✆ 0365/71312.

** **Camping Rucc**, kleiner Grasplatz oberhalb vom Parco Fontanella, 2 Minuten zum See. ✆/☎ 0365/71805.

• *Essen & Trinken* **Riviera da Giorgio**, zentral gelegene Pizzeria seitlich vom Hafenbecken, Sitzplätze ausgesprochen stimmungsvoll auf einer Plattform über dem See. Leckere Pizzen und korrekte Preise. ✆ 0365/72759.

Osteria del Restauro, Piazza Villa 1, am kleinen Hafenbecken vom Ortsteil Villa, südlich anschließend an Gargnano/Zentrum, kreative Küche zu maßvollen Preisen in einer ehemaligen Werkstatt. Nur abends, Sa/So auch mittags, Mi geschl. ✆ 0365/72643.

Al Porto, hinter Bougainvillea und Zitronenbäumen verstecktes Bar am Hafenbecken im Ortsteil Villa, zeitloses Eckchen weit vom Trubel.

In Gargnano kann man eine reizvolle Fünf-Seen-Tour starten, siehe S. 200

Gargnano/Umgebung

San Valentino: Die Pestkapelle San Valentino steht oberhalb vom Bergweiler *Sasso* in 770 m Höhe mitten im Wald direkt an einer Felswand. Erbaut wurde sie1630. Damals wütete am See unten die Pest, die Bevölkerung flüchtete in die Berge und hoffte, hier oben verschont zu werden. Der Aufstieg von Sasso dauert etwa 30–40 Min. (Weg 31, rot-weiß und mit blauen Pfeilen markiert). Man erreicht den Ort auf der steilen und kurvigen Straße, die zum Lago di Valvestino weiterführt (→ Kasten, S. 200), parkt am Ortseingang, durchquert den Ort und hält sich bei der überdachten Waschstelle am Ortsende links. Der Weg führt zuerst weitgehend eben auf Terrassen zwischen kleinen Gemüse- und Weinfeldern hindurch, dann steigt er als Hohlweg steil durch üppigen Mischwald an, von Lichtungen hat man einen fantastischen Blick auf den tief unten liegenden See.

Toscolano-Maderno

Weitläufiger Doppelort nördlich und südlich vom Fluss Toscolano. Maderno besitzt einen ruhigen Altstadtkern, ansonsten aber außer den guten Bademöglichkeiten wenig, was zum Bleiben reizt. Autofähren pendeln etwa stündlich nach Torri del Benaco am Ostufer. Größte Sehenswürdigkeit ist die romanische Kirche *Sant'Andrea* an der Durchgangsstraße, Nähe Anlegestelle (wegen Erdbebenschäden derzeit geschl.). Im hoch gelegenen Örtchen *Maclino* isst man mit herrlichem Panoramablick im Restaurant „Rustichel" (✆ 0365/642610, Di geschl.).

Im tiefen Tal der Papiermühlen

Das „Valle delle Cartiere„ entlang des Toscolano-Flusses war im Mittelalter eins der bedeutendsten Zentren der Papierherstellung in Norditalien und blieb es bis ins 19. Jh. Heute führt eine große, moderne Fabrik in Seeufernähe diese Tradition weiter, die alten Papiermühlen sind z.T. verfallen, einige wurden aber in den letzten Jahren wieder aufgebaut und eine sogar zum sehr sehenswerten Museum ausgebaut. Auf einem Spaziergang (oder per Fahrrad) entlang des einsamen, idyllisch grünen Flusstals begegnet man mehreren der historischen Gemäuer. Hin und zurück braucht man für das gesamte Tal etwa 2 Std., ein schöner Lageplan ist im Informationsbüro erhältlich. Für PKW ist die Strecke gesperrt. Auch Baden ist verboten, der Fluss ist für Fischer reserviert.

Beginn der Wanderung ist in Maderno an der Fußgängerbrücke *Ponte Vecchio* über den Toscolano. Wir überqueren die Brücke und kommen am Municipio von Toscolano und einer ersten Cartiera namens *La Vecchia Cartiera* vorbei, die 1961 den Betrieb aufgab und in den letzten Jahren restauriert und teilweise zu Apartments umgebaut wurde. Wir folgen der Straße landeinwärts und biegen nach wenigen Metern links ins Flusstal ein, beschildert mit „Valle delle Cartiere“. Schon nach kurzer Wegstrecke passiert man eine zweite, heute völlig zerstörte und überwucherte Papiermühle, die *Cartiera Garde*. Es folgt ein Straßentunnel mit Parkplatz. Ein zweiter Tunnel mit beginnender Tropfsteinbildung wird durchquert. Nach einem dritten Tunnel liegt die *Cartiera Quattro Ruote* mit hohem Schornstein halb versteckt im Grün des Flusstals. Wenig später wechselt man auf einer Brücke auf die andere Flussseite, dort stehen die Gebäude der ehemaligen Papierfabrik *Maina Inferiore* mit dem neuen *Museo della Carta* (Papiermuseum). Die Hälfte der Wegstrecke hat man jetzt hinter sich, ca. 30 Min. Das modern gestaltete Museum dokumentiert die Papierproduktion und die Herstellung von Wasserzeichen, man kann es im Rahmen einer informativen deutschsprachigen Führung besichtigen. Weiter geht es an den Gebäuden von *Maina Superiore* vorbei, danach folgen noch mehrere weitere Papierfabriken im dicht bewaldeten Tal. Der Weg wird enger und man überquert mehrmals das Flussbett, bis man die letzte *Cartiera Covoli* erreicht.

Öffnungszeiten: Museo della Carta, März bis Mai Mi–So 14–17.30 Uhr, Juni bis Sept Di–So 11–18 Uhr, Okt. bis Dez. Sa/So 10.30–16.30 Uhr, Jan./Febr. geschl. Eintritt ca. 3 €, 12–18 und über 65 J. 1,50 €. ✆ 0365/641050, www.valledellecartiere.com

Gardasee Karte Seite 105

Gardone Riviera (ca. 3000 Einwohner)

Der einstige Nobelurlaubsort der Belle Epoque ist heute ein populäres Ausflugsziel, denn das „Vittoriale“ und der Botanische Garten locken jährlich Hunderttausende an.

Bekannt ist Gardone Riviera für seine prachtvolle Vegetation – stolze Zypressen, wertvolle Nadelhölzer und üppige Bananenstauden ziehen sich die steilen Hänge hinauf. Am See unten steht das altehrwürdige Grand Hotel mit seiner 300 m langen Seeterrasse, im Umkreis zwängen sich nur wenige Gassen ans Ufer. Der eigentliche alte Ortskern liegt mit blumenüberwucherten Balkonen, kleinen Plätzen und Treppengässchen hoch oben am Hang.

● *Übernachten* **** **Villa Capri**, gepflegtes und geschmackvolles Haus am Seeufer, freundlich geführt und vor einiger Zeit renoviert. Im ganzen Haus Teppichboden und elegantes Mobiliar, im schönen Park mit Pool kann man ruhig liegen, davor Einstieg zum See. DZ mit Frühstück ca. 170–210 €. ✆ 0365/21537, 🖷 22720, www.hotelvillacapri.com.

* **Diana**, Lungolago d'Annunzio 30, am Südende der Promenade von Gardone, eins der ganz wenigen preiswerten Häuser direkt am See, einfach und sauber, schöner Seeblick. DZ mit Frühstück ca. 75–85 €. ✆ 0365/21815, www.hoteldianagardone.it.

** **Locanda Agli Angeli**, Via Caduti 1, nette Pension im alten Ortskern von Gardone Sopra, gegenüber vom Vittoriale die Gasse hinein, Piazza Garibaldi 2. Neun kleine Zimmer mit schönem Holzmobiliar, jeweils mit Bad. Kürzlich wurde ein Anbau mit weiteren Zimmern eröffnet. DZ mit Frühstück ca. 80–150 €. ✆ 0365/20832, 🖷 20746, www.agliangeli.com.

B & B Albachiara, Via Consol 14, Panoramalage oberhalb vom See. Familie Pasini vermietet in einem alten Palazzo des 17. Jh. drei restaurierte Zimmer, Frühstück in der überdachten Loggia mit Seeblick. DZ mit Frühstück ca. 85 €. ✆ 0365/548946, 🖷 21956, www.bbalbachiara.com.

● *Essen & Trinken* **Agli Angeli**, freundlich geführte Trattoria im alten Ortskern von Gardone Sopra, gegenüber vom Vittoriale die Gasse hinein, Piazza Garibaldi 2. Man sitzt angenehm in einem kleinen Hof oder in zwei kleinen Innenräumen. Feine, etwas teurere Küche. ✆ 0365/20832.

Riolet, in Fasano Sopra hoch über dem See, gemütliche Trattoria mit herzhafter Küche, günstigen Preisen und tollem Terrassenblick. Mi geschl. ✆ 0365/20545.

▶ **Il Vittoriale degli Italiani:** Vis-à-vis vom oberen Ort steht umgeben von einem riesigen Park die berühmte Behausung des exzentrischen und faschistisch gesinnten Poeten, Kriegs- und Frauenhelden Gabriele d'Annunzio (1863–1938), wohl die originellste Sight-Seeing-Attraktion am See. Seine literarischen Ergüsse sind künstlerisch inzwischen weitgehend vergessen und in politischer Hinsicht mehr als fragwürdig. Was blieb, ist das monströse Vittoriale und die Erinnerung an den hässlichen Zwerg, dem die Frauen nachliefen – eine davon war die seinerzeit berühmte Schauspielerin Eleonora Duse.

Die *Villa Cargnacco*, das ehemalige Wohnhaus d'Annunzios, wirkt wie eine Mischung aus Kuriositätenkabinett, Antiquariat und Trödelmarkt. Die engen Gänge und düsteren Räume werden durch bunte Bleiglasfenster nur schummrig erleuchtet und sind voll gestopft mit orientalisch anmutenden Polsterlagern, zahllosen Büchern jeglichen Alters (darunter viele deutsche, die aus der Enteignung eines deutschen Kunstsammlers stammen) sowie christlichen Heiligen- und indischen Buddhafiguren.

In der benachbarten Casa Schifamondo ist eine *d'Annunzio-Ausstellung* mit Notizen, politischen und literarischen Entwürfen, Karikaturen, Fotos und Büsten zu bewundern, ein ziemlich zusammengewürfeltes und vergleichsweise uninteressantes *Kriegsmuseum* (separate Eintrittsgebühr) sowie das so genannte *Auditorium*, in dessen Kuppel der Doppeldecker hängt, mit dem d'Annunzio während des Ersten Weltkriegs in einer publikumswirksamen Aktion von Padua bis Wien mitflog, um dort Flugblätter abzuwerfen.

In der weitläufigen Gartenanlage findet man das *Mausoleum* des Dichters und den eindrucksvoll in den Berghang zementierten Schiffsbug der *Puglia*, mit der der wackere Poet noch kurz nach Beendigung des Ersten Weltkriegs einen Zipfel italienischen Lands zurückerobern wollte, der Jugoslawien zugesprochen worden war.

● *Öffnungszeiten/Preise* **Vittoriale** (Gartenanlage), April bis Sept. tägl. 8.30–20 Uhr, Okt. bis März tägl. 9–17 Uhr. Eintritt ca. 7 € (Schüler- u. Stud.-Gruppen, Senioren über 60 J. und Kinder von 7–12 J. ca. 4 €).

Vittoriale und **Villa Cargnacco** (Wohnhaus), April bis Sept. Di–So 9.30–19 Uhr, Okt. bis März Di–So 9–13, 14–17 Uhr, Mo geschl. Eintritt ca. 11 € (Schüler- u. Stud.-Gruppen, Senioren über 60 J. und Kinder von 7–12 J.

Vollgepackt mit Kunst und Kitsch: die Villa des Dichters d'Annunzio

ca. 8 €), mit **Il Museo della Guerra** (Kriegsmuseum) ca. 16 € (ermäß. 11 €). Kriegsmuseum von April bis Sept. Do–Di 9.30– 19 Uhr, Mi geschl. ☎ 0365/296511, 📠 296512, www.vittoriale.it.

▶ **Botanischer Garten**: Der *Giardino Botanico Hruska* liegt wenige Minuten unterhalb des Vittoriale. Anfang des 20. Jh. vom deutschen Zahnarzt Arthur Hruska entworfen, wachsen hier tausende tropischer, subtropischer und alpenländischer Pflanzen zwischen künstlichen Bächen und wilden Kalkfelsen – u. a. trifft man auf Orchideen und einen ganzen Bambuswald. Besitzer des Paradiesgartens ist seit 1988 der Wiener Künstler André Heller.

Öffnungszeiten/Preise März bis Okt. tägl. 9–19 Uhr. Eintritt ca. 8 €, Kinder von 6–11 J. ca. 5 €. ☎ 336-410877, www.hellergarden.com.

Südlich von Gardone Riviera treten die Berge vom Ufer zurück, der flache Südteil des Gardasees beginnt. Bis auf Salò gibt es hier keine größere Stadt und auch die Durchgangsstraße verläuft nicht direkt am See.

Salò
(ca. 11.000 Einwohner)

Größerer Ort in einer weiten, geschützten Bucht – kein reines Touristenziel, dafür die authentische Atmosphäre eines quirligen Städtchens, in dem Einheimische noch die Hauptrolle spielen. Die lange Uferpromenade verlockt zum Spazierengehen.

Hinter der breiten Seefront schlängelt sich die lange, schmale Fußgängerzone vom Uhrturm zur zentralen Piazza Vittoria am See. In den alten Palazzi haben sich zahlreiche schicke Boutiquen eingenistet, seitlich steigen Treppenwege zur Durchgangsstraße hinauf. An der Seepromenade steht das Rathaus mit hübscher Säulenhalle. Landeinwärts vom Ostende der Promenade steht der Dom *Santa Maria Annunziata* mit Renaissanceportal und einigen wertvollen Gemälden, darunter an der

Blick auf die grüne Bucht von Salò

linken Seitenwand der „Heilige Antonius von Padua" aus dem 16. Jh. – der Maler Gerolamo da Romano konnte sich einen kritischen Seitenhieb gegenüber seinem Auftraggeber nicht verkneifen und stellte ihn als eher unangenehmen Zeitgenossen dar, von dem sich sogar die Engel angewidert abwenden. Ein Strand liegt unter hohen Zypressen an der Südseite der Bucht gegenüber von Salò, eine neue Uferpromenade wurde dorthin gebaut.

● *Anfahrt/Verbindungen* **Bus**, Station an der Durchgangsstraße Via Brunati, Nähe Uhrturm. Busse von Trasporti Brescia Nord fahren mehrmals tägl. in Richtung Riva und Desenzano, SIA-Busse fahren nach Riva und in der anderen Richtung direkt nach Brescia–Mailand.

Schiff, Anlegestelle ganz zentral vor der Piazza Vittoria, 6 x tägl. Fähre (2 x mit Autotransport), 3 x Schnellboot.

● *Information* **IAT**, 20 m oberhalb der Säulenhalle des Rathauses, wenige Schritte von der zentralen Piazza Vittoria. Mo–Sa 9–12.30, 15–18 Uhr, Mi-Nachmittag und So geschl. ✆/✉ 0365/21423, www.bresciaholiday.com.

● *Übernachten* **★★★★ Laurin**, Viale Landi 9, Hotel alter Grandezza mit Jugendstilausstattung vom Feinsten und komfortablen Zimmern – schon die Nazis wussten das zu schätzen und richteten das Außenministerium der „Republik von Salò" hier ein. He-

rausragend sind die großartigen Fresken von Landi und Bertolotti in Speisesaal und Salon. Im Garten vor dem Haus gibt es einen Pool und eine Liegewiese. Einzig ungünstig ist die Lage etwas oberhalb der lauten Hauptstraße Richtung Norden. Eine Dependance liegt allerdings direkt am See unten. DZ mit Frühstück ca. 150–295 €. ✆ 0365/22022, ✉ 22382, www.laurinsalo.com.

★★★ Benaco, Lungolago Zanardelli 44, elegantes, nicht allzu großes Haus an der Promenade, Zimmer mit TV und Seeblick, das hauseigene Restaurant bietet gute Küche. Gäste erhalten kostenlos Fahrräder. DZ mit Frühstück ca. 80–100 €. ✆ 0365/20308, ✉ 21049, www.hotelbenacosalo.it.

★★ Lepanto, Lungolago Zanardelli 67, hübsche Lage am Ostende der Promenade, in Domnähe. Unten im Haus Restaurant – wenn man sich durch die damit verbundenen Geräusche nicht stören lässt, eine gute Wahl. DZ mit Bad ca. 60–77 €, mit Etagendusche günstiger, Frühstück extra. ☎ 0365/20428, 📠 20548, hotel.lepanto@libero.it.

Residence Cascina La Palazzina, Via Zette 11, umgebautes Bauerngehöft an der Südseite des Bucht von Salò im Grünen. Schöner Garten mit Pool, Blick auf die Bucht, acht sorgfältig eingerichtete Ferienwohnungen für 2–6 Pers., jeweils mit Sat-TV. Waschmaschine, Spielgeräte für Kinder. Apartment für 4 Pers. ca. 53–158 €. Ganzjährig geöffnet. ☎ 0365/522465, 📠 438005, www.cascinalapalazzina.com

Mehrere Campingplätze liegen an der Südseite der Bucht, zu empfehlen sind ****** Al Weekend** (☎ 0365/43712, 📠 42196, www.camping.it/garda/weekend) und ***** Eden** (→ S. 127).

• *Essen & Trinken* **La Campagnola**, Via Brunati 11, ein Stück zurück von der Durchgangsstraße, im Hinterhaus mit überdachtem Hof. Die „Osteria con cucina" bietet ausgezeichnete Seeküche und Pasta aus eigener Produktion, dazu eine der besten Weinkarten weit und breit. Mo und Di mittags geschl. ☎ 0365/22153.

Antica Trattoria alle Rose, Via Gasparo da Salò 33, in einer Gasse, die vom Platz mit dem Uhrenturm westlich abzweigt. Man kann im lang gestreckten Speisesaal, in einem Nebenraum oder auf der kleinen, überdachten Gartenterrasse Platz nehmen. Familie Briarava bietet authentische und fantasievolle Küche, dazu einen ausgezeichnet bestückten Weinkeller. Auch Antipasti-Freunde, die sich auf kleine Appetithäppchen wie Polentaschnitten mit frischen Pilzen, süßsauer eingelegte Zucchini oder die hervorragenden Pastagerichte beschränken, kommen auf ihre Kosten. Etwas teurer. Mi geschl. ☎ 0365/43220.

Osteria di Mezzo, Via di Mezzo 10, neu eröffnet in einem ruhigen Altstadtgässchen, Familie Vanni bereitet leckere Fischgerichte und Antipasti. Di geschl. ☎ 0365/290966.

Lepanto, Lungolago Zanardelli 67, hier speist man ruhig am Ostende der Promenade. Do geschl. ☎ 0365/20428.

• *Weinlokale* **Osteria dell'Orologio**, ganz zentral in der Via Butturini 26/a (Fußgängerzone), schöne Osteria im traditionellen Stil, unten großer Tresen und eine Handvoll Tische, im ersten Stock Restaurant mit guter lokaler Küche. Nur abends, Mi geschl. ☎ 0365/290158.

Al Baretto, Lungolago Zanardelli 46, gemütliche Osteria/Café an der Uferpromenade neben Hotel Benaco. Der richtige Platz für ein Glas Wein, dazu Tagliere oder Bruschette.

Gardasee
Karte Seite 105

Marionette Hitlers: Die Republik von Salò

Juli 1943. Nach dem Sieg in Nordafrika erobern die Alliierten Sizilien und bereiten die Landung auf dem italienischen Festland vor. „Schluss mit dem Krieg", diese Meinung breitet sich immer mehr aus. Die faschistische Partei wird aufgelöst, Mussolini zum Rücktritt gezwungen und auf Befehl von König Vittorio Emanuele III in einem Berghotel auf dem Gran Sasso in den Abruzzen inhaftiert. Am 12. September 1943 befreien ihn von dort in einer spektakulären Aktion deutsche Luftlandetruppen in Lastenseglern. Bereits wenige Tage später muss der ehemalige Duce auf Betreiben Hitlers die faschistische „Repubblica Sociale Italiana" gründen. Als Standort der Marionettenregierung werden Salò und das nahe Gargnano am Gardasee gewählt. Das „Außenministerium" (heute Hotel Laurin → Übernachten) und das „Kulturministerium" werden in Salò installiert, Mussolini selber sitzt in der „Staatskanzlei" in Gargnano. Hitler hat ihn dort völlig in der Hand und hält ihn unter Beobachtung. Konkrete Aufgaben hat die faschistische Regierung allerdings kaum und im April 1945 nähern sich die alliierten Streitkräfte den Alpen. Mussolini flieht zum Comer See, um von dort in die neutrale Schweiz zu gelangen. Doch kurz vor der Grenze wird er von italienischen Partisanen erkannt und zwei Tage später zusammen mit seiner Geliebten Claretta Petacci in Giulino di Mezzegra etwas oberhalb vom See erschossen. Die Stelle ist heute mit einem Kreuz gekennzeichnet (→ Comer See, S. 283).

Bei niedrigerem Wasserstand kann man die Isola San Biagio trockenen Fußes erreichen

La Valtenesi

„Valtenesi" (Betonung: Valténesi) – so nennt sich das Gebiet im südwestlichen Seebecken zwischen Salò und Desenzano: eine liebliche, grüne Wiesenlandschaft mit Olivenbäumen, Zypressen und Weingärten, sanft hüglig und ohne große Ortschaften. Es gibt keine durchgehende Uferstraße, vielmehr führen schmale Stichstraßen zu Kiessträndern mit vielen Dutzend Campingplätzen.

Sieben Gemeinden gehören heute zu den Valtenesi: *San Felice del Benaco*, *Manerba*, *Puegnago*, *Polpenazze*, *Soiano*, *Moniga* und *Padenghe* – jede besteht aus einer Vielzahl kleiner Weiler, die beiden letzteren besitzen je ein großes Kastell, in dem Wohnsiedlungen entstanden sind. Dass sich trotz des einfach strukturierten Geländes, in dem weder schroffe Felshänge noch tiefe Schluchten unüberwindliche Hindernisse boten, keine Stadt ansiedeln konnte, hat historische Gründe: Wegen ihrer Fruchtbarkeit und der leichten Zugänglichkeit war die Region immer hart umkämpft, besonders erbittert tobten im Mittelalter die Auseinandersetzungen zwischen Guelfen und Ghibellinen. Nicht von ungefähr findet man auf fast jedem Hügel die Mauerreste einer Burg. Friedlichere Relikte sind dagegen die zahlreichen kleinen, mittelalterlichen Kirchen, die oft mit reichem Freskenschmuck ausgestattet sind.

Die fruchtbaren Moränenhügel bringen eine ganze Palette von hochwertigen Produkten hervor. Einen guten Namen haben vor allem die hiesigen Weine, die unter der Bezeichnung „Garda Classico" zusammengefasst werden: der rubinrote *Rosso* mit leicht bitterem Nachgeschmack, der erdige, rote *Groppello* und der weiche, fruchtige *Chiaretto*, einer der wenigen Roséweine im Land. Als zweites ist das ausgezeichnete *Olivenöl* der Region zu nennen und schließlich wachsen in den Valtenesi mehrere *Trüffelsorten*, die hier besonders gute Bedingungen vorfinden.

▶ **Portese**: kleiner Ort über dem Südrand der Bucht von Salò, am Ufer unten der stimmungsvolle Hafen *Porto Portese* mit verstreuten Ferienvillen und einer Handvoll Hotels, schöner Blick nach Salò.

● *Anfahrt/Verbindungen* **Schiffe** in beide Richtungen etwa 5 x tägl., davon zwei mit Autotransport.

● *Übernachten* ***** Garden Zorzi**, wunderbare Lage direkt am Seeufer, geführt von Familie Zorzi. Schöner Garten, eigener Kiesstrand und kleine Liegewiese, sehr ruhig. Für Bootssportler Privathafen mit Slipanlage. Zimmer mit Balkonen oder Terrasse. DZ mit Frühstück ca. 100 € nur in der Nebensaison, sonst HP obligatorisch, ca. 60–80 € pro Pers. Viele Stammgäste, rechtzeitig reservieren. ✆ 0365/43688, ✉ 41489, www.hotelzorzi.it

*** Camping Eden, großes, begrüntes Terrassengelände landeinwärts der Uferstraße, drei Pools, Kiesbadestrand ca. 30 m entfernt. ✆ 0365/62093, ✉ 559311, www.camping-eden.it.

▶ **Baia del Vento**: Der 500 m lange Kiesstrand liegt wenige Kilometer östlich von Portese, fast vis-à-vis der Isola del Garda – herrlicher Blick auf Gardone Riviera mit dem Grand Hotel am Gegenufer. Auf der benachbarten schmalen Landzunge steht einsam die Wallfahrtskirche *San Fermo* aus dem 15. Jh. mit Freskenresten.

Einst Kloster, heute Palast: Isola del Garda

Die dicht bewaldete Insel – die größte im See – ist etwa 1 km lang und liegt nur 220 m vor der Landzunge von San Fermo. Sie ist heute in Privatbesitz der Adelsfamilie Borghese-Cavazza, die hier Ende des 19. Jh. ein prachtvolles Schloss im venezianisch-neugotischen Stil erbauen ließ, umgeben von einer herrlichen Parkanlage mit italienischen und englischen Gärten. Vom ehemaligen Kloster, deren Bewohner im 16. Jh. ein Seeungeheuer sichteten (→ S. 106) ist kaum etwas erhalten. Interessierte können an Führungen über die Insel teilnehmen, Motorboote starten in Barbara di Salò (Westufer), Garda (Ostufer) und Sirmione (Südufer).

Öffnungszeiten/Preise: Mai bis Sept. Di & Do 9.30 Uhr Überfahrt ab Barbarano (südlich von Gardone Riviera), Eintritt für Erwachsene 27 €, Kinder (4–12 J.) 15 €; Juni bis Sept. Mo, Mi & Fr 10.40 Uhr Überfahrt ab Garda (Ostufer), Eintritt für Erwachsene 29 €, Kinder (4–12 J.) 18 €; Juni bis Sept. Mo, Mi & Fr 14.45 Uhr Überfahrt ab Sirmione (Südufer), Eintritt für Erwachsene 29 €, Kinder (4–12 J.) 18 €. Inbegriffen im Preis ist jeweils die Fahrt mit dem Motorboot sowie eine kleine Erfrischung. ✆ 0365/62294, www.isoladelgarda.com.

▶ **Santuario della Madonna del Carmine**: Etwas südlich außerhalb von *San Felice del Benaco* steht diese ehemalige Karmeliterkirche aus dem 15. Jh. (beschildert), sie ist heute ein populäres Wallfahrtsziel. Die gut erhaltenen Fresken zeigen deutlich den Übergang vom starren Formenkanon der Gotik zur lebendigen Menschendarstellung der Renaissance. Neben der Madonna del Carmine werden hier noch zahlreiche weitere Heilige verehrt, ihre z. T. jüngst renovierten Konterfeis schmücken die ganze Kirche.

● *Übernachten* ****** Camping Fornella**, bei San Felice del Benaco, guter Platz in schöner Lage auf einer kleinen, teils bewaldeten Halbinsel, direkt am See, Blick auf die Isola del Garda. Wiesengelände mit Terrassen, zwei Kiesstrände, großer Pool, Kinderspielplatz, Tennis, Vermietung von Holzcaravans. Gut geeignet für Familien. ✆ 0365/62294, ✉ 559418, www.fornella.it

Gardasee
Karte Seite 105

▶ **Manerba del Garda**: Die Ortschaft besteht aus mehreren Dörfern, die sich etwas landeinwärts vom See aneinander reihen: Balbiana, Solarolo, Montinelle und Gardoncino. Die Uferzone zeigt sich hier besonders malerisch und ist vielleicht die schönste im Valtenesi. Dominierend ist der markante Felsblock *Rocca di Manerba*, der in unmittelbarer Ufernähe 216 m aufsteigt und zum Wasser hin senkrecht abfällt. Bis kurz unterhalb der Spitze kann man mit dem Auto fahren, dann folgt der kleine Aufstieg zum Gipfelkreuz – herrlicher Rundblick über den gesamten Süden des Sees, an klaren Tagen sogar bis nach Torbole hinauf. Von der Burg, die hier einst stand, sind nur noch spärliche Reste erhalten, sie wurde 1575 von den Venezianern zerstört, da sie einer Bande von Wegelagerern als Versteck diente. Unter der Burg hat man einen prähistorischen Unterschlupf aus dem 5. Jt. v. Chr. entdeckt, außerdem eine Nekropole aus dem 3. Jt. Die Funde kann man im *Museo Archeologico della Valtenesi* in Montinelle betrachten.

Nördlich der Rocca di Manerba stößt die lange, schmale Landzunge *Punta Belvedere* weit in den See vor. Die vorgelagerte Isola *San Biagio* ist von einem fahlweißen Kalksteinring umgeben, die niedergetrampelten Grasflächen werden zum Sonnen und Picknick genutzt, im Sommer ist auch eine Bar mit gemütlichen Außentischen geöffnet. Reizvoll: Bei tiefem Wasserstand, meist im Hochsommer, besteht von der Punta Belvedere aus eine steinige Landverbindung und man kann vom kleinen *Porto Torchio* am Nordfuß der Landzunge am Campingplatz San Biagio entlang trockenen Fußes hinübergehen. In der Hochsaison gibt es von dort auch mehrmals täglich Bootsverbindungen. Nördlich der Landzunge erstreckt sich ein langer Kiesstrand, der die gesamte Bucht einnimmt, schön zum Spazierengehen.

Öffnungszeiten **Archäologisches Museum**, Sa 14–16, So 10–12 Uhr. Für Besichtigung außerhalb dieser Öffnungszeiten ✆ 0365/552540.

• *Übernachten* ** **Belle Rive**, Mittelklassehaus, wenige Meter vom Strand. Gutes hauseigenes Restaurant mit Terrasse zum See. Eigener Parkplatz. DZ mit Frühstück ca. 75–80 €. ✆ 0365/554160, ✎ 554163, www.bellerivedarenato.it

** **Zodiaco**, wenige Meter vom Strand, aufmerksam und familiär geführt, gutes Restaurant, schöner Garten mit Pool, Parkplatz. Viele Stammgäste. DZ mit Frühstück ca. 80–90 €. ✆ 0365/551153, ✎ 552184, www.hotelzodiaco.it

TIPP! *** **Azienda Agricola Manestrini**, Via Avanzi 11, großes, grünes Hügelgrundstück in Soiano del Lago, einige Kilometer landeinwärts. Die Ölmühle Manestrini produziert gutes Olivenöl und vermietet in ihrem schönen Landhaus Apartments mit Pool und Restaurant. Frau Dr. Nicoletta Manestrini spricht hervorragend Deutsch und kann viel Interessantes über ihr Öl (mit DOP-Klassifizierung) erzählen. Studio ca. 50–90 €, Apartment ca. 70–120 €. ✆ 0365/502231, ✎ 502888, www.manestrini.it

• *Camping* ** **Rio Ferienglück**, gegenüber der beiden o. g. Hotels, ebener Rasenplatz unter Pappeln direkt am Strand, schöner,

großer Swimmingpool. ✆ 0365/551450, ✎ 551044, www.gardalake.it/rioferiengluck

** **Zocco**, am 300 m langen Strand südlich der Rocca di Manerba, terrassierter Platz mit Wiesen, Tennis, Kinderspielplatz, Bootsslip. Vermietung von modernen Apartments. ✆ 0365/551605, ✎ 552053, www.campingzocco.it

Auf der Punta Belvedere: **** **La Rocca**, weitläufiges, flaches Wiesengelände über dem Südrand der Landzunge, großer Pool mit Kinderbecken, Tennis, Kinderspielplatz, Bootslipanlage. Zum Strand Unterführung unter einer wenig befahrenen Straße hindurch. ✆ 0365/551738, ✎ 552045, www.gardalake.it/larocca

*** **Belvedere**, etwas erhöht über dem Nordufer der Landzunge, 300 m Kiesstrand unterhalb, Restaurant am See, Tennis, Bungalows, Animation für Kinder. ✆ 0365/ 551175, ✎ 552350, www.camping-belvedere.it

TIPP! **** **San Biagio**, wunderbare Lage am äußersten Ende der spitz zulaufenden Landzunge. Terrassenförmiges Wiesengelände unter Bäumen, Restaurant in einer alten Villa am Ufer, kleiner Bootshafen, Kinderspielgeräte. Mehrere Badestellen, teils steil abfallend, Bademöglichkeit auch auf der vorgelagerten Insel. Etwas teurer. ✆ 0365/551549, ✉ 551046, www.sanbiagio.de

● *Shopping* **Cantine e Frantoio Giovanni Avanzi**, Via Risorgimento 32, große Weinkellerei, Olivenölmühle und Brauerei mit Bierstube (!) an der Hauptstraße von Desenzano nach Salò, Direktverkauf. ✆ 0365/551309, www.avanzi.net.

● *Essen & Trinken* **TIPP! Hosteria del Lago**, Via Risorgimento 11, Ortsteil Balbiana. Nicht vom unattraktiven Äußeren abschrecken lassen – denn dahinter tut sich ein äußerst angenehmes Ambiente auf. Die zwei netten Brüder Mateo und Paolo (einer spricht bestens Deutsch, gibt das aber nicht zu ...) bereiten vorzügliches Essen, z.B. hausgemachte Paste und *terrina di Sarde di lago con salsa al Chiaretto* (Seesardinen mit Gemüse und Soße aus Roséwein) oder *luccio in salsa con polenta* (Hecht mit Polenta). Günstiges Mittagsmenü. Di u. Mi Abend und Sa Mittag geschl. ✆ 0365/552559, www.hosteriadellago.it

Südufer mit Desenzano siehe S. 172ff.

Brescia

Die geschäftige Stadt westlich vom Gardasee gehört nicht zu den großen Touristenzielen im Norden Italiens. Die Peripherie ist von Industrie geprägt und mit der Firma Beretta ist Brescia seit 500 Jahren die größte und älteste Waffenschmiede Italiens – Beretta produziert im nahegelegenen Kleinstädtchen Gardone Val Tròmpia pro Tag etwa 1500 Handfeuerwaffen, exportiert wird in hundert Länder.

Doch die Altstadt ist zweifellos einen Bummel wert: Zwar erlebt man hier eine ziemlich ungewöhnliche Mischung von römischen Tempeln, mittelalterlichen Gässchen, breiten Laubengängen, klassizistischen Prunkbauten und (leider auch) kalter Faschismus-Architektur, irgendwie hat das Ganze aber Stil. Und nicht zuletzt sind es die hochkarätigen Museen, die einen Tagesausflug lohnen.

● *Anfahrt/Verbindungen* **PKW**, Brescia liegt an der A 4 auf halbem Weg zwischen Gardasee und Iseo-See. In den vielen Straßen des Zentrums innerhalb der Ringstraße kann man an Parkuhren parken. Große Tiefgarage unter der zentralen Piazza Vittorio (6–1.30 Uhr), außerdem gut beschilderter „Autosilo Uno" an der Via Vittorio Emanuele II (Mo–Sa 7–24 Uhr).

Bahn, Brescia liegt an der viel befahrenen FS-Bahnlinie von Mailand über Verona nach Venedig, die Züge passieren unterwegs Desenzano und Peschiera am Gardasee.

Die private Nebenlinie **FNM** (Ferrovie Nord Milano, www.ferrovienord.it) fährt etwa stündl. zum Iseo-See (→ S. 215) und weiter durch das Valcamonica bis Édolo. Der Bahnhof liegt südwestlich vom Zentrum, der Viale Stazione führt schräg links zur Piazza della Repubblica, dort rechter Hand den Corso Martiri della Libertà nehmen, ca. 15 Min. ins Zentrum (auch Busverbindung).

Bus, gegenüber vom Bahnhof liegen zwei Busstationen – ab Via Solferino (geradeaus) Verbindungen zum Gardasee, Verona, Cremona und Mantua, ab Viale Stazione (links) nach Mailand und zum Iseo-See.

Auf der Piazza della Loggia

• *Information* **Städt. Tourismusbüro,** Piazza della Loggia 6. Juni bis Sept. Mo–Sa 9–18.30, So 9–13 Uhr, Okt. bis Mai Mo–Fr 9.30–12.30, 14–17, Sa 9–13 Uhr. Es wird Deutsch gesprochen. ✆ 030/2400357, ✇ 3773773, www.comune.brescia.it.

• *Übernachten* ****** Igea,** Viale Stazione 15, komfortables Haus, etwa 100 m vom Bahnhof, schallisoliert, Parkplatz, Garage. DZ ca. 130–220 €, Frühstück extra. ✆ 030/44221, ✇ 44224, www.jollyhotels.it

*** Cristallo, Viale Stazione 12/a, ordentliches Haus schräg gegenüber vom Igea. DZ ca. 85–103 €. ✆ 030/3772468, ✇ 3772603, www.hotelcristallobrescia.com.

** Stazione, Vicolo Stazione 15/17, schräg gegenüber vom Bhf., DZ mit Bad ca. 60 €, mit Etagendusche ca. 50 €, Frühstück extra.

✆ 030/3773995, ✇ 3774614.

• *Essen & Trinken* **La Sosta,** Via San Martino della Battaglia 20/Ecke Via Moretto, hervorragendes Essen zu stolzen Preisen in einem eleganten Palazzo aus dem 17. Jh., im Sommer auch im Freien. So-Abend, Mo und im August geschl. ✆ 030/295603.

Osteria al Bianchi, Via Gasparo da Salò 32, wenige Schritte nördlich der Piazza della Loggia. Typische Osteria im alten Stil, zum Wein kann man z. B. deftige Bratengerichte kosten. Di-Abend und Mi geschl. ✆ 030/292328.

Vasco da Gama, Via dei Musei 4, originell eingerichtetes Restaurant mit vielen Antiquitäten oberhalb der Piazza della Loggia, auch Plätze im Freien. Di-Mittag geschl. ✆ 030/3754039.

Sehenswertes

Die breiten Fußgängergassen von Brescia laden zu einem ausgedehnten Streifzug ein: der *Corso Mameli*, der am Westende von einem imposanten Mittelalterturm mit schönem Brunnen abgeschlossen wird, der *Corso Palestro* und der sich anschließende breite *Corso Zanardelli* mit seinen malerischen Arkadengängen. Ein großer Markt findet Mo–Fr auf der Piazza Rovetta nördlich der Piazza della Loggia statt, ebenso auf der Piazza Mercato.

Die mittelalterliche *Piazza della Vittoria* wurde Anfang der dreißiger Jahre mit einem brutalen Kahlschlag zum faschistischen „Musterplatz" umgebaut. An der Nordseite die gestreifte Fassade der Post, an der Längsseite ein kantiger Uhrenturm und Arkaden mit Geschäften.

Nördlich der Piazza della Vittoria liegt die *Piazza della Loggia*, ein typisch venezianischer Platz aus der Zeit, als Brescia zur Republik von Venedig gehörte (15.–17. Jh.). Beherrschend ist die große *Loggia*, an der unverkennbar Palladio mitgewirkt hat. Gegenüber steht der *Uhrenturm*, nach dem Vorbild am venezianischen Markusplatz mit den „Macc del le ure" (Verrückten der Stunden), die seit 1581 die Stunden auf der Glocke schlagen. Beim Durchgang unter dem Turm steht ein Mahnmal für die Opfer eines Anschlags der Roten Brigaden, bei dem im Mai 1974 mehrere Menschen getötet wurden.

Der *Duomo Nuovo* (Neuer Dom) aus dem 18. Jh. thront mit seiner hohen Kuppel und der riesenhaften klassizistischen Fassade östlich der Piazza della Loggia. Unmittelbar rechts davon steht, wie eingesunken im Pflaster, auf dem früheren Bodenniveau des Platzes der *Duomo Vecchio* (Alter Dom) aus dem 12. Jh., wegen seiner ungewöhnlichen Rundform *Rotonda* genannt. Links vom Dom erhebt sich der romanische *Broletto*, ein kommunaler Palazzo mit hohem Turm und schönem Innenhof.

An der Via dei Musei östlich der Piazza della Loggia liegen die imposant wirkenden Reste der römischen Stadt *Brixia*. Die Fassade des Tempio Capitolino, des größten erhalten gebliebenen Tempels im nördlichen Italien, wurde mit Ziegelwerk teilweise rekonstruiert.

Öffnungszeiten **Duomo Vecchio,** April bis Okt. Di–So 9–12, 15–19 Uhr, Nov. bis März Di–So 10–12, 15–18 Uhr, Mo geschl.; **Tempio Capitolino,** Di–So 10–13, 14–17 Uhr, Mo geschl., Eintritt frei.

Monastero di Santa Giulia: Nur wenige Meter östlich vom Tempio Capitolino steht der Stolz Brescias, ein großer mittelalterlicher Klosterkomplex mit mehreren Kreuzgängen und drei freskenverzierten Kirchen aus verschiedenen Epochen: die langobardische Basilika *San Salvatore*, die romanische Kirche *Santa Maria in Solario* und die Renaissancekirche *Santa Giulia*. Diese Gebäude bilden einen wirkungsvollen Rahmen für das derzeit wohl bedeutendste historische Museum Norditaliens, das hier 1999 als *Stadtmuseum Santa Giulia* eröffnet wurde. Über 11.000 Stücke aus allen Epochen der Geschichte veranschaulichen die Geschichte Brescias und der gesamten Region von den prähistorischen Anfängen bis ins 18. Jh. Zu den Prunkstücken gehören das edelsteinbesetzte Kreuz des Langobardenkönigs Desiderius vom Ende des 8. Jh. n. Chr. und die „Lipsanoteca" aus dem 4. Jh. n. Chr., ein wunderschönes, mit Reliefschnitzereien versehenes Reliquiar aus Elfenbein.
Öffnungszeiten/Preise Juni bis Sept. 10–18 Uhr, Okt. bis Mai Di–So 9.30–17.30 Uhr, Mo geschl. Eintritt ca. 8 €, Jugendliche von 14–18 J. und Senioren über 65 J. 4 €.

Castello: Von der Piazzetta Tito Speri, etwas östlich der Piazza della Loggia, führt die schmale Contrada Sant'Urbana auf den Cidneo-Hügel mit dem Kastell (ein weiterer Zugang ist die Via Piamarta neben dem Museo di Santa Giulia). In römischer Zeit stand hier oben ein Tempel, im Mittelalter begannen die Visconti den Hügel zu befestigen. Später bauten die Venezianer die Burg mehrfach um und erweiterten sie. Heute beherbergt die große Anlage ein *Waffenmuseum*, ein *Museo del Risorgimento* und eine Sternwarte.

● *Öffnungszeiten/Preise* **Castello**, tägl. 8–20 Uhr, Eintritt frei.
Museo Civico delle Armi Antiche „Luigi Marzoli" (Waffenmuseum), Juni bis Sept. Di–So 10–13, 14–18 Uhr, Okt. bis Mai 9.30–13, 14.30–17 Uhr, Mo geschl.; Eintritt ca. 3 €, Jugendliche von 14–18 J. und Senioren über 65 J. 1 €.

Museo del Risorgimento, Juni bis Sept. Di–So 10–17 Uhr, Okt. bis Mai 9.30–13, 14.30–17 Uhr, Mo geschl.; Eintritt ca. 3 €, Jugendliche von 14–18 J. und Senioren über 65 J. 1 €.

Gardasee
Karte Seite 105

Brescia und die Mille Miglia

Brescia ist die Wiege des italienischen Motorsports, seit 1899 gab es hier bereits Wettfahrten und 1927 wurde erstmals die Mille Miglia gestartet. Eine große Schleife führte 1600 km (bzw. 1000 Meilen) über die wichtigen Straßen des Landes bis Rom und zurück. 30 Jahre später war Schluss mit der Raserei, denn die schon ziemlich leistungsfähigen Renner waren einfach zu schnell geworden (Rekordzeit 10 Std. 7 Min., ein Schnitt von beinahe 160 km/h – auf Landstraßen!). Erst 1982 wurde das Rennen als Zuverlässigkeitsfahrt für Oldtimer reanimiert und hat sich bis heute zur mit Abstand bedeutendsten Veranstaltung für klassische Automobile entwickelt.

Im *Museo della Mille Miglia* in Sant'Eufemia, Viale della Rimembranza 3 (östlicher Stadtrand), kann man die Rennsport-Atmosphäre vergangener Tage erleben. In großen Diaramen um 20 erlesene Oldtimer herum entfaltet sich dabei eine ganz eigene Geschichte automobiler Mobilität im 20. Jh.

Öffnungszeiten Museo della Mille Miglia, Mai bis Sept. 9.30–18.30, Okt. bis März 9–18 Uhr, jeden 3. Freitag im Monat bis 21.30 bzw. 22 Uhr, Mo geschl. Eintritt ca. 10 €, ermäß. 8 €. ✆ 030/3365631, www.museomillemiglia.it.

Auf dem Dach des Gardasees: Blick vom Monte Baldo

Ostufer (Nord nach Süd)

Im Gegensatz zum teilweise senkrecht ins Wasser abfallenden Westufer zeigt sich die Ostküste weniger dramatisch und durchweg zugänglich. Zwar wird sie auf zwei Drittel ihrer Länge vom mächtigen Monte-Baldo-Massiv überragt, doch sind die Uferpartien selbst im Norden so flach, dass sich zahlreiche Orte entwickeln konnten – allerdings nur auf sehr schmalen Landstreifen, hinter denen schnell wunderschöne, aber steile Hänge mit ausgedehnten Olivenbaumhainen beginnen. „Riviera degli Olivi" – Riviera der Olivenbäume – wird das östliche Seeufer in der blumigen Sprache der Tourismusstrategen gerne genannt.

Am Ostufer spielt sich ein Großteil des Urlaubsgeschehens ab – vom steilwandigen Norden um Torbole und Malcésine bis zum flachen Süden um Bardolino und Lazise gibt es kaum unerschlossene Ecken. Abgesehen vom äußersten Norden ziehen sich fast durchgängig schmale Kiesstrände am Wasser entlang – flankiert von zahllosen Hotels, Pensionen und Campingplätzen. Getrübt wird das Bade- bzw. Wohnvergnügen zwischen Torbole und Torri del Benaco allerdings von der meist in unmittelbarer Strandnähe verlaufenden Uferstraße, der Gardesana Orientale.

Der äußerste Norden bis Malcésine ist fest in der Hand der Surfer, die hier wie an der Seespitze um Torbole und Riva vorzügliche Windbedingungen finden. *Malcésine* selber wird mit seiner stolzen Skaligerburg und dem verwinkelten Altstadtkern von vielen als der malerischste Ort am See empfunden, hat aber trotz erheblichen Rummels seinen Charakter nicht verloren. Die folgenden Ansiedlungen bis Torri del Benaco sind eher klein und wenig markant – durch den Bau der Gardesana wurden sie rücksichtslos in zwei Hälften zerschnitten, was ihnen viel an Charakter genommen hat. *Torri del Bernaco* selber besitzt eine schöne Skaligerburg und einen hübschen historischen Kern. Camper sollten wissen, dass die Zeltplätze im Norden aus Platzmangel durchweg klein und einfach gehalten sind.

Südlich der wunderbar grünen *Bucht von Garda* weitet sich der See, die Ufer sind flach und die touristische Infrastruktur ist wegen der guten Bademöglichkeiten hier besonders dicht – *Garda, Bardolino* und *Lazise* gehören zu den meistfrequentierten Orten am Lago di Garda. Das Surfen spielt hier keine besondere Rolle mehr, der See zeigt sich meist träge und einige Grad wärmer als im Norden. Geräumige und bestens ausgestattete Zeltplätze ziehen vor allem Familien an, mehrere große Freizeitparks wie Gardaland, das Wassersportzentrum Canevaworld und ein Safari Park haben sich ebenfalls angesiedelt. Im hügligen Hinterland gedeiht der populäre Rotwein Bardolino.

Einen markanten Kontrapunkt zum ausufernden Urlaubsvergnügen am See setzt der bis über 2000 m hohe *Monte Baldo* – er gilt als botanisches Paradies, bietet zahllose Wandermöglichkeiten und wunderschöne Panoramablicke über den See und die umgebenden Bergketten. Die Fahrt mit der Seilbahn von Malcésine zum Gipfel Tratto Spino ist teuer, aber fast ein „Muss".

Torbole   (ca. 900 Einwohner)

Das Surfmekka Europas liegt 4 km östlich von Riva del Garda und ist von diesem durch einen Straßentunnel getrennt. Im Prinzip handelt es sich nur um eine Handvoll Häuser unterhalb steiler Felsen, jedoch umgeben von einer stetig wachsenden Zahl von Hotels.

Ein ganzer langer Strandabschnitt ist für das windige Vergnügen reserviert, die Hotels und Campingplätze sind mit Brettverleih und Surfcentern völlig auf ihre sportlichen Gäste eingestellt. Und auch Mountainbiker treffen sich gerne in Torbole, denn die umliegenden Berge bieten wie beim Nachbarort Riva exzellente Möglichkeiten. Dementsprechend lockere „jugendliche" Atmosphäre herrscht im Ort.

Wer sich von der viel befahrenen Durchgangsstraße fortbewegt, hat zwei Möglichkeiten – landeinwärts das winzige „Altstadtviertel" mit der kleinen Piazza Vittorio Veneto (Casa Alberti mit Gedenktafel an Goethe) und einer einzigen bescheidenen Fußgängergasse, hinter der steile Hänge aufsteigen (oben schöner Aussichtspunkt!), oder das Hafenbecken am See, wo sich vis-à-vis der ehemaligen österreichischen *Zollstation* nette Ristoranti und Cafés etabliert haben. Etwas erhöht steht die Pfarrkirche *Sant'Andrea*, ein einstündiger Spaziergang führt vom terrassierten Olivenbaumpark *Parco degli Olivi* am oberen Ortsrand hinauf ins ruhige Dorf *Nago* mit der Ruine des Castel Pénede.

Imposant ist der jüngst völlig entkernte und aufwändig renovierte Bau der *Colonia Pavese* direkt am Strand. Das größte Bauwerk am Ort hat eine bewegte Vergangenheit als Grandhotel, Kaserne und Lazarett hinter sich. Das neue, kupfergrüne Dach bestimmt bereits die Skyline und nach Fertigstellung soll die Colonia Pavese Kongresssäle, die Stadtbibliothek und Teile der Verwaltung sowie das touristische Informationsbüro beherbergen.

*A*nfahrt/*V*erbindungen/*I*nformation

● *Anfahrt/Verbindungen*   am nördlichen Ortsende mehrere gebührenpflichtige Parkplätze, außerdem parkt man in langer Reihe an der Uferstraße Richtung südlicher Ortsausgang. Günstiger ist der Parkplatz **Pano-**

rama oberhalb vom Ortskern (auf Schilder achten).

Busse von **Trentino Trasporti** gehen u. a. nach Riva, Nago, Arco, Rovereto und Trento, **APTV-Busse 62–64** fahren je nach

Gardasee Karte Seite 105

Saison alle 1–2 Std. nach Riva und am Ostufer entlang bis Verona. Haltestelle im Zentrum an der Durchgangsstraße.

Schiffe bahnen sich hupend ihren Weg durch die Surfer, etwa ein- bis zweistündig Verbindungen nach Riva, Limone und Malcésine sowie in andere Hafenorte weiter südlich.

• *Information* **APT**, Via Lungolago Verona 19, gut ausgestattetes Büro am südlichen Ortsausgang. Mo–Sa 9–12, 14.30–18 Uhr, So 10–12, 15.30–18.30 Uhr. ✆ 0464/505177, ✆ 505643. Internet siehe unter Riva. Achtung: Umzug in die Colonia Pavese am Strand geplant.

Übernachten

**** Lido Blu, komfortables Haus direkt am Surfstrand, bestens auf Surfer und Badegäste eingerichtet, Hallenbad und Sauna, Zimmer mit TV, Föhn und Minibar. DZ mit Frühstück zur Seeseite ca. 95–160 €, zur Landseite günstiger. ✆ 0464/505180, ✆ 505931, www.lidoblu.it.

TIPP! *** Villa Stella, Via Strada Grande 42, gepflegtes Haus mit Garten und Pool, weit zurück von der Durchgangsstraße, ruhige Lage. Zimmer pikobello, Bike-/Surf-Depot, Gymnastikraum, Lift. DZ mit reichhaltigem Frühstücksbuffet ca. 70–92 €. Die freundliche Frau des Hausherrn stammt aus Holland. ✆ 0464/505354, ✆ 505053, www.villastella.it.

*** Casa Romani, Via Pescicoltura 35, familiäres Albergo mit Zimmern und Apartments, einfach und sauber. Die Chefin spricht fließend Deutsch. Netter Garten mit Olivenbäumen und Blick auf den See, kleiner Pool. DZ mit Frühstück ca. 56–63 €, Apartment ohne Frühstück ca. 54–56 € (2 Pers.) bzw. 76–80 € (3 Pers.). ✆ 0464/505113, ✆ 548760, www.casaromani.it.

** Casa Nataly, Piazza Alpini 10, in der Altstadt, freundliche und saubere Pension, ruhig, Zimmer mit Balkon und teils Seeblick, Surf- und Bikegarage. DZ mit Frühstück ca. 54–62 €. ✆ 0464/505341, ✆ 506223, www.gardaqui.net/casanataly.

** Santa Lucia, Via Santa Lucia 12, gut versteckt am oberen Ortsende, am Beginn des Fußwegs nach Nago, herrlich ruhig. Das beliebte Haus liegt in einem üppigen Garten mit kleinem Pool, einfache Zimmer, z. T. mit Balkon. DZ mit Frühstücksbuffet ca. 76 €. Ostern bis Anfang Nov. ✆ 0464/505140, ✆ 505509, www.santaluciatorbole.com.

** Villa Gloria, Via Marocche, 1, hoch über dem Ort an der Straße zum Sportpark Le Busatte. Ruhige, sonnige Lage, Pool, gut eingerichtete Zimmer mit Balkon, Abstellmöglichkeit für Bikes und Surfbretter. DZ mit Frühstück ca. 75–80 €. ✆ 0464/505712, ✆ 506247, www.villagloria.info

* Tetto d'Oro, Via Marocche 16, ebenfalls an der Straße zum Sportpark Le Busatte, preisgünstiges Quartier in ruhiger Lage, Abstellmöglichkeit für Bikes und Surfbretter. DZ mit Frühstück ca. 60 €. ✆/✆ 0464/505287, Tetto.doro@dnet.it.

Die drei Campingplätze **Al Cor**, **Al Porto** und **Europa** sind zu 90 % mit Surfern belegt, drei weitere liegen zwischen Sarcamündung und Monte Brione.

Tr@nsit, Via Sarca Vecchio 3, bei den Campingplätzen, wenige Meter vom See. Großer Stellplatz für Wohnmobile, 120 Stellplätze. Ganzjährig. 24 Std. ca. 24 €. ✆ 0464/548268, www.areatransit.it.

Essen & Trinken/Nachtleben

La Terrazza, Via Pasubio 15, kulinarischer Hochgenuss mitten in der Surferhochburg, nur wenige Schritte vom Strand. Verglaste Veranda und interessante Speisekarte mit traditionellen Gerichten, auf der u. a. Wels, Barsch, Stör und Hecht angeboten werden. Etwas teurer. Reservierung dringend empfohlen. Di geschl. ✆ 0464/506083.

Al Rustico, Via Strada Grande 41, landeinwärts vom Zentrum, gegenüber der Villa Stella (→ Übernachten). Rustikales Restaurant im Stil eines Landgasthauses, an den Wänden Kupfertöpfe, hinten ein schöner Garten. Zu empfehlen die hausgemachten Pastagerichte, z. B. *spaghetti al torchio*. Nur abends, Mo geschl. ✆ 0464/505532.

Villa Cian, Pizzeria/Bar mit Panoramaterrasse am gleichnamigen Strand beim Surfcenter „Prato al Lago" von Marco Segnana. Jugendliche Atmosphäre mit Musik, am Strandabschnitt davor Liegestuhlvermietung, große Grünfläche, Beach Bar und Beach-Volleyball. Di geschl. ✆ 0464/505092.

TIPP! Osteria Al Forte Alto, Slow Food-Lokal im österreichischen Kanonenfort in Nago, oberhalb von Torbole. Man sitzt im

Ab mittags Wind: Surferhochburg Torbole

Inneren des Forts, blickt durch die ehemaligen Geschützöffnungen hinunter und genießt in aller Ruhe Seefisch und die typische Trentiner Küche. Degustationsmenü ca. 25 € (ohne Getränke und Dessert). Nur abends, Sa/So auch mittags, Di geschl. ✆ 0464/505566.

● *Cafés/Treffs* **Mecki's Bike and coffee**, Via Matteotti 5, legendärer Après-Bike-Treff am Ortsausgang nach Riva, am Fluss Sarca. Alles ist hier auf Biker eingestellt, sogar die Barhocker und Zapfhähne sind mit Fahrradsätteln bestückt. Tägl. etwa 6 bis 20 Uhr.

● *Nachtleben* **Wind's Bar**, Via Matteotti 72, zentral an der Durchgangsstraße, an Augustabenden stehen die Menschen in großen Trauben auf der Straße, die dann zur Open-Air-Disco wird. Hinten ein paar Stufen hinunter zu einer kleinen Tanzfläche mit Videoschirmen und Bar.

Moby Dick, Via Matteotti 60, neben der Wind's Bar, etwas zurück von der Durchgangsstraße. Unter der efeuberankten Fassade mit üppiger Galionsfigur sitzt man gemütlich und trinkt Weißbier. Im Sommer tägl. 20–2 Uhr, sonst Mi geschl.

Cutty Sark, Via Pontalti 2 (bei Piazza Vittorio Veneto), „the surfer's rest", großer, mit viel Holz und Nautikutensilien ausgestatteter Pub, beliebtester Surfertreff am Ort. Im Sommer tägl. 20–2 Uhr, sonst Mo geschl.

Conca Summer Club, Discopub beim gleichnamigen Surf-Center am Jachthafen (→ Sport), etwas außerhalb in Richtung Malcésine. Terrasse mit Panoramablick auf den See. Fr/Sa 22–4 Uhr (www.euphoria.it).

Sport

Fast täglich zuverlässiger Wind, nach dem man die Uhr stellen kann, nur wenige Stunden Fahrt von Süddeutschland, Süßwasser anstatt Salzwasser – alles Gründe, die für den Gardasee als Traumziel aller Surfer sprechen. Tatsächlich gilt der Gardasee – speziell der Norden um Riva und Torbole – als eins der besten Surfreviere der Welt: In der schmalen „Düse" am Nordende des Sees spürt man nachdrücklich jede Brise, hier kann man Tempo machen und sich im Speedrausch aalen. Frühmorgens geht's meist gemächlich mit dem *Vento* los – der Alpenwind aus den Bergen im Norden ist oft nur ein mildes Lüftchen (nicht immer!) und gut für Anfänger geeignet. Er flaut gegen Mittag ab und die *Ora* setzt unvermittelt und

Am Surferstrand von Torbole

heftig aus Süden ein, meist gegen 13 Uhr. Sie entsteht, wenn die Luft über dem Nordende des Sees von der Sonne aufgeheizt nach oben steigt. Das Vakuum wird dann durch heranströmende Luftmassen aus der Poebene aufgefüllt. Dieser Wind ist es, weswegen die Surfcracks kommen: Er hat die Kraft, die Riggs pfeilschnell über den See zu tragen – und auf den Wellenbergen kann man meterhoch springen. Leider fällt er aus, wenn vormittags Wolken das Aufheizen der Luft verhindern. Doch an windreichen Nachmittagen ist der See schnell mit Tausenden von Segeln bevölkert, ein märchenhafter, fast unwirklicher Anblick ...

● *Windsurfen* **Surf Segnana Lido di Torbole**, unmittelbar westlich der Sarca-Mündung liegt dieses erste und größte Surf- und Katamaranzentrum von Marco Segnana, der schon fast dreißig Jahre am See aktiv ist. Sehr schön mit satten Rasenflächen und gemütlicher Bar. Parken kostet ca. 6,50 €/Tag. Vermietet werden auch Kajaks und Bikes.

Surf Segnana Junior Windsurfing Club, gleich daneben (vor Camping Maroadi) liegt der erste Surfclub für Kids. ☎ 0464/505963, ✆ 505498, www.surfsegnana.it.

Surfcenter Lido Blue, im gleichnamigen Hotel, direkt östlich der Sarcamündung. ☎ 0464/506349, ✆ 505931, www.surflb.com

Surf Segnana Prato al Lago, Surfstation im westlichen Teil des Ortsstrands, Parken kostet ca. 6,50 €/Tag. Die Bar und Pizzeria „Villa Cian" liegt hier direkt am Strand. Auch Radverleih.

Circolo Surf Torbole, große Station neben dem Bau der Colonia Pavese. ☎ 0464/505385, ✆ 54592, www.circolosurftorbole.com.

Vasco Renna Surf Center, ganz zentral beim klotzigen Bau der Colonia Pavese und entsprechend voll. Brett- und Riggständer am Strand, mehrere Parkplätze (ca. 5 €/Tag). ☎ 0464/505993, ✆ 506254, www.vascorenna.com

Paradiso Windsurf, schmaler Strand wenige Meter südlich der Schiffsanlegestelle, ideal bei starkem Halbwind und Vento, auch hier ist Marco Segnana aktiv.

Conca d'Oro Windsurf, das große Windsurfcenter liegt südlich von Torbole an einem besonders windreichen Platz. Es gibt eine Bar und schöne Grünflächen, Parken kostet ca. 7,50 €/Tag. ☎/✆ 0464/548192, www.windsurfconca.com.

● *Mountainbikes* an der Durchgangsstraße u. a. **Carpentari Sport**, Via Matteotti 16 (☎ 0464/505500, www.carpentari.com), und

3S Bike II Mecki, Via Matteotti 5, neben der gleichnamigen Bar (☎ 347-4713748, 📱 556035, www.3S-bike.com).

Coast to Coast, Piazza Alpini 5. Marcello bietet für ca. 18 € (Pers. & Bike) einen moto-risierten „Shuttle-Bike-Service" in die Berge um Torbole und Riva. In Schussfahrt geht's anschließend zurück zum See. ☎ 360-539090, www.coasttocoast.it.

▶ **Torbole/Baden:** Der *Ortsstrand* erstreckt sich fast 1 km weit bis zur Mündung der Sarca. Ein Promenadenweg führt dort entlang, in der Mitte liegt der kleine Hafen *Porto Pescatori* mit kleiner Bar. Mehrere Abschnitte sind von Surfern in Beschlag genommen, Liegestühle und Sonnenschirme können gemietet werden. Die Sarca können Fußgänger und Radfahrer seit kurzem auf einer neuen, elegant geschwungenen Brücke überqueren. Westlich der Flussmündung setzt sich der Strand bis zum *Monte Brione* fort, der seinerseits auf einem Fußgänger- und Radfahrerweg umrundet werden kann.

Ein gewaltiges Unternehmen

In der ersten Hälfte des 15. Jh. rangen die Mailänder Visconti mit den Venezianern um die Herrschaft am Gardasee. Die Mailänder Flotte beherrschte damals die südliche Seehälfte und den Venezianern war es nicht möglich, ihre Kriegsschiffe aufs Wasser zu bringen – die Visconti hatten damals den Fluss Mincio, der vom Südende des Gardasees in den Po fließt, mit einem schweren Damm gesperrt (→ Borghetto di Valeggio sul Mincio, S. 184). So kam es im Februar 1439 zu einem schier unglaublichen Kraftakt: Die Venezianer bewegten ihre Flotte von Chioggia an der Adria die Etsch hinauf bis Mori in Höhe des nördlichen Gardasees – dort wollten sie quer über die Berge nach Torbole vorstoßen! Wo sich heute die SS 240 von der Autobahnausfahrt „Lago di Garda Nord" durchs Loppiotal zum See hinüberzieht, wurden zweitausend Ochsen und Pferde eingesetzt, um sechs Galeeren, zwei Fregatten und 25 Kriegsbarken zum Pass von Nago zu wuchten. Den Steilhang nach Torbole hinunter (die heutige Strada Santa Lucia) überwand die Flotte an Seilen hängend auf gefällten Baumstämmen und plumpste endlich glücklich in den See. Der immense Aufwand lohnte sich: Zwar wurde die venezianische Flotte in einer ersten Seeschlacht vor Desenzano fast völlig aufgerieben, doch gelang es den Mannschaften rasch, neue Galeeren zu bauen und im Frühjahr 1440 die Mailänder vor Riva entscheidend zu schlagen. Eine Dokumentation des Unternehmens ist in der Burg von Malcésine zu sehen (→ S. 145).

Torbole/Umgebung

Vor allem sportliche Naturen können sich hier austoben: Ein Radweg geht nach Arco, zwei Fußwege führen hinauf nach Nago, Kletterer testen an den „Marmitte dei Giganti" oder an der Uferstraße Richtung Malcésine ihr Können – oder man nimmt per Mountainbike die fantastische Strada del Monte Baldo in Angriff. Man kann die beiden Fußwege zwischen Torbole und Nago zu einer Rundwanderung verbinden, dafür braucht man etwa 1 Std. 40 Min. reine Gehzeit.

▶ **Radtour nach Arco:** Am westlichen Ufer der Sarca führt ein gut ausgebauter Fahrradweg bis Arco, ca. 5,5 km. Die Strecke ist eben und leicht zu befahren.

▶ **Fußweg nach Nago (1):** Am Parco degli Olivi beginnt die *Strada Santa Lucia* ins ruhige Örtchen *Nago* mit der Ruine des Castel Pénede. Der gepflasterte Fußweg

Gardasee Karte Seite 105

windet sich am Fuß des senkrecht ansteigenden Burgfelsens von Nago durch sattes Grün und Olivenbaumterrassen steil hinauf, immer wieder genießt man herrliche Rückblicke (nach 15 Min. Picknickplatz). Etwa 40 Min. benötigt man für diesen Spaziergang auf historischem Boden: Auf diesem Weg wurde 1439 die venezianische Flotte von Nago aus in den See gehievt, das berühmteste Ereignis in der Geschichte von Nago und Torbole (→ Kasten). In Nago angekommen, kann man links durch einen Torbogen (beschildert: „Al Castello") zum *Castel Pénede* weiterklettern, das jahrhundertelang den wichtigen Zugang vom Etschtal zum See bewachte.

▶ **Fußweg nach Nago (2)**: Dieser Weg beginnt am Ende der Strada Grande hinter dem Hotel „Villa Stella" (→ Torbole/Übernachten). Schnell steigt man hinauf zu den Gletschermühlen *Marmitte dei Giganti*, überquert die Straße – die Bar „6 Grado" verlockt hier zur Rast – und kommt bald zum Ortseingang von Nago.

Erlebnis Natur: Die „Strada del Monte Baldo"

Diese spektakuläre Straße beginnt mitten in Nago und führt in endlosen Serpentinen Richtung Süden hoch hinauf bis zu den nördlichen Ausläufern des *Monte Altissimo*, des höchsten Gipfels im Monte-Baldo-Massiv. Dort endet der Asphalt nach etwa 13 km unvermittelt in etwa 1400 m Höhe, der Wanderweg 632 führt weiter bergauf zum Gipfel des *Monte Altissimo* (2079 m). Selbst im Hochsommer ist es hier oben feucht und oft klirrend kalt. Unterwegs genießt man atemberaubende Panoramen vom nördlichen Gardasee und den umgebenden Gebirgsketten. Für PKW ist die Fahrt möglich, aber nicht uneingeschränkt zu empfehlen, denn die Straße ist sehr schmal und unübersichtlich, besitzt außerdem zahlreiche Serpentinen. Mountainbiker finden hier allerdings ihr Dorado – steil und schier endlos geht es bergauf, anschließend dann Schussfahrt nach Nago zurück. Vorsicht jedoch: Die ersten 300 m Höhenmeter vom Gipfel abwärts sind nur für Könner geeignet!

▶ **Marmitte dei Giganti**: Seitlich unterhalb der Straße nach Nago liegt ein so genannter „Topf der Riesen", ein Fußweg führt hinunter. Entstanden sind diese auch Gletschermühlen genannten, kreisrunden Vertiefungen in der Würm-Eiszeit. Durch die Bewegungen eines Gletschers entstanden tiefe Spalten im Eis, das Schmelzwasser stürzte in Wasserfällen hinunter, prallte gegen den Boden und bildete Strudel, die ins weiche Mergelgestein Löcher bohrte, während das härtere Gestein allmählich abgetragen wurde. Gleich hinter der Gletschermühle ist der Gang eines k.u.k.-Bunkers in den Fels gehauen. Die Wand *Palestra di Roccia* ist heute einer der beliebtesten Kletterfelsen im Umkreis von Torbole. Oberhalb der Wand liegt ein Parkplatz mit Aussichtpunkt an der Straße, auf der anderen Straßenseite heizt die Bar „6 Grado" den Kletterern mit heißer Popmusik ein. Daneben geht der Fußweg nach Nago weiter.

Kletterer an der Palestra di Rocca

Von Torbole nach Malcésine

Das erste Stück der Fahrt auf der Gardesana Orientale ist von Tunnels geprägt, es geht an der Halbinsel von Tempesta vorbei. Kurz darauf passiert man die Grenze zwischen Trentino und Venetien und durchquert die kilometerlange *Galleria del Confine*. Mehrere Kiesstrände liegen direkt an bzw. unterhalb der Gardesana. Bis hinter Malcésine bewegt man sich allerdings noch im Bereich der „Surfisti" und Segler, die große Teile der Strände in Beschlag nehmen.

▶ **Corno di Bó**: An der Uferstraße südlich von Torbole passiert man relativ dicht hintereinander vier Tunnels. Genau über den zweiten Tunnel zieht sich eine etwa 200 qm große Felsplatte in starker Schräglage. Täglich treffen sich hier zahlreiche Kletterfans, die die Platte mit Seil und Haken oder sogar als „Freeclimber" bezwingen.

▶ **Spiaggia delle Lucertole**: Hinter der Kante des Corno di Bó erhebt sich dieser Felsen senkrecht über dem See. Hier wurden die meisten spektakulären Kletterfotos am Gardasee aufgenommen – mutige Könner klettern hoch über der Wasserfläche und können zum Abschluss einen Sprung ins kühle Nass wagen.

Achtung: Parkplätze sind hier kaum vorhanden – eine kleine Parkfläche findet man lediglich nach dem vierten Tunnel landeinwärts, bei der Punta Calcarolle.

▶ **Navene und Umgebung**: Kurz nach der Galleria del Confine kommt man an Hotel „Villa Monica" und Camping „Bommartini" vorbei, die trotz unmittelbarer Straßennähe hübsch am Seeufer mit Kiesstrand liegen. Navene selbst ist wenig mehr als ein winziger Ortskern am See, daneben erstreckt sich ein langer schmaler Kiesstrand, außerdem gibt es das Windsurf-Center „Nani".

Gardasee
Karte Seite 105

• *Übernachten* *** **Villa Monica**, nördlich von Navene, direkt am schönen Kiesstrand, etwas unterhalb der Gardesana. Gepflegtes Haus, das 2007 45 Jahre alt wurde. Zimmer mit TV, Balkonen und herrlichem Seeblick, die Straße stört kaum, vor allem in den tieferen Stockwerken. Hübsche Caféterrasse, Restaurant, Surf-Ablage, Parkplatz, Tischtennis, seit 2004 auch Hallenbad. HP pro Pers. ca. 50–82 €. ☏ 045/7400395, ✆ 6570112, www.villamonica.com.

** **Paola**, im Ortskern, ein paar Meter von der Straße zurück. Paola aus Argentinien spricht Deutsch und bereitet leckere *sca-loppine* (Schnitzel) zu. Mit Parkplatz. DZ mit Frühstück ca. 52–70 €. ☏ 045/7400480, ✆ 7400194, www.hotelpaola.net.

* **Camping Bommartini**, gleich neben Villa Monica, kleiner Platz auf Terrassen direkt am Wasser, Kiesstrand, auch Zimmervermietung mit Seeblick, DZ mit Frühstück ca. 46–54 €. ☏ 045/7401084, www.hotelcampingbommartini.com.

* **Camping Navene**, in Navene, terrassenförmig unter Olivenbäumen landeinwärts der Straße, nicht ganz ruhig, aber von den oberen Rängen schöner Blick. ☏/✆ 045/6570009.

▶ **Zwischen Navene und Malcésine**: Unmittelbar unterhalb der Straße ziehen sich schmale Kiesstrände. Vor allem Windsurfer kommen hier auf ihre Kosten, denn die Ecke gilt als besonders gutes Nordwind-Revier.

Um die Streusiedlung *Campagnola* mit der Halbinsel *Molini* finden sich mehrere einfache Campingplätze und das Hotel „Sailing Center". Spezieller Tipp sind aber die Pensionen in den Olivenhainen oberhalb der Gardesana – eine Asphaltstraße zweigt etwas nördlich vom Hotel „Sailing Center" hügelwärts ab und führt durch idyllische Baum- und Wiesenlandschaft ins 3 km entfernte Malcésine.

• *Übernachten* *** **Sailing Center Hotel**, schöne Lage auf der Halbinsel Molini direkt am See, links und rechts flankiert von geschwungenen Kiesstränden, trotz der nahen Straße ruhige Lage. Zimmer in verschiedenen Wohneinheiten im Grünen, hübsche Restaurant-/Caféterrasse, Pool direkt am Wasser. Brett-Ablage, Slipanlage für Boote, Mountainbike-Verleih, Segel- und Windsurfschule in der Nähe. HP pro Pers. ca. 60–98 €. ☏ 045/740055, ✆ 7400392, www.hotelsailing.com.

In den Olivenhainen oberhalb der Gardesana findet man eine Reihe von hübsch gelegenen Garni-Pensionen mit Garten und Pool, z. B. ** **San Carlo** (DZ mit Frühstück ca. 60–72 €, ☏ 045/7401070, ✆ 6583105, www.sancarlohotel.com) und ** **Casa Rabagno** (DZ mit Frühstück ca. 53–80 €, ☏ 045/7400593, ✆ 7401465, www.casarabagno.com).

• *Surfspot* WWWind Square, die Surfstation von Hermann Stricker liegt seit 1980 an einem der besten Vento-Spots am See, unmittelbar südlich von Navene, Località Sottodossi, ☏/✆ 045/7400413 oder ☏/✆ 7401338, www.wwwind.com.

• *Essen & Trinken* **Tiroler Speckstube**, rustikal-"bayerisches" Lokal im Olivenhain an der Straße von Campagnola nach Malcésine. Große Wiese mit groben Holztischen und Kinderspielgeräten – ideal für Familien mit Kleinkindern, viel Luft und Platz. Das Essen muss man sich selber an der Theke abholen: Hühnchen vom Spieß, Schweinshaxe, Würstel, Speck und Pommes, leider keine Salate. Bier, Radler, Spezi, Weiß- und Rotwein vom Fass. März bis Okt tägl. von 12 Uhr mittags bis Mitternacht geöffnet, abends wird es voll. ☏ 045/7401177, www.speckstube.com.

Malcésine
(ca. 3500 Einwohner)

Vielleicht der malerischste Ort am See, im üppigen Grün der Olivenhaine zusammengekauert am Fuß des majestätischen Monte Baldo, überragt von einem pittoresken Skaligerkastell. Sicherlich hat das auch Johann Wolfgang von Goethe so empfunden, als er sich hier niederließ, um die Burg zu skizieren, und dabei beinahe als vermeintlicher österreichischer Spion verhaftet wurde. Die Stelle, wo der dichtende Geheimrat damals saß, ist heute mit einer Gedenktafel verziert.

Die weitläufige Festung der Skaliger thront auf einem Hügel, der zum See hin steil abfällt. Im Umkreis zieht sich der mittelalterliche Ortskern bis zu den Burgmauern

Bei Malcésine: Badestrand mit pittoresker Burgkulisse

hinauf. Das malerische Gewirr von engen, teils holprigen und sehr steilen Pflaster-wegen, kleinen Plätzen und überwölbten Durchgängen reizt zum ziellosen Bum-meln, immer wieder landet man unversehens in einer Sackgasse oder am Seeufer. Ganz zentral liegt das stimmungsvolle Hafenbecken, von dem man Bootsausflüge aller Art unternehmen kann. Nach Süden und Norden führen Seepromenaden aus dem Ort heraus, an beiden kann man gut baden: *Lido Sopri* und *Lido Paina*. Die Seilbahn auf den grandiosen Monte Baldo rundet die Palette der Unternehmungen eindrucksvoll ab.

Dank dieser Vorzüge ist Malcésine natürlich völlig im Tourismus aufgegangen. In den schmalen Gassen drängen sich die Urlauber zu tausenden, ein Shop reiht sich an den anderen und die Restaurants versuchen, sich gegenseitig durch noch „ge-mütlichere" Aufmachung zu übertrumpfen. Trotzdem wurde die dichte Atmosphä-re des Orts durch den Massenbetrieb nur wenig angeknackst.

Anfahrt/Verbindungen/Information

● *Anfahrt/Verbindungen* Das enge Zentrum ist für den motorisierten Verkehr ge-sperrt, eine Reihe gebührenpflichtiger **Parkplätze** liegt oberhalb der Durchgangs-straße um die zentrale Busstation.

APTV-Busse 62–64 pendeln alle 1–2 Std. von Riva das Ostufer entlang nach Verona und umgekehrt.

Fähranlegestelle direkt im alten Zentrum, Piazza Porto. Fähren und Schnellboote ge-hen etwa halbstündlich bis stündlich über Limone und Torbole nach Riva, in die an-dere Richtung ca. 10 x tägl. Eine **Fähre mit**

Autotransport startet ca. 9 x tägl. bei einem großen Parkplatz nördlich vom Zentrum nach Limone am Westufer.

● *Information* **IAT**, an der Via Capitanato 6–8, wenige Schritte vom Hafen. Stadtpläne mit Hotels und Campingplätzen, Wander-karten, Veranstaltungskalender u. v. m. Mo–Sa 9–19, So 9–13 Uhr. ✆/✉ 045/7400555 o. 7400837, www.malcesinepiu.it.

Associazione Albergatori Malcésine, Un-terkunftsvermittlung an der Gardesana beim Busstopp. Di–So 14.30–19.30 Uhr, Mo geschl. ✆/✉ 045/7400373 o. 6270799, info.gpmalcesine@libero.it.

Gardasee
Karte Seite 105

Übernachten

Malcésine verfügt über zahlreiche, oft schön und ruhig gelegene Unterkünfte, die häufig einen Pool besitzen. Manche sind im örtlichen Hotelprospekt als „Bike Hotel" ausgewiesen, d. h. sie verfügen über Fahrradgarage, Werkstatt und Umkleideraum. Ohne HP oder VP ist in der Hauptsaison allerdings oft nichts zu machen.

*** Castello (6), nördlich unterhalb der Burg direkt an der Seepromenade, wo auch gebadet wird. Liegewiese mit Fächerpalmen, Anlegesteg für Boote, Surfgarage, Dachterrasse mit Seeblick, Parkplatz. In den Zimmern auf Wunsch TV (Gebühr). DZ mit Frühstück ca. 72–160 €. ℡ 045/7400233, ℡ 7400180, www.h-c.it.

*** Paina (3), ebenfalls nördlich vom Zentrum, schöne Strandlage, allerdings führt die Gardesana dicht hinter dem Haus vorbei, Parkplatz liegt am Dach. Größeres Haus mit Pools auf zwei Ebenen und einer beliebten Beach Bar, wo tagsüber auch viel Publikum von draußen anzutreffen ist. DZ mit Frühstück ca. 64–130 €, auch Apartments. Am See entlang kann man bequem nach Malcésine laufen. ℡ 045/7401222, ℡ 7401255, www.hotelpaina.com.

*** Capri (8), Località Madonnina, das moderne Hotel von Familie Bergonzini steht unterhalb der Strada Panoramica, herrlich unverbauter Seeblick, Dachterrasse, Pool, Parkplatz. Zimmer mit Balkon und TV, gute Küche, die auch Angebote für Vegetarier hat. DZ mit Frühstück ca. 66–110 €. ℡ 045/7400385, ℡ 7400825, www.hotelcapri.com.

** Catullo (5), Via Prori 11, wenige Schritte von der Seilbahnstation zum Monte Baldo, großer Olivengarten mit Pool, ruhig, familiär geführt. DZ mit Frühstück 70–95 €. ℡ 045/7400352, ℡ 6583030, www.catullo.com.

** Casa Bianca (9), Strada Panoramica 37, Garni-Haus mit großem Garten und Parkplatz, geführt von einer deutsch-italienischen Familie. DZ mit Frühstück ca. 60–75 €. ℡/℡ 045/7400601, www.casa-bianca.com

* Villa Nadia (2), Via Carrera, ruhiges, familiär geführtes Haus mit Garten und Garage, Zimmer z. T. mit Balkon oder Terrasse, auch Apartments erhältlich. DZ mit Frühstück ca. 60–70 €. ℡ 045/7400088, ℡ 6583693, www.villanadia.it.

Casa Rossi (10), Località Tombi, Via Dos del Pis 10, zu erreichen über die Strada Panoramica. Frisch renoviertes Apartmenthaus auf einem Hügel landeinwärts der Halbinsel Val do Sogno, toller Blick, ruhige Lage und schöner Garten mit Olivenbäumen. Ferienwohnungen für 2–5 Pers. ℡ 045/6570227, www.malcesine.com/casarossi.

Im Umkreis von Malcésine gibt es zahlreiche Zeltplätze, **Camping Priori (7)** liegt im unmittelbaren Ortsbereich, direkt unterhalb der Gardesana, vermietet werden dort auch Ferienwohnungen (℡ 045/7400503, ℡ 6583098, www.appartement-prioriantonio.it). Weiter nördlich liegen **Tonini**, **Campagnola** und **Claudia**, Richtung Süden **Panorama** und **Bellavista**.

Essen & Trinken/Nachtleben (siehe auch Karte S. 144)

Vecchia Malcésine (24), Via Pisort 6, unterhalb der Gardesana, Nähe Pfarrkirche. Kleiner Feinschmeckertreff mit herrlicher Panoramaterrasse. Feine, ideenreiche Küche, nicht billig. Mittags und Mi geschl. ℡ 045/7400469.

Taverna Agli Scaligeri (17), Via Caselunghe 14, neu im Zentrum eröffnet, ausgezeichnete Küche zu angemessenen Preisen. ℡ 045/7401382.

Osteria alla Rosa (16), Piazzetta Boccara 6, zwischen Gardesana und historischem Zentrum, nettes Restaurant, einfach, aber gut – zu empfehlen sind die hausgemachten Pastagerichte, vor allem die Seefischravioli. Bei schönem Wetter sitzt man im Freien unter Weinreben. Mo geschl. ℡ 045/6570783.

TIPP! Al Gondoliere (22), an der Piazza Matteotti auf einer Terrasse im ersten Stock. Schmackhafte Fisch- und Fleischgerichte, z. B. Lachsforelle vom Grill, gefüllt mit Kräutern und Knoblauch, oder Rindersteak mit Peperoncini. Warme Leserempfehlung. ℡ 045/7400046.

La Pace (19), im Porto Vecchio, an der kleinen Piazza Magenta direkt am See. Flinker, professioneller Service, mittlere Preise. Leider sehr voll, so dass die Rechnung betont rasch auf den Tisch kommt. Di geschl. ℡ 045/7400057. Falls alles besetzt ist, findet man benachbart das Restaurant **Al Marinaio** und die Osteria **Porto Vecchio**.

Malcésine

Karte Seite 105

Gardasee

Ü bernachten
2 Villa Nadia
3 Paina
5 Catullo
6 Castello
7 Camping Priori
8 Capri
9 Casa Bianca
10 Casa Rossi

E ssen & Trinken
1 Al Cervo
4 Lido Paina
11 Lido Sopri

S onstiges
12 Stickl Sportcamp

Malcésine Zentrum
siehe Seite 144

100 m

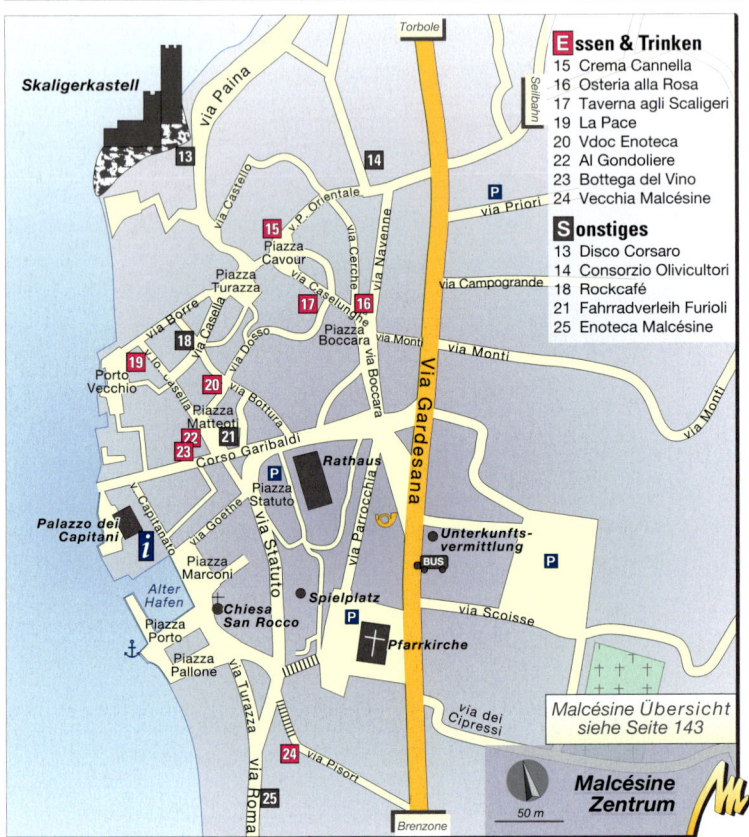

Essen & Trinken
15 Crema Cannella
16 Osteria alla Rosa
17 Taverna agli Scaligeri
19 La Pace
20 Vdoc Enoteca
22 Al Gondoliere
23 Bottega del Vino
24 Vecchia Malcésine

Sonstiges
13 Disco Corsaro
14 Consorzio Olivicultori
18 Rockcafé
21 Fahrradverleih Furioli
25 Enoteca Malcésine

Malcésine Übersicht siehe Seite 143

Malcésine Zentrum

50 m

Lido Sopri (11), Strandlokal in herrlicher Panoramalage am Ende der südlichen Uferpromenade (Beginn von Val di Sogno). Preiswerte Pizzen, auf den satten Rasenflächen kann man Liegestühle und Sonnenschirme leihen. ☎ 045/7401595.

Lido Paina (4), nördlich vom Zentrum, schöne Terrasse direkt am See, neben dem gleichnamigen Strand, Blick auf die Burg. Umkleidekabinen, Sonnenschirme, Liegestühle. Mo geschl. ☎ 045/7400587.

TIPP! Al Cervo (1), Via Navene Vecchia 66, bei der Seilbahnstation die Straße nach links etwa 500 m weiter bis zu einer Kurve, zu Fuß gut zu erreichen. Schöne Lage in der Natur, nette Bedienung, frisch zubereitete Speisen, auch Pizza. ☎ 045/7401092.

● *Cafés* **Crema Cannella (15)**, Piazza Cavour 3, verschiedenste Kaffeevariationen,

Fruchtsäfte, Eis und belegte Brote, die man sich aus verschiedenen Brotsorten und Belägen individuell zusammenstellen kann. Freundliches Ambiente und gutes Preis-Leistungsverhältnis.

● *Weinstuben* (Enoteche): **Vdoc Enoteca (20)**, Via Dosso 1, ruhiges Plätzchen abseits vom Trubel, ausgewählte Weine und gute regionale Küche, z. B. Risotto mit Amarone-Wein oder Gardaseefisch mit Polenta, dazu reiche Vielfalt an Wurstwaren und Käse. ☎ 045/6570000, ww.vidoc.it

Bottega del Vino (23), Corso Garibaldi 19, gemütlicher Abendtreff, hier kann man Gardasee-Weine, Grappa und Liköre kaufen — oder sie gleich an Ort und Stelle trinken, dazu werden kalte Platten, hausgemachte Nudeln und Pizzen gereicht.

- *Nachtleben* **Corsaro (13)**, Via Paina 17, Disco nördlich unterhalb der Burg, im Sommer tägl. bis 3 Uhr.

Rockcafé (18), Vicolo Porticchetti 16, kleiner, populärer Pub unter einem düsteren Torbogen, bis 2 Uhr.

Sonstiges (s. auch Karte S. 143)

- *Shopping* **Markt** jeden Sa Vormittag an der zentralen Piazza Statuto unterhalb der Durchgangsstraße.

Enoteca Malcésine (25), Viale Roma 15, südlich vom alten Hafen im Zentrum. Carlo Ferrazo bietet eine Riesenauswahl an Weinen verschiedener Regionen Italiens, sogar der seltene Cinque-Terre-Wein „Sciacchetrà" von der Riviera ist zu haben.

Consorzio Olivicultori Malcésine (14), Via Navene Vecchia 21, Verkaufsstelle für Olivenöl mit D.O.P.-Klassifizierung (geschützte Herkunftsbezeichnung) der örtlichen Genossenschaft. ✆ 045/7401286, www.oliomalcesine.it.

- *Sport* **Furioli (21)**, Fahrradverleih wenige Meter von der Piazza Matteotti, gegenüber Albergo Lago di Garda. Ausgabe der Bikes auch oben am Monte Baldo (Reservierung nötig). ✆ 045/7400089.

Segeln im „Sailing Center Hotel", nördlich von Malcésine direkt am See, ✆ 045/740055, ✆ 7400392, www.malcesine.com/sailing

Athos Diving, Tauchbasis südlich vom Val di Sogno, ein guter Tauchplatz liegt direkt davor. Stefano und seine Mitarbeiter sprechen gut Deutsch. Geführte Tauchgänge mit Sprechfunk und Lautsprechern in den Masken. Mit beliebtem Terrassenrestaurant. ✆ 045/7400216.

Stickl Sportcamp (12), in Val di Sogno, direkt an der Uferstraße. Der mehrfache Europa- und Weltmeister Heinz Stickl bietet

Die markante Silhouette von Malcésine

seit Mitte der siebziger Jahre Windsurf- und Segelkurse. Die ruhige Bucht ist auch für Kinder gut geeignet. ✆ 045/7401697, www.stickl.com.

Ein beliebter Surfspot ist der **Parkplatz** an der Gardesana nördlich vom Zentrum, bei der Anlegestelle der Autofähre zwischen Malcésine und Limone. Bereits morgens viel besucht, schattige Stellplätze für Autos und Wohnmobile unter Bäumen, 1–5 Std. kosten für PKW ca. 1–4 €, darüber 5 €.

Sehenswertes: Das *Skaligerkastell* ist die große Sehenswürdigkeit von Malcésine. Das weitläufige Gemäuer besteht aus Unter- und Oberburg, mehreren Innenhöfen und dem markanten, 33 m hohen Turm. Im unteren Komplex ist das sehr informative *Museo del Baldo e de Garda* untergebracht, das die Flora und Fauna des Monte-Baldo-Gebietes zeigt und mit vielen Fotos und Schautafeln Entstehung, Geologie und Geomorphologie des Gardasees erklärt. Als nächstes erreicht man an der Nordseite des Kastells einen *Aussichtsbalkon* mit herrlichem Blick seeaufwärts. Treppen führen hinauf zur ehemaligen Pulverkammer, heute als *Goethe-Zimmer* eingerichtet mit den Skizzen, die der Dichter hier angefertigt hat. Im oberen Saal sind Utensilien des Fischfangs und venezianische Schiffsmodelle ausgestellt, im hinteren Raum wird der spektakuläre Schiffstransport der Venezianer über den Pass von Nago dokumentiert (→ Kasten S. 137), der zur Vertreibung der Mailänder Visconti vom See führte.

Öffnungszeiten/Preise April bis Nov. tägl. 9–19.30 Uhr, übrige Zeit nur Sa/So und Feiertage. Eintritt ca. 5 €, Kinder ermäßigt.

Gardasee
Karte Seite 105

Monte Baldo

Mit über 2000 m Höhe, 37 km Länge und bis zu 11 km Breite das größte und höchste Bergmassiv am Gardasee, lang gestreckt und mächtig flankiert es die gesamte obere Hälfte des Ostufers. Während die unteren Lagen dicht bewaldet oder mit Olivenhainen bedeckt sind, zeigen sich die Gipfelregionen vom Wind glatt geschoren und kahl. Nur eine dünne Gras- und Heidenarbe gibt es hier oben, jedoch gesprenkelt mit zahllosen Blumen. Das Besondere: Der Monte Baldo ragte in der Eiszeit aus dem umgebenden Gletschermeer heraus, war oberhalb von 1200 m nie von Eis bedeckt. Seine Hänge gelten als Pflanzenparadies – was hier wächst, hat teilweise Ursprünge, die Jahrmillionen zurückgehen.

Eine Fahrt mit der Kabinenbahn zum Gipfel *Tratto Spino* („Dornbusch") in 1760 m Höhe ist ein Muss. Die Talstation liegt direkt in Malcésine, wenige Meter von der Durchgangsstraße. Während der Fahrt dreht sich die Kabine einmal um ihre Achse, so dass jede Perspektive einmal ins Blickfeld der Passagiere gerät. An der Mittelstation *San Michele* (572 m) muss man umsteigen – einige wandern von hier hinauf (ca. 4 Std. steil und anstrengend), andere machen den Rückweg vom Gipfel zu Fuß (→ unten). Da die Hänge des Monte Baldo auch für Mountainbiker und Paraglider (Drachenflieger) geradezu prädestiniert sind, können diese ihre Sportgeräte per Lift hinauftransportieren lassen. In jedem Fall sollte man sich einen klaren Tag für die Tour aussuchen, denn bei diesigem Wetter – nicht selten am Gardasee – erblickt man oft nicht einmal den See unter sich, geschweige denn die majestätischen Bergketten im Norden.

Was nicht jeder weiß – den Monte Baldo kann man auf der „Strada Panoramica del Monte Baldo" auch mit dem eigenen Motorfahrzeug bezwingen. Die lang gezogene

Der Abstieg ist beschwerlich, das Panorama überwältigend

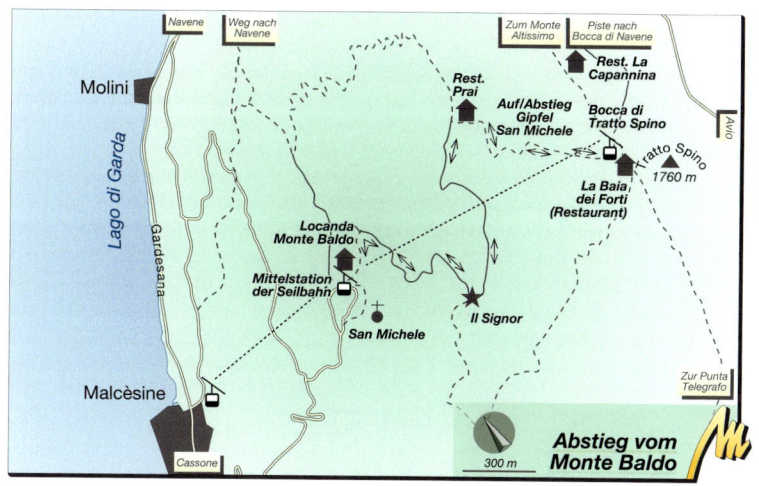

Bergfahrt beginnt allerdings nicht am Gardasee, sondern im Etschtal, an der Ost-seite des Monte Baldo. Man startet in *Mori* an der SS 240 (Nähe Rovereto) und fährt über Brentonico und San Giacomo oder beginnt die Fahrt im weiter südlich gelegenen *Avio*. Etwas südlich vom Einschnitt *Bocca di Navene* (1425 m) zwischen Monte Altissimo und Monte Baldo führt eine etwa 2 km lange Schotterpiste zur Seilbahnstation hinauf, die zwar für den motorisierten Verkehr gesperrt ist, aber zu Fuß leicht zu bewältigen ist.

● *Anfahrt* Die **Seilbahn** verkehrt tägl. 8–18.45 Uhr (Ende März bis Mitte Sept.), 8–17.45 Uhr (Mitte Sept. bis Mitte Okt.), 8–16.45 Uhr (Mitte Okt. bis Anfang Nov.). Abfahrten alle halbe Stunde, bei starkem Ansturm auch häufiger (in der Hochsaison trotzdem Wartezeiten bis zu 30 Min., mittags wegen der Biker sogar 45 Min.). Hin/Rückfahrt ca. 16 € (einfach 10,50 €), nur bis Mittelstation ca. 8 € (einfach 5 €), Familienkarte (ab 4 Pers.) ca. 12 €. Ermäßigung

für Kinder von 1–1,40 m, Senioren über 65 und Gruppen ab 20 Pers.: hin/rück bis zum Gipfel ca. 13 €, einfach 8 €. Mehrmals tägl. gibt es Sonderfahrten für Mountainbiker, eine Person mit Bike kostet einfach 15 €, nur das Bike 7 €. ✆/✆ 045/7400206, www. funiviedelbaldo.it.

Bis zur Mittelstation kann man auch mit dem **PKW** hinauffahren, bei der Weiterfahrt per Seilbahn spart man allerdings nur 1 € zur Abfahrt ab Talstation.

▶ **San Michele** (536 m): Benannt ist die Mittelstation nach der kleinen Kirche, die in der Nähe steht (beschildert). Bei der Seilbahnstation kann man auf der Terrasse der „Locanda Monte Baldo" gemütlich und mit schöner Aussicht eine Stärkung zu sich nehmen, auch Zimmer werden vermietet (DZ mit Frühstück ca. 70–80 €, ✆ 045/7400612, ✆ 7401679, www.locandamontebaldo.com).

▶ **Tratto Spino** (1760 m): Am Gipfel angelangt, ist die Sicht fast unbeschreiblich – wie auf dem Dach der Alpen fühlt man sich hier oben. Tief unten liegt das blaue Band des Sees, eingebettet in majestätische Bergketten, die bis zum Horizont reichen. Bunte Farbtupfer setzen oft die zahlreichen Drachenflieger, die die hervorragende Thermik an den Hängen des Monte Baldo nutzen und langsam zum See hinunterkreisen. Dazu die klare Luft, das Grün der Wiesen auf weiß-grauem Kalkfels, die intensive Sonneneinstrahlung – all das übt eine erhebende Wirkung aus. Einen

Gardasee
Karte Seite 105

besonders guten Seeblick hat man von dem felsigen Vorsprung, der unmittelbar nördlich der Seilbahnstation liegt. Wenn man stattdessen vom See weg nach Nordosten blickt, erkennt man eine Straße, die östlich unterhalb vom Monte Altissimo heraufkommt und als Schotterpiste bis zum Gipfel La Colma führt. Dies ist die oben erwähnte „Strada Panoramica del Monte Baldo", auf ihr erreicht man in etwa 40 Min. das Rifugio „Bocca di Navene" (→ Essen & Trinken).

Ein Schild lädt ein zum Panoramaspaziergang. Man geht dafür nach links (Norden) und erreicht bald eine lang gestreckte Bergwiese, die *Colma di Malcésine*. Im Gasthof „La Capaninna" versammeln sich alle, die ihre Füße nicht mehr weiter tragen und lassen sich stattdessen in Liegestühlen bräunen. Nach einigen hundert Metern bricht der Bergrücken abrupt zur darunterliegenden Bocca di Navene ab und man genießt den herrlichen Panoramablick auf das Nordende des Sees und die dahinter aufsteigenden Bergriesen – Adamello, Brenta u. a.

● *Essen & Trinken* **La Baia dei Forti**, rustikales Lokal, wenige Schritte von der Seilbahnstation. Tische im Freien, drinnen Bar mit Snacks und Getränken, lecker ist der Apfelstrudel. Auch Zimmervermietung und Verleih von Mountainbikes. Ganzjährig geöffnet. ✆ 045/7400319, www.baitadeiforti.com
La Capannina, Berggasthof mit großem Gastgarten am Beginn der *Colma di Malcésine*, 300 m nördlich der Station. Kräftige Küche, z. B. *luganega con polenta* (gegrillte Salsiccia-Wurst), *spezzatino* (Gulasch) und *canerderli* (Knödel). ✆ 045/6570081.
Bocca di Navene, Rifugio mit Ristorante und Aussichtsterrasse am gleichnamigen Einschnitt zwischen Monte Altissimo und Monte Baldo, etwa 40 Fußminuten in Richtung Monte Altissimo (von der Seilbahnstation die Schotterstraße Richtung Nordosten hinunter). Nur Juni bis Sept. ✆ 045/7401794.

Monte Baldo/Wandern

Die Möglichkeiten sind in dem riesigen Massiv natürlich schier unerschöpflich. Sehr reizvoll und nicht übermäßig anstrengend ist die Wanderung auf den *Monte Altissimo* in Richtung Norden, aber auch der Abstieg nach Malcésine kann bewäl-

Mensch trifft Kuh: auf dem Kamm des Monte Baldo

tigt werden. Der hochalpine Weg nach Süden zur *Cima Valdritta*, mit 2218 m der höchste Gipfel des Baldomassivs, und weiter zur *Punta Telegrafo* (2200 m) mit dem gleichnamigen Rifugio (eigentlich: Rif. Gaetano Barana) ist dagegen langwierig und vor allem für ausdauernde Bergwanderer geeignet.

▸ **Vom Tratto Spino zum Monte Altissimo:** In Richtung Norden erreicht man in etwa 3 Std. das gemütliche und viel besuchte Rifugio „Damiano Chiesa" am *Monte Altissimo* (2079 m). Man geht zunächst über die *Colma di Malcésine* bis zum Ende, dort steigt rechts ein „Sentiero Naturalistico" zwischen seltenen Blumen den Hang hinab und trifft unten auf die Schotterpiste zur Bocca di Navene. Man folgt ihr ein Stück, bis in der ersten scharfen Rechtskurve ein markierter Weg geradeaus zur *Bocca di Navene* (1425 m) führt, die man nach ca. 45 Min. ab Seilbahnstation erreicht. Ein weiterer Weg führt nun parallel unterhalb der Asphaltstraße in weiteren 45 Min. zur *Bocca di Creer* (1617 m) mit dem „Rifugio Graziani" (✆ 0464/867005). Hier kann man das benachbarte, unter Naturschutz stehende Felsplateau *Corno Piana* besuchen, wo ein Großteil der vielfältigen Pflanzenwelt des Monte Baldo wächst. Ein Fahrweg (ehemaliger Militärweg) führt nun in Serpentinen zum Rifugio am *Monte Altissimo* hinauf, wo man sich ausgiebig stärken und am fantastischen Panoramablick erfreuen kann. Für die Rückkehr bietet sich der Weg 651 an, der von der heraufkommenden Fahrpiste nach der ersten starken Kurve rechts abzweigt und am Kamm entlang wieder zur Bocca di Navene hinunter führt. Von dort kann man die bequeme Schotterstraße zur Seilbahnstation zurück nehmen.

Übernachten/Essen & Trinken **Rifugio Damiano Chiesa**, Juni bis Sept. tägl., außerhalb dieser Zeit nur Sa/So geöffnet. Es kann auch übernachtet werden, 30 Plätze. ✆ 0464/867130.

▸ **Abstieg vom Tratto Spino nach San Michele** (→ Karte S. 147): Man geht zunächst zum Sattel *Bocca di Tratto Spino* (auch: Bocca Tredes Pin) südlich unterhalb der Seilbahnstation, dort zeigt ein Wegweiser („San Michele", „Rist./Bar Prai", „Col di Crat") Richtung Nordwesten schräg den Hang hinunter. Man verfolgt den gut zu erkennenden Weg, der allmählich abfällt und die gesamte Westseite der Colma di Malcésine passiert. Man unterquert die Seilbahn und erreicht nach ca. 20 Min. ein Waldstück. Kurz darauf trifft man auf die schöne Hochebene *La Prada*, die wie eine Höhenterrasse über dem See liegt. 40 Min. nach Aufbruch läuft der Weg jetzt parallel zum Hang über saftige Kuhweiden nach Norden, mehrere Gatter werden passiert. Nach 50 Min. erreicht man das Ristorante „Prai", das mit seiner einladenden Terrasse so richtig geeignet ist für eine ausgiebige Rast. Durch ausgedehnten Nadelwald geht es nun auf einem breiten Fahrweg hinunter in Richtung San Michele, allerdings ist mit großen Steinen gepflastert und ziemlich unangenehm zu laufen. Unterwegs durchquert man den *Porticato de Il Signor*, einen über die Straße gebauten Torbogen, eine Art offene Kapelle. Kurz vor San Michele weist ein Wegweiser vom Hauptweg nach links zur „Funivia" in einen schmalen Pfad. Hier erreicht man in wenigen Minuten die Seilbahnstation (geradeaus geht es in 90 Min. nach Navene). Insgesamt braucht man etwa 2 bis 2,5 Std. für die Strecke vom Gipfel nach San Michele. Von San Michele nach Malcésine ist man weitgehend auf Asphaltstraßen unterwegs (Dauer ca. 90 Min.) und kann bedenkenlos die Seilbahn nehmen.

Von Malcésine nach Torri del Benaco

Unmittelbar südlich von Malcésine passiert die Gardesana Orientale die malerische Halbinsel *Val di Sogno* mit ihren zwei vorgelagerten Inseln. Während im Folgenden landeinwärts die dicht begrünten Hänge des Monte Baldo ansteigen, verläuft die

Gardasee Karte Seite 105

Straße bis Torri del Benaco fast durchweg nah am Wasser – begleitet von einer ununterbrochenen Folge kleiner Campingplätze, Pensionen und Hotels. Dazwischen liegt eine Reihe von kleinen Seeorten, die zur Gemeinde Brenzone zusammengefasst wurden. Die verkehrsreiche Gardesana durchschneidet sie und wirkt oftmals recht störend. Um die Region touristisch aufzuwerten, hat die Gemeindeverwaltung deshalb beschlossen, eine 8 km lange Strandpromenade zu bauen, die ausschließlich für Fußgänger bestimmt ist.

▸ **Cassone**: Um die bescheidene Seepromenade und den hübschen kleinen Hafen mit seinen historischen Häusern ist es fast immer ruhig und menschenleer. Landeinwärts der Gardesana ziehen sich enge Kieselgässchen den Hang zur achteckigen (!) Pfarrkirche hinauf. Unter der Gardesana rauscht der Fluss *Aril* in Richtung See, bei der Brücke glitzern Münzen im Wasser. Das Kuriosum: Nur 175 m weiter oben entspringt er aus dem Berg, damit gilt er als kürzester Fluss Italiens.

• *Essen & Trinken* **Aril**, direkt unterhalb der Gardesana, neben dem gleichnamigen Flüsschen. Riesige, preiswerte Pizzen, die Calzone wird auf zwei Tellern serviert. ☎ 045/6584200.

▸ **Assenza**: nettes Örtchen, das nur aus ein paar Häusern und einem Dorfplatz direkt an der Gardesana besteht. Es gibt allerdings sogar eine Schiffsanlegestelle (2 x tägl. in jeder Richtung). An der Oberkante der Piazza steht das romanische Kirchlein *San Nicolò* aus dem 14. Jh., im Inneren sind Reste alter Fresken erhalten. Ein schmaler Kiesstrand liegt direkt an der Straße, südlich vorgelagert ist die Isola Trimelone.

• *Übernachten/Essen & Trinken* *** **Villa Isabella**, Via Vecchia 10, etwas landeinwärts der Gardesana, gepflegtes Haus mit Pool und kleinem Hallenbad. Fast alle Zimmer mit Terrasse/Balkon, Seeblick und Sat-TV. Parkplatz und Garage. DZ mit Frühstück ca. 66–90 €. ☎ 045/7420048, ☏ 6590042, www.villaisabella.com

* **Villa Elena**, Via Gardesana 54, älteres Haus mit 12 einfachen Zimmern und ruhiger, angenehmer Atmosphäre. Pizzeria/Restaurant mit guter Küche, von der Terrasse Seeblick. Im Garten Kinderspielgeräte und Bocciabahn, außerdem gibt es einen Auto- und Bootsparkplatz sowie eine hauseigene Tauchbasis direkt beim Hotel (→ Sport). DZ mit Frühstück ca. 45–55 €. ☎ 045/6590015, ☏ 6594070, www.athos-diving.com.

• *Sport* **Athos Diving**, Via Gardesana 54, gegenüber der Isola Trimelone. Stefano und seine Mitarbeiten sprechen sehr gut Deutsch. Der Tauchplatz ist komplett verleint und zu sehen gibt es allerhand, u. a. eine Madonnenstatue, einen Fiat 500 und in 30 m Tiefe eine Krippe. ☎ 045/6590015, 328-6354026, ☏ 6594070, www.athos-diving.com.

▸ **Porto di Brenzone**: sehr hübsches Hafenbecken und ebensolche Promenade. Richtung Süden zieht sich ein Kiesstrand mit einer Reihe Badehotels bis ins benachbarte Magugnano, die Gardesana verläuft recht nah dahinter.

• *Übernachten* *** **Du Lac**, beliebtes Familienhotel am See, Rasen mit Schatten spendenden Bäumen bis ans Ufer, Strand, Tennis, Hallenbad, Restaurant. DZ mit Frühstück ca. 71–120 €. ☎ 045/7420138, ☏ 7420675, www.dulachotel.it

* **Belfiore**, kurz vor Hotel du Lac am Ufer, Liegefläche am See, Restaurant. DZ mit Frühstück ca. 42–100 €. ☎ 045/7420179, ☏ 7420653, www.consolinihotels.it.

• *Essen & Trinken* **Taverna del Capitano**, hübscher Fleck am Hafen, schlicht eingerichtet, aber sehr leckere Fischspezialitäten aus dem See, nicht teuer. Leserlob. Di geschl. (nicht im Sommer). ☎ 045/7420101.

• *Shopping* **Cooperativa Uliveti Brenzone**, Via Zanardelli 18, schön aufgemachter Verkaufsladen der Genossenschaft der Ölbauern von Brenzone direkt an der Gardesana, zu erkennen an den beiden großen Mahlsteinen vor der Tür. Gepresst wird nach alter Tradition mit drei Steinpressen (Ölmühle in der Via Ca' Romana 10). Das Ergebnis ist ein geschmacklich interessantes, zart-aromatisches Öl (1 Liter ca. 12,50 €), daneben wird auch Wein verkauft, in Flaschen abgefüllt oder direkt ab Tank (Merlot und Schiave ab 2 €/Liter). ☎ 0456/590002, ☏ 59400, www.coop-uliveti.it

Verkaufsladen der Cooperativa Uliveti Brenzone

▶ **Magugnano**: etwas größerer, dennoch sehr ruhiger Ort mit Anlegestelle (2 x tägl. in jeder Richtung), um das Hafenbecken eine Reihe verglaster Restaurants. Die große Pfarrkirche ist *San Giovanni Battista*, d. h. Johannes dem Täufer, geweiht und besitzt eine prächtige Orgel aus dem 16. Jh.

● *Übernachten* *** **Rely**, etwa 200 m vom Ufer in einem großen Olivenhain, schöner Blick auf See und Monte Baldo. Zimmer im Haupthaus und in 18 Bungalows. Großer Pool und Kinderbecken, Minigolf, Boccia, Restaurant. HP pro Pers. ca. 42–55 €. ✆ 045/7420025, ✉ 7420026, www.hotelrely.com.

** **Villa del Lago**, Via XX Settembre 22, ruhig gelegenes Haus mit entspannter Atmosphäre, das nur durch eine Fußgängerpro-

menade vom See getrennt ist. Seit drei Generationen in Familienbesitz. 16 Zimmer mit massivem Holzmobiliar und TV. Frühstück vom Buffet kann im Garten eingenommen werden. Frau Anna Alba Brighenti ist eine erlebenswerte Persönlichkeit und spricht sehr gut Deutsch. Mit Garage. DZ mit Frühstück ca. 68–116 €. ✆ 045/7420388, ✉ 7420622, www.gardalago.com.

▶ **Castelletto di Brenzone**: Der größte Ort der Gemeinde Brenzone besitzt ein besonders malerisches Hafenbecken und eine Seepromenade, an der dienstags ein weitläufiger Markt stattfindet. An der Gardesana fällt das große Frauenkloster „Istituto Piccole Suore della Sacra Familia" auf, eins der größten am Gardasee. Landeinwärts der Gardesana zieht sich der verwinkelte Altstadtkern steil den Hang hinauf. Im Geburtshaus der Ordensmitbegründerin Madre Maria Domenica Mantovani in der Via Parolotti 26 ist ein *Museo Etnografico* eingerichtet, es zeigt eine typische Wohnung des 19. Jh. mit den charakteristischen Utensilien und Arbeitsgeräten aus Fischerei, Olivenanbau, Seidenraupen- und Viehzucht.

Ein Stück südlich von Castelletto steht direkt an der Gardesana die romanische Kirche *San Zeno* aus dem 12. Jh., einer der ältesten erhaltenen Sakralbauten am Ostufer. Sie besitzt eine eigentümliche Form mit zwei Schiffen, die wechselweise durch Säulen und Pfeiler getrennt sind, die Kapitelle sind z. T. römischen Ursprungs.

Mehrere byzantinisch anmutende Freskenreste sind erhalten, darunter in der linken Apsis Johannes der Täufer (12. Jh.). An der Fassade ein großes Fresko von Christopherus mit Kind. Die Kirche trägt den Spitznamen *San Zen de l'oselet*, also „San Zeno zum Vögelchen". Grund dafür ist der eiserne Hahn auf der Turmspitze, der tatsächlich wie ein kleiner Vogel wirkt.

Öffnungszeiten **Museo Etnografico**, nur auf Anfrage Mai bis Sept. Sa/So 17–20 Uhr. ✆ 045/6589500 o. 045/6589111.

● *Übernachten* ***** Santa Maria**, gut ausgestattetes Haus nördlich von Castelletto zwischen Uferstraße und See, direkt am Kiesstrand mit Baumschatten. Auch Surfer kommen hier wegen der benachbarten Surfstation gerne unter (→ Sport). Mit Hallenbad. HP pro Pers. ca. 50–80 €. ✆ 045/7420555, ✆ 7420149, ✆ www.bertoncellihotels.com.
*** Bolognese, Via Vespucci 42. Ebenfalls direkt am See, seit 30 Jahren Familienbetrieb. Kürzlich modernisiert, schöne Panoramaterrasse, Privatstrand. Ins Zentrum 10 Fußminuten entlang der Promenade. DZ mit Frühstück ca. 88–120 €. ✆ 045/7430159, ✆ 7430188, www.hotel-bolognese.it.
* Camping San Zeno, hübscher Wiesenplatz neben der gleichnamigen Kirche südlich vom Ort. Zum Baden über die Straße. ✆ 045/7430231, ✆ 430171, www.campingsanzeno.it.

● *Essen & Trinken* **Alla Fassa**, feine Adresse am nördlichen Ortsausgang, Gartenplätze mit schönem Seeblick, sorgfältig zubereitete Fischgerichte. Di geschl. (außer im Sommer). ✆ 045/7430319.
Da Umberto, großes, auffällig dekoriertes Restaurant am Hafenbecken. Auch hier wird hauptsächlich Seefisch serviert, Hummer lässt man sich ebenfalls schmecken. Lecker sind die *tagliatelle ai gamberetti con pomodoro fresco e zucchini*. ✆ 045/7430388.
Al Sole, im Backsteingewölbe eines schönen gotischen Palazzo, zur Seepromenade hin überdachter Hof. Im Angebot auch traditionelle Gerichte wie *baccalà con polenta* (Stockfisch). ✆ 045/6590058.
La Primeria dal Sarsisa, Piazza dell'Olivo, rustikale Trattoria mitten in der Altstadt, Nudelgerichte, Vorspeisen, Wurst- und Speckplatten. ✆ 045/7430402.

● *Sport* Aus Hotel Santa Maria angeschlossen ist die **Segel- und Surfschule Vito** von Vito Steiger aus Olang (Südtirol), ✆ 338-3388817, www.gardasurf.com.

Torri del Benaco

(ca. 2500 Einwohner)

Ein hübscher Ort und dazu erfreulich ruhig, kein Vergleich mit dem weiter südlich liegenden Garda. Selbst im Hochsommer geht es noch recht beschaulich zu.

Die alte langobardische Festungsstadt drängt sich seitlich der Gardesana lang gestreckt an den See, eine lange, malerische Hauptgasse durchzieht den historischen Kern, am Ufer verläuft eine breite Fußgängerpromenade. Am südlichen Ortsende liegt das intime Hafenbecken, daneben erhebt sich das Wahrzeichen der Stadt, eine stolze *Skaligerburg*, in der ein sehenswertes Museum untergebracht ist, außerdem an der Südmauer eins der letzten funktionsfähigen Zitrusgewächshäuser am See. Die Kirche *Santi Pietro e Paolo* am Nordende der Altstadt besitzt eine prächtige Orgel aus dem 18. Jh., benachbart steht der bullige *Berengar-Turm*.

Die Bademöglichkeiten sind gut, vor allem am baumbestandenen Nordstrand *Baia dei Pini*, an dem einige schmucke Palmen für mediterranes Flair sorgen.

● *Anfahrt/Verbindungen* Autofähren pendeln etwa im 40-Min.-Rhythmus nach **Maderno** am Westufer, in der Hochsaison mindestens 15 Min. vorher da sein, die Stellplätze sind schnell belegt. Auto kostet ca. 6,40–9,90 €, Wohnmobil ca. 13,20 €, Motorrad 5,20–6,40 €, Fahrrad 4,80 €, Fahrer jeweils inkl., Mitfahrer und Fußgänger 4 €.

● *Information* **IAT** in der Via Fratelli Lavanda 3, Nähe Skaliger-Kastell. Reichhaltige Auswahl an Prospekten. Tägl. 9–13, 15–19 Uhr. ✆ 045/7225120 und 6296482, www.comune.torridelbenaco.vr.it.

● *Übernachten* ***** Gardesana**, traditionsreiches Haus direkt am Hafenbecken, im 15. Jh. als Sitz der Ratsversammlung der

Badevergnügen an der Baia dei Pini

umliegenden Gardasee-Gemeinden erbaut, vis-à-vis steht die Skaligerburg. Geschmackvoll nostalgisch eingerichtete Zimmer mit Aircondition, schöne Speiseterrasse, Parkplatz. DZ mit Seeblick (im obersten Stock am besten) und Frühstücksbuffet ca. 100–150 €, hinten hinaus günstiger. ℘ 045/7225411, ✆ 7225771, www.hotel-gardesana.com.

** Baia dei Pini, nördlicher Ortsrand, geschmackvoll eingerichtetes Haus mit separatem Nebengebäude direkt am Strand, Restaurantterrasse zum See, schattiger Garten mit Zypressen, Zimmer mit Balkonen, schöner Blick. Parkplatz, Bike- und Surfbrettverleih im Garten. DZ mit Frühstück ca. 120–160 €, mit Blick zum Garten günstiger. ℘ 045/7225215, ✆ 7225595, www.baiadeipini.com.

** Villa Susy, direkt neben Baia dei Pini, etwas näher an der Straße, aber zum See hin genauso schön wie beim Nachbarn. Zimmer mit Balkonen, malerische Seeterrasse unter hohen Zypressen. DZ mit Frühstück 95–120 €, in der HS nur mit HP. ℘ 045/7225965, ✆ 7225022, www.villasusy.com.

* Onda, an der Straße nach Albisano, fünf Minuten vom Ortszentrum. Von Marco und Anselmo freundlich geführt, Marco spricht Deutsch, nette Atmosphäre, Leserlob. Sehr sauber, 26 Zimmer, alle mit Balkon oder

Terrasse, außerdem 3 große Apartments. Sehr gutes Frühstücksbuffet auf einer Terrasse im Freien. Parkplatz und Tiefgarage. DZ mit Frühstück ca. 58–66 €. ℘/✆ 045/7225895, www.garnionda.com.

* Belvedere, ebenfalls an der Straße nach Albisano. netter Familienbetrieb mit großem Garten und schönem Blick, 21 Zimmer, Garage. DZ mit Frühstück 65–90 €. ℘/✆ 045/7225088, www.belvederetorri.com.

Die beiden einfachen Campingplätze *** Oliveti** (℘ 045/7225522) und *** San Remo** (℘ 045/6296571, ✆ 7225262, www.campingsanremo.com) liegen in Terrassen am südlichen Ortsausgang über der Gardesana.

● *Essen & Trinken* Vor der Altstadt kann man idyllisch direkt an der Seepromenade essen.

Das Hotel **Gardesana** bietet zu gehobenen Preisen hervorragende Küche mit Blick auf Kastell und Hafen – Hummer, Fischsuppe, marinierte Krebse, Leber auf venezianische Art u. a. Di geschl. (außer im Sommer). ℘ 045/7225411.

Trattoria agli Olivi, in Valmagra, am Weg nach Albisano. Herrlicher Seeblick und vorzügliche Gerichte, vor allem das „Menu degli Olivi" zeigt, was die Küche alles zu bieten hat. Mo geschl. ℘ 045/7225483.

TIPP! Osteria da Ago e Rita, etwas nördlich außerhalb, direkt an der Gardesana. Traditionelle Küche zu günstigen Preisen, z. B. *pinzimonio* (Dippschale mit Saisongemüse), danach leckere Pasta, zum Schluss Parmaschinken mit frisch gebackenen Brötchen. Grappa etc. oft gratis. Nur abends, Mi geschl. ✆ 045/6290054.

• *Markt* jeden Mo entlang der Hauptgasse.

Sehenswertes: Das *Museum* in der Burg beherbergt anschauliche Sammlungen zur traditionellen Gardasee-Fischerei (Netze, Reusen und andere Fanggeräte, dazu eine alte „Gardaseegondel") und zur Olivenverarbeitung (u. a. altrömische Ölpresse im Garten). Im Obergeschoss eine Dokumentation von Felszeichnungen aus prähistorischer und historischer Zeit mit umfangreichen Erläuterungen auf deutsch. Man hat Tausende dieser stilisierten Bilder namens „Rupestri" auf den Bergen um den Gardasee entdeckt, u. a. beim nahen Örtchen Crero (→ Torri del Benaco/Umgebung) und am Monte Luppia bei Garda (→ Garda/Umgebung). Ihr Alter ist höchst unterschiedlich und reicht von etwa 200 bis zu 3000 Jahren, letztere sind damit die ältesten menschlichen Kunstwerke am Gardasee. Außer dem Museum kann man noch weitere Teile der Burg besichtigen und auf die Wehrmauern und Türme hinaufklettern.

Öffnungszeiten/Preise **Skaligerkastell**, April/Mai und Okt. Di–So 9.30–12.30, 14.30–18 Uhr, Juni bis Sept. Di–So 9.30–13, 16.30–19.30 Uhr, Mo geschl. Eintritt ca. 3 €, ermäß. 2 €. ✆ 045/6296111.

Torri del Benaco/Umgebung

▸ **Crero**: winziges Bergdörfchen oberhalb der Gardesana, etwa 3 km nördlich von Torri del Benaco. Von der Spiaggia d'Oro führt eine extrem enge und steile Straße mit verwegenen Haarnadelkurven ca. 1,5 km hinauf. Doch die Fahrt lohnt sich, denn oben bietet die kleine Trattoria „Panoramico" einen herrlichen Seeblick bis hinüber nach Toscolano-Maderno am Westufer. Es gibt allerdings höchstens drei, vier Parkplätze. Doch aus einem weiteren Grund ist der Abstecher interessant, denn etwa 600 m oberhalb von Crero findet man einige der teilweise prähistorischen *Felszeichnungen*, für die diese Ecke des Sees berühmt ist.

• *Weg zu den Felszeichnungen* Vom zentralen Platz in Crero folgt man hangwärts dem Schild „Crero 207, Rocca dei Graffiti". Nach 10 m Abzweig nach links, wir gehen rechts weiter zwischen Bauernhäusern und Misthaufen und bald darauf durch Wald. Bei einer Gabelung rechts (rot-weiß-rot), kurz darauf liegt links die deutlich mit Hinweisen gekennzeichnete, von Eiszeitgletschern glatt geriebene Felskuppe **Pietra Grande** (Rocca dei Graffiti) mit den Zeichnungen, die erst Ende der 1970er Jahre freigelegt wurden. Auf der großen Fläche findet man verstreut diverse Einritzungen, darunter eine Leiter (Vereinigung von Erde und Himmel), drei hübsche „Strichmännchen", die aus dem Mittelalter stammen, und ein so genanntes „Mühlespiel", das wohl eine Art Labyrinth darstellte und zur Zeit der Kreuzzüge als Symbol für den Weg ins Heilige Land verwendet wurde.

▸ **Albisano**: Eine steile Serpentinenstraße führt durch Olivenhaine und Gärten in diesen kleinen Ort oberhalb von Torri del Benaco. Vom Kirchenvorplatz genießt man einen fantastischen Blick auf den See, das gegenüberliegende Brescianer Ufer und die Berge dahinter – „Balcone del Garda" nannte der Literat und Nationalheros Gabriele d'Annunzio diesen Aussichtspunkt. Im Hotel/Restaurant „Panorama" kann man den traumhaften Ausblick beim Essen genießen.

▸ **San Zeno di Montagna**: Diesen weit verstreuten Luftkurort in 585 m Höhe erreicht man, wenn man von Albisano etwa 5 km in Richtung Norden fährt. Hier oben gibt es sogar einen ganzjährig geöffneten Zeltplatz namens „Mamma Lucia" (✆/✉ 045/

7285038, beschildert) sowie eine Reihe recht günstiger Ein- und Zwei-Sterne-Unterkünfte für Sommerfrischler und Wanderer. Letztere nehmen dort gerne Quartier, um den Monte Baldo zu besteigen. Vor wenigen Jahren wurde der Abenteuerpark „Jungle Adventure" eröffnet, was vermehrt Familien mit Kindern anzieht, die sich auf verschiedenen Erlebniswegen über Hängebahnen, „Korsarennetze" und „Bärenbalken" durch die Wildnis kämpfen.

Öffnungszeiten/Preise **Jungle Adventure**, Juni bis Sept. tägl. 9–19 Uhr, Mai und Okt. Sa/So 10–18 Uhr. Eintritt je nach Erlebnisweg ca. 12–28 €, je nach Weg ist ein Minimalalter von 8–14 J. erforderlich. ℘ 045/6289306, www.jungleadventure.it.

- *Verbindungen* **APTV-Bus 69** fährt 4–5 x tägl. von Verona am südlichen Ostufer des Gardasees entlang, von Garda oder Torri del Benaco (verschiedene Routen) über Costermano hinauf nach San Zeno und bis zur Prada-Hochebene.

- *Information* **IAT**, Via Ca' Montagna, zusammen mit der Stadtbibliothek in einem historischen Gebäude mit breitem Laubengang an der Hauptstraße, Nähe nördliches Ortsende. Unterkunftsverzeichnis, Wanderkarte. ℘ 045/7285076, ℘ 7285222, bibliotecas. zeno@libcro.it.

- *Essen & Trinken* **La Casa degli Spiriti**, kurz vor San Zeno, vom verglasten Restaurant im Untergeschoss des „Geisterhauses" aus dem 18. Jh. und der offenen Terrasse darüber genießt man einen weiten Blick über bewaldete Hügel zum See. Zu gehobenen Preisen bietet „Sir Frederic"

leichte mediterrane Küche bester Qualität, dazu gibt es hervorragende Weine aus dem Valpolicella in der dazugehörigen Enoteca. Im Cafélokal „La Terrazza" in dem oberen Etage kann man etwas günstiger essen oder einfach nur einen Kaffee trinken. März bis Okt. tägl. (übrige Zeit nur Fr, Sa/So). ℘ 045/6200766, www.casadeglispiriti.it

Giardinetto, Café-Restaurant direkt an der Hauptstraße in der Ortsmitte. Vom Gastgarten mit prächtigen Nadelbäumen genießt man auch hier einen herrlichen Blick auf den See. ℘ 045/7285018.

Taverna Kus, Via Castello 14, rustikal-elegantes Restaurant mit überdachter Terrasse am nördlichen Ortsausgang, untergebracht in einem ehemaligen Bauernhaus. Traditionelle Küche, hausgemachte Pasta und beste Weine. Mi und Do mittags geschl. ℘ 045/7285667.

▸ **Prada-Hochebene**: Auf steil ansteigender Straße geht es von San Zeno durch saftig grüne Gebirgsalmen weiter auf die Prada-Hochebene in 1000 m Höhe. Unterwegs genießt man herrliche Ausblicke – an klaren Tagen über den Süden des Sees und die Poebene sogar bis zum Apennin. Große Attraktion ist hier die Seilschwebebahn *Telecabina Seggiovia Prada–Montebaldo*, die 2005 wiedereröffnet wurde. Seitdem kann man wieder bequem zum Rifugio Fiori del Baldo auf den Kamm des Monte Baldo in 1850 m Höhe hinaufschweben. In zwei Abschnitten gleitet man in 30 Min. lautlos über die wunderbare Berglandschaft hinweg, im ersten Teil im offenen Korb für zwei Personen bis *Malga Prada* (1550 m) mit dem gleichnamigen Panoramarestaurant, danach in Einzelsesseln bis zum Kamm. Oben angekommen genießt man einen herrlichen Panoramablick in alle Richtungen, das *Rifugio Fiori del Baldo* sorgt für Verköstigung. Auf dem Europawanderweg E 5 kann man anschließend nach Norden zum nahe gelegenen *Rifugio Giovanni Chierego* (1911 m) wandern. In Richtung Süden kommt man zu den Gipfeln des *Naole* (1659 m) mit Almen und Sennereien.

- *Öffnungszeiten* **Telecabina Seggiovia Prada–Montebaldo**, Mitte Juni bis Mitte Sept. tägl. 8.30–17.30 Uhr, April bis Mitte Juni nur samstags und an Feiertagen, Mitte Sept. bis Mitte Okt. nur sonntags. ℘ 045/7285662.

- *Anfahrt* Die bequemste Anfahrt führt über **Torri del Benaco** und **San Zeno di Montagna**. Man kann aber auch von As-

senza (→ S. 150) auf enger und kurviger Straße nach **Castello** mit seinem großen klassizistischen Dom und schönem Seeblick fahren. Weiter führt eine mehr als 10 km lange Bergstraße steil und eng in Serpentinen auf die Prada-Hochebene.

Mit einem Jeep kann man sogar direkt bis zum **Rifugio Fiori del Baldo** gelangen: Etwa 2 km südlich der Talstation der Seilschwe-

Gardasee
Karte Seite 105

bebahn zweigt eine mit grobem Schotter gedeckte Forstpiste zum Rifugio ab.

• *Übernachten/Essen & Trinken* **Malga Prada**, Restaurant und Imbissstand mit Sonnenterrasse an der Umsteigestation von der Seilbahn in den Sessellift. ℰ 045/7285728.

Rifugio Fiori del Baldo, das Restaurant an der Bergstation der Seilbahn wird geführt von Familie Oliboni mit Berhardinerhündin

Meggy (→ oben). Auch einige Schlafplätze gibt es hier. ℰ 045/6862477, www.fioridelbaldo.it

Rifugio CAI Giovanni Chierego, Restaurant und 24 Schlafplätze. ℰ 348-8916235 u. 349-3817402.

Die Hütten sind alle in der Sommersaison geöffnet, z. T. auch an Wochenenden während des ganzen Jahres.

Punta San Vigilio

Die markante Landzunge zwischen Torri del Benaco und Garda ist von der Durchgangsstraße durch eine schattige Zypressenallee zu erreichen (Auto am Parkplatz abstellen und zu Fuß weiter bis zum schmiedeeisernen Tor, dort links). In der exklusiven *Locanda San Vigilio* aus dem 16. Jh. mit einem der besten Restaurants am Gardasee übernachteten schon Otto Hahn, Winston Churchill und Prinz Charles. Wunderschön ist der kleine, steingefasste Hafen neben dem Haus, auf dessen schmaler Mole man beschaulich unter Weinranken sitzt und zu gehobenen Preisen die exquisiten Antipasti und Salate der hauseigenen Taverna „Il Torcolo" kosten kann (Di geschl.).

An der Nordseite der Landzunge liegt die *Baia delle Sirene*, ein 30.000 qm großer Park mit Rasen unter uralten Olivenbäumen und einem besonders schönen Kiesstrand. Der Eintritt kostet allerdings, je nach Jahreszeit, bis zu saftigen 10 € (Kinder 5 €), ab 14.30 Uhr ermäßigt, ab 16.30 Uhr nochmals. Zur Ausstattung gehören zwei Esskioske und ein Eisstand, Sonnenliegen, Volleyballfeld, Tischtennis und Kinderspielplatz, außerdem Duschen, Umkleidekabinen und sogar ein Fernsehplatz (ℰ 045/7255884, www.parcobaiadellesirene.it).

Grün und üppig: Punta San Vigilio bei Garda

• *Anfahrt/Verbindungen* An der Gardesana liegen zwei gebührenpflichtige Parkplätze einander gegenüber (Gäste der Locanda und Baia delle Sirene parken auf der Seeseite der Straße gratis). Die Zypressenallee darf man nur zu Fuß begehen, außer man wohnt im Hotel. Zu Fuß kann man von Garda in etwa 20 Min. zur Punta San Vigilio gelangen, indem man immer am Strand entlanggeht (→ Garda/Baden).

Südlich der Punta San Vigilio treten die Berge allmählich zurück und der Lago di Garda weitet sich zum breiten Südteil mit grünen Wiesen, Weinbergen, Olivenbäumen und sanften Hügeln. Gewaltig wie ein Meer wirkt hier der See – vom gegenüberliegenden Ufer sieht man nichts, falls nur etwas Dunst in der Luft liegt. Die Orte sind flach, ohne die verwinkelte Struktur von Malcésine.

Garda

(ca. 3300 Einwohner)

Viel besuchter Ferienort in einer sanft geschwungenen Bucht, nach Süden und Norden geschützt durch steile Bergrücken, das Ganze in einem Meer von Grün – üppig mediterrane Vegetation, Zypressen und Oliven bedecken alle Hänge und das Hinterland.

Seit alters her spielt Garda eine besondere Rolle am See, denn neben der idealen Lage und der natürlichen Schönheit der Bucht war es vor allem der markante Tafelberg weiter südlich davon, der für die frühmittelalterlichen Herrscher wichtig war. Bereits unter den Ostgoten im 5. Jh. stand hier oben eine Burg – angeblich war sie die Stammburg des berühmten Hildebrand aus der deutschen Heldensage. Nach Langobarden, Franken und Skaligern kamen schließlich die Venezianer und machten Garda zu ihrer Residenz am See. Mit zahlreichen stilvollen Palazzi prägten sie die Architektur des Ortes, wenngleich heute davon nur noch Bruchstücke erhalten sind.

Die Promenade von Garda ist eine der schönsten am See. Cafés, Restaurants und Gelaterie reihen sich aneinander, man sitzt behaglich mit viel Platz und herrlichem Seeblick. Gleich dahinter erstreckt sich der stimmungsvoll verwinkelte Altstadtkern mit überwölbten Wegen und zwei Tortürmen, zwischen denen die Hauptgasse verläuft. Sehenswert ist der Kreuzgang des früheren Klosters *Chiostro della Pieve*, angebaut an die Kirche Santa Maria Maggiore im südlichen Ortsbereich, direkt an der Durchgangsstraße.

Gardasee Karte Seite 105

Von Garda zu Gardasee

Wie kommen Ort und See zu ihren Namen? Zwei Versionen erzählt man sich. Die erste ist die Sage von der schönen Nymphe *Engardina*. Sie lebte in einem kleinen Bergsee und der mächtige Meeresgott verliebte sich in sie. Er verlangte von ihr, ihm zu folgen, doch sie forderte für dieses Ansinnen einen größeren See! Also schuf der Gott flugs den Gardasee, indem er mit seinem Dreizack an den hiesigen Burgfels schlug – sofort sprangen gewaltige Wassermassen heraus und bildeten den See. Engardina und ihr Galan stürzten sich wonnig in die Fluten, wobei sich vom Haar der Nymphe das Wasser leuchtend blau färbte...

Realistischer ist folgende Deutung: das Wort Garda stammt vom germanischen Begriff „warden" (beobachten) ab – tatsächlich war der Burgfels über Garda ein idealer Beobachtungspunkt. In der althochdeutschen Literatur wurde dann aus w ein g – aus *warden* wurde *garden*, aus dem von den Römern „lacus benacus" genannten Gewässer der „See am Garden" oder „Gardensee".

Die Bademöglichkeiten gehören zu den besten am Ostufer – eine lange Strandzone zieht sich südlich bis ins benachbarte Bardolino, nördlich bis zur Landzunge San Vigilio. Tipp: Ab 2008 wird der moderne „Garda Aquapark" mit verschiedenen Schwimmbecken, Wellness, Beauty- und Gesundheitscenter geöffnet sein.

Anfahrt/Verbindungen/Information

• *Anfahrt/Verbindungen* **PKW**, Garda liegt nur etwa 10 km von der Autobahnausfahrt *Affi–Lago di Garda Sud* entfernt, man fährt über Affi und Costermano.
Ein großer gebührenpflichtiger Parkplatz liegt landeinwärts der Durchgangsstraße, südlich der Ampelkreuzung (beschildert), von dort sind es 2 Min. in die Altstadt.
Bus, die Haltestelle liegt an der Gardesana, etwas südlich der zentralen Ampelkreuzung. APTV-Busse 62-64 fahren etwa stündlich in Richtung Verona, in Richtung Riva etwa alle 1–2 Std.
Schiff, Fähren gehen etwa stündlich in beide Richtungen, Schnellboote etwa 5 x tägl.
• *Information* **IAT**, Lungolago Regina Adelaide 13, zentrale Lage an der Uferpromenade, neben dem Rathaus. Mo–Sa 9–13, 15–19, So 9–13 Uhr. ℰ 045/6270384, ℰ 7256720, www.tourism.verona.it, iatgarda@provinvia.vr.it.
Associazione Albergatori di Garda, Via Don Gnocchi 25. Zimmervermittlung. Mo, Mi & Fr–So 10–20 Uhr, Di & Do 15–20 Uhr. ℰ 045/7255824, ℰ 6270156.

Übernachten

*** Flora (2), Via Giorgione 27, landeinwärts der Gardesana, sehr gepflegtes Haus mit großem Park, zwei Pools und zwei Tennisplätzen. Moderne Zimmer, guter Service, deutsch-italienische Leitung. DZ mit Frühstück ca. 110–140 €, auch Vermietung von Ferienwohnungen. ℰ 045/7255348, ℰ 6277940, www.hotelflora.net.
*** Astoria (9), Via Verdi 1, an der Uferpromenade, ordentliches Haus mit gemütlichem Garten, hervorzuheben ist die Dachterrasse. DZ mit Frühstück ca. 60–86 €. ℰ 045/7255278, ℰ 7255731, www.garda-tourist.com.
** San Marco (6), Largo Pisanello, am Südende der Promenade, kurz vor dem Badestrand. Schmuckes Haus mit grünen Fensterläden, innen sehr behaglich, Frühstücks-/Aufenthaltsraum ähnelt einer Gemäldegalerie, davor die Terrasse. DZ mit Frühstück ca. 70—86 €. ℰ 045/7255008, ℰ 7256749, www.hotelsanmarcogarda.it.
TIPP! ** Degli Olivi (1), Via Olivai 4. Das nette, familiär geführte Haus liegt mitten im Grünen, landeinwärts der Durchgangsstraße. Vermietet werden Zimmer in drei unterschiedlichen Kategorien (zum See hin mit Balkon bzw. große und kleine Zimmer nach hinten), dazu gibt's gute Küche, denn die „Mamma" kocht selber. DZ mit Frühstück ca. 73–85 €. ℰ 045/7255637, ℰ 7255495, www.hoteldegliolivi.it.

Karte:

Übernachten
1 Degli Olivi
2 Flora
6 San Marco
9 Astoria

Essen & Trinken
3 Hosteria La Cross,
  Ai Beati u.a.
4 First Meeting
8 Da Graspo
10 La Sirena del Lago

Nachtleben
5 Osteria Can e Gato
7 Enoteca alla Calle

Garda

Lago di Garda

Uferweg nach Bardolino · Bardolino, Verona

200 m

La Filanda e San Carlo, in Costermano, Località Tavernole. Umgebaute Spinnerei des 18. Jh. inmitten eines großen Weinguts mit viel Grün. Gut eingerichtete Apartments für 2–6 Pers., Swimmingpool und Kinderbecken, Liegewiese, Spielplatz und Supermarkt. Günstiges und gutes Essen im haus-eigenen Restaurant. Gut geeignet für Familien mit Kindern. Zu buchen über Europlan, ☎ 045/6209444, 🖷 6210420, www.europlan.it.
Zwischen Garda und dem südlich benachbarten Bardolino liegen mehrere große und gut ausgestattete **Campingplätze** direkt am Strand (→ Bardolino).

Essen & Trinken/Nachtleben/Shopping

Garda ist kein Pflaster für Feinschmecker, besser isst man außerhalb.

Da Graspo (8), Piazzale Calderini 12, bei der Hauptkreuzung der Gardesana. Zwei kleine, dunkle Räume, ein paar Stühle vor der Tür, eine offene Küche, in der es dampft und brodelt – voilà, das ist das Reich von Luca del Graspo. Der sympathische, etwas beleibte Wirt winkt jeden herein, schnell hat man ein Gläschen Prosecco in der Hand. Es gibt keine Speisekarte – „Das Menü bin ich", sagt Luca in Anlehnung an das bekannte Zitat des Sonnenkönigs. Reservierung angebracht, ☎ 045/7256046. Di geschl.
La Sirena del Lago (10), originelles Ristorante mit Bar direkt am Seeufer vor Camping La Rocca, 1963 aus kleinsten Anfängen als Strandbar entstanden. Kitschig-gemütlich, freundlich geführt, gute Seeküche. Im Rahmen eines kleines Uferspaziergangs

gut zu erreichen. Auch nach dem Essen noch ein Tipp, im Sommer Tanzabende und Disco. ✆ 045/6210015, www.barsirena.it

First Meeting (4), Via Don Gnocchi 33, unprätentiöse Pizzeria an der Straße nach Costermano. Große Terrasse, gute Auswahl an leckeren und riesigen Pizzen aus leichtem, lockerem Teig, aber auch z. B. Forelle mit Kartoffeln und *arrosticini abruzzesi* (Fleischspieße nach Art der Abruzzen). Spielgeräte für Kinder. ✆ 045/7255723.

TIPP! Hostaria La Cross (3), Via della Pace 4, neben einem Kreisverkehr in Richtung Costermano. Jeden Tag stellen Andrea und Fausto in ihrer gemütlichen Osteria ein interessantes Menü zusammen, Preis ca. 22 € (ohne Getränke). Ganz lecker z. B. die hausgemachten Tortellini mit Ricotta und Trüffel. Man sitzt im Garten unter Olivenbäumen. Di geschl. ✆ 045/7255795.

Le Rasole, Via San Bernardo 151, am Ortsrand, die Straße links neben der Pfarrkirche nehmen und ein ganzes Stück laufen (oder ab Costermano der Beschilderung folgen). Kleine Ferienanlage mit netter Trattoria, auf deren großer Terrasse man zu anständigen Preisen Seefisch und hausgemachte Pasta genießen kann. Freundlicher und zuvorkommender Service. ✆ 045/7255686.

Ai Beati, Via Monte Baldo 28, die Straße nach Costermano nehmen und links in die Via Monte Baldo (beschildert). In dem umgebauten, alten Landwirtschaftsgut am Ende der Straße sitzt man in einem rundum verglasten Speiseraum mit herrlichem Seeblick und auf einer großen, im Grün versteckten Terrasse. Sehr gute Küche und ebensolcher Service, allerdings entsprechende Preise, Degustiermenü ab ca. 40 €. Nur abends, Mo geschl. ✆ 045/7255780.

Al Molini, im Valle dei Molini (kurz vor Costermano links), man sitzt im Garten neben einer alten Mühle, nette Bedienung, einfach und preiswert.

● *Nachtleben* **Osteria Can e Gato (5)**, urgemütliche Wein- und Bierschenke beim nördlichen Stadttor, sehr beliebt. Do geschl.

Enoteca alla Calle (7), Calle dei sotto Portici, kleine, intime Weinbar in der Altstadt, wenige Meter von der Uferfront.

Weiterhin gibt es einige Kneipen und Pubs in Garda, z. B. die **Papillon Bar** außerhalb vom nördlichen Stadttor.

● *Shopping* großer **Markt** jeden Fr 6–15 Uhr an der Uferfront.

Garda/Umgebung

Hübsche Seespaziergänge kann man in beide Richtungen machen – mit Fahrrad oder zu Fuß lohnt der Uferweg („Passeggiata Rivalunga") ins 3 km entfernte *Bardo-*

Badestrand bei Garda

lino und weiter bis *Cisano*, zur 2 km entfernten *Punta San Vigilio* im Norden geht man besser zu Fuß, da der Weg im letzten Teil sehr steinig wird.

▶ **Cimitero Tedesco**: Am Ortsende von Costermano, wenige Kilometer landeinwärts von Garda, liegt einer der größten deutschen *Soldatenfriedhöfe* in Italien (ab Ampelkreuzung in Garda beschildert, in Costermano rechts abbiegen). Die sterblichen Überreste von 21.951 Soldaten wurden aus ganz Norditalien überführt und ruhen in drei terrassenförmig angeordneten Gräberfeldern. Steinerne Platten und Kreuze zeigen die Lage der Grabstätten an, sie tragen jeweils die Namen von zwei Toten. Am höchsten Punkt ist in einer Kapelle ein Gemeinschaftsgrab untergebracht. Am Eingang liegt ein Besucherbuch aus.

Öffnungszeiten tägl. 8–19 Uhr. ✆ 045/7200060.

▶ **Rocca di Garda**: Auf dem 249 m hohen Tafelberg südlich vom Ort findet man nur noch spärliche Mauerreste der großen frühmittelalterlichen Burg von Garda, denn Anfang des 16. Jh. schleiften die Venezianer die veraltete Festung. Im 5. Jh. war sie in Besitz von Hildebrand, dem Heerführer des Theoderich, bei uns besser bekannt als Dietrich von Bern (Bern = Verona). Später folgten die Langobarden, dann die Franken, letztendlich die Skaliger. Im Jahr 951 spielt in der Rocca von Garda die abenteuerliche Geschichte der jungen burgundischen Königstochter Adelheid, die zwangsweise mit einem Langobardenkönig verheiratet werden sollte und hier eingekerkert war, schließlich flüchten konnte und stattdessen den deutschen König Otto I. ehelichte. Ein eigentümlich geformter Felsblock wird heute „Thron der Adelheid" genannt.

● *Wegbeschreibung* Ein schöner **Spazierweg** führt aufs Plateau: Man startet links von der Pfarrkirche in der **Via San Bernardo**, geht vor dem Friedhof rechts und gleich wieder rechts in die **Via degli Alpini** – rechts kleiner Abstecher zur Statue der **Madonna del Pino**, die über dem See thront und die Schutzpatronin Gardas ist. Etwa 40 Min. läuft man bis zum **Sattel** zwischen Monte San Giorgio und der Rocca. Unterwegs passiert man einige so genannte „Canevini", in den Fels gehauene, ehemalige Weinkeller. Ein breiter Weg führt schließlich hinauf zum Plateau.

▶ **Eremo di Monte San Giorgio**: Von der Rocca läuft man etwa 20 Min. auf markiertem Waldweg hinüber zum Zwillingsberg *Monte San Giorgio* (305 m). Dort steht seit dem 17. Jh. ein Kamaldulenser-Kloster, dessen schlichte Kirche dem Ordensgründer Romuald geweiht ist. Eine Besichtigung des Klosters ist mehrmals wöchentlich möglich und seit einigen Jahren auch Frauen gestattet.

● *Öffnungszeiten* tägl. 9–12.30, 15–18.30 Uhr, ✆ 045/7211390. Um Einlass zu erhalten, bitte an der Tür klingeln.

● *Wegbeschreibung* mit **PKW** am nördlichen Ortsausgang von Bardolino einbiegen, bis Cortelline fahren, dort links den Weg Richtung „Eremo" nehmen und bis zum Ende fahren.

Zu Fuß ab Garda etwa eine Stunde, im Sattel zwischen Rocca und Monte San Giorgio links halten.

▶ **Felszeichnungen am Monte Luppia**: Der 416 m hohe Monte Luppia schließt die Bucht von Garda nach Norden ab. An seinem Hang wurde ein Großteil der berühmten, z. T. bis in prähistorische Zeiten zurückreichenden Zeichnungen entdeckt, die von Malcésine bis Garda in zahlreiche Felsen des Monte-Baldo-Massivs eingeritzt sind. Seit Anfang der sechziger Jahre hat man etwa 3000 davon entdeckt (→ Crero, S. 154), die aus den verschiedensten Epochen stammen. Einige sind mehrere tausend Jahre alt, andere stammen aus dem Mittelalter oder sind sogar noch jünger. Warum hier diese Vielzahl von Zeichnungen? Die einleuchtendste Vermutung ist vielleicht, dass es weitgehend einfache Hirten waren, die ihre Herden auf

Gardasee Karte Seite 105

die Hochalmen am Monte Baldo trieben und sich an den vielen Felsplatten künstlerisch versuchten, um sich die Zeit zu vertreiben – sie ritzten vor allem das ein, was sie gut kannten und vielleicht tagtäglich von ihrer hohen Warte aus sahen: Schiffe nämlich. Aber auch Reiter auf Pferden, bewaffnete Krieger, Lanzen, Menschen und Ornamente sind thematisiert. Leider ist keines der Bildwerke vor Witterungseinflüssen geschützt, so dass man gelegentlich ein scharfes Auge braucht, um sie zu entdecken – bei manchen sind aber die Konturen mit Kreide nachgezogen.

In einer anregenden kleinen Wanderung kann man einige der Steinzeichnungen besuchen (hin und zurück ca. 90 Min.).

● *Wegbeschreibung* Wir starten unsere Wanderung etwa 700 m östlich vom landseitig gelegenen **Autoparkplatz** bei der Punta San Vigilio (Achtung: Beim letzten Check war dieser Parkplatz abgesperrt). Dort zweigt ein deutlich markierter Weg

von der Gardesana ab (rot-weiß-rot beschildert: Crero, Castei, Monte Luppia). Es handelt sich bei diesem gepflasterten Fahrweg um die **Strada dei Castei**, die alte Straße von Garda nach Torri del Benaco. Wir folgen ihr, bis wir rechts auf einen Abzweig treffen, der mit einer **Metallschranke** gesichert ist. Diesen Weg geht es hinauf bis zu einem Querweg, dort halten wir uns links durch dicht wuchernde Waldvegetation, entlang einer 90 cm hohen, efeuüberwachsenen Mauer. Wir treffen auf eine **Kreuzung**, hier den schmalen Weg halbrechts hinauf zu den „Rupestri".

Nach wenigen Minuten passiert man links ein Haus, kurz danach liegt der erste Bilderfels rechts am Weg, die **„Pietra delle Griselle"** – Blickfang ist hier das große Schiff mit Masten und Strickleitern (Griselle). Weiter oben auf der Platte sind schwerttragende Menschen und Lanzen eingraviert. Es folgen noch mehrere Felsplatten mit Schiffszeichnungen und anderen kleinen Einritzungen, berühmt ist die **„Pietra dei Cavalieri"** mit einer Reihe von reitenden Kriegern, die Lanzen tragen.

Pietra delle Griselle, eine von vielen Felszeichnungen am Monte Luppia

Spektakulär: Madonna della Corona

Die Wallfahrtskirche in schwindelnder Höhe über dem Etschtal ist von Garda aus über Costermano und den größeren Ort Caprino Veronese zu erreichen. Bis *Spiazzi* fährt man etwa 20 km, dort parkt man in langer Reihe entlang der Straße und steigt zur Kirche in ca. 20 Min. zu Fuß hinunter, vorbei an einer Reihe von Kreuzwegstationen mit lebensgroßen Figuren. Von Juni bis September gibt es auf dieser Straße auch Pendelbusverkehr (April, Mai und Oktober an Sonn- und Feiertagen). Pilger klettern dagegen in ca. 2 Std. vom tief unterhalb liegenden Örtchen *Brentino* einen anstrengenden Büßer- weg hinauf.

774 m hoch über dem Etschtal klebt die Kirche mit Nebengebäu- den wie ein Adlernest in der über- hängenden Felswand. Als hier 1522 eine Marienstatue gefunden wurde, der alsbald Wundertaten zugesprochen wurden, begann man mit dem Bau des Heiligtums, seitdem wurde es mehrfach um- gestaltet und vergrößert. Doch auch schon viel früher wurde der abgelegene Ort bereits religiös ge- nutzt, Eremiten lebten hier und sogar aus vorchristlichen Zeiten hat man Spuren entdeckt. Im In- neren stellt man beeindruckt fest, dass die Kirche direkt in den Fels hineingehauen ist. Die 70 cm hohe, aus Stein gehauene Statue der Madonna, die den toten Jesus

*Wie ein Adlernest in der Felswand:
die Kirche Madonna della Corona*

beweint, thront über dem Hauptaltar. An der rechten Seitenwand zeigen schlichte Ölbilder hinter Glas, wo die Madonna schon überall geholfen hat. Mehrmals täglich gibt es Gottesdienste, auch in deutscher Sprache. Vom Untergeschoss der Kirche führt eine „heilige Treppe" nach oben, die Bußfer- tige auf Knien hinaufrutschen. Ebenfalls unter der Kirche liegt der *Sepolcreto degli Eremiti*, hier ruhen die Knochen verstorbener Mönche in durchsichti- gen Glasvitrinen.

● *Öffnungszeiten* Tägl. durchgehend geöffnet; Messe ganzjährig werktags 10.30 und 15.30 Uhr, Juli/August auch 8.30 und 16.30 Uhr; samstags ganzjährig 16.30 Uhr; Nov. bis April sonntags 8.30, 10.30 und 15.30 Uhr, Mai bis Okt. 8.30, 9.30, 10.30, 11.30, 15.30, 16.30 und 17.30 Uhr, Juni bis Sept. zusätzlich 7.30 und 18.30 Uhr. ✆ 045/7220014, www.madonnadellacorona.it.

Gardasee Karte Seite 105

Bardolino   (ca. 5300 Einwohner)

Das touristische Zentrum am Südostufer. Der populäre Ferienort besitzt eine freundliche, angenehm offen gebaute Altstadt, in den breiten, weitgehend rechtwinkligen Gassen läßt es sich gemütlich bummeln. Der gleichnamige Rotwein gedeiht im hügligen Hinterland, dort kann man ihn überall im Direktverkauf erwerben.

Im rückwärtigen Bereich des Ortes steht direkt an der Gardesana die schlichte romanische Kirche *San Severo* aus einfachen Bruchsteinquadern, im Inneren sind zahlreiche verblasste Fresken aus dem 12. Jh. erhalten. Am See erstreckt sich eine lange Promenade zwischen zwei weit vorspringenden Halbinseln, Richtung Norden kann man am Wasser entlang bis Garda laufen oder radeln, in der anderen Richtung sogar bis Peschiera am Südende des Sees. Wie im benachbarten Garda sind die Bademöglichkeiten sehr gut – Strände gibt es zu beiden Seiten des Orts, außerdem zwei gebührenpflichtige Strandbäder.

*A*nfahrt/*V*erbindungen/*I*nformation

● *Anfahrt/Verbindungen* **PKW**, großer gebührenpflichtiger Parkplatz an der Durchgangsstraße, bei der Kirche San Severo. Kostenlos mit Parkscheibe parkt man beim Infobüro, doch sind die wenigen Plätze dort häufig belegt.
Bus, Busstation an der Gardesana, Nähe Infobüro.
Schiff, Anlegestelle zentral am unteren Ende der Piazza Matteotti. Fähren etwa stündl. in beide Richtungen, Schnellboot 5 x tägl.

● *Information* **IAT**, direkt an der Gardesana, Piazzale Aldo Moro 5. Mo–Sa 9–13, 15–19, So 10–13 Uhr. ☎ 045/7210078, ✆ 7210872, www.comune.bardolino.vr.it
Associazione Albergatori Bardolino (Unterkunftsvermittlung), gleich neben der Informationsstelle. Mo u. Mi–Sa 9–20 Uhr, Di 10–12.30, 14.30–20 Uhr, So 10–13, 14–20 Uhr. ☎ 045/6210654, ✆ 6228014, www.ababardolino.it

*Ü*bernachten

*** **Quattro Stagioni**, Borgo Garibaldi 25, mitten in der Altstadt, doch sehr ruhig, herrlicher Garten mit üppiger mediterraner Vegetation und hübschem Pool, großer, schattiger Parkplatz. Einrichtung z. T. mit Antiquitäten, gemütlich. DZ mit Frühstück ca. 90–128 €. ☎ 045/7210036, ✆ 7211017, www.hotel4stagioni.com
*** **Villa Letizia**, Lungolago Cipriani, an der Uferstraße südlich vom Zentrum, kürzlich komplett renoviert, aufmerksam geführt, gute Küche. Über die Straße zum Strand, hölzerner Badesteg. DZ mit Frühstück ca. 82–140 €, meist Pflicht zur HP. ☎ 045/7210012, ✆ 6210650, www.hotelvillaletizia.com
** **Fiorita**, Via Solferino 49, ruhig gelegenes Haus in einer engen Seitengasse, 100 m von der Anlegestelle. Mit Garage. DZ mit Frühstück ca. 60–95 €. ☎ 045/7210197, www.hotelfiora.it

* **Valbella**, Via San Colombano 38, nette Pension mit Garten in den Hügeln 2 km vom Zentrum. Wunderschöner Seeblick, geräumige und saubere Zimmer, familiäre Atmosphäre, Parkplatz. DZ mit Frühstück ca. 50–65 €. ☎ 045/6212483.
Vor allem nördlich von Bardolino liegen einige große und gut ausgestattete Campingplätze mit langen Badezonen:
** **Comunale San Nicolò**, der stadtnächste Platz, schmaler Strand mit Badesteg, nur z. T. schattige Stellplätze. ☎/✆ 045/7210051, comune.camping.sannicolo@comune.bardolino.vr.it
** **Continental**, schattiger Platz mit Pappeln und Ölbäumen, davor schöne Strandzone mit Grasböschung. ☎ 045/7210192, ✆ 7211756, www.campingarda.it
*** **Serenella**, großes Gelände, gut beschattet durch Laubbäume, großer Pool mit Kinderbecken, Kinderspielplatz, 250 m langer

Die hübschen Gassen der Altstadt sind während der Siesta fast ausgestorben

Strand. Sanitäranlagen z.T. renovierungsbedürftig. Keine Motorräder! ✆ 045/7211333, ✉ 7211552, www.camping-serenella.it

** La Rocca, großer Platz südlich unterhalb der Rocca von Garda, durch die Gardesana in zwei Teile getrennt. Im rückwärtigen Teil Pool und Kinderbecken, 300 m Strand. ✆ 045/7211111, ✉ 7211300, www.campinglarocca.com

Essen & Trinken/Nachtleben/Shoppen

Al Giardino delle Esperidi, Via Goffredo Mameli 1, kleine, feine Enoteca mit Verkaufsraum und Plätzen im Hinterhof unter einer Pergola. Einfallsreiche Gerichte, die häufig wechseln, zum Dessert Leckereien mit diversen Käsesorten und Honig. Preise im höheren Bereich. Mi-Mittag und Di geschl. ✆ 045/6210477.

La Lanterna, Via Goffredo Mameli 18/a, hier legt man vor allem Wert auf die Zubereitung von Pasta in allem Variationen, es gibt aber auch Pizza und Fisch. Preislich okay und sehr lecker. ✆ 045/6210515.

Il Portichetto, Piazza Catullo, wenige Meter vom Hafen bei kleinem Torbogen. Bekannt für seine leckeren, selbst gemachten Nudeln und die Fleischgerichte vom Grill, als Secondo z. B. *brasato con polenta* (Schmorbraten) oder *tagliata con rucola e grana* (Entrecôte mit Rukola und Parmesan). Mi geschl. ✆ 045/7211837.

Al Commercio, Via Solferino 1, der alteingesessene Familienbetrieb genießt einen sehr guten Ruf, man isst im gemütlichen Innenraum oder im Gastgarten hinter dem Haus. Reichhaltiges Angebot, z. B. *tagliatelle con ragù di coniglio* (Tagliatelle mit Kaninchenragout), *lumache alle erbe con polenta* (Schnecken mit Kräutersoße und Polenta), *fegato alla Veneziana* (Leber mit Zwiebeln) und *Gulasch alla Trentino*. Keine Pizza. Di geschl. ✆ 045/7211183.

San Martino, Via San Martino 12, gepflegtes Restaurant mit gemütlichen Plätzen in einer ruhigen Seitengasse, an der Hauswand Ölgemälde, auch drinnen sitzt man angenehm. Sehr guter Fisch und große Weinauswahl, etwas teurer. ✆ 0456/212489.

La Loggia Rambaldi, Piazza Principe Amedeo 7, einen Katzensprung vom See. Ein ehemaliges Adelspalais des 16. Jh. wurde in ein geschmackvolles Restaurant umgebaut. Großer, gewölbter Speisesaal mit zwei Säulenreihen und einem gemütlichen Kamin. Vor dem Haus Sitzplätze mit Seeblick. Gute Fischküche, aber auch Pizza, etwas höhere Preise. Di geschl. ✆ 045/6210091.

TIPP! La **Strambata**, Via Fosse 27, gut eingeführtes Grillrestaurant mit Pizzeria, hinten eine große, schattige Laube, davor viele Tische mit karierten Decken an der Straße, das gegenüber liegende **Virata** gehört ebenfalls dazu. Hausspezialität ist die *pizza a metro* (z. B. ein halber Meter Pizza für 3 Pers.), aber auch sonst große Auswahl: Risotto, Spaghetti, Forelle, Spiedino misto, Speck vom Schneidebrett, vieles mit Kartoffeln, außerdem üppige Salatteller. Flinker und charmanter Service. ✆ 045/7210110.

Le Palafitte, Pizzeria/Ristorante in schöner Lage am Seeufer südlich vom Zentrum. Relativ preiswert, Plätze im Freien, Seeblick. Di geschl.

● *Weinlokale* **Enoteca del Bardolino**, exponierte Lage an der Uferpromenade, jede Menge Weine (Glas ab 2 €), dazu Polenta, Käse und Wurstaufschnitt. Drinnen als Geschenkboutique aufgemacht.

Ca'del Vini (Vini Veronesi e Nazionali), Via Palestro 12, nett aufgemachtes Lokal in einer kleinen Sackgasse des Corso Umberto. Kompetente und freundliche Beratung, zu den Weinen werden *bruschette*, aber auch Hauptgänge gereicht. ✆ 045/6210006.

● *Cafés/Eis* **Gelateria Cristallo**, unschlagbares Eis an der Anlegestelle, seit Jahren der Favorit in Bardolino – allerdings nicht nur das Eis, sondern auch die Longdrinks, z. B. der legendäre „Cristallo".

● *Nachtleben* Die Discos liegen ein Stück außerhalb vom Zentrum, allerdings noch in erträglicher Fußentfernung.

Hollywood, Via Montavoletta 11, Località San Felice. Angesagte Edeladresse mit schönem Palmengarten und dem angeschlossenen Ristorante Montefelice, dazu vier Bars, zwei Tanzflächen und ein Pool. Geöffnet Do–So. ✆ 045/7210580, www.hollywood.it

Orange Garden Disco, Via Monsurei 1 (Via Croce hinauf und zweite rechts), weitere populäre Disco, ebenfalls mit Restaurant, gelegentlich Livemusik. Geöffnet Mi–So. ✆ 045/6212711.

● *Shopping* Jeden Do-Vormittag riesiger **Kleidermarkt** an der Promenade. **Lebensmittel** gibt es auf einem Platz neben der Pfarrkirche.

Antiquitätenmarkt jeden 3. So im Monat.

Il Coccio, Borgo Garibaldi 52, bei Sergio und Riccardo Vellini werden Keramikkacheln, Vasen und Teller fantasievoll bemalt.

Guerrieri-Rizzardi, Piazza Guerrieri 1, alteingeführte Weinkellerei am Platz vor dem südlichen Stadttor. Mo–Fr 8–12, 14.30–17.30, Sa 8.30–12.30 Uhr. ✆ 045/7210028, www.guerrieri-rizzardi.com

Oleificio Sociale di Bardolino, an der Gardesana Nr. 15 (gegenüber Camping Europa), Direktverkauf von Olivenöl, außerdem Wein und Honig. 7.30–12.30, 14.30–20 Uhr.

▶ **Cisano**: Kleiner Küstenort zwischen Bardolino und Lazise. Nur wenige Häuser gruppieren sich um das beherrschende Hotel Vela d'Oro und das Hafenbecken, wo man in mehreren Lokalen angenehm und ruhig essen kann. Südlich davon folgen einige kleine Badebuchten, danach schließt sich ein 500 m langer, sehr schmaler Badestrand mit dem Camping Cisano unter hohen Bäumen an. Die große Wiese nördlich vom Ortskern wird gelegentlich für Veranstaltungen benutzt. Davor verläuft ein befestigter Uferstreifen mit Promenade und Einstiegsmöglichkeiten ins Wasser. Landeinwärts der Gardesana versteckt sich die romanische Kirche *Santa Maria Maggiore* aus dem 12. Jh. Im 19. Jh. brach man einen Großteil der Kirche ab und gestaltete den Innenraum neu, die schöne Fassade mit Ornamenttafeln und Reliefs, Turm und Apsis blieben jedoch erhalten. Auch das nahe *Ölmuseum* ist einen Stopp wert (→ Kasten).

● *Übernachten* ** **Villa Katy**, landeinwärts der Gardesana (beschildert), beliebte Pension mit Garten und nur sieben Zimmern. DZ mit Frühstück ca. 47–72 €. ✆/℡ 045/ 7210345, ℡ 7210345, www.bardolino.net/villakaty.

* **Panoramica**, Via Costabella 38, gepflegtes Haus in 700 m Höhe über Cisano, prächtiger Seeblick. DZ mit Frühstück ca. 50–65 €. ✆ 045/7211487, ℡ 7210229, www.albergopanoramica.com.

Al Cardellino, Via Pralesi 16, an der Straße von Cisano nach Camalsino, von der Uferstraße ca. 200 m entfernt (Abzweig beschildert). Edles Landhaus mit schönem Garten und sieben gut eingerichteten Zimmern. Serviert werden hausgemachte Pasta und leckere Fleisch- und Fischgerichte, die man am Tisch nach Augenschein auswählt, nicht von der Karte. Keine Pizza. Di geschl. ✆ 045/6229048, www.alcardellino.net.

Zwei Campingplätze unter gleicher Leitung liegen beiderseits der Gardesana und werden z. T. vom Straßenlärm erheblich beeinträchtigt.

*** Camping Cisano, großes Gelände am schmalen Lido Cisano. Tagsüber Kinderanimation (leider nur bei gutem Wetter, da kein geschlossener Raum zur Verfügung steht). Keine Motorräder! ✆ 045/6229098, ✉ 6229059, www.camping-cisano.it

*** Camping San Vito, landeinwärts der Gardesana, mit einer etwas älteren, oft überfüllten Poolanlage. Durch eine Unterführung kommt man zum Camping Cisano und zum See. ✆ 045/6229026, ✉ 6229049.

● *Essen & Trinken* **Da Angelo**, ein schmales Gässchen führt in Cisano gegenüber vom großen Wiesengelände an der Gardesana etwa 100 m hinauf zu dieser ruhigen und unscheinbaren Trattoria. Hier isst man gut und zu unschlagbar günstigen Preisen (Primo 4,50 €, Secondo ab 6,50 €). Fisch und Pizza gibt es nicht. Mi geschl.

Wassergetriebene Mühle mit lebensgroßen Puppen

Gardasee
Karte Seite 105

Il Museo dell'Olio: das Ölmuseum von Cisano

Das Museum steht südlich vom Ortskern direkt an der Gardesana. Anhand vieler Exponate und bebilderter Beschreibungen wird die lange Geschichte der Olivenölgewinnung dokumentiert – von einer historischen *Hebelpresse*, die schon aus dem alten Ägypten bekannt ist, über Mühlsteine, die von Tieren gezogen wurden, bis zu hölzernen Riesenpressen aus dem 17.–19. Jh. und der modernen *Zentrifuge* des 20. Jh., die eine saubere Scheidung von Öl, Fruchtfleisch und Pflanzenwasser ermöglicht. Ein kleiner Raum ist den Gegenständen rund ums Öl gewidmet – historische Öllampen und -gefäße, alte Verpackungen etc. Ganz besonders hübsch ist schließlich die *Wassermühle* im hinteren Teil des Gebäudes, wo die Arbeitsvorgänge mit lebensgroßen Puppen demonstriert werden.

Im angeschlossenen Laden kann man zahlreiche kulinarische Kostbarkeiten erstehen: natürlich jede Menge Öl aus eigener Produktion (das teuerste mit DOP-Klassifizierung), aber auch Olivenölkosmetik, Grappa, eingelegte Pilze, Honig, Aceto Balsamico (Balsamessig aus Modena), Limoncino vom Gardasee (30 %iger Likör) und natürlich zahlreiche Weine, darunter die herrlichen Tropfen „Amarone" und „Recioto".

Öffnungszeiten Mo–Sa 9–12.30, 14.30–19, So 9–12.30 Uhr, Mi und So Nachm. geschl., Eintritt frei. Achtung, es gibt nur eine Handvoll Parkplätze vor dem Haus.

Bardolino/Umgebung

Hinter Bardolino und dem südlichen Nachbarort Cisano beginnt das Weinland. Die kleinen, schmalen Straßen sind überall von Rebfeldern flankiert und nennen sich oft „strada del vino" (beschildert).

Fahren Sie z. B. von Cisano hinauf nach *Calmasino*, dort kann man in zahlreichen Kellereien den Bardolino und andere Tropfen erwerben. Von der Straße nach Calmasino zweigt gleich im ersten Teil der Straße links die Via Costabella ab. Dort liegt das große Weingut der Gebrüder *Zeni*, deren „Museo del Vino" alle Utensilien zur Weinherstellung zeigt und wo man auch zur Kostprobe willkommen ist. Über *Cavaion Veronese* kommt man schließlich nach *Affi* beim Autobahnanschluss „Lago di Garda Sud", bekannt für sein riesiges Shopping-Center „Grand'Affi", das größte am ganzen See.

Wenn man stattdessen am nördlichen Ortsrand von der Gardesana landeinwärts auf einer Serpentinenstraße in die Weinberge Richtung Albarè abbiegt (beschildert: „Istituto Salisiano"), durchfährt man eine ruhige Landschaft mit Weinbergen, Olivenhainen, vereinzelten Landhäusern und Bauernhöfen. Mehrere empfehlenswerte Lokale liegen an dieser Straße, außerdem kann man eine leichte Wanderung zur *Rocca*, dem Wahrzeichen von Garda unternehmen und das Kamaldulenser-Kloster *Eremo di Monte San Giorgio* besuchen (→ S. 161).

• *Öffnungszeiten/Preise* **Museo del Vino**, Mitte März bis Ende Okt. Mo–Fr 9–13 und 14–19 Uhr, Sa/So 9–13 und 14–19 Uhr. Eintritt frei. ☎ 045/6228331, www.zeni.it

• *Essen & Trinken* **Al Torcolo**, Via Torcolo 5, am Weg von Calmasino nach Cavaion rechter Hand in den Weinbergen. Gute Qualität zu günstigen Preisen, vor allem mittags. ☎ 045/7235274.

Locanda al Bersagliere, an der Straße nach Albarè, nach etwa 2–3 km linker Hand. Stimmungsvolle Terrassentaverne mit Schatten spendender Weinlaube. Hervorragende regionale Küche – besondere Empfehlung für die geräucherte Gänsebrust (Antipasto), als Secondo diverse Fisch- und Fleischgerichte, von Lamm bis Pferd. ☎ 045/6212361.

La Dacia, etwas zurück von der derselben Straße, noch ein Stück weiter. Großer Landgasthof mit schattigem Garten und Blick ins Grüne. ☎ 045/7211408.

• *Shopping* **Alessi Shop**, Via Pozzo del Amore 50/54, direkt an der Hauptstraße in Cavaion Veronese, größte Auswahl an Alessi-Produkten am Gardasee. Di–Sa 9–12.30, 15.30–19.30 Uhr. ☎ 045/6260344.

Grand'Affi, Shopping Center mit fast vierzig Geschäften, darunter ein riesiger Supermarkt, ein großes Bekleidungs- und Schuhgeschäft, ein Baumarkt sowie zahlreiche Boutiquen. Vieles zu guten Preisen. Mo–Sa 9–21 Uhr, So geschl. (im Sommer oft geöffnet). ☎ 045/7235607, www.grandaffi.it.

Lazise   (ca. 5500 Einwohner)

Ein ganz besonders malerischer Ort innerhalb einer prächtig erhaltenen Stadtmauer mit Wehrtürmen und drei Toren. Das Ensemble der Altstadt gehört heute zu den reizvollsten am See – enge Straßen öffnen sich zu kleinen Plätzen, mitten darin zieht sich das schmale Hafenbecken tief landeinwärts. Außerhalb der Altstadt thront in einem üppig grünen Park eine große Skaligerburg (keine Besichtigung möglich).

Die schlichte romanische Kirche *San Nicolò* aus dem 12. Jh. steht direkt im Hafen. An der nördlichen Außenwand ist ein Marienfresko vom Anfang des 14. Jh. erhalten, das noch im strengen, „entpersönlichten" byzantinischen Stil gemalt wurde. Die Fresken im Inneren, die nur einige Jahrzehnte später entstanden sind, besitzen bereits individuelle menschliche Züge. Besonders eindrucksvoll ist das Marien-

Hübsches Fleckchen: der Hafen von Lazise

Gardasee Karte Seite 105

fresko neben dem Portal an der Nordwand. Auf den Altar der Apsis ist nach jahrelangen Restaurierungsarbeiten wieder ein „Pietà"-Gemälde aus dem 16. Jh. zurückgekehrt. Vorgelagert in Richtung See dominiert das mächtige ehemalige Arsenal der venezianischen Flotte, das später zeitweise als Viehstall, danach als *Dogana* (Zollstation) genutzt wurde. Heute finden im restaurierten Innenbereich Veranstaltungen und Ausstellungen statt.

Viel Luft und Platz hat man auf der breiten Promenade vor der Altstadt. Ein langer Strand (im Sommer mit Eintritt) liegt südlich vom Ort, Richtung Norden kann man von Holzstegen aus gebührenfrei ins Wasser hüpfen. Lazise ist außerdem eins der Campingzentren im unteren Seebereich – südlich vom Ort findet man eine ganze Reihe teils komfortabler Zeltplätze mit hervorragenden Bademöglichkeiten.

● *Anfahrt/Verbindungen* **PKW**, kostenpflichtige Parkplätze liegen nördlich und südlich der Stadtmauer sowie landeinwärts der Gardesana. 2 Std. gratis parken kann man am Lungolago Marconi (direkt am See).

● *Information* **IAT**, am Hafen rechts, neben Hotel Alla Grotta. Mo–Sa 9–13, 15–19, So 9–13 Uhr. ☎ 045/7400555 o. 7580114, ✆ 7581040, www.tourism.verona.it, iatlazise@provincia.vr.it.

● *Übernachten* ***** Miralago**, Lungolago Marconi 16, gepflegtes Haus am See, von den Zimmern mit kleinen Balkonen herrlicher Seeblick, Parkplatz, Ristorante. DZ mit Frühstück ca. 75–120 €. ☎ 045/7580015, ✆ 7581189.

** Alla Grotta, wunderbare Lage im Hafen, schlichte, saubere Zimmer, im Gewölbe unten beliebtes Ristorante. DZ mit Frühstück ca. 85 €. ☎/✆ 045/7580035, www.allagrotta.it

** Sirena, Via Roma 4/6, großes Haus am Nordende der Promenade, Pool im Garten, Parkplatz, Ristorante, Seeblick. DZ mit Frühstück ca. 70–115 €. ☎ 045/7580094, ✆ 6470597, www.gardalake.it/hotelsirena.

** Santa Marta, Via Sentieri 13, ca. 1 km südlich vom Ortszentrum, Einfahrt von der Gardesana aus, Garage. Das üppig grüne Anwesen liegt zwischen Weinreben und Obstbäumen, solide eingerichtete Zimmer, nette Frühstücksterrasse, schnell ist man am Strand unten. DZ mit Frühstück ca. 66–106 €. ☎ 045/7580026, ✆ 7580639.

Vergnügungsparks und andere Attraktionen im Südosten des Gardasees

Gardaland: Der abwechslungsreiche, Disneyland nachempfundene Vergnügungspark nördlich von Peschiera ist *der* Anziehungspunkt am südlichen Gardasee – Achterbahnen, Karussells und Wildwasserfahrten zwischen Tal der Könige, Grand Canyon, Merlins Burg, Flying Island und Korsarenschiff. Gardaland besitzt mehr als dreißig Attraktionen, dazu kommen täglich turbulente Shows und Umzüge, die farbige Akzente im Geschehen setzen. Für einen Tag hat man also reichlich zu tun und schafft in der Regel lange nicht alles, zudem man nicht selten lange Schlange stehen muss. Tipp: bei regnerischer Witterung ist es im Allgemeinen deutlich leerer.

Geöffnet 1. April bis 30. Sept. tägl. 10–18 Uhr, Ende Juni bis Mitte Sept. 9–24 Uhr (mit nächtlichen Lasershows), Okt. und Nov. nur an Wochenenden 10–18 Uhr. Eintritt ca. 25,50 € (Erw.) bzw. 21,50 € (Kinder über 1 m Größe bis zu 10 Jahren). Abendeintritt (ab 20 Uhr) 17 €, Kinder 14,50 €. Schwerbehinderte (100 %) und Kinder bis 1 m Größe frei. ✆ 045/6449777, www.gardaland.it.

Canevaworld: Der größte Wasserpark im Gardaseegebiet liegt zwischen Lazise und Pacengo direkt an der Gardesana. Er besteht aus zwei Themenparks und zwei Verköstigungszonen. Kernbereich ist die Wasserzone *Aqua Paradise*, wo man Riesenrutschen namens „Twin Peaks" und „Stukas" testen kann, sich an einem Sandstrand unter Kokospalmen aalt, den „Crazy" oder „Lazy River" entlang treibt, die „Piratenlagune" besuchen und in zahlreichen Pools verschiedener Art und Größe (z. T. beheizt) schwimmen und plantschen kann. Daneben gibt es den Themenpark *Movieland*, wo man spannende Filme und Stuntshows erleben kann, das Restaurant *Medieval Times*, wo man im Rahmen eines mittelalterlichen Turniers zu Abend essen und eine Rittershow erleben kann und das *Rock Star Café*, das den weltbekannten „Hard Rock Cafés" nachempfunden ist.

Aqua Paradise, Mitte Mai bis Mitte Sept. tägl. 10–18 Uhr (Juli/August bis 19 Uhr); *Movieland*, Mitte April bis Ende Sept. tägl. 10–18 o. 19 Uhr (Sommerwochenenden bis 23 Uhr); Eintritt einTag/ein Park ca. 19 € (1–1,40 m 16 €), ein Tag/zwei Parks 25 € (21 €), zwei Tage/zwei Parks 30 € (25 €). *Medieval Times*, Mitte April bis Ende Sept. allabendlich 1 oder 2 Shows, Eintritt ca. 25 €, 1–1,40 m 15 €; *Rock Star Café*, ganzjährig 18–2 Uhr (Eintritt frei, auch ohne Besuch des gesamten Parks möglich). ✆ 045/6969900, ✆ 6969901, www.canevaworld.it

Parco Termale del Garda: 5000 qm großer Thermalsee mit 37 Grad warmem Wasser bei Colà di Garda, südwestlich von Lazise. Park mit jahrhundertealten Bäumen, Grotte mit Unterwassermassagen, Picknickbereich am See, abends illuminierte Springbrunnen.

Geöffnet ganzjährig Mo–Do 10–23, Fr/Sa 10–2, So 10–23 Uhr. Eintritt ca. 20 € (Kinder 1,10–1,40 m 14 €), ab 16 Uhr ermäßigt (Fr/Sa ab 18 Uhr). ✆ 045/7590988, ✆ 6490382, www.villadeicedri.com

Parco Natura Viva: 40.000 qm großer zoologischer Park südlich von Pastrengo, etwa 8 km landeinwärts von Lazise. Im Safaripark fährt man mit dem PKW zwischen Löwen, Giraffen, Nashörnern, Zebras und Schimpansen hindurch, der Tierpark beherbergt zahlreiche seltene Spezies, darunter viele Wildtiere, außerdem ein großes tropisches Vogel- und Gewächshaus und einen Saurierpark mit Rekonstruktionen der gewaltigen Urwelttiere in natürlicher Größe.

Geöffnet Anfang März bis Ende Okt. tägl. 9 Uhr bis eine Stunde vor Sonnenuntergang, im Nov. Mi geschl., im Febr. nur an Sonn- und Feiertagen geöffnet. Eintritt Parco Safari 11 €, Parco Faunistico 10 € (Kinder 3–12 J. 9 bzw. 8 €), beide Parks zusammen 15,50 € (Kinder 3–12 J. 12,50 €). ✆ 045/7170113, ✆ 6770247, www.parconaturaviva.it.

Nervenkitzel im Gardaland

La Tinassara, Via Vallesana 18, das historische Residence-Haus liegt in den Hügeln, etwas oberhalb von Lazise, im 19. Jh. war es der Sommersitz des Bischofs von Verona, später eine Weinkellerei. Für die Restaurierung wurden nur Naturmaterialien oder recycelte Teile des Altbaus verwendet. Die geräumigen Zimmer sind mit Holz rustikal eingerichtet, Blick auf den Garten oder auf den See. Im Garten kleiner Pool. DZ mit Frühstück ca. 68–95 €. ✆ 045/6470088, 📠 6470098, www.latinassara.com.

Im Umkreis liegen außerdem zahlreiche Campingplätze:

** **Municipale**, der einzige Platz nördlich vom Zentrum, durch die Promenade vom See getrennt. ✆ 045/7580020, 📠 6445188.

*** **Du Parc**, unmittelbar südlich vom Ortskern, direkt am 300 m langen Strand, großer Poolbereich. ✆ 045/7580127, 📠 6470150, www.campingduparc.it.

** **Spiaggia d'Oro**, kein Pool, besandeter Strand vor dem Gelände, top renovierte Sanitäranlagen. ✆ 045/7580007, 📠 7580611, www.campingspiaggiadoro.com.

Weiter südlich findet man die besonders großen und gut ausgestatteten Plätze **** **La Quercia** und *** **Ideal**, auf denen keine Motorräder erlaubt sind.

**** **Piani di Clodia**, moderner und großzügig angelegter Platz mit toller Poollandschaft. ✆ 045/7590456, 📠 7590939, www.pianidiclodia.it.

● *Essen & Trinken* **Il Porticciolo**, Lungolago Marconi 22, Fischrestaurant mit großer, schattiger Terrasse an der nördlichen Promenade. Di geschl. ✆ 045/7580254.

La Forgia, Via Calle 1, Seitengasse der Uferpromenade, Fischspezialitäten, gegrillt auf einer alten schmiedeeisernen Herdplatte. Mo geschl. ✆ 045/7580287.

Al Castello, Pizzeria in einer schönen Loggia neben dem historischen Südtor, Sitzplätze in einem großen Garten, oft bis auf den letzten Platz belegt. ✆ 045/6471022.

● *Shopping* **L'Arte del Bere**, Via Cansignorio 8/10, Weinhandlung am nördlichen Stadttor, riesige Auswahl an Tropfen aus ganz Italien (www.artedelbere.com).

Vini Lamberti, Via Gardesana, gegenüber vom Hotel Palazzo della Scala, direkt am südlichen Kreisverkehr. Verlaufsladen der alteingesessenen Weinkellerei Lamberti, Verkostung möglich. ✆ 045/7580034.

Frantoio di Veronesi, Via Gardesana 3. Ölmühle mit Verkaufsladen am nördlichen Ortsausgang. Direktverkauf von Olivenöl, Wein und anderen kulinarischen Spezialitäten. Schon seit 1918 wird hier Olivenöl produziert, gleich neben dem Laden kann man den Kollergang mit schweren Granitsteinen und daneben eine traditionelle Mattenpresse (mit modernen Kunststoffmatten) betrachten. Ein Film gibt einen Überblick über Ernte und Produktion. Do–Sa und Mo/Di 9–12.30, 15–19, So 9–12 Uhr, Mi geschl. ✆ 045/7580030, www.frantoioveronesi.com.

Badestrand am Südufer, im Hintergrund die Landzunge von Sirmione

Südufer (Ost nach West)

Flache Wiesen- und Waldlandschaft und drei Ortschaften mit der Tendenz zur Zersiedlung – besonders um Sirmione. Wegen der leichten Erreichbarkeit von den Städten Verona und Brescia sowie aus der Poebene sind im Sommer die Strände überfüllt.

Größter Anziehungspunkt ist zweifellos das Städtchen *Sirmione* in seiner unvergleichlichen Lage an der Spitze eines schmalen Sporns, der sich kilometerweit in den See schiebt und das Südufer gleichsam in zwei Abschnitte teilt. Schon in der Antike kurten hier die alten Römer und heute gilt Sirmione als Aushängeschild des gesamten Gardasee-Tourismus, die feinen Hotelanlagen in den Olivenhainen nördlich der Altstadt sind sicherlich Garant für gelungene Ferienfreuden. Die anderen zwei Orte *Peschiera* und *Desenzano* sind zwar keine ausgesprochenen Urlaubsorte, verfügen aber über interessante architektonische Eigenheiten. Da die einzige Bahnlinie am See am Südufer verläuft, fungieren sie auch als wichtige Knotenpunkte für Bahnreisende.
Gut geeignet ist das flache Südufer für Camper, die hier zahlreiche gut ausgestattete Plätze finden, vor allem zwischen Peschiera und Sirmione. Weite Wiesenflächen reichen bis zum See hinunter, wunderschön ist an klaren Tagen der Blick auf die Berge in Richtung Norden, das flache Uferwasser nimmt dann oft eine leuchtende Türkisfärbung an.
Ein großes Plus ist auch das interessante Hinterland – so kann man in ausgedehnten Fahrten die Kunstzentren *Verona*, *Mantua* und viele weitere Ziele in Alpenvorland und Poebene erreichen, besucht sicher einmal *Solferino*, wo das Rote Kreuz „geboren" wurde, oder degustiert die Weine der von den Gletschern der Eiszeit aufgehäuften Moränenhügel. Familien mit Kindern haben es zudem nicht weit ins legendäre „Gardaland" und ins Wassersportzentrum „Caneva" (→ oben).

Peschiera del Garda

Geschäftiges Städtchen am Mincio, dem einzigen Abfluss des Gardasees. Die kleine Altstadt liegt in einer mächtigen Festung mit baumbewachsenen Bastionen und Mauern in Form eines fünfeckigen Sterns und ist völlig von Wasser umgeben. Im 19. Jh. hielt sich hier der letzte österreichische Widerstand gegen die Freiheitskämpfer in Oberitalien.

Abgesehen von den eindrucksvollen Militäranlagen (weitgehend Sperrgebiet) gibt es zwar nur wenige ausgesprochene Sehenswürdigkeiten, doch die Fußgängergassen mit ihren netten Geschäften lohnen einen Bummel. Die Bademöglichkeiten sind recht gut, einen langen Kiesstrand findet man westlich vom Ortskern, weitere Strände gibt es im nördlichen Ortsbereich.

• *Anfahrt/Verbindungen* **PKW**, großer gebührenpflichtiger Parkplatz bei der Anlegestelle der Fähren.

Bahn, Peschiera liegt an der Bahnlinie Venedig–Verona–Mailand (ab Verona ca. 20 Min.). **Bahnhof** etwas nördlich der Altstadt, am Weg zum Ostufer des Gardasees.

Bus, Haltestellen u. a. am Hafen und am Bahnhof. APTV-Busse 62-64 gehen etwa stündlich nach Verona und am Ostufer des Gardasees entlang bis Riva. Bus 26 von Trasporti Brescia Nord und APTV-Bus 81 fahren von Verona über Peschiera am Südufer entlang bis Brescia und zurück.

Schiff, Anlegestelle der Fähren zentral vor der Altstadt. Etwa 8 x tägl. Verbindungen nach Sirmione/Desenzano und in Richtung Norden nach Lazise, Bardolino, Garda etc. Schnellboot nur 1 x tägl.

• *Information* **IAT**, Piazzale Betteloni 15, zentral am Hafen. Mo–Do 10–13, 16–19, Fr/Sa 10–13, 15–20, So 9–13 Uhr. ✆ 045/7551673, ✆ 7550381, www.tourism.verona.it, iatpeschiera@provincia.vr.it.

• *Übernachten* **** Campanello**, ruhige Lage beim Camping dell'Uva, direkt am Kiesstrand, ca. 3 km nördlich vom Zentrum. DZ mit Frühstück ca. 70–90 €. ✆ 045/7550253, ✆ 6446182, www.hotelcampanello.it.

** Peschiera, Via Parini 4, in einem Wohnviertel 3 km westlich vom Zentrum, nur durch Campinggelände vom schmalen Strand getrennt. Schöner Garten mit Pool. DZ mit Frühstück ca. 75–100 €. ✆ 045/7550526, ✆ 7550444, www.hotel-peschiera.com.

* Al Pescatore, im winzigen Porto Fornaci, 4 km westlich vom Zentrum. Einfaches Haus direkt am See, familiär und locker geführt, herrlicher Blick, Zimmer z. T. mit Balkonen, besonders schön der großer Gemeinschaftsbalkon vorne raus. Die wein-

überrankte Restaurantterrasse ist ein Gedicht, allerdings gelegentlich etwas unaufgeräumt. DZ mit Frühstück ca. 75–85 €. Auf separatem Grundstück auch Apartments. ✆ 045/7550281, ✆ 6400316.

Etwa zehn Campingplätze liegen im näheren Umkreis – der nächste ist ***** Camping Cappuccini** am Strand westlich vom Zentrum (✆ 045/7551592, ✆ 6409035, www.campcappuccini.com), weitere Plätze benachbart und nördlich der Stadt.

**** Camping Bella Italia, 1 km westlich vom Zentrum, sehr weitläufiges Gelände, komfortabel, großer Pool, guter Kinderspielplatz, langer Strand mit Liegewiese. Mit zahlreichen Bungalows, die auch pauschal gebucht werden können. ✆ 045/6400688, ✆ 6401410, www.camping-bellaitalia.it.

** Wien, 3 km westlich, unter österreichischer Leitung, Wiesengelände mit Bäumen, Pool mit Kinderbecken, davor kleiner Kiesstrand, benachbart der hübsche Porto Fornaci. ✆ 045/7550379, www.campingwien.it.

• *Essen & Trinken* **L'Osteria**, Via Cavallotti 7, von der Gardesana kommend, gleich am Eingang der Altstadt. Zwei große, gemütliche Innenräume mit viel Holz, auch einige Tische auf der schmalen Fußgängergasse. Lecker sind z. B. die *gnocchi della nonna al tartufo* (Gnocchi mit Trüffeln nach Großmutterart). Mi geschl. ✆ 045/7550545.

TIPP! Antica Osteria Busocaldo, in der Località Massoni, nicht weit vom Laghetto del Frassino, zwischen Peschiera und San Benedetto ausgeschildert. Fleisch, Fisch und Gemüse vom Grill, dazu leckere Seefisch-Antipasti und hausgemachte Nudeln. Gutes Preis-Leistungsverhältnis. Mo/Di geschl. ✆/✆ 045/6400614.

Gardasee Karte Seite 105

Franzosen, später Österreicher bauten Peschiera zur massiven Festung aus

▶ **Santuario Madonna del Frassino**: Das bekannte Wallfahrtszentrum liegt wenige Kilometer südlich der Stadt (gut beschildert). Die prunkvoll ausgestattete Kirche wurde im 16. Jh. zum Dank für die Muttergottes errichtet, die hier als lichtumflutete Statue in einem Eschenbaum erschien und damit einen Bauern vor einer Giftschlange gerettet haben soll. Angeschlossen ist ein Franziskanerkloster mit zwei großen Kreuzgängen, die mit Szenen aus dem Leben verschiedener Heiliger bemalt sind und die die Gläubigen über und über mit rührenden Danksagungen an die Muttergottes bedeckt haben.
Öffnungszeiten tägl. 6.20–12, 14.30–19.30 Uhr.

Sirmione   (ca. 5000 Einwohner)

Einer der meistbesuchten Orte am See, bis zu 10.000 Besucher überfluten täglich die kleine, liebevoll herausgeputzte Altstadt. Sirmione liegt malerisch am Ende einer steil ins Wasser ragenden Halbinsel und ist ein echtes Städtchen für Fußgänger: Nur wenige autorisierte Fahrer dürfen ihre Bezinkutschen durch die engen Kopfsteinpflastergässchen bugsieren. Abends ist alles festlich beleuchtet, man schlendert an Boutiquen und Souvenirläden vorbei oder sitzt auf der Mauer am Wassergraben des Kastells, schleckt Eis und fühlt sich pudelwohl.

Der Zufahrtsdamm wirkt allerdings zunächst wenig erhebend – kilometerlang reiht sich ziemlich kunterbunt Hotel an Hotel. Den Eingang zur Altstadt bildet dann ein imposantes *Skaliger-Kastell*, das ganz von Wasser umgeben ist. Hinter dem kompakten Centro storico erstrecken sich baumreiche Gärten bis zur Spitze der Landzunge, ganz am Ende liegen die Überreste der so genannten „Grotten des Catull", eine palastartige Villa aus der römischen Kaiserzeit. Schön zum Spazierengehen ist besonders die Via Punta Staffalo nach Westen (Passeggiata Panoramica), auf der man an einer der zwei großen Thermalanlagen von Sirmione vorbeikommt – die 70 Grad heißen Schwefelquellen entspringen draußen im See in 19 m Tiefe, etwa 350 m vom Ufer entfernt.

Wer genug hat von Sightseeing und Spazierengehen, findet gute Bademöglichkeiten an mehreren kleinen und großen Stränden rund um die Stadt (→ Baden).

*A*nfahrt/*V*erbindungen/*I*nformation

• *Anfahrt/Verbindungen* **PKW**, am Zufahrtsdamm, ca. 500 m vor der Altstadt, liegen mehrere große Parkplätze mit hohen Preisen. Direkt vor der Altstadt gibt es weitere Parkbuchten mit Parkuhren. Vorsicht – es wird intensiv kontrolliert, die Strafzettel bringen viel Geld ein.

Bus, Haltestelle beim Tourist-Info am Viale Marconi, vor der Altstadt. APTV-Busse und Busse von Trasporti Brescia Nord gehen mindestens stündlich nach Peschiera, Desenzano, Verona und Brescia, Verbindungen zum West- und Ostufer gibt es ab Desenzano bzw. Peschlera.

Schiff, Anlegestelle an der Piazza Carducci am Beginn der Altstadt. Häufige Verbindungen in die anderen Seeorte, Abfahrten z. T. alle halbe Stunde, 4 x tägl. Schnellboot.

• *Information* **IAT**, Viale Marconi 2, am Zufahrtsdamm, wenige hundert Meter vor der Skaligerburg. Detaillierte Karte von Sirmione und Umgebung mit eingezeichneten Hotels/Campingplätzen und vielen Adressen sowie Unterkunftsverzeichnis und diverses Prospektmaterial. ✆ 030/916114, ✆ 916222, www.bresciaholiday.com, iat.sirmione@tiscali.it.

Auskunftsbüro der Hoteliersvereinigung (Associazione Albergatori) nur im Sommer am Beginn vom Damm rechts, Località Colombare. ✆ 030/919322, www.sirmionehotel.com.

*Ü*bernachten

Die gehobenen Hotels verstecken sich an der Spitze der Halbinsel im Grünen, am Zufahrtsdamm liegen auch einfachere Quartiere. Besonders stimmungsvoll wohnt man direkt in der Altstadt (An- und Abfahrt für Hotelgäste nur mit Passierschein vom Tourist-Info). Jedoch Vorsicht: Hotels und Pensionen sind in der Saison weitgehend ausgebucht.

• *Im Zentrum* ***** Marconi**, Via Vittorio Emanuele II 51, in der Altstadt, direkt am See. Sehr ruhig, zuvorkommender und freundlicher Service, großes Frühstücksbuffet. DZ mit Frühstück ca. 70–110 €. ✆ 030/916007, ✆ 916587, www.hotelmarconi.info

** Grifone, Via Bocchio 4, in der Gasse hinter der Burg, freundliche Herberge aus Bruchsteinmauern, innen vollständig renoviert, geflieste Zimmer mit modernem Mobiliar, herrlicher Blick auf See und Kastell. DZ ca. 55–65 €, Frühstück extra. ✆ 030/916014, ✆ 916548.

** Degli Oleandri, Via Dante 31, wenige Schritte vom Grifone, hübsche Herberge mit geschmackvoll-antiker Einrichtung, Speisesaal mit gewölbter Decke, kleine Dachterrasse. DZ mit Frühstück ca. 65–100 €. ✆ 030/9905780, ✆ 916139, www.hoteldeglioleandri.it.

• *Außerhalb vom Zentrum* ***** Garten Lido**, Via XXV Aprile 4, am Zufahrtsdamm, Westseite, 15 Fußminuten ins Zentrum. Ruhig gelegenes Haus mit eigenem kleinem Strand, Badesteg und Garten, vor dem Haus Parkplatz. Restaurant und Bar. Zimmer mit TV, z. T. Balkon. DZ mit Frühstück ca. 70–120 €. ✆ 030/916102, ✆ 916170, www.hotelgartenlido.com

** Villa Paradiso, Via Cesare Arici 7, schöne alte Villa mit großem Olivenbaumgarten an der Spitze der Halbinsel, nahe der frühmittelalterlichen Kirche San Pietro in Mavino. Sieben Zimmer, Frühstück im Garten, eigener Parkplatz. DZ mit Frühstück ca. 65–75 €. ✆/✆ 030/916149, www.villaparadiso.3000.it.

** Bagner, Via G. Leopardi 1, in Colombare Nähe Sporthafen, nicht weit vom Wasser. Ruhig gelegenes, familiär geführtes Albergo mit kleinem Pool und Garten. DZ mit Frühstück ca. 55–75 €. ✆ 030/9196146, ✆ 9904208, www.hotelbagner.com.

• *Feriendörfer* **The Garda Village**, Via Coorti Romane, westlich von Colombare am Fuß der Halbinsel, neben Camping San Francesco. Großzügig und überlegt konzi-

Gardasee
Karte Seite 105

Ein pittoreskes Skaligerkastell bildet den Eingang zur Altstadt von Sirmione

pierte Feriensiedlung direkt am See. Hübsche, allerdings nicht allzu groß geschnittene Reihenbungalows (jeweils TV mit deutschem Programm) und geräumige Mobile Homes inmitten satter Wiesenflächen. Vor der Anlage Kiesstrand und viel Platz zum Spazierengehen am Seeufer. Schöne Poolanlage, Kinderspielplatz, Sportmöglichkeiten, großzügiges Restaurant mit Seeblick, allabendliche Performance im Amphitheater. Im Hochsommer durch Reiseveranstalter belegt, in der Nebensaison aber auch Platz für Individualbucher. Standardbungalow ca. 55–131 €, Komfortbungalow 63–155 €, Mobile Home 46–106 €. ℘ 030/9904552, ℘ 9904560, www.gardavillage.it.

● *Camping* **** **San Francesco**, großer, aufmerksam geführter Platz westlich vom Zufahrtsdamm nach Sirmione. Dichte Pappeln ziehen sich bis zum Wasser hinunter, dort schattiges Baden möglich. Große Poolanlage, Sporteinrichtungen, sehr gute Sanitäranlagen, gemütliches Restaurant mit Enoteca. ℘ 030/9110245, ℘ 9119464, www.campingsanfrancesco.com.

*** **Sirmione**, Via Sirmioncino 9, in Colombare, Lido Galeazzi (bei Tourist-Info in Colombare östlich abzweigen). Großer, gut ausgestatteter Platz mit Bungalows, Pools, Strand und Surfschule. ℘ 030/9904665, ℘ 919045, www.camping-sirmione.com.

Essen & Trinken

In zahllosen Restaurants, Eisdielen und Bars kann man sich verwöhnen lassen, zahlt aber oft reichlich für eher mittelmäßige Qualität.

Il Guelfo, Vicolo Bisse 1, gleich nach dem Kastell die Gasse rechts hinein. Kleine Osteria mit Garten. Serviert werden kalte Platten, Aufschnitt und Schinken, dazu Weine aus ganz Italien.

Il Grifone, Via delle Bisse 5, ein echter „Klassiker", wunderbare Lage unter dichtem Blätterdach direkt am See, im Schatten der Burg, Blick rüber zum Ostufer. Hauptsächlich Fischspezialitäten, darunter natürlich Lachsforelle. Entsprechend der Lage gehobene Preise. Auch als Hotel ein Tipp (→ Übernachten). ℘ 030/916097.

Osteria del Vecchio Fossato, Via Antiche Mura 16, in der engen Gasse gegenüber vom hohen Glockenturm. Hübsche Osteria, stilecht aufgemacht, nur Innenplätze. ℘ 030/919331.

TIPP! La Nuova Botte, Via Antiche Mura 21, schräg gegenüber vom Vecchio Fossato. Hier stimmt alles – riesige Pizzen, gut angemachte Nudelsachen und wunderbare Fleisch- und Fischgerichte, dazu eine wirklich aufmerksame Bedienung. Empfehlung für *luccio del lago con polenta* (Seehecht mit Kapern und Polenta). Leider nur wenige Außenplätze. Di geschl. ✆ 030/916273.

Al Torcol, Osteria in sehr hübscher Lage mitten im Ort, man sitzt an einigen Tischen auf terrassenförmigen Stufen vor dem Haus oder gegenüber im idyllischen, kleinen Garten unter Weinranken. Leckere hausgemachte Pasta, Fischgerichte und gute Weine. ✆ 030/9904605.

Al Porticciolo, am Zufahrtsdamm beim kleinen Sporthafen Porto Galeazzi, beliebtes Ristorante hinter schützender Verglasung, davor verläuft der Uferweg. Oft bis auf den letzten Platz besetzt, Leserlob. ✆ 030/9196161.

Erica, Viale Marconi 43, am Zufahrtsdamm, kurz vor dem Kastell rechts. Relativ neu, ansprechend eingerichtet, freundliches Personal und leckeres Essen, für jeden Gaumen etwas. ✆ 030/916141, www.ristoranteerica.it.

● *Weinlokale* **Cheese & Drink**, Piazzetta Mosaici 6, populäre Enoteca am Beginn der Altstadt, man sitzt vor der Tür und kann die vorbeiflanierenden Menschen beobachten

Shopping/Sport

● *Shopping* **Montagsmarkt** vormittags an der Piazza Mercato im Ortsteil Colombare am Beginn der Halbinsel.

Freitagsmarkt in Lugana (Richtung Peschiera), ebenfalls nur vormittags.

● *Sport* **Centro Surf Sirmione**, am ruhigen Lido Brema (→ Sirmione/Baden), geleitet von Dr. Claudio Lana, einem Windsurf-Pionier des Gardasees. Geboten sind Windsurfkurse und Vermietung von Segelbooten, Kajaks, Tretbooten und Mountainbikes. ✆ 0338/6243650.

Fahrrad-/Motorrad-/Autoverleih, „Adventure Sprint" in Colombare, Via Brescia 9 (Straße nach Desenzano), ✆/℡ 030/919000. Nur Fahrräder bei „Sirmio Trans", Viale Marconi, kurz vor dem Kastell. ✆ 030/919272.

Tennis, im „Sporting Club Sirmione", Lungolago Diaz 3, vom Kastell ca. 1 km die Zufahrtsstraße zurück und rechts, dort auch **Minigolf**.

Tretboote an verschiedenen Stellen, z. B. Lido delle Bionde und Lido Brema.

Wassersportpark Waterland-Le Ninfee, bei San Martino della Battaglia, wenige Kilometer südlich von Sirmione. Mehrere Becken mit Rutschen, außerdem Tennis, Minigolf, Kinderspielplatz, Restaurant, Disco. Vom letzten So im Mai bis zum ersten So im Sept. tägl. 9–19 Uhr, Eintritt am Wochenende ca. 10 €, sonst 8 €. ✆ 030/9910414, ℡ 9108789, www.parcowaterland.it.

Sehenswertes: Leider gibt es im Inneren des Skaliger-Kastells nichts, was den hohen Eintrittspreis rechtfertigt – aber immerhin kann man die höchste Turm bestiegen werden, interessant ist auch der große, ummauerte Hafen der Burg. Nördlich der Altstadt erstrecken sich malerische Olivenhaine. Auf einem Hügel linker Hand der Via Catullo steht die mittelalterliche Kirche *San Pietro in Mavino* mit Fresken aus dem 13.–14. Jh.

Am äußersten Ende der Halbinsel lohnen die so genannten *Grotten des Catull* einen Besuch: Bei dem erstaunlich weitläufigen Komplex mit seinen aufwändigen Thermalanlagen und hohen Gewölben handelt es sich um das größte bekannte römische Landhaus in Oberitalien. Der Dichter Catull stammt zwar aus dieser Gegend, hat aber mit der Villa nichts zu tun. In einem *Antiquarium* am Eingang sind Mosaike und Freskenreste zu sehen. Tipp: Da der Weg von der Stadt ziemlich weit ist, kann man im Hochsommer auch mit einer Elektrobahn zu den Grotten des Catull fahren. Unterhalb der Ausgrabung findet man reizvolle Badestellen mit flachen Kalkplatten (→ Baden).

Öffnungszeiten/Preise **Burg**, Di–So 8.30–19 Uhr, Mo bis 13 Uhr, im Winter 8.30–16.30 Uhr. Eintritt ca. 6 €. **Grotten des Catull**, März bis Mitte Okt. Di–So 8.30–19 Uhr, Mo geschl., übrige Monate bis 16.30 Uhr. Eintritt ca. 6 €.

Gardasee Karte Seite 105

Sirmione/Baden

Um Sirmione gibt es eine ganze Reihe von teils recht schönen Stränden.

▶ **Spiaggia Parrocchiale**: breite Kiesfläche mit kleinem Strand und der Bar „La Torre", direkt im Ort – man geht die Via Antiche Mura an der Pfarrkirche vorbei bis zum Ende. Richtung Norden beginnt hier ein Panoramaweg am Ufer entlang.

▶ **Lido delle Bionde**: breiter Kiesstrand unterhalb der Olivenbaumterrassen am Ende der Via Gennari, am Nordende begrenzt von einem senkrechten Uferabbruch. Hier gibt es einen sehr langen Badesteg, Restaurant/Bar, außerdem Tret- und Ruderbootverleih.

▶ **Lido di Grotte**: reizvolle Badestelle westlich unterhalb der Grotten des Catull. Flache Felsplatten aus Kalk, die nicht einmal einen halben Meter unter dem Wasserspiegel liegen, bilden dort die Uferlinie. Wegen der geringen Tiefe zeigt sich das Wasser, das die Kalkplatten überspült, je nach Sonneneinstrahlung in den faszinierendsten Türkistönen

▶ **Lido Galeazzi**: an der Ostseite von Colombare. Kein eigentlicher Strand, sondern Uferpromenade mit einigen Einstiegen, dahinter Liegewiese und diverse Sportmöglichkeiten (Basketball, Trampolin, Tischtennis). Kleiner Sporthafen benachbart. Weiterhin Surfschule, Campingplatz, mehrere Hotels und Restaurants.

▶ **Spiaggia Brema**: westlich vom Fuß der Halbinsel, besonders angenehme und entspannende Ecke. Eingelagert zwischen weiten Rasenflächen und Schilfzonen liegt der kleine ruhige Kiesstrand westlich vom Sporthafen von Colombare. Liegestühle, Sonnenschirme, Surfschule (→ Sirmione/Sport), Vermietung von Kajaks und Tretbooten, nette Bar „Il Fiore". Auch gut geeignet zum Spazierengehen.

Desenzano   (ca. 20.000 Einwohner)

Größte Stadt am See, sehr lebendig und urban. Der Tourismus spielt hier nicht die Hauptrolle.

Die lange Durchgangsstraße läuft unmittelbar am See entlang, dort liegen der große neue Hafen und das intime alte Hafenbecken, um das sich Cafés gruppieren. Wenige Schritte landeinwärts findet man den Dom *Santa Maria Maddalena* mit zahlreichen großflächigen Gemälden, von denen die meisten vom venezianischen Künstler Andrea Celesti (17. Jh.) stammen, aber auch ein leidenschaftliches „Abendmahl" von Tiepolo in der Kapelle des heiligen Sakraments, sowie die geräumige Fußgängerzone mit tiefen Laubengängen, in deren Schatten man gemütlich sitzt. Unmittelbar dahinter beginnt eine völlig andere Welt – steile Gässchen winden sich zwischen hohen Mauern und kleinen Gärtchen den Hang hinauf. An der Spitze steht ein mittelalterliches *Castello*, von dem nur die äußeren Mauern und Türme unversehrt erhalten sind.

Größte Sehenswürdigkeit sind westlich vom Dom die weitläufigen Ausgrabungen einer prunkvollen *römischen Villa* aus der Spätantike (3. Jh. n. Chr.). Damals (wie heute) war der Südrand des Gardasees beliebtes Wohngebiet der Besserverdienenden, die sich aus den Städten zurückzogen und hier feudale Gutshöfe erbauen ließen. Die Villa von Desenzano gilt als die wichtigste ihrer Art in Norditalien. Die erstaunlich geräumige Anlage ist vor allem für ihre hervorragend erhaltenen Mosaikböden bekannt, mehr als 200 qm sind es. Weiterhin bemerkenswert sind die kunstvollen Hohlraumheizungsanlagen, die unter verschiedenen Fußböden entdeckt wurden. In einem kleinen Antiquarium am Eingang sind Funde ausgestellt.

*Der malerische Hafen von Desenzano
war einst Mittelpunkt des Getreidehandels*

● *Öffnungszeiten/Preise* **Römische Villa**,
März bis Okt. 8.30–18.30 Uhr, Nov. bis Feb.
8.30–16.30 Uhr (nur Antiquarium). Eintritt ca. 4 €.

● *Anfahrt/Verbindungen* **PKW**, ein gebührenpflichtiger Parkplatz liegt neben der Busstation am Wasser, zwei weitere an der Via
Antonio Gramsci westlich vom Hafen, Nähe römische Villa.

Bahn, Desenzano liegt an der Bahnlinie Ve-
nedig-Verona-Mailand, häufige Züge in beide Richtungen (nach Verona ca. 30 Min.). Der
Bahnhof liegt etwas südlich vom Zentrum,
der Viale Cavour und seine Fortsetzung führen genau geradeaus zum Alten Hafen.

Bus, ein Stopp liegt beim Bahnhof, einer im
Hafen (Achtung: Letzterer wird am Di wegen des großen Marktes bis 16 Uhr nicht
angefahren). Bus 27 von Trasporti Brescia
Nord fährt etwa 6 x tägl. am Westufer des
Gardasees entlang über Salò, Gardone Riviera, Toscolano-Maderno und Gargnano
bis Riva, weitere Linien verkehren im südlichen Teil des Westufers. Bus 26 von
Trasporti Brescia Nord und APTV-Bus 81
fahren von Verona am Südufer des Gardasees entlang nach Brescia und zurück.

Schiff, Desenzano ist Anfangs- bzw. End-
punkt der Gardaseeschifffahrt. Abfahrten
nach Sirmione und weiter Richtung Norden
etwa stündlich, Peschiera wird etwas selte-
ner angelaufen. Die Anlegestelle liegt zentral im neuen Hafen. 1 x tägl. Autotransport
nach Riva.

● *Information* **IAT**, im Palazzo Todeschini
(Palazzo del Turismo) am Alten Hafen. Viel
Prospektmaterial, auch zur Umgebung.
Mo/Di & Do–Sa 9–18 Uhr, Mi 9–15 Uhr, So
geschl. ✆ 030/9141510, 🖅 9144209,
www.bresciaholiday.com,
iat.desenzano@tiscali.it.

● *Übernachten* ***** Mayer e Splendid**, alt-
ehrwürdiges Haus am Hauptplatz beim Hafen, schon länger nicht modernisiert, aber
gerade deswegen mit gewissem Charme.
Breite Treppenaufgänge und ordentliche
Zimmer mit TV, teils Balkon mit schönem
Blick auf Platz und See. DZ mit Frühstück
ca. 70–75 €. ✆ 030/9142253, 🖅 9142324.

** Alessi, Via Castello 7, Altstadthaus in einer Seitengasse der Fußgängerzone, klei-
ne, saubere Zimmer mit TV, unten nettes
Restaurant mit einigen Außenplätzen. DZ
ca. 60–80 €, Frühstück extra. ✆ 030/9143341,
🖅 9141756, www.hotelalessidesenzano.com.

** Camping Italia, bei Rivoltella, östlich von
Desenzano, schönes Gelände mit hohen
Zypressen, direkt am Strand. Mit Pool
(auch für die Öffentlichkeit zugänglich), Restaurant und Kinderspielgeräte. ✆ 030/9110277,
🖅 9110832.

Gardasee
Karte Seite 105

**** Camping Villaggio Turistico Vò, in Richtung Salò, lang gestrecktes, grünes Gelände zwischen Uferstraße und See, Lärmbelästigung möglich. Kinderspielplatz, kleiner Pool. Angeschlossen ein Bungalowdorf. ☎ 030/9121325, 🖷 9120773, www.voit.it.

● *Essen & Trinken* **Italia**, teures Ristorante im Laubengang an der Piazza Malvezzi. Exquisite Küche, dazu mehr als 300 italienische und französische Weine, die Weinstube hinten ist ein Treffpunkt für Genießer. Mo geschl. ☎ 030/9141243.

Osteria La Contrada, Via Girolamo Bagatta 15, kleines, gepflegtes Lokal mit gediegener Wohnzimmeratmosphäre, nur eine Handvoll Tische, keine Plätze im Freien. Täglich wechselnde Karte mit teils raffinierten Gerichten, dazu gute Weinauswahl. Auch hier höheres Preisniveau. Mi geschl. ☎ 030/9142514.

Corte Pozzi, Via Stretta Castello 12, originelle Lage in einem Innenhof, umgeben von dreistöckigen Fassaden. Schwergewicht auf Gegrilltem, z. B. Spieß nach Art von Brescia und Florentiner Steak, dazu eine große Auswahl an Weinen. Sonntags ist für private Grillpartys reserviert, Mi geschl. ☎ 030/9141980.

La Cantina dè Corte Pozzi, Via Castello 15, kurz nach Hotel/Restaurant Alessi (→ Übernachten). Gepflegte Weinkneipe, wo die Schinken von der Decke baumeln und auf der Theke verführerische Leckereien aufgereiht sind. ☎ 030/9141980.

Roadway Pub, Via Castello 37, amerikanisch inspiriert, Ristorantino und Pizzeria, auf der netten, kleinen Terrasse kann man sich zu Rockmusik Hamburger, Pizza, *grigliata mista* und *piatti vegetariani* schmecken lassen.

Antica Hostaria Il Massadrino, Via Massadrino 1, westlich außerhalb, an der Straße nach Maguzzano, zu erreichen über Viale Ettore Andreis. Einfaches, rustikales Ausflugslokal im Grünen mit Blick auf den Monte Corno (Punta del Vò). Regionale Küche, Fleisch und Fisch vom Grill, sonntags *tipico spiedo alla bresciana con polenta*. Im Sommer oft Livemusik. Do geschl. ☎ 030/9121813, www.massadrino.com.

● *Cafés/Bars* **Agorà**, im Laubengang an der Piazza Malvezzi, gepflegtes Café mit ausgezeichnetem Eis.

Bosio, ebenfalls Piazza Malvezzi, Pasticceria und Gemäldegalerie in einem, Spezialität ist die *torta delle Rose* aus Hefeteig.

● *Nachtleben* Im Umfeld von Desenzano liegen die meisten Diskotheken am See, im Sommer macht hier die einheimische Jugend aus der Poebene, Brescia und Mailand die Nacht zum Tag. Geöffnet meist Fr/Sa, manchmal auch So und weitere Tage.

Sesto Senso, Viale Tommaso dal Molin 99, Straße nach Sirmione. Schicke Disco, die ab 1 Uhr nachts zu vollen Touren aufläuft, auch VIPs lassen sich manchmal sehen. Angeschlossen ist ein edles Restaurant. ☎ 030/9141211, www.sestosenso.it

Backstage Club, Via Colli Storici 2, Tanzclub mit exklusivem Touch in Rivoltella (an der Straße, die von der Uferstraße landeinwärts nach San Martino della Battaglia abzweigt). ☎ 030/9111563, www.backstageclub.it

Mazoom-Le Plaisir Club, Via Colli Storici 179, weiterer angesagter Club in derselben Straße. ☎ 030/9910319, www.mazoom.net

Dehor (früher: Genux), Via Fornace dei Giorghi 2, ultramoderne, top gestylte Edeldisco mit großem Park und mehreren gediegenen Restaurants fürs gepflegte Candlelight-Dinner an der Straße nach Castiglione delle Stiviere (SS 567), südlich der Autobahn. ☎ 030/9919948, www.dehor.it.

● *Markt* weitläufiges Markttreiben jeden Di um den **Alten Hafen**.

Desenzano/Umgebung

▶ **Parco La Quiete**: Erholungspark mit kleinem See bei der Località Passo dei Corvi, Nähe Centenaro, südlich der Autobahn. Auf über 100.000 qm Spielplätze für Kinder, Swimmingpools, Minigolf, Volleyball, Tennis u. a., fürs leibliche Wohl ein Restaurant, Snackbars, Picknick- und Barbecue-Plätze.

Information ☎/🖷 030/9103171, www.parcolaquiete.it; Eintritt ca. 7 €, an Sonn- und Feiertagen 9 €, Kinder von 4–10 J. ermäß.

Besichtigungstipp im nahen Brescia ist das neue **Museo di Santa Giulia**, → S. 131.

Südlich vom Gardasee

„Colline Moreniche Mantovane del Garda" – Moränenhügel im Raum Mantua – nennt sich die ruhige hüglige Landschaft mit üppigen Wiesen und Weinfeldern südlich von Sirmione, Peschiera und Desenzano. Entstanden sind sie vor einer guten Million Jahren als Ablagerungen des Gardasee-Gletschers. Das friedliche Erscheinungsbild lässt heute nicht mehr ahnen, dass hier vor über hundert Jahren erbitterte Kämpfe stattfanden – die italienischen Befreiungskriege gegen die Österreicher.

Auf Spuren der Schlachten trifft man noch überall, vor allem im kleinen Örtchen *Solferino*, das zum Symbol geworden ist. Ein mahnendes Zeichen setzt der 64 m hohe Turm von *San Martino della Battaglia*, der an klaren Tagen viele Kilometer weit zu sehen ist. Einen ganzen Tag muss man mindestens einplanen, wenn man alles Wichtige in dem weitläufigen Landstrich am Nordrand der Poebene kennen lernen will. Die Straßen sind schmal und oft verwirrend beschildert, dazu kommt die Siesta, die über Mittag keine Besichtigung erlaubt. Wer noch über etwas mehr Zeit verfügt: Keine 40 km sind es vom Gardasee in die Kunststadt *Mantua* (→ S. 186).

▶ **San Martino della Battaglia**: Etwas außerhalb thront auf einer Anhöhe der *Monumento della Battaglia*, ein 74 m hoher, trutziger Turm, der in eindrucksvollen Wandgemälden die Geschichte der italienischen Einigungsbewegung darstellt und von dessen Plattform man an klaren Tagen eine herrliche Fernsicht hat. Hinter dem Turm steht das Kriegsmuseum *Museo della Battaglia* (dieselben Öffnungszeiten) und vorne an der Zufahrtsstraße kann man zum *Ossario* (Gebeinhaus) hinübergehen, wo über tausend Gefallene der Schlacht von San Martino ruhen. Die Soldaten der Vielvölkermonarchie Österreich stammten u. a. aus Russland, Rumänien, Ungarn, Polen, Kroatien und der Tschechischen Republik.

Öffnungszeiten/Preise **Monumento e Museo della Battaglia**, März bis Sept. tägl. 9–12.30, 14.30–19 Uhr, Okt. bis Feb. Di–So 9–12.30, 14–17.30 Uhr (Mo geschl.), Eintritt ca. 3,20 €, Kinder 1,60 €.

Reiches Innenleben: der Turm von San Martino della Battaglia

▶ **Solferino**: „Hier wurde die Idee des Roten Kreuzes geboren" steht auf den

Ortsschildern zu lesen. Im Juni 1859 tobte um den Ort die blutige Schlacht von Solferino, in der die piemontesischen (italienischen) und französischen Truppen die Österreicher entscheidend schlugen. Nach dem Kampf lagen außer den 25.000 Toten etwa 10.000 Schwerverwundete hilflos und ohne hinreichende Versorgung auf dem Schlachtfeld – dieses schreckliche Erlebnis rüttelte den damals gerade dreißigjährigen Schweizer Kaufmann *Henri Dunant* so auf, dass er fortan hartnäckig und voller Engagement die Gründung einer internationalen Hilfsorganisation verfolgte. Die Idee des „Roten Kreuzes" war geboren.

Im Ortskern steht ein *Museo Storico Risorgimentale* mit den Relikten des Krieges von 1859. Daneben führt eine Zypressenallee hinauf zur *Chiesa Ossario* (Beinhaus), bis zur Decke gestapelt ruhen darin die Gebeine der Gefallenen aller Nationen („Feinde im Kampfe, im Frieden des Grabes wie Brüder"), Büsten erinnern an die bei Solferino gefallenen französischen Generale Augier und Dieu sowie weitere Offiziere.

Auf den Burghügel zieht sich eine steile Straße hinauf, oben liegt die große rechteckige *Piazza Castello*, umgeben von neueren Burggebäuden, mittendrin die Kirche *San Nicola*. Etwas erhöht erhebt sich die *Rocca*, ein mittelalterlicher Viereckstrurm mit Kriegsrelikten. Er wird „Spia d'Italia" (Spion von Italien) genannt, denn von der exponierten Hügelspitze konnte man weit ins österreichisch besetzte Gebiet hineinsehen. Durch eine Zypressenallee kommt man hinüber zum *Memoriale croce rosso internazionale*, an dem auf Marmortafeln sämtliche Mitgliedsländer des Roten Kreuzes eingraviert sind.

● *Öffnungszeiten/Preise* **Museo Storico Risorgimentale**, März bis Sept. Di–So 9–12.30, 14.30–19 Uhr, Mo geschl., übrige Zeit des Jahres nach Vereinbarung (✆ 338-7501396); Eintritt ca. 3 €, Kinder 1,50 €.
Rocca, Di–So 9–12, 14–18 Uhr, Mo geschl. Eintritt ca. 1,60 €, Kind. 0,80 €.

● *Essen & Trinken* **La Torretta**, Via Napoleone III 6, zentral gelegener Agriturismo, gutes Essen zu fairen Preisen, keine Speisekarte, die Bedienung zählt auf, was zu haben ist. Viele Italiener als Gäste. ✆ 0376/855036.

● *Shopping* **Antiquitätenmarkt** jeden 2. Sonntag im Monat auf der Piazza Castello.

▶ **Castiglione delle Stiviere**: Industriestädtchen mit ansehnlichem historischem Kern. Hier gibt es in der Via Garibaldi 50 das *Museo internazionale della Croce Rossa* (Rot-Kreuz-Museum) zu besichtigen, 1959 eröffnet anlässlich des hundertjährigen Bestehens der Hilfsorganisation. In mehreren Stockwerken sind zahlreiche Erinnerungsstücke zur Geschichte des Roten Kreuzes ausgestellt: alte chirurgische Instrumente und Medikationsmaterial aus Feldlazarett, Fotos, Gemälde, Dokumente u. Ä. Am interessantesten ist das große Untergeschoss, wo historische Tragbahren, Tragsessel und Transportkutschen – die Vorgänger der heutigen Krankenwagen – aus der Zeit des Ersten Weltkriegs und der Risorgimento-Schlachten stehen.

Öffnungszeiten **Rot-Kreuz-Museum**, April bis Okt. Di–So 9–12, 15–18 Uhr, Mo geschl., übrige Zeit 9–12, 14–17 Uhr. Eintritt ca. 3 €, Kinder 1,50 €. ✆ 0376/638505, www.micr.it.

Um den Mincio

Südlich von Peschiera del Garda schlängelt sich der Mincio hinunter bis nach Mantua, wo er kurz darauf in den Po mündet.

Über fast jedem Ort in der grünen Hügellandschaft thront hier eine mehr oder minder gut erhaltene Burg, z. B. über *Ponti sul Mincio* und *Monzambano*.

Zwischen beiden Orten liegt die große Winzergenossenschaft „Cantina Colli More-nici", wo man im Direktverkauf die zahlreichen Weine des Alto Mantoviano erhält. Auf der anderen Flussseite findet man bei *Salionze* den Wasserpark „Alto Mincio" mit angeschlossenem Campingplatz. Einen Abstecher wert ist außerdem das nahe „Museumsdorf" *Castellaro Lagusello* und bei *Valeggio sul Mincio* mit seiner markanten historischen Brücke erstreckt sich der der großartige *Parco Giardino Sigurtà*, der zu den schönsten Parkanlagen Europas zählt.

● *Übernachten* ** **Camping Alto Mincio**, bei Salionze, ca. 8 km nördlich von Valeggio. Der kleine Platz gehört zum gleichnamigen Wasserpark (→ Sport). Im Übernachtungspreis ist der Eintritt zum Park inbegriffen. Es werden Bungalows und Mobil Homes vermietet. ✆ 045/7945131, 🖷 7945146.

● *Shopping* **Cantina Colli Morenici**, Strada Monzambano 75, etwas nördlich von Mon-

zambano. Mo–Sa 8.30–12, 14.30–18, So 8.30–12 Uhr. ✆ 0376/809745/6, 🖷 809753, www.cantinacollimorenici.it.

● *Sport* **Acquapark Alto Mincio**, Wasserspaß für die ganze Familie, Rutschen aller Art, diverse Pools, Babybecken und olympischer Pool, Minigolf, Fußball etc. Ende Mai bis Mitte Sept. 10–19 Uhr, Eintritt ca. 11 €, ab 15 Uhr 7 €, ab 17 Uhr 4 €. ✆ 045/7945131, 🖷 7945928, www.altomincio.com.

Tipp: Ein Radweg führt von Peschiera am Gardasee den Mincio entlang bis ins 40 km entfernte Mantua, allerdings ist nur das Streckenstück bis Valeggio reizvoll.

▸**Castellaro Lagusello**: hübsches mittelalterliches Dorf südwestlich von Monzambano. Durch das hohe Portal eines Uhrturms gelangt man in das Innere der vollständig ummauerten Burgsiedlung aus dem 12. Jh., die sich um den leer stehenden Gutsbesitz der *Villa Arrighi* gruppiert. An Wochenenden herrscht immer viel Ausflugsverkehr. Es gibt mehrere gute Restaurants und Übernachtungsmöglichkeiten, einen großen Parkplatz findet man rechts vom Dorf. Südlich vom Ort liegt ein kleiner Gletschersee, der allerdings nicht zugänglich ist (zu sehen durch das verschlossene Tor im Turm vor der Villa Arrighi).

● *Übernachten/Essen & Trinken* **Corte Uccelanda Suite**, das ehemalige Landwirtschaftsgut am Ortseingang links wurde vor einigen Jahren zu originellen und aufwändig ausgestatteten Apartments umgebaut, die sich in mehreren Häusern um einen großen Hof gruppieren. Apartments jeweils mit TV, die Gäste erhalten kostenlos Fahrräder. Preis mit üppigem Frühstück ca. 90–140 €. Auskünfte und Buchung im Restaurant La Pesa.

La Pesa, alteingesessenes Restaurant am Ortseingang rechts, seit 1908 in Familienbesitz. Großer, gegen Sonne geschützter Hof, mehrere verschieden gestaltete Innenräume. Diego und Monica Ferri kreieren feine Mantovaner Küche, mehrere Menüs stehen zur Auswahl. Di geschl. ✆ 0376/88763, 🖷 88764, www.lapesa.it.

La Dispensa, stilvolles Restaurant an der Hauptgasse linker Hand, kurz vor dem Ein-

gang zur Burgsiedlung. Daneben eine urige **Osteria**, im winzigen Hof werden kalte und warme Platten serviert, die angebotenen Weine kann man zum Mitnehmen kaufen. Nur abends (außer Sa/So), Mo–Mi geschl. ✆ 0376/88850.

Antico Borgo, zentral in der Burgsiedlung, gepflegtes Ristorante mit Sommergarten und mehreren Innenräumen. Kredenzt wird auch hier die „cucina tipica Mantovana", z. B. *tortelli di zucca* und Risotto, Schleie und Hecht mit Mantovaner Soße (Kapern, Anchovis und Polenta), die Pasta-Variationen und Dolci sind hausgemacht. Degustationsmenü ca. 32 €. Der Chef des Hauses spricht hervorragend Deutsch. Es werden auch sieben Zimmer mit Stilmöbeln vermietet. Mo geschl. ✆/🖷 0376/88978, www.anticoborgosas.it.

Borgo Antico, am Uhrturm links, gemütliche Gartenkneipe.

Valeggio sul Mincio   (ca. 11.000 Einwohner)

Die kleine, im Zentrum recht gemütliche Stadt mit weitläufigem Fußgängerbereich liegt am Ostufer des Mincio, etwa 8 km südlich von Peschiera del Garda. Nach einer Legende wurden hier im Mittelalter die mit Kürbisbrei gefüllten „Tortellini di Valeggio" erfunden, die heute in jedem der zahlreichen Restaurants auf der Speisekarte stehen und „Knoten der Liebe" (nodo d'amore) genannt werden.

Die imposanten Ruinen einer großen Skaligerfestung dominieren das Ortsbild (Aufstieg nur zu Fuß über die Via degli Scaligeri). In den malerischen Ortsteil Borghetto auf der anderen Flussseite führt der *Ponte Visconti*, ein einzigartiges Relikt aus dem Mittelalter. Hauptsehenswürdigkeit ist jedoch der 500.000 qm große Parco Giardino Sigurtà.

Erlebnis Natur: der Parco Giardino Sigurtà

Anfang der 1940er Jahre erwarb der Pharmaindustrielle Dottore Giuseppe Carlo Sigurtà (1898–1983) am Nordrand von Valeggio preisgünstig ausgedehnte Ländereien, die damals sehr trocken und unfruchtbar waren. In vierzigjähriger Arbeit gelang es dem Dottore, das hüglige Terrain in eine wunderschöne Abfolge fruchtbarer mediterraner Landschaften mit prächtiger Wald- und Wiesenflora und kleinen Teichen zu verwandeln. Besonders malerisch ist dabei auch der Blick auf die nahe Skaligerburg. Signore Sigurtà starb 1983, der Park wird nun von Familienangehörigen geführt und zählt heute zu den schönsten Gartenanlagen Europas.

Besichtigung zu Fuß (am Eingang sind Lagepläne mit eingezeichneten Routen erhältlich, Dauer jeweils ca. 50 Min.) oder mit einer Bimmelbahn („Trenino"), die das Gelände auf einer 7 km langen Strecke in einer guten halben Stunde durchquert. Außerdem kann man Fahrräder und elektrische Golfmobile mieten. Auf einigen ausgeschilderten Plätzen ist das Betreten der Grünflächen und Picknick erlaubt, einige Kioske verkaufen Snacks.

Öffnungszeiten/Preise März bis Nov. tägl. 9–19 Uhr, Eintritt ca. 8,50 € pro Pers., Kind (5–14 J.) 6 €, über 65 J. 7 €, Trenino ca. 2,50 € (bis 5 J. gratis).
Informationen ℡ 045/6371033, ✍ 6370959, www.sigurta.it.

▸ **Borghetto di Valeggio sul Mincio:** Der Vorort am Westufer des Mincio besitzt ein malerisches altes Mühlenviertel mitten im Mincio. Eine hölzerne Brücke führt vom Parkplatz hinüber zu den alten Häusern, zwischen denen sich noch die Mühlräder drehen. In mehreren Flusslokalen kann man idyllisch essen.

Nur wenig hundert Meter weiter nördlich zieht sich der 600 m lange *Ponte Visconti* als gewaltiges Backsteinbauwerk über den Mincio. Was heute als Straßenbrücke dient, war ursprünglich ein gigantischer Staudamm. Der Visconti-Herrscher Giangaleazzo hatte nämlich 1393 die perfide Idee, das Wasser des Mincio zu stauen und so den schützenden See um die weiter südlich gelegene Gonzagastadt Mantua trocken zu legen. Der Plan wurde damals aus bis heute ungeklärten Gründen nicht vollendet. Doch nicht einmal fünfzig Jahre später erwies sich der Damm als unüberwindliches Bollwerk gegen die Venezianer, die ihre Kriegsflotte den Mincio hinauf in den Gardasee schicken wollten. Die Kriegsherren der Serenissima muss-

Im Schatten des Ponte Visconti lässt es sich wunderschön speisen

ten sich deshalb eine ziemlich tollkühne Idee ausdenken, um ihre Schiffe doch noch in den See zu verfrachten (→ Kasten S. 137). 1993 wurde die 600-Jahr-Feier der Brücke begangen – seitdem wird alljährlich im Juni eine etwa 1,5 km lange Doppelreihe von Tischen über die gesamte Brücke gestellt und ein opulentes Festmahl namens *Festa del nodo d'amore* veranstaltet. Etwa 4200 Personen werden dabei verköstigt, die u. a. 600.000 Tortellini verspeisen – ein höchst eindrucksvolles Spektakel und immer monatelang im Voraus ausverkauft (www.valeggio.org).

Gardasee
Karte Seite 105

● *Anfahrt/Verbindungen* von Westen kommend, vor dem Ponte Visconti rechts nach Borghetto abbiegen. Kurz vor der Holzbrücke kleiner gebührenpflichtiger **Parkplatz** (ca. 1 €/Std.).

● *Übernachten* *** **Faccioli**, Via Tiepolo 8, idyllisch ruhige Lage mitten im Weiler Borghetto. Die historische Herberge wurde schon in den Risorgimento-Kriegen als Truppenquartier genutzt. 10 hübsche Zimmer mit TV. DZ mit Frühstück ca. 90 €. ☎ 045/6370605, ☏ 6370571, www.valeggio.com/faccioli.

Villaggio Il Borghetto, mehrere gut ausgestattete, allerdings teure Ferienwohnungen im Mühlenbezirk, dort liegt auch die Rezeption. Apartment für 2 Pers. ca. 160 € ohne Frühstück. ☎ 045/7952040, ☏ 6379625, www.borghetto.it.

La Staffa, ca. 5 km westlich von Valeggio, Località Ariano. Umgebautes Landgut aus

dem 16. Jh., fünf Zimmer und Apartments, jeweils mit Klimaanlage und TV, angeschlossen ist ein Reitstall. DZ ca. 52–66 €, Apartment ca. 60–70 €. ☎/☏ 045/7950204, www.lastaffa.eu.

● *Essen & Trinken* **Antica Locanda del Mincio**, ein kleines Stück den Fluss hinunter, bei der Brücke von Borghetto sul Mincio. Ein echtes Stück Tradition – zu Recht viel gelobt in zahlreichen Gourmetführern. Man sitzt an einem lauschigen Fleckchen unter prächtigen Linden direkt am Fluss – oder bei schlechtem Wetter im historischen Innenraum mit großem Kamin und prachtvollen Wandbildern. Zu den Spezialitäten zählen Mincio-Aal und andere Flussfische, außerdem natürlich die handgefertigten Tortellini mit Kürbisbrei. Mi-Abend und Do geschl. ☎ 045/7950059.

La Vecchia Bottega, direkt neben der Antica Locanda del Mincio, leckere hausgemachte Kürbistortellini und wunderschön zum Sitzen. Auch Verkauf von Spezialitäten. Mo geschl. ✆ 045/6370183.

Enoteca Divin Osteria, exponierte Lage im Mühlenbezirk, gute Tropfen mit *bocconcini di mais* (gegrillter Maisbrei), Salami und Bruschetta. Do geschl.

Lepre, Via Marsala 5, schönes, altes Restaurant mitten in der Fußgängerzone von Valeggio, wenige Schritte vom Hauptplatz. An der Bar vorne trifft sich die Männerwelt, hinten speist man in altmodischem Rahmen. Do-Mittag und Mi geschl. ✆ 045/7950011.

Alla Borsa, ebenfalls in Valeggio, Via Goito 2, Familienbetrieb seit 1959, sehr populäres Stadtlokal mit ausgezeichneter Küche, ebenfalls bekannt für seine vielfältigen Tortelllini. Der Name erinnert daran, dass sich hier früher vor allem die Händler der Stadt zum Essen trafen. Di-Abend und Mi geschl. ✆ 045/7950093.

• *Shopping* großer **Antiquitätenmarkt** jeden vierten Sonntag auf der Piazza Carlo. Alberto. Auch die Läden haben an diesem Tag geöffnet, so das man sich auch die leckeren Tortellini mitnehmen kann.

Bottega Osteria al Ponte, Via M. Buonarroti 6, in Borghetto, vis-à-vis vom Parkplatz an der Brücke. Delikatessengeschäft mit 130-jähriger Tradition: Tortellini, Wurstwaren, Gebäck, eingelegtes Obst, Marmeladen aus eigener Herstellung, Käse, Wein, Liköre und andere lokale Spezialitäten. Angeschlossen ist ein kleines, stilvolles Ristorante. Mi geschl. ✆ 045/6370074, www.bottegaosteriaalponte.com.

• *Sport* **Wasserpark Cavour**, in Ariano, 2 km von Borghetto auf der Westseite des Mincio. Fünf Pools, darunter ein großes, seeförmiges Becken mit Sandstrand, lange Rutsche mit drei Spuren, Tennis, Kinderspielplatz u. a. Eintritt ca. 10 € (an Sonn- u. Feiertagen 13 €), Kinder (3–10 J.) 8 €. ✆ 045/7950904, ✆ 6370618, www.parcoacquaticocavour.it.

Mantua   (ca. 60.000 Einwohner)

Nur knapp 40 km südlich vom Gardasee liegt die ehemalige Residenzstadt der Gonzaga-Herzöge auf einer Halbinsel im Flusskniе des Mincio.

Das historische Zentrum besteht aus vier aufeinander folgenden Plätzen, eingefasst von schönen, alten Bürgerhäusern mit Laubengängen. Die verschwenderisch geschmückten Palazzi waren seinerzeit bedeutende Zentren der Renaissance und noch heute sind hier einige der schönsten Meisterwerke dieser Epoche zu betrachten: die herrlichen Fresken von Andrea Mantegna (1431–1506) im Palazzo Ducale und die fantastisch-allegorische Ausstattung des Palazzo del Te.

Anfahrt/Verbindungen/Information

• *Anfahrt/Verbindungen* **PKW**, Mantua liegt an der A 22 von Verona nach Modena, Ausfahrt Mantova-Nord. Parkplätze gibt es östlich (Lungolago dei Gonzaga) und nördlich vom Zentrum (Viale Mincio).

Bahn, Bahnhof am Fluss (Lago Superiore) westlich vom Zentrum. In die Altstadt die Via Solferino schräg nach links nehmen, ca. 10 Min.

Bus, Busstation am Piazzale Mondadori, nahe beim Bahnhof. APTV-Busse fahren nach Peschiera am Gardasee.

• *Information* Piazza Mantegna 6, rechts um die Ecke der Kirche Sant'Andrea. Es wird perfekt Deutsch gesprochen. Tägl. 9–19 Uhr. ✆ 0376/328253, ✆ 363292, www.turismo.mantova.it.

Übernachten

Die Auswahl in Mantua ist nicht über die Maßen attraktiv und zudem teuer.

*** Broletto, Via Accademia 1, ganz zentral im Centro storico, alter Stadtpalast mit modernem Innenleben. Solide Ausstattung, wenn auch nicht übertrieben geschmackvoll. DZ mit Frühstück ca. 90–120 €. ✆ 0376/326784, ✆ 221297, www.hotelbroletto.com.

*** Bianchi Stazione, Piazza Don Leoni 24, direkt vor dem Bahnhof, kürzlich renoviert, geschmackvolle Ausstattung, jeweils Klimaanlage, hinten Innenhof zum Sitzen. DZ ca. 80–120 €, kostenpflichtiger Parkplatz. ✆ 0376/326465, ✆ 321504, www.albergobianchi.com.

Auf der Piazza Sordello, rechter Hand der Palazzo Ducale

Gardasee Karte Seite 105

*** ABC, Piazza Don Leoni 25, gleich nebenan am selben Platz, ordentliches Albergo mit mäßigem Komfort, Zimmer nach hinten nehmen, vorne laut, kleiner Innenhof zum Sitzen. DZ mit Frühstück ca. 80–120 €, kostenpflichtiger Parkplatz.
☎/📠 0376/322329, www.hotelabcmantova.it.

B & B Corte Posta, Strada da Ostigliese 1, nördlich der Stadt, in Mantova Nord von der Autobahn abfahren. Gepflegtes Haus mit schönen Zimmern und großem Garten, für Gäste kostenloser Fahrradverleih. DZ mit Frühstück ca. 80 €. ☎/📠 0376/370422, www.corteposta.it.

B & B Locanda dell'Opera Ghiotta, Via Bachelet 12, ca. 200 m von der Autobahnausfahrt Mantova Nord, freundlich geführte Pension in San Giorgio di Mantova, stilvoll eingerichtet, Zimmer mit TV und gutem Frühstück, da Mitglied der Slow-Food-Bewegung. DZ mit Frühstück ca. 80 €. ☎ 0376/371414, www.operaghiotta.com.

* Maragó, das einzige Albergo dieser günstigen Preisklasse liegt weit außerhalb in Virgiliana, südöstlich von Mantua. DZ ca. 50–60 €, mit Ristorante (Mi geschl.), Preis-Leistungs-Verhältnis okay. ☎/📠 0376/370313, www.ristorantemarago.com.

Camping Corte Chiara, Strada Tezze 1, Località Sant'Antonio di Porto Mantovano, kleiner Agricamping nördlich von Mantua, zu erreichen von der SS 62 nach Verona. Mit Grillplatz und Fahrradverleih. März bis Okt. ☎/📠 0376/390804, cortechiara@libero.it.

Essen & Trinken

Die berühmte „cucina Mantovana" geht auf die Gonzagas zurück, die die besten Köche Italiens verpflichteten. Stimmungsvoll, allerdings hochpreisig speist man in den Lokalen unter dem Säulengang des Palazzo della Ragione an der zentralen Piazza dell'Erbe.

Antica Osteria Broletto, im überwölbten Durchgang zwischen Piazza dell'Erbe und Piazza Broletto, populär und gemütlich, vom Mittagsimbiss bis zum Menü ist hier alles zu haben, z. B. *salame Mantovana con polenta*, *luccio in salsa verde*, *stracotto*

Mantovano und *tortelli di zucca*. Di geschl. ☎ 0376/225420.

Antica Hostaria Leoncino Rosso, Via Giustiziati 33, nett eingerichtete Trattoria unter einem Torbogen zwischen Piazza dell'Erbe und Piazza Broletto, im Sommer auch draußen einige Tische. So abends geschl. ✆ 0376/323277.

Aquila Nigra, Vicolo Bonacolsi 4, Seitengässchen der Piazza Sordello. Das elegante Ristorante mit Fresken und alter Holzdecke besitzt einen Michelin-Stern. Interessante und fantasievolle Speisekarte, vielleicht mal Fisch aus dem Mincio kosten, z. B. Aal oder *luccio in salsa*. Menü ca. 45 € aufwärts. So/Mo geschl. ✆ 0376/327180.

Quattro Tette da Angelo, Vicolo Nazione 4, versteckt in einem Durchgang an der Via Cavour, urig und preiswert. Tägl. wechselnd nur 1–2 Gerichte, die mit Kreide auf einer kleinen Schiefertafel vermerkt werden, beliebt beim jungen Publikum. Mo–Sa 12.30–14.30, Di, Do und Fr 20–21.30 Uhr.

Osteria della Vecchia Mantova, am Nordende der Piazza Sordello, noch hinter dem Dom. Freundlich und unprätentiös eingerichtete Osteria, täglich wechselnde Menüempfehlungen. Mi geschl. ✆ 0376/329720.

Jeden Donnerstagvormittag findet in Mantua ein riesiger **Markt** statt, der einen großen Teil der Innenstadt in Beschlag nimmt.

Sehenswertes

An der kleinen Piazza Mantegna steht die gewaltige Kirche *Sant'Andrea*, ein gigantischer Renaissancebau mit gotischem Campanile, Riesenkuppel und turmhohem Eingangsportal, dessen Rundung sich in der Tonnenwölbung des monumentalen Innenraums fortsetzt. In der ersten Seitenkapelle links liegt das Grab Mantegnas.

Die Piazza Sordello ist mit Palazzo Ducale, Dom und zinnenbewehrten Stadtpalästen das repräsentative Zentrum der Stadt. Der *Dom* zeigt sich als eine Mixtur verschiedenster Epochen – klassizistische Fassade, gotische Elemente, romanischer Glockenturm. Das Innere ist in streng klassischen Formen gehalten, korinthische Säulen trennen die fünf Schiffe voneinander ab.

Das *archäologische Nationalmuseum* an der Piazza Castello (großer Hof, der zum Palazzo Ducale gehört) zeigt Funde von der Prähistorie bis zum Mittelalter.

Palazzo Ducale: Die gewaltige Ausdehnung dieses Palastes, der mit seinen 500 (!) Räumen der größte Italiens ist und nahezu stadtähnliche Ausmaße hat, lässt sich von außen kaum erahnen. Die zahlreichen Gebäudeflügel der Gonzaga-Residenz wurden im Lauf mehrerer Jahrhunderte aneinander angeschlossen und ergeben architektonisch ein ziemlich kunterbuntes Bild. Sie gruppieren sich um mehrere Innenhöfe bzw. Gartenanlagen und stehen mit dem mittelalterlichen Castello di San Giorgio in Verbindung. Nur ein Bruchteil der Räume kann besucht werden, trotzdem lohnt eine Besichtigung, um einen Eindruck von der Prachtentfaltung der Renaissance- und Barockfürsten zu bekommen. Unbestrittener Höhepunkt ist die „Camera degli Sposi" mit den Fresken Mantegnas. Gerade mal drei Minuten darf man sich hier aufhalten, denn die Bilder könnten durch die Feuchtigkeit des menschlichen Atems beschädigt werden. Zwei große Gemälde mit Themen aus dem Leben der Gonzaga beherrschen die Wände des Raums, ihre bestechende Wirklichkeitsnähe und detailgetreue Darstellung sind faszinierend. An der Decke erblickt man eine gemalte kreisrunde Öffnung, von dessen Rand freundlich lächelnde Mädchen und Puttenengel auf den Betrachter herunterschauen. Diese verblüffende Perspektive hat Mantegna als Erster entwickelt, sie wurde später immer wieder kopiert.

Palazzo del Te: Zweite große Sehenswürdigkeit ist dieser Palast, der im 16. Jh. weit außerhalb der damaligen Stadt erbaut wurde (ca. 20 Min. zu Fuß ab Palazzo Ducale). Ursprünglich sollte er nur eine Villa werden, in der sich Federico II di Gonzaga zu vergnügen gedachte. Der Architekt und Innenausstatter Giulio Romano aber schoss weit über dieses Ziel hinaus. Er entwarf einen eleganten, für seine Zeit hochmodernen Palast, dessen lang gestreckte Flügel sich heute inmitten eines großen, grünen Parks ausbreiten. Im Inneren schuf Romano eine Vielzahl fantastisch-allegorischer Fresken, die zu den Glanzstücken des italienischen Manierismus gehören. Die *Sala di Psiche* ist eine einzige Farborgie und opulenter Tummelplatz nackter Jünglinge, holder Maiden und listiger Satyrn. In der benachbarten *Camera dei Veduti* sind in runden Medaillons Szenen aus Jagd und Kampf festgehalten, die *Camera degli Stucchi* besitzt sehr schöne Stuckreliefs auf schwarzem Grund, in der *Sala dei Cavalli* sind die Lieblingspferde Federicos verewigt. Am spektakulärsten ist aber die nach oben wie eine Kuppel zusammenlaufende „Sala dei Giganti", die von einem einzigen großen Gemälde eingenommen wird, der „Rebellion der Giganten" (nach Ovid): Die Giganten, riesige, bärbeißige Knurrhähne mit finsteren Gesichtern, werden unter einem Inferno zusammenstürzender Bauten begraben, ausgelöst durch den Blitze schleudernden Zeus. Von einem Rundbau hoch oben blicken die olympischen Götter fasziniert auf das himmlische Strafgericht herunter.

• *Öffnungszeiten/Preise* **Museo Archeologico Nazionale**, Di–Sa 8.30–18.30, So 8.30–13.30 Uhr, Mo geschl., Eintritt frei.
Palazzo Ducale, Di–So 8.45–19.15 Uhr (letzter Eintritt 18.30 Uhr), Mo geschl.; Eintritt ca. 6,50 €, von 18–25 J. 3,25 €, unter 18 und über 65 J. frei.
Palazzo del Te, Di–So 9–18 Uhr, Mo 13–18 Uhr; Eintritt ca. 8 €, über 60 J. 5,50 €, 12–18 u. Stud. 2,50 €, bis 11 J. frei.

> **Mantova Fashion District**: Bei der Autobahnausfahrt Mantova Sud liegt einer der größten Outlet-Komplexe Italiens. Auf über 100.000 qm finden sich hier mehr als fünfzig Shops mit reduzierter Ware (www.fashiondistrict.com).

Gardasee Karte Seite 105

Mantua/Umgebung

▶ **Grazie del Curtatone**: 8 km westlich von Mantua liegt am Mincio dieser kleine Ort mit der bedeutenden Wallfahrtskirche *Santa Maria delle Grazie*. Als 1390 die Pest in Mantua ausbrach, schwor der Gonzagaherzog Francesco I, eine große Kirche errichten zu lassen, falls die Seuche glimpflich abliefe. Das Innere beherbergt die wundertätige Statue der *Madonna delle Grazie*. Von „Geheilten" wurden Dutzende Krücken zurückgelassen, in den Seitennischen stehen außerdem zahlreiche Standbilder aus Holz, Wachs und anderen Materialien – sie stellen angeblich zum Tode Verurteilte dar, die die Madonna errettet hat.

Fiera di Grazie: Fest der Straßenmaler

Das größte Fest des Städtchens findet auf dem großen Platz vor der Wallfahrtskirche statt. Es beginnt am 13. August abends und endet am 16. August abends. Höhepunkt ist der Wettbewerb der „Madonnari" (Pflastermaler) an „Ferragosto" (Mariä Himmelfahrt), die in Italien noch häufig aus ausschließlich religiösen Gründen tätig sind. Aus ganz Europa treffen sich hunderte von Straßenkünstlern und malen 24 Stunden lang (!) – vom 15. morgens bis 16. morgens – ununterbrochen ein selbst gewähltes Thema auf den Asphalt vor der Kirche. Die Kunstwerke werden anschließend prämiert.

Seen um den Gardasee

In den Bergen nördlich und westlich oberhalb des Lago di Garda liegen einige reizvolle kleine Gewässer, die sich gut als Ausflugsziele eignen, aber auch beschauliche Alternativen zum Rummel weiter unten bieten. Die kühleren Wassertemperaturen sorgen dafür, dass nur im Hochsommer größerer Betrieb herrscht.

Von *Riva del Garda* am Nordende des Gardasees (→ S. 108) kann man auf kurviger, steiler Straße das breite Varone- und Magnonetal hinauffahren und einen Tagesausflug zum bildhübschen *Lago di Tenno* und in die malerischen Dörfer im Umkreis unternehmen. Unterwegs genießt man das Panorama der üppig grünen Berglandschaft und hat immer wieder herrliche Rückblicke auf den See. Zum größeren *Lago di Ledro* führt ebenfalls von Riva aus eine neue Serpentinenstraße mit zwei langen Tunnels, *Dom* (1100 m) und *Agnese* (3600 m). Den *Lago d'Idro* erreicht man bequem und schnell in etwa dreiviertelstündiger Fahrt auf der Straße von *Salò* über Vobarno und Vestone, den *Lago di Valvestino* ab Gargnano am Westufer des Gardasees.

> **Hinweis**: Die Seen in Richtung Trento (Lago di Cavédine, Lago di Toblino u. a.) finden Sie im Abschnitt „Seen um Trento".

Lago di Tenno (Tenno-See)

Fast unwirklich grün leuchtet das glasklare Wasser des annähernd kreisrunden Sees in 570 m Höhe, umgeben ist er von dichten Nadelwäldern. Da er winzig ist, kann man ihn in einer knappen Stunde zu Fuß umrunden.

Vom Parkplatz bei den Hotels führt ein Stufenweg zum teilweise recht steil abfallenden Kiesufer hinunter. An warmen Tagen tummeln sich hier hunderte von Badegästen, beliebteste Badestelle ist die Südostecke des Sees.

• *Anfahrt/Verbindungen* Vor den zwei Hotels liegt ein gebührenpflichtiger Parkplatz, tägl. 8–18 Uhr ca. 1,50 €/Std., kontrolliert wird aber meist nur in der Hochsaison.

• *Information* Kleiner Kiosk am Parkplatz. 9–12, 15–18.15, So 9–12, 15.30–18.30 Uhr, Mi geschl.

• *Übernachten/Essen & Trinken* ***** Club Hotel Lago di Tenno**, wenige Meter oberhalb vom See, elegantes und stilvolles Haus, interessante Kombination von alpenländischen Elementen und Moderne. Pool mit Kinderbecken, mehrere Tennisplätze, außerdem Sauna und Mountainbikes (beides gegen Gebühr). Im hauseigenen Restaurant **Mama Giosi** mit weitläufiger Terrasse und davor liegender Wiese kann man ausgezeichnet speisen. Sehr gute Weinkarte, außerdem leckerer Kuchen. Degustiermenü ca. 35 €. DZ mit Frühstücksbüffet ca. 100 €, auch Ein- und Zweizimmer-Suiten sind zu haben. ☎ 0464/502031, ✉ 502101, www.clubhoteltenno.com.

** Stella Alpina, gleich benachbart, etwas schlichter, 11 Zimmer mit TV, Bad und Frühstück ca. 64–70 €. Restaurant mit großer Terrasse zum See hin, da nach Norden gerichtet, oft im Schatten. ☎ 0464/ 502121, ✉ 502006, www.hotelstellaalpina.supereva.it.

* Camping Lago di Tenno, terrassenförmiges Gelände an der Straße nach Pranzo, etwa 200 m vom See. Einfach und preiswert. ☎ 0464/502127.

TIPP! Piè di Castello, Via Diaz 55, das große rustikale Restaurant liegt in Cologna di Tenno, auf halbem Weg zwischen Tenno und Varone. Berühmt ist es wegen seiner „Carne salada", eingelegt in einer geheimen Kräutermischung nach einem Familienrezept, das seit Generationen überliefert ist. Es gibt keine Karte und es wird das ganze Jahr über nur ein Menü serviert,

Lago di Tenno: leuchtendes Grün inmitten dunkelgrüner Wälder

doch dieses lohnt sich. Der Preis liegt bei ca. 18–24 €. Di geschl. ✆ 0464/521065, www.piedicastello.it.

• *Shopping* **Azienda Agricola Le Fonta-** **nelle**, Weinverkauf der Familie Pasini um die Ecke vom Piè di Castello, prima Weine zu fairen Preisen, z.B. ein Merlot Trentino Barrique für ca. 5 €.

▶ **Canale del Monte**: Ein perfektes Idyll – das kleine Bergdorf südlich vom Lago di Tenno gilt als eins der schönsten im Trentino und hat sein mittelalterliches Erscheinungsbild bestens erhalten können. Entlang der steilen Pflasterwege stehen liebevoll instand gehaltene Bruchsteinhäuser, oft sind sie über die engen Gassen gebaut. Kleine Plätze, versteckte Winkel und düstere Gewölbe laden zum Entdecken ein. Im Rahmen des alljährlichen Sommerfestes „Rustico Medioevo" in der ersten Augusthälfte wird das Mittelalter wieder lebendig. Im Künstlerhaus *Casa degli Artisti Giacomo Vittone* finden in den Sommermonaten regelmäßig Ausstellungen statt, doch auch das Haus selber lohnt den Besuch. Gleich gegenüber ist ein anschauliches Landwirtschaftsmuseum untergebracht, die *Mostra degli Attrezzi Agricoli di Tenno*.

> **Pitture al Vento** („Malerei im Wind"): In den Sommermonaten ist der ganze Ort mit fantasievollen farbigen Standarten geschmückt, gefertigt von den Schülern der Accademia di Brera (Mailand).

• *Öffnungszeiten/Preise* **Casa degli Artisti „Giacomo Vittone"**, Mitte Juni bis Mitte Sept. tägl. 10–12, 14–18 Uhr, sonst nur Sa/So 10–12, 14.30–18 Uhr, Eintritt frei. ✆ 0464/502022.

Museo degli Attrezzi Agricoli, Mitte Juni bis Mitte Sept. tägl. 10–12, 14–18 Uhr, Eintritt frei.

▶ **Tenno**: uriger Ort mit verwitterten Häusern und Gehöften, die sich in den Resten der alten Stadtmauer um den Burghügel drängen. Das bullige *Kastell* mit seinem meterhohen Zinnenkranz kann man schon bei der Auffahrt über Pranzo bewun-

Seen um den Gardasee

dern, leider ist es nicht zugänglich. Durch ein spitzbogiges Tor in der ehemaligen Ringmauer neben der Burg betritt man den historischen Ortskern *Frapporta*, der in seiner verschachtelten, seit dem Mittelalter kaum veränderten Struktur einen ausgiebigen Bummel wert ist.

Südlich unterhalb von Frapporta steht die romanische Kirche *San Lorenzo* aus dem 13. Jh. mit schöner Vorhalle und einschiffigem Innenraum. Es handelt sich dabei um den Wiederaufbau eines noch älteren Gotteshauses, denn in der Apsis hat man die ältesten Fresken des Trentino entdeckt. Sie stammen aus dem 11. Jh. und stellen u. a. „Leben und Tod des heiligen Rochus" und die „Enthauptung des heiligen Romano" dar. Weitere Fresken in der Apsis stammen aus dem 14. Jh., z. B. das „Jüngste Gericht". In der Außenwand des Chores sind zahlreiche vorromanische Reliefsteine eingelassen, darunter Flechtbandreliefs, Zopf- und Knotenornamente.

Öffnungszeiten **San Lorenzo**, 20. Juli bis 20. Okt. nur Sa 9–12, 14–18 Uhr.

Wasserfall Cascata Varone siehe unter Riva/Umgebung, S. 116.

Lago di Ledro (Ledro-See)

Kleiner, malerischer Alpensee inmitten dichter Bergwälder, fast 600 m höher als der Gardasee und deutlich ruhiger als dieser. Von Riva führt eine gut ausgebaute Straße mit zwei langen Tunnels hinauf.

Bis dato völlig abgeschieden, sorgte der stille, tiefblaue See 1929 für eine archäologische Sensation: Als man damals den hoch gelegenen See für die Wasserversorgung von Riva anzapfte, sank der Wasserspiegel und die Reste einer fast 4000 Jahre alten Pfahlbausiedlung kamen zum Vorschein. Ein Museum in Molina di Ledro beherbergt die zahlreichen Funde. Es gibt vier Örtchen am See, touristisches Zentrum ist *Pieve di Ledro* am Westende. Die Hauptstraße führt am Nordufer entlang. Man kann den See aber auch auf schmaler Straße zur Gänze umrunden. Über Bezzecca kommt man schnell weiter zum kleinen Lago d'Ampola und zum nahen Idro-See. Molina und Pieve sind stark auf Ausflugstourismus eingerichtet, es gibt große Geschäfte mit lokalen und Trentiner Spezialitäten, darunter den „Picco Rosso", einen tiefroten, 60%igen Schnaps aus Erdbeeren und Himbeeren.

▶ **Molina di Ledro**: verstreuter Ortskern entlang der Hauptstraße. Ein *Parco Botanico* mit verschiedenen Baumarten und Picknickbänken liegt am Steilhang unweit vom Pfahlbaumuseum. Neben dem Campingplatz ein schönes Badegelände mit großzügiger Wiese.

• *Übernachten* ** San Carlo, neben dem Museum direkt am See. Gepflegt und wohnlich. DZ mit Bad und Frühstück ca. 60–70 €, ohne Balkon günstiger €. ☎ 0464/508115, ✆ 508818, www.hotelsancarlo.info Ferienwohnungen im gesamten Valle di Ledro vermittelt **Agenzia Ledro Service**

Tours, ☎ 0464/508276, ✆ 508501, www.valledilediledroinfo.com

*** **Camping al Sole**, großes Gras- und Baumgelände am See, steil abfallender Kiesstrand, ca. 100 m lang. Die Straße nach Pieve verläuft unmittelbar hinter dem Platz. ☎/✆ 0464/508496, www.campingalsole.it.

▶ **Pieve di Ledro**: weitflächig auseinandergezogen, am Seeufer viel Platz, mehrere große Lokale, riesiger Supermarkt und Parkplätze. Schöne Badezone mit Liegewiesen und Kiesstrand. Tret- und Ruderboote, Surfbretter, Mountainbikes, Minigolf.

• *Information* Via Nuova 9, an der Durchgangsstraße. Hauptbüro für das Valle di Ledro. Gut ausgestattet mit Prospektmaterial. Mo–Fr 8.30–12.30, 14–18 Uhr, Sa 9.30–

12.30, 15–18 Uhr, So 9.30–12.30 Uhr. ☎ 0464/591222, ✆ 591577, www.valledilediledroinfo.com.

• *Übernachten* *** **Lido**, ansprechendes Haus mit Blumenschmuck, ideale Lage di-

Ob die Pfahlbauten hier wirklich so aussahen, ist umstritten

Museo delle Palafitte: Pfahlbauten im Ledro-Tal

Das Pfahlbaumuseum steht in Molina di Ledro direkt am Seeufer. Ein Großteil der Funde dieser prähistorischen Zivilisation ist hier untergebracht und ansprechend präsentiert. Der Bau der Pfahlsiedlungen am Ledro-See begann wahrscheinlich zwischen 2000 und 1800 und endete 1500–1200 v. Chr. Mehr als 10.000 Pfähle hat man im Torf bergen können, auch Fragmente von Bretterwänden und Verputz aus Lehm. Anhand der Exponate kann man erkennen, dass die Bronze-Metallurgie voll entwickelt war, auch die Weberei war bekannt (Webrahmen, Spulen, Gewichte etc.). Weiterhin gefunden wurden bearbeitete Knochen und Horn, Holzgegenstände (Werkzeug- und Waffengriffe, Bögen, Tassen u. a.), Steingeräte, Keramik und Nahrungsreste, außerdem künstlerische kleine Ornamentsteine und (importierter) Bernsteinschmuck. Ein Höhepunkt ist das *Kanu*, das aus einem einzigen Baumstamm gearbeitet ist – sein Alter nach der Radiocarbon-Datierung: 3642 Jahre plus/minus 36 Jahre.

Am Seeufer kann man den Nachbau einer *Pfahlhütte* betrachten, mangels genauer Vorbilder ist er allerdings einem Pfahlhaus am Bodensee nachempfunden. Im Umkreis sieht man noch zahlreiche Pfähle im Schlamm stecken.

Öffnungszeiten/Preise: März bis Juni und Sept. bis Nov. Di–So 9–13, 14–17 Uhr (Mo geschl.), Juli/August tägl. 10–18 Uhr, Dez., Jan. und Febr. geschl. Eintritt ca. 2,50 €, von 12–18 und über 60 J. ca. 1,50 €, Familienkarte ca. 5 €. ✆ 0464/508182, www.palafitteledro.it.

rekt neben dem Strand, gemütlicher Garten, Ristorante, Zimmer mit TV, Teppichboden und schmiedeeisernen Balkonen. DZ mit Frühstück ca. 88–130 €, HP nur wenig teurer. ✆ 0464/591037, ✆ 591660,

www.hotellido-ledro.it
* Camping Azzurro, am Zufluss in den See, mehrere kleine Badebuchten mit Steilufer. ✆ 0464/591276, ✆ 508150, www.campingazzurro.net.

* Camping Al Lago, seit über 30 Jahren in Familienbesitz, schöne Lage unter dichten Bäumen, Strand und Liegewiese. ✆/✉ 0464/591250, www.camping-al-lago.it.

• *Essen & Trinken* **Da Franco e Adriana,** großes Albergo mit Ausflugslokal am See, u. a. Pizza und Brathähnchen. ✆ 0464/591127. **Minigolf**, gute Pizzeria mit originellen und schweren Hindernissen auf dem angeschlossenen Minigolfplatz. ✆ 0464/591169.

▶ **Bezzecca**: Der Hauptort des Ledrotals ist ein bedeutendes militärhistorisches Pflaster – 1866 kämpfte hier Garibaldi gegen Habsburg und im Ersten Weltkrieg kam es zwischen Österreichern und Italienern zu einem jahrelangen Stellungskrieg im Tal. An beide Ereignisse erinnert das *Sacrario Militare* auf einem Hügel am Ortsausgang in Richtung Concei. Der gesamte Berg ist hier mit Schutzgräben, Laufgängen und Truppenunterkünften ausgehöhlt, man kann in dem weitläufigen System herumlaufen und auf einer eisernen Wendeltreppe („scala chiòcciola") bis zum Hügelplateau hinaufsteigen. Oben steht die kleine Gedenkkirche *Santo Stefano* mit einem Denkmal für den unbekannten Soldaten, in einem Nebenraum sind Waffen, Helme, Handgranaten etc. ausgestellt. Weiter in Richtung Hügelspitze trifft man auf einen italienischen *Grabstein* für die gefallenen Landsleute von 1866. Noch etwas höher steht ein österreichisches *Kreuz* im Gedenken an die Toten von 1866.

Öffnungszeiten **Santo Stefano**, Di–So 10–13, 14–18 Uhr, Mo geschl.

• *Essen & Trinken* **Rustichel**, Bezzecca, Vicolo Pepe 3, laut Leserzuschrift eine „gigantisch gute Risotteria." ✆ 0464/591621. **Marina**, Tiarno di Sotto, Via Roma 4. Herrliche Pizzen, die bis zu 3 cm über den Tellerrand ragen und gut belegt sind. Auch Einheimische sieht man hier oft. ✆ 0464/594397. **Baita Santa Lucia „Da Fritz"**, charakteristische Berghütte mit „Locale Tipico" auf der Ebene Santa Lucia, wo 1866 Garibaldi mit den österreichischen Truppen eine Schlacht austrug. Seit über 30 Jahren im Besitz der Familie Pregl, die unverfälschte alpenländische Küche bietet, z. B. Speckknödel, Polenta mit Pilzen und Gulasch. Anfahrt: von Bezzecca die Straße nach Tiarno nehmen und nach einigen hundert Metern links abzweigen. Mo geschl. ✆ 0464/591290.

▶ **Gor d'Abiss**: tosender Wasserfall in einer engen Schlucht nördlich von *Tiarno di Sotto*. Vom Ortszentrum aus zu Fuß zu erreichen (beschildert), unterwegs kommt man an einer alten Wassermühle vorbei.

▶ **Lago d'Ampola**: malerischer, kleiner See direkt an der Straße zum Idrosee, seit Mitte der achtziger Jahre unter Naturschutz. In dem bis zu 4 m tiefen Gewässer, das von einem dichten Schilfgürtel umgeben ist, leben Hechte, Karpfen, Schleie und andere Fische, im Schilf nisten zahlreiche Vogelarten, im Frühjahr paaren sich hier Tausende von Kröten und Frösche. Auf der Wasseroberfläche sieht man gelbe Teichrosen, auf den Wiesen gedeihen seltene Orchideen. Vom Parkplatz an der Straße wurde ein Lehrpfad zum *Besucherzentrum* mit Aquarium an der Rückseite des Biotops angelegt. Erklärungstafeln geben Hinweise zur Flora und Fauna.

• *Öffnungszeiten/Preise* **Besucherzentrum Lago d'Ampola**, Juni bis Mitte Sept. Di–So 9–13, 15–19 Uhr. Mo geschl., Mai und zweite Septemberhälfte Sa/So 9–13, 15–19 Uhr, Ostern Fr–Mo 9–13, 15–19 Uhr. Eintritt ca. 1 €.

Vom Lago d'Ampola kann man über Storo zum nahen Lago d'Idro weiterfahren.

▶ **Passo di Tremalzo** (1665 m): Ein beliebtes Ausflugsziel mit PKW, Motorrad oder Mountainbike, auf letztere wartet hier oben ein echter Klassiker – auf der Tremalzo-Schotterpiste in endlosen Serpentinen hinunter zum Passo di Nota! Kurz nach dem Ampolasee windet sich links eine asphaltierte Serpentinenstraße hinauf bis zum Pass und zu der bewirtschafteten Schutzhütte *Rifugio Garda* in 1702 m Höhe, wo man sich stärken und auch übernachten kann (warme Küche, 13 Betten, ✆/✉ 0464/598105, E-Mail: emifaust@tin.it). Bis hierher fahren im Sommer auch die Shuttlebusse für die Bergabradler aus Torbole. Achtung: Die Weiterfahrt auf einer ehemaligen Militärstraße hinunter nach Tremòsine ist für Motorräder verboten, es drohen empfindliche Strafen!

Die Radpiste beginnt kurz hinter dem Rifugio Garda, führt bald durch einen Tunnel unterhalb vom *Corno de Marogna* und dann in unaufhörlichem Serpentinen-Downhill zum *Passo di Nota* (1208 m) mit dem (geschlossenen) Rifugio degli Alpini. Von dort gibt es mehrere Möglichkeiten zur Weiterfahrt, der bequeme Hauptweg führt das Val di Bondo hinunter nach Vesio im Tremòsine-Gebiet.

Lago d'Idro (Idro-See)

Obwohl keine Autostunde vom Gardasee entfernt, tut sich hier eine andere, ruhige und erholsame Welt auf. Der mit 368 m höchstgelegene See der Lombardei liegt pittoresk eingebettet in bergige Hänge inmitten üppig grüner Wälder und Wiesen. Bis auf einige gut besuchte Campingplätze und Ferienanlagen findet man nur wenige touristische Einrichtungen. Das Wasser ist allerdings kälter als am tiefer liegenden Lago di Garda.

Eine rund um den See führende Straße gibt es nicht. Die Durchgangsstraße Richtung Norden führt mit tollen Ausblicken malerisch über dem Westufer entlang, man passiert Idro und Anfo und erreicht am Nordende des Sees den Doppelort Ponte Cafarro/Lodron und von dort aus das ruhige Baitoni in der nordöstlichen Seeecke. Am Ostufer kann man über Vantone nur bis Vesta fahren, denn im Nordosten verhindern mächtige Steilhänge die Trassenlegung.

Der Idro-See ist fischreich und ein gutes Revier für Hobbyangler, die einmal stattliche Forellen an den Haken bekommen möchten. Erlaubnisschein gibt's in der Präfektur, das Angeln ist nur vom Boot aus gestattet. Eher unwahrscheinlich ist es

Beschauliches Refugium: der Idro-See westlich vom Gardasee

Seen um den Gardasee

wohl, dass man dabei das Seeungeheuer an Land zieht, das hier wie auch in allen anderen großen oberitalienischen Seen leben soll. Genannt wird es „Hydra", woher auch der Name des Sees stammt – im Wappen der Gemeinde Idro und im Logo der Website www.lagodidro.it kann man es besichtigen.

Als Tipp gilt der See mittlerweile unter Wind- und Kitesurfern, denn auch hier baut sich wie am Gardasee ab mittags die Ora auf. Surfspots gibt es bei Anfo (Westufer) und Vantone (Ostufer), die Kitesurfer treffen sich am Nordufer zwischen Ponte Cafaro und Baitoni.

● *Anfahrt/Verbindungen* ab **Riva del Garda** auf der SS 240, diese Straße führt am Ledro-See entlang (→ oben).

Bequem und schnell erreicht man den Idro-See auch in etwa dreiviertelstündiger Fahrt auf der Straße von **Salò** über Vobarno und Vestone.

Sehr steil und extrem kurvig ist schließlich die Straße ab **Gargnano**, die am malerischen Stausee Lago di Valvestino vorbei-

führt (→ Kasten, S. 200).

Vom **Lago di Molveno** im Norden kommend nimmt man die kurvige Straße hoch über dem Stausee Lago Ponte Pia und fährt über Tione die SS 237 das Tal **Valli Giudicarie** entlang –schöne Tour am Fuß des **Parco Naturale Adamello Brenta**, imposant ist das mächtige Kraftwerk etwa 4 km vor Condino.

▶ **Idro**: weit auseinander gezogenes Städtchen mit mehreren Ortsteilen am Südende des Sees, viel Durchgangsverkehr und Wochenendrummel.

● *Übernachten* ** **Camping Venus**, hübsche Lage auf einer Wiese am Westufer. Tretboote können kostenlos benutzt werden, engagierte und hilfsbereite Patronin. ☎ 0365/83190, 🖷 839838, www.campingvenus.it

● *Essen & Trinken* **Holland**, ca. 2 km außerhalb, etwas oberhalb vom Ortsteil Crone,

an der Straße zum Lago di Valvestino. Exponierte Lage mit Panoramablick, seit langem von Holländern geführt, jedoch gute italienische Küche. ☎ 0365/83484. Zwei populäre Treffs an der Uferstraße sind **Bar/Pizzeria Cinzia** und **Osteria al Lago**, erstere zieht vor allem Biker an, an Wochenenden ist hier jede Menge los

▶ **Anfo**: Das ruhige Dörfchen auf einer grünen Halbinsel in der Seemitte ist eine beliebte Adresse für Camper, vor allem Holländer und Deutsche findet man auf den beiden Plätzen, die im Hochsommer stets voll belegt sind. Überragt wird Anfo von einer mächtigen venezianischen Burgruine, erbaut um die Grafen von Lodron in Schach zu halten. 1866 hatte hier Garibaldi sein Hauptquartier zur Eroberung des Trentino aufgeschlagen (→ Bezzecca/Ledro-See), im Ersten Weltkrieg war eine italienische Kanonenstellung eingerichtet. Ein Promenadenweg führt um die Halbinsel, am Wasser stehen schattige Bäume, in der südlichen Uferzone liegt die Segelschule „Circolo Vela Eridio". Windsurfer treffen sich bei der Beachbar neben Camping Pilù.

● *Übernachten* * **Al Lago**, Via Lago 12, einfaches Haus in schöner Lage, fast direkt am Wasser, Panoramablick, Pizzeria mit Terrasse. DZ mit Frühstück ca. 60 €. ☎/🖷 0365/809026, www.mabellini.it

TIPP! **Tre Capitelli**, Via Tre Capitelli 146, schöne, von Holländern geführte Anlage südlich von Anfo, ideal für Familien. Fewos direkt am See, Pool, Spielplatz, Restaurant, Tennis, Volleyball. Angeboten werden auch Ferienhäuser und –wohnungen rund um den See. ☎ 0365/83177, 🖷 823023, www.trecapitelli.com.

** **Camping Pilù**, gut geführter Platz direkt am Kiesufer, vermietet werden auch Bungalows und Apartments. Gleich neben liegt die Pizzeria „Alla Boa" und eine nette Beachbar, außerdem gibt es Tennis und Minigolf. ☎ 0365/809037, 🖷 809207, www.pilu.it.

** **Camping Palafitte**, neben Pilù, nicht ganz so beliebt und sanitär eher einfach. ☎/🖷 0365/809051.

● *Essen & Trinken* **All'Imbarcadero**, Via Rimembranza 12, neben der Slipanlage der Segelschule, Zufahrt im südlichen Ortsbereich beschildert. Schöne Lage mit Seeblick. ☎ 0365/800007.

Viel Wind: Kitesurfer auf dem Idro-See

Seen um den Gardasee

▶ **Ponte Caffaro und Umgebung**: weit auseinandergezogener Ort mit viel Grün, etwas zurück vom Nordufer, hinter der Schwemmlandebene Pian d'Oneda. Vom Nachbarort *Lodrone* ist er durch eine Flussbrücke getrennt. Schon im Mittelalter prallten an dieser Stelle die Herrschaftsgebiete Mailands und der Grafen von Lodron aufeinander. Später wurde Mailand durch Venedig abgelöst und bis 1918 verlief hier die Grenze zwischen Italien und der österreichisch-ungarischen k.u.k.-Monarchie.

Am See unten liegt ein langer Kiesstrand, dahinter eine ruhige Wiese mit schattigen Bäumen und eine Forellenzucht. Auf schmaler Straße kann man weiter zur Mitte des Nordufers fahren. Hier liegt eine kleine Hafenmole (Zufahrt eine Straße westlich vor der zum Ristorante „Al Pescatore"). Gleich daneben treffen sich die Kitesurfer auf einer großen Wiese bei der netten Bar „El Cherencitos" von Mauro, um die Ora auszukosten. Auch „KiteRebelz" ist hier aktiv, die einzige deutsche Kiteschule am See. Ihre Schüler können auf der Wiese Flugübungen machen, bevor es per Boot auf den See hinaus geht. Da das Kitesurfen am nördlichen Gardasee verboten ist, ist der hiesige Spot sehr populär.

● *Information*   **Pro Loco**, an der Durchgangsstraße, Via Caduti 22. Nur Juni bis August Mo–Sa 9.30–12.30, 16–19, So 9.30–12.30 Uhr. ✆ 0365/990152.

● *Übernachten/Essen & Trinken* **★★ Al Pescatore**, Albergo mit gutem Restaurant bei der Mündung des Flusses Chiese, fast direkt am See. DZ mit Frühstück ca. 64 €. ✆ 0365/990192, ✎ 905863, www.lagodidro.it/ita/hotel/pescatore.html.

★★★ Camping Pian d'Oneda, geräumiger Platz mit schönem Pool und gutem Ristorante/Pizzeria. ✆ 0365/990421, ✎ 990365, www.piandoneda.it.

Al Lago, beliebtes Wochenendlokal im westlichen Uferbereich (an der Forellenzucht vorbei). Keine Plätze im Freien, aber viele Italiener essen hier. ✆ 0365/990161.

● *Sport* **KiteRebelz**, VDWS Kitesurf-Center, geführt von Simon Elsäßer, Helene-Mayer-Ring 14/5, 80809 München. ✆/✎ 089/35747711, Handy 0049-179-6725624 o. in Italien: 0039-340- 9627925, www.kite-rebelz.de

Am Strand von Baitoni

▸ **Baitoni**: Besonders hübsch und angenehm ruhig ist die nordöstliche Seeecke (Abzweig bei der Brücke zwischen Lodrone und Ponte Caffaro) – ein sanft geschwungener Kiesstrand mit weitem Blick auf den See und Campingplatz, daneben das Naturschutzgebiet *Canneto d'Idro*, eine üppig grüne Uferzone mit Schilf und Weiden, die von einem Fußweg durchquert wird. Am Ende der Zufahrtsstraße lädt ein angenehmes Panoramarestaurant zur Rast ein und ein hölzerner Steg verläuft ein Stück am anschließenden Steilufer entlang. Auf einem Felsen hoch über der einladenden Szenerie thront das *Castello San Giovanni*. Es kann von der Asphaltstraße ins hoch gelegene Örtchen *Bondone* erreicht werden, wird aber derzeit restauriert.

• *Übernachten/Essen & Trinken* **TIPP! ** **Camping Miralago**, Via Porto Camarelle 3, Baitoni di Bondone. Malerisch gelegen am Kiesstrand in der nordöstlichen Seeecke. Essen kann man im benachbarten Terrassenrestaurant (ganzjährig). ✆ 0465/689196, ✉ 688285, www.miralago.it

• *Shopping* **Troticultura Armanini**, Fischzucht an der Zufahrt nach Baitoni, hier kann man frisch oder geräuchert *trota* (Forelle) und *salmerini* (Bachsaibling) erstehen. 8–12, 13.30–17.30 Uhr, Sa-Nachmittag und So geschl.

▸ **Vantone**: größte Campingzone am Ostufer, mehrere Plätze dicht nebeneinander. Sehr beliebt und entsprechend überfüllt ist der unter deutscher Leitung stehende **** Camping Azur Idro Rio Vantone mit Surfschule (www.surfschuleidrosee.com), Disco, Kinderspielplatz, Animationsprogramm und Mountainbikeverleih (✆ 0365/ 83125, ✉ 823286, www.azur-camping.de/idro). Weitere Plätze sind ** Belvedere (✆/✉ 0365/83303, www.camping-belvedere.com) und ** Vantone Pineta (✆/✉ 0365/ 823385, www.vantonepineta.it).

▸ **Vesta**: Die kleine Ortschaft am Ende der Ostuferstraße besteht praktisch nur aus Ferien- und Wochenendhäusern. Nettes Fleckchen mit einem Restaurant, Kiesstrand und Tretbootverleih.

• *Übernachten* Ferienhäuser und Wohnungen vermittelt der freundliche Holländer **Martin H.J. Vos**, der seit über 30 Jahren in Vesta lebt, Wochenpreis je nach Saison ca. 380–620 €. ✆/✉ 0365/823032, www.lagodidro.com

Ferienwohnungen kann man auch über **Azur Freizeit GmbH** mieten, der auch der Camping Azur in Vantone gehört (deutsche Adresse: Azur Freizeit GmbH, Kesselstr. 36, D-70327 Stuttgart, ✆ 0711/4093510, ✉ 4093580; www.azur-fewo.de).

Bagolino   (ca. 4000 Einwohner)

Vom Idro-See lohnt sehr ein Ausflug in dieses festungsartig an den Berg geschmiegte Städtchen im nahen Caffaro-Tal, wo schon im Mittelalter Eisenerz abgebaut wurde. Bagolino ist vom Tourismus kaum berührt und bietet so einen interessanten Kontrast zum Gardasee und auch die Panoramen bei der Anfahrt lohnen den Weg.

Bagolino war lange Zeit von Venedig privilegiert und entwickelte eine starke eigenständige Kultur, die auch heute noch lebendig ist, berühmt ist vor allem der örtliche Karneval mit seinen fantasievollen Masken. Über dem verwinkelten Ortskern, der von einer langen gewundenen Hauptgasse durchquert wird, thront die barocke Pfarrkirche *San Giorgio* aus dem 17. Jh., die vollständig mit Fresken und Ölgemälden ausgeschmückt ist. Eine weitere sehenswerte Kirche ist *San Rocco* mit Fresken des 15. Jh. Parken kann man auf dem zentralen Piazzale Guglielom Marconi, wo sich ein schöner Blick auf das Städtchen mit seinen alten schindelgedeckten Häusern und die hochgelegene Kirche bietet.

• *Anfahrt* Abzweig im nördlichen Abschnitt der Westuferstraße am Idro-See, ca. 10 km.

• *Übernachten* ***** Al Tempo Perduto**, Via San Rocco 46, an der Hauptgasse kurz nach der zentralen Piazza. Ordentliche Zimmer mit TV und Klimaanlage, Restaurant und Bar. DZ mit Frühstück ca. 60–80 €. ✆ 0365/99145, www.altempoperduto.it

Über Bagolino thront die Pfarrkirche San Giorgio

Seen um den Gardasee

● *Essen & Trinken* **La Trattoria del Vian-dante**, Via Moreschi 28, von der Piazza aus beschildert. Schön aufgemacht in einem alten Haus, Räume mit schwerer Holzbalken-decke, typische Bergküche mit *stracotto di cavallo* oder *manzo*, freundlicher Service durch Marilena. ✆ 0365/99869.

Lago di Valvestino

Einsamer Stausee mit imposanter Staumauer, der sich über mehrere steilwandige Schluchten verteilt. Die dicht bewaldeten Ufer sind nahezu unzugänglich, eine enge Straße führt am Ostufer entlang und überquert auf Brücken zwei Seitenarme. Am Nordende kann man in einer Bar Rast machen.

Fünf-Seen-Tour:
Lago di Garda, Lago di Valvestino, Lago d'Idro,
Lago d'Ampola und Lago di Ledro

Vom Gardasee aus kann man eine reizvolle Rundtour unternehmen, die fünf Seen berührt. Man startet in *Gargnano* am Westufer. Dort beginnt eine abenteuerlich kurvige und steile Bergstraße zum fjordartig schmalen Stausee *Lago di Valvestino*, den man in voller Länge passiert. Vorsicht: Die schmale Fahrbahn besitzt kaum seitliche Begrenzungen und führt oft dicht an Felsen und tiefen Abgründen vorbei. Dazu kommt, dass die Strecke bei Rad- und Motorradfahrern sehr beliebt ist.

Zunächst geht es mit großartigem Blick zurück auf den Gardasee und das Monte-Baldo-Massiv nach *Navazzo* in knapp 500 m Höhe. Anschließend fährt man das Tal des Flusses Toscolano entlang, bis man auf die 124 m lange Staumauer des smaragdgrün schimmernden *Lago di Valvestino* trifft. Auf zwei himmelhohen Brücken überquert man die Seitenarme und durchfährt nach dem Nordende des Sees das *Valle dei Molini*, danach das *Valle dei Fondi*. Nach einem Tunnel öffnet sich ein herrlicher Panoramablick auf den ruhigen *Lago d'Idro*. Nun fährt man über Idro am Westufer entlang bis Ponte Cafarro am Nordende des Sees und weiter über Storo zum *Lago d'Ampola* und über den *Lago di Ledro* – optional Abstecher zum kleinen, hübschen Lago di Tenno – nach *Riva del Garda* am Nordende des Gardasees. Natürlich kann man die Strecke auch in der umgekehrten Richtung befahren.

Abstecher: Am Nordende des Lago di Valvestino rechts abzweigen und in den schön gelegenen Ort *Magasa* fahren. Hier führt eine Straße hinauf auf die Hochebene *Cima Rest* in 1200 m Höhe. In den hiesigen Häusern mit ihren charakteristischen Strohdächern lebten früher den Sommer über Hirten mit ihren Herden, bevor sie im Winter in die Täler zogen. Einige der Häuser hat man vor kurzem renoviert, in einem wurde ein Landwirtschaftsmuseum eingerichtet (nur im Hochsommer geöffnet).

Tipp: Von Idro gelangt man schnell hinunter nach *Salò* am Gardasee – so kann man die Strecke als „Drei-Seen-Tour" abkürzen.

Täglicher Markt auf der Piazza delle Erbe

Verona

(ca. 262.000 Einwohner)

Die weltberühmte Stadt von Romeo und Julia liegt nur 20 km vom südlichen Gardasee entfernt. Ein Besuch ist fast ein „Muss": Veronas Altstadt ist bildschön und besitzt zahlreiche bedeutende Bauten, darunter eine mächtige römische Arena, die noch heute für Opernaufführungen unter freiem Himmel genutzt wird. Seit dem Jahr 2000 steht das Stadtzentrum als „Kulturerbe der Menschheit" unter dem Schutz der Unesco.

Das Centro storico schmiegt sich in einen tiefen Bogen der Etsch. Mit den malerischen Mittelalter-Gässchen, prächtigen Kirchen und historischen Palazzi ist es für einen Spaziergang wie geschaffen, weite Teile der Innenstadt wurden zu Fußgängerzonen umgewandelt. Zentraler Platz und immer belebter Treffpunkt ist die Piazza Bra mit ihrer altrömischen Arena – größte Attraktion der Stadt sind die hier allsommerlich stattfindenden Opernaufführungen: Die unvergleichliche Stimmung unter freiem Himmel, hervorragende Akustik und tolle Beleuchtung garantieren ein unvergessliches Kunsterlebnis. Weiterer Konzentrationspunkt ist die altertümliche Piazza delle Erbe mit ihrem sehenswerten Markt und den malerisch verblichenen Palazzi. Gleich nebenan liegt die Piazza dei Signori, das mittelalterliche Verwaltungszentrum, mit der prunkvollen Szenerie historischer Repräsentationsbauten. Nur ein paar Schritte sind es von hier zur Etsch, die mit ihrem breiten Bett das historische Zentrum von drei Seiten begrenzt. Doch auch den Hügel von San Pietro auf der anderen Seite sollte man einmal erklimmen und den herrlichen Blick auf die Stadt genießen.

Anreise/Verbindungen

● *Flug* Der Flughafen **Aeroporto Valerio Catullo di Villafranca/Verona** liegt 10 km südwestlich von Verona, an der Straße nach Villafranca (Nähe Autobahn). Vom Flughafen fährt man per APTV-Bus (alle 20 Min. von 6.10–23 Uhr, ca. 4,50 €) oder Taxi zur Busstation Porta Nuova beim Hauptbahnhof in Verona. ☎ 045/8095666, www.aeroportoverona.it.

● *Eigenes Fahrzeug* Verona liegt nur etwa 20 km vom Südostufer des Gardasees ganz zentral am Schnittpunkt der Autobahnen **A 22** vom Brenner (Ausfahrt: Verona Nord) und der **A 4** Mailand-Venedig (Ausfahrt: Verona Süd). Von Peschiera del Garda führt die **SS 11** schnurgerade nach Verona.

An vielen Stellen der Innenstadt kann man an Parkuhren oder mit Parkscheibe bis zu einer Stunde parken, z. B. an der schattigen Alleestraße **Corso Porta Nuova** oder am **Stradone Porta Palio** beim Skaligerkastell. Kostenlos und ohne Zeitbeschränkung kann man seinen PKW an der Stadtmauer in der **Via Città de Nimes** beim Bhf. (15 Min. ins Zentrum) und beim weiter westlich gelegenen **Stadion** abstellen. Für Besichtigung von **San Zeno Maggiore** kann man direkt vor der Kirche gebührenpflichtig parken. **Parkhäuser** gibt es an der Piazza Citadella, Nähe Piazza Bra („Parking Citadella") und in der benachbarten Via Bentegodi („Parking Arena"). Die Altstadt darf nicht befahren werden, ausgenommen ist lediglich die einmalige Zufahrt zu einem Hotel.

● *Bahn* Verona ist wichtiger Knotenpunkt für die Linien Brenner–Bologna–Florenz und Mailand–Venedig. Letztere Linie passiert das Südufer des Gardasees, dort gibt es von **Desenzano** und **Peschiera** stündlich mindestens eine Verbindung hin/rück (ca. 30 Min. Fahrtzeit). Der Bahnhof **Stazione Porta Nuova** liegt ca. 20 Fußminuten südlich der zentralen Piazza Bra (den Corso Porta Nuova entlang). Die Busse 11, 12, 13 (sonntags 91 und 98) fahren zur Piazza Bra.

● *Bus* Vor allem vom Ost- und Südufer des Gardasees kommt man schnell und zuverlässig nach Verona. Wer sein Quartier am Westufer hat, muss in Desenzano oder Riva umsteigen oder fährt per Fähre ans Ostufer hinüber.

APTV-Busse 62–64 fahren von Riva das gesamte Ostufer entlang bis Verona, **SAIA-Bus 81** fährt ab Brescia über Desenzano, Sirmione und Peschiera nach Verona.

In der Stadt verkehren **AMT-Busse**. Bustickets für ca. 1,20 € gibt es in allen Tabacchi-Läden und an Automaten in den Bussen. Bei den Kiosken im Bhf. gibt es eine „Tessera 10 biglietti" (Carnet für zehn Fahrten) für 9 €, das „Biglietto giornaliero" (Tagespass) für ca. 3,50 € und das „Biglietto Famiglia Weekend" für 4 €. In der Innenstadt wird man allerdings das meiste zu Fuß laufen. Sonntags verkehren andere Busse als werktags.

● *Taxi* rund um die Uhr zu buchen unter ☎ 045/532666. Standplätze am **Hauptbahnhof** (☎ 045/8004528) und an der **Piazza Bra** (☎ 045/8030565).

● *Fahrradverleih* **El Pedal Scaligero**, in den Sommermonaten an der Ecke Piazza Bra/Via Roma (Südwestecke der Piazza). ☎ 333-5367770.

Information

APT, Via degli Alpini 9, in der Stadtmauer an der Südseite der Piazza Bra, Nähe Rathaus. Mo–Sa 9–19, So 9–15 Uhr. Man spricht Deutsch. ☎ 045/8068680, 🖷 8003638, www.tourism.verona.it

Zweigstellen im Bahnhof Porta Nuova an der Piazza XXV Aprile (☎/🖷 045/8000861) und im Flughafen Aeroporto di Verona (☎/🖷 045/8619163).

Übernachten

Die Veroneser Hotelpreise sind hoch, vor allem in der Opernsaison und wenn Messen stattfinden. Trotzdem sind in diesen Tagen die Unterkünfte häufig ausgebucht, die Zimmervermittlung der „CAV" hilft vielleicht weiter. Auch Privatzimmer werden vemietet, aufgeführt im Unterkunftsverzeichnis des Informationsbüros.

*** Giulietta e Romeo (25), Vicolo Tre Marchetti 3, direkt hinter der Arena, historischer Palazzo mit modernem Innenleben, schall-gedämpfte Zimmer mit Kirschholzmobiliar, Teppichboden, Klimaanlage, Mini-Bar, TV und Telefon, von einigen Zimmern Blick auf

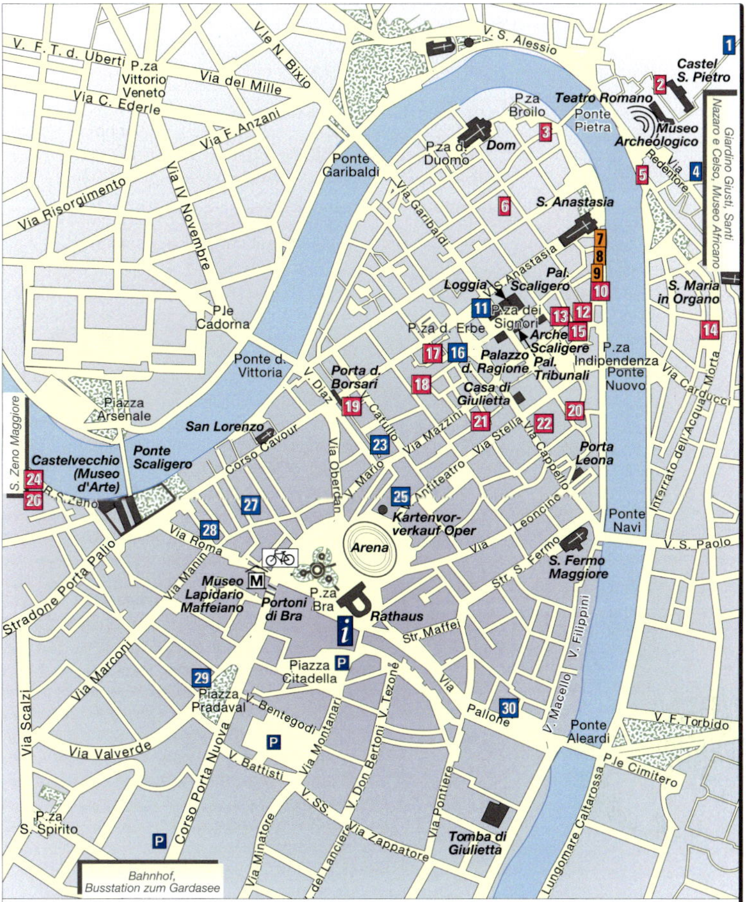
V. F. T. d. Uberti
P.za Vittorio Veneto
Via del Mille
V.le N. Bixio
V. S. Alessio
Castel S. Pietro
Via C. Ederle
Via F. Anzani
P.za Broilo
Teatro Romano
Ponte Pietra
Museo Archeologico
Giardino Giusti, Santi Nazaro e Celso, Museo Africano
Via Redentore
P.za d. Duomo
Dom
Ponte Garibaldi
Via Risorgimento
Via IV Novembre
Via Garibaldi
S. Anastasia
Via Anastasia
Pal. Scaligero
Loggia
S. Maria in Organo
P.le Cadorna
P.za dei Signori
P.za d. Erbe
Arche Scaligere
P.za Indipendenza
Ponte d. Vittoria
Porta d. Borsari
Palazzo d. Ragione
Pal. Tribunali
Ponte Nuovo
Via Carducci
Casa di Giulietta
V. Diaz
V. Catullo
Piazza Arsenale
San Lorenzo
Corso Cavour
Via Mazzini
Via Stella
Via Cappello
Porta Leona
Interrato dell'Acqua Morta
S. Zeno Maggiore
Castelvecchio (Museo d'Arte)
Ponte Scaligero
R. S. Zeno
Via Oberdan
V. Mario
Via Anfiteatro
Via Leoncino
Ponte Navi
Kartenvorverkauf Oper
Arena
V. S. Paolo
Via Roma
Via Manin
S. Fermo Maggiore
Str. S. Fermo
Stradone Porta Palio
Museo Lapidario Maffeiano
Portoni di Bra
P.za Bra
Rathaus
Str. Maffei
V. Filippini
Piazza Citadella
Via Marconi
V. Tezone
Via Pallone
Piazza Pradaval
V. Bentegodi
V. Macello
Ponte Aleardi
V. F. Torbido
Via Scalzi
Via Valverde
Corso Porta Nuova
Via Montanari
V. Don Bertoni
V. Battisti
P.le Cimitero
V. SS.
Via Pontiere
P.za S. Spirito
Via Zappatore
Tomba di Giulietta
Lungomare Caltarossa
Via Minatore
V. del Lanciere
Bahnhof, Busstation zum Gardasee

Essen & Trinken

2 Re Teodorico
3 La Torretta
5 Redentore
6 Osteria al Duomo
10 Osteria Sottoriva
12 Vini e cucina da Luciano
13 Osteria al Duca
14 Trattoria all'Isolo
15 Alla Colonna
17 Cantina Oreste dal Zovo
18 Osteria La Vecete
19 Pam Pam
20 Il Desco
21 Antica Bottega del Vino
22 La Taverna di Via Stella
24 Rosa Blu
26 Vesuvio

Nachtleben

7 Cappa Café
8 Scottoriva 23
9 Square

Übernachten

1 Camping Castel San Pietro
4 Jugendherberge
11 Mazzanti
16 Aurora
23 Locanda Catullo
25 Giulietta e Romeo
27 Cavour
28 Ciopeta
29 Sanmicheli
30 Locanda Armando

200 m

Verona

die Arena. Mit Garage. DZ mit Frühstück ca. 155–180 €. ℅ 045/8003554, ✆ 8010862, www.giuliettaeromeo.com.

** Aurora (16)**, ideale Lage direkt an der Piazza delle Erbe, einfach und sauber, mittlerweile fast vollständig renoviert. Große Frühstücksterrasse mit Blick auf die malerische Piazza. 22 Zimmer mit modernen Bädern, ebenfalls großteils mit Blick auf den Platz. Das Ehepaar, das den Betrieb führt, ist liebenswürdig und spricht Deutsch. DZ mit Bad und üppigem Frühstücksbuffet ca. 85–125 €, mit Etagendusche etwas günstiger. ℅ 045/594717, ✆ 8010860, www.hotelaurora.biz.

** Sanmicheli (29)**, Via delle Valverde 2, etwas außerhalb der Altstadt, 5 Min. zur Arena, vor dem Haus nicht ganz leise Verkehrsstraße und kleine Grünanlage, sehr anständige und solide Ausstattung, unten nette Frühstücksecke. DZ mit Frühstück ca. 60–110 €. ℅ 045/8003749, ✆ 8004508.

** Mazzanti (11)**, Via Mazzanti 6, Seitengässchen der Piazza dei Signori, mitten im Herzen der Altstadt, malerisch-verwinkeltes Haus mit engen Treppen, kleine, schlichte Zimmer, sauber, unten gut geführtes Ristorante. DZ mit Frühstück ca. 52–105 €. ℅ 045/8006813, ✆ 8011262.

** Locanda Armando (30)**, Via Dietro Pallone 1, östlich der Arena, 20 Zimmer mit TV, Parkmöglichkeit. DZ mit Bad ca. 85–105 €. ℅ 045/8000206, ✆ 8036015.

* Cavour (27)**, Vicolo Chiodo 4/b, ruhige Seitengasse zwischen Arena und Skaliger-Kastell, sympathisches Haus mit ordentlicher Ausstattung, sogar mit Parkplatz. Kleine, aber gemütliche Zimmer mit TV. DZ mit Frühstück ca. 90–140 €. ℅ 045/590166, ✆ 590508.

* Ciopeta (28)**, Vicolo Teatro Filarmonico 2, ebenfalls zwischen Arena und Kastell, freundlich geführt, nur acht Zimmer mit Etagendusche. DZ mit Frühstück ca. 45–78 €. ℅ 045/8006843, ✆ 8033722, ciopeta@iol.it.

* Locanda Catullo (23)**, Via Valerio Catullo 1, Seitengasse der Fußgängerzone Via Mazzini, preiswerte, alteingeführte Pension im dritten Stock eines Altstadthauses, Travellertipp und wegen des vergleichsweise günstigen Preises oft ausgebucht. Spartanisch eingerichtet, Wirtin vom alten Schlag. DZ mit Bad ca. 40–65 €, mit Etagendusche 32–55 €, kein Frühstück. ℅ 045/8002786, ✆ 596987, locandacatullo@tiscali.it.

● *Jugendherbergen* **Ostello Verona** (IYHF) **(4)** in der Villa Francescati, Salita Fontana del Ferro 15. Alte Renaissance-Villa mit Fresken und schönem Palmengarten auf der anderen Seite der Etsch am Hang unterhalb vom Castell San Pietro, sehr sauber, gut in Schuss und freundliche Atmosphäre, Übernachtung incl. Frühstück ca. 13 €/Pers., Schließzeit 23.30 Uhr (für Opernbesucher länger), Schlafsäle werden um 17 Uhr geöffnet (man kann sich aber schon früher anmelden und Gepäck abgeben). Abends gutes und preiswertes Essen (für Vegetarier Sondermenüs). Zu Fuß über den Ponte Nuovo und links halten, dann der Beschilderung folgen und Straßenverlauf über Treppen abkürzen. Ab Bhf. Bus 73 über Ponte Nuovo bis Piazza Isolo, dort beschildert (abends 20–23 Uhr und sonntags Bus 90 Richtung San Michele). 100 Betten, ganzjährig geöffnet. ℅ 045/590360, ✆ 8009127, www.ostelli-online.org.

● *Camping* * **Castel San Pietro (1)**, an der Nordseite der Etsch beschildert, kleiner Platz in idyllischer Lage in den Mauern des Kastells hoch über der Stadt, zwei große Terrassen, von der oberen Blick über das historische Verona. Stellplätze stufig versetzt, alles grün überwuchert, viel Baumschatten, sehr ruhig. Für Wohnmobile nur beschränkte Platzmöglichkeiten. Im Haus drei geräumige Nasszellen, jeweils mit Dusche und Toilette (Warmwasser nur vormittags und abends), alles pikobello gepflegt. Der Platz gehört einem älteren Veroneser Ehepaar, an der Rezeption arbeitet ein engagiertes, junges französisches Paar. Ab Bahnhof werktags Bus 41, abends und sonntags Bus 95, jeweils bis Via Marsala, zum Platz noch zehn Minuten zu Fuß. Ins Zentrum 15 Fußminuten. Mitte Mai bis Mitte Okt. ℅/✆ 045/592037, www.campingcastelsanpietro.com.

*** Romeo e Giulietta**, Via Bresciana 54, ca. 5 km außerhalb Richtung Gardasee an der SS 11, großer Rasenplatz unter hohen Bäumen, gute Sanitäranlagen, Swimmingpool (nur im Sommer geöffnet). Ohne eigenes Fahrzeug ungünstig, Schließzeit strikt 23 Uhr (bei Opernaufführungen muss man das Auto auf einem Parkplatz vor der Schranke abstellen). Sehr organisationsfreudiger Besitzer. APT-Bus ab Bahnhof Richtung Peschiera (Haltestelle gegenüber vom Platz, dem Fahrer Bescheid sagen), der letzte Bus fährt aber schon gegen 20 Uhr. ℅ 045/8510243, camping_verona@tin.it.

Auf der Piazza Bra: Blick auf die mächtige Arena

Essen & Trinken/Unterhaltung (siehe Karte S. 203)

Verona verfügt über eine beachtliche Gastronomie mit einigen Spitzenlokalen. In der Altstadt findet man aber auch einige preisgünstige Trattorie bzw. Osterie, in denen man häufig die besondere Veroneser Spezialität *pastissada de caval* (Gulasch aus Pferdefleisch) kosten kann. Ihre Ursprünge gehen angeblich zurück auf einen legendären Zweikampf zu Pferd zwischen Ostgotenkönig Theoderich und Germanenführer Odoaker.

Il Desco (20), Via Dietro San Sebastiano 7 (zu erreichen ab Via Cappello, Nähe Piazza Indipendenza). In einem restaurierten Benediktinerkloster des 17. Jh. wird leichte und elegante Küche in der Art der „nuova cucina italiana" kredenzt. Das Gebotene hat seinen Preis, Menü um die 70–100 €. So/Mo (im Sommer nur So) und zweite Junihälfte geschl. ✆ 045/595358.

Re Teodorico (2), elegant und ebenfalls nicht billig, aber die schönste Lage der Stadt, große Terrasse direkt am Castel Pietro auf der nördlichen Flussseite. Menü um die 40–70 €. Mi geschl. ✆ 045/8349990.

Antica Bottega del Vino (21), Via Scudo di Francia 3, nur wenige Schritte seitlich der Fußgängerzone Via Mazzini, wunderschöne, alte Weinprobierstube, holzgetäfelt und farbenfroh ausgemalt. Vorne treffen sich die Männer zu einem Glas Wein und lesen in Ruhe ihre Zeitung, während man hinten an einigen wenigen, weiß gedeckten Tischen essen kann – Tortellini, Polenta, Risotto, dazu einen Schluck aus dem mehr als üppigen Weinkeller, in dem auch seltene Tropfen aus aller Welt vorrätig sind. Nicht billig, aber sein Geld wert. An Touristen ist man leider nicht immer sonderlich interessiert, wie Leser jüngst feststellen mussten. Di geschl., außer Juli/August. ✆ 045/8004535.

La Torretta (3), Piazza Broilo 1, wenige Meter vom Ponte Pietra, sympathisches Terassenlokal auf einer ruhigen Piazza, schön zum Sitzen. So geschl. (Mo im Juli/ August). ✆ 045/8010099.

TIPP! La Taverna di Via Stella (22), Via Stella 5, volkstümliche Osteria in zentraler Lage um die Ecke vom Haus der Julia, fröhliche und lebendige Atmosphäre. Man kann zum Wein Kleinigkeiten vom Tresen kosten, aber auch vollständige Menüs einnehmen, z. B. diverse Polentavariationen und *baccalà*. Essen und Service gleichermaßen gut. Mo geschl. ✆ 045/8088008.

„Arena di Verona": Opernerlebnis unter freiem Himmel

Weltgeltung hat das 1913 zum hundertsten Geburtstag von Giuseppe Verdi gegründete Opernfestival, das seitdem alljährlich in der Arena von Verona stattfindet. Von Ende Juni bis Anfang September kommen hier alle zwei bis drei Tage die großen Klassiker zur Aufführung: Von Verdi z. B. Aida, Rigoletto, La Traviata und Nabucco, von Puccini Turandot und Tosca, Bizet ist meist mit Carmen vertreten, während Prokofievs Ballett Romeo e Giulietta sozusagen am Originalschauplatz aufgeführt wird. Die Vorstellungen beginnen um 21 Uhr und dauern bis zu vier Stunden und länger! Ausgeruht kommen, Sitzpolster mitbringen und viel Ausdauer (Polster kann man auch gegen Gebühr ausleihen). Nach jedem Akt ca. 20 Min. Pause. Glasflaschen und Getränke in Dosen darf man nicht mitnehmen, Plastikflaschen sind erlaubt. Getränke werden auch für teures Geld in der Arena angeboten. Falls es regnet, werden Eintrittskarten nur zurückerstattet, wenn mit der Aufführung nicht begonnen werden kann. Sobald ein paar Takte gespielt wurden, gibt es kein Rückgaberecht mehr. Tipp: die billigsten Plätze sind nicht unbedingt die schlechtesten, denn dort bekommt man viel mehr von der volkstümlichen, lebendig-italienischen Atmosphäre mit als im eher steifen Parkett.
Preise: von ca. 22,50–26,50 € für *gradinata non numerata* (unnummerierte Stufenplätze aus Stein ganz hinten und oben) über 73–104 € für *gradinata numerata* (nummerierte Rangplätze näher am Geschehen) bis zu den teuren Plätzen im „Parkett": *poltrona numerata* (2. Parkett) bzw. *poltronissima numerata* (1. Parkett) für 114–125 bzw. 147–179 € (Freitag/Samstag jeweils die teureren Preise). Zu den genannten Preisen kommt noch die Vorverkaufsgebühr dazu. Ermäßigte Preise in den unteren Kategorien bis 26 und ab 60 Jahren.

Informationen Ente Arena, Piazza Bra 28 (direkt am Torbogen Portoni di Bra), ☎ 045/8005151, 📠 8013287, www.arena.it und www.arena-verona.de.
Vorbestellung/Kartenvorverkauf Theaterkasse in der Via Dietro Anfiteatro 6/B (schmale Gasse hinter der Arena). Mo–Fr 9–12, 15.15–17.45, Sa 9–12 Uhr. Vorbestellung mit Kreditkarten über ☎ 045/8005151, unter Beifügung des entsprechenden Betrags (Scheck oder Postanweisung) und Angabe des Termins, des gewünschten Platzes und der Anzahl der Personen auch schriftlich.

Abendkasse Ebenfalls Via Dietro Anfiteatro 6, jedoch immer mit dem Risiko, dass ausverkauft ist! Ende Juni bis Ende August an Tagen ohne Vorstellung 10–17.45 Uhr, an Tagen mit Vorstellung 10–21 Uhr. Auf jeden Fall schon vormittags kommen, nummerierte teure Plätze sind dann oft noch vorhanden. Die preiswerten unnummerierten Plätze sind meist von Schwarzhändlern aufgekauft, die die Karten vor dem Büro für ca. 30–40 € anbieten.

Pam Pam (19), gemütliche Trattoria direkt neben der römischen Porta Borsari, schöne Plätze im hohen Laubengang, drinnen stützt eine Säule die niedrige Holzbalkendecke. Seit kürzlichem Pächterwechsel bei der Jugend beliebt, große Auswahl an Pizza, aber auch Bruschette, Risotto und Pastagerichte. Mittlere Preise. ☎ 045/8030363.
Osteria al Duca (13), Via Arche Scaligeri 4, im angeblichen Haus des Romeo, gepflegte Osteria der alten Art, ausgesprochen gemütlich, Sitzplätze auf zwei Stockwerken. Sehr erfreuliche Küche mit großer Auswahl, serviert wird u. a. die Veroneser Spezialität *pastissada de caval con polenta*. Große Weinkarte und süffiger roter Hauswein, Festpreismenü (ohne Wein) um die 13 €. So geschl. ☎ 045/594474.

Vini e cucina da Luciano (12), Via Trota 3/a, von der Piazzetta Chiavica ein paar Schritte nach rechts. Einfacher Speiseraum und viele (hauptsächlich junge) Gäste, da wirklich unübertrefflich billig. So und im Juli geschl. ✆ 045/8004757.

Vesuvio (26), Piazzetta Portichetto/Rigaste San Zeno, einfache und preisgünstige Pizzeria westlich vom Castelvecchio, Tische direkt an der Etsch, sehr beliebt an heißen Tagen, viele junge Leute.

Rosa Blu (24), Piazza Corrubio 29, vom Vesuvio 50 m weiter in Richtung San Zeno. Nette Nachbarschaftstrattoria, viele Einheimische aus dem Viertel, gutes und erfreulich preiswertes Essen, dazu freundliche Bedienung. Auch Pizza. ✆ 045/8036731.

Alla Colonna (15), Largo Pescheria Vecchia 4, abends sitzt man hier unter fast ausschließlich italienischen Gästen, die Preise sind günstig. So geschl. ✆ 045/596718.

Redentore (5), Via Redentore 15/17, Ristorante/Pizzeria im Stadtteil Oltre d'Adige nordöstlich der Etsch (→ Sehenswertes), originelle „Location" in der aufgelassenen Redentore-Kirche. Leserempfehlung: „Ausgezeichnetes und reichliches Essen zu vernünftigen Preisen." Sitzplätze vor der Tür etwas vom Verkehr der beiden vorbeiführenden Straßen beeinträchtigt. ✆ 045/8005932.

Trattoria all'Isolo (14), Piazza Isolo 5/a, kleine, bodenständige Trattoria an einer lang gestreckten Piazza an der Ostseite der Etsch, nicht weit von der Jugendherberge. Traditionelle Küche zu angemessenen Preisen, z. B. *pastissada di cavallo* und *baccalà alla Vicentina con polenta* (Stockfisch). Außenplätze allerdings auch hier nahe der lauten Straße. Mi-Abend geschl. ✆ 045/594291.

● *Cafés/Bars* hauptsächlich an der Piazza Bra und der Piazza delle Erbe.

Dante, Piazza dei Signori, Veronas Traditionscafé, ehrwürdiger Innenraum mit Marmortischchen, dunkelroten Samtpolstern, schwarzem Lack und viel Stuck. Auch draußen viel Platz. Mo geschl.

Al Ponte, Via Ponte Pietra 26/a, wenige Meter vom Ponte Pietra, gemütliche Bar mit kleiner, blumengeschmückter Terrasse direkt an der Etsch. Mi geschl.

● *Weinstuben* (Osterie/Enoteche) Die Umgebung von Verona gehört zu den größten Weinbaugebieten im Veneto. Dementsprechend besitzt Verona eine ganze Menge kleiner, ursprünglicher Osterie, in denen sich hauptsächlich Einheimische auf einen Schluck treffen.

Bottega del Vino, herrliche Inneneinrichtung in zentraler Lage (→ oben).

La Taverna di Via Stella (22), Via Stella 5, populär und stimmungsvoll (→ oben).

Osteria al Duomo (6), Via Duomo 7/a, hübsche Einheimischenkneipe, in der es oft hoch her geht, mittwochs Livemusik, zum Essen Polenta, Tortellini und Gnocchi. Geöffnet 10 Uhr vormittags bis 1 Uhr nachts. Do geschl.

Osteria La Vecete (18), Via Pellicciai 32, alteingesessene, jedoch jüngst modernisierte Osteria in zentraler Lage. Nett zum Sitzen im Gewölbe, auch von Einheimischen gerne besucht. So geschl.

Osteria Sottoriva (10), urige Osteria unter den Arkaden der Via Sottoriva (Nr. 9/b), vor allem am Samstagvormittag trinkt hier jeder Mann des volkstümlichen Viertels sein Gläschen. So-Abend und Mo geschl.

Enoteca/Cantina Da Oreste dal Zovo (17), Vicolo San Marco in Foro 7, etwas versteckt südwestlich der Piazza delle Erbe, sympathische, kleine Weinhandlung mit Stehtresen und einer Handvoll Sitzgelegenheiten, zur Straße hin weit offen. Weine aller Preisklassen. Mo geschl.

Nachtleben (siehe Karte S. 203)

Spielt sich im historischen Zentrum bevorzugt an der etwas versteckt gelegenen Via Sottoriva und Umgebung ab.

Square (9), Via Sottoriva 15, trendy Café-Bar, die sich in mehreren Stockwerken ins Kellergeschoss öffnet. Schicke Einrichtung, fast schon zu cool für eine Kneipe. Internetzugang, Verkauf von CDs, Keramik und Mobiliar.

Sottoriva 23 (8), unter eben dieser Hausnummer zu finden, populäre Kneipe, studentisches Publikum.

Cappa Café (7), Piazzetta Bra Molinari, wenige Schritte weiter, ebenfalls sehr angesagt, der Innenraum zeigt sich mit Polstersitzen orientalisch angehaucht, gelegentlich Jazzmusik live.

Sehenswertes

Bereits in römischer Zeit war Verona dank seiner beherrschenden Lage am Fuß der Alpen ein wichtiger Stützpunkt. Auf Reste von Toren, Straßen und Gebäuden aus dieser Zeit trifft man immer wieder. Im Mittelalter baute das Geschlecht der Skaliger Verona zu seiner Residenzstadt aus, die Venezianer prägten mit aufwändigen Palästen und massiven Verteidigungsanlagen die folgenden Jahrhunderte. Später kamen die Österreicher, die die Stadt zum wichtigsten Stützpunkt ihres Festungsvierecks in Oberitalien (Verona, Mantua, Legnago und Peschiera) machten.

Das alte Zentrum wurde im Weltkrieg zwar schwer beschädigt (u. a. sprengten die fliehenden deutschen Truppen alle Brücken), danach aber wieder sorgfältig restauriert. Es ist von modernen Zweckbauten fast völlig verschont geblieben. Dank aufwändiger Pflege der historischen Bausubstanz wirkt die Innenstadt sehr gepflegt und geschmackvoll.

- Für ca. 8 € kann man die **Verona Card** erwerben. Sie gilt einen Tag lang und bietet freien Eintritt in alle Museen und Kirchen sowie kostenfreie Benutzung der Stadtbusse. Eine Karte für drei Tage (nicht übers Wochenende) kostet ca. 12 €.
- Für alle wichtigen **Kirchen** Veronas muss Eintritt gezahlt werden. Etwa 2 € kostet jeweils die Besichtigung von Dom (mit Baptisterium und Ausgrabung), Sant'Anastasia, San Zeno, San Fermo und San Lorenzo. Für ca. 5 € erhält man ein Sammelticket, das zum Eintritt in alle fünf genannten Kirchen berechtigt. Die Kirchen sind geöffnet Mo–Sa 10–18 Uhr (San Zeno ab 8.30 Uhr, Sant'Anastasia ab 9 Uhr), So 13–18 Uhr (Dom 13.30–17 Uhr).
- **Stadtrundfahrten** mit Bus „Romeo" Anfang Juni bis Ende September 3-mal tägl. außer Montag (Dauer ca. 90 Min., ca. 13 €, unter 18 J. ca. 5,30 €), Treffpunkt vor dem Palazzo Gran Guardia (Piazza Bra). Weitere Infos in Ihrem Hotel, im Tourist-Büro oder unter ✆ 045/8401160.

Piazza Bra: am Eingang zur Altstadt, wunderbar weiter Platz mit großflächigen Straßenlokalen, Palästen aus mehreren Epochen und der prächtigen Arena, dem größten Amphitheater nach dem Kolosseum in Rom. Trotz der völlig unterschiedlichen Bauten, die von der Antike bis zum 19. Jh. reichen, ist es immer wieder ein Erlebnis die großzügige Konzeption des Platzes zu genießen – 2000 Jahre Geschichte vom Kaffeetisch aus! Die breite, „Liston" genannte Promenade vor den Cafés ist mit rosafarbenem Marmor aus dem Valpolicella gepflastert. Abends ist alles festlich illuminiert, ein kräftiger *Springbrunnen* sprudelt in der zentralen Parkanlage.

Die äußere Mauer der *Arena* war ursprünglich drei Stockwerke hoch, sie wurde durch Erdbeben fast vollständig zerstört, nur an der Nordwestecke steht noch ein kleines Stück mit vier Arkadenbögen. Ausgezeichnet erhalten ist dagegen der zweistöckige Innenring. Das Amphitheater bietet mit seinen zahlreichen Sitzreihen Platz für über 22.000 Zuschauer, im Sommer finden weithin berühmte Opernaufführungen statt (→ oben). An der kleinen *Piazza Mura Gallieno* steht noch ein Rest der alten römischen Stadtmauer, in deren Verlauf die Arena im 3. Jh. einbezogen wurde.

Der Torbogen *Portoni del Bra*, der dunkle klassizistische Palazzo *Gran Guardia*, das archäologische *Museo Maffeiano Lapidario* in der Nr. 28 gleich nach dem Torbogen und Reste der mittelalterlichen Stadtmauer schließen die Piazza nach Süden hin ab. Im Südosten hinter der Parkanlage steht das große ockerfarbene *Rathaus* mit seiner klassizistischen Säulenfassade (unter österreichischer Regierung erbaut), auf den Stufen kann man das Platzpanorama kostenfrei genießen. Im Norden beginnt neben der Arena die *Via Mazzini*, die wichtigste Fußgängerzeile Veronas, und führt zur Piazza delle Erbe.

● *Öffnungszeiten/Preise*   **Arena**, Di–So 8.30–19.30 Uhr (Mo ab 13.30 Uhr), in der Opernsaison nur 8–15.30 Uhr. Eintritt ca. 3,20 €, Schül./Stud. ca. 2,10 €.

Museo Lapidario Maffeiano, Di–So 8.30–14 Uhr, Mo 13.30–19.30 Uhr, Eintritt ca. 2,10 €, Schül./Stud. 1 €.

Via Mazzini, Via Cappello & Via Leoni: Der größte Fußgängerbereich der Stadt erstreckt sich zwischen Piazza Bra, Piazza delle Erbe und der östlichen Etsch. Die marmorgepflasterte *Via Mazzini* ist sozusagen das Schaufenster Veronas und allabendlicher Schauplatz einer lebendigen „Passeggiata", vorbei an der Internationale der Edel-Boutiquen. Nach etwa 400 m trifft man auf die *Via Cappello* – linker Hand liegt die Piazza delle Erbe, rechts trifft man unter Nr. 23 auf die ständig umlagerte Casa Capuletti, besser bekannt als *Casa di Giulietta*. Hier, so wird kolportiert, lebte die Familie des (historisch nicht überlieferten) Mädchens, das Shakespeare in seinem Schauspiel „Romeo und Julia„ verewigte. In Wirklichkeit handelte es sich bei dem Haus wohl nur um ein ehemaliges Gasthaus, dessen Name „Cappello" lediglich dem Familiennamen „Capuletti" Julias so ähnlich war, dass die Stadtväter beschlossen, hier der alten Legende ein Denkmal zu setzen. Durch einen von ganzen Touristengenerationen bis zur Unkenntlichkeit verschmierten – und mittlerweile zusätzlich mit Kaugummis und Bittzetteln garnierten – Durchgang gelangt man in den hübschen gotischen Hof mit einer Bronzestatue der Julia. Besucher aus aller Welt posieren neben der Schönen und betatschen dabei die rechte Brust, die von den zahllosen Touristenhänden blitzblank gerieben ist. Darüber kann man andachtsvoll den berühmten Balkon der Julia bestaunen (übrigens ein moderner Anbau des frühen 20. Jh.), den Romeo einst im Mondschein auf einer Leiter erklettert haben soll, um Julia seine Liebe zu gestehen. Das Innere des Hauses hat nicht allzu viel zu bieten.

Weiter in Richtung Fluss wird die Via Cappello zur *Via Leoni*. Man kommt an der römischen *Porta Leona* vorbei und sieht im Untergrund *römische Ausgrabungen*. Am Ostende der Via Leoni steht direkt an der Etsch (Nähe Ponte Navi) *San Fermo Maggiore*, eine eindrucksvolle gotische Kirche mit kunstvoller Holzdecke in Form eines umgedrehten Schiffskiels und zahlreichen Resten von mittelalterlichen Wandfresken, über die ein deutschsprachiges Faltblatt Auskunft gibt. Die blutrünstigen Szenen rechts hinten zeigen das Martyrium von Franziskanermönchen in Indien. Im Untergrund liegt eine ältere romanische Kirche, auf die der gotische Bau aufgesetzt wurde. Am fünften Pfeiler von links die pittoresken Fresken „Taufe Jesu Christi" und „Stillende Madonna".

Öffnungszeiten/Preise **Casa di Giulietta**, Di–So 8.30–19.30 Uhr, Mo 13.30–19.30 Uhr. Eintritt ca. 3,10 €, Schül./Stud. 2,10 €.

Piazza delle Erbe: Der malerische Mittelpunkt der Altstadt liegt an der Stelle des einstigen römischen Forums. Heute findet hier täglich ein großer Markt statt: Obst- und Gemüsestände unter pittoresken Sonnenschirmen, mittlerweile aber recht touristisch geprägt. An den Ostseite gibt es gemütliche Cafés und Pizzerien, an den Fassaden erkennt man noch hier und dort alte Hochwassermarken von Überschwemmungen durch die Etsch.

Im Marktgewühl fallen einige historische Denkmäler auf: Ständig umlagerter Mittelpunkt ist das *Capitello*, ein Marmorbaldachin auf vier Säulen, unter dem früher

die Ratsherren und der Bürgermeister gewählt wurden – heute vor allem als Ruhepunkt erschöpfter Touristen begehrt, die sich mit dem eiskalten Wasser, das hier hervorsprudelt, geschwollene Füße und trockene Gaumen kühlen. An der südlichen Schmalseite steht eine hübsche gotische *Marktsäule*, am Nordende eine venezianische *Herrschaftssäule* mit dem Markuslöwen, die anzeigt, dass Verona unterworfen war. Interessant außerdem die schöne *Marktbrunnen* mit der Madonna Verona, einer grazilen Frauenstatue, die ein Spruchband aus Metall in Händen hält, das die Pracht Veronas preist.

Von den Palästen ringsum sind beachtenswert der *Palazzo Maffei* an der Nordseite mit barocken Statuen auf der Balustrade, die benachbarte *Torre del Gardello* aus dem 14. Jh. (wenn man hier den geschäftigen Corso Porta Borsari Richtung Westen geht, kommt man zum alten römischen Stadttor *Porta Borsari*) und an der Ostseite die *Case Mazzanti* mit ihren verblassten Fresken. Ein hoher Durchgang, in dessen Wölbung eine einsame Walrippe (!) baumelt, führt zur Piazza dei Signori. Die 83 m hohe *Torre dei Lamberti* überragt die Szene.

Kühle Erfrischung auf der Piazza delle Erbe

Piazza dei Signori (*Piazza Dante*): Nur wenige Schritte vom Markt entfernt liegt das frühere Machtzentrum der Stadt mit den wichtigsten öffentlichen Gebäuden – Rathaus, Skaliger-Residenz, Gerichtsgebäude und Sitz des Stadtrats. Es ist ein äußerst stil- und würdevoller Platz, der von den alten Palazzi vollständig eingeschlossen ist und fast wie ein Innenhof wirkt. Im Zentrum steht mit strenger Denkermiene, Adlerblick und markantem Profil *Dante*, der berühmte Dichter der „Divina Commedia" („Göttliche Komödie"). Dante war einige Jahre Gast der Skaliger, nachdem er als kaisertreuer Ghibelline aus dem guelfischen (päpstlich gesinnten) Florenz fliehen musste. Benannt nach ihm ist das älteste Café Veronas in der Nordwestecke der Piazza. Rechter Hand steht der *Palazzo della Ragione* mit seiner markanten Streifenfassade aus hellem Tuff und Ziegelstein, in dessen harmonischem Innenhof eine verwitterte gotische Freitreppe zum Portal der Amtsräume im ersten Stock führt (nicht zugänglich). Unter dem hohen Laubengang im Erdgeschoss liegt der Zugang zur 83 m hohen *Torre dei Lamberti*. Schweißtreibend ist der Aufstieg auf 368 Stufen oder man fährt bequem per Lift. Von oben herrlicher Blick über Verona.

Durch einen Bogen mit dem Palazzo verbunden ist das benachbarte Gerichtsgebäude, der *Palazzo dei Tribunali*, mit massivem Backsteinturm. Im Durchgang unter dem Bogen hat man beim Bau einer Tiefgarage die Reste einer römischen Straße entdeckt und mit Glas überdacht. Auch im Innenhof des Gerichts sind Rundöffnungen im Boden verglast, man erkennt einen römischen Mosaikboden und Reste eines mittelalterlichen Turms.

An der rückwärtigen Seite der Piazza steht der zinnengekrönte *Palazzo Scaligero*, früher die Residenz der Skaliger, heute Sitz der Präfektur und Polizei. Die daneben sich anschließende *Loggia del Consiglio* gilt als schönste Säulenhalle ihrer Art. Hier versammelte sich im 15. Jh. der Rat der Stadt.

Ein ganz kurioses Schmuckstück ist die kleine, versteckte Seitengasse *Via Mazzanti* (links vom Caffè Dante). Inmitten abenteuerlicher Hausungetüme steht hier ein Brunnen aus römischen Säulen. Mittels noch teilweise erhaltener Seilkonstruktionen wurden hier von den umliegenden Wohnungen Eimer hinuntergelassen, um das kostbare Nass zu schöpfen.

Öffnungszeiten/Preise **Torre dei Lamberti**, Di–So 9.30–19.30 Uhr, Mo 13.30–19.30 Uhr. Mit Lift ca. 2,10 €, zu Fuß 1,50 €. Sammelticket zusammen mit „Arche Scaligeri" siehe nächster Abschnitt.

Arche Scaligeri (Skaliger-Gräber) und Casa di Romeo: Gegenüber vom Palazzo Scaligero thronen die reich verzierten gotischen Gräber der Skaliger, des einflussreichsten Herrschergeschlechts der Region. Über hundert Jahre hielten sie die Stadt unter ihrer Knute, nicht viel Gutes wird von den wohledlen Herren mit ihren bezeichnenden Hundenamen berichtet.

Hinter dem schmiedeeisernen Gitter, in dem das Symbol der Skaliger, die „Scala" (Leiter) eingearbeitet ist, sieht man die Gräber von *Mastino II* („Dogge") und *Cansignorio* („Leithund"), gotisch himmelstürmend mit zahlreichen Spitzbögen, Baldachinen und Statuen. Über dem Eingang der kleinen romanischen Kirche *Santa Maria Antica* thront der Sarkophag von *Cangrande I* („Großer Hund"), dem bedeutendsten der Skaliger, gekrönt von einer eindrucksvollen Reiterstatue, dessen Pferd bis zu den Knöcheln mit einer schweren Kampfdecke verhüllt ist. Die Statue ist allerdings nur eine Kopie, das Original steht im Skaliger-Kastell (→ unten).

Eine Ecke weiter, Via Arche Scaligeri 4, steht das angebliche *Haus des Romeo*, ein düsterer Backstein-Palazzo mit Zinnen und einer hübschen Osteria (→ Essen & Trinken).

Öffnungszeiten/Preise **Torre dei Lamberti und Arche Scaligeri**, Di–So 9.30–19.30 Uhr, Mo 13.30–19.30 Uhr. Mit Lift ca. 2,60 €, zu Fuß 2,10 €.

Grab der Julia und Museo degli Affreschi: In der Via del Pontiere, südlich der Altstadt, steht in der Krypta der ehemaligen Kirche *San Francesco al Corso* der „Sarkophag Julias". Romantiker aus aller Welt kratzen sich hier gerne ein Krümelchen ab, um es als Souvenir mitzunehmen. Im benachbarten *Museo degli Affreschi* werden von Wänden abgelöste Fresken aus dem 14.–16. Jh. aufbewahrt.

Öffnungszeiten/Preise Di–So 9–18.30 Uhr, Mo geschl., Eintritt ca. 3,10 €, Stud. 2,10 €, Schüler 1 €.

Nördliche Altstadt

Das Viertel im Etsch-Bogen ist touristisch noch kaum entwickelt. Als schönster und ursprünglichster Straßenzug zieht sich die *Via Sottoriva* parallel zum Fluss. Auf der einen Seite befindet sich ein breiter Laubengang, in dem sich eine urige Weinkneipe versteckt (→ Essen & Trinken/Weinstuben), gegenüber haben die Antiquitätenhändler Veronas ihre Läden.

Verona

Sant'Anastasia: Die mächtige gotische Backsteinkirche im Bogen der Etsch wurde von Dominikanern im 13.–15. Jh. erbaut. Die Fassade blieb jedoch unvollendet, verblasste Fresken kann man im Torbogen erkennen. Das Innere ist düster, mächtig und hoch, Rundsäulen tragen das Kreuzrippengewölbe. An den ersten Pfeilern krümmen sich schmerzverzerrte Bucklige unter der Last der Weihwasserbecken, in den Seitenkapellen reich ausgestattete Altäre mit Fresken und Skulpturen. In der zweiten Chorkapelle rechts ein Fresko des Giotto-Schülers Altichiero: „Madonna mit drei Heiligen und Familie Cavalli", an der rechten Chorwand großes Fresko „Das Jüngste Gericht", in der *Cappella Giusti* (linkes Querschiff) das berühmte Fresko „Der heilige Georg und die Prinzessin" von Pisanello mit verblüffend realistischer Darstellung der spätmittelalterlichen Welt.

Über dem Tor an der linken Seite des Vorplatzes sieht man das *gotische Grabmal des Castelbarco*, eines Adligen aus dem 14. Jh., daneben die kleine Kapelle *San Pietro Martire* (auch: San Giorgetto), die vollständig mit Fresken ausgemalt ist. Gewidmet ist sie dem heiligen Peter von Verona, der im 13. Jh. lebte und Schutzpatron der Kölner Bierbrauer ist.

Öffnungszeiten/Preise siehe Kasten, S. 208, Eintritt **San Pietro Martire** ca. 2 €.

Duomo Santa Maria Matricolare: nicht weit von Sant'Anastasia. Der ursprünglich romanische Bau wurde später gotisch umgebaut, der strahlend weiße Turm erst im 20. Jh. fertig gestellt. Die Außenmauern sind z. T. im Streifenmuster gehalten, das Fassadenportal besitzt bemerkenswert schöne Reliefs. Im hohen dreischiffigen Innenraum finden sich viele architektonische Details und Wandmalereien, in der ersten Kapelle links „Mariä Himmelfahrt" (1535) von Tizian.

Links vom Dom romanischer Kreuzgang mit römischen Fußbodenmosaiken im Untergrund, außerdem die kleine Kirche *Sant'Elena* und das Baptisterium *San Giovanni in Fonte* mit einem herrlichen achteckigen Taufbecken.

Öffnungszeiten/Preise siehe Kasten, S. 208.

Westlich vom Zentrum

Am Rand der mittelalterlichen Stadt steht große Skaliger-Kastell. Die Stadtmauer zog sich von dort südlich entlang der Piazza Bra bis zur Etsch auf der Ostseite Veronas.

Porta di Borsari: Das römische Stadttor aus weißem istrischem Kalk am Corso Porta Borsari war einst das Haupttor der Stadt und wirkt in seiner filigranen Gestaltung mit Durchgängen, Fenstern und Säulen, als sei es einem Hollywoodfilm über das alte Rom entsprungen. Im Mittelalter saß hier ein bischöflicher Steuereintreiber, der einem tief in die Tasche (= borsa) griff.

San Lorenzo: Die romanische Kirche zwischen Etsch und Corso Cavour erreicht man durch einen gotischen Torbogen mit der Statue des Heiligen. Die schmale Fassade ist flankiert von zwei Rundtürmen. Im dreischiffigen, der Abteikirche von Cluny nachempfundenen Inneren mit fünf Apsiden gibt es Freskenfragmente und Steinsarkophage, alle Apsiden sind nach Osten ausgerichtet.

Castelvecchio: Das große mittelalterliche Backstein-Kastell der Skaliger wurde 1354 unter dem tyrannischen Cangrande II am Rande der mittelalterlichen Stadt direkt ans Ufer der Etsch gebaut. Es war allerdings nicht etwa als Bollwerk gegen Feinde von außen gerichtet, sondern wendete sich gegen die eigene aufbegehrende Stadtbevölkerung, die in der zweiten Hälfte des 14. Jh. das despotische Regime der Skaliger nicht mehr ertragen wollte. Der eindrucksvolle, 120 m lange *Ponte Scali-*

Blick über Verona in der Morgensonne

gero sorgte dafür, dass die Skaliger jederzeit die Kontrolle über den wichtigen Etschübergang hatten, aber auch umgehend die Flucht ergreifen konnten. Die massive Backsteinbrücke mit beiderseitigen Zinnenbastionen wurde im Zweiten Weltkrieg von fliehenden deutschen Truppen gesprengt und musste völlig neu aufgebaut werden. Das Kastell beherbergt heute das *Museo di Castelvecchio*, eine bedeutende und umfangreiche Kunstsammlung mit Skulpturen, Gemälden und Fresken der Veroneser und Venezianischen Schule, darunter Pisanello, Bellini, Tintoretto, Mantegna und Tiepolo (bemerkenswert z. B. „Madonna mit der Wachtel" von Pisanello), aber auch die eindrucksvolle Originalstatue vom Grab des Cangrande I.

Öffnungszeiten/Preise Di–So 8.30–19.30 Uhr, Mo 13.30–19.30 Uhr. Eintritt ca. 3,10 €, Schül./ Stud. ca. 2,10 €.

San Zeno Maggiore: An einem weiten, freien Platz (Parkplatz) steht eine der schönsten romanischen Kirchen Oberitaliens, ein ausgesprochen ästhetischer Bau, elegant und leicht. Die Fassade ist in einem warmen Gelbton gehalten, die Längsseite rot-weiß gestreift. Links der Turm der angeschlossenen Abtei, rechts der hohe, frei stehende Glockenturm.

Das Portal wird von prächtigen Steinreliefs umrahmt, die bekannte Szenen aus der biblischen Geschichte und der Schöpfungsgeschichte darstellen, links oben z. B. der Judaskuss und die Reise nach Bethlehem. Das berühmte *Bronzeportal* stammt aus dem 12. Jh. und besitzt 48 Relieffelder, die auf den hölzernen Untergrund genagelt sind (Altes und Neues Testament, Wunder des heiligen Zeno).

Das tiefer liegende Innere ist feierlich und fast leer, massive Pfeiler und Säulen stützen das hohe Kielgewölbe. Licht fällt fast nur durch die Rosette in der Fassade. Überall an den Wänden findet man Reste von *Fresken*, vor allem im erhöhten Chor über der Krypta. Der *Chor* ist zum Hauptraum durch Statuen von Christus und den Aposteln

Verona

abgeschlossen, über dem Altar ist das berühmte Triptychon „Madonna mit Heiligen" von Mantegna zu sehen. Linker Hand steht die berühmte, verschmitzt schmunzelnde Statue des dunkelhäutigen (?) heiligen Zeno (14. Jh.), genannt „San Zeno che ride" („der lacht"). In der offenen Krypta befindet sich der Sarkophag des Heiligen. Seitlich der Kirche liegt ein schöner *Kreuzgang* mit filigranen Doppelsäulen und zahlreichen Grabmälern.

Öffnungszeiten/Preise siehe Kasten, S. 208

Nördlich der Etsch (Oltre d'Adige)

Mit wenigen Schritten kommt man vom Dom zum großen Etschbogen an der Nordspitze der Landzunge, wo sich ein herrlicher Blick auf den zypressenbestandenen Hügel an der anderen Flussseite öffnet. Hinüber geht es über den *Ponte Pietra*, die einzige erhaltene Brücke aus römischer Zeit, die beim Rückzug der deutschen Truppen gesprengt worden war, jedoch wieder vollständig rekonstruiert werden konnte. Zwischen alten Häusern, Bäumen und Gärten führt ein Treppenweg hinauf zum österreichischen *Kastell San Pietro* aus dem 19. Jh. (nicht zu besichtigen) – für die Mühe wird man mit einem wunderschönen Blick über ganz Verona belohnt.

An den Hang unterhalb des Kastells schmiegt sich ein *römisches Theater* mit seinen erhalten gebliebenen Bühnenaufbauten und Stufenreihen. Das ehemalige Kloster San Girolamo darüber ist vom Theater mit einem Lift zu erreichen und beherbergt in den Räumen um den Kreuzgang ein *Archäologisches Museum* mit Skulpturen und einigen schönen Mosaiken. Südlich vom Kastellhügel zeigt das *Museo Africano Missionari Comboniani* im Vicolo Pozzo 1 eine Sammlung afrikanischer Kult- und Kunstgegenstände, zusammengetragen von den Missionaren des Centro Comboniano in Limone am Gardasee (→ S. 118).

Santa Maria in Organo: Etwas südlich vom Hügel steht die gotische Kirche an der Via Interrato dell'Acqua Morta. Die untere Hälfte der unvollendeten Fassade ist ganz mit Marmor verkleidet, im Inneren reiche Renaissance-Ausstattung, Fresken und eine frühmittelalterliche Krypta. Berühmt sind die einzigartigen Intarsienarbeiten am Chorgestühl, geschaffen vom Mönch Fra Giovanni da Verona.

Giardino Giusti: Etwa 200 m weiter liegt, von der Straße her völlig uneinsehbar, versteckt hinter dem abgasbraunen Palazzo Giusti, eine der berühmtesten Parkanlagen Italiens, von der sich schon Goethe beeindruckt zeigte, gegründet im 15. Jh. von der Familie Giusti. Der hervorragend erhaltene und gepflegte Renaissancegarten wird beherrscht von einer schnurgeraden Zypressenallee, auf mehreren Terrassen erstreckt sich ein Labyrinth aus Kieswegen, sorgfältig beschnittenen Buchsbaumhecken, schlanken Säulenzypressen und Marmorskulpturen. Am *Belvedere*, dem höchsten Punkt der Anlage, thront der „Maskeron", eine mächtige steinerne Maske. Von dort genießt man einen herrlichen Blick über die Stadt.

Santi Nazaro e Celso: Die äußerlich unscheinbare Kirche aus dem 15. Jh. wurde in der Nähe eines frühchristlichen Felsenheiligtums errichtet. Im Inneren ist sie eine wahre Schatzkammer der wichtigsten Maler der Veroneser Renaissance, darunter Aliprandi, Caliari, Farinati und Flacco.

● *Öffnungszeiten/Preise* **Römisches Theater und Archäologisches Museum**, Winter Di–So 8.30–19.30 Uhr, Mo 13.30–19.30 Uhr. Eintritt ca. 2,60 €, Schül./Stud. ca. 1,50 €.

Museo Africano Missionari Comboniani, Di–Sa 9–12.30, 14.30–17.30 Uhr, So 14–18 Uhr, Mo geschl., Eintritt ca. 3 €, ✆ 045/8092199.

Santa Maria in Organo, Mo–Sa 8–12, 14.30–18 Uhr (Messe um 10 Uhr).

Giardino Giusti, Winter tägl. 9 Uhr bis Sonnenuntergang, Sommer tägl. 9–20 Uhr. Eintritt ca. 5 €.

Palmen und Blütenduft: an der Uferpromenade von Iseo

Iseo-See (Lago d'Iseo)

Der kleinste der vier großen oberitalienischen Alpenseen ist auch der am wenigsten bekannte. Und das ist gut so, denn ein Andrang à la Gardasee würde dem Iseo-See ganz und gar nicht bekommen.

Die Orte, die für einen Urlaubsaufenthalt in Frage kommen, sind beschränkt, denn im Norden rahmen weitgehend steile Felsufer die schmale Wasserfläche ein und bei Lóvere dominieren Fabrikanlagen, die natürlich auch die Wasserqualität beeinträchtigen. Der breite Süden mit seiner mediterran anmutenden Vegetation ist das eigentliche Touristenzentrum. Vor allem um das freundliche Städtchen *Iseo* liegen zahlreiche Hotels und Campingplätze, letztere so gut wie immer direkt am See und meist mit guten Bademöglichkeiten. Größter Leckerbissen für Individualisten ist die *Monte Isola*, eine steil aufragende und vollständig bewaldete Insel dicht vor dem Ostufer, in deren Umkreis auch das sauberste Wasser des Sees zu finden ist. Die Umgebung des Iseo-Sees ist für seine Weine bekannt – südlich vom See liegt die berühmte *Franciacorta* (→ S. 233), westlich das weniger bekannte *Valcalepio*.

Im Gegensatz zu den großen Geschwistern Gardasee, Comer See und Lago Maggiore besitz der Iseo-See kein Ungeheuer à la „Nessie" – am 14. Juli wird jedoch vor einer Meerjungfrau gewarnt, die Schwimmer in die Tiefe zieht. Dementsprechend wenige Einheimische gehen an diesem Tag Baden.

• *Anfahrt/Verbindungen* **PKW**, am besten auf der Autobahn A 4 von Verona oder Mailand nach Iseo am Südende vom See. Die SS 42 ab Bolzano führt das Valcamonica hinunter und trifft in Lóvere ans Nordende des Sees, ist aber langwierig.

Bahn, ab Brescia privat betriebene Nebenlinie **FNM** (Ferrovie Nord Mailand, www.ferrovienord.it) über Iseo am Ostufer entlang bis Pisogne und weiter das Valcamonica hinauf bis Édolo. Verbindungen etwa stündl.

Bus, SAIA (www.saiatrasporti.it) fährt von Bergamo nach Sarnico, Clusane und Iseo, **FNMA** (www.lenord.it) von Brescia über Iseo das Ostufer hinauf und weiter das Valcamonica hinauf bis Édolo.

Schiff, die Fähren der **Navigazione sul Lago d'Iseo** (www.navigazionelagoiseo.it)

laufen etwa stündl. die meisten Orte am See an, außerdem die Insel Monte Isola (→ unten). Detaillierter Fahrplan an jeder Anlegestelle erhältlich. Verschiedene Ausflugs- und Kreuzfahrten (z. T. mit Lunch an Bord) können gebucht werden.

Iseo
(ca. 8500 Einwohner)

Rundum gemütliches Urlaubsstädtchen, bei weitem das beste Standquartier am See. Beliebt bei Deutschen und Niederländern, an Wochenenden auch Ausflugsziel für die Bewohner der nahen Städte Bergamo und Brescia. Nicht immer geht es daher leise und beschaulich zu.

Hinter der Uferpromenade mit frisch gepflanzten Palmen, an der sich tagsüber Angler und Spaziergänger treffen, erstreckt sich ein kleines Altstadtviertel mit engen Gassen und der zentralen Piazza Garibaldi, auf der ein moosbewachsener Steinklotz mit der Statue des Risorgimento-Helden steht. Wochentags findet hier der Markt statt. Im Café unter den Arkaden kann man in Ruhe die neuesten deutschen Zeitungen lesen. Ein Freibad liegt westlich vom Ort.

Anfahrt/Verbindungen/Information

• *Anfahrt/Verbindungen* **SAIA-Busse** fahren ab Via Gorzoni, **FNMA-Busse** ab Via del Mier (Stationen sind auf dem Stadtplan vom Tourist Info eingezeichnet). Die Anlegestelle der **Seeschifffahrt** liegt zentral im Hafen vor der Altstadt, der **Bahnhof** ein Stück landeinwärts, zu erreichen über die Via XX Settembre.

• *Information* **IAT**, am See, Lungolago Marconi 2. Hotelverzeichnis, Stadtpläne, Seekarte und diverses Prospektmaterial. Es wird Deutsch gesprochen. Mo–Sa 9–12.30, 15.30–18.30, So 9–12.30 Uhr. ℰ 030/98209, 🖉 981361, www.bresciaholiday.com.

Übernachten (siehe Karte S. 219)

Nur zwei der über zehn Hotels liegen im unmittelbaren Zentrum, dazu gibt es über ein Dutzend Campingplätze unterschiedlicher Qualität.

**** Araba Fenice (1), Via Fenice 4, repräsentatives Großhotel direkt am See, etwas nördlich außerhalb, modernes und elegantes Ambiente, schöne Terrasse, Pool, herrlicher Seeblick. Signora Moretti führt das Haus mit großem Engagement. DZ mit Frühstück ca. 124–144 €, in der Dependance 93–108 €. ℰ 030/9822004, 🖉 868536, www.arabafenicehotel.it.

**** Iseo Lago Hotel Resort (10), Via Colombera 2, komfortable Anlage westlich von Iseo, nahe Camping Sassabanek. Pool mit zwei Becken, Fitness-Center mit Sauna und Solarium, Tennis, Garage. DZ mit Frühstück ca. 135–172 €. Auch Apartments werden vermietet. ℰ 030/98891, 🖉 9889299, www.iseolagohotel.it.

*** Ambra (5), Porta G. Rosa 2, ganz zentral an der Uferpromenade, wenige Meter von der Schiffsanlegestelle. Ordentliches Haus mit gutem Service, Zimmer mit TV und Balkon und teilweise Seeblick. DZ mit Frühstück ca. 88–100 €, kein Ristorante. ℰ 030/980130, 🖉 9821361, www.ambrahotel.3000.it.

** Milano (4), Lungolago Marconi 4, gepflegtes Haus direkt am See, breite Gänge und komfortable Zimmer mit Teppichböden, TV und geschmackvoll-rustikalem Mobiliar. Niederländisch-italienische Leitung. Zimmer nach hinten wegen der dortigen Nachtbars recht laut. DZ mit Frühstück ca. 78–86 €. ℰ 030/980449, 🖉 9821903, www.hotelmilano.info.

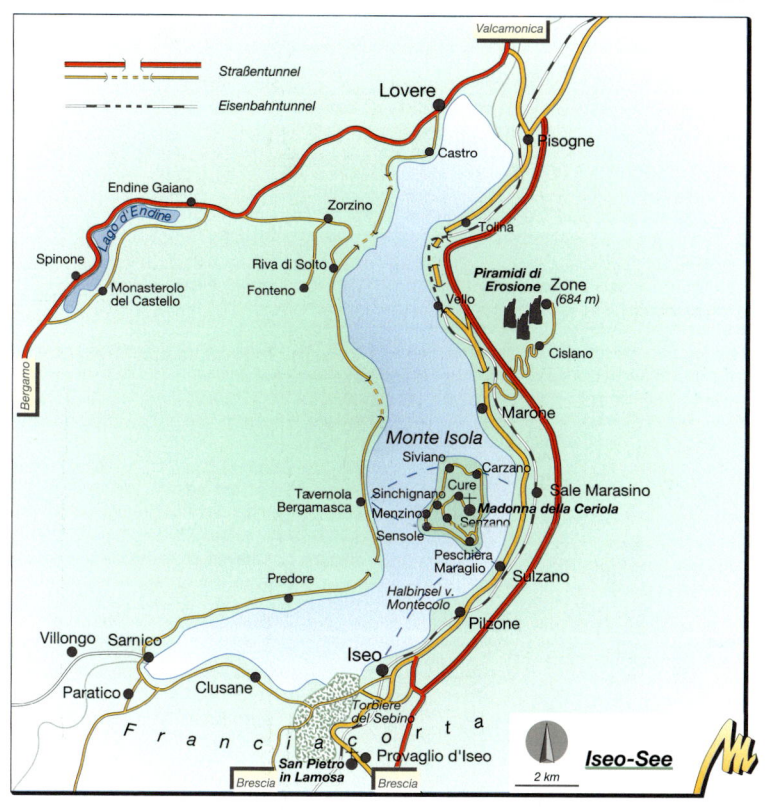

TIPP! Agriturismo Forest, Panoramalage am Hang oberhalb von Iseo, beschildert an der Ausfallstraße Via Roma, schmale und anfangs steile Anfahrt. Freundlich geführter Hof mit Tierhaltung und Produktion von Wein, Olivenöl, Honig und Marmelade. Terrassenlokal mit schönem Blick, auch die Zimmer haben Panoramabalkone. Gut geeignet für Familien mit Kindern. DZ mit Frühstück ca. 60 €, HP ca. 50 € pro Pers. ℰ 030/981640, www.agriturismoforest.com.

**** Camping Del Sole, ca. 1 km westlich von Iseo, einer der besten Plätze am See, flaches Wiesengelände mit Bäumen, Stellplätze teils direkt am See, Bungalows, Tennis, Pool. ℰ 030/980288, ℰ 9821721, www.campingdelsole.it.

**** Caravan Camping Sassabanek, westlich benachbart zu Del Sole, Wiesenfläche mit Bäumen, angeschlossen ist ein großes Sportzentrum mit mehreren Tennisplätzen und drei großen Pools (für Camper gratis). Sanitäranlagen schon etwas älter. ℰ 030/980300, ℰ 9821360, www.sassabanek.it.

*** Camping Iseo, unmittelbar östlich von Iseo, Wiese mit Weinstöcken und Bäumen zwischen wenig befahrener Bahnlinie und Ufer, neue Sanitäranlagen. ℰ/ℰ 030/980213, www.campingiseo.it.

Weitere Plätze in Richtung Clusane sind **Le Bettulle**, **Sebino**, **Clusane** und **Girasole**, östlich von Iseo liegen u. a. die Plätze **Quai**, **Punta d'Oro** und **Covelo** zwischen See und Bahnlinie.

Essen & Trinken/Nachtleben/Baden & Sport

Il Bruco (3), Lungolago Marconi 20, zentrale Lage, schöner Blick aufs Wasser, überdachte Terrasse, aufmerksamer Wirt. Nichts für Gourmets, aber solide Hausmannskost in großen Portionen und günstiger Hauswein, zu empfehlen z. B. *branzino con patate e pomodori*. ✆ 030/980784.

Ai Platani (2), Lungolago Marconi 1, großes Freiluftlokal an der Uferpromenade, herrlicher Seeblick, Küche ok, große Portionen und ebensolche Pizzen. ✆ 030/9821550.

Il Volto (11), Via Mirolte 33, etwas zurück vom See an der Hauptstraße landeinwärts. Schöne Osteria mit rustikalem Ambiente, wunderbarer Küche und exquisiter Weinauswahl. Von außen Einblick in die Küche. Von Michelin mit einem Stern ausgezeichnet,

Garibaldi in Iseo

der qualitätsbewußte Padrone hält seine Mannschaft auf Trab. Mi und Do-Mittag geschl. ✆ 030/981462.

Al Castello (13), Via Mirolte 53, nur wenige Meter vom Il Volto entfernt, weitere gute Adresse, Eingang im Innenhof, wo im Sommer auch Tische stehen. Mittlerweile gibt es auch eine gedeckte Außenterrasse inmitten einer Grünfläche, im Nachbarhaus arbeitet die hauseigene Pasticceria. Anerkennung von Michelin. Di geschl., im Sommer nur abends geöffnet. ✆ 030/981285.

Il Paiolo (7), Piazza Mazzini 9, etwas schickeres Lokal an einem schönen Platz, wo die alte Waschstelle des Dorfs restauriert wurde. Ebenfalls von Michelin empfohlen. ✆ 030/9821074.

Ca' de Cindri (6), Via Duomo 46, schlichte, kleine Osteria mit nettem Wirt, lecker sind die hausgemachten Nudeln, beliebt bei jungen Leuten. ✆ 030/9821543.

Osteria Le Ciacole (8), Vicolo delle Cantine, neu eröffnet in einer ruhigen Seitengasse, nett zum draußen Sitzen, Fleischgerichte und günstiger Hauswein. Di geschl.

● *Weinlokale* Südlich des Iseo-Sees erstreckt sich das Weinbaugebiet Franciacorta, Enoteche sind deshalb in Iseo nicht rar.

Enoteca Teatro Eden (9), in einem ehemaligen Kino unter den Arkaden der Piazza Garibaldi, vorne klassisches Café, hinten gemütliche Enoteca, wo man in Ruhe die Weine der Franciacorta verkosten kann.

Enoteca Iseo (12), Via Mirolte 41, kurz vor dem Restaurant „Al Castello" – ein Tresen, eine Handvoll Tische und viel Wein.

● *Eis* **Leon d'Oro**, an der Anlegestelle, fantastisches Eis in riesiger Auswahl.

● *Baden & Sport* Generell sind die Badestrände bei Iseo eher bescheiden und z. T. auch durch Anschwemmungen verunreinigt. Die folgenden Strandbäder verfügen aber auch über Pools:

Sassabanek, großes Sportzentrum westlich vom Ort, mehrere Schwimmbecken, Tennis, Liegewiese, Badestrand, Sauna, Wasserski-, Segel- und Windsurfschule, Tretboote u. a. Eintritt je nach Saison ca. 7,50 €.

Lido Belvedere, Freibad neben dem Sportzentrum Sassabanek, 150 m mit Sand aufgeschütteter Strandbereich, Liegewiese, Pool mit Rutsche und Kinderspielplatz. Mai bis Sept., Eintritt je nach Saison ca. 7,50–10 €.

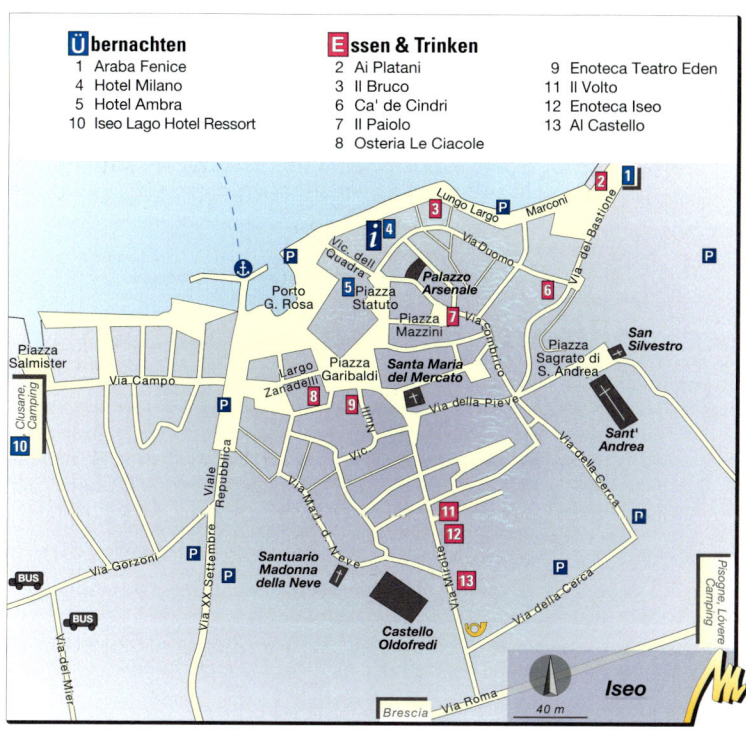

Ü bernachten
1 Araba Fenice
4 Hotel Milano
5 Hotel Ambra
10 Iseo Lago Hotel Ressort

E ssen & Trinken
2 Ai Platani
3 Il Bruco
6 Ca' de Cindri
7 Il Paiolo
8 Osteria Le Ciacole

9 Enoteca Teatro Eden
11 Il Volto
12 Enoteca Iseo
13 Al Castello

Iseo Bike, Radverleih beim Camping/Sportzentrum Sassabanek. Mai bis August tägl. 9.30–12.30 Uhr und 14–19 Uhr, April und Sept. nur Sa/So. ℡ 340-3962095, www.iseobike.com.

Sehenswertes: Wo die Via Mirolte an der Piazza Garibaldi beginnt, steht das von außen gänzlich unscheinbare Kirchlein *Santa Maria del Mercato*, errichtet im 14. Jh. von der Adelsfamilie Oldofredi. Eine Überraschung bietet der Innenraum, denn dort findet man gut erhaltene Fresken verschiedenen Alters, nämlich aus dem 15., 16. und 18. Jh., die sich stilistisch deutlich unterscheiden. Die wuchtige *Burg der Olofredi* aus dem 11. Jh. steht ebenfalls noch, nämlich am Ende der Via Mirolte, dort ist heute die städtische Bücherei untergebracht.

Von der Piazza Garibaldi kommt man über die benachbarte Piazza Statuto zum mittelalterlichen *Palazzo dell'Arsenale*, der unter strengen Denkmalschutzauflagen restauriert wurde und heute das Rathaus beherbergt.

Etwas abseits vom Zentrum findet man an der gepflasterten Piazza Sagrato di Sant'Andrea die Kirche *Sant'Andrea* aus dem 11. Jh. mit eindrucksvollem Glockenturm und dem Grab von Giacomo Oldofredi in der Fassade. Der Innenraum besitzt eine reich verzierte Gewölbedecke aus der Renaissance, neben dem Altar fällt die prächtige Orgel auf, dahinter ein Abendmahlsgemälde in ungewöhnlicher illusionistischer Perspektive.

Iseo-See
Karte S. 217

Riserva Naturale delle Torbiere del Sebino

Zwischen Iseo und dem Nachbarort Clusane (→ S. 227) erstreckt sich ein etwa 360 ha großes Feuchtraumbiotop, das zu Fuß bequem vom Zentrum aus zu erreichen ist. Ein etwa 2 qkm großes Torfmoor am Seeufer bietet interessante Spaziergänge auf schilfgesäumten Wegen abseits der Uferstraße, im Frühjahr blühen hier tausende von Seerosen. Überblicken kann man das Sumpfgebiet am besten vom Vorplatz der Cluniazenserklosterkirche *San Pietro in Lamosa* oberhalb von Provaglio d'Iseo, deren wunderbare romanische Substanz schon allein einen Besuch wert ist.

Seerundfahrt (von Iseo nach Norden)

Anfangs ist immer wieder der grüne Klotz der Monte Isola im Blickfeld, im Norden rücken dann die steilen Felswände beider Ufer eng zusammen. Leider herrscht oft starker Durchgangsverkehr, denn viele Schwerlaster pendeln zwischen Brescia und dem industrialisierten Valcamonica nördlich vom See. Entlastet wird die Uferstraße aber mittlerweile durch eine neue Schnellstraße, die von Iseo in Richtung Norden verläuft. Nördlich von Marone mündet die Uferstraße auf die Schnellstraße, mit langen Tunnels geht es weiter nach Pisogne. Alternative: Bis Pisogne (und weiter die Valcamonica hinauf bis Édolo) kann man auch mit den schmucken grünweißen Züglein der FNM fahren, die übrigens „Gamba al legno" (Holzbein) genannt werden, weil sie so über die Maßen schnell sind ...

▶ **Halbinsel von Montecolo**: ein steiles, grünes Kap, sehr ruhig, dichter Baumbestand, hauptsächlich Zypressen und Oliven, um *Pilzone* jedoch durch Ferienhäuser zersiedelt. Am Fuß der Halbinsel liegen mehrere einfache Campingplätze.

▶ **Sulzano**: Hauptfährhafen nach Peschiera Maraglio auf der gegenüberliegenden Insel Monte Isola (ca. 3,05 € hin und zurück, Fahrrad ca. 4,30 €, Überfahrten etwa alle 15 Min.). Der autofreie Ortskern liegt unterhalb der Durchgangsstraße, dort findet man auch das ruhig am See gelegene Hotel Riva Lago.

• *Übernachten* **** **Riva Lago**, direkt am See, gepflegte, klassisch-historisierende Einrichtung, kleine Liegewiese mit ebensolchem Pool, Fahrrad- und Kanuvermietung, freundliche Chefin. DZ mit Frühstück (aufs Zimmer) ca. 92–128 €. ☎ 030/985011, 🖷 985720, www.rivalago.it.

Beim Bahnhof oberhalb der Durchgangsstraße liegt ein **Parkplatz** für PKW und Wohnmobile, falls man auf die autofreie Monte Isola übersetzen möchte. Preis pro Tag ca. 5 €, Übernachtung für Womo ca. 14 €. Mit Wasseranschluss und Toiletten.

▶ **Sale Marasino**: Von hier setzen die Boote nach Carzano an der Nordostecke der Monte Isola über (derselbe Preis wie von Sulzano). Die monumentale Pfarrkirche *San Zenone* gegenüber der Anlegestelle ist vollständig mit Wand- und Deckenmalereien bedeckt. Der Ortskern liegt links oberhalb davon, dort findet man die urige kleine Taverne „Stella" und in der zentralen Via Zirotti 21 einen schönen Laden mit Wein und Käse sowie Olivenöl aus dem Nachbarort Marone.

Marone
(ca. 3000 Einwohner)

Größerer Ort an den steilen Hängen des Monte Caprello, wo tausende von Olivenbäumen wachsen – „Città dell'Olio" nennt sich Marone stolz. Die mächtige, Dolomitstein verarbeitende Fabrik „Dolomite Franchi" (eine der größten ihrer Art in Europa) beeinträchtigt allerdings aus touristischer Sicht ein wenig die Optik. Zwischen Straße und Seeufer liegt ein Campingplatz, von der ruhigen Uferfront im Zentrum hat man einen schönen Blick auf die Felsen, die weiter nördlich den See begrenzen.

● *Übernachten*   ***** Camping Riva di San Pietro**, Via Cristini 9/11, grünes Gelände am südlichen Ortseingang, zum See hin abgegrenzt durch einen niedrigen Uferkai, dort auch ein Badesteg. ✆/📠 030/9827129, riva sanpietro@hotmail.com.

● *Essen & Trinken* **TIPP! Dama**, Lungolago Marconi 1, ein wenig südlich der Anlege-

stelle, Ristorante/Pizzeria mit überdachter Außenterrasse und herrlichem Seeblick. Viele Einheimische kommen hierher, auf der Karte stehen so leckere Sachen wie *sardine di Montisola* (Spezialität der Insel Monte Isola) und *tinca ripiena* (gefüllte Schleie), Pizzen gibt es ab 4 €. ✆ 030/ 9877861.

Piramidi di Zone

Eine 8 km lange Serpentinenstraße zweigt in Marone in das Bergdorf Zone ab, das in einer immergrünen Mulde am Fuss des Monte Guglielmo (1949 m) liegt. Unterwegs genießt man herrliche Panoramen vom See.

Die Ortsdurchfahrt von Marone ist zunächst sehr eng, Spiegel entschärfen dabei die unübersichtlichen Kurven. Oberhalb von Marone quert man die Schnellstraße von Iseo nach Pisogne und fährt anschließend auf bequemer Kurvenstraße bis *Cislano* kurz vor Zone. Linker Hand bieten hier die „Piramidi di Erosione" einen interessanten Blickfang. Es handelt sich dabei um bis zu 30 m hohe Erdsäulen, die an der Spitze jeweils einen Deckstein tragen. Diese Formationen entstanden, indem das Erdreich um die Säulen durch Regen ausgehöhlt und weggeschwemmt wurde, während die Abschlusssteine wie Regenschirme wirken und die unter ihnen liegenden Lehm- und Kiesablagerungen schützen.

Auf einem Fußweg kann man den Pyramiden näher kommen oder das Gebiet sogar zu Fuß durchqueren. Er beginnt linker Hand der Straße hinter der *Chiesa di San Giorgio* aus dem 15. Jh. und endet an der Zufahrtsstraße, einige Kurven unterhalb

Iseo-See
Karte S. 217

Fresken innen und außen: die Chiesa di San Giorgio in Cislano

Die alte Autostraße bei Vello: jetzt eine beliebte Fahrradpiste

von Cislano. Die historische Kirche besitzt sowohl außen wie innen zahlreiche Fresken. An der Außenwand erkennt man z. B. den heiligen Georg mit dem Drachen und einen Christopherus, im dreischiffigen Innenraum sind Bilder von verschiedenen Heiligen und der weiß gewandeten „Schneemadonna" erhalten.

● *Übernachten/Essen & Trinken* **** Pirami-di**, am Ortseingang links, ordentliches Albergo mit schönem Seeblick, vor allem vom Speisesaal. DZ mit Frühstück ca. 40–50 €. ☎ 030/9870932, ✆ 9870911, albergo piramidi@virgilio.it.

Agriturismo Val Tres, Zufahrt rechter Hand der Straße beschildert, hübsch im Grünen gelegen, Restaurant/Pizzeria mit Terrasse und Seeblick, außerdem ein Campinggelände mit Vermietung von Holzhütten und ein Reitstall. ☎ 030/9870910.

Nördlich von Marone beginnt eine ausgedehnte Tunnel- und Galerienstrecke durch die Ausläufer des Monte Agolo. Mit mehreren 2-km-Tunnels geht es auf der neuen Schnellstraße bis kurz vor Pisogne. Die alte Uferstraße wurde stillgelegt und ist heute ein begehrtes Revier für Radler (→ Vello).

▸**Vello**: Das kleine, ruhige Dörfchen besteht lediglich aus einer lang gestreckten Häuserzeile direkt am See. Es liegt unterhalb der Schnellstraße und ist nur über eine einzige Abfahrt zu erreichen – langsam fahren. Die zahlreichen, im Sommer gebührenpflichtigen Parkplätze zeigen, dass hier vor allem an Wochenenden einiges an Ausflugsverkehr herrscht. Tipp ist die nördliche Verlängerung der Dorfstraße, die einst die alte Durchgangsstraße am Seeufer war, aber seit dem Bau der neuen Schnellstraße für Fahrzeuge gesperrt ist. Als eigens ausgewiesene „Pista Ciclopedonale" bietet sie nunmehr für Radfahrer und Fußgänger eine reizvolle und gänzlich autofreie Tour direkt am See – durch mehrere Tunnels geht es mit schönen Seeblicken ca. 4 km weit bis *Toline*, kurz vor Pisogne. Wer nicht radeln oder wandern will, kann stattdessen in der Bar „Baia del Sol" am nördlichen Ortsende von Vello entspannen.

• *Essen & Trinken* Die beiden Restaurants **Ai Frati** (✆ 030/9827439) und **Da Glisenti** (✆ 030/987222) liegen genau nebeneinander und besitzen jeweils eine Terrasse mit Pergola und Seeblick. Achtung: An Wochenenden ist hier Reservierung unbedingt notwendig.

Baia del Sol, nette Bar oberhalb vom Seeufer, Tische und Liegestühle auf einer Grasfläche, auch Kleinigkeiten zum Essen. An Wochenenden wird es sehr voll.

• *Shopping* **Oleoteca/Salsamenteria**, Olivenölverkostung am Ortsbeginn, jeweils sonntags 8.30–18 Uhr.

Pisogne
(ca. 7700 Einwohner)

Das alte Handelszentrum des Valcamonica besitzt im Uferbereich einen großen, offenen Platz, die Piazza Mercato, wo jahrhundertelang der Markt stattfand. Davor verläuft eine schöne, breite Promenade mit prächtigem Seeblick. Hinter der Piazza erstreckt sich der alte Ortskern mit engen Gassen, Laubengängen und Torbögen.

Dominierend steht an der Piazza Mercato die mächtige, vier Stockwerke hohe *Torre del Vescovo*, erbaut 1250 als bewaffneter Stützpunkt des Bischofs von Brescia, der von den Stadtbewohnern Abgaben eintreiben ließ. Säumige Zahler wurden hier in Käfigen öffentlich zur Schau gestellt, 1518 sollen davor sogar acht der Hexerei bezichtigte Frauen verbrannt worden sein. Der Zugang zum Turm liegt an der Nordseite in 4 m Höhe und ist durch einen niedrigen Gang zu erreichen, der in eine Art Innenhof führt.

Auf der anderen Platzseite, schräg gegenüber vom Turm, beginnt ein Laubengang, dessen erstes Haus namens „Torrazzo" einst der Sitz des bischöflichen „Gastaldo" (Steuereintreiber) war. Erhalten sind davon nur noch Reste der Grundmauern, das heutige Gebäude ist jüngeren Datums. Im 18. Jh. wurde hier der berüchtigte Bandenführer Giorgio Vicario, der das ganze Tal terrorisiert hatte, in seinem eigenen Metzgersladen von Gefolgsleuten in einen Hinterhalt gelockt. Man enthauptete ihn, sein Kopf wurde mit Salz konserviert, in Lorbeerblätter gewickelt und nach Venedig gebracht, um die ausgesetzte Belohnung einzustreichen.

Die klassizistische Kathedrale *Santa Maria Assunta* steht ein wenig weiter landeinwärts. Sie besitzt im Presbyterium eine unvollendete „Kreuzigung" von Poggi, die Gebeine des römischen Märtyrers San Constanzo werden in der zweiten Kapelle rechts verwahrt.

Größte Sehenswürdigkeit der Stadt ist die Klosterkirche *Santa Maria della Neve* am nördlichen Stadtrand, genannt „Cappella Sistina dei Poveri" (Sixtinische Kapelle der Armen), deren Wände und Gewölbe ein herrlicher Freskenzyklus von Romanino bedeckt, entstanden 1534. Fern der Adelshöfe hatte Romanino hier so malen können, wie er selber es sich wünschte. Sehr realistisch, teils

„Hexenverbrennung" in Pisogne

auch ins Groteske und Maskenhafte verzerrt, ist die Passion Christi dargestellt, eine große Kreuzigungsszene beherrscht die innere Frontseite.

● *Öffnungszeiten* **Santa Maria della Neve**, Di–So 9.30–11.30, 15–18 Uhr, Mo geschl.

● *Übernachten* ***** Camping Eden**, grünes Gelände fast direkt im Zentrum, davor eine begraste Uferzone mit Kinderspielgeräten und schmalem Badestrand. ✆ 0364/880500, 🖂 880526, www.campeggioeden.com.

Lóvere (ca. 5400 Einwohner)

Der große Ort am Nordende des See besitzt eine schöne Piazza mit hohen, übereinandergestaffelten Hausfassaden, davor verlaufen die viel befahrene Durchgangsstraße und eine lange, teils von Nadelbäumen beschattete Seepromenade. Herrlich ist der Blick aufs gegenüberliegende Ufer, das Panorama in Richtung Süden verunstalten allerdings die ausgedehnten Fabrikanlagen auf der Halbinsel von Castro – dafür gibt es in derselben Richtung beim modernen Jachthafen eine schöne Badezone mit Liegewiese und das Sportcenter „L'Ora" mit Hallen- und Freibad sowie Nautikcenter.

Die Renaissancekirche *Santa Maria in Valvendra* aus dem 15. Jh. nördlich vom Zentrum beeindruckt durch ihre schiere Größe, damals war Lóvere unter dem Schutz Venedigs ein bedeutendes Handelszentrum für Wolle. Ein Palazzo an der südlichen Uferstraße beherbergt die *Galleria Tadini*, eine Gemäldesammlung venezianischer und lombardischer Maler des 15.–18. Jh., u. a. mit Werken von Tiepolo und Bellini, dazu Wandteppiche, Porzellan und Miniaturen. Im alten Zentrum hinter der großen Piazza kann man nett bummeln. Der hübsche, gepflasterte Rundplatz *Piazza Vittorio Emanuele* war einst das Zentrum der Stadt, die Straße in die Valcamonica führte direkt hindurch. Von der alten Burg, die hier stand, ist nur

An der Promenade in Lóvere

noch die *Torre Civica* mit Fresken des 15. Jh. erhalten, daneben stehen die Fassadenreste des einstigen *Palazzo podestarile*.

Bei der weiteren Seeumrundung den Abzweig nach *Castro* nicht verpassen, die Hauptstraße SS 42 führt weiter zum nahe gelegenen *Lago d'Endine* (→ Lago d'Iseo/ Umgebung) und weiter nach Bergamo

• *Öffnungszeiten/Preise* **Santa Maria in Valvendra**, tägl. 10–12, 16–18 Uhr;

Galleria Tadini, Mai bis Sept. Di–Sa 15–19, So 10–12 und 15–19 Uhr, Fr-Abend 21–24 Uhr, Mo geschl. (außer August), übrige Zeit Sa 15–19, So 10–12, 15–19 Uhr; Eintritt 5 €. ✆ 035/960132, www.accademiatadini.it.

• *Information* **IAT**, in der Fähranlegestelle, tägl. 9–12, 14–17 Uhr. ✆ 035/962178, 🖷 962525, www.apt.bergamo.it.

• *Übernachten* ***** San Antonio**, Piazza XIII Martiri 2. Mittelklassehotel direkt am Hauptplatz, von der hoch gelegenen Restaurantterrasse prächtiger Seeblick. DZ mit Frühstück ca. 70–80 €. ✆/🖷 035/961523, www.albergosantantonio.it.

B & B Giardino sul Lago, Via Bergamo 10/12, Nähe Sportzentrum und Jachthafen, im Grünen gelegenes Haus mit Sicht auf den Iseo-See. DZ mit Frühstück ca. 56–70 €. ✆ 035/960767, www.giardinolago.com.

Ostello del Porto, Via Paglia 70, moderne Jugendherberge beim Jachthafen, allerdings direkt an der Durchgangsstraße (ohne Gehsteig) – Vorsicht beim Hineinund Hinausgehen. Übernachtung mit Frühstück im Familienzimmer ca. 19,50 € pro Pers., im Schlafsaal ca. 16,50 €. ✆ 035/ 983529, http://ostellodelporto.interfree.it.

• *Essen & Trinken* **Le Terrazze**, Lungolago di Lóvere, Piazzale Marconi 4, einige hundert Meter nordöstlich der Anlegestelle bei einem großen Parkplatz. Ristorante/Pizzeria in optimaler Lage direkt am See, schöne Terrasse. ✆ 035/983533.

Zwischen Castro und Riva di Solto erlebt man das mit Abstand schönste Streckenstück der Seeumrundung, genannt „Bogn" – eine mächtige Steilküste mit turmhohen Kalksteinwänden, fast senkrecht, z. T. sogar überhängend, darunter die sehr schmale und äußerst kurvige Straße mit mehreren engen Tunnels. Sehr vorsichtig fahren!

▸ **Riva di Solto**: ein ruhiger Ort, schmal ans Ufer gebaut, mit schmucker Seefront, allerdings zerstört die Straße die eigentlich recht idyllische Szenerie völlig. Es gibt eine Hafenpiazza mit Palmen und eine kleine, schön bepflanzte Promenade, die nach Süden bis zu einer kleinen Parkanlage führt. Diese gehört zum landeinwärts der Straße stehenden Palazzo, der noch auf seine Restaurierung wartet.

Auf einem Plateau hoch über Riva di Solto schwebt gleichsam das altertümliche Örtchen *Zorzino* mit herrlichem Blick inmitten von Olivenbäumen, drei Viertel des Sees kann man von dort oben überblicken. Dementsprechend gibt es auch einige Panoramaunterkünfte.

• *Übernachten* ***** Miranda**, Via Cornello 8, Mittelklassehotel in toller Panoramalage, Zimmer mit Sat-TV, Restaurant, im Garten Pool, eigener Parkplatz. DZ mit Frühstück ca. 74–84 €. ✆ 035/986021, 🖷 980055, www. albergomiranda.it.

Castello di Zorzino, gleich in der Nähe des Miranda, urige Unterkunft in einem turmartigen Gemäuer mit Nebengebäude. Vier große Apartments (im Haupthaus jeweils mit Kamin), rustikal-gemütlich eingerichtet, ruhige, grüne Umgebung. Im Hotel/ Restaurant Miranda kann man essen und den Swimmingpool benutzen. Nur wochenweise Vermietung, für 2 Pers. ca. 170–470 €. ✆/🖷 035/982437, http://web.tiscalinet.it/zorzino.

*** Camping Trenta Passi, Via XXV Aprile 1, südlich vom Ort direkt am See, Bademöglichkeit, Ristorante/Pizzeria mit großer Terrasse, März bis Dez. ✆ 035/980320, 🖷 985119, www.trentapassi.it.

• *Essen & Trinken* **Hiltonn Lago**, die einzige Trattoria im Ortszentrum am See, zwischen Straße und Promenade. ✆ 035/985154.

Bellavista, Via Gargarino 23, Pizzeria am Ortseingang von Zorzino, Panoramablick. ✆ 035/986034.

▸ **Tavernola Bergamasca**: Die Durchgangsstraße verläuft direkt am Wasser, oberhalb davon stehen die Häuserfronten, dort gibt es auch eine Promenade mit Cafés. Die

Iseo-See
Karte S. 217

große Kirche *Santa Maria Maddalena* dahinter lädt mit ihrem warmen, dämmrigen Licht zu einem Moment der Besinnung ein. Ein Großteil der Häuser liegt am Berghang weit oberhalb vom See, dort stehen auch die beiden mittelalterlichen Kir-

Später Nachmittag in Tavernola Bergamasca

chen *San Michelone* und *San Pietro Apostolo*, letztere mit Fresken von Romanino, darunter das berühmte Bildnis „La Madonna in trono col Bambino" im Presbyterium. Das Pro Loco ist in der Anlegestelle untergebracht. Neben dem Ort hat sich ein überdimensional großes Schotterwerk platziert.

Predore: Das Dorf mit seiner mächtigen barocken Pfarrkirche wird auf breiter Straße durchquert. Bei der Anlegestelle steht die pittoreske Ruine der mittelalterlichen *Torre Dimezzata*, die nahe gelegene Kirche San Giovanni Battista ist aufgelassen und wird nun als Gemeindezentrum genutzt (Civico Auditorium). Hoch über dem Ort sieht man die weiße Kirche *San Gegorio*, ab der zentralen Piazza an der Durchgangsstraße gibt es einen beschilderten Fußweg hinauf.

● *Übernachten* *** **Camping Eurovil**, zwischen Predore und Sarnico, hervorzuheben ist das schöne, große Schwimmbad, das auch von Nichtcampinggästen genutzt werden kann (Eintritt ca. 6 €). ✆/✉ 035/938045, campingeurovil@libero.it.

● *Essen & Trinken* **TIPP! Il Gabbiano**, Via Ario Muciano 2, ab Anlegestelle beschildert, Restaurant in einer schönen, alten Villa in prächtiger Lage direkt am See, Tische unter Pinien direkt an der Uferfront. Sehr ruhig und angenehm. ✆ 035/938481.

Sarnico

(ca. 5700 Einwohner)

Das geschäftige Städtchen am schlauchförmigen Ausfluss des Sees wird von der viel befahrenen Durchgangsstraße durchschnitten, vor allem an Wochenenden ist der Ausflugsverkehr heftig. Das verwinkelte Altstadtviertel mit seiner langen Hauptgasse, vielen versteckten Passagen und Innenhöfen wird davon jedoch nicht berührt und ist vollständig Fußgängerbereich. Auch die lange Promenade lädt zum Bummeln ein, man blickt dabei hinüber nach Paratico auf der anderen Seite des Flusses Oglio, das man auf einer Autobrücke erreicht.

Die Altstadt zieht sich vom Seeufer einen Hügel hinauf. Die Hauptachse bildet die *Via Lantieri*, auch „Contrada" (Viertel) genannt, eine nette Pflastergasse mit zahlreichen Läden und Boutiquen. Die links abzweigende Via San Paolo führt zur gleichnamigen Piazza mit der *Chiesa di San Paolo* aus dem 15. Jh., in deren Innenraum noch einige alte Fresken erhalten sind. Auf dem kleinen Platz erhebt sich ein Uhrturm, erbaut 1850 auf den Grundmauern einer früheren Burg. Das *Museo Civico Gianni Bellini* in der Via San Paolo 8 besitzt 150 Werke aus dem 16.–18. Jh., in lebenslanger Arbeit zusammengetragen von Don Gianni Bellini. Die große Pfarrkirche *San Martino Vescovo* steht auf einer Piazza am Rand der Altstadt und ist vollständig mit Fresken des 18. Jh. ausgemalt, die zu Beginn des 20. Jh. fertig gestellt wurden.

An der Straße in Richtung Predore passiert man die Werft „Riva" (www.riva-yacht.com), die zu den exklusivsten Sportboootherstellern der Welt zählt. Legendär sind vor allem ihre Boote aus Mahagoniholz, die aber seit zehn Jahren nicht mehr hergestellt werden.

● *Öffnungszeiten* **Museo Civico „Gianni Bellini"**, Sa 9.30–12.30, 15–19, So 10–12, 15–19 Uhr. ✆ 035/912165.

● *Information* **IAT**, Via Lantieri 6, am Beginn der Fußgängerzone. Di–Sa 9–12.30, 15–18.30, So 9–12.30, Mo 15–18.30 Uhr. ✆ 035/910900, ✉ 4261334, proloco.sarnico@tiscalinet.it.

● *Übernachten* **B & B Centro Storico**, Via Lantieri 26, Durchgang durch ein renoviertes Altstadthaus zu den modernen Räumlichkeiten mit Klimaanlage, TV und Internetanschluss. DZ mit Frühstück ca. 50–70 €. ✆ 035/910500 o. 035/914292, www.centrostoricosarnico.it.

B & B Borgo dei Lantieri, Via Lantieri 31, renovierte Wohnung mit einem Schlafzimmer (4 Betten), Küche und Bad, dazu ein idyllischer Innenhof und eine kleine, sonnige Terrasse mit Blick über die Dächer auf den See. DZ mit Frühstück ca. 45–65 €, 4 Pers. ca. 85–110 €. ✆ 035/914076, www.borgodeilantieri.it.

● *Essen & Trinken* **La Pergolina**, Piazza XX Settembre 15, großes, aufmerksam geführtes Lokal an der Flusspromenade, wenig Verkehr davor. Gut eingespieltes Team, der Padrone passt auf, dass alles klappt. ✆ 035/914664.

Taverna Enoiteca Lantieri, Via Lantieri 53, hübsche Lage in einem Innenhof an der Fußgängergasse im Centro storico. Zu Weinen aus Franciacorta und Valcalepio werden Platten mit Käse und Wurst, Bruschette etc. serviert. Dazu gehört ein Laden mit üppigem kulinarischem Angebot. ✆ 035/914477.

Dubliner's Pub, Via Piccinelli 20, Verlängerung der Via Lantieri, mitten in der Altstadt. Originell aufgemachtes Ristorante mit Pub, hinten ein Garten. Serviert werden Bruschette, Tagliere und Pizza. ✆ 035/910608. Wenn man die Autobrücke nach Paratico überquert, sieht man gleich rechter Hand ein namenloses **Ristorante/Pizzeria** mit großer Terrasse direkt am Wasser, darunter warten die Schwäne auf Brosamen.

● *Nachtleben* **Café Hermoso**, angesagtes Nachtcafé am Lunglolago.

● *Sonstiges* **Centro Sportivo Olympic**, Via Loreschi 26, im Nachbarort Villongo. Moderne Badeanlage mit Freibad und Rutschen, Hallenbad, Squash, Beach Volley, Fitnesscenter, Sauna und Massage. ✆ 035/926593, www.olimpicvillongo.it.

Clusane

(ca. 1800 Einwohner)

Wenige Kilometer westlich von Iseo gelegen winkelt sich eine kleine Altstadt mit handtuchschmalen Gassen um den verfallenen Palazzo Carmagnola. Davor erstreckt sich eine moderne Uferpromenade, im Umkreis liegen fünf Campingplätze zwischen Straße und Seeufer.

Clusanes Dreh- und vor allem Angelpunkt ist der Fisch. Allmorgendlich stechen die Fischer mit ihren traditionellen Kähnen in See, nachmittags verarbeiten sie den Fang und hängen die Fische zum Trocknen an der Hafenmole auf. Abends kommen dann Gäste aus der ganzen Region, um in einem der zahlreichen Restaurants zu essen. „Non solo tinca!" („Nicht bloß Schleie!") – so bekannt ist Clusane in Italien für seine Spezialität „Tinca al forno", also im Ofen gebackenem Schleie, dass man im November ein ganzes kulinarisches Fest unter diesem Motto ins Leben gerufen hat, außerdem im Juli die „Settimana della tinca" (Woche der Schleie) feiert.

Iseo-See
Karte S. 217

● *Übernachten*   ****** Relais Mirabella**, Via Mirabella 34, großes Grundstück mit mehreren Häusern in bester Panoramalage über dem See, gehört zur Kette der Romantikhotels. Schöner Pool, viele lauschige Sitzecken, guter Service. DZ ca. 110–140 €, Frühstück ca. 10 € pro Pers. ✆ 030/9898051, ✆ 9898052, www.relaismirabella.it.

*** Punta dell'Est, siehe nachstehenden Kasten.

● *Essen & Trinken*   Neben *tinca* werden auch *salmerini*, *coregoni*, *sardine* und *baccalà* serviert.

Da Sandro, Via Carlo Lanza 10, von der Durchgangsstraße aus zu sehen, großzügiges und geschmackvoll aufgemachtes Ristorante, auch Sitzplätze im Freien. Beste Qualität und freundliche Bewirtung. Mo–Sa nur abends, So auch mittags. ✆ 030/989048.

TIPP! Al Porto, Via Porto dei Peschatori 12, beim Fischer- und Sporthafen. Liebevoll und gemütlich eingerichtete Trattoria mit mehreren Speiseräumen, seit 1862 in Familienbesitz. Mi geschl. ✆ 030/989014, www.alportoclusane.it.

Antica Trattoria El Gallo, Via Risorgimento 46, direkt an der Durchgangsstraße. Einfaches, authentisch-nostalgisches Restaurant an der Einfahrt in die Altstadt. Gutes und mächtiges Essen, dessen Qualität sich herumgesprochen hat. Di geschl. ✆ 030/9829200.

● *Shopping*   **Enò – L'Enoteca di Clusane**, Via Ponta 23, Nähe Hafen. Reich bestückt mit den Weinen der Franciacorta. Di–So 10–12.30, 15–19 Uhr.

Bottega del Porto, neben der Trattoria Al Porto, kulinarische Produkte vom See und aus der Umgebung.

Punta dell'Est: Restaurant mit Blick

Fast verführerisch schön und wunderbar ruhig liegt dieses Drei-Sterne-Hotel/Restaurant am Ende der Uferpromenade direkt am See. Vor dem Haus sitzen die Gäste am Beginn einer langen Mole mit herrlichem Seeblick, hinten auf einer blumengeschmückten Terrasse, die nur wenige Zentimeter über den Seespiegel hinausragt. Der Service durch die freundliche Besitzerfamilie und ihr Pesonal ist aufmerksam, die Küche hervorragend, das Bemühen um Qualität überall erkennbar. Zum Hotel gehört auch ein großer Garten mit Parkplatz. DZ ca. 60–70 €, Frühstück extra (ca. 7 € pro Pers.), Restaurant Mo geschl.

Kontakt   *** Punta dell'Est, Via Ponta 163, ✆ 030/989060, ✆ 9829135, www.hotel puntadellest.com.

Monte Isola   (ca. 1800 Einwohner)

Das Juwel am Iseo-See, eine steil aufragende, dicht bewaldete und mit Olivenbäumen bestandene Insel mit mehreren Ortschaften – wie ein gewaltiger Berg, der sich ins Wasser verirrt hat. Die größte bewohnte Insel in einem europäischen Binnengewässer ist ideal zum Wandern und Relaxen, denn Autos sind hier verboten.

Schon die Überfahrt macht viel Spaß, auf den Strecken Sulzano – Peschiera Maraglio und Sale Marasino – Carzano pendeln hauptsächlich Inselbewohner. Zum Arbeiten und Einkaufen fährt man aufs Festland, zur Mittagspause mal eben zurück, dann geht's wieder hinüber.

Eine Straße umrundet das ganze Massiv, jeder Insulaner besitzt ein Mofa oder einen Roller. Abgesehen von sporadischem Geknatter herrscht himmlische Ruhe, denn Touristen dürfen nur Fahrräder benutzen. Da auf Monte Isola weitgehend Steilküsten vorherrschen, gibt es kaum richtige Badestrände, aber doch immer wieder Stellen, wo man ins Wasser steigen kann. Die Wandermöglichkeiten sind dagegen vielfältig.Die etwa 9 km lange Inselumrundung dauert ca. 2,5–3 Std. (auch mit dem Fahrrad möglich) und von allen Orten führen Wege hinauf zur Wallfahrtskirche *Santuario Madonna della Ceriola*, die in 600 m Höhe auf der Spitze der Insel thront.

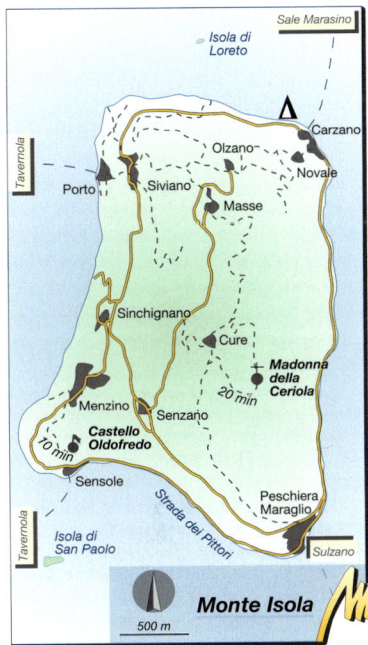

Monte Isola war früher das Zentrum der italienischen Netzweberei. Fast 90 Prozent aller Fischernetze ("rete") wurden hier hergestellt. Heute gibt es noch zwei Webereien, eine in Porto und eine in Peschiera Maraglio, die jedoch nur noch Sportnetze und Hängematten fertigen. Kulinarische Spezialitäten der Monte Isola sind die *sardine alla griglia* – bis zu zehn Fischsorten, gesalzen, tagelang an der Sonne getrocknet und in Öl eingelegt, sowie *salami di Monte Isola*, die nicht durch den Fleischwolf gedreht, sondern in Würfel geschnitten und über Lorbeerholz geräuchert wird.

● *Anfahrt/Verbindungen* Die kürzeste Verbindung besteht ab **Sulzano** am Ostufer nach **Peschiera Maraglio**, eine Fähre pendelt auf der nur 800 m langen Strecke alle 15 Min. (ca. 3,05 € hin und zurück, Fahrrad ca. 4,30 €).
Etwa alle halbe Stunde fährt außerdem ein Boot von **Sale Marasino** nach **Carzano**, das zwei Anleger besitzt (die Boote von Sale Marasino landen in Carzano Nord, in Car-

zano Sud machen die regulären Linienschiffe ab Iseo, Lóvere etc. fest).
Weitere Verbindungen gibt es etwa stündlich von **Tavernola Bergamsca** am Westufer nach **Sensole** und **Porto Siviano**.
Im Übrigen laufen fast alle sonstigen Seefähren die Insel an. Mehrmals täglich gehen z. B. Schiffe direkt ab **Iseo**, **Sarnico**, **Lóvere** und anderen Küstenorten.

Iseo-See
Karte S. 217

• *Unterwegs auf Monte Isola* In der Saison verkehrt mindestens stündlich der Inselbus **Pulmino** (sonntags eingeschränkter Verkehr). Die Routen sind auf den vor Ort erhältlichen Karten rot eingezeichnet, z. B. die Strecke von Peschiera über Sensole, Menzino und Siviano nach Carzano. Die anderen eingezeichneten Straßen sind für Motorroller ausgelegt.

Es gibt mehrere Verleihstationen für **Fahrräder**, z. B. Guizzetti Luciano in Peschiera Maraglio (✆/✉ 030/9825228) sowie in Carzano und Sensole. Von April bis Sept. ist sonntags das Mitbringen von Fahrrädern vom Festland verboten.

• *Information* in **Peschiera Maraglio**, ✆ 030/9825088, www.monteisola.com.

Ziele auf der Insel

▶ **Peschiera Maraglio**: Der Hauptort der Insel ist steil an einen Hang gebaut. Hinter der schlichten Uferpromenade mit einer Handvoll Shops und zwei, drei Fischtrattorien findet man handtuchschmale Gassen und winklige Treppen. Stützbögen, Balkone und Wäscheleinen prägen das Bild, wie man es sonst nur von Bildern aus Neapel kennt. Es gibt einige Stadtpaläste mit schönen Säulenfronten, auch die klassizistische Pfarrkirche mit ihren Wand- und Deckengemälden ist einen Blick wert. Das *Museo della Pesca* an der Uferstraße zeigt im Rahmen einer Fotoausstellung die alte Tradition der Inselfischerei. In der Werft „Cantiere Nautico Ercole Archetti" (www.cantierearchettiercole.it) werden noch in überlieferter Weise Holzboote gefertigt.

Spaziert man von der Anlegestelle nach links, kommt man an Ferienhäusern mit idyllischen Gärten vorbei und erreicht schnell das einzige Hotel. „Strada dei Pittori", Straße der Maler, wird dieser Weg nach Sensole genannt, da hier am sonnenbeschienenen Südufer häufig Hobbykünstler anzutreffen sind.

Für die Wanderung zum *Santuario Madonna della Ceriola* nimmt man die Straße nach Senzano, der Abzweig zum Santuario ist beschildert. In etwa 50 Min. kommt man über die höchstgelegene Ortschaft Cure zur Kirche an der Spitze der Insel.

• *Öffnungszeiten* **Museo della Pesca**, April bis Juli u. Sept. Mo, Di, Do, Fr 9–12, Sa/So 10.30–17.30 Uhr, August tägl. 10–18 Uhr, Okt. Mo, Di, Do, Fr 9–12 Uhr. Nov. bis März geschl. ✆ 030/9825088.

• *Übernachten* *** La Foresta**, Via Peschiera Maraglio 174, von der Anlegestelle ca. 200 m nach links. Familiäres Haus mit schattigem Garten direkt am Wasser, zehn Zimmer, große Balkone mit Seeblick, wunderbar ruhig, mit Ristorante (Mi geschl.). DZ mit Frühstück 73 €. ✆ 030/9886210, ✉ 9886455.

B & B Verde Isola, Via Peschiera Maraglio 10, Nähe Anlegelestelle, drei Zimmer mit TV, ca. 66 €. ✆ 030/9825062.

• *Essen & Trinken* **Del Pesce**, Via Peschiera Maraglio 138, ebenfalls an der Seepromenade, von den Schwestern Archetti geführte Trattoria in einem Palazzo aus dem 15. Jh. mit schönem Portico. ✆ 030/9886137.

La Spiaggetta, am Südufer, kurz nach dem Albergo La Foresta. Wunderschön überwachsene Terrasse am See, leckere Fischspezialitäten, z. B. *sarde con polenta*. Leserempfehlung für die zarten Ravioli mit Ricotta und Spinat. Nur mittags, Di geschl. ✆ 030/9886141.

• *Sonstiges* **Bank** mit Bancomat vorhanden. **Busstopp** am Hafen.

▶ **Sensole**: von Ferienwohnungen und Restaurants geprägte Ufersiedlung. Vorgelagert liegt die kleine *Isola San Paolo*, seit langem im Besitz der Brescianer Waffenfabrikantendynastie Beretta.

• *Übernachten* **** Sensole**, gut ausgestattetes Haus mit Restaurant (Do geschl.) an der Uferstraße, an der Seeseite der Garten des Hauses. DZ ca. 65–75 €, Frühstück extra. ✆ 030/9886203, ✉ 9886842, www.paginegialle.it/sensole.

Vittoria, Neubau am Seeufer, Ein-Zimmer-Apartments (28 qm), eigene Badestelle und

Restaurant am See. Vermietung wochenweise (Sa bis Sa) für ca. 285–375 € oder übers Wochenende (Fr bis So). ✆/✉ 030/9886222, www.monteisola.com/vittoria.

• *Essen & Trinken* Besonders schön, allerdings nicht billig, speist man im Gartenlokal **Del Sole** direkt am See, Mi geschl. ✆ 030/9886101.

Fischer in Peschiera Maraglio

▶ **Menzino**: Große Terrassen erlauben hier eine moderne Ferienarchitektur. Optisch imposant ist die Ruine des *Castel Oldofredo* aus dem 15. Jh. (keine Besichtigung). Aufstieg: Von Sensole kommend vor der Ortstafel Menzino den Fahrweg bergauf abbiegen, ca. 10 Min.

▶ **Siviano**: der zentrale Inselort, Schule und Gesundheitsstation befinden sich hier. Das organisch gewachsene Zentrum ist für Autos fast zu eng. Die im 18. Jh. erbaute Dorfkirche besitzt Wandmalereien. Seitenaltäre und Weihwasserbecken zeigen Marmorintarsien.

Am See unterhalb stehen die wenigen Häuser des Hafenörtchens *Porto* mit einem Albergo/Ristorante. Dort kann man auch das kleine „Museo della memoria" besuchen, das mit einer schönen Ausstellung Fischerei, Netzherstellung und Bootsbau im 19. und 20. Jh. auf Monte Isola thematisiert. Gleich daneben arbeitet eine der letzten zwei Netzmanufakturen der Insel (Besichtigung möglich).

● *Öffnungszeiten* **Museo della memoria**, Mo–Fr 8.30–12.30, 14.30–16.30, Sa 8–12.30 Uhr, So geschl. Kontakt: Fiorello Turla, ✆ 030/9886488, www.omaggioamontisola.it.

● *Übernachten/Essen & Trinken* **Canogola**, kleines Haus mit nur 7 Zimmern. Schön überwachsene Speiseterrasse mit Seeblick und eigenem Badeplatz. Sehr ruhig. DZ ca. 55–60 €, Frühstück extra. Restaurant Di geschl., um Reservierung wird gebeten. ✆/✉ 030/9825310.

▶ **Carzano**: netter, kleiner Ort an der Nordostecke der Insel, umgeben von Olivenbäumen. Nordwestlich vom Hafen steht die Pfarrkirche *San Giovanni Battista*, unterhalb davon liegt ein schön begrünter *Parco pubblico* direkt am See, dort findet sich auch der einzige Zeltplatz der Insel.

Nördlich vorgelagert liegt pittoresk die mit einer schlossähnlichen Villa bebaute *Isola di Loreto*, ebenfalls in Privatbesitz der Familie des bekannten Waffenherstellers Beretta.

Iseo-See
Karte S. 217

Ruhiges Plätzchen: Parco Pubblico in Carzano

● *Übernachten* * **Camping Monte Isola**, terrassierter Platz am nordwestlichen Ortsende, unmittelbar hinter dem Parco pubblico am Seeufer. Nicht allzu viel Platz, da großteils von Dauercampern in Beschlag genommen, für Zelte gibt es ein eigenes Rasenstück. Vermietung von Bungalows, Restaurant am See. Der Platzbetreiber und seine Frau sprechen Deutsch. April bis Okt. ✆ 030/9825221.

● *Essen & Trinken* TIPP! **Al Lago**, an der Gasse zwischen den beiden Anlegestellen, rotes Haus mit einer Terrasse auf Holzpfählen über dem See. Der Fischer Nando Soardi führt das Lokal mit seinem Sohn Andrea und Familie. Neben den typischen Sardinen und einer hauseigenen Salami gibt es leckere Fischgerichte, z. B. *misti di lago*, *coregone in umido* oder *trota* (im Ganzen mit Gemüse in der Pfanne geschmort, filetiert und grätenfrei serviert). Mittags und abends geöffnet, Sa/So durchgehend, Fr nur abends, Di geschl. ✆ 030/9886472.

Monte Isola, das Campingrestaurant besitzt ebenfalls eine schöne Terrasse direkt am Wasser und steht auch Nicht-Campinggästen offen. ✆ 030/9825221.

Chiosco, besonders hübsch sitzt man in dieser Bar im Parco pubblico direkt am Seeufer.

● *Sonstiges* **Radverleih** am Anleger (nur Hochsaison). **Busstopp** in der Nähe der Kirche.

▶ **Santuario Madonna della Ceriola**: Von allen Richtungen gelangt man auf schönen Wegen zum Inselheiligtum auf dem 600 m hohen Gipfelberg. Von der im 15. Jh. erbauten Kirche hat man bei klarem Wetter einen prächtigen Rundumblick über den Iseo-See. Im Inneren sind Votivtafeln ausgestellt, die von geheilten Gläubigen gestiftet wurden. Unterhalb der Anlage liegt neben einem verlassenen Bauernhof ein ausgedehnter Picknickplatz. Im Kirchhof bietet eine Pilgerstube einen bescheidenen Imbiss an.

Iseo-See/Umgebung

Lago d'Endine

Der idyllisch anmutende Badesee liegt wenige Kilometer östlich von Lóvere (→ S. 224) im Val Cavallina auf etwa 340 m Höhe. Die herrlich üppige Vegetation ist fürs Auge ein Genuss, es existiert kaum Tourismus, nur an verschiedenen Stellen am See herrscht regionaler Badebetrieb. Deshalb gibt es auch kaum Hotels und gerade mal einen einzigen Campingplatz. Nettester Ort ist das ruhige *Monasterolo del Castello* am südlichen Ostufer. Dort liegt auch eine einladende Badewiese mit schattigen Weiden und Picknickbänken.

▶ **Riserva Naturale La Valle del Freddo**: Das „Kalte Tal" liegt am Weg von Lóvere zum Lago d'Endine. An einem Parkplatz kann man das Auto abstellen und zu Fuß wei-

Kaum bebaut und herrlich grün: der Lago d'Endine beim Iseo-See

tergehen. Es handelt sich dabei um ein Gebiet mit extrem kalten Luftströmungen, die aus Öffnungen im Berg herausströmen und die die Herausbildung von hochalpiner Gebirgsflora begünstigt haben, obwohl das Tal nur zwischen 350 und 700 m Höhe besitzt – sogar Edelweiße kann man hier finden. Ein Teil des Geländes ist frei zugänglich, die Kernzone aber nur im Rahmen einer Gruppenführung.

● *Öffnungszeiten* **Valle del Freddo**, Führungen finden statt von Mai bis Juli Sa 13.30–18, So 9–12, 13.30–18 Uhr. ✆ 035/4349820, valledelfredddo@cmaltosebino.bg.it, www.parks.it/riserva.valle.del.freddo.

● *Übernachten* **Locanda del Boscaiolo**, Via Monte Grappa 41, in Monasterolo. Solides Haus mit Seegrundstück, elf Zimmer und Ristorante. DZ mit Frühstück ca. 70 €. ✆/☏ 035/814513.

*** **Camping La Tartufaia**, am Westufer, Via Nazionale 2519. Gelände mit 100 Stellplätzen oberhalb der Durchgangsstraße bei Ranzanico, Swimmingpool, Pizzeria, Verleih von Tretbooten und Kanus. ✆ 035/819259, www.latartufaia.com.

● *Essen & Trinken* **La Monasterola**, im gleichnamigen Ort direkt am See, man speist unter einem elegant geschwungenen Segeltuchdach inmitten saftig-grüner Rasenflächen. ✆ 035/810085.

Franciacorta

Die hüglige Moränenlandschaft südlich vom Iseo-See ist eins der kleinsten Weinbaugebiete Oberitaliens, bekannt vor allem für seinen moussierenden Weißwein (Spumante), der als einziger der italienischen Schaumweine bisher ein DOCG-Prädikat erhalten hat.

Ziel einer ausgedehnten Radtour, aber auch motorisiert gut zu befahren, ist die *Strada del Vino Franciacorta*, die zu zahlreichen Restaurants und Weingütern führt (Landkarte unter www.stradadelfranciacorta.it). Über 50 Weinbaubetriebe haben sich hier zusammengeschlossen und bieten an Wochenenden Kellerführungen und Weinproben an. Pro Wochenende sind jeweils ein oder zwei Kellereien geöffnet (Voranmeldung obligatorisch, ca. 6 € pro Pers., Infos bei „Associazione Strada del

Iseo-See Karte S. 217

Vino Franciacorte"). Täglich geöffnet ist dagegen die Enoteca „Le Cantine di Franciacorta", die alle wichtigen Tropfen der Franciacorta bereit hält.

Außerdem können in der Franciacorta verschiedene Klöster besucht werden, z. B. die *Abbazia Olivetana* in Rodengo Saiano oder die *Abbazia dell'Annunciata* in Rovato am Fuß des Monte Orfano. Auch einige der alten Villen, die hier seit der Renaissance entstanden sind, stehen zur Besichtigung offen, allen voran die *Villa Orlando* in Bornato, die innerhalb des mittelalterlichen Schlosses *Castello di Bornato* erbaut wurde. Sie besitzt prächtig ausgestattete Säle mit Fresken des 19. Jh. und ist von einem großen Garten umgeben, bei klarem Wetter genießt man einen herrlichen Blick auf die Poebene. Im Schlosskeller werden seit fast 800 Jahren die „Terre di Franciacorta"-Weine gekeltert, Verkauf beim Eingang. Ebenfalls besuchenswert ist der *Palazzo Torri* aus dem 17. Jh. bei Nigoline di Corte Franca, wo man auch in prächtig ausgestatteten Zimmern übernachten kann (→ unten).

● *Öffnungszeiten* **Villa Orlando/Castello di Bornato**, Mitte März bis Mitte Nov. sonn- und feiertags 10–12, 14.30–18 Uhr (Okt./Nov. bis 17 Uhr). ℡ 030/725006, www.castellodibornato.com.
Palazzo Torri, April bis Okt. So 15–18 Uhr, Eintritt ca. 6 € (unter 18 und über 65 J. 5 €). ℡ 030/9826200, www.palazzotorri.it.

● *Information* **Associazione Strada del Vino Franciacorte**, Via Giuseppe Verdi 53, Erbusco. Infos und Öffnungszeiten zu Weingütern und Kellereien. ℡ 030/7760870, 📠 7768539, www.stradadelfranciacorta.it.

● *Übernachten/Essen & Trinken* So gut wie alles in der Franciacorta gehört dem hochpreisigen Sektor an.
***** **L'Albereta**, historische Landvilla auf dem Panoramahügel Bellavista bei Erbusco, nicht weit von der Autobahn (Ausfahrt Rovato), Via Vittorio Emanuele 11. Blick auf den See, geräumige, mit Stilmöbeln und Antiquitäten eingerichtete Zimmer und Suiten. Im ganzen Haus sind Kunstwerke verteilt. Großer Garten, prächtiger Pool, Wellnesscenter, Tennis – und das landesweit anerkannte Spitzenrestaurant **Gualtiero Marchesi** (zwei Michelinsterne), in dem der gleichnamige Starkoch seines Amtes waltet. Menü ca. 75 € aufwärts. Gäste des Hauses können die Kellerei Bellavista besichtigen, in deren Stollen der berühmte Franciacorta-Schaumwein lagert. DZ mit Frühstück ab 230 €, Suiten deutlich teurer. ℡ 030/7760550, 📠 7760573, www.albereta.it.
***** **Cappuccini**, Via Cappuccini 54, Cologne Franciacorta. Ehemaliges Kloster in schöner Hügellage, eingerichtet in schlicht-elegantem Stil, sehr gute Küche (Mi geschl.), Wellnesszentrum. Nur sieben Zimmer (jeweils TV, Minibar), ca. 170 €. ℡ 030/7157254, 📠 7157257, www.cappuccini.it.

B & B Palazzo Torri, Via Sant'Eufemia 5, Nigoline di Corte Franca, drei prächtig ausgestattete DZ für ca. 150–200 €. ℡ 030/9826200, www.palazzotorri.it.
Al Rocol, Via Provinciale 79, Ome. Wunderbar am Rand der Franciacorta in den Weinbergen gelegener Agriturismo-Betrieb. Sechs ausgezeichnete Zimmer und zwei Apartments, dazu hervorragende ländliche Küche, eigene Weine und andere landwirtschaftliche Produkte, Kochkurse, Kellereibesichtigung, Bogenschießen und Angebote für Kinder. DZ mit Frühstück ca. 70 €, Reservierung empfehlenswert.
℡/📠 030/6852542, www.alrocol.com.
Agritur Solive, Via Calvarole 15, Nigoline di Corte Franca. Großzügiger Landsitz mit enormer Restaurantkapazität und einigen wenigen, aber ansprechenden Zimmern. DZ mit Frühstück 70 €, vielgängiges Menü um 35 €. Restaurant Mo-Abend und Di geschlossen, außerdem zwei Wochen Anfang Juli. ℡ 030/9884201, stefaniasolive@libero.it.

● *Shopping* **Le Cantine di Franciacorta**, an der Straße von Iseo nach Rovato (bei Erbusco), Nr. 98. In den modernen Räumlichkeiten kann man unter 1200 Etiketten von über 80 Produzenten auswählen. Mo u. Mi–Sa 9–12.30, 14.30–19 Uhr, Di u. So 9–12.30, 15–18 Uhr. ℡ 030/7751116, www.cantinedifranciacorta.it.
Franciacorta Outlet Village, großes Einkaufszentrum mit über hundert Modegeschäften bei Rodengo Saiano, Piazza Cascina Moie 1. ℡ 030/6810364, www.franciacortaoutlet.it.

● *Sport* **Acqua Splash Franciacorta**, Via G. Dalla Chiesa 3, Timoline di Corte Franca (nicht weit von Iseo in Richtung Rovato). Großes Spaßbad mit einer Wasserfläche von 2000 qm und zahlreichen Rutschen.

Tägl. 9–19 Uhr. 📞 030/9826441, www.acqua splash.it.
Franciacorta Golf Club, Corte Franca (Castagnola), schönes Gelände mit einem großen künstlichen See, 18 Loch und 9 Loch. 📞 030/984167, franciacortagolfclub@libero.it.

Valcamonica

Im breiten Tal, das sich vom Iseo-See nach Norden fortsetzt, finden sich in mehreren Nationalparks und Museen über 100.000 prähistorische Felszeichnungen von den keltischen Camunen der Jungsteinzeit bis zur Besetzung durch die Römer. Diese einzigartigen Zeugnisse der frühen Bevölkerung des Tals werden seit 1979 von der UNESCO als Erbe der Menschheit geschützt. Einer der Fundorte befindet sich beispielsweise oberhalb des Thermalbadeorts *Darfo Boario Terme* am südlichen Talbeginn, wo sulfat- und kalkhaltiges Heilwasser aus vier verschiedenen Quel-

Felszeichnungen im Valcamonica

len entspringt. Im dortigen *Parco Incisioni i Rupestri delle Crape e delle Luine* kann man auf einem langen Lehrpfad wandern, der zu den Sgraffiti aus prähistorischen Zeiten führt. Eine Dokumentation der Grabungen und Rekonstruktionen befindet sich in einem kleinen Museum auf dem Gelände (nur auf Italienisch). Im Sommer werden auch – ebenfalls nur in italienischer Sprache – Führungen angeboten. Weitere Fundstätten, Nationalparks und Museen finden sich bei den Dörfern *Capo di Ponte, Cimbergo, Paspardo* und *Cerveno* etwa 25 km weiter nördlich an der SS 42.

• *Öffnungszeiten* **Parco Archeologico Comunale Crape Luino**, Parkplatz an der SS 294 am Ortsausgang Boario Terme Richtung AngoloTerme. Im Sommer Di–So 9–12 und 14–18 Uhr, im Winter 10–12 und 13–17 Uhr, Mo geschl., Eintritt frei.
• *Information* **IAT**, Piazza Einaudi 2, im Bus-

bahnhof von Boario Terme. Mo–Fr 9–14.30 und 15–18 Uhr, Sa 9–14 Uhr, So geschl. 📞 0364/531609, 📠 532280, iat.boario@tiscali.it.
• *Sport* **Acqua Planet**, großes Spaßbad in Darfo Boario Terme, 10 verschiedene Schwimmbecken, ganzjährig geöffnet. 📞 0364/533796.

Archeopark: Auf den Spuren der Steinzeitmenschen

In diesem großen Freilichtmuseum bei Boario Terme hat man versucht, die vorgeschichtlichen Verhältnisse im Valcamonica zu rekonstruieren. So kann man u. a. eine Grotte mit Felszeichnungen, einen Bauernhof der Jungsteinzeit, ein Wehrdorf sowie ein Pfahldorf besuchen. Für Kinder gibt es ein museumsdidaktisches Erlebnisprogramm.
Wegbeschreibung/Öffnungszeiten/Preise Località Gattaro 4, Ausfahrt Boario Sud an der SS 42 Richtung Passo Tonale, dann der Beschilderung folgen (nicht einfach); März bis Nov. tägl. 9–17.30 Uhr (im Hochsommer auch abends), Eintritt ca. 8 €, ermäß. 7 €. 📞 0364/529552, www.archeopark.net.

Bergamo

(ca. 125.000 Einwohner)

Die schöne historische Stadt liegt in den hügligen Ausläufern der Südalpen, etwa 25 km westlich vom Iseo-See. Sie besteht aus zwei völlig getrennten Bereichen: Die Altstadt ist perfekt erhalten, besitzt einige hochkarätige Sakralbauten und thront auf einem hohen Plateau („città alta"), darunter in der Ebene liegt die geschäftige Neustadt („città bassa"). Besonders reizvoll: Man kann mit einer Standseilbahn hinauffahren.

Das *Centro storico* ist für den Autoverkehr weitgehend gesperrt und erholsam ruhig geblieben. Mailand liegt jedoch nur einen Katzensprung entfernt und an Wochenenden wimmelt es von Städtern, die aus der stickigen Poebene anreisen, um hier die frische Bergluft zu genießen. Viele Betuchte und Prominente, z. B. der Gourmetpapst Veronelli und der Modeschöpfer Krizia, haben sich hier im schönen Alpenvorland auch dauerhaft niedergelassen. Auf Touristen ist man eingerichtet, die alten Pflastergassen sind mit stilvollen Restaurants, Cafés, Enoteche und Boutiquen gesäumt. Trotzdem ist Bergamo nun auch als Ziel für weniger betuchte Gäste eine echte Option geworden, denn der ehedem recht überschaubare Provinz-Airport *Orio al Serio*, wenige Kilometer südöstlich der Stadt, hat als Zielflughafen zahlreicher Billigfluglinien Bergamo zu einer wichtigen Drehscheibe im Reiseverkehr an die oberitalienischen Seen gemacht. Nach kurzem Transfer zum Bahnhof im Stadtzentrum stehen verhältnismäßig gute Möglichkeiten zur Weiterreise in die Urlaubsorte zur Verfügung.

*A*nreise/*V*erbindungen/*I*nformation

● *Flugzeug* Bergamos Flughafen **Orio al Serio**, in Flugplänen häufig geführt als Milano/Orio al Serio (☎ 035/326111, 📠 326339, www.sacbo.it), wird mehrmals täglich aus Deutschland von verschiedenen Low-Cost-Carriers angeflogen: **Air Berlin** fliegt von zahlreichen Städten, **TuiFly** bedient Bergamo von Stuttgart, Hannover und Leipzig, **Ryanair** kommt aus Frankfurt (Hahn), Düsseldorf (Weeze) und Bremen. Preise je nach Buchungszeitpunkt ab ca. 29 € (zuzügl. Steuern und Gebühren).

Vom Flughafen fährt 2–3 x stündl. ein Shuttlebus der Gesellschaft ATB zum **Hauptbahnhof** in der Stadt (ca.1,65 €, Tickets im Automaten) und weiter zum Funicolare in die Oberstadt oder bis zum Lago Colle Aperto am Ende der Città Alta, Fahrtzeit ca. 15 Min. Vom Bahnhof gehen zahlreiche Busse und Bahnlinien an die Seen.

● *PKW* in der Unterstadt Parkhaus in der **Via Paleocapa**, gebührenpflichtig parken kann man auch auf der **Piazza della Libertà**. Auf halbem Weg in die Oberstadt liegt am Viale Vittorio Emanuele die Talstation der **Standseilbahn** (dort im Umkreis nur wenige Stellplätze). Man kann aber auch den langen, gebogenen Viale Vittorio Emanuele II direkt zum Eingang der Città Alta hinauffahren und dort am langen Viale della Mura gebührenpflichtig parken.

> Die Zufahrt zur Città Alta ist zu folgenden Zeiten verboten: Anfang Mai bis Ende Sept. Fr und Sa 21–1 Uhr nachts und So 10–12 und 14–19 Uhr.

● *Bus/Standseilbahn* In der Stadt verkehren Busse und Standseilbahnen der Gesellschaft **ATB** (www.atb.bergamo.it). Tickets nach Zonenprinzip, Einzelticket für Zone 1 ca. 1 €, es gibt auch Carnets und Tagespässe für einen oder drei Tage (3,50 bzw. 5 € incl. Funicolari).

● *Bahn* Vom Bahnhof führt der Viale Giovanni XXIII (wird später zum Viale Vittorio Emanuele II) geradeaus ins Zentrum der Neustadt. Wer direkt in die Altstadt will, nimmt Bus 1 oder 3, dieser stoppt unterwegs an der Talstation der Standseilbahn (→ Sehenswertes).

• *Information* **IAT**, Città Bassa, Piazzale Marconi (Bahnhof). Mo–Fr 9–12.30, 14–17.30 Uhr. ✆ 035/210204, ✉ 230184, www.turismo. bergamo.it, www.apt.bergamo.it.

IAT, Città Alta, in der hohen Torre di Gom-bito, Via Gombito 13, Hauptgasse der Altstadt, kurz vor der Piazza Vecchia. Dieselben Öffnungszeiten wie in der Unterstadt, aber auch am Wochenende offen. ✆ 035/242226, ✉ 242994.

*Ü*bernachten (siehe *K*arte *S.* 238/239)

Das Preisniveau ist hoch, bis auf die Jugendherberge gibt es keine billigen Schlafplätze.

*** Piemontese (16), Piazzale G. Marconi 11, großes, komfortables Haus vis-à-vis vom Bahnhof, Zimmer mit TV, allerdings laut, DZ mit Frühstück ca. 85–125 €. Garagenplatz gegen Gebühr. ✆ 035/242629, ✉ 230400, www.hotelpiemontese.com.

*** Arli (15), Largo Porta Nuova 12, gut ausgestattetes Stadthotel in ganz zentraler und ebenfalls lauter Lage, in den modernen Zimmern TV und Minibar. DZ ca. 109–130 €, Frühstück extra. Garagenplatz gegen Gebühr. ✆ 035/222077, ✉ 239732, www.arli.net.

*** Il Gourmet (1), Via San Vigilio 1, sieben komfortable Zimmer in einer alten Villa mit Restaurant, reizvolle, ruhige Lage hoch über der Oberstadt (beschildert), zu erreichen mit dem Auto (steile Anfahrt) bzw. per Funicolare, Parkplatz. DZ ca. 98 €, Frühstück extra. ✆/✉ 035/4373004, www.gourmet-bg.it.

** Agnello d'Oro (9), Via Gombito 22, an der Hauptgasse der Oberstadt, nicht zu übersehen, schmales, historisches Haus aus dem 17. Jh., alles etwas plüschig und älter eingerichtet, Ristorante mit teuren Flaschenweinen. Personal freundlich, es wird auch Englisch gesprochen. DZ um die 92 €, Frühstück extra. ✆ 035/249883, ✉ 235612.

** Sole (5), Via Colleoni 1/Ecke Piazza Vecchia, ebenfalls Città Alta, originelles Haus, ausstaffiert wie ein Museum, unten Ristorante (→ Essen & Trinken), dahinter das verwinkelte Innenleben mit ordentlichen Zimmern und guten Bädern. DZ ca. 85 €, Frühstück extra. ✆ 035/218238, ✉ 240011.

** San Giorgio (18), Via San Giorgio 10, Verlängerung der Via Paleocopa, Nähe Bahnstrecke, deshalb nicht ganz leise. Einfach, solide und sauber, Zimmer mit TV. DZ mit Bad ca. 70 €, mit Etagendusche 53 €, kein Frühstück. ✆ 035/212043, ✉ 310072, www.sangiorgioalbergo.it.

• *Jugendherberge* **Nuovo Ostello di Bergamo (IYHF) (2)**, Via Galileo Ferrarsi 1, etwas außerhalb, sehr schöne Lage mit Blick auf die Altstadt, Garten, 84 Betten, alle Zimmer mit Bad. Ab Flughafen Bus 1 C bis Porta Nuova, weiter mit Bus 6 in Richtung Stadion (aussteigen an der vorletzten Haltestelle). Verbindung von und zur historischen Oberstadt mit Bus 3. Übernachtung im Schlafsaal etwa 16,50 € pro Pers., es gibt auch DZ und Dreibettzimmer für ca. 20 € pro Pers., Preis jeweils mit Frühstück. ✆/✉ 035/361724, www.ostellodibergamo.it.

*E*ssen & *T*rinken/*S*hopping (siehe *K*arte *S.* 238/239)

Kulinarisch ist dank der idealen Lage zwischen Poebene und Alpen viel geboten, die Preise sind gehoben. Die Restaurants in der Oberstadt reihen sich an der langen Hauptgasse aneinander, sind durchweg einladend und hübsch eingerichtet, viele haben nach hinten einen Garten. Bergamasker Spezialitäten sind die leckeren *casoncelli (casonsei) alla bergamasca*, eine Art gefüllter Ravioli, *funghi porcini* (Risotto mit Steinpilzen) und *polenta taragna* (Polenta mit Käse). Die berühmte Leckerei *polenta e öseii*, eine Kalorienbombe aus gelbem Teig, gekrönt von Schokoladenvögeln, ziert die Auslagen zahlreicher Konditoreien und erinnert an das frühere Arme-Leute-Essen – Polenta mit Vogel (die Vogelfängerei ist leider noch immer weit verbreitet).

• *Città Alta* **Antica Osteria del Vino Buono (13)**, Piazza Mercato della Scarpa, gleich am Platz bei der Funicolare-Station. In mehreren kleinen Speiseräumen wird gute lokale Küche serviert, z. B. die leckeren *casonsei alla bergamasca* und diverse Po-lentagerichte. Günstiges Mittagsmenü. Mo geschl. ✆ 035/247993.

Da Ornella (12), Via Gombito 15. Gute lokale Küche mit viel Polenta, z. B. die leckere *polenta taragna*, eine Mischung aus Polenta und geschmolzenem Käse. ✆ 035/232736.

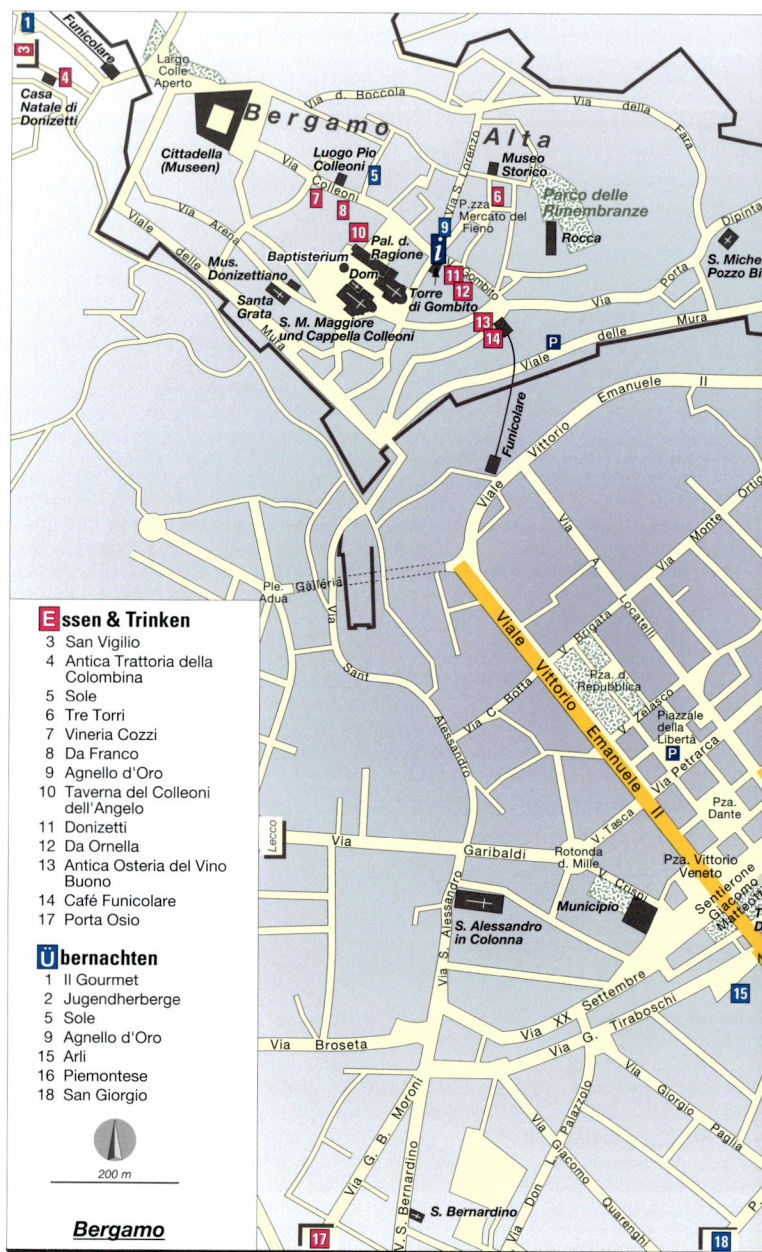

200 m

Bergamo

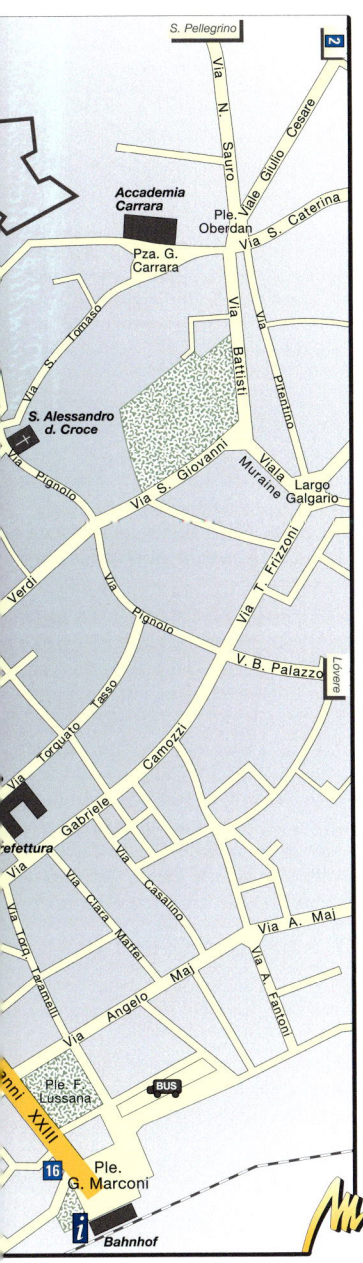

Taverna del Colleoni dell'Angelo (10), teures Terrassenlokal an der zentralen Piazza Vecchia, vielseitige Speisekarte. Mo und im August geschl. ✆ 035/232596.

Sole (5), Via Colleoni 1, an der Hauptgasse/Ecke Piazza Vecchia, ein weiteres Schmuckstück. Zwischen unzähligen Bildern, eingelegten Pilzen, alten Uhren und anderen mechanischen Geräten Marke Uralt speist man gepflegt, hinten große Terrasse unter schattigem Dach. Do geschl. ✆ 035/218238.

Da Franco (8), Via Colleoni 8, beliebtes und gutes Ristorante/Pizzeria auf einer kleinen Piazza an der Hauptgasse, nicht von den vielsprachigen Speisekarten abschrecken lassen. Spezialität sind die hausgemachten *casoncelli alla bergamasca*. Faire Preise. Mo geschl. ✆ 035/238565.

Tre Torri (6), Piazza Mercato del Fieno, einfaches Lokal im kleinsten von drei Türmen an einer etwas erhöht gelegenen Piazza. Sehr ruhig, da abseits vom touristischen Laufsteg, kleine Terrasse zum Draußensitzen, relativ günstige Preise. ✆ 035/244366.

Antica Trattoria della Colombina (4), Via Borgo Canale 12, alteingesessene Trattoria etwas außerhalb der Stadtmauer, neben dem Geburtshaus des Komponisten Donizetti (→ Sehenswertes), schöne Terrasse mit Panoramablick. Typische bergamaskische Küche. Mo/Di geschl. ✆ 035/261402.

San Vigilio (3), Via San Vigilio 34, Terrassenlokal hoch über der Oberstadt, hauptsächlich Einheimische kommen hierher essen. Ordentliche Pizzen. ✆ 035/253188.

● *Cafés & Bars* **Vineria Cozzi (7)**, Via Colleoni 22 (Oberstadt), Schmuckstück mit prächtiger, altertümlicher Einrichtung, man trinkt sein Gläschen an der Theke, oft geht es hoch her. Mi geschl.

Donizetti (11), Via Gombito 17/a, Pasticceria und Enoteca mit schönen Plätzen unter einem Gewölbe, riesige Weinauswahl, leckere Snacks. Fr geschl.

Porta Osio (17), Via Moroni 180, Enoteca mit Küche an der alten Stadtmauer, auch einige leckere Spezialitäten können geordert werden.

Café Funicolare (14), in der Funicolare-Station (Oberstadt), wunderbarer Blick über die ganze Stadt. Di geschl.

● *Shopping* **Angelo Mangini**, Via Gombito 8, Città Alta. Seit 1921 beste Salami nach Bergamasker Art. ✆ 035/248774, www.gastronomiamangili.it.

Oriocenter: Das größte Shopping Center Norditaliens liegt an der A 4 beim Flughafen (auf der anderen Seite der Autobahn), von dort zu erreichen auf einem unterirdischen Fußweg. 200 Läden, Restaurants, Bars, Supermarkt etc., vom Café und den Restaurants im oberen Stock Blick auf Flughafen und Bergamo. Mo–Fr 9–22 Uhr, Sa 8.30–21 Uhr, So 9–20 Uhr, www.oriocenter.it.

Sehenswertes

Um in die Altstadt zu kommen, gibt es mehrere Möglichkeiten: mit Wagen oder Bus 1a direkt hinauf, mit dem Funicolare ab Station am Viale Vittorio Emanuele II (alle 10 Min., ca. 1 € einfach, Carnet mit 10 Fahrten ca. 8,10 € oder Tagespass, letzte Fahrt hinunter ca. 19.30 Uhr) oder den romantischen Treppenweg nehmen, der unmittelbar hinter der Talstation beginnt (ca. 15 Min.).

Città Alta

Hügliges Auf und Ab, alles mit dunkelrotem Stein gepflastert, die venezianische Stadtmauer aus dem 16. Jh. – erbaut gegen das nahe Mailand – ist noch vollständig erhalten. Der Funicolare endet am früheren Marktplatz, *Mercato delle Scarpe*. Vom Café in der Station nicht den herrlichen Blick auf die Unterstadt versäumen.

Beim Bummel die lange Hauptgasse entlang fallen die vielen gepflegten, oft altertümlich eingerichteten Läden, Cafés und Pasticcerie auf. Eindrucksvoll ist die hohe *Torre di Gombito* (Infobüro) kurz vor der Piazza Vecchia.

Piazza Vecchia: das harmonische Zentrum der Altstadt. Kleinstädtisch ruhig, in der Mitte ein Löwenbrunnen mit sphinxartigen Wesen. Wenn spätnachmittags die heiße Sonne verschwindet, spielen hier überall die *bambini*. Dominierend ist der quer gestellte gotische *Palazzo della Ragione*, das frühere Rathaus, mit einer breiten Säulenhalle im Erdgeschoss, die man durchquert, um auf den Domplatz zu gelangen. Quer durch die Halle zieht sich eine Art *Sonnenuhr* mit Tierkreiszeichen und ellipsenförmigen Bögen. Die Zeit konnte man mit Hilfe eines Apparats ablesen, der unter den Arkaden aufgehängt war. Seitlich davon steht die exakt 52,76 m hohe *Torre Civica*, 230 Stufen führen hinauf, man kann aber auch mit dem Lift fahren. Die schwere Glocke, die von den deutschen Besatzern im Zweiten Weltkrieg beinahe eingeschmolzen worden wäre, um daraus Waffen zu gießen, läutet allabendlich um 22 Uhr den Beginn der Nachtruhe ein. Hinter der städtischen Bibliothek an der Nordseite der Piazza findet jeden Sonntag ein *Flohmarkt* statt.

Öffnungszeiten **Torre Civica**, April bis Okt. Mo–Fr 9.30–19, Sa/So 9.30–21.30 Uhr; übrige Zeit nur Sa/So 9.30–21.30 Uhr; Eintritt ca. 3 €.

Piazzetta del Duomo: prächtiger, kleiner Platz mit zwei Kirchen, Baptisterium und der Grabkapelle der Colleoni.

Linker Hand steht der klassizistische *Dom*, im Inneren großzügig und hell, reichlich Goldverzierungen, über dem Altar eine große, goldene Krone. Zahlreiche Gemälde, in der Apsis ein Werk von Tiepolo. Schön ist die hohe Nebenkapelle links, die mit indirektem Licht diffus beleuchtet wird.

Die romanische Kirche *Santa Maria Maggiore* geradeaus wirkt ungleich monumentaler als der Dom. Die Fassade fehlt, man betritt den imposanten Innenraum von der Seite durch einen reich geschmückten Torbau. Wertvolle Teppiche schmücken

Filigranes Meisterwerk: die Cappella Colleoni in der Oberstadt von Bergamo

die Wände (am beeindruckendsten die gewaltige Kreuzigungsszene an der Rück-
wand), die Gewölbe sind über und über mit Stuckengeln, Gold und Gemälden verziert, an der Decke ein monumentales Fresko "Krönung der Jungfrau", links und
rechts vom Altarraum zwei vergoldete Fürstenlogen. Besonders beachtenswert sind
die geschnitzten Chorschranken, deren herrliche Intarsien eine Bilderfolge mit
Themen aus der Bibel zeigen (u. a. "Sintflut" und "Arche Noah"), geschaffen vom ge-
bürtigen Venezianer Lorenzo Lotto (ca. 1480–1557), und die ältesten Wandmalereien der Kirche aus dem 14. Jh.: "Szenen aus dem Leben des heiligen Eligio" und
"Das Letzte Abendmahl" gleich beim Eingang sowie genau gegenüber "Der Stamm-
baum der heiligen Bonaventura". Im hinteren Bereich der Kirche wurde für den beliebten Bergamasker Opernkomponisten *Gaetano Donizetti* (1797–1848) ein Grabmal errichtet.

Angebaut an die Kirche ist die Renaissance-Fassade der *Cappella Colleoni*, eine
fantastische Filigranarbeit aus weißem und rosa Marmor mit zahllosen Details und
Dekorationsformen, ähnlich der berühmten Certosa di Pavia, die vom selben
Künstler, Giovanni Antonio Amadeo, bearbeitet wurde. In Auftrag gegeben hat die
Grabkapelle im 15. Jh. Bartolomeo Colleoni, ein einheimischer Söldnerführer, der
in Diensten Venedigs stand (Denkmal in Venedig auf der Piazza Santi Giovanni e
Paolo). Er und seine Tochter Medea (gestorben mit 15 Jahren) ruhen im Innenraum, Blickfang ist die vergoldete Reiterstatue des Recken, in der Kuppel Fresken
von Giambattista Tiepolo.

Das *Baptisterium* rechter Hand stammt aus dem 14. Jh., besteht aber nur noch in
Teilen aus dem originalen Mauerwerk. Ursprünglich stand es innerhalb der Kirche
Santa Maria Maggiore. Als aber die Taufen in den Dom verlegt wurden, baute man
die funktionslos gewordene Taufkapelle 1660 ab und erst 200 Jahre später draußen
wieder auf. Das Innere kann nicht besichtigt werden.

Ein paar Ecken weiter, in der Via Arena 9, steht der Palazzo della Misericordia, das
frühere Wohnhaus von Gaetano Donizetti, das heute als reichhaltig bestücktes
Museo Donizettiano eingerichtet ist. Die *Casa Natale di Gaetano Donizetti*, das
Geburtshaus des Komponisten, der aus ärmlichen Verhältnissen stammte, 75
Opern schrieb und zum geachteten Bürger aufstieg, liegt oberhalb der Città Alta in
der Via Borgo Canale 14 und wird derzeit restauriert.

- *Öffnungszeiten* **Dom**, tägl. 7.30–12, 15–18.30 Uhr; 12.30, 14–18.30 Uhr, übrige Monate nur bis 16.30 Uhr, Mo geschl.;

Santa Maria Maggiore, April bis Okt. tägl. 9–12.30, 14.30–18 Uhr, So 9–13, 15–18 Uhr, übrige Zeit Mo–Fr 9–12.30, 14.30–17 Uhr, Sa 9–12.30, 14.30–18 Uhr, So 9–13, 15–18 Uhr; **Cappella Colleoni**, März bis Okt. Di–So 9–

12.30, 14–17.30, übrige Zeit Di–Fr 9.30–13 Uhr, Sa/So 9.30–13, 14–17.30 Uhr, Mo geschl.; **Casa Natale di Gaetano Donizetti**, ℘ 035/244483.

Museo Donizettiano, Juni bis Sept. Di–So 9.30–13, 14–17.30, übrige Zeit Di–Fr 9.30–13

Museo Storico und Rocca: Zurück auf der Piazza Vecchia kann man die Haupt-
gasse ein Stück nach Osten gehen und gelangt über die lang gestreckte Piazza Mer-
cato del Fieno zum früheren Kloster San Francesco, in dem nun das kleine
Stadtmuseum eingerichtet ist. Rechter Hand davon kann man durch den Parco delle
Rimembranze zur *Rocca* hinaufklettern und den Blick über die Stadt genießen.
Öffnungszeiten **Museo Storico della Città**, Di–So 9–16 Uhr, Mo geschl.; Eintritt frei.

Citadella und San Vigilio: Wenn man von der Piazza Vecchia die Hauptgasse Via
Colleoni weiterläuft, kommt man am *Luogo Pio Colleoni* vorbei (Nr. 9–11), wo der
Söldnerführer zeitweise wohnte und später eine Herberge für bedürftige Frauen
einrichtete, die besichtigt werden kann. In einem kleinen Museum sind außerdem

Erinnerungsstücke und Waffen Colleonis untergebracht. Am Ende der Altstadt trifft man auf die Reste der *Cittadella*, von der noch ein Turm steht. Im Inneren ein kleines *Naturgeschichtliches Museum* und ein *Archäologisches Museum*.

An der Außenseite der Burg liegt der *Largo Colle Aperto*, ein größerer, schattiger Platz mit weitem Blick in die Hügel, wo sich abends die Einheimischen treffen. Durch ein Stadttor kommt man zum Funicolare nach *San Vigilio* hinauf (etwa alle 15 Min., ca. 1,60 € hin und zurück). Man kann aber auch mit dem Wagen fahren (steil) bzw. einen schönen Spaziergang zu Fuß machen (Wegbeginn kurz nach der Bahnstation, ca. 700 m steiler Fußweg). Oben sind die Ruinen des viertürmigen *Castello di San Vigilio* zu besichtigen, von denen man gleichzeitig einen herrlichen Blick auf Bergamo Alta und Bergamo Bassa hat.

Wer noch mehr laufen will, kann vom Largo Colle Aperto die südliche Umgehungsstraße Viale della Mura hinuntergehen, die dem Verlauf der Stadtmauer folgt. Nach knapp 3 km stößt man wieder auf die Abfahrt zur Città Bassa, unterwegs ständig Panoramablicke. Oder man geht wieder in die Stadt zurück und spaziert zur Piazza Mercato del Fieno mit drei Stadttürmen und einem neu eingerichteten *Historischen Museum*. Von dort klettert man zur *Rocca* hinauf.

● *Öffnungszeiten/Preise* **Luogo Pio Colleoni**, nach Vereinbarung, ✆ 035/210061, Eintritt frei.

Archäologisches Museum & Naturgesch. Museum, April bis Sept. Di–Fr 9–12.30, 14–18 Uhr; Sa/So 9–19 Uhr, übrige Zeit Di–So 9–12.30, 14–18 Uhr, Mo geschl., Eintritt frei.

Castello di San Vigilio, April bis Sept. 9–20 Uhr, März u. Okt. 10–18 Uhr, Nov. bis Febr. 10–16 Uhr. Eintritt frei.

Historisches Museum, Juni bis Sept. 9.30–13, 14–17.30, Sa/So 9.30–19 Uhr, übrige Zeit 9.30–13, 14–17.30 Uhr, Mo geschl. Eintritt ca. 3 €.

Città Bassa

Zentraler Platz und Schauplatz der abendlichen Passeggiata ist die weite *Piazza Matteotti* mit Arkadengängen. Am Ostende steht die Kirche *San Bartolomeo* mit einer herrlichen "Madonna mit Kind" von Lorenzo Lotto. Für Interessierte lohnt ein Besuch der *Accademia Carrara* an der gleichnamigen Piazza Giacomo Carrara, knapp unterhalb der Altstadt. Der prächtige Palast besitzt eine große Gemäldesammlung venezianischer, florentinischer und lombardischer Meister, darunter Bellini, Botticelli, Raffael, Carpaccio, Lotto, Pisanello, Tizian, Tintoretto und Tiepolo, aber auch Dürer, Brueghel, Holbein, Rubens, El Greco und Velasquez.

Öffnungszeiten/Preise **Accademia Carrara**, Di–So 10–13, 14.30–17.30 Uhr, Mo geschl.; Eintritt ca. 3 €, unter 18 und über 60 J. frei. ✆ 035/399677.

Bergamo/Umgebung

▸ **Parco Fantasyworld Minitalia**: Wer nicht ganz Italien bereisen kann – bei der Autobahnausfahrt *Capriate* liegt im großen Vergnügungspark „Fantasyworld" der Stiefel im Kleinformat, in kurzer Zeit kann man ihn zur Gänze durchwandern. Von Bozen bis Bari, dazu Sardinien und Sizilien – alle Landschaften und berühmten Bauwerke sind detailgetreu dargestellt, so dass man einen lebendigen Eindruck von der Vielseitigkeit des Landes bekommt. Daneben gibt es im Vergnügungspark zahlreiche Attraktionen für kleine Gäste: Minibahn, elektrische Autos und Wasserboote, Achterbahn, Schaukeln, Rutschen etc.

● *Öffnungszeiten/Preise* März und zweite Septemberhälfte 9.30–18 Uhr, April bis Juli und erste Septemberhälfte tägl. 9.30–19.30 Uhr, August 9.30–23 Uhr; Eintritt ca. 18 €,

Kinder ab 1–1,40 m Größe und Senioren über 65 J. ca. 14 €. ✆ 02/9090169, www.fantasyworld.it.

Märchenhafter Ausblick von der Villa Monastero (Varenna)

Comer See (Lago di Como)

Schon in der Antike „besungen" wie kein zweiter Alpensee, ist der von den Einheimischen Lario (vom lateinischen „Lacus Larius") genannte See seit Jahrhunderten Refugium der Schönen, Reichen und Dichter. Kardinäle, gekrönte Häupter, Unternehmer und Hollywoodstars ließen sich Schlösser an seinen Gestaden erbauen, prachtvolle Villen mit opulenten Gartenanlagen verstecken sich überall an den steilen Hängen und Seeufern. Sprichwörtlich ist sein mildes Klima mit der üppigen mediterranen Vegetation, die vor allem die Seemitte prägt, während sich der Norden eher rau und alpin zeigt.

Noch immer besticht die natürliche Schönheit des 55 km langen, fjordartig eingeschnittenen Alpensees, der nach Gardasee und Lago Maggiore zwar nur der drittgrößte Alpensee ist, mit 170 km jedoch die längste Küstenlänge aller italienischen Seen hat, mit 410 m der tiefste See Europas ist und einen höchst ungewöhnlichen „Grundriss" besitzt. Etwa in der Mitte spaltet er sich wie ein umgekehrtes Y unversehens in zwei gleich lange Ausläufer, an deren Enden die beiden größten Städte Lecco und Como liegen. Der Tourismus hat eine lange Tradition, in den Informationsbüros wird man deutsch beraten, Service und Standard der Unterkünfte sind hoch, die Preise ebenfalls gehoben. Waren es seit dem 19. Jh. vorwiegend Briten, die den Orten an der Seemitte und im Süden ihren Stempel aufdrückten, sind es mittlerweile vorwiegend Italiener, die hier Urlaub machen. Die Nähe zu Mailand macht sich vor allem im Hochsommer bemerkbar, wenn der nostalgische Belle-Epoque-Charme mancher Küstenstädtchen – vor allem in der Südhälfte vom See – von den Massen überrannt wird und die Uferstraßen völlig vom Durchgangsverkehr verstopft sind. Doch der Comer See ist beileibe nicht nur Feriengebiet. Vor allem um Como und Lecco im Süden des Sees ballt sich auch Industrie. Weltberühmt sind vor allem die Seidenmanufakturen, die früher einen Großteil der gesamten Weltproduktion herstellten, insgesamt drei einschlägige Museen können besichtigt werden.

Im touristisch weniger „hochgerüsteten" Norden um *Cólico*, *Sórico* und *Domaso* treffen sich die deutschen Camper und Surfer, während die Seemitte auch am Comer See die goldene Mitte ist: In *Menaggio* am Westufer kann man sogar im August noch frei atmen und die Atmosphäre eines freundlichen, gut ausgestatteten Touristenorts verspüren, während im weiter südlich liegenden *Lenno* die Ruhe fast schon gepachtet scheint. Überhaupt lohnt der Westen mehr als der Osten, schon allein, weil man sich vormittags bereits von Sonnenstrahlen wärmen lassen kann, während das gegenüberliegende Ufer noch im Schatten liegt. Doch sollte man sich deswegen keinesfalls das idyllische Örtchen *Varenna* am Ostufer entgehen lassen. Und auch *Bellagio* in traumhafter Lage an der Spitze der Halbinsel zwischen den beiden Seearmen ist einen Tagesausflug wert, denn so viel (liebenswerten) Kitsch der guten alten Zeit erlebt man nicht mehr häufig. Wer mehr sehen will, kann dank der gut organisierten Seeschifffahrt per Fähre oder Tragflügelboot bequem und schnell fast alle Küstenorte besuchen.

Der See von oben

Rundflüge über dem See veranstaltet der „Aero Club Como" mit einem Wasserflugzeug, das spektakulär auf dem See startet und landet. Der bereits 1930 gegründete Verein ist der älteste seiner Art in Europa.

Aero Club Como, Viale Masia 44, I-22100 Como, ☎ 031/574495, 📠 570333, www.aeroclubcomo.com.

---

*A*nfahrt/*V*erbindungen

● *PKW* von der Schweiz kommend, am schnellsten über St. Moritz und Chiavenna. Von Mailand Autobahnzubringer nach Como und Lecco. Die autobahnähnlich ausgebaute SS 36 läuft das gesamte Ostufer entlang (→ Ostufer).

● *Bahn* Von der Schweiz geht die viel befahrene **Gotthard-Linie** nach Como: Basel–Luzern–Bellinzona–Lugano–Chiasso–Como. Von **Mailand** nach Como entweder die staatliche FS nehmen oder die privaten „Ferrovie Nord Milano" fahren. Am Ostufer entlang führt eine Strecke von **Chiavenna** nahe der ital./schweiz. Grenze nach **Lecco**, von dort häufige Verbindungen nach Mailand.

● *Bus* Am gesamten Westufer und im Süden verkehrt vorwiegend die Gesellschaft **SPT** (Società Pubblici Trasporti, www.sptcomo.it), im Bereich von Lecco **SAL** (Servizi Automobilistici Lecchesi, www.sal-

autoservizi.it), im Norden des Sees fährt **STPS** (Società Trasporti Pubblici Sondrio, www.stps.it) von Chiavenna und Sondrio nach Cólico. Achtung: Es gibt keine Buslinie am Ostufer entlang, dort muss man die Bahn nehmen.

● *Schiff* Zwischen allen wichtigen Orten am See verkehren die Fähren und (teureren) Tragflügelboote der **Navigazione Lago di Como** (www.navigazionelaghi.it). Zwischen Varenna, Bellagio, Cadenabbia und Menaggio im Zentrum des Sees pendeln **Autofähren** und bieten eine reizvolle Möglichkeit, den See zu überqueren ohne ihn ganz umfahren zu müssen. Preis der einfachen Überfahrt für PKW ca. 6,50–12 €, Pers. 3,40 €, Kind (4–11 J.) 2 €.

An allen Anlegestellen sind detaillierte Fahrpläne mit Preisen erhältlich. Für Senioren über 65 J. gibt es Mo–Fr eine kleine Ermäßigung von ca. 1,20 € pro Fahrt.

Comer See Karte S. 246

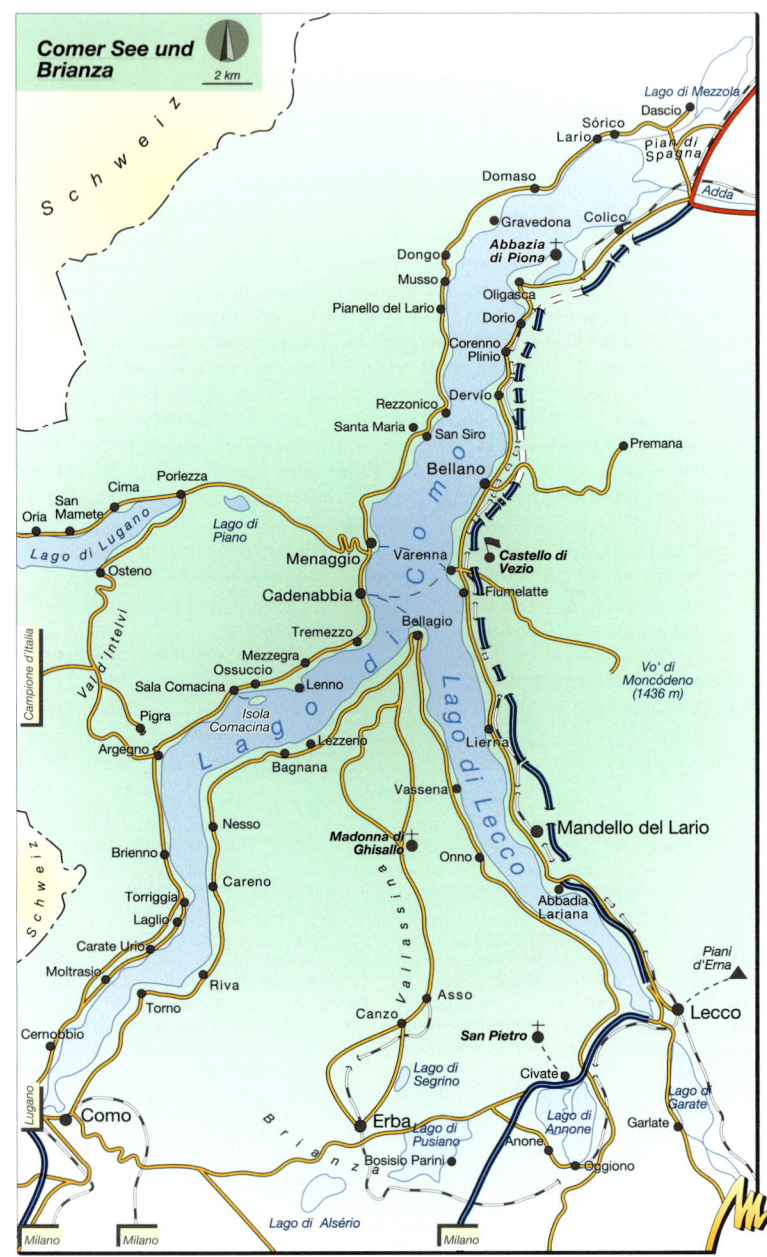

Comer See und Brianza

2 km

Schweiz

Lago di Mezzola
Dascio
Sórico
Lario
Piani di Spagna
Domaso
Adda
Gravedona
Colico
Abbazia di Piona
Dongo
Musso
Oligasca
Pianello del Lario
Dorio
Corenno Plinio
Rezzonico
Dervio
Santa Maria
San Siro
Premana
Bellano
Porlezza
Cima
San Mamete
Oria
Lago di Piano
Lago di Lugano
Osteno
Menaggio
Vàrenna
Castello di Vezio
Cadenabbia
Fiumelatte
Tremezzo
Bellagio
Vo' di Moncódeno (1436 m)
Mezzegra
Ossuccio
Sala Comacina
Lenno
Pigra
Isola Comacina
Lézzeno
Lierna
Argegno
Bagnana
Vassena
Nesso
Mandello del Lario
Campione d'Italia
Val d'Intelvi
Madonna di Ghisallo
Brienno
Onno
Careno
Abbadia Lariana
Torriggia
Laglio
Piani d'Erna
Carate Urio
Moltrasio
Riva
Asso
Lecco
Torno
Canzo
San Pietro
Cernobbio
Civate
Lago di Garate
Lago di Segrino
Como
Erba
Lago di Pusiano
Lago di Annone
Garlate
Bosisio Parini
Anone
Oggiono
Lago di Alsério
Schweiz
Lugano
Lago di Lecco
Lago di Como
Valsassina
Brianza
Milano   Milano   Milano

Nördlich vom Comer See

Naturschutzgebiet Pian di Spagna-Lago di Mezzola

Nördlich vom Comer See bildet die Mera den kleinen Lago di Mezzola. Die Ufer sind weitgehend verschilft und nur an wenigen Stellen kann man baden. Ein angenehmes Örtchen ist jedoch Dascio an der Südwestecke.

An der Ostseite verläuft die viel befahrene SS 36. Bei *Novate Mezzola* liegt der Camping „El Ranchero" unter Bäumen direkt am See, Bahnlinie und Straße führen dicht am Platz vorbei. Wenn man ein Stück weiter nördlich der Beschilderung „Sole Luna" folgt, kommt man zur gleichnamigen Pizzeria mit einer angelegten Badezone („Spiaggia Libera") mit Schirmen und Liegen, Café und kleinem Hafenbecken für Sportboote. Urig ist das Hotel/Ristorante „La Barcaccia" in *Vercaia* (beschildert an der SS 36). Das große, schon etwas ältere Haus direkt am See besitzt eine lange, bunt zusammengewürfelte Restaurantterrasse, davor ist ein uralter Raddampfer vertäut. Hier wendet man sich weniger an Touristen, sondern verdient sein Geld mit Banketten, Hochzeiten u. Ä. Von der benachbarten Anlegestelle gibt es in der warmen Jahreszeit jeweils sonntags Ausflugsfahrten zum romanischen Kirchlein *San Fedelino* (10. Jh.) auf der gegenüberliegenden Seeseite (→ unten).

Südlich vom See liegt zwischen den Mündungen der Flüsse Adda und Mera das Naturschutzgebiet Pian di Spagna, eins der letzten Sumpfgebiete Italiens. Benannt nach den spanischen Heerlagern, die sich hier im 17. und 18. Jh. befanden, ist die baumreiche Ebene heute Schutzgebiet für zahlreiche Zugvögel (u. a. Schwäne) und einheimische Wasservögel. Auffallend sind die beiden großen weißen Türme mit Satellitenschüsseln, die in Diensten der Nato stehen.

▸ **Dascio**: Das Westufer des Lago di Mezzola bilden hohe, bewaldete Steilhänge fast ohne Besiedlung. An der Südwestecke liegt jedoch das Dörfchen Dascio mit zwei kleinen, aber ganzjährig geöffneten Familienhotels – ein netter und gänzlich ruhiger Fleck im Grünen, wie geschaffen für einen erholsamen Aufenthalt abseits vom Trubel. Man erreicht es von der Straße, die nördlich von Cólico quer durch das Pian di Spagna auf die Westseite des Comer Sees führt (Kleine unscheinbare Abzweigung nach der Brücke über die Mera). Ein flach abfallender Strand liegt am Ortseingang, am Seeufer kann man in aller Ruhe spazieren gehen. Die Umgebung ist gut geeignet für Wanderungen und man kann wunderbar Kanu und Ruderboot fahren. Am Ende der Asphaltstraße weist im Ort ein braunes Wanderschild zur romanischen Kirche *San Fedelino* am Nordende des Sees, die man in etwa 2 Std. zu Fuß erreicht. Fedelino war ein römischer Soldat, der den christlichen Glauben angenommen hatte und deswegen an dieser Stelle im Jahr 236 unter Kaiser Diokletian geköpft wurde. Nach etwa 20 Min. auf diesem Weg kommt man zu einem schönen Aussichtspunkt mit Bank und Kapelle.

● *Besichtigung* Von Anfang Juni bis Anfang Sept. gibt es jeweils sonntags eine 2,5-stündige Führung durch das Pian di Spagna. Informationen im **Pro Loco** von Cólico oder beim **Consorzio Riserva Naturale Pian di Spagna**, Via della Torre 2, ✆ 0341/84251.

● *Ausflugsfahrten* **Schiffsfahrten** nach San Fedelino (→ oben) von Mai bis Okt. jeweils Sa und So 10.30 und 13.30 Uhr ab Hotel Barcaccia. ✆ 0343/44085.

● *Übernachten/Essen & Trinken* *** **La Barcaccia**, in Verceia, Via Nazionale al Lago 49, etwas in die Jahre gekommenes Seehotel mit großem Ristorante und schönem Blick. DZ mit Frühstück ca. 50–60 €. ✆ 0343/44164, 🖥 39611.

Auf dem Lago di Mezzola

Tipp: In den folgenden zwei Restaurants in Dascio isst man günstiger als am Comer See.

** Del Mera, in Dascio, kleines, gemütliches Haus mit Anlegekai am See. Zimmer mit TV, im großen Ristorante werden Fischspezialitäten serviert, z. B. *risotto al pesce persico* (Di geschl.). DZ mit Frühstück ca. 52–55 €. ✆/✉ 0344/84147, www.hoteldelmera.com.

** Berlinghera, Frazione Dascio 25, einige Schritte weiter landeinwärts gelegen, ebenfalls nett aufgemacht, Zimmer mit blumengeschmückten Balkonen, im Ristorante (Mo geschl.) gute hausgemachte Küche, zu empfehlen ist z. B. *bistecca alla fiorentina* (T-Bone-Steak). DZ mit Frühstück ca. 52–55 €. ✆ 0344/84037.

Eine Ferienwohnung in Dascio vermietet La Breva (→ S. 252).

** Camping El Ranchero, Via Nazionale 211, gut beschatteter Platz mit hohen Kiefern bei Novate Mezzola. Ein Platzteil liegt landeinwärts der Straße, durch eine Unterführung kommt man zum See, Wohnmobile und -wagen passen dort nicht hindurch. Die Straße ist tagsüber relativ stark befahren, was je nach Stellplatz zu hören sein kann. Sanitär einfach, Bar vorhanden, PKW müssen separat abgestellt werden. Für den Bereich am See eigene Zufahrt, dort stehen viele Dauercamper. Insgesamt nur als Übernachtungsplatz zu empfehlen. ✆/✉ 0343/44169.

Sórico und das obere Westufer des Comer Sees siehe S. 272.

Der „Lariosaurus": Das Monster vom Comer See

1946, die Italiener waren gerade ein Jahr zuvor ein anderes Ungeheuer am Comer See losgeworden (→ S. 283), tauchte im See vor Cólico ein weit harmloseres auf und füllte im November die Schlagzeilen der Lokalzeitung „Corriere Comasco". „2 bis 3 m lang", sei es gewesen, „mit starren Augen und einer Krause oder einem Kamm, von rosiger Farbe und mit einem Mund voller Zähne." Das sei doch kalter Kaffee, konterte wenige Tage später das Konkurrenzblatt „Corriere Lombardo", das Monster „Lariosaurus" sei schon 1940 beobachtet worden. Damals seien Ausflügler bei Varenna in einen Sturm geraten und hätten in einem Wellental eine gewaltige, 10 m lange Schlange mit grüner Haut und schwarzen Streifen gesehen. Nun geht es Schlag auf Schlag. Am 21. November 1946 schreibt der „Corriere Lombardo" über drei Angler, die das Ungeheuer nahe ihres Bootes bei Varenna gesichtet hätten. Nach der Zeitung „entspricht ihre Beschreibung fast völlig der vor Cólico" – diese Meldung war sogar den New Yorker Zeitungen eine Schlagzeile wert. Aber schon am 22. November meldete die Presse, dass zwei junge Männer den Lariosaurus gefangen hätten: Es sei aber nur „ein riesiger, schrecklicher Stör" gewesen. Damit wollte man die schöne Monstergeschichte wohl sterben lassen, von der viele vermuteten, dass sie nur eine erfolgreiche Presseente gewesen sei.

Doch so einfach war der Lariosaurus nicht tot zu kriegen! Am 31. August 1954 sahen ihn Palmiro Bianchi und sein Sohn Sergio bei Argegno erneut: „Es war real, das kann ich bezeugen. ... Es war 3 oder 4 m entfernt ... Es war 80 oder 90 cm lang ... Das Hinterteil glich mehr oder weniger einem Schwein. Ich habe sogar Tatzen gesehen. Die Tatzen waren wie die einer Ente." Die nächste Beobachtung stammt vom August 1957. Nach Zeitungsberichten sollen zahllose Menschen am Ufer zwischen Musso und Dongo ein 6 m langes Tier gesichtet haben. Bei Sonnenuntergang sei „zwischen den Wellen ein ungeheurer Kopf" aufgetaucht, „von dreieckiger Form und mit leuchtenden Augen". Sein Körper war von „zylindrischer Form, er hatte Flossen und einen Schwanz, der breit war wie der eines Wals. Sein Maul stand stets offen, mit vielen scharfen weißen Zähnen darin." Man rief nach Fischern, die das Monster fangen sollten, doch die einbrechende Dunkelheit verhinderte dies. Einen Monat später befand sich ein Tauchboot in 90 m Tiefe vor Dervio auf der Suche nach der Leiche einer Frau, die bei einem Autounfall in den See gefallen war. Sie erblickten „ein seltsames Tier, das an einem Felsen lehnte. ... Es hatte einen Krokodilkopf und eine Zunge wie ein Reptil." 1965 ließ sich der Mailänder Bildhauer Romano Rui von den Berichten inspirieren und baute ein Gummiungeheuer, das er bei Ossuccio in den See setzte und das so lebensecht war, dass es sowohl Einheimische wie Touristen erschreckte ...

Die jüngsten Sichtungen sind dagegen eher unspektakulär. Um 1998 soll ein Hobbytaucher vor Menaggio „eine Begegnung mit einem großen Schatten von einem riesigen Fisch" gehabt haben. Anfang August 2002 sahen zwei Angler im Intelvi-Tal einen kleinen Alligator mit kurzem, trapezförmigem Kopf und zahnbewehrtem Maul. Und schließlich sichtete der Paddler Ferdinando Viti im März 2004 zwischen Carate Urio und Moltrasio eine riesige Luftblase im See, „die einen Durchmesser von mehr als einem halben Meter hatte." Der Zeuge distanzierte sich aber von „allen seltsamen und riesigen Wesen, die der Legende nach den Lario bevölkern sollen".

Zwei Bücher gibt es mittlerweile zum Thema – Giovanni Gallis Roman „Il Lariosauro" (2000), der die Ereignisse von 1946 Revue passieren lässt, und Gregor von Laufens „Lariosauro. C'è un mostro nel lago?" (2003), ein geschickt gemachter Schwindel mit erfundenen Augenzeugenberichten. Man hat einen Song dem Untier gewidmet („El mustru" von Davide Van den Sfroos) und es besetzt eine Hauptrolle in „L'inglesina in soffitta" von Luca Masali (2004), einem Roman, der zur Zeit des Faschismus spielt – das Monster stellt sich darin als geheimes Boot heraus. Diese neue Popularität hat dafür gesorgt, dass mittlerweile sogar „Fotos" des Monsters auf der Internet-Seite der Jugend von Dervio (www.geocities.com/dervio2001/mostro.html) veröffentlicht wurden: Die sehr schön gemachten Bilder zeigen ein Nessie-ähnliches Wesen mit Höcker und langem Hals – so ist aus dem Riesenfisch mit Krause ein ganz traditionelles Ungeheuer geworden ...

(Text und Recherche: Ulrich Magin)

Comer See
Karte S. 246

Ostufer (Nord nach Süd)

Touristisch wird der Osten insgesamt eher mäßig frequentiert. Ausnahmen bilden lediglich der Badeort Cólico im Norden und das Dörfchen Varenna in der Seemitte, dessen malerisches Ortsbild zu den schönsten am See gehört.

Während der Nordosten bezüglich Vegetation und Ambiente noch vergleichsweise alpin wirkt, ist der südöstliche Seearm in Richtung Lecco von steilen Felsen eingerahmt und dünn besiedelt. Das wohlhabende *Lecco* selber ist städtisch, z. T. industriell geprägt und kein Ferienort. Einen Abstecher wert – auch für Durchreisende – ist wenige Kilometer südlich von Cólico die *Halbinsel von Piona* mit der gleichnamigen Abtei.

Quer durch die bewaldeten Hänge entlang des Ostufers verläuft mit zahlreichen Tunnels die autobahnähnlich ausgebaute SS 36 in Richtung Mailand. Wer will, kann so in einer halben Stunde den gesamten See entlangrasen, ohne irgendetwas Besonderes zu sehen. Die alte Uferstraße (SP 72) ist da entschieden interessanter. Deshalb Vorsicht: Wenn man erst auf der SS 36 ist, kommt man nur an fünf Abfahrten wieder herunter: Cólico, Dervio, Bellano, Varenna und Lecco.

Cólico

Der beliebte Ferienort liegt nahe der Mündung des Flusses Adda, der sich hier aus dem breiten Valtellina (Veltlin) kommend in den See ergießt. Nach der Alpendurchquerung zeigt sich hier erstmals das mächtige Seepanorama in voller Schönheit. Das Zentrum besteht mehr oder minder nur aus der großen, offenen Piazza Garibaldi am See, die aber autofrei und mit der anschließenden Promenade angenehm zum Bummeln ist. Da die Bade- und Surfmöglichkeiten sehr gut sind, kommen viele Stammgäste regelmäßig wieder.

Die größte Badezone ist die *Spiaggia Montecchio Nord* gleich nördlich von Piazza Garibaldi und Sporthafen: eine lang gestreckte Wiese mit viel Platz und vereinzelten mächtigen Bäumen, Wind- und Kitesurfer warten hier auf den regelmäßig wehenden Südwind Breva, der am späten Vormittag beginnt und am späten Nachmittag wieder abflaut. Es gibt dort eine Surfschule und ein verglastes Ristorante/Pizzeria mit Bar, daneben wurde ein betonierter Platz für Wohnmobile eingerichtet. Südlich vom Zentrum liegt der ebenfalls grasbestandene *Lido di Cólico* mit kostenfreiem Strandbad, Zeltplatz und Terrassenlokal. Einige Kilometer weiter kommt man zum *Laghetto di Piona*, eine natürliche Bucht, die fast wie ein eigener See wirkt. Vom Zentrum ist er in 30 Fußminuten auf dem Wanderweg 8 zu erreichen, der über eine bewaldete Halbinsel führt.

Hinter Cólico erhebt sich majestätisch der *Monte Legnone* (2609 m), beliebt bei Wanderern, aber auch bei Drachenfliegern, die sich hier hoch über dem See kühn in die Lüfte stürzen und sich von den thermischen Luftströmen der Breva in die Höhe treiben lassen.

*A*nfahrt/*V*erbindungen/*I*nformation

● *Anfahrt/Verbindungen* **Schiff**, nördlichste Anlegestelle der Seeschifffahrt am Ostufer, Anleger gegenüber vom Hotel Risi. Bis zu 6 x tägl. Verbindungen mit Linienschiffen und Tragflügelbooten zu verschiedenen Orten am See.

Badewiese an der Spiaggia Montecchio Nord

Bahn, der Bahnhof liegt etwas landein-
wärts der Piazza Garibaldi, Direktzüge nach
Lecco und Mailand.
Bus, Busstation beim Bahnhof, STPS-
Busse nach Ciavenna und Sondrio.

● *Information* **Pro Loco**, Info-Kiosk am Parkplatz, etwa 100 m landeinwärts der Schiffsanlegestelle. Gut ausgestattet und freundliche Auskünfte. Mo 16–19, Di, Mi, Fr & Sa 10–
13, 16–19, So 10–13, Do geschl. ✆ 0341/930930.

Übernachten

*** Risi, Via Lungo Lario Politi 1, der Platz-
hirsch unter den Hotels, ganz zentral an der
Schiffsanlegestelle, bereits seit über hundert Jahren als Hotel in Betrieb. Großes
Haus mit breitem Laubengang, in dem das
Restaurant untergebracht ist, gut eingerichtete Zimmer mit Parkettboden, Sauna, türki-
sches Bad. DZ mit Frühstück ca. 80–90 €.
✆ 0341/933089, ✉ 930969, www.hotelrisi.it.
Agriturismo La Fiorita, Via Borgonuovo 6,
landeinwärts von Cólico (bei der Esso-Tank-
stelle abbiegen, über den Kreisverkehr und
später rechts). Signora Rezzonicco führt
das große Haus mit Garten und Pool freundlich und geschäftstüchtig, es gibt mehrere
Zimmer mit Balkon, außerdem Apartments.
Abendessen Mi–So, sonntags auch Mit-
tagstisch, Menü ca. 16 €. DZ mit Frühstück
ca. 70–75 €. Fahrradverleih und Kinderspielgeräte. Ostern bis Okt. ✆ 0341/933128,
www.agriturismolafiorita.com.
Agriturismo La Fiorida, großer, profes-
sionell geführter Biofarmbetrieb in Mantello
am Fluss Adda, etwa 10 km östlich von

Cólico. Moderner Komplex aus Holz und
Naturstein, zwanzig geräumige und komfortabel ausgestattete Zimmern/Suiten mit
Lärchenholzeinrichtung, im rustikalen Restaurant werden traditionelle Veltliner Gerichte mit selbst erzeugten Produkten serviert. Beauty & Wellness Spa mit großem
Innenpool, Sauna, Fitnessbereich, Milch-
und Heubäder, Massagen und Schönheits-
pflege. Verkauf von hausgemachtem Schinken, Wurst und Käse, Betriebsbesichtigung
möglich. Fahrradverleih. DZ mit Frühstück
ca. 150 €, Familiensuite 200 €. ✆ 0342/680846,
✉ 681310, www.lafiorida.com.
* Camping Lido di Cólico, einfacher, lang
gestreckter Platz südlich vom Ort direkt am
See, gute Bademöglichkeiten. Leider weitgehend mit Dauercampern belegt, schon
im Juli gibt es kein freies Fleckchen mehr.
Die Strandbar mit Pizzeria ist auch für
Nicht-Campinggäste zugänglich und bietet
von ihrer Terrasse einen schönen Blick auf
den See. ✆ 0341/941393.

Comer See
Karte S. 246

Area Sosta Camper, eingezäunter Standplatz für Wohnmobile direkt an der Spiaggia Montecchio Nord. 24 Std. 13 €, 1 Std.

2 €. ☎ 349-6023139.

Weitere Unterkünfte siehe unter **Halbinsel von Piona**.

Vermietung von Ferienwohnungen und -häusern:

La Breva, die deutschsprachige Eigentümergemeinschaft vermietet gepflegte Ferienhäuser und Wohnungen im Umkreis von Cólico und Piona, aber auch an anderen Stellen des Comer Sees. Info-Hotline in Deutschland ☎ 08178/9978799 (tägl. 8–21 Uhr), Schweiz ☎ 081/2505044, www.labreva.com.

Immobiliari Bettiga, Via Nazionale 21. Mo–Sa 9–12.30, 15–19 Uhr. ☎ 0341/933015, ✆ 933535, www.lagocomoholiday.com.

Vacanze Lago, Via Mazzini 13, direkt an der Uferpromenade gegenüber vom Springbrunnen. ☎ 0341/940327, ✆ 930576, www.vacanzelago.com.

---

*E*rinken/*S*hopping/*S*port/*S*onstiges

La Vecchia Osteria, kleine Osteria mit hübschem Innenraum in zentraler Lage an der Piazza Garibaldi, sowohl draußen wie drinnen schön zum Sitzen. Mehrere Menüs zur Auswahl, auch mit nur einem Gang für den kleinen Hunger. ☎ 0341/941739.

Il Faro, gut besuchte Pizzeria östlich der zentralen Piazza Garibaldi, man sitzt unter Platanen und einem großen Segeltuchdach. Nette Atmosphäre, wenn auch von Mücken heimgesucht. Pizza auch mittags. ☎ 0341/940123.

Per ... Bacco, Via Mazzini 8/10, etwas landeinwärts der Piazza Garibaldi, gepflegte Gastlichkeit in einem älteren Bruchsteinhaus. Degustationsmenü ca. 28 €, auch Pizza. Di geschl. ☎ 0341/930459.

L'Ontano, verglastes Ristorante an der Badewiese der Spiaggia Montecchio Nord. Do–So ab Mittag durchgehend Pizza. ☎ 0341/941782.

La Vecchia Fattoria, Via Borgonuovo 2, Agriturismo im Ortsteil Villatico, landeinwärts von Cólico. Solide Veltliner Küche,

z. B. die bekannte *polenta Valtellinese*, hergestellt aus Buchweizen (grano saraceno), die vielfältige Pasta ist hausgemacht. Im Sommer kann man schön im Freien sitzen. Mo geschl. (außer Juli/August) ☎ 0341/933104, www.nellavecchiafattoria.com.

● *Shopping* Im Juli/August findet jeden Freitag Vormittag der große Wochenmarkt **Mercato Settimanale** in den Straßenzügen hinter der Spiaggia Montecchio Nord statt.

● *Sport* **Son of a beach**, Kite- und Windsurfclub an der Spiaggia Montecchio Nord. Kurse und Verleih. ☎ 389-4637873, www.sonofabeach.it.

Bit of salt, Lungo Lario Polti 4, Kite- und Windsurfclub am Lido di Cólico, südlich der Anlegestelle. ☎ 335-5742065, www.bitofsalt.it.

Tennis, Sand- und Hartplatz sowie Tennishalle beim Strandbad Lido.

● *Sonstiges* Großer **Kinderspielplatz** mit Trampolin und vielen Spielgeräten nördlich der Piazza Garibaldi (Weg am Ristorante Il Faro entlang).

Sehenswertes: Zwei alte Festungsbauten findet man nördlich außerhalb im dicht bewaldeten Gebiet in Richtung Pian di Spagna. Zur Verteidigung gegen die Eidgenossen erbauten die Spanier Anfang des 17. Jh. auf einem Hügel am Flusslauf der Adda das *Forte di Fuentes*, von dem heute jedoch nur noch Ruinen erhalten sind. Bedeutender ist das von 1911 bis 1915 erbaute *Forte Montecchio*, das auf einem Hügel unmittelbar nördlich vom Ortskern steht und dessen vier mächtige Kanonen mit einem Gewicht von je hundert Tonnen und einer Reichweite von 14 km bis heute erhalten sind. Die einzigen Schüsse, die daraus jemals abgefeuert wurden, waren am 27. April 1945 fünf Schüsse als Zeichen der Kapitulation der darin eingeschlossenen deutsch/italienischen Truppen. Im Informationszentrum gibt es einen großen Luftbildplan von Cólico, aus dem man Fußweg bzw. Anfahrt entnehmen kann (der CAI Colico hat Wanderwege zu den beiden Festungshügeln ausgeschildert).

Das Bauernmuseum *Museo Cultura Contadina di Cólico* befindet sich in der ehemaligen Volksschule des Weilers *Villatico*, etwas landeinwärts von Cólico.

● *Öffnungszeiten* **Forte di Fuentes**, jederzeit frei zugänglich, Eintritt frei.
Forte Montecchio, April bis Juli & Sept./Okt. Sa 14–17, So 10–18 Uhr, August Mo–Sa 14–18, So 10–18 Uhr, Eintritt ca. 5 €, ermäß. (bis 14 und über 65 J.) 3 €, Besuch nur mit Führung. ☎ 0341/941688.
Museo Cultura Contadina di Cólico, Mitte Juni bis Mitte Sept. Sa 20.15–22, So 15.50–17.30 Uhr. ☎ 0341/941578.

Von Cólico nach Varenna

▶ **Laghetto di Piona**: Die weit in den See vorspringende, dicht bewaldete Halbinsel von Piona bildet fast einen kleinen abgeschlossenen See. Am Ufer gegenüber der Halbinsel liegen drei kleine Campingplätze: „Piona", „Green Village" und „Baia di Piona" (alle **), die aber wie Camping Lido bei Cólico großteils von Dauercampern in Beschlag genommen sind, für Wohnmobile und Zelte ist jeweils nur eine kleine Wiese frei. Der Strand ist etwa 800 m lang und besteht aus Sand- und Kieselgemisch, dahinter liegt eine große Rasenfläche.

● *Übernachten* **Agricamping El Logasc**, neben den drei Campingplätzen gibt es diese Übernachtungsmöglichkeit, ein ummauertes Wiesenstück mit Ristorante, wo man gemütlich unter einer Pergola sitzt. Hier findet man auch in der HS meist noch ein freies Plätzchen. ☎ 0341/933139.

▶ **Halbinsel von Piona**: Am südlichen Ende der bewaldeten Halbinsel weist an der Uferstraße ein Schild zur *Abbazia di Piona*. Man durchquert den Weiler *Olgiasca* mit zwei Hotels (→ Cólico) und fährt auf holpriger Kieselsteinzufahrt zwischen prächtigen Baumriesen zur großen Abtei. Sie stammt aus dem 12. Jh., war nach ihrer Auflösung im Jahr 1798 über hundert Jahre verlassen und wird seit 1938 von Zisterziensern geführt. Es ist heute ein populäres Ausflugsziel, die Mönche verkaufen in einem großen Shop am Eingang selbst gebrannte Kräuterliköre, verschiedene Tees, antirheumatische Öle, Honig etc. Das prächtige Anwesen ist gut restauriert, sehr sehenswert sind der harmonische Kreuzgang und der Kapitelsaal mit seinem wertvollen Gestühl. In der Apsis der schlichten Kirche sind schöne alte Fresken erhalten, in der Grotta di Lourdes im Garten wird unter frommen Gesängen vom Band die Muttergottes verehrt. Man kann zum Seeufer hinuntergehen, eine Snackbar bietet Erfrischungen.

Sonntag Vormittag vor der Halbinsel von Piona

Der Kreuzgang in der Abbazia di Piona

● *Anfahrt/Verbindungen*   Piona hat eine eigene Anlegestelle der Seeschifffahrt, Verbindungen in beide Richtungen gibt es etwa 5 x tägl.

● *Öffnungszeiten*   **Abbazia di Piona**, tägl. 9–20 Uhr (Kirche und Kreuzgang 12.30–13.30 Uhr geschl.), Klosterladen tägl. 9.15–12, 14.15–17 Uhr.

● *Übernachten/Essen & Trinken*   **★★★★ Oasi dei Celti**, großer, neuer Ferienkomplex an der Uferstraße, kurz nach der Abzweigung zur Halbinsel von Piona direkt am See. Einladend und modern angelegt, Ristorante auch für Durchreisende ein Tipp, hübscher Swimmingpool, große Liegewiese. Vermietet werden Ein-, Zwei- und Dreizimmerwohnungen, alle mit schönem Seeblick. Wo-

chenpreis für Einzimmer-Apt ca. 295–485 €, Zweizimmer-Apartment 360–590 €. ✆ 0341/806864, ✉ 851356, www.oasideicelti.com.

★★★ Conca Azzurra, schöne, alte Villa im Weiler Olgiasca auf der Halbinsel von Piona, direkt am Weg zur Abtei. Das abgelegene und ruhig gelegene Haus von Familie Caldara besitzt einen schönen Garten und ein verglastes Terrassenlokal, nach vorne schöner Seeblick. Mit Parkplatz. DZ mit Frühstück 70–80 €. ✆/✉ 0341/931984, www.concazzurra.com.

★★★ Belvedere, ebenfalls in Olgiasca, aber einfacher und güstiger. Solides Fischristorante mit Seeblick, auch aus dem Zimmern schöner Blick. Es wird Deutsch gesprochen. DZ mit Frühstück ca. 60 €. ✆/✉ 0341/940330.

▸ **Corenno Plinio**: kleines Dörfchen mit intaktem, altem Ortskern. An der Straße steht das *Castello Andreani* aus dem 14. Jh., von dem noch die Umfassungsmauern und ein Turm erhalten sind, an der Seeseite der Anlage die Kirche *San Tommaso* mit Fresken, in deren Fassade die gotischen Grabmäler der Andreani eingelassen sind. Zum See ziehen sich schmale, kiesgepflasterte Treppenwege hinunter – wenn man die Via Giuseppe Candiani nimmt, kommt man zum idyllischen, kleinen Hafenbecken.

▸ **Dervio**: größerer Ort, der in der grünen Schwemmlandebene des Flusses Varrone liegt und dank seines Wasserreichtums hauptsächlich von der Papierfabrikation lebt. Am See eine Promenade mit Platanen, südlich davon der gut beschattete Zeltplatz „Turisport", nur durch eine wenig befahrene Straße vom Ufer getrennt, daneben Segelbootverleih. Kiesstrand ohne Einrichtungen.

• *Übernachten* ** **Camping Turisport**, Lungolago Ulivi 5, ✆ 0341/804290, ✉ 850460.

** **Camping Europa**, Via Marconi 10, ✆ 0341/850289.

• *Essen & Trinken* **TIPP! Crotto del Cech**, Via Duca D'Aosta 53, am südlichen Ortsausgang landeinwärts abzweigen, nach wenigen Metern rechts. Uriges Gasthaus mit gemütlichen Plätzen im Freien, serviert werden Veltliner Spezialitäten, z. B. *polenta Valtellinese*, preislich günstig. ✆ 0341/804227.

Bellano

Freundliches Kleinstädtchen, das nicht vom Tourismus lebt. Hinter der großzügigen Uferpromenade mit Kastanienbäumen, der Schiffsanlegestelle und einem mauergefassten Hafen münden handtuchschmale Gässchen in die winklige Altstadt mit Treppen, überwölbten Gassen und kleinen Brunnen, an denen man sich im Vorbeigehen erfrischt. Die Fußgängerzone Via Manzoni ist ein schmaler Schlauch, in die kaum ein Sonnenstrahl fällt.

Am Südrand der Altstadt erhebt sich die große romanische Pfarrkirche *Santi Nazaro e Celso* im typischen Zebrastreifenmuster, im Inneren ausgestattet mit Fresken aus dem 16. Jh. Gleich um die Ecke steht das *Oratorio Santa Marta*, eine kleine Kuppelkirche, die nahtlos in die Hausfronten eingefügt ist. Nach dem Eingang links kann man hinter einem Gitter die lebensgroße Figurengruppe „Grablegung Christi" aus Holz betrachten, gefertigt von Giovanni Angelo del Maino (1496–1536).

Neben dem Glockenturm der Pfarrkirche liegt der Zugang zum nahen *L'Orrido*, einem eindrucksvollen Wasserfall, der in einem dicken Strahl gleich hinter dem Ortskern aus dem Fels bricht. In einem tief eingeschnittenen Flussbett strömt das Wasser des Wildbachs Pioverna in Richtung See und wird mittels Rohrleitung in ein Turbinenwerk geleitet, das im 19. Jh. die Maschinen einer Baumwollspinnerei und später einer Metallgießerei antrieb (diese war bis in 1980er Jahre in Betrieb, das große Gebäude steht noch). Ein betonierter Weg führt in halber Höhe der bis zu 20 m hohen Felswände durch die Schlucht, große Farne und wuchernder Efeu gedeihen hier prächtig. Die Treppen, die zum Wasserfall führen, kann man noch ein Stück weiter zum wunderbar angelegten *Friedhof* über der Stadt hinaufsteigen und den traumhaften Seeblick genießen.

Der Badestrand *Lido* liegt im südlichen Ortsbereich, noch jenseits des Torrente Pioverna. Auf dem kurzen Stück zwischen Bellano und Varenna kommt man an einem weiteren hübschen Badeplatz vorbei, der direkt unter der Straße liegt – ein kleiner Strand aus Kies, Sand und Klippen, daneben ein Terrassencafé.

• *Öffnungszeiten/Preise* **L'Orrido**, April bis Juni tägl. 10–13, 14.30–19 Uhr, Juli bis Sept. zusätzlich 20.45–22 Uhr, Okt. bis März nur

Gemütliches Badeplätzchen zwischen Bellano und Varenna

Comer See
Karte S. 246

Sa/So 10–12.30, 14.30–17 Uhr, Eintritt ca. 2,50 € (Kinder 3–14 J. 2 €).

Friedhof, im Sommer tägl. bis 18 Uhr.

• *Anfahrt/Verbindungen* **Bahnstation** im südlichen Ortsteil, Verbindungen das Ostufer entlang. Busse fahren ab Bahnhof ins Hinterland, z. B. nach Premana und ins nahe Varenna.

• *Übernachten* *** **Villa Stupenda**, restaurierte Turmvilla südlich von Bellano am steilen Hang, herrlicher Blick auf Ort und See. Prächtiger Garten, Salon mit historischem Billardtisch, Kamin und Großfernseher, kleiner Badeplatz in bequemer Fußentfernung. Zimmer mit Klimaanlage, Minibar, Internetanschluss, Sat-TV und DVD. Fahrradverleih gegen Gebühr. DZ mit Frühstück ca. 90–170 €, Suite (z. B. im Turm) ca. 135–210 €. ✆ 0341/810386, 810384, www.villastupenda.it.

*** **Meridiana**, exponiert stehende Villa am Nordende des Orts, direkt an der Durchgangsstraße, Garten am See und Garage. Angenehme Zimmer mit schmiedeeisernen Betten, Bäder mit Badewanne. DZ mit Frühstück ca. 100–120 €. ✆ 0341/821126, ✆ 821261, www.meridianotel.it.

B & B Casa delle Rondini, im kleinen Örtchen Oro oberhalb von Bellano (am nördlichen Ortsausgang die Straße nach Vendrogno nehmen). Signora Costanza Panella vermietet drei nett eingerichtete Zimmer mit herrlichem Seeblick. DZ mit Frühstück ca. 55–70 €. ✆ 0341/820586, www.oroalto.it/rondini.

• *Essen & Trinken* **Cavallo Bianco**, Via Vittorio Veneto 29, an der Durchgangsstraße, vor dem Haus isst man direkt am See preiswert, gut und reichhaltig, die großen Pizzen werden auch schon mittags serviert. Mo geschl. ✆ 0341/821101.

Pesa Vegia, Piazza Verdi 7, beliebtes Lokal am Südende der Promenade, schön zum Sitzen, vielleicht mal die Fische aus dem See kosten, aber auch vegetarische Küche. Degustationsmenü ca. 30 €. Kinderspielplatz gleich in der Nähe. Mo geschl. ✆ 0341/810306.

Del Ponte, Via Cavour 12, schräg gegenüber der Anlegestelle eine schmale Gasse hinein, Gastraum ganz hübsch mit Kupfergeschirr, dahinter kleiner Hof, mittlere Preise. Mi abends geschl. ✆ 0341/820213.

• *Cafés/Kneipen* **Taverna Malanotte**, Via Manzoni 74, an der Hauptgasse im Ortskern, Weinkneipe mit kleiner, aber feiner Weinauswahl (u. a. Refosco und Chianti), geführt von Pietro Adamoli mit seiner herzlichen Mutter. ✆ 0341/820432, www.tavernamalanotte.com.

Arrigoni, Eiscafé unter Kastanienbäumen neben der Anlegestelle der Seeschifffahrt, innen Stucksäulen und Marmortische.

• *Shopping* Der **Markt** findet am Donnerstag Vormittag statt.

Ausflug ins Hinterland

Von Bellano kann man auf relativ bequemer Straße über Taceno und Margno ins etwa 25 km entfernte Bergdorf Premana fahren, das auf etwa 1000 m Höhe pittoresk am steilen Hang des Val Varrone liegt. Warnung: Die Zufahrt ab Dervio ist nicht zu empfehlen, es sei denn, man liebt handtuchschmale, extrem kurvige und kaum befestige Bergsträßchen!

▸ **Premana**: Die ehemalige Bergwerkssiedlung mit 2200 Einwohnern, in der schon in der Antike Erz abgebaut wurde, hat sich seit langem durch die Eisenverarbeitung einen Namen gemacht. Stolz wird berichtet, das hier etwa zwei Drittel aller Messer, Scheren und Geflügelscheren Italiens hergestellt werden – Premana ist somit eines der wenigen Bergdörfer, die wirtschaftlich prosperieren und deren Bevölkerungszahl wächst. Wenn man von der Hauptstraße im Ort ein Stockwerk tiefer zur nächsten Parallelgasse hinuntersteigt, hört man überall Maschinengeräusche und der Geruch von Metallverarbeitung hängt in der Luft. In vielen Häusern sind hier Messer- und Scherenwerkstätten ansässig, gut hundert Betriebe sollen es insgesamt in und bei Premana sein (weitere liegen im Talgrund an der Straße, die von Bellano kommt). Wenn man höflich fragt, darf man hier und dort den Handwerkern ein wenig zuschauen. Das *Museo Etnografico Comunale* in der Via Roma 18 (Hauptstraße im Ortskern, kurz vor der Pfarrkirche) gibt Einblicke in das traditionelle und oftmals sehr harte Leben der Bergbewohner.

Scherenwerkstatt in Premana

• *Öffnungszeiten* **Museo Etnografico Comunale**, April bis Okt. Mi 10–12, Sa 16–19, So 10–12 Uhr, im August tägl. 10–12, 16–19 Uhr; ℡ 0341/818085, www.museo.premana.lc.it.

• *Information* Kleiner **Holzkiosk** am Platz vor der Pfarrkirche, neben Frik Café. Im Juni und Juli nur am Wochenende, im August tägl. 10–12, 15–18 Uhr. ℡ 347-0098024.

• *Shopping* Am kleinen Platz vor der Pfarrkirche verkauft die **Coltelleria Rusconi** Messer in allen Formen und Größen.

Einen Überblick über das Angebot an Scheren kann man sich z. B. unter www.flli borghetti.com machen, die Werkstatt der **Fratelli Borghetti** liegt am unteren Ende der Hauptstraße, Via Roma 53.

Varenna   (ca. 800 Einwohner)

Kleiner Urlaubsort mit viel Flair, genannt „La perla del Lago di Como". Alte Villen zwischen üppigen Zypressen, autofreie Kieselgässchen, ein malerischer Fischerhafen, fröhlich bunt gestrichene Häuser, großartiger Seeblick. Die einstige Ruhe und Beschaulichkeit verliert sich in der warmen Jahreszeit mitterweile im Rummel der Tagesausflügler, die zunehmend aus Amerika, Australien und Japan stammen, seit die einschlägigen internationalen Reiseführer die romantische Idylle entdeckt haben.

Viele Besucher kommen mit dem Schiff, die Anlegestelle liegt nördlich vom Ortskern und ein hübsch überwachsener, mit Gitter zum See befestiger Fußweg führt am Ufer entlang bis zum kleinen „Porticciolo" (Hafen) von Varenna, wo man in zwei traumhaft gelegenen Cafés wunderschön sitzt und auch ins Wasser hüpfen kann. Motorisierte Besucher wählen ebenfalls oft diesen Weg, da die meisten Parkmöglichkeiten an der Anlegestelle liegen. Wer stattdessen an der Piazza San Giorgio oben an der Durchgangsstraße einen Parkplatz findet, kann über verwinkelte Gassen zum halbrunden Hafenbecken hinunter steigen.

Der Badestrand von Varenna ist eine besandete Plattform bei der Flussmündung des Esino nördlich der Fähranlegestelle. Es gibt dort Duschen und die Bar „Lido" mit Restaurantbetrieb.

Comer See
Karte S. 246

Castello di Vezio: Logenplatz über dem Comer See

Hoch über Varenna liegt das Örtchen *Vezio*, zu erreichen per PKW auf kurviger Straße oder zu Fuß (Einstieg bei Hotel Montecodeno an der Uferstraße nördlich von Varenna, Dauer etwa 40 Min.). Vor dem Ortseingang muss man sich einen Parkplatz suchen, läuft dann durch den Ort und kommt bald zum Eingang des Castello di Vezio. Erhalten sind ein Mauerviereck und ein Turm, den man auf einer Art Zugbrücke erreicht und erklimmen kann, aber auch unterirdische Gewölbe, die im Ersten Weltkrieg als Bunker genutzt wurden. Dass die Burg an einem strategischen Platz allererster Güte erbaut ist, erkennt man dann von der oberen Plattform aus, denn bei klarem Wetter genießt man hier einen schier überwältigenden Blick über alle drei Arme des Comer Sees. Seit einigen Jahren arbeitet ein Falkner in der Burg, der nachmittags die Flugkünste seiner Zuchttiere demonstriert.

Öffnungszeiten/Preise April bis Okt. tägl. 10 Uhr bis Sonnenuntergang, März u. Nov. Sa/So 10–17 Uhr, Dez. So 10–17 Uhr, Jan. u. Febr. geschl., Eintritt ca. 4 €, über 60 J. 3 €, Kinder von 6–12 J. 2 €. ☎ 335-465186, www.castellodivezio.it. Achtung: Bei sehr schlechtem Wetter ist die Burg geschlossen.

*A*nfahrt/*V*erbindungen/*I*nformation

• *Anfahrt/Verbindungen* **PKW**, gebührenpflichtige Parkplätze gibt es an der Anlegestelle.

Schiff, Varenna ist ein wichtiger Anlaufpunkt für Autofahrer. Fähren mit PKW-Transport pendeln etwa stündl. hinüber nach Menaggio am Westufer und nach Bellagio an der Spitze der Halbinsel zwischen den beiden Seearmen. Der Fährhafen liegt nördlich vom Fischerhafen und ist mit diesem durch einen befestigten Uferweg verbunden.

Bahn, der Bahnhof liegt oberhalb von Durchgangsstraße und Anlegestelle.

• *Information* **Pro Varenna**, Via IV Novembre 7, im Museo Civico di Ornitologia e Scienze Naturali an der Durchgangsstraße, gleich bei der Piazza San Giorgio. Di–Sa 10–12, 14.30–17.30, So 10–12 Uhr, im Winter nur Sa 10–17 Uhr. ☎ 0341/830367, ☏ 831203, www.varennaitaly.com.

Übernachten

**** Du Lac, Via del Prestino 4. Varennas Vorzeigehaus, 1823 im schlichten, edlen Stil direkt am See erbaut, ehemalige Sommerresidenz der lombardischen Königin Teodolinda. Sparsam möbliert, kommt die historische Struktur der Villa umso besser zur Geltung. Eigene Bootsgarage und Parkplatz. DZ mit Frühstück je nach Saison und Blick ca. 140–180 €. ☎ 0341/830238, ✆ 831081, www.albergodulac.com.

TIPP! *** Milano, Via XX Settembre 29, am See zwischen Fähranleger und Ortszentrum, beschildert ab Hauptplatz. Von Bettina und Egidio Mallone freundlich und aufmerksam geführt. Acht liebevoll eingerichtete Zimmer, alle mit Seeblick, z. T. Terrasse oder Balkon, moderne Bäder, alles schlicht und edel. In einem Annex drei weitere Zimmer und eine Fewo. Sehr gutes Frühstück auf einer Terrasse mit herrlichem Seeblick, serviert werden Leckereien wie *bacio* (mit Schokocreme gefüllte Kekse) und *biscotto*, außerdem Käse etc. Positive Leserkommentare. Achtung: frühzeitig reservieren, es gibt viele Liebhaber des Hotels! DZ mit Frühstück ca. 125–140 €. ☎ 0341/830298, ✆ 830061, www.varenna.net.

*** Eremo Gaudio, Località Eremo Varenna, hoch über dem See, nur zu Fuß oder mit einem Lift zu erreichen, Privatparkplatz. Die einstige Hermitage aus dem Jahr 1936 besitzt eine großartige Aussichtsterrasse und zwölf helle Zimmer mit Seeblick, z. T. mit Balkon. Weitere Zimmer liegen unterhalb in einem Annex. Restaurant mit Seeblick. DZ mit Frühstück ca. 100–125 €. ☎ 0341/815301, ✆ 815314, www.eremogaudio.it.

*** Villa Cipressi, Via IV Novembre 18, wenige Schritte vom Hauptplatz nach Süden. Historische Villa mit herrlichem Garten, der auch besichtigt werden kann (→ Sehenswertes). Blick von den sehr geräumigen Zimmern aus auf den See traumhaft, Einrichtung dafür z. T. wenig stilgerecht. DZ mit Frühstück ca. 100–145 €. ☎ 0341/830113, ✆ 830401, www.hotelvillacipressi.it

*** Olivedo, direkt am Fähranleger, leuchtend ocker gestrichenes Haus aus dem 19. Jh., herrlicher Seeblick, altmodische Einrichtung, Zimmer okay. Service und Ausstattung laut Leserzuschrift verbesserungswurdig, auf Kinder kaum eingerichtet. Essen teuer. DZ mit Frühstück ca. 100–140 €, in der Saison Pension obligatorisch. ☎/✆ 0341/830115, www.olivedo.it.

B & B Orange House, Via Venini 156, in Höhe der Anlegestelle oberhalb der Durchgangsstraße. Zwei nette Zimmer, ordentliches Frühstück. DZ mit Frühstück ca. 70–80 €. April bis Okt. ☎ 347-9187940, ✆ 0341/830567, www.orangehouse.org

Essen & Trinken/Cafés/Shopping

Vecchia Varenna, Contrada Scoscesa 10, am Uferweg vom Fischerhafen zum Fährhafen. Originelle Lage im Laubengang, davor Terrasse mit Seeblick, traditionelle Seeküche. Preislich gehoben, Menü um die 35 €. Mo geschl. ☎ 0341/830793.

Cavallino, Piazza Libertà 5, schöne Kiesterrasse mit wildem Wein am Fähranleger, Barsch, Forelle und Blaufelchen aus dem See, dazu hausgemachte Pasta, z. B. *gnocchetti di patate*. Mittlere Preise. ☎ 0341/830223.

Al Terrazzo, hoch über dem See, super Blick von der Panoramaterrasse des Hotels Eremo Gaudio (→ oben). Nur abends, Mo geschl. ☎ 0341/815301.

Crotto di Pinno, Via ia Pino 23, Sopra Fiu-

melatte. Südlich von Fiumelatte ist die Auffahrt beschildert, es geht sehr steil und eng hinauf bis zum Terrassenlokal mit herrlichem Blick, Parkmöglichkeiten begrenzt. Seit 1975 werden hier oben Fischspezialitäten serviert. Achtung: Beim Hinunterfahren keinesfalls die Straße weiterfahren (dort kommt nach etwa 1 km eine schier unmögliche Engstelle!), sondern bei nächster Gelegenheit wenden und auf demselben Weg wieder zurück. Mo geschl. ☎ 0341/815222 o. 830178.

● *Cafés* Die beiden sonnigen Cafés **Il Molo** und **Nilus** liegen am winzigen Fischerhafen Porticciolo – schöner kann man kaum sitzen.

● *Shopping* **Markttag** ist Mittwoch.

Sehenswertes: Oberhalb der Piazza San Giorgio steht die gekonnt restaurierte Pfarrkirche *San Giorgio* aus dem 12. Jh. (Überreste von Fresken rechts vorne), an der Seeseite der Piazza die Kapelle *San Giovanni Battista* aus dem 10./11. Jh. Auf der Straße wenige Schritte nach Süden kommt man zur *Villa Cipressi* (heute als

Hotel genutzt) und gleich darauf zur Eingangsloggia der *Villa Monastero*, eines früheren Zisterzienserklosters und späteren Adelsresidenz, mit großartigem Blick auf die Uferberge weiter südlich. Die Gärten beider Häuser können besichtigt werden, auf jeden Fall lohnt der Besuch des Gartens der Villa Monastero, der sich mit seiner üppigen Vegetation am Seeufer entlang weit nach Süden zieht. Beim Abstieg kommt man an der Villa Monastero vorbei, die eine beachtliche historische Ausstattung besitzt und heute als international bekanntes Kongresszentrum genutzt wird. Seit 2007 können an Wochenenden auch die repräsentativen Räumlichkeiten besichtigt werden. Das *Museo Civico di Ornitologia e Scienze Naturali „Luigi Scanagatta"* liegt an der Durchgangsstraße, schräg gegenüber vom Eingang zur Villa Monastero. Es beherbergt eine Sammlung von mehreren hundert präparierten Vögeln, Reptilien und Säugetieren aus der Comersee-Region.

● *Öffnungszeiten/Preise* **Villa Monastero**, April bis Nov. tägl. 9–19 Uhr, Eintritt 2 €, zusammen mit **Villa Cipressi** 4 €, über 60 J. 3,50 €.

Villa Monastero/Casa Museo, Sa 14–18 Uhr, So 10–13, 14–18 Uhr.
Museo Civico di Ornitologia e Scienze Naturali „Luigi Scanagalla", Sa/So 10–12.30, 16–19.30 Uhr, Eintritt ca. 3 €.

Fiumelatte: Der Milchfluss von Varenna

Knapp 2 km südlich von Varenna überquert die Uferstraße einen heftig schäumenden, milchweißen Wildbach, der hier im See mündet. Seine Farbe rührt vom bröseligen Kalkgestein her, das er aus den Tiefen des Bergs mit sich bringt. Da er nur von März bis Oktober aktiv ist und dann plötzlich versiegt, wird vermutet, dass er quasi der Überlauf eines großen Beckens ist. Und weil er nur 250 m lang ist, wird er gerne als „kürzester Fluss Italiens" bezeichnet – er tritt damit allerdings in Konkurrenz zum nur 175 m langen Flüsschen Aril am Gardasee (→ S. 150).

Die Stelle, wo der Fiumelatte aus dem Berg tritt, kann man im Rahmen eines schönen Spaziergangs besuchen, unterwegs passiert man den Aussichtspunkt „Baluardo". Nach dem Ortsausgang von Varenna führt gleich gegenüber der Villa Monastero eine schmale Straße zum Friedhof hinauf (keine Parkplätze!), wo man am kleinen Vorplatz linker Hand eine steile Treppe emporsteigt. Am Ende der Stufen führt ein Weg parallel zum Seeufer nach Süden, bis man nach etwa 1 km auf eine Eisenbrücke über den Fluss trifft und über Stufen zur Quelle hinuntersteigen kann.

Von Varenna nach Lecco

Der schmale südöstliche Arm des Sees, *Lago di Lecco* genannt, hat dem Besucher insgesamt nicht allzu viel zu bieten. Schroffe, teils dicht bewaldete und alpin anmutende Steilhänge drängen von Osten her zum See und haben die Ansiedlung von größeren Ortschaften fast unmöglich gemacht, auch Bademöglichkeiten und Zeltplätze gibt es nur wenige. Viel schöner als die SS 36, die mit zahlreichen Tunnels quer durch die Berge geschlagen ist, ist jedoch die alte Uferstraße, die sich am See entlangschlängelt. Ab Abbadia-Lariana gerät man in den Sog der Industriestadt Lecco mit breit ausgebauten Straßen und heftigem Verkehr.

Wanderer finden hier allerdings ihr Dorado, nämlich im bis über 2400 m ansteigenden *Grigna-Massiv*, dem südwestlichen Ausläufer der Bergamasker Alpen, das sich durch seine reichhaltige Flora mit zahlreichen Endemiten und ungewohnten

Zeitlose Idylle: das Örtchen Varenna in der Seemitte

Vegetationstypen auszeichnet. Von Varenna kann man mit dem Wagen die serpentinenreiche Straße über *Esino Lario* bis zum Straßenende Vò di Moncódeno fahren und von dort in etwa 2,5 Std. zum *Rifugio Bogani* in 1816 m Höhe aufsteigen, wo an Wochenenden von Mai bis Oktober übernachtet werden kann, im Hochsommer auch täglich (✆ 0341/901163 o. 348-2131436, rifugiobogani@yahoo.it).

▶ **Lierna**: Prächtige Villen säumen das Ufer, sehr schön sitzt man auf der verglasten Säulenloggia des Restaurants „Sottovento" neben der Fähranlegestelle, das seit kurzem als gepflegte „Wine Bar/Lounge" unter neuer Führung ist (Mi geschl., ✆ 0341/740005, www.sottoventolierna.it).

● *Übernachten* **B & B Casa Nini**, Via Parodi 11, in der Nähe vom Bahnhof, etwas landeinwärts der Durchgangsstraße. Nett aufgemacht, drei Zimmer mit Bad, Garten mit Tischtennis. DZ mit Frühstück ca. 70–80 €. ✆ 349-8353450, www.casanini.it.

B & B Patrizia, Via Superiore 7, ca. 200 m vom Bahnhof, etwas erhöhte Lage, von der Terrasse Seeblick. Zwei Zimmer mit fünf Betten. Kanus und Mountainbikes stehen zur Verfügung. DZ mit Frühstück ca. 50–60 €. ✆ 0341/741397 o. 348-9349181.

▶ **Mandello del Lario**: Am See unten liegt die große verkehrsberuhigte Altstadt mit Laubengängen und schlichten Steinhäusern. Außer einigen Restaurants ist hier erstaunlicherweise kaum etwas für Touristen aufbereitet, das Viertel gehört noch ganz den Einheimischen. Nördlich schließlich sich der große *Giardino Comunale* an, wo im Sommer häufig Veranstaltungen stattfinden.

Mandello del Lario ist Stammsitz der *Moto-Guzzi-Werke*, die hier seit 1921 ihre legendären Motorräder produzieren. Im ziemlich prosaischen, modellgeschichtlich aber enzyklopädischen Werksmuseum in der Via Parodi 57–61 (gleich hinter dem Bahnhof) steht unter anderem ein Exemplar der sagenumwobenen V8-Rennmaschine von 1955, dazu gibt es einen lustigen Guzzi-Devotionalienshop.

● *Öffnungszeiten* **Moto-Guzzi-Museum**, Mo–Fr Führung um 15 Uhr, Eintritt frei, August geschl., für Gruppen ab 10 Personen auch Termine außerhalb der Öffnungszeiten. ✆ 0341/709304.

● *Übernachten* **** Grigna**, Via Statale 29, alteingesessenes Albergo mit zehn Zimmern an der Durchgangsstraße, schräg gegenüber vom Bahnhof. Im Restaurant günstige, gute und abwechslungsreich belegte Pizza,

Comer See
Karte S. 246

auch zum Mitnehmen. DZ mit Frühstück ca. 60 €. Zimmer nach hinten nehmen, vorne verläuft die laute Straße. ✆ 0341/731105, ✍ 702748, www.albergogrigna.it.

＊ Camping Continental, Via Statale 93, uriger und preiswerter Platz mit zwei Moto Guzzi in der Rezeption. Viele Häuschen, die an eine Schrebergartensiedlung erinnern. Nur wenige Stellflächen für Durchreisende, sanitär bescheiden. Tipp ist das große, volkstümliche Restaurant, wo sich abends alles trifft. ✆/✍0341/731323.

● *Essen & Trinken* TIPP! **Le Piramidi**, Piazza Garibaldi 4, solide Pizzeria am Nordrand der Altstadt, im überdachten Hof hinten sitzt man gemütlich, Preise moderat, nett und familiär geführt. Di geschl. (außer im Sommer). ✆ 0341/732463.

Riva Granda, Piazza XXV Aprile 5/a, nah am Wasser, gepflegtes Lokal mit Gastgarten vor der Tür, empfohlen von Veronelli. Im Sommer oft Alleinunterhalter, was man gut finden kann oder auch nicht. Di geschl. ✆ 0341700336.

Mamma Ciccia, Piazza Roma 15, etwas zurück vom Wasser, Sitzplätze im schlauchartigen Hof, auch hier sind im Sommer Musiker zugange. ✆ 0341/733358.

Il Ricciolo, gutes Fischlokal im nördlich benachbarten Örtchen Ólcio, schöne Kiesterrasse am See. Mo abends und So geschl. ✆ 0341/732546.

▸ **Abbadia-Lariana**: Der auf einer grünen Halbinsel gelegene Vorort von Lecco ist Standort des *Civico Museo Setificio Monti* (Seidenmuseum), Via Nazionale 120. Prunkstück der Ausstellung in einer ehemaligen Seidenspinnerei ist eine große, runde Zwirnmaschine aus dem Jahre 1818, die größte ihrer Art in Europa. Ein schönes Strandbad mit Liegewiese liegt im *Parco de chiesa rotta*.

● *Öffnungszeiten/Preise* **Civico Museo Setificio**, sonn- und feiertags 10–12, 14–18 Uhr oder nach Vereinbarung unter ✆ 0341/700381; Eintritt ca. 2,60 €, www.museoabbadia.it.

● *Übernachten* **＊＊＊＊ Park Hotel**, Via Nazionale 142. Kürzlich erbautes Haus mit Garten am Seeufer, moderne Zimmer mit TV und Klimaanlage. DZ mit Frühstück ca. 85–150 €.

✆ 0341/703193, ✍ 703194, www.parkhotel abbadia.com.

＊＊ Camping Spiaggia, kleiner Platz mit netter Rezeption. Hübsch gelegene Bar mit Seeblick, davor ein Kiesstrand. Wie immer wenig Platz für Durchreisende. ✆ 0341/731621, ✍ 1885103, www.campingspiaggia.com.

Strand vor dem Camping Spiaggia

Hafen und Promenade von Lecco

Lecco
(ca. 46.000 Einwohner)

Die lärmende Industrielandschaft zwischen Lago Lecco und dem südlich anschließenden kleinen Lago di Garlate kann zunächst wie ein Schock wirken. Rasende Autos und dröhnende Schwerlaster signalisieren die Nähe des Großraums Mailand, immer wieder kommt es zu Staus. Das Zentrum Leccos zeigt sich dagegen beeindruckend mondän, strahlt Gediegenheit und Wohlstand aus.

Um das Hafenbecken am See verläuft eine lange Promenade mit Bäumen. Die Gassen dahinter sind weitgehend Fußgängerzone – schön gestaltet, mit vielen schicken Geschäften und edlen Cafés. Den äußerlich schlichten klassizistischen Dom *San Nicolò* kann man im Zentrum dank seines freistehenden Rundturms leicht orten. Da der Innenraum zur Hälfte leer ist, wirkt er fast riesenhaft groß. Nach links geneigt steigt das breite Schiff leicht an. Von der *Piazza Cermenati* nahe beim Dom erreicht man die lang gestreckte, dreieckige *Piazza XX Settembre*, flankiert von einem breiten Säulengang mit großen Terrassenbalkons. Hier findet zweimal wöchentlich der Markt statt, abends trifft sich die Jugend in den Cafés. Die *Torre Viscontea* am Südende des Platzes ist der letzte Rest eines Kastells der Visconti aus dem 14. Jh. Geht man noch ein wenig weiter, trifft man auf die *Piazza Garibaldi*, von der sich die Geschäftszeile *Via Cavour* kerzengerade zum Bahnhof hinaufzieht. Parallel zur Uferfront verläuft die Fußgängerzone *Via Roma* bis zur *Piazza Manzoni* mit dem Denkmal des Dichters Alessandro Manzoni, des berühmtesten Sohnes der Stadt. Von hier kann man zur *Villa Manzoni* weitergehen, die etwas außerhalb vom unmittelbaren Zentrum liegt und in der Manzoni seine Kindheit und Jugend verbrachte (→ Sehenswertes).

Comer See
Karte S. 246

Südlich vom Zentrum überquert der elfbogige *Ponte Azzone Visconti* die Adda, er wurde im 14. Jh. unter den Visconti erbaut und war damals noch von mächtigen Türmen gekrönt. Dahinter liegt der Ortsteil *Pescarenico*, der im Roman „I Promessi Sposi" von Manzoni eine große Rolle spielt.

Anfahrt/Verbindungen/Information

• *Anfahrt/Verbindungen* **PKW**, an der Uferstraße findet man gebührenpflichtige Parkplätze.
Bahn, der Bahnhof liegt ein Stück landeinwärts vom See, häufige Verbindungen nach Mailand, Bergamo und das östliche Seeufer entlang bis Chiavenna, kurz vor der Schweizer Grenze.

Bus, Stadtbusse starten vor dem Bahnhof, dort gibt es auch einen großen Stadtplan, die Fußgängerzone Via Cavour führt ins Zentrum. Bus D10 von Linee Lecco fährt nach Bellagio, C40 (SPT) über Erba nach Como.
• *Information* **APT**, Via Nazario Sauro 6, Seitengasse der Uferstraße beim Largo Europa. Tägl. 9–13, 15–18 Uhr. ✆ 0341/295720, ✆ 295730, www.turismo.provincia.lecco.it.

Übernachten/Essen & Trinken/Cafés/Shopping

• *Übernachten* ***** Alberi**, Via Lungo Lario Isonzo 4, gepflegtes Haus mit Seeblick, allerdings an der verkehrsreichen Uferstraße gelegen. DZ mit Frühstück ca. 85–96 €.
✆ 0341/350992, ✆ 350895, www.hotelalberi.lecco.it.
*** Don Abbondio, Piazza Era 10, in Pescarenico, am Ufer der Adda zwischen Comersee und Lago di Garlate, noch südlich des Ponte Azzone Visconti. Familiär geführtes Haus mit 18 Zimmern, schöner Flussblick. DZ mit Frühstück ca. 85–120 €.
✆ 0341/366315, ✆ 362563, www.donabbondio.com.
• *Essen & Trinken* **Al Porticciolo**, Via Valsecchi 5, bekanntes Fischlokal, in dem man neben Seefisch auch hervorragendes Meeresgetier kosten kann. Nicht billig, Menü um die 40 €. Nur abends, Mo/Di geschl. ✆ 0341/498103.
L'Azzecagarbugli, zentral gelegene Osteria direkt im Laubengang an der Piazza XX Settembre, neben der Pasticceria Frigerio. Kalte Platten und Menüs zum Festpreis.
✆ 0341/288063.
Vecchia Pescarenico, Via Pescatori 8, gemütliche Trattoria im gleichnamigen Ortsteil. Sehr gute Fischküche, Seefisch in vielen Varianten. Mo geschl. 0341/368330.

Antica Osteria „Casa di Lucia", Via Lucia 27, im Ortsteil Acquate, etwa 2 km vom Zentrum, zu erreichen über den Corso Promessi Sposi. Historische und gemütliche Trattoria mit hervorragendem Weinkeller und vielen leckeren, kleinen Gerichten: Polenta, Pasta, Käse, natürlich auch Fisch. Der Lokalname steht für Lucia an, die Heldin des Romans „I Promessi Sposi", denn vermutlich war es dieses Haus, das Manzoni als ihr Wohnhaus beschrieben hat. Sa-Mittag und So geschl. ✆ 0341/494594.
• *Cafés* **Colonne Commercio**, Piazza XX Settembre 9, viel besuchte Kneipe, abends **der** Treff, Tische auf der Piazza, drinnen Kronleuchter, alte Holztische und Spiegel.
Frigerio, edle Pasticceria, bereits seit 1906 unter dem Säulengang an der Piazza XX Settembre, im Sommer auch zum Draußensitzen. Ihre *tipici dolcetti di Lecco* sind weithin berühmt.
• *Shopping* großer **Wochenmarkt** Mittwoch und Samstag bis ca. 17 Uhr auf einem stillgelegten Bahnhofsgelände an der Via Amendola, nähe Via Ghislanzoni.
Viele Feinkostläden lassen das Herz des Gourmets höher schlagen, z. B. **Il Maialino goloso** in der Via Cavour 104 und **Saverio Frutta e Verdura** an der Piazza XX Settembre 47.

Sehenswertes: Der Dichter Alessandro Manzoni (1785–1873) wuchs in Lecco auf und hat seinen in Italien berühmten Roman „I Promessi Sposi" („Die Verlobten") hier und in den Orten der Umgebung angesiedelt. Interessieren können die *Villa Manzoni* besichtigen, in der der Dichter mit seiner Familie wohnte. Der große Vierecksbau mit Innenhof ist ein typischer Gutshof des 18. Jh., erbaut 1710. Er steht heute verkehrsumtost am Largo Caleotto (Kreuzung von Via Mendola und Via Marconi)

Auf der Piazza XX Settembre in Lecco

und beherbergt in freskengeschmückten Zimmerfluchten das *Museo Manzoni* mit Erstausgaben, Manuskripten, Filmkostümen, historischem Mobiliar und Erinnerungsstücken an den Dichter. Im ersten Stock zeigt die *Galleria Comunale d'Arte* Gemälde und Drucke einheimischer bzw. in Lecco ansässiger Künstler vom 16. Jh. bis zur Moderne, dazu schöne Spitzenhäkelei. In der Kapelle des Anwesens liegt der Vater Manzonis begraben. Interessant ist auch der große Weinkeller des Anwesens, wo historische Weinpressen, Mahlsteine und Brunnen erhalten sind.

Der Palazzo Belgiojoso mit dem *archäologische*n und *naturkundlichen Museum* sowie einer geschichtlichen Abteilung zum Widerstand gegen den Faschismus (Sala della Resistenza) steht am Corso Matteotti 32 (zu erreichen ab Bahnhof).

● *Öffnungszeiten/Preise* **Villa Manzoni**, Di–So 9.30–17.30 Uhr, Mo geschl., Eintritt ca. 4 €, ✆ 0341/481249, www.museilecco.org. **Museo Archeologico**, **Museo di Storia Na-** **turale** & **Sala della Resistenza**, Di–So 9.30–14 Uhr, Mo geschl., Eintritt frei. ✆ 0341/481248, www.museilecco.org.

▶ **Lecco/Umgebung**: Eine 1,7 km lange Seilbahn führt von *Malnago* (ca. 5 km östlich vom Stadtzentrum, Stadtbus 5 ab Bhf.) auf die *Piani d'Erna*, ein Hochplateau in 1330 m Höhe unter den Zinnen des *Monte Resegone*. Den fantastischen Blick auf Stadt, See und Berge teilt man sich hier allerdings mit zahllosen Ausflüglern.

In *Garlate* am gleichnamigen See wurde in einer ehemaligen Spinnerei der Schweizer Familie Abegg ein weiteres *Seidenmuseum* eingerichtet, das anschaulich über die traditionelle Seidenherstellung informiert. Es wird derzeit restauriert und soll 2009 wieder geöffnet werden.

● *Öffnungszeiten/Preise* **Museo della Seta „Abegg"**, Via Statale 490, Di, Mi, Do, Fr u. So 9–12.30, Mi, Sa/So auch 14–17 Uhr. Eintritt 5 €, ermäß. 2,70 €. ✆ 0341/681306, www.museosetagarlate.it.

● *Übernachten* **B & B Luoghi Manzoniani**, im Bergort Malnago, wo die Seilbahn startet, Via Malnago 40. Drei Zimmer mit Gemeinschaftsbad, DZ mit Frühstück ca. 55 €. ✆ 0341/283196 oder 320-0970087.

Comer See
Karte S. 246

Uferzone zwischen Bellagio und Como

Südufer (Lecco bis Como)

Abgesehen vom traditionsreichen Fremdenverkehrsort Bellagio wird das Dreieck zwischen den beiden Seearmen vom Urlaubsgeschehen nur wenig beeinflusst. Die Ostseite zwischen Lecco und Bellagio ist kaum besiedelt, die wenigen Orte an den Steilhängen zwischen Bellagio und Como wirken altertümlich und bescheiden.

▸ **Von Lecco nach Bellagio**: Küstenstraße sehr eng und kurvig, immer hart am Wasser entlang, dichter Baumwuchs. Etwa 1 km vor Onno bietet das Ristorante „Paradiso" eine schöne Raststelle mit Blick auf das gegenüberliegende Ufer, Zutritt zum kleinen Privatstrand mit Wiese und Fächerpalmen kostet ca. 5 €. *Onno* ist ein kleines Örtchen unter hohen Felswänden, kurz danach passiert man den Camping „La Fornace" (☎ 031/969553, www.lafornace.it) unter kräftigen Nadelbäumen direkt am See. Nach dem lang gezogenen Villendorf *Vassena* nähert man sich Bellagio.

▸ **Von Como nach Bellagio**: ebenfalls sehr enge und kurvenreiche Straße hoch über dem See, langsam fahren. Mehrere größere Orte ohne jeglichen Tourismus, extrem steil die Hänge hinuntergebaut. Immer wieder prächtiger Blick aufs gegenüberliegende Ufer, reizvoll zum Durchfahren.

Torno, knapp 10 km nördlich von Como, besitzt zwei besonders schön am See gelegene Hotels (→ Como/Übernachten) und bietet sich als ruhiges Standquartier für das nahe Como an.

In *Nesso* bricht sich der Fluss Nosé seinen Weg mitten durch den Ort. In mehreren Fallstufen stürzt er durch die steilwandige Klamm *Orrido di Nesso* unter der Autostraße hindurch zum See. Die überwucherte Zinnenmauer eines mittelalterlichen Kastells ist oberhalb der Straße erhalten (beschildert).

In *Lezzeno* gibt es einen Bootsverleih und eine schöne Wassersportanlage.

Bellagio

(ca. 3500 Einwohner)

Ein Hauch von Belle Époque schwebt über dem ehemaligen Fischer-dörfchen im geografischen Zentrum des Comer Sees. Große Hotels mit klangvollen Namen nutzen bereits seit dem 19. Jh. die wundervolle Lage (bellagio = bello lago, schöner See) an der Punta Spartivento, der Spitze zwischen den beiden Seearmen, um Prominenz anzuziehen.

Bis heute hat sich hier eine heile Welt des Tourismus alter Schule erhalten – an der Promenade breite Laubengänge und Traditionscafés, in denen man sich in Ruhe die Times, Le Monde und das Wall Street Journal zu Gemüte führen kann, dahinter enge Treppengässchen, wo sich Boutiquen, Souvenirshops und Restaurants aneinanderreihen. Insgesamt ein Örtchen mit Stil und ein sehr beliebtes Ziel für Ausflugsbusse, deren Insassen in Scharen durch das winklige Dorf schwärmen. Vor allem US-Amerikaner zählen zu den häufigen Gästen – laut Statistik kommt jeder zweite Gast aus Übersee. Die Liebe zum schönen Dorf am Comer See geht dort sogar soweit, dass ein amerikanischer Milliardär Bellagio in Las Vegas nachgebaut und die Kopie in einem 36-stöckigen Hotelkomplex gleichen Namens untergebracht hat – samt künstlichem Comer See daneben.

Anfahrt/Verbindungen/Information

● *Anfahrt/Verbindungen* **PKW**, der Ortskern ist für den Durchgangsverkehr gesperrt. Wer jedoch ein Hotel ansteuert, kann mit dem PKW die handtuchschmale Hauptstraße benutzen, die im Bogen zur Promenade hinunterführt. Parkmöglichkeit gibt es auf dem Kirchplatz im oberen Ortsbereich und unten an der südlichen Seepromenade.

Schiff, 1–2 x stündl. pendeln Autofähren hinüber nach Cadenabbia, etwas weniger häufig nach Varenna, etwa 5 x tägl. nach Menaggio.

Bus, Busstopp am Lungo Lario Manzoni (südliche Uferstraße), Tickets in der Tabaccheria, Salita Serbelloni 7, und im Lario Edicola Shop, Piazza Mazzini. Nach Lecco D10 (Linee Lecco), nach Como C30 (SPT).

Taxi, Piazza Mazzini (Uferpromenade), ✆ 031/950913.

Der **Trombetta Express** schaukelt Urlauber stündlich durch den Ort und die Umgebung. Abfahrt an der Uferpromenade. ✆ 338-8889847.

● *Information* **IAT,** in der Fähranlegestelle, Piazza Mazzini. Umfangreicher Ortsprospekt „Bellagio Dove" und viel Prospektmaterial über den gesamten Comer See. April bis Okt. Mo–Sa 9–12.30, 13–18.30 Uhr, So 9.30–14.30 Uhr, übrige Zeit 9–12.30, 15–18 Uhr, So u. Di geschl. ✆/🖷 031/950204, prombell@tin.it.

Promo Bellagio (Vereinigung der touristischen Betriebe), in der Torre San Giacomo an der Piazza della Chiesa, gegenüber der Kirche. Mo 9.30–13 Uhr, Di–Fr 9.30–11, 14–15.30 Uhr, So 10–11, 14–15.30 Uhr. ✆/🖷 031/951555, www.bellagiolakecomo.com.

Übernachten (siehe Karte S. 269)

Am schönsten (und teuersten) sind die Hotels an der Promenade mit prächtigem Seeblick.

***** **Grand Hotel Villa Serbelloni (3),** herrschaftlicher Komplex aus der Mitte des 19. Jh. am Nordende der Uferpromenade, nach der Villa d'Este in Cernobbio das exklusivste Refugium am Comer See. Taugt allerdings mit seinen je nach Kategorie ca. 355–765 € pro Tag und Zimmer nur als Präsidentenunterkunft bzw. für Bosse von

Automobilkonzernen und deren Formel-1-Piloten. Im Garten großer Swimmingpool, Privatstrand vor der Tür, das Ristorante „Mistral"ist bekannt für seine exquisite und raffinierte Küche. ✆ 031/950216, 🖷 951529, www.villaserbelloni.it.

*** **Florence (4),** am Nordende der Promenade, das Haus aus dem 18. Jh. ist seit

Comer See Karte S. 246

über 100 Jahren in Besitz der Familie Ketzlar. Rezeption in einem Gewölbe mit dorischen Granitsäulen, abgeschabten Polstermöbeln, schweren Holzbalken und Kamin. Auch in den Zimmern Holzbalkendecke, teils mit historischem Mobiliar, die schicke Cocktailbar im vorgelagerten Rundbau ist ebenfalls mit viel Holz ausgestattet, Restaurant/Frühstücksterrasse am See. DZ mit Frühstück je nach Ausstattung und Blick ca. 140–200 €. ℘ 031/950342, ℘ 951722, www.hotelflorencebellagio.it.

*** Du Lac (6), neben Florence, ebenfalls historisches Haus, gepflegte Einrichtung, Restaurant im ersten Stock, großer, sonniger Dachgarten mit herrlichem Seeblick, hübsch eingerichtete Zimmer mit TV. DZ mit Frühstück je nach Blick ca. 160–190 €. ℘ 031/950320, ℘ 951624, www.bellagiohoteldulac.com.

*** Excelsior Splendide (11), herrschaftliches Haus im südlichen Bereich der Promenade, klassizistischer Stil, viel Stuck, Marmor und geschwungene Geländer aus Schmiedeeisen, Zimmer mit Parkettboden, hinter dem Haus kleiner Garten mit Pool. DZ mit Frühstück ca. 112–130 € (bei Aufenthalt von einer Woche, sonst teurer), HP erwünscht. Auch über Reiseveranstalter zu buchen. ℘ 031/950225, ℘ 951224, www.hsplendide.com.

* Suisse (16), wer weniger Geld ausgeben, aber trotzdem an der schönen Promenade wohnen will, ist hier richtig. Älteres Haus, zehn Zimmer, Ausstattung einfach. DZ mit Frühstück ca. 70–100 €. Ohne Vorreservierung im Sommer wenig Chancen. ℘ 031/950335, ℘ 951755, www.bellagio.co.nz.

** Bellagio (14), Salita Grandi 6, gleich hinter dem Hotel Suisse, vor einigen Jahren grundlegend renoviert, Zimmer mit Klimaanlage, von den meisten schöner Seeblick, besonders in den oberen Stockwerken. DZ mit Frühstück ca. 80–155 €. ℘ 031/952202, ℘ 951966, www.hotelbellagio.it.

* Giardinetto (12), Via Roncati 12, im oberen Ortsbereich, bei der Tourist-Info eine kleine Gasse hinein, tolle und ganz ruhige Lage mit herrlichem Seeblick, Zimmer durchgängig renoviert, teils sehr geräumig, auch die Bäder. Freundliche Wirtsleute. DZ ca. 55–60 €, Frühstück extra. ℘ 031/950168, tczgne@tiscali.it.

Residence La Limonera (13), Via Bellosio, zentral gelegenes Apartmenhaus mit elf Apartments und Studios verschiedener Größe. Mit Garten, z. T. Balkon mit schönem Seeblick. Studio ca. 70–100 €, Apartment je nach Größe und Saison 80–150 €. ℘ 031/952124, ℘ 950233, www.residencelalimonera.com.

Il Borgo (5), Salita Plinio 4, sechs zentral gelegene Apartments, sauber und geschmackvoll, Fenster z. T. etwas klein, Klimaanlage, TV. Apartment ca. 60–100 €. ℘ 031/952497, ℘ 951585, www.borgoresidence.it.

● *Außerhalb vom Zentrum* TIPP! ***** Silvio (19)**, in Loppia, Via Carcano 12, südwestlich von Bellagio, schräg oberhalb der Villa Melzi (→ Sehenswertes). Schlichtes, sauberes Albergo mit herrlichem Seeblick, ruhige Lage, seit vier Generationen im Besitz einer ehemaligen Fischerfamilie, freundliche Aufnahme. Silvio geht auch heute noch gelegentlich fischen. Zimmer z. T. mit Balkon. Zum Haus gehört ein gutes Fischrestaurant mit großer, offener Terrasse. DZ mit Frühstück ca. 70–115 €. ℘ 031/950322, ℘ 950912, www.bellagiosilvio.com.

*** Belvedere, Via Valassina 31, in exponierter Lage südöstlich von Bellagio, herrlicher Seeblick. Großes, stattliches Haus, seit über 120 Jahren in Familienbesitz. Schöner, zum See hin abfallender Garten mit Pool, Panoramarestaurant, Parkplatz. Gut eingerichtete Zimmer mit TV. DZ mit Frühstück je nach Lage, Blick und Ausstattung ca. 110–215 €. ℘ 031/950410, ℘ 950102, www.belvederebellagio.com.

** Il Perlo Panorama, Via Valsassina 180, an der Straße nach Magreglio (Valsassina), tolle Panoramalage 3 km südlich von Bellagio, freundlich und familiär geführt von Piera und Carlo Sancassano. DZ mit Frühstück ca. 85–95 €. ℘ 031/950229, ℘ 951556, www.ilperlo.com.

B & B Alla Torretta, Via Nuova 3, in Visgnola, 1,5 km vom Zentrum. Zimmer in einer schönen, alten Villa, DZ mit Frühstück ca. 70–85 €. Der Hausherr ist Sportler und kann diverse Aktivitäten vermitteln. ℘ 031/951272, ℘ 951272, www.allatorretta.com.

● *Camping* **A. A. Clarke**, in Visgnola, in Hügellage einige Kilometer südlich von Bellagio. Kleiner Agriturismo-Hof mit Zeltmöglichkeit, geführt von Elisabeth Clarke. Ganzjährig. ℘ 031/951325.

Bellagio

25 m

Blick auf Bellagio von der südlichen Seepromenade

Essen & Trinken (siehe Karte S. 269)

Barchetta (8), Salita Mella 13, von der Uferpromenade neben Hotel du Lac hinauf, seit 1887 in Betrieb, blumengeschmückter Dachgarten, gute Küche mit interessanten Rezepten z. B. *trota al cartoccio* (Forelle im Backofen) für 2 Pers. Di/Mi geschl. (außer Juni bis Sept.). ☎ 031/951389.

Bilacus (18), Salita Serbelloni 9, schöner, großer Terrassengarten, sehr großer Andrang, worunter die Küche manchmal leidet, insgesamt aber okay. Mo geschl. (außer Juni bis Sept.). ☎ 031/950480.

San Giacomo „Da Gancio" (17), am oberen Ende der Salita Serbelloni (Nr. 45), Ecke Via Garibaldi. Seit 1973, Aurelio und Margherita bieten gute Küche und sicherlich den besten Weinkeller am Ort. ☎ 031/950329.

La Grotta (15), Salita Cernaia 14, beliebte Pizzeria in einer der charakteristischen Seitengassen, preislich im Rahmen. Mo geschl. (außer Juli bis Sept.). ☎ 031/951152.

TIPP! Babayaga (2), Via Eugenio Vitali 8, Steakhouse/Pizzeria am Weg zur Punta Spartivento, der Spitze der Landzunge von Bellagio (von der Kirche geradeaus weiter gehen). Freundlich geführt und sehr beliebt wegen seiner großen Pizzas, die auf Holzbrettern serviert werden, lecker sind auch die *orecchiette alla pugliese*. Mi geschl. ☎ 031/951915.

La Punta (1), gepflegtes Lokal direkt an der Punta Spartivento, hier lebt man in erster Linie von der herrlichen Lage und kann höhere Preise verlangen. ☎ 031/951888.

Vecchio Borgo (10), Via Garibaldi 47, unprätentiöses Café/Birreria/Paninoteca an der schmalen Hauptgasse im oberen Ortsbereich. Hübsch gemacht: vorne Zigarettenverkauf und Bartresen, hinten abgeteilt der Speise- und Trinkbereich, wo man Pizza und Primi Piatti ordern kann, z. B. *pasta e fagioli* und Lasagne. ☎ 031/950324.

● *Außerhalb*   **La Pergola**, im Fischerdörfchen Pescallo, 500-jähriges Haus mit kleiner, idyllischer Terrasse direkt am See, spezialisiert auf Fisch. Auch Zimmervermietung: DZ mit Frühstück ca. 90–120 €. ☎ 031/950263.

Bella Vista, in Visgnola, Via Nuova 2. Einfache Pizzeria, gemütliche Atmosphäre, teilweise schöner Blick auf den See. ☎ 031/951416.

La Busciona, Panoramarestaurant an der Straße ins Valsassina, in der Nähe vom Hotel Il Perlo. Teo kocht hier seit zwanzig Jahren und hat schon manche Auszeichnung erhalten. ☎ 031/964831.

Silvio (19), vorzügliches Fischrestaurant in Loppio (→ Übernachten).

● *Cafés/Bars* **Pasticceria & Bar Rossi**, im breiten Laubengang des Hotel Du Lac,

prächtiger Innenraum mit geschnitzten Holzvitrinen und Stuckdecke, draußen gemütliche Korbstühle.

Nachtleben/Sport/Shopping (siehe Karte S. 269)

● *Nachtleben* **La Divina Commedia (9)**, Salita Mella 43/45, in dieser Cocktailbar im Ortszentrum geht es eher menschlich als göttlich zu, ein Türsteher wacht darüber, dass hier das richtige Publikum zusammenkommt.

Bellagio Point.com (7), Salita Plinio 10, liebevoll ausgestattete Bar mit einer Galerie bunt bemalter Weinflaschen, gestaltet von Bruno Tagliapietra aus Venedig. Ein beliebter Platz zum Treffen und Plaudern, der Chef kennt sich gut im Ort aus. Eine Treppe hoch geht's zu den Internetterminals, 1 Std. ca. 6 € (www.bellagiopoint.com).

● *Sport* Mountainbikes verleiht im Zentrum z. B. **Arco Sport Bikes**, Salita Monastero 6 (ca. 15 €/Tag), außerdem **Cavalcalano Club**

in der Località Gallasco 1 bei Guello (3 km südlich von Bellagio). ☎ 339-5308138, cavalcalarioclub@tiscalinet.it.

Lido, Strandbad südlich der Uferpromenade, Betonplattformen zum Sonnen, 3-Meter-Sprungbrett.

● *Shopping* **Bottega del Legno**, Via Garibaldi 22, Luigi Tacchi fertigt aus Olivenholz Gebrauchsgegenstände wie Schüsseln, Bretter, Löffel und Salatbestecke, auch Stücke aus anderem hochwertigem Holz gibt es. ☎ 031/950836.

I vetri di Bellagio, Via Garibaldi 41/60, seit 1952 werden hier mundgeblasenes Glas aus ganz Italien, Glasmosaike und andere Kunstgegenstände aus Glas verkauft.

Sehenswertes: An der Piazza della Chiesa im oberen Ortsbereich steht die romanische Basilika *San Giacomo* aus grobem Bruchstein. Besonders auffallend ist der große goldene Altar, die drei Apsiden sind mit schönen Mosaiken auf Goldgrund vom Anfang des 20. Jh. geschmückt. Die *Torre San Giacomo* an der oberen Platzkante ist ein Teil der einstigen Stadtmauer, von der Reste an der Salita Serbelloni erhalten sind. Oberhalb des Turms erstreckt sich die *Villa Serbelloni*, die der Rockefeller Foundation gehört. Ihre kunstvoll gestalteten Gartenanlagen können zweimal täglich (außer Mo) im Rahmen einer Führung besichtigt werden. Dabei genießt man einen herrlichen Blick auf beide Arme des Sees. Wenn man von der Kirche die Via Roma nach Norden nimmt, kann man am Grand Hotel Villa Serbelloni vorbei einen schönen Spaziergang zur Spitze der Landzunge von Bellagio machen, genannt *Punta Spartivento*. Hier kann man mit einem Blick alle drei Arme des Comer Sees umfassen. Südlich der Uferstraße mit den Hotels schließt sich eine wunderbare Promenade an, landeinwärts flankiert vom ehemaligen Grandhotel „Grande Bretagne", das vor kurzem in Privatbesitz übergegangen ist und seitdem restauriert wird. Zwischen Rosenbeeten, üppigen Oleanderbäumen und Geranien kann man hier genüsslich lustwandeln. Danach folgt das Strandbad „Lido" und dann die *Villa Melzi*, zu Napoleons Zeit im klaren klassizistischen Stil erbaut als Sommerresidenz des Vizepräsidenten der italienischen Republik, Francesco Melzi d'Eril. Sie ist ebenfalls von einer großzügigen Gartenanlage mit herrlichen Azaleen und Riesenalpenrosen, Teichen und Statuen umgeben, die täglich zur Besichtigung offen steht.

Hübsch sind außerdem die kleinen Fischerdörfchen, die zwischen 15 und 30 Fußminuten vom Zentrum entfernt sind: *Pescallo* an der Ostseite sowie *San Giovanni* an der Westseite der Halbinsel.

● *Öffnungszeiten/Preise* **Villa Serbelloni**, Führungen jeweils April bis Nov. Di–So 11 und 15.30 Uhr, Mo geschl.; Eintritt ca. 7 €, Kinder (7–13 J.) 4 €, Tickets erhält man in

der Torre San Giacoma (im Stockwerk über Promo Bellagio).

Villa Melzi, März bis Anfang Nov. tägl. 9–18 Uhr, ca. 6 €, Kinder 3 €.

Comer See
Karte S. 246

Westufer (Nord nach Süd)

Im Westen spielt sich der Großteil des Urlaubsgeschehens am Comer See ab. Doch der eher bodenständige Norden, die mondäne Seemitte und das wohlhabende Como haben nicht viel miteinander gemein.

Der Norden von Sórico bis Menaggio, genannt Alto Lario, ist die weniger hochgestochene Ecke des Sees. Hier gibt es keine Grand Hotels, dafür lange Badestrände, reichlich Campingplätze und Ferienwohnungen. Wegen der zuverlässigen Windverhältnisse ist die Gegend bekannt als **das** Surfrevier am Comer See. Zentrum des Geschehens ist Domaso.

Die Seemitte um Menaggio und Tremezzo, die so genannte *Tremezzina*, bietet dagegen das mildeste Klima und die üppigste Vegetation, die mit Palmen, blühenden Azaleen und Rhododendren teils subtropisch anmutet. Dementsprechend war dieser Seeabschnitt schon im 19. Jh. viel besuchtes Reiseziel begüterter Mitteleuropäer und Briten. Bei Tremezzo liegt auch der berühmte Park der *Villa Carlotta*, vor dem sich täglich japanische, britische und deutsche Reisegruppen stauen.

Im Süden verfügt *Cernobbio* über eines der exklusivsten Hotels der oberitalienischen Seenlandschaft und auch *Como* selbst wendet sich mit seinem hochpreisigen Hotelangebot eher an eine begüterte Klientel, ist aber auch seit Jahrhunderten das wichtigste Zentrum der europäischen Seidenverarbeitung.

Sórico

Die nördlichste Ortschaft am See liegt im Grünen an der Mündung des Flusses Mera. Auf der anderen Flussseite beginnt das Naturschutzgebiet Pian di Spagna (→ S. 247), das man erreicht, wenn man nach der Metallbrücke über die Mera (in Richtung Cólico) sofort rechts abbiegt.

Die ausgedehnten Wiesen mit Weidenbäumen und Schilfzonen um Sórico bieten ein anmutiges Bild, es gibt lange Badezonen und mehrere große Zeltplätze. Ansonsten ist Sórico ruhig und beschaulich, nur wenige Restaurants und Bars bieten ihre Dienste an, im Sommer finden aber im großen Gemeindezentrum in der Nähe vom Camping La Torre gelegentlich Veranstaltungen mit Livemusik statt. Der Strand *La Punta* mit schattigen Bäumen und herrlichem Blick nach Süden liegt beim Campingplatz La Grande Quiete (→ Übernachten) und ist einer der ganz wenigen Sandstrände am See. Wie im gegenüberliegenden Cólico warten auch hier ab Mittag die Wind- und Kitesurfer auf die Breva aus Süden.

Die Wallfahrtskirche *Santuario di San Miro* steht unübersehbar 300 m hoch oben am Berghang. Sie ist der Erweiterungsbau einer romanischen Kirche, Fresken des 16. Jh. sind erhalten. Ein Fußweg namens „Percorso storico" beginnt an der Durchgangsstraße schräg gegenüber der Tankstelle und führt an einem trutzigen mittelalterlichen Turm vorbei zum Heiligtum hinauf.

Weiter nördlich liegt das ruhige, kleine Örtchen *Dascio* am Lago di Mezzola (→ S. 247), Tipp für einen erholsamen Urlaub im Grünen.

● *Anfahrt/Verbindungen* **SPT Bus C10** nach Cólico und am Westufer hinunter nach Como. Nächste Schiffsanlegestelle in Domaso.

● *Übernachten* ** **Camping La Grande Quiete**, am südlichen Ufer des Pian di Spagna, von Sórico über die Brücke und gleich rechts abbiegen. Großes, beliebtes Gelände mit viel Baumschatten, das oft schon im Frühsommer voll belegt ist, denn davor liegt einer der ganz wenigen natürlichen Sandstrände am See. ☎ 0344/84041, www.lagrandequiete.com.

*** **Camping Au Lac de Como**, in Sórico am Ufer der Mera, großer Platz mit Pool, Badestrand und angeschlossenem Hotel. ✆ 0344/84035, ✆ 84802, www.camping.it/aulacdecomo.

** **Camping La Torre**, ebenfalls in Sórico am Flussufer, flacher Platz mit neuen Sanitäranlagen, Badestrand. ✆ 0344/84106, www.campinglatorresorico.it.

** **Camping Belvedere**, zwischen Sórico und Gera Lario, ✆ 0344/84015.

Agriturismo Giacomino, Località Bedoi, die Zufahrt ist in Sórico ausgeschildert, man fährt etwa eine halbe Stunde steil und kurvig bergauf. Der gepflegte Agriturismo liegt in etwa 1100 m Höhe, man genießt den Seeblick und die frische Luft. Die Küche ist sehr gut, ein Tipp sind die *gnocchetti di castagne*. Rustikale Zimmer mit Balkon, neu ist das Wellnesscenter. DZ mit Frühstück ca. 80 €. April bis Sept. ✆ 0344/84710 o. 333-1313313, www.agriturismogiacomino.it.

• *Essen & Trinken* **Spluga**, Pizzeria direkt an der Durchgangsstraße, genießt seit langem einen ausgezeichneten Ruf, im Sommer oft Livemusik. ✆ 0344/84124.

Campingplatz bei Sórico

L'Isola, im Pian di Spagna schön am Flussufer gelegenes Ristorante, vis-à-vis von Sórico. ✆ 0344/94039.

▶ **Gera Lario**: altes Fischerörtchen mit neuem Jachthafen, daneben weitläufiger Sandstrand mit schönen Sandbänken, großer Liegewiese und Kinderspielplatz sowie Surfschule mit Brettverleih.

• *Übernachten* ** **Le Cinque Case**, südlich von Gera Lario direkt zwischen Staatsstraße und See. Großer Garten, befestigte Strandzone mit Liegen und Restaurantterrasse. Zimmer mit TV, zum See hin ist vom Verkehr kaum etwas zu hören. DZ mit Frühstück ca. 60–70 €. ✆ 0344/84119, ✆ 84472, www.le5case.com.

• *Essen & Trinken* **Lario**, gleich beim Hafen und Kinderspielplatz. Traditionelle Küche zu fairen Preisen, auch Pizza. Do geschl. ✆ 0344/84123.

Domaso

Das schlichte Dorf mit seinen schönen, alten Hausfassaden an der Uferstraße ist das beliebteste Urlaubsziel in der nördlichen Seehälfte. Die Berge treten hier weit zurück, dementsprechend ist die Ecke bei Windsurfern überaus geschätzt. Der Südwind Breva und der böig-heftige Föhnwind Tivano aus dem Norden bieten hier durchaus eine Alternative zum Gardasee.

Aber auch wer nur Baden und Schwimmen will, findet beste Möglichkeiten, denn am Schwemmlandufer des Flusses Livo, der nördlich von Domaso in den See mündet, erstreckt sich ein fast 2 km langer Strand – der wahrscheinlich längste am See – mit Laubbäumen, Wiesenflächen und gepflastertem Promenadenweg, der nur für Radler und Fußgänger zugänglich ist. Gleich dahinter reiht sich ein Dutzend Campingplätze aneinander und ein alteingeführtes, von Schweizern geleitetes Surf-Center bietet seine Dienste an. Man erreicht den Seeuferweg von einem Parkplatz am nördlichen Ortseingang über eine kleine Brücke, vorbei an einer Bootswerft geht es zum Strand.

Comer See
Karte S. 246

Tipp: Eine Herausforderung für Surf-Profis ist bei Nordwind der Trip zum schönen Kloster auf der Halbinsel Piona am anderen Seeufer (→ S. 253), das nur rund 2 km entfernt in südlicher Richtung liegt. Bei Südwind kann man von dort dann wieder bequem zurücksurfen.

Anfahrt/Verbindungen/Information

• *Anfahrt/Verbindungen* **Schiff**, nördlichste Anlegestelle der Seeschifffahrt am Westufer, Verbindungen etwa 3–4 x tägl.
Bus, Busstopp an der Piazza Ghislanzoni, Nähe nördlicher Ortsausgang. SPT-Bus C10 etwa 10 x tägl. nach Sorico und Cólico so-
wie das Westufer entlang in Richtung Como.
• *Information* **Kiosk** beim Albergo Madonnina an der Uferstraße. ✆ 0344/96322, ✆ 83363 (im Winter: ✆ 0344/96088), prodo maso@hotmail.com.

Übernachten

Es gibt hauptsächlich Campingplätze und Ferienwohnungen, bester Hoteltipp ist das *** Regina, etwas außerhalb in Richtung Gravedona (→ S. 276).

** **Europa**, am gleichnamigen Campingplatz. Kleine Zimmer mit Bad, außerdem schön gemauerte Bungalows mit viel Grün davor. Gutes Frühstücksbüffet, Swimmingpool, Bar, Zugang zum Strand vor der Anlage. DZ mit Frühstück ca. 50–90 €. ✆/✆ 0344/96044, www.hotelcampingeuropa.com.

* **Madonnina**, Albergo mit Pizzeria (→ Essen & Trinken) beim gleichnamigen Campingplatz, etwas nördlich vom Ortskern, zwischen Straße und See, direkt am Fluss Livo. DZ mit Bad ca. 40 €, Frühstück extra. ✆/✆ 0344/96294.

Ristorante dei Pescatori, Via Case Sparse 219, Terrassenrestaurant seit 1918 direkt am See (→ Essen & Trinken), vermietet werden 4 Gästezimmer. DZ mit Frühstück ca. 60–70 €. ✆ 0344/96088, www.ristorantedeipescatori.com.

• *Ferienwohnungen* **Residence Cedro & Cios**, Via Regina 175, 2- und 3-Zimmerwohnungen mit Garten und schönem Pool in der Nähe vom alten Ortskern. Wochenpreis ca. 300–580 € ✆ 0344/96010, ✆ 95285, www.lakecomorentals.net.

Residence Geranio, Via Case Sparse 140, größere Anlage inmitten der Campingplätze, Studios und Apartments für 2 bis 8

Pers., außerdem zwei Ferienhäuser direkt am See. Swimmingpool, Garten, Garagen, Bootsliegeplätze, eigener Zugang zum Strand. Vermietung wochenweise ab Samstag, Studio 245–380, Zwei-Zimmer-Apartment ca. 445–640 €. ✆ 0344/95031, ✆ 96313, www.residencegeranio.com.

Residence Windsurf, Via Case Sparse 184, 16 funktionell eingerichtete und saubere Studios beim Camping Le Vele, Parkplatz, Surf-und Bootsdepot, schattiger Garten mit Liegestühlen und Kinderspielplatz, in der Nähe Pool Wochenpreis ca. 248–412 €, ✆/✆ 0344/96122, www.residencewindsurf.com.

Außerdem einfache Bungalows auf dem **Camping Paradiso**, Platz mit Windsurfcenter, Bar, kleinem Pool und Zugang zum Strand. ✆ 0344/83470, www.campeggioparadiso.it

• *Camping* Mindestens zwölf Campingplätze liegen direkt an der Badezone am See, sind aber z. T. recht klein und beengt, im Sommer oft gnadenlos überfüllt. Einer der besten ist *** **Le Vele** mit Pool und Sauna (✆ 0344/965049, ✆ 97715, www. levele.domaso.it), der geräumigste ist ** **Gardenia**, auch hier gibt es Fewos (✆ 0344/96262, ✆ 83381, www.domaso.biz).

Essen & Trinken

Dei Pescatori, Via Case Sparse 219, preislich etwas gehobenes Fischlokal am nördlichen Ortsausgang, sehr schöne Terrasse am See, Panoramablick, gute Weine. Mi geschl. ✆ 0344/96088.

Madonnina, beliebte Pizzeria neben dem gleichnamigen Campingplatz (der einzige südlich vom Livo). Man sitzt im Garten hinter dem Haus, davor liegt ein grasbewachsenes Uferstück, wo die Kinder tollen können. ✆ 0344/96294.

Morgens noch leer: der schöne Strand von Domaso

Da Mario, im Zentrum an der Uferstraße, gemütlich im Laubengang, lockere Atmosphäre, von einem älteren Paar familiär geführt, leckerer Fisch. Mo geschl. ℘ 0344/96309.

Da Lui, wenige Schritte weiter, die freundliche Schweizer Besitzerin hat die italienische Seeküche um einige nördliche Akzente bereichert, z. B. werden *gnocchetti di castagne alla semüda del Doss* (Kastaniengnocchi mit Alpkäse „Semüda del Doss") und Fondue serviert, daneben gibt es aber auch guten Fisch. Mi geschl. ℘ 0344/96118.

Enoteca del Porto, noch einige Meter weiter, ausgewählte Weine, dazu einige lombardische Spezialitäten, z. B. *ossobuco*, allerdings nur Sitzplätze im Innenraum. Mi geschl. ℘ 034/96171.

TIPP! La Contrada, Via Venini 21, vom Parkplatz am Nordende des historischen Zentrums die Via Regina hinauf und rechts. Nett aufgemacht und von zwei Frauen freundlich geführt, Sitzplätze im Innenhof eines alten Dorfhauses und in einem ebenerdigen Gewölbe. Zu den Spezialitäten gehören Pasta in vielen Variationen und hervorragend zubereiteter Seefisch. Mi geschl. ℘ 0344/95243.

Da Ruffino, Via Venini 2, alteingesessene Trattoria ca. 80 m vom „La Contrada" entfernt, man isst im Innenhof, Treffpunkt der Fischer. Mo geschl.

● *Außerhalb* **TIPP! San Silvestro**, Via Antica Regina (Strada per Vercana), am nördlichen Ortsausgang die Straße nach Vercana nehmen, ländlich-ruhig, schöne Plätze im Garten mit Pergola und Palmen. Kreative regionale Küche, dazu lokale Weine aus Domaso (!), zu den Spezialitäten gehört Ossobuco mit Polenta. Do geschl. (außer im Sommer). ℘ 0344/95274.

La Ca' de'Sass, oben in Vercana, Via Arbosto 13. Schönes, altes Steinhaus mit tollem Blick, Antonio kocht vorzüglich regionale Gerichte. Mi geschl. ℘ 0344/83744.

Nachtleben/Shopping/Sport

● *Nachtleben* **Caffè Al Contrari**, großes Café mit Terrasse am See, im Sommer oft Livemusik und Animation.

Gelateria Monti, Via Case Sparse 92, neben der Tankstelle in der Campingzone – Café, Eisdiele, Bar und Enoteca zugleich, zu jeder Tageszeit ein gemütlicher Treffpunkt. Gute, selbst gemachte Brioche, überdachte Terrasse.

Café Flambé, an der Straße bei den Campingplätzen, im Souterrain Nachtcafé mit Discobetrieb, Treffpunkt der Jugend.

Comer See
Karte S. 246

Discoteca sotto le stelle

Hinter dem schönen, palmengesäumten Rathaus (Municipio) namens **Villa Camilla** im nördlichen Ortsbereich der Durchgangsstraße liegt eine große Freifläche, die im Sommer einmal wöch. für Tanzveranstaltungen, Disco etc. genutzt wird. Auf Plakate achten.

• *Shopping* **Markttage** sind der erste und dritte Dienstag im Monat.

• *Sport* **Windsurfcenter Domaso**, Windsurf- und Katamarancenter am Camping Paradiso, Schulungsabteilung „Surfin' Progress" beim Camping Quiete e Letizia. Auch Verleih von Mountainbikes. Seit 25 Jahren aktiv, geführt von Isabel und Ralf Hartmann aus der Schweiz. Ende April bis Mitte Okt. ✆ 380-7000010, www.breva.ch.
Weiterhin gibt es ein **Wasserskizentrum**, **Tennisplätze** und **Minigolf**.

Gravedona

Kleines Städtchen mit schöner Seepromenade, touristisch aber eher ruhig. Das Zentrum liegt geschützt vor dem Durchgangsverkehr in einer Bucht unterhalb der Westuferstraße.

Mittelalterliches Schmuckstück ist die Kirche *Santa Maria del Tiglio* südlich vom Zentrum direkt am Seeufer. Erbaut im 11./12. Jh. auf einem frühchristlichen Baptisterium, besitzt sie einen hohen Glockenturm und einen streng symmetrischen Innenraum, den die Reste schöner, großflächiger Fresken schmücken. Links vorne ist, geschützt durch ein Gitter, ein Stück des ehemaligen Mosaikbodens erhalten. Benachbart steht die Kirche *San Vincenzo*, deren romanische Ursprünge durch barocke Umbauten zerstört wurden.

Südlich vom Fischerhafen findet man nahe der Flussmündung flache, kinderfreundliche Strände mit weitem Blick in den Süden des Sees. Ins 4 km entfernte *Dongo* führt am Seeufer ein Spazier- und Radweg mit weiteren Bademöglichkeiten. Ein angelegtes Schwimmbad mit Kinderbecken liegt auf der Landzunge *Poncia*.

• *Information* **Pro Loco** an der Piazza Trieste, nur Juni bis Sept. ✆ 0344/89637.

• *Übernachten* **TIPP! *** Regina**, elegantes, gerade mal zehn Jahre altes Hotel zwischen Domaso und Gravedona direkt am See. Viele Zimmer mit Balkon und herrlichem Blick, schöne Liegewiese, davor Kiesstrand. Der große, abschüssige Parkplatz ist etwas trickreich. Nett geführt von Familie Rasella. DZ mit Frühstück ca. 85–130 €. ✆ 0344/89446, ✆ 90098, www.reginahotels.it.

* La Villa**, Via Regina Ponente 17, gepflegte Unterkunft mit Pool in einer alten Villa an der Straße, gut ausgestattete Zimmer, isolierte Fenster, vielfältiges Frühstücksbuffet. DZ mit Frühstück ca. 80–95 €. ✆ 0344/89017, ✆ 89027, www.hotel-la-villa.com.

Ca' del Lago, Località Consiglio di Rumo, Via Poncia 12. Neuer Agriturismobetrieb mit Pool und umfangreichem Wellnessangebot; nicht unmittelbar am See gelegen, dafür kulinarisch lohnend. DZ mit Frühstück ca. 80–90 €. ✆ 0344/82735, ✆ 90951, www.agriturismocadellago.com.

Residence Casa Rina, San Carlo, Via Moglio 10. Acht Ferienwohnungen verschiedener Größe und Bettenzahl in den vier Natursteinhäusern eines historischen Weinguts, 200 m oberhalb von Gravedona, jeweils mit herrlichem Seeblick. In der Taverne kann man gemütlich zusammensitzen oder Tischtennis spielen, urig ist die in den Fels gehauene Cantina. Weiterhin gibt es eine Sonnenwiese mit kleinem Pool, Kräutergarten und Mini-Streichelzoo. Zu Fuß sind es ca. 15 Min. bis Gravedona. Casa Rina wird von Familia Camata aus der Schweiz geführt, die umfangreiche Website gibt viele Tipps zum Nordwesten des Sees. Fewo je nach Größe und Saison ca. 60–145 €. ✆ 0041/079/4343960, ✆ 0344/85047, www.casarina.com.

* Camping Serenella**, kleines Gelände mit schönem Wiesenufer an der Mündung des Flusses Liro südlich vom Ort. Ristorante/Bar direkt am See. ✆ 0344/89452.

• *Essen & Trinken* **TIPP! Osteria Ca' de' Matt**, Via Castello 2, verstecktes Lokal in einer engen Gasse hinter der zentrale Piazza

Mazzini, hinten eine offene Terrasse. Die Schweizerin Rita Siegenthaler ist veranwortlich für die große und hervorragende Weinauswahl, ihr Gatte Pierangelo Gurini für die weit gefächerte Speisekarte. Mi geschl. ✆ 0344/85640.

Al Ponte, Via Regina Levante 90, wie es heißt, die besten Pizzen am Ort, freundlich serviert. Mo geschl. ✆ 0344/85223.

Vecchia Pira, im nahen Ort Stazzona, Via Cassia 3. Leckere Spezialitäten und gute Weine, dazu freundlich und familiär geführt. Auf der Terrasse sitzt man schön im Freien. ✆ 0344/88277.

● *Shopping* **Markttage** sind der erste und dritte Mittwoch im Monat.

▸ **Gravedona/Umgebung**: Vom Bergdörfchen *Livo* oberhalb von Gravedona kann man eine hübsche Wanderung zu einem Berglokal machen. Man fährt zunächst auf schmaler Straße nach Livo und links daran vorbei bis zur Kirche *San Giacomo*, dort kann man gut parken. Ab hier geht es zu Fuß weiter, denn die Straße wird nun sehr eng und ist in schlechtem Zustand. Man wandert etwa eine Stunde, wobei man immer wieder schöne Blicke auf den unterhalb verlaufenden Gebirgsfluss Livo hat. Ziel ist der Gasthof „Crotto Dangri", der hübsch am Fluss liegt und ordentliche lokale Küche bietet, z. B. die leckeren Pizzocheri, eine Art Veltliner Spätzle aus Weizen- und Buchweizenmehl. Neben dem Lokal führt der Wanderweg über eine mittelalterliche Steinbrücke weiter bis zum *Lago di Darengo* in 1787 m Höhe mit dem Rifugio Como.

Von Gravedona nach Menaggio

▸ **Dongo**: Größerer Ort mit langer Durchgangsstraße, ein Stück oberhalb vom See. Gut baden kann man beim Camping „La Breva" (ab Straße ausgeschildert, Parken beim Friedhof), dort liegt ein schöner Kies-/Sandstrand mit teilweise beschatteten Rasenflächen und einer vorgelagerten Sandbank, auch im benachbarten Fluss kann man ins Wasser steigen. Oder man folgt nördlich von Dongo dem Schild „Lido" zum dortigen Kiesstrand, ebenfalls mit Rasenflächen. Ein Weg führt am Ufer entlang bis nach Gravedona (→ dort).

Das *Museo della Resistenza Domasca* an der Piazza Paracchini ist den Partisanen des Zweiten Weltkriegs und ihrem größten Erfolg gewidmet (→ Musso).

Öffnungszeiten/Preise **Museo della Resistenza Domasca**, Mo–Sa 10–12 Uhr, Eintritt frei, ✆ 0344/82572.

● *Übernachten* * **Dongo**, das einzige Hotel am Ort, DZ mit Frühstück ca. 60 €, nur Etagendusche. ✆ 03244/81344.

** **Camping La Breva**, Località Cossogina, Via Cimitero 19, direkt bei einem schönen

Strand (→ oben), ruhig, da relativ weit von der Straße entfernt. ✆/✉ 0344/80017.

Es gibt noch eine Reihe weiterer kleiner Campingplätze, die aber nicht alle am Wasser liegen.

▸ **Musso**: In dem kleinen Ort unmittelbar südlich von Dongo wurde am 27. April 1945 bei einer Straßensperre der ehemalige „Duce" Benito Mussolini von Partisanen in einem Lastwagen entdeckt. Er hatte versucht, in die Schweiz zu flüchten. Einen Tag später wurde er ohne Gerichtsverhandlung erschossen (→ S. 283). Tipp ist hier die Ferienwohnung „La Pianca" in einem ehemaligen Weingut im hoch gelegenen Ortsteil Genico mit herrlichem Seeblick und Pool (✆ 335-668931, ✉ 0344/80998, residencelapianca.com).

▸ **Pianello del Lario**: Die Gemeinde Pianello besteht aus zahlreichen Ortsteilen, Calozzo liegt direkt am See. Das in einer ehemaligen Spinnerei untergebrachte *Museo della Barca Lariana* zeigt dort in der Via Statale 139 eine Sammlung alter Schiffe und Relikte der Seeschifffahrt (beim letzten Check geschl., ✆ 0344/87235).

Comer See
Karte S. 246

• *Übernachten* Camper finden in Calozzo nebeneinander am leidlich sauberen Kiesstrand die beiden kleinen Plätze ** **Laguna Beach** (✆ 0344/86315, camping-laguna@tiscali.it) und * **MEC** (✆/✇ 0344/87026).

• *Essen & Trinken* **Lumin**, Località Cremia, Via San Vito. Nette Pizzeria direkt am See, schöner Blick, Verleih von Liegestühlen. ✆ 0344/87135, www.lumin.it.

▶ **Rezzonico**: Ein verstecktes Idyll abseits vom Trubel – das alte, verwinkelte Dorf kauert sich in den Schatten einer romantischen Burgruine mit trutziger Mauer, zwei Türmen und einem malerisch überwucherten Hof. Enge, gepflasterte Treppenwege führen zum Seeufer hinunter, dort verläuft ein breiter Laubengang, während nebenan das Wasser an die Häuser klatscht. Nördlich der Burg kann man zum kleinen, nur wenig besuchten Kiesstrand hinuntersteigen.

• *Übernachten* * **Lauro**, schlichtes, bodenständiges Albergo an der Gasse, die neben der Burg zum Wasser hinunterführt. Korrekt geführt und sauber, mit nettem Restaurant.

DZ mit Frühstück ca. 40–50 €. ✆ 0344/50029.

Dei Platani, Pizzeria mit Aussichtsterrasse an der Straße, die von der Burg nach Süden führt. ✆ 0344/50139.

▶ **Santa Maria**: Luftig gebautes Straßendorf südlich von Rezzonico, Ortsteil des höher gelegenen *San Siro*. Bei der Kirche am südlichen Ortsende liegt der Strand.

• *Übernachten* **Piave**, modern eingerichtete Bar an der Durchgangsstraße, vis-à-vis der Kirche. Fünf ordentliche Zimmer, guterStop-Over. DZ ca. 50 €. ✆ 0344/50418.

La Torre, reizvolle Ferienwohnung mit herr-

lichem Blick in einem umgebauten Turm des 17. Jh. hoch über dem See. ✆ 0344/50738 oder 338-3557398, www.calzolaro.it.

** **Camping Sole**, Località Lancio, ✆ 0344/50089.

Menaggio

(ca. 3100 Einwohner)

Einer der nettesten Urlaubsorte am See, nicht aufgemotzt, trotz der beiden Grand Hotels, die dezent am Rande bleiben. Bei deutschen Gästen ist Menaggio beliebt, doch auch im August bleibt es erfreulich ruhig.

Am Wasser unten bietet sich viel Platz – unterhalb der zentralen *Piazza Garibaldi* liegt der von einer malerisch gemauerten Mole eingefasste Boots- und Jachthafen, daran schließt sich der *Lungolago Benedetto Castelli* an, eine lange, gepflegte Promenade mit schattigen Bäumen, Rasen und Blumenbeeten. Vorbei am edlen *Grand Hotel Victoria*, vor dem ein kleiner Kiesstrand liegt, erreicht man ein 10 m hohes Marmordenkmal für die Seidenspinnerinnen am Comer See und kommt schließlich zum *Lido Giardino*, einem großen Strandbad mit Pool.

Auch sportlich ist einiges geboten: Am Lungolago gibt es eine Minigolfanlage, im hoch gelegenen Ortsteil *Loveno* liegen ein Reiterhof und ein Sportzentrum mit Tennisplätzen. Einen Golfplatz kann man von der Straße zum Luganer See (→ S. 301) erreichen, dafür muss man in *Croce* abbiegen.

*A*nfahrt/*V*erbindungen/*I*nformation

• *Anfahrt/Verbindungen* **PKW**, Parkplätze am Lungolago, im Sommer besteht allerdings erhebliche Parkplatznot.

Schiff, etwa stündlich Fähren mit Autotransport nach Varenna, 4 x tägl. nach Bellagio (Passgierverbindungen häufiger). Die Anlegestelle liegt etwas südich vom Ortskern.

Bus, Bushaltestelle an der zentralen Piazza Garibaldi. SPT-Bus C10 etwa 10 x tägl. in Richtung Como und über Domaso nach

Cólico, C12 fährt etwa 10 x tägl. zum Luganer See, z. T. bis Lugano.

• *Information* **IAT**, zentral an der Piazza Garibaldi, wenige Schritte hinter der Promenade. Sehr freundlich und hilfsbereit, eine engagierte deutschsprachige Dame gibt ausführliche Auskünfte. Gute Informationen über Wanderungen und Ausflugsmöglichkeiten per Auto und Schiff. Mo–Sa 9–12.30, 14.30–18, So 10–16 Uhr. ✆/✇ 0344/32924, www.menaggio.com.

Viel zu gucken: an der Promenade von Menaggio

Übernachten

*** Bellavista, großer Kasten direkt am See neben dem Jachthafen. Die Einrichtung ist schon etwas in die Jahre gekommen, die Zimmer sind nicht sonderlich geräumig, aber sauber, der Umgangston der Patronin ist laut Leserzuschrift gewöhnungsbedürftig, dafür genießt man den herrlichen Blick und hat ein Terrassenrestaurant direkt am Wasser, Pool und Garage. DZ mit Frühstück ca. 90–125 €. ✆ 0344/32136, ✉ 31793, www.hotel-bellavista.org.

*** Du Lac, Via Mazzini 27, direkt an der Piazza Garibaldi. Familie Beretta bietet zehn elegant eingerichtete Zimmer mit Blick auf Piazza oder See, jeweils mit Sat-TV, Garage 100 m entfernt. DZ mit Frühstück ca. 140 €. Ebenfalls an der Piazza liegt die Dependance mit fünf DZ ohne TV für 80 € und Frühstück im Caffè Centrale ca. 8,50/Pers. ✆ 0344/35281, ✉ 344724, www.hoteldulacmenaggio.it.

** Corona, neben der Tourist-Information, ganz zentral am Wasser. Geräumige Zimmer, die meisten mit Balkon und Seeblick,

gute Betten. Freundlich geführt, es wird auch Deutsch gesprochen. DZ mit gutem Frühstücksbuffet ca. 67–92 €. ✆ 0344/32006, ✉ 30564, www.hotelgarnicorona.com.

* Il Vapore, einfache Pension neben Corona, Seeblick, zeitweise etwas laut, unten Restaurant, Speiseterrasse vor dem Haus. Zehn kleine Zimmer, vorher ansehen. Die junge Wirtin spricht gut Deutsch. DZ mit Bad ca. 50–55 €, Frühstück extra. ✆ 0344/32229, ✉ 34850, www.italiaabc.it/a/ilvapore.

● *Jugendherberge* **La Primula (IYHF)**, modernes, ockerfarbenes Haus am südlichen Ortsausgang, direkt am See. Volle Mahlzeiten, Fahrradverleih, Waschmaschine. Übernachtung mit Frühstück ca. 14 € pro Pers., im Familienzimmer 15 €. Mitte März bis Anfang Nov. ✆/✉ 0344/32356, www.menaggiohostel.com.

● *Camping* **** Europa**, Via dei Cipressi 16, am nördlichen Ortsende direkt am Wasser, allerdings großteils von Dauercampern belegt. ✆ 0344/31187.

Essen & Trinken/Shopping/Sport

Il Ristorante, gepflegtes Ristorante mit Terrasse im Hotel Corona, leckere Gerichte gehobener Preisklasse, Ober in schwarzer

Livree. Wenn nicht zu voll, guter und freundlicher Service. Di geschl. ✆ 0344/32133.

Comer See
Karte S. 246

Il Vapore, in der Pension neben Hotel Corona, einfache, typische Gerichte in familiärer Atmosphäre, man kann auch problemlos nur einen primo piatto (z. B. nur Spaghetti) bestellen. Mi geschl. ☎ 0344/32229.

Osteria il Pozzo, ganz zentral an einer Ecke der Piazza Garibaldi. Sehr beliebt, weil locker geführt bei guter Küche. Neben lokalen Gerichten gibt es auch Spezialiäten aus anderen Regionen, z. B. den berühmten Schinken *prosciutto di San Daniele* aus dem Friaul oder *brasato al Barolo*, Schmorbraten aus dem Piemont. Mi geschl. ☎ 0344/32333.

La Trattoria, Via Carlo Camozzi 16, etwas zurück vom See, in einer gemütlichen Seitengasse neben einem Torbogen, schön zum Sitzen, nicht teuer. Die Pasta ist hausgemacht. So geschl. ☎ 0344/31000.

Il Gabbiano, am Lungolago, kurz nach dem Grand Hotel Victoria. Kleine, nette Bar, gemütlich zum draußen Sitzen, drinnen geschmackvoll eingerichtet. Frühstück, leckeres, selbst gemachtes Eis, Cocktails, Bier vom Fass. Mi geschl.

● *Shopping* **Markttage** sind der zweite und dritte Freitag im Monat.

● *Sport* **Menaggio & Cadenabbia Golf Club**, schöne 18-Loch-Golfanlage oberhalb von Menaggio, hat 2007 ihren hundertsten Geburtstag gefeiert und ist damit einer der ältesten Plätze Europas. ☎ 0344/32103, www.menaggio.it.

Sehenswertes: Von der Piazza Garibaldi führt die kleine Ladenstraße Via Calvi landeinwärts. Rechter Hand ist in der Fassade der Kirche *Santa Marta* ein römischer Grabstein aus dem 1. Jh. n. Chr. eingelassen. An der Durchgangsstraße erreicht man die große Pfarrkirche *Santo Stefano* mit mehreren alten Ölgemälden. Links davon kommt man auf rundem Kieselsteinpflaster durch die Via Caronti zum *Castello* auf der Hügelspitze. Der verwinkelte alte Ortskern ist nahtlos mit den Mauern der Burg zusammengewachsen, die im 16. Jh. von den Schweizern erobert und bis auf einen Teil der Mauern völlig zerstört wurde.

Im oberhalb gelegenen Ortsteil Loveno stehen die prächtigen Villen *Mylius Vigoni* und *Garovaglio-Ricci* mit einem weitläufigen englischen Park. Sie wurden vom letzten Besitzer der Bundesrepublik Deutschland vermacht, sind heute Standort eines deutsch-italienischen Kulturzentrums und bilden für Tagungen, Seminare und Kulturveranstaltungen einen äußerst repräsentativen Rahmen.

Öffnungszeiten/Preise **Villa Mylius Vigoni**, Besichtigung mit Führung nur donnerstags nach Anmeldung, Eintritt ca. 10 €. ☎ 0344/36111, www.villavigoni.eu.

▶**Wanderung zum Rifugio Menaggio**: Durch das Hochtal von Loveno kommt man per PKW oder Bus C 13 über Plesio nach *Breglia* (750 m), etwa 6 km von Menaggio. Der kleine Ort ist Ausgangspunkt für eine mittelschwere Bergwanderung zum Rifugio Menaggio, das in 1400 m Höhe am Südhang des *Monte Grona* (1736 m) liegt. Von diesem natürlichen Aussichtsbalkon hat man einen herrlichen Blick über den See und die umliegenden Bergzüge. Der Weg ist ab Busstopp in Breglia ausgeschildert, man braucht etwa 2 Std. einfach, rot-gelbe Markierungen und Hinweisschilder weisen den Weg. Im Rifugio kann man essen und übernachten (Juli/August tägl., übrige Zeit an Wochenenden und Feiertagen, ☎ 0344/37282 o. 333-7115501).

> Ausführliche Wanderbeschreibungen im Umkreis von Menaggio kann man unter www.menaggio.com nachlesen oder sich im Informationsbüro geben lassen.

Von Menaggio zum Luganer See

Direkt im Zentrum windet sich eine Straße hoch den Hang hinauf, in einer knappen halben Stunde kommt man hinüber zum nahen Luganer See (→ unten).

Riviera Tremezzina (Cadenabbia bis Lenno)

Hier im klimatisch wärmsten Gebiet des Sees reihen sich zahlreiche prächtige Villen und Paläste des 17. und 18. Jh. inmitten von Gärten und Parkanlagen mit üppigster Vegetation. Viele von ihnen haben eigene Anlegestellen, denn eine Straße gab es damals hier noch nicht. Zwischen Menaggio und Tremezzo gibt es einige schöne Bademöglichkeiten, z. B. den „Villa Linda Beach" beim gleichnamigen Hotel (Liegen kostenpflichtig).

▸ **Cadenabbia**: Ortsteil von Tremezzo an der engsten Stelle in der Seemitte, etwa 2 x stündl. verkehren Autofähren nach Bellagio, 3 x tägl. nach Varenna am Ostufer. Alt-Bundeskanzler Adenauer vertrieb sich hier jahrelang seine Urlaubszeit mit Bocciaspielen. Er wohnte in der hügelwärts wunderschön gelegenen *Villa La Collina* mit herrlichem Garten, die heute im Besitz der Konrad-Adenauer-Stiftung ist, für Seminare und Fortbildungsveranstaltungen genutzt wird, aber auch Zimmer vermietet (→ Übernachten). Eine Besichtigung der Villa ist nach Anmeldung möglich. Ein grob gepflasterter Pilgerpfad führt zur Kirche *San Martino* hinauf, ausgeschildert ab Rogaro, Dauer etwa 90 Min. Oben bietet sich ein unvergleichlicher Blick auf Cadenabbia, den See und das gegenüberliegende Bellagio.

● *Übernachten/Essen & Trinken* *** **Villa Linda**, Via Regina 87, die Villa aus dem 18. Jh. steht direkt an der Uferstraße, ist insofern etwas lärmanfällig. Zimmer im verspielten venezianischen Stil, z. T. mit Balkon. Ristorante „Locanda Ca' Bianc" mit Außenterrasse und Bar. Über die Straße zur eigenen Badestelle, eine besandete Fläche mit Liegestühlen. DZ mit Frühstück ca. 100–120 €. ☎ 0344/43204, 🖷 43857, www.hotelvillalindacomo.it.

TIPP! *** **Albberghetto La Marianna**, Via Regina 57, ebenfalls an der Uferstraße, kleine Pension mit acht nett eingerichteten Zimmern und Seeblick, freundlich geführt von Signora Paola, die Englisch und etwas Deutsch spricht. Leckeres Frühstück mit selbst gebackenem Brot und Kuchen. Hübsch ist die kleine, idyllische Seeterrasse des Restaurants „La Cucina della Marianna", die auch Nichthausgästen offen steht. DZ mit Frühstück ca. 80–90 €. ☎/🖷 0344/43095, www.la-marianna.com.

*** **Villa La Colina**, Via Roma 11, oberhalb vom See, ruhige Lage, 34 Zimmer in stilvoll-nostalgischem Ambiente, großer Garten, Bocciaplatz, Pool. DZ ca. 160–180 €, Frühstück extra. ☎ 0344/44111, 🖷 41058, www.kas.de/proj/home/home/105/1/index.html.

Tremezzo   (ca. 1.400 Einwohner)

Mittelpunkt der Riviera Tremezzina, herrlicher Panoramablick auf den See und hinüber nach Bellagio. An der Straße das Grand Hotel Tremezzo Palace, schicke Cafés und „Tea Rooms", dahinter einige Treppengässchen den Hang hinauf.

▸ **Villa Carlotta**: Eine großzügige Freitreppe steigt von der Uferstraße zu dem klassizistischen Herrschaftshaus hinauf, das Ende des 17. Jh. von einem Mailänder Bankier erbaut wurde und später lange im Besitz der preußischen Prinzessin Charlotte war, worauf sich auch der Name der Villa bezieht. Seit 1927 ist sie Staatseigentum und wird von einer Stiftung unterhalten. In den Innenräumen finden sich monumentale Ölgemälde, historische Uhren, Marmorskulpturen und -reliefs (u. a. von Canova und Thorvaldsen) sowie Wandteppiche. Das obere Stockwerk ist mit elegantem Mobiliar im französischen Empirestil eingerichtet.

Unbedingt einen ausgedehnten Spaziergang wert ist der weitläufige *Botanische Park* der Villa, in dem u. a. Palmen, Mammutbäume, riesige Gummibäume, Bambus, Zedern, Azaleen, Seerosen und Orangen gedeihen. Eindrucksvoll ist neben vielem

Obligate Besichtigung: die Villa Carlotta in Tremezzo

anderen das *Valle delle Felci*, ein tief eingeschnittener Bachlauf mit Rhododendren und mächtigen Farnen, flankiert von Fächerpalmen und gewaltigen Platanen. Im nördlichen Bereich des Gartens ist eine kleine Ausstellung von alten landwirtschaftlichen Gerätschaften eingerichtet.

● *Öffnungszeiten/Preise*   April bis Sept. tägl. 9–18 Uhr, März und Okt. tägl. 9–12, 14–16.30 Uhr; Eintritt ca. 7,50 €, Stud. und Senioren über 65 J. die Hälfte. ☎ 0344/40405, www.villacarlotta.it.

● *Übernachten/Essen & Trinken*   *** **La Darsena**, Via Regina 3, ca. 5 Min. von der Villa Carlotta. Erst 2005 eröffnet, tolle Lage direkt am See (an der Rückseite allerdings gleich die Uferstraße), unten klatscht das Wasser an die Mauern. Edel eingerichtete Zimmer mit Sat-TV, die meisten mit Balkon, Restaurant mit romantischer Terrasse zum See. Unbedingt Zimmer zur Seeseite buchen! DZ mit Frühstück ca. 100–180 €. ☎ 0344/43166, ✎ 40029, www.hotelladarsena.it.

*** **Villa Marie**, Via Regina 30, Villa des 19. Jh im Libertystil, sehr schön ausgestattet, allerdings direkt an der Straße. Hinter dem Haus Garten mit Pool, am See Frühstücksterrasse. DZ mit Frühstück ca. 85–110 €. ☎/✎ 0344/40427, www.hotelvillamarie.com.

*** **Villa Edy**, Via Febo Sala 18, gemütliche und ruhig gelegene Anlage etwas oberhalb der Durchgangsstraße, Blick über die Dächer auf die hohen Berge am Ostufer. Schlicht-elegantes Haus mit schattiger Terrasse und 12 Zimmern (jeweils TV und modernes Bad). Davor hübsch geschwungener Pool, umgeben von Liegewiese und Fächerpalmen. In einem Nebengebäude beim Pool vier Apartments. DZ ca. 80–90 €, Apartment ca. 105–130 €, Frühstück ca. 10 € pro Pers. Angeschlossen ans Hotel ist der **Camping degli Ulivi**. ☎ 0344/40161, ✎ 40015, www.villaedy.com.

*** **Rusall**, Via San Martino 2, hoch über Tremezzo, am Rand des kleinen Weilers Rogaro, sehr ruhig mit großartigem Seeblick, DZ ca. 90–100 €, im Ristorante vorzügliches Essen mit üppigen Portionen. ☎ 0344/40408, ✎ 40447, www.rusallhotel.com.

● *Unterhaltung*   **Pub Bisbino**, ein stillgelegter Dampfer der Seeschifffahrt ist in der Nähe der Villa Carlotta festgemacht und wurde zum Pub umgebaut.

28. April 1945: Der letzte Tag des „Duce"

In den kleinen Ort Giulino di Mezzegra führt von Mezzegra unten am See eine schmale Straße hinauf (ab Durchgangsstraße beschildert mit braunem Schild „Fatto Storico – Historical Sight"). Nach etwa 300 m erblickt man direkt rechts neben der Straße ein oft mit frischen Blumen bestecktes Kreuz. Hier, vor der Villa Belmonte, sollen Benito Mussolini (61) und seine Geliebte Clara Petacci (33) am Nachmittag des 28. April 1945 vom Partisanen Walter Audisio erschossen worden sein („Ich schoss fünf Kugeln auf Mussolini, der auf die Knie fiel, während sein Kopf auf die Brust sank. Dann war die Petacci dran. Gerechtigkeit war getan."). Einen Tag zuvor war der Duce in Musso bei Dongo (→ S. 277) gefasst worden, als er in der Uniform eines deutschen Offiziers versucht hatte, in einem deutschen Lastwagen in die Schweiz zu fliehen.

Diese Darstellung der Exekution, jahrzehntelang Teil der offiziellen Geschichtsschreibung, hat eine Augenzeugin Ende der neunziger Jahre widerlegt – nachdem sie jahrzehntelang anonym gewarnt worden war, über den tatsächlichen Vorgang zu schweigen. Nach ihrer Aussage ist Mussolini bereits vormittags im Hof des Bauernhauses der Familie De Maria erschossen worden. Täter war wahrscheinlich Luigi Longo, ein führender Politiker der kommunistischen Partei Italiens (KPI) und später ihr Generalsekretär. Clara Petacci wurde währenddessen wahrscheinlich vergewaltigt (Indiz dafür sind u. a. ihre dokumentierten Hilfeschreie sowie die Tatsache, dass sie unter ihrem Kleid nackt war), bevor man sie in den Rücken schoss. Die beiden Leichen wurden dann vor die Villa Belmonte geschleift, wo nochmals von vorne auf die Toten geschossen wurde, um eine „ehrenwerte" Hinrichtung durch den „richtigen Mann" vorzutäuschen. Audisio war nämlich Verbindungsmann zur Kampftruppe des gesamten italienischen Widerstands (Resistenza). So konnte die von den Kommunisten eigenmächtig durchgeführte Erschießung – die im Übrigen gegen eine eindeutige Absprache mit den Alliierten verstieß, die den Duce vor Gericht stellen wollten – als eine Aktion der gesamten Resistenza hingestellt werden – und nebenbei die Vergewaltigung Clara Petaccis unter den Tisch gekehrt werden.

Am 29. April wurden die beiden Leichen auf dem Piazzale Loreto in Mailand an den Füßen aufgehängt und öffentlich zur Schau gestellt. Ein Priester erbarmte sich vorher und band das Kleid der nackten Toten zusammen. Nur einen Tag später beging Hitler im Führerbunker von Berlin Selbstmord.

Comer See
Karte S. 246

Badezone vor dem Hotel San Giorgio

Lenno (ca. 1.800 Einwohner)

Kleiner, ruhiger Ort in schöner Lage am Fuß der bewaldeten Halbinsel Punta Balbianello mit der berühmten Villa del Balbianello, die besichtigt werden kann. Einen Besuch wert ist auch die vollständig ausgemalte Pfarrkirche Santo Stefano mit ihrer Krypta und dem benachbarten romanischen Baptisterium. Die Seepromenade bietet sich zum genüsslichen Bummel an, ein netter Kiesstrand mit Rasenflächen liegt vor dem Hotel „San Giorgio".

Die *Villa del Balbianello* ist eine ehemalige Kardinalsvilla mit herrlichem Terrassengarten. Ursprünglich stammt sie aus dem 16. Jh., wurde aber im 18. Jh. vergrößert und umgestaltet. Im opulent ausgestatteten Inneren mit historischem Mobiliar, Tapisserien und Muranoglasleuchtern kann man chinesische, afrikanische und präkolumbische Kunstwerke bestaunen, außerdem hat der letzte Besitzer Stücke von seinen Nordpol- und Everest-Expeditionen ausgestellt. Und wem die idyllische Szenerie im Garten irgendwie bekannt vorkommt – auf diesem schönen Fleckchen Erde drehte George Lucas im Frühherbst 2000 die romantische Kussszene zwischen Anakin Skywalker und Padmé Amidala aus dem Kultfilm „Star Wars 2". Und auch der neue James Bond alias Daniel Craig hat sich hier für „Casino Royale" vor die Kamera gestellt.

• *Öffnungszeiten/Preise* **Villa del Balbianello**, tägl. außer Mo u. Mi 10–18 Uhr; Eintritt Garten ca. 5 €, Kinder (4–12 J.) ca. 2,50 €; Villa & Garten (60-minütige Führung obligatorisch) ca. 11 €, Kinder (4–12 J.) ca. 6 €. ✆ 0344/56110, www.fondoambiente.it. **Taxiboote** fahren an Besuchstagen etwa alle 30 Min. ab Lenno und Sala Comacina (✆ 0334/57093, www.taxiboat.net) hinüber,

Di, Sa und So kann man auch zu Fuß laufen, ab Kirchplatz in Lenno ist es etwa 1 km, der Weg ist ausgeschildert.

• *Information* **Pro Loco**, neben der Kirche, nur im Hochsommer, Di 9–15, Fr–So 10–12, 16–18 Uhr.

• *Übernachten* **TIPP!** ***** San Giorgio**, Via Regina 81, am nördlichen Ende der Uferpromenade steht das große, palastähnliche

Haus in einem wunderbaren Garten mit Palmen und Liegestühlen, davor liegt ein Kiesstrand mit erhöhten Rasenflächen. Erbaut wurde es nach dem Ersten Weltkrieg, seitdem wird es in mittlerweile vierter Familiengeneration als Hotel geführt. Die schöne, nostalgische Einrichtung, die gemütlichen Zimmer mit Holzböden, großen Bädern und Balkonen, der herrliche Blick und die Ruhe machen es zu einem der begehrtesten Häuser am See. DZ mit Frühstück ca. 140–160 €. ℡ 0344/40415, ℻ 41595, www.sangiorgiolenno.com.

** **Plinio**, ebenfalls an der Promenade, von der Anlegestelle ein paar Schritte nach Norden. Gemütliches und familiär geführtes

Albergo/Ristorante mit gerade mal sieben Zimmern, zum Essen kann man auf einer überdachten Terrasse direkt am Wasser sitzen – an Wochenenden oft bis auf den letzten Platz belegt. DZ mit Frühstück ca. 75 €. ℡ 0344/55158.

TIPP! **Antica Trattoria Santo Stefano**, sehr empfohlene Trattoria gleich bei der Pfarrkirche, klein und familiär, einige Sitzplätze im Freien. Familie Zani bietet hausgemachte Pasta und stets fangfrischen Fisch aus dem See, verwendet werden ausschließlich lokale Zutaten. Preise erfreulich im Rahmen. Reservierung sinnvoll. Mo geschl. ℡ 0344/55434.

● *Shopping* **Markttag** ist Dienstag (nur vormittags)

Isola Comacina

Die Isola Comacina ist die einzige Insel im Comer See und liegt dicht vor der Westküste. Zu erreichen ist sie mit kleinen Motorbooten, die ständig von Sala Comacina und Ossuccio aus hinüberpendeln. Eine Handvoll Kirchen und Reste alter Festungsmauern verbergen sich im dichten Grün. In den Zeiten der Völkerwanderung war die Insel immer wieder Rückzugsort vor Eroberern, doch 1169 machte die Stadtrepublik Como auf der mit Mailand verbündeten Insel alles dem Erdboden gleich und der Bischof von Como sandte einen Fluch über die Insel, dass alle Bewohner eines unnatürlichen Todes sterben sollten.

Ein Rundgang auf der kleinen Insel dauert etwa eine halbe Stunde, von der Anlegestelle wendet man sich nach links, läuft erst am Wasser entlang und steigt dann hinauf zur Nordspitze der Insel mit der *Chiesa dei Santi Pietro e Paolo* (auch: *San Giovanni*) aus dem 16. Jh. Links dahinter findet man die Grundmauern einer frühchristlichen Kirche mit Doppelapsis und schönem Mosaikboden (5.–9. Jh.), rechts der Kirche die malerischen Überreste der romanischen Basilika *Sant'Eufemia* (11. Jh.). Über dem Ostufer der Insel läuft der Pfad nun zurück nach Süden, unterwegs trifft man auf die spärlichen Reste der Kirche *Santa Maria col Portico* (12. Jh.), kurz darauf auf drei Bruchsteinhäuser, die Anfang des 20. Jh. als Künstlerdomizile dienten. Auf der Hügelkuppe kann man noch überwucherte Grundmauern der Kirche *San Pietro in Castello* entdecken, ansonsten geht es wieder hinunter zur Anlegestelle, vorbei am berühmten Inselrestaurant „Locanda dell'Isola Comacina".

● *Essen & Trinken* **Locanda dell'Isola Comacina**, seit 1947 wird hier allabendlich ein unverändertes Sechs-Gänge-Menü (und nur dieses!) aus Seeforelle, Gemüse, Brathähnchen, Schinken, Parmesankäse, Orangen und flambiertem Brandy bzw. Caffè – letzteres eine Art Feuerexorzismus, der den Fluch des Bischofs von Como neutralisieren soll (→ oben). Dieses Abendmenü kostet satte 59 € pro Pers., à la carte speisen kann man nur mittags. Beim pudelbemützten Benvenuto Puricelli und seiner Familie kehren gerne auch mal Stars ein – George

Clooney hat hier die Abschlussarbeiten zum Film „Ocean's Twelve" gefeiert, der z. T. am Comer See gedreht wurde, Brad Pitt war hier, ebenso Jennifer Aniston und Victoria Beckham. März bis Okt., in den Sommermonaten tägl., sonst Di geschl. ℡ 0344/55083, www.locanda-isola-comacina.com.

● *Feste* Am letzten Samstag im Juni findet die erlebenswerte **Festa di San Giovanni** statt, eine Johannisnacht auf dem Wasser mit großer Bootsprozession und anschließendem Festessen. Ihre Ursprünge reichen bis ins 16. Jh. zurück.

Von Lenno nach Como

▶ **Ossuccio**: Direkt an der Durchgangsstraße fällt die Kirche *Santa Maria Maddalena* auf, deren Turm mit seinem eigenwillig geformten Glockenstuhl eine Art Wahrzeichen in dieser Ecke des Sees geworden ist. Vom oberhalb der Straße liegenden Ort führt ein 300 m langer Fußweg mit 14 Kreuzwegkapellen zur barocken Wallfahrtskirche *Santuario della Beata Vergine del Soccorso* in 419 m Höhe, wo man einen wunderbaren Panoramablick genießt.

▶ **Argegno**: kleines Örtchen an der Mündung des Flusses Telo, der pittoresk von einer alten Bogenbrücke überspannt wird. Baden kann man im zentral gelegenen Strandbad mit Kiesstrand, betonierter Plattform und Rasenflächen, dazu gehört die schön gelegene Pizzeria „Lido". Daneben liegen ein großer Parkplatz und ein Bootshafen. Wassersportler mit Tiefenangst sollten sich allerdings besser einen anderen Ort aussuchen, denn vor Argegno erreicht der Comer See seine Maximaltiefe von 410 m. Am nördlichen Ortsausgang geht eine Funivia (Seilschwebebahn) ins 881 m hoch gelegene *Pigra* (Abfahrten etwa halbstündlich, Juni bis Sept. 8.30–12, 14.30–18.30 Uhr, übrige Zeit 8.30–11.30, 14–16.30 Uhr, ca. 4 € hin und zurück), von dort führt eine kleine Bergwanderung auf den 1331 m hohen *Monte Pasquella*. Gemütlichere Naturen essen ein Eis und genießen das Seepanorama. Außerdem kann man von Argegno ins Val d'Intelvi fahren sowie zum Luganer See (→ unten).

● *Essen & Trinken* **Crotto dei Platani**, Via Regina 73, etwas unterhalb der Uferstraße zwischen Argegno und Brienno. Bildhübsche Kieserrasse, raumhoch verglaster Innenraum und ein alter, in die Felsen getriebener „Crotto", also ein Felsenkeller, in dem Vorräte gelagert wurden und wie man sie im Tessin noch häufig findet. Gute Seeküche und breite Weinauswahl. April bis Okt. tägl., sonst Mo/Di geschl. ☎ 031/814038, www.crottodeiplatani.it.

● *Shopping* **Markttag** ist Montag.

▶ **Val d'Intelvi**: Zwischen den Urlaubsorten am Westufer des Comer Sees und dem Luganer See eröffnet sich auf der Hochebene entlang des Flüsschens Telvo eine ganz andere, beinahe alpine Dimension. Ein dichtes Netz von Wanderwegen und Mountainbike-Touren führt bis auf den 1702 m hohen *Monte Generoso*, der im Winter auch ein nennenswertes Skigebiet ist. Reiterhöfe und ein Golfplatz runden das Aktivangebot ab, weniger Mobile finden Erholung in Sanatorien und Kurstätten. Kunsthistorisch kommt dem Val d'Intelvi durch seine berühmten Söhne, die „Magistri intelvese", besondere Bedeutung zu, die im 15. bis 17. Jh. als Architekten, Stukkateure und Baumeister für die Kirchenfürsten Europas deren große Bauvorhaben realisierten (z. B. die Kathedralen von Mailand, Como und Modena sowie das Baptisterium von Parma). Waren sie auf Heimatbesuch, konnten sie das Bauen wohl nicht lassen und so kam die vergleichsweise karge Gegend zu einigen echten Juwelen barocker Baukunst, allen voran die Kirche *Santa Maria* (Kirche) und das Kloster *Santi Nazzaro e Celso*, beide in *Scaria*, wo es auch ein interessantes Kirchenmuseum gibt. Ansonsten lebte man in der Gegend gut vom Schmuggel mit der nahen Schweiz, den man in einem winzigen Museum in einer ehemaligen Zollstation bei Erbonne historisch dokumentiert hat.

Touristisches Zentrum des Val d'Intelvi ist das Bergdorf *Lanzo*, kurz vor der Schweizer Grenze. *San Fedele* ist der administrative Mittelpunkt des Tals und *Dizzasco* am unteren Ende vermittelt schon die ganze Mondänität des Comer Sees.

● *Öffnungszeiten* **Museo Diocesano d'Arte**, nur Juli/August 16–18 Uhr, sonst nach Voranmeldung unter ☎ 031/840241.

Museo della Guardia di Finanzia e del Contrabbando, San Fedele Intelvi, Località Erbonne (Öffnungszeiten mit Touristinfo in Lanzo vereinbaren).

● *Information*   **Ufficio turistico di Lanzo**, Piazza Novi 2 (Palazzo Comunale), sehr kooperative Mitarbeiter versorgen mit Bergen von Informationsmaterial. ✆ 031/840143.

● *Übernachten/Essen & Trinken*   **La Nevera**, Lanzo d'Intelvi, Località Rampione Verna (unmittelbar hinter dem Sanatorium rechts abbiegen). Kleiner Agriturismo-Betrieb mit drei sehr gemütlichen Zimmern sowie authentischer und guter Küche. DZ mit Frühstück ca. 50 €. ✆ 031/841397, rondanino@tiscali.it.

** **Rondanino**, Via Rondanino 1, vom „La Nevera" 500 m den Berg hinab, kleines Hotel mit vorzüglichem Restaurant am Ende der Welt, fantastischer Blick aus 1000 m ü. NN. DZ ca. 50 €, Frühstück extra. ✆ 031/839858, ✆ 833640.

Camping ai Colli Fioriti in Castiglione d'Intelvi, Via Case Sparse, romantisches Plätzchen im Schatten der Berge. ✆ 031/830564, ✆ 832518.

▶ **Brienno**: einfaches und ruhiges Örtchen ohne die Pracht der Jugendstilvillen, die weiter südlich das Seeufer dominieren. Die alten Häuserfronten stehen direkt am Wasser, von der Kirche führen Stufen zu einer Bademole hinab. Urlauber sieht man hier höchstens auf der Durchreise.

Seeuferstraße von Torriggia nach Cernobbio

Südlich von Argegno führt die Straße zunächst am Wasser entlang, verläuft dann aber ab Torriggia unter dem Namen Via Regina Nuova weiter landeinwärts. Jedoch gibt es direkt am See eine schmale Parallelstraße namens Via Regina Vecchia über *Laglio*, *Carate Urio* und *Moltrasio*, wo das Seeufer schon durch die mondäne Welt von Cernobbio und Como geprägt und weitgehend mit aufwändigen Jugendstilvillen zugebaut ist. Hier und dort findet man aber noch eine Badestelle und das eine oder andere nette Restaurant und Hotel.

Direkt an der Straße kommt man an der ungewöhnlichen *Grabpyramide* des deutschen Arztes Josef Frank (gest. 1857) vorbei. Der skurrile Bau war ursprünglich Alessandro Volta (→ Como) zum hundertsten Geburtstag zugeeignet worden, aber die Granden der Volta-Gesellschaft konnten sich mit der ägyptisierenden Merkwürdigkeit nicht anfreunden – so fand schließlich der edle Spender selbst darin die letzte Ruhe.

▶ **Laglio**: Der stark von der Durchgangsstraße geprägte Seeort ist seit kurzem ein Begriff in der Welt des Jet Sets, denn George Clooney (vormalig „sexiest man alive") hat sich hier anlässlich der Drehaufnahmen für seinen rasanten Film „Ocean's Twelve" die 7,8 Mio. schwere Villa Oleandra aus dem 18. Jh. gekauft (Via Regina 20, 25 Zimmer, eigener Anleger), in der er sich dem

Badestrand im „Clooney-Ort" Laglio

Vernehmen nach auch durchaus hin und wieder aufhalten soll. Vorbesitzer war die Witwe des verstorbenen „Ketchup-Königs" Heinz (ihr jetziger Mann ist John Kerry, der gegen George Bush unterlegene Präsidentschaftskandidat der Demokraten). Mittlerweile gehören Clooney auch noch zwei Nachbarvillen mitsamt einem privaten Kiesstrand. Der Deal hat weite Kreise gezogen, viele Prominente suchen nun ebenfalls eine Villa in Laglio oder Umgebung. Sting soll kürzlich die Villa Melograno neben dem Hotel „Plinio au Lac" eingekauft haben – zum Doppelten des bislang üblichen Marktpreises, versteht sich. Brad Pitt und Richard Gere haben angeblich auch Interesse bekundet, im Nachbardorf Moltrasio nennt Donatella Versace die Villa Fontanelle ihr Eigen, Eros Ramazzotti lebt ebenfalls am See, Berlusconi besitzt eine Villa, und auch Madonna war schon öfters hier.

Wer Clooney oder die anderen nicht sichtet, kann immerhin beim Hotel „Plinio au Lac" unterhalb der Straße an einem intimen kleinen Kiesstrand mit schütteren Rasenflächen gemütlich baden gehen, falls ihn die Ergebnisse von Legambiente nicht abschrecken (→ Kasten).

● *Übernachten* *** Bersagliere**, Via Regina Nuova 38, Laglio. Familiär geführtes, kleines Hotel mit Blick auf den See. Restaurant mit großer Terrasse, Sonnendeck und Parkplatz. DZ mit Frühstück ca. 62 €. ✆/📠 031/400259.

● *Essen & Trinken* **TIPP! Osteria Vecchio Molo**, Via Regina Vecchia 91, erfreulich authentisch gebliebenes Gasthaus direkt an der Durchgangsstraße, Nähe Hotel Plinio au Lac. Man isst im familiären Ambiente zu günstigen Preisen, auch einige wenige Tische im Freien. ✆ 031/400730.

San Bernardo, Via Regina Vecchia 131, in Carate Urio. In dieser Pizzeria bestellt Clooney seine Pizzen und lässt sie von einem Angestellten abholen. ✆ 031/400352.

Der südwestliche Arm des Comer Sees gehört derzeit zu den am stärksten verschmutzte Gewässern Italiens. Dies ergaben Untersuchungen der Umweltorganisation Legambiente im Sommer 2007: Bei 70 % aller Proben wurden die zulässigen Grenzwerte für Fäkalkeime überschritten, besonders schlecht waren die Ergebnisse in Laglio, wo die Villa von George Clooney steht.

Cernobbio

(ca. 6.600 Einwohner)

Geschäftige Kleinstadt mit nettem Ortskern und langer Fußgängerzone, mit Como fast zusammengewachsen. An Sommerwochenenden ist es eins der bevorzugten Ausflugsziele, man steht oft im Stau und findet keinen Parkplatz.

In aller Welt bekannt ist Cernobbio wegen seines legendären „Grand Hotel Villa d'Este" (www.villadeste.it), eines der großen Luxushotels Italiens. Im 16. Jh. von einem Kardinal erbaut, ist die prachtvoll ausgestattete Villa mit ihrem großen Park seit 1873 Hotel. Von Churchill über Hitchcock bis Clark Gable und Kissinger – alle waren sie hier, das Publikum besteht zu fast 50 % aus Stammgästen der High Society.

● *Übernachten* ***** Miralago**, stattliches Herrschaftshaus mit nostalgischem Charme, schöne Lage an der zentralen Seepiazza, gemütliche Zimmer mit TV und Minibar, z. T. Klimaanlage. Parkplatz/Garage vorhanden. DZ ca. 100–140 €, Frühstück ca. 12 € pro Pers. ✆ 031/510125, 📠 342088, www.hotelmiralago.it.

* La Vignetta, Via Monte Grappa 32, einfa-ches, aber aufmerksam geführtes Haus mit guter Trattoria. Nah am See, aber auch an der stark befahrenen Straße. DZ mit Frühstück ca. 58–73 €, Frühstück extra. ✆ 031/33470555, lavignetta@tin.it.

● *Essen & Trinken* **Harry's Bar**, Piazza Risorgimento, Clooneys Stammkneipe, so wird gemunkelt. Dementsprechend sind die Preise. Di geschl. ✆ 031/512647.

Il Gatto Nero, auf kurvigem Sträßchen geht es hinauf nach Rovenna, auf halber Strecke liegt dieses intime Terrassenlokal mit gepflegtem Interieur, viel empfohlener Küche und herrlichem Blick. Di-Mittag und Mo geschl. Reservierung nötig unter ☏ 031/512042.

Belvedere, einfache Trattoria, versteckt im Gassengewirr von Rovenna, man sitzt an groben Steintischen unter Weinranken und kann für weniger Geld ebenfalls den Seeblick genießen.

● *Shopping* **Markttag** ist Sonntag.

Como (ca. 100.000 Einwohner)

Wohlhabende Stadt mit Universität und viel Kultur, die Skyline wird dominiert von der grünen Domkuppel. In den Randbezirken hat sich einiges an Industrie angesiedelt, vor allem Seiden- und Kunstseidenfabrikation. Como war seit dem 15. Jh. bis zum Zweiten Weltkrieg ein bedeutender Standort der Seidenraupenzucht und ist – obwohl so mancher Betrieb in den letzten Jahren schließen musste – noch heute das wichtigste europäische Zentrum für die Verarbeitung der nunmehr importierten Seide.

Am See bildet die Piazza Cavour mit ihren Rasenflächen einen weiten, offenen Platz, dort legen die Fähren an. Dahinter erstreckt sich die elegante Altstadt mit vielen Möglichkeiten zum gepflegten Shopping. Entlang des Ufers verläuft eine lange, baumbestandene Promenade. Westlich vom Zentrum passiert man den auffallenden, Alessandro Volta gewidmeten Tempio Voltiano und kommt zur prachtvollen Villa dell'Olmo mit ihrem repräsentativen Garten. Como besitzt aber nicht nur Industrie und Kultur, auch die Erholung kommt nicht zu kurz. Es gibt zwei gepflegte Strandbäder, nämlich bei der Villa dell'Olmo am Westufer und am Ostufer bei der Villa Geno – und die Auffahrt mit der Standseilbahn nach Brunate ist fast ein Muss.

Anfahrt/Verbindungen/Information/Internet

● *PKW* Autobahn ab **Mailand**. Die gesamte Innenstadt ist für den Verkehr gesperrt, Zufahrt nur für Autorisierte und Hotelgäste.

Gebührenpflichtig parken kann man entlang des langen Viale Lecco östlich vom Zentrum und am Viale Varese an der Westseite der

Der Dom von Como

Comer See
Karte S. 246

Altstadt. Ein großes **Parkhaus** steht in einer Seitengasse des Viale C. Battisti (beschildert), Nähe landseitiges Stadttor.

• *Bahn* Como ist Station an der internationalen **Gotthard-Linie** von Basel nach Mailand, eine der wichtigsten Strecken im alpenüberquerenden Verkehr. Hier verkehren hauptsächlich zuschlagspflichtige Züge, Nahverkehrszüge gehen hinüber nach **Lecco**, dort umsteigend erreicht man **Bergamo** und den dortigen Flughafen. Der FS-Bahnhof liegt westlich vom Zentrum am Piazzale Gottardo, in die Altstadt geht's geradeaus die Via Gallio entlang, ca. 10 Fußminuten.

Auf der anderen Seite der Altstadt, an der Piazza Matteotti, wenige Meter vom See, liegt der Bahnhof der privaten **Ferrovie Nord Milano (FNM)** mit etwa halbstündlichen Verbindungen von und nach **Mailand-Nord** (M2: Cadorna), Fahrtdauer ca. 45 Min.

• *Bus* STP-Busse in die wichtigsten Ortschaften starten am See ab **Piazza Matteotti**, z. B. C10 nach Menaggio, C30 nach Bellagio und C40 nach Lecco. Verbindungen gibt es auch nach Mailand und zum Flughafen Malpensa sowie nach Bergamo/Orio al Serio. In der Stadt und in die Außenbezirke fahren Stadtbusse 1–14.

• *Schiff* tägliche Abfahrten in viele Seeorte an der zentralen **Piazza Cavour**.

• *Information* **IAT**, zentral am großen Platz an der Seefront, Piazza Cavour 16. Sehr gute Stadtpläne und viel Prospektmaterial. Mo–Sa 9–13, 14.30–18 Uhr, So 9.30–13 Uhr. ✆ 031/3300111, ✉ 261152, www.lakecomo.org.

Infopoint bei der **Kathedrale**, außerdem eine Zweigstelle im **FS-Bahnhof**, Piazzale San Gottardo. ✆ 031/267214.

• *Internet* Internet-Cafés bzw. öffentliche Terminals z. B. in der Bar Como, Via Volta 51 oder bei Internet & Game, Piazza de Orchi 3.

*Ü*bernachten

Como ist ein teures Pflaster, für gehobene Ansprüche gibt es allein acht ******** Hotels.

*** **Firenze (6)**, Piazza Volta 16, modernes Hotel in einem historischen Gebäude, ruhige Lage an einem reinen Fußgängerbereich. Freundlich geführt, schick und ansprechend in klaren Linien gestaltet, Zimmer mit Holzböden, z. T. Klimaanlage, sehr gute Bäder, leider kein Parkplatz. DZ mit Frühstück ca. 110–130 €. ✆ 031/300333, ✉ 300 101, www.albergofirenze.it.

*** **Tre Re (10)**, Piazza Boldoni 20, ebenfalls mitten in der Altstadt, großes, älteres Haus, Treppenhaus im klassizistischen Stil, Zimmer schlicht, durchgängig renoviert, Mobiliar in hellem Holz, Parken im Hof, mit Ristorante. DZ mit Frühstück ca. 112–130 €. ✆ 031/265374, ✉ 241349, www.hoteltrere.com.

*** **Marco's (2)**, Via Lungo Lario Trieste 62, bei der Standseilbahnstation nach Brunate, nah am See. Im ersten Stock Frühstücksterrasse mit schönem Blick, innen geht es allerdings etwas eng zu. Unten im Haus Restaurant. DZ mit Frühstück ca. 85–110 €. ✆ 031/303628, ✉ 302342, www.hotelmarcos.it.

** **Quarcino (3)**, Salita Quarcino 4, ebenfalls nicht weit von der Standseilbahn, bei der Kirche San Agostino. Freundlich geführtes Haus mit Garten und bewachtem Parkplatz. 150 m zum See, aber nicht alle Zimmer mit Aussicht. Gutes Frühstücksbuffet. DZ mit

Frühstück ca. 78–85 €. ✆ 031/303934, ✉ 304678, www.hotelquarcino.it.

** **Posta (5)**, Via Garibaldi 2/Ecke Piazza Volta, zentrale, trotzdem ruhige Lage. Zimmer mit Teppichböden, solidem Mobiliar und guten Bädern. Unten ein Restaurant. DZ mit Frühstück ca. 70–94 €. ✆ 031/266012, ✉ 2663 98, www.hotelposta.net.

* **Sociale (13)**, Via Maestri Comacini 8, direkt neben dem Dom, eine Handvoll einfache Zimmer über dem urigsten Restaurant der Stadt, nett geführt. DZ mit Bad ca. 53 €, mit Etagendusche 43 €, Frühstück extra. August geschl. ✆ 031/264042, albergosociale@virgilio.it.

TIPP! In **Riva al Lago (4)**, zentrale Lage an der Piazza Matteotti 4, beim Bhf. der Ferrovie Nord Milano, etwa 100 m vom See. Ein ganzes Haus mit Zimmern und Apartments verschiedener Größe (40–140 qm), beliebt bei Rucksacktouristen, auch für Familien geeignet. Tageweise, wöch. oder monatl. Vermietung, guter Standard, mit eigenem „Pub". DZ mit Bad ca. 55–60 €, mit Etagendusche ca. 40–47 €. ✆ 031/302333, www.inrivaallago.com.

• *Außerhalb* ******* **Villa Flora**, beliebtes, allerdings recht hellhöriges Haus in Torno, etwa 10 km nördlich von Como (→ S. 266). Steht so dicht am See, dass die Wellen an die Grundmauern schlagen. Kleiner, aber feiner

Essen & Trinken

7 Colonial Café
8 Messicana
11 Le Colonne
12 Osteria del Gallo
13 Teatro Sociale
14 Cioccolandia
16 L'Angolo di Vino
17 L'Angolo del Silenzio
19 Sant' Anna 1907
20 Al Giardino

Übernachten

1 Jugendherberge
2 Marco's
3 Quarcino
4 In Riva al Lago
5 Posta
6 Firenze
10 Tre Re
13 Sociale

Nachtleben

9 Nova Comum
15 Caffè Mariett
18 Birreria 35

Chiasso, Basel
Cernobbio
Via Cernobbio
Via Boga Vico
Via Boga Vico
Viale Fratelli Roselli
Piscina Lido Villa Olmo
Villa Olmo
Lido Villa Geno
Torno
Via Torno

Lago di Como

Tempio Voltiano

Lungo Lario Trento
Via F.lli Recch
Standseilbahn
Brunate

FS-Bahnhof
Via Innocenzo
Via Varese
Via Alessandro Volta
Via Armando Diaz
Via Carcano
Via Boldoni
Cinque Giornate
Piazza A. Volta
Piazza Cavour
Pza. Matteotti
BUS
Bahnhof Ferrovie Nord Milano
Via Manzoni

Piazza Roma
Piazza Grimoldi
Pza Mazzini
Piazza Duomo
Broletto
Dom
V.M. Comaci
Piazza Verdi
Via Vitt. Emanuele
Via Bellini
Piazza del Popolo
Via Dante
Via Santo Garovaglio

Via Rusconi
Teatro Sociale
Piazzolo Terragni
Pza. S. Fedele
San Fedele
Via Rovelli
Museo Archeologico & Museo del Risorgimento
Via Lecco

Torre di Porta Vittoria
Via Carducci
Via Giuseppe
Viale Battisti

Sant' Abbondio
Castello Baradello
Milano
Museo Didattico della Seta
Como
100 m

Comer See Karte S. 246

Salon mit Stuckdecke, verglastes Ristorante mit Freiterrasse, daneben Pool und eigener Bootssteg. 20 einfache Zimmer mit Seeblick, z. T. mit Balkon. DZ ca. 75–85 €, Frühstück extra. ✆ 031/419222, 🖅 418318, www.vademecumturistico.com/hotelvilla flora.htm.

*** Vapore, ebenfalls in Torno, älteres Haus mit nostalgischem Charme, schöne Lage direkt am kleinen Hafenbecken. Sehr schöner Platz zum Essen – altertümlicher Speisesaal mit Deckenfresken, zum See hin lauschiger Gastgarten mit Kastanienbäumen (Mi geschl.). Zimmer ordentlich eingerichtet. DZ ca. 70–85 €, Frühstück extra. ✆ 031/419311, 🖅 419031, www.hotelvapore.it. Weitere Adressen siehe unter **Brunate**, S. 295.

• *Jugendherberge* **Ostello dell'Olmo (1) (IYHF)**, Via Bellinzona 2, beliebte Herberge im Park der Villa Olmo am Westufer, ca. 1,5 km vom FS-Bhf., Bus 1 oder 6. Anmeldung ab 16 Uhr, im Sommer oft voll. Etwa 14,50 € pro Pers. mit Frühstück. Fahrradverleih, Waschmaschine. März bis Nov. ✆ 031/573800, www.ostellionline.org.

• *Camping* **** International Como Sud**, für Motorisierte günstiger Übernachtungsplatz, da direkt an der Auf-/Abfahrt Como-Sud der Autobahn Chiasso–Mailand, ca. 3 km vom Zentrum. Dicht beschattete Stellplätze unter Bäumen, Kinderspielplatz, kleiner Pool, Bar/Pizzeria. Im Sommer wird es sehr eng. Auch Holzhütten stehen zur Vermietung. Faire Preise. Ostern bis Mitte Okt. ✆/🖅 031/521435.

*E*ssen & *T*rinken/*N*achtleben/*S*HOPPING *(siehe *K*arte *S*. 291)*

Auch beim Essen muss man oft tief in die Tasche greifen, vor allem die zentral gelegenen Ristoranti sind teuer. Mittags bieten die meisten Lokale dagegen preiswerte Menüs.

Sant'Anna 1907 (19), Via Filippo Turati 3, außerhalb vom Zentrum, am Weg zur Autobahn, seit 100 Jahren Garant für ausgezeichnete lombardische Küche, Menü ca. 35–50 €. Sa mittags und So geschl. ✆ 031/505266, www.santanna1907.com

Al Giardino (20), Via Monte Grappa 52, ebenfalls außerhalb der Innenstadt. Eine „Osteria con cucina", d. h. man kann auch auf ein Glas Wein kommen. Man speist in einer schönen historischen Villa, im Sommer sitzt man im Garten. Spezialität ist natürlich Fisch aus dem Comer See, *cavedona* genannt. Mo geschl. ✆ 031/265016.

L'Angolo del Silenzio (17), Viale Lecco 25, an einer viel befahrenen Straße nordöstlich der alten Stadtmauer, trotzdem ein „Winkel der Stille", da man in den Gasträumen und im begrünten Innenhof davon nichts mitbekommt. Eins der ältesten Lokale der Stadt, jedoch elegant renoviert. Gute und typische lombardische Küche, Fisch und Fleisch gleichermaßen. Viele Stammgäste, günstige Mittagspreise. Di-Mittag und Mo geschl. ✆ 031/3372157.

TIPP! Teatro Sociale (13), Via Maestri Comacini 8, im Laubengang neben der Domapsis, das gemütlichste und urigste Restaurant der Stadt mit sehr reeller Preisgestaltung, „Wohnzimmer" der Künstler aus dem benachbarten Stadttheater, auch Pavarotti war oft hier. Drei Räume, hübsch aufgemacht mit Fotos und Plakaten, locke-

re, fröhliche Atmosphäre, lokale Küche. In der Bar nebenan trifft man sich zum Klatsch und Tratsch. Auch Zimmervermietung (→ Übernachten). ✆ 031/264042.

Messicana (8), Piazza Mazzini 6, eine der beliebtesten Adressen der Innenstadt, viele Tische auf der Piazza, dafür nur ein winziger Innenraum, wo man hautnah mit dem Pizzabäcker flirten kann, daneben ein kleiner, übergrünter Innenhof. Große, leckere Pizzen auf länglichen Holzbrettern und einige Tex-Mex-Gerichte. Mo geschl. ✆ 031/7266204.

Le Colonne (11), Piazza Mazzini 12, weitere Pizzeria mit Freiterrasse an derselben Piazza, *secondi* um 15 €. Di geschl. ✆ 031/264859.

Osteria del Gallo (12), Via Vitani 16, Enoteca und Edelsnack mit Spezereienverkauf mitten in der Altstadt. Di bis So 9–20 Uhr. ✆ 031/272591.

L'Angolo di Vino (16), Via Armando Diaz 69, moderne „Enoteca con cucina", am späteren Abend auch als Treff beliebt. ✆ 031/242704.

• *Cafés* **Pasticceria/Gelateria Monti**, Piazza Cavour 21, gegenüber der Anlegestelle, erste Adresse in Sachen Eis, auch Pizza und Gebäck. Der alte Palazzo ist innen stuckverziert.

Colonial Café (7), Piazza Mazzini, neben Pizzeria Messicana. Originell ausgestattet, gemütliche Lounge-Atmosphäre, Ledersitze und Hocker.

Edel: Seidenkrawatten aus Como

TIPP! Cioccolandia (14), Via Russconi 12, Topadresse für Kaffeeliebhaber, nur ein paar Minuten vom Dom. Erstklassige Kaffeeauswahl, eigentlich alles, was es in Italien so gibt (!), dazu grosse Auswahl an Tee und, wie der Name schon sagt, Schokolade. Nette Atmosphäre und faire Preise.

Freiluftcafé an der Piazza San Fedele (→ Sehenswertes).

• *Nachtleben* **Caffè Mariett (15)**, Via Vittorio Emanule 86, der Treff zum Aperitivo, wer drinnen keinen Platz mehr findet, steht draußen.

Nova Comum (9), populäres Café in der Via Ballarini/Ecke Piazza del Duomo. Hier geht es abends oft fröhlich und laut zu, auch hier man steht mit seinem Bier auf der Straße.

Birreria 35 (18), Contrada di San Paolo 35, legere Szenekneipe mit viel Holz, Jazzmusik und Musikinstrumenten an den Wänden.

• *Shopping* Seiden- und Kunstseidenstoffe in großer Auswahl findet man u. a. bei folgenden Adressen.

Seterie Ratti, Outlet Store eines bekannten Herstellers in der Via Cernobbio 17, Nähe Villa dell'Olmo. Di–Sa 9–18.30, So/Mo geschl. ✆ 031/576000, www.ratti.it.

La Tessitura, Via Roosevelt 2/a, Concept-Store des Marktführers Mantero – auf über 1000 qm bauschen sich Tücher, stapeln sich Hemden und Blusen, winden sich Schals. Nicht billig, aber ein echtes Shoppingerlebnis. Mo 15.30–19.30 Uhr, Di–Sa 10.30–19.30, So geschl. ✆ 031/321666, www.latessitura.com.

Ein großer **Markt** findet am Di und Do vormittags statt, außerdem Sa den ganzen Tag.

Fox Town, riesiger Designer Outlet im nahen Mendrisio (Schweiz), von Como in Richtung Lugano fahren. 130 Shops, alle großen Marken sind vorhanden, Ersparnis bis zu 50 %. Tägl. 11–19 Uhr.

Fox Town, Via Angelo Maspoli 18, CH-06850 Mendrisio, ✆ 0041/916462111, www.foxtown.ch.

Comer See
Karte S. 246

Sehenswertes

Das historische Zentrum geht auf eine römische Garnison zurück und besitzt einen rechteckigen Grundriss. Auch die gepflasterten Gassen sind weitgehend rechtwinklig zueinander angelegt, zum Großteil sind sie Fußgängerzonen. Reste der mittelalterlichen Stadtmauer sind entlang der Piazza del Popolo und dem Viale Lecco erhalten, zwei Tortürme der Stadtmauer stehen an der Landseite der Altstadt.

Dom Santa Maria Maggiore: Imposant und äußerst dekorativ dominiert die mächtige Kirche einen weiten, offenen Platz im Zentrum. In ihrer gelungenen Mischung aus Gotik- und Renaissanceelementen gehört sie zu den bedeutendsten Sakralbauten Oberitaliens. Die aufwändig verzierte Fassade aus weißem Marmor besitzt senkrechte Skulpturenleisten und Türmchen, reich geschmückte Portale und hohe Fenster. Wohl geborgen hinter Glas sieht man zu beiden Seiten des Haupttors die Statuen von Plinius dem Älteren und Plinius dem Jüngeren, beide in Como geboren.

Im Innern grenzen mächtige Wandteppiche die Seitenschiffe vom Hauptschiff ab, sparsam bestuhlt kommt die Weite des Baus zum Tragen. Auffallend sind die vielen bunten Glasfenster, u. a. eine prächtige Rosette und hohe Glasfenster in der Front sowie kleine, leuchtende Fenster hinter dem Altar. Die spitze Kuppel von Filippo Juvarra (→ Turin) wirkt fast himmelhoch, beachtlich ist auch die vergoldete Orgel. An den Seitenaltären Reliefs der Gebrüder Rodari und mehrere Gemälde, zu den bedeutendsten zählen die „Anbetung der Heiligen Drei Könige" und „Der heilige Hieronymus" von Luini sowie die „Flucht nach Ägypten" und die „Vermählung der Heiligen Jungfrau" von Gaudenzio Ferrari.

Öffnungszeiten 7–12, 15–19 Uhr.

Broletto: Das ehemalige Rathaus mit Stadtturm aus dem 13. Jh. ist direkt an den Dom angebaut. Die schöne romanische Loggia im Zebramuster beherbergt heute oft Bücherstände, Flohmärkte etc.

San Fedele: kleine Basilika im lombardischen Stil, errichtet im 12. Jh. über einem Vorgängerbau aus karolingischer Zeit. Schöne Lage an einem beschaulichen Platz mit schattigen Arkaden und jahrhundertealten Häusern, deren Erker und Holzbalken einen pittoresken Rahmen bilden. Der kuppelgekrönte Innenraum in Form eines vierblättrigen Kleeblatts besitzt drei Schiffe und eine dreigliedrige romanische Apsis. Wandmalereien aus verschiedenen Epochen schmücken die Wände. Seitenemporen und Decke stammen zum Teil aus der Renaissance.

Sant'Abbondio: Die große Basilika mit zwei Glockentürmen aus dem 11. Jh. steht westlich außerhalb der Stadtmauern in einem reichlich unattraktiven Umfeld. Sie gilt als eins der bedeutendsten Werke der lombardischen Romanik. Das fünfschiffige Innere mit Säulen und Pfeilern ist schlicht gehalten, lediglich in der Apsis findet man herrliche Fresken aus dem 14. Jh., über denen sich ein prächtiger Sternenhimmel wölbt.

Villa Olmo: klassizistischer Palast mit prachtvollem Innenleben am westlichen Seeufer, erbaut Ende des 18. Jh., seit 1927 als Kongress- und Ausstellungszentrum genutzt. Zwischen Palast und See ein italienischer Park, hinter dem Haus ein Garten im englischen Stil.

Öffnungszeiten **Garten**, April bis Okt. Mo–Sa 9–12, 15–18 Uhr. Der **Palast** ist nur während Ausstellungen zugänglich.

Museen

Tempio Voltiano: Der architektonisch auffallende „Tempel" direkt am See ist dem einheimischen Physiker *Alessandro Volta* gewidmet. Hunderte von Erinnerungsstücken an den Wegbereiter der elektrischen Batterie liegen hier etwas nüchtern ausgebreitet, fein säuberlich dokumentiert in einer deutschsprachigen Broschüre. Pflichtbesuch für alle Schulklassen aus der Umgebung.

Öffnungszeiten/Preise April bis Sept. Di–So 10–12, 15–18 Uhr, übrige Zeit 10–12 und 14–16 Uhr, Mo geschl., Eintritt ca. 3 €. ℡ 031/271343.

Museo Didattico della Seta: Anschaulich gestaltetes Seidenmuseum in der Via Castelnuovo 1, südlich außerhalb des Centro storico, 1990 in einer alten Seidenspinnerei eröffnet. Alle Arbeitsgänge der Seidenherstellung werden an Hand von Originalgeräten ausführlich dargestellt.

Öffnungszeiten/Preise Di–Fr 9–12, 15–18 Uhr, Sa nach Vereinbarung. Eintritt ca. 8 €.
✆ 031/303180, www.museosetacomo.com.

Museo Archeologico "Paolo Giovio" & Museo Storico "Giuseppe Garibaldi": Beide sind zu finden an der Piazza Medaglie d'Oro im südöstlichen Bereich der Altstadt. Das archäologische Museum umfasst Funde von der Prähistorie über die römische Zeit bis zum Mittelalter, darunter auch eine ägyptische Sammlung und griechische Vasen. Das Museo Storico ist im Palazzo Olginati untergebracht, dessen Eigentümer dem Risorgimento-Helden Giuseppe Garibaldi wiederholt Unterkunft gewährt hatten. Hier kann man historische Kostüme und Seidenstoffe, Keramik, Dokumente und mancherlei mehr aus den letzten Jahrhunderten betrachten.

Öffnungszeiten/Preise Di–Sa 9.30–12.30, 14–17, So 10–13 Uhr, Mo geschl., ca. 3 €.

Brunate (ca. 1700 Einwohner)

716 m über Como liegt der Villenort in panoramareicher Hügellage, schön zum Spazierengehen und Wandern, mit stets herrlichen Ausblicken. Vom Ostende des Lungo Lario Trieste kommt man mit der Standseilbahn „Funicolare Como-Brunate" hinauf, 2004 hat das Bähnlein seinen 110. Geburtstag gefeiert.

Von der Bergstation der Seilbahn kann man zum *Faro Voltiano* weitergehen. Den achteckigen, 29 m hohen Leuchtturm erreicht man nach knapp 45-minütigem Aufstieg. Man hält sich zunächst links bis zur großen Pfarrkirche, dort ist der weitere

Blick von Brunate auf Como mit seinem großen Dom

Comer See
Karte S. 246

Weg ausgeschildert. Nach wenigen Minuten erreicht man die Asphaltstraße zum Leuchtturm, dort beginnt in einer Straßenkurve ein ehemaliger Maultierweg, die kieselsteingepflasterte „Mulattiera" per San Maurizio" (ausgeschildert als Weg 1), der einen durch dichtes Waldgebiet nach oben bringt. Von der fast 1000 m hoch gelegenen Plattform kann man weit in die Alpen blicken, der Blick auf den See ist z. T. ein wenig durch Bäume beeinträchtigt. Wunderschön ist die Ruhe hier oben, die Verkehrsgeräusche vom tief unten gelegenen Como dringen nur schwach herauf. Um den Leuchtturm erstreckt sich der große Waldpark *Parco Pubblico Merenghi.*

Zurück an der Seilbahnstation geht man ein Stück die Straße hinunter und hat dort einen herrlichen Blick auf Como. Wer nun noch Kraft hat, kann zu Fuß nach Como wandern (ausgeschildert). Der steile Hang ist übersät mit Häusern, Villen und Palästen der Wohlhabenden, Vermögenden und märchenhaft Reichen – und Standort des Restaurants mit dem wohl schönsten Blick auf den linken Arm des Comer Sees (→ Essen & Trinken).

- *Anfahrt/Verbindungen*   **Funicolare Como-Brunate**, etwa alle 15 Min., Dauer ca. 7 Min., hin/rück ca. 4,10 €, Kinder bis 12 J. 2,10 €, letzter Zug zurück ca. 22.30 Uhr, im Sommer bis Mitternacht (www.funicolarecomo.it).

Mit dem **PKW** kann man auf steiler Straße ebenfalls hinaufgelangen, ausgeschildert mit Brunate.

- *Übernachten/Essen & Trinken* ***** Falchetto**, Salita Peltrera 37, unterhalb der Seilbahnstation der Beschilderung folgen und ein ordentliches Stück den Berg hinunter. Die schöne Aussicht hat man über den dampfenden Tellern bald vergessen – nach langen Jahren und vielen Stationen bei Spitzenköchen überall auf der Welt überkocht Roberto das Panorama spielend. Der Weg zurück zur Seilbahn ist beschwerlich, also lieber die steile Straße nach Como hinunterschwanken oder, noch besser, eins

der schönen Zimmer nehmen. Menü um die 30 €, DZ ca 75 €, Frühstück extra. ✆ 031/3365033, ✉ 031/3365007, www.falchetto.it.

B & B Alla Mirandola, Via Scalini 56, direkt am Fußweg von Brunate zum Leuchtturm, ein Stück unterhalb des Faro. Geführt von einem Englisch sprechenden Paar. Drei DZ mit orthopädischen Matratzen, reichhaltiges Frühstück auf der Terrasse, auf Wunsch Internetanschluss. Reservierung erwünscht. ✆ 031/220539, www.allamirandola.it.

La Polenteria San Maurizio, rustikales Lokal unterhalb vom Leuchtturm, Polenta mit Grillfleisch in diversen Variationen. Geöffnet Do–So. ✆ 031/365105.

Locanda del Dolce Basilico, am Fußweg zum Leuchtturm, ligurische Spezialitäten in einem kleinen Landhaus mit begrünter Terrasse. Mi geschl. ✆ 031/221003.

Möbel aus Cantù

Die Kleinstadt etwa 12 km südlich vom Como ist ein traditionsreiches und bis heute äußerst vitales Zentrum der Möbelindustrie. Im Rahmen einer ständigen Verkaufsausstellung präsentiert ein 1893 gegründetes Konsortium von zahlreichen Herstellern an der zentralen Piazza Garibaldi ihre formschönen Designermöbel, genannt „La Permanente Mobili Cantù" – ein ganzes Haus voller außergewöhnlicher Möbelstücke, für Liebhaber ein Muss.

La Permanente Mobili Cantù, Piazza Garibaldi 9, Mo–Fr 9–12.30, 15–19 Uhr, Sa 9–12.30, 15–18 Uhr. ✆ 031/712539, www.lapermanentemobilicantu.com.

Nachwuchsangler am Lago di Alserio

Seen in der Brianza

In der Brianza, dem dicht besiedelten und stark industrialisierten Tiefland zwischen Como und Lecco, liegen mehrere kleine, optisch recht reizvolle Seen, deren Ufer allerdings weitgehend verschilft sind und nur vereinzelt Bademöglichkeiten bieten, z. T. ist das Baden sogar verboten. Vor allem die Möbelproduktion ist in der Brianza ein blühender Wirtschaftszweig. Auf der Straße zwischen Lecco und Erba herrscht meist heftiger Verkehr.

▶ **Lago di Annone**: der größte der Brianzaseen, jedoch ohne Badegelegenheiten. Von *Civate* am Nordufer kann man eine schöne Wanderung zur Bergkirche San Pietro al Monte unternehmen (→ Kasten). Am Westufer liegt *Annone Brianza* mit einem empfehlenswerten Restaurant (→ Essen & Trinken), am Ostufer gibt es den „Stendhal Sportclub", ein großes Strandbad mit Liegewiese, zwei Außenpools, Rutsche, Beach-Volleyball-Anlage und Hallenbad, jedoch ohne Zugang zum See (Baden verboten), daneben liegt das Restaurant „Ca' Bianca".

• *Übernachten* **** Camping Due Laghi**, Iselle di Civate, Via Isella 34, zwischen beiden Teilen des Sees auf einer Halbinsel gelegen. ✆/✉ 0341/550101.

• *Essen & Trinken* **Borgo Antico**, freundlich geführtes Ristorante in einer Villa des 17. Jh. mit großem, grünem Garten. Di-Mittag und Mi geschl. ✆ 0341/576393, www.ristoranteanticoborgo.it.

• *Sport* **Stendhal Sportclub**, Via Dante Alighieri, Oggiono. ✆ 0341/579189, www.stendhalsportclub.it.

Lago di Pusiano

Derjenige der Brianzaseen, an dem sich am meisten unternehmen lässt. Am Nordufer kann man im Ristorante „Negri" in *Pusiano* idyllisch direkt am Ufer essen, gleich gegenüber steht der *Palazzo Beauharnais* aus dem 18. Jh. mit Park und kürzlich

In luftiger Höhe: San Pietro al Monte

Romanik in der Brianza

Oberhalb von Civate erhebt sich am Nordende des Lago di Annone der Monte Pedale. Auf halber Höhe liegt das ehemalige Benediktinerkloster *San Pietro al Monte* mit dem dazugehörigen *Oratorio San Benedetto* oberhalb eines dichten Waldes. Das romanische Ensemble ist nach knapp einstündigem steilem Aufstieg über einen Bergpfad zu erreichen (kein Spaziergang!) und beeindruckt zunächst mit seiner formalen Geschlossenheit. Wahrscheinlich über einer frühchristlichen Kultstätte errichtet, liegt der Ursprung des Klosters im späten 8. Jh. Arnolfo dei Capitani, ein Mailänder Bischof, der mit dem Papst zerstritten war, zog sich später in das kleine Kloster zurück und veranlasste einen Umbau und die heutigen Malereien, die zu den Höhepunkten romanischer Freskenkunst zählen.

Der romanische Stil des Zentralbaus ist unübersehbar, der heute völlig nackte Innenraum war früher ausgesprochen reich verziert, davon zeugen jedoch nur noch die Fresken am gemauerten Altar. Vorgelagert ist die kleine Totenkapelle, die dem Ordensgründer geweiht ist.

Künstlerisch bedeutender ist der unmittelbar oberhalb anschließende Komplex der eigentlichen Klosterkirche San Pietro. Eine breite Granittreppe führt zur Ostapsis, die bei der Neuausstattung durch Arnolfo zum Eingang umgestaltet wurde. In der Verlängerung der interessanten Ostanlage, die prächtige Wandmalereien zeigt, schließt sich ein einfaches Landhaus mit einem Baldachin über dem Altar und eine weitere Apsis an. Besonderes Augenmerk gebührt den Stuckreliefs am Baldachin und vor allem den Fresken, die in mittelalterlicher Drastik den armen Sterblichen die Schrecken der Apokalypse und natürlich auch die Erlösung daraus lebhaft vor Augen führen.

Aufstieg Ausgangspunkt ist ein ausgeschilderter Parkplatz am Ende der Via Belvedere oberhalb von Civate. Die beim Aufstieg verbrauchten Kalorien lassen sich spielend mit den üppigen Brotzeitplatten der Crotti am Wegeinstieg wieder einfangen (nur im Sommer geöffnet).

Öffnungszeiten nur sonntags 9–15 Uhr oder nach Vereinbarung mit Sign. Canali unter ✆ 0341/551576.

restauriertem Gästehaus (Foresteria), in dem ein Studienzentrum eingerichtet wurde. Weiter westlich liegt die hübsche *Isola dei Cipressi* unmittelbar vor der Küste. Vom nahe gelegenen *Monte Cornizzolo* starten Gleitschirmflieger und segeln über den See.

Am Ostufer erreicht man *Bosisio Parini*, im 18. und 19. Jh. eine beliebte Sommerfrische vieler Adelsfamilien, die sich animiert von den Lobeshymnen des lokalen Dichters Giuseppe Parini (1729–99) hier niederließen. Verstreut stehen noch einige Villen aus dieser Zeit. Sein Geburtshaus wurde als Museum eingerichtet. Sonntags macht von hier aus die urige, kleine Fähre „Vago Eupili" Rundfahrten – 1820 fuhr auf dem Lago di Pusiano das erste Dampfboot Italiens. Die Anlegestelle liegt südlich vom Ortszentrum im *Parco Pubblico*, wo man sich in den Wiesen am Seeufer genüsslich sonnen kann. Ein gepflasterter Uferweg führt hinüber in den Nachbarort *Borgo di Garbagnate*.

● *Öffnungszeiten* **Casa-Museo „Giuseppe Parini"**, Vicolo Casa Parini, Auskunft über Öffnungszeiten im Informationsbüro.

● *Information* **Pro Loco Bosisio Parini**, Piazza Parini 1, ✆ 031/3580511, www.prolocobosisio.it.

● *Schiffsrundfahrten* von Mitte April bis Anfang Okt. mehrere Fahrten ab Bosisio Parini, Dauer ca. 1 Std., Preis ca. 4,50 €. Auskunft unter ✆ 031/3580511, Fahrplan unter www.prolocobosisio.it.

● *Übernachten* ***** Parini**, modernes Haus in Bosisio Parini. DZ mit Frühstück ca. 65 €. ✆ 031/865008, ✆ 866400, www.parinihotel.com.

● *Essen & Trinken* **TIPP! Negri**, Via Mazzini 26, in Pusiano unmittelbar an der Durch-gangsstraße, ruhige und schattige Terrasse direkt am See, von der Durchgangsstraße nicht zu bemerken. Mit Parkplatz und einigen einfachen Gästezimmern (allerdings wegen der Straße recht laut). ✆ 031/655706.

Hostaria Ellera, Via Zoli 27, westlich von Pusiano, Terrassenlokal mit Liegewiese direkt am See. ✆ 031/6579001, www.ellerahostaria.com.

Lago Paradiso, Via Colombo 10, in der Bucht von Moiana am Südufer (ausgeschildert ab Durchgangsstraße). Schöne Lage direkt am See, schattige Terrasse und idyllisch ruhig. Dazu gehört eine kleine Liegewiese, es gibt Spielgeräte für Kinder und auch Tretboote werden verliehen. Mo geschl. ✆ 031/650485.

Beschauliches Fleckchen am Lago di Pusiano

Seen in der Brianza

*Madonna di Ghisallo:
Heiligtum der Radfahrer*

Lago di Alserio: Der kleinste der südlich von Erba gelegenen Seen ist ebenfalls zum Baden nicht geeignet, jedoch gibt es an der Südwestecke eine schöne Liegewiese, wo sich Picknickfreunde, Ruhesuchende und Angler treffen. Interessant ist dort außerdem die Rekonstruktion einer Wassermühle.

Lago di Segrino: Der einzige Badesee der Brianza ist ein malerisches, kleines Gewässer im Grünen nordöstlich von Erba, die Straße nach Bellagio führt direkt daran vorbei. Auch hier sind die Ufer verschilft, am Südufer kann man aber ein beliebtes Strandbad mit angeschlossener Trattoria besuchen, weitere Bademöglichkeiten gibt es an verschiedenen Stellen am Ostufer. Die Straße am Ostufer ist als *Parco Lago Segrino* für den Verkehr gesperrt und wird zum Joggen genutzt, auch am Westufer führt unterhalb der Durchgangsstraße ein Fußweg entlang.

Von Erba nach Bellagio

Man fährt das *Vallassina* in Richtung Norden hoch über die Berge, bis in knapp 800 m Höhe. Ein Abstecher auf den Monte San Primo bringt uns sogar auf fast 1200 m Höhe. *Canzo* ist ein trotz seiner Industrie recht attraktives Städtchen inmitten von viel Grün. Zum *Santuario San Miro al Monte* (600 m) kann man mit dem Auto einen Abstecher unternehmen. Bei *Lasnigo* steht die *Chiesa di Sant' Alessandro* mit mittelalterlichen Fresken. Dann geht es zur Passhöhe hinauf.

▸ **Madonna di Ghisallo**: Beliebter Stopp auf der Passhöhe ist die Wallfahrtskirche der Madonna di Ghisallo, die Papst Pius XII. 1949 zur Schutzpatronin der Radfahrer erklärt hat. Täglich finden sich hier ganze Rudel von Bikern ein, alle Wände des Kirchleins sind bedeckt mit Rennrädern (u. a. von Eddie Merckx und Francesco Moser), Trophäen und Siegerpreisen von Wettrennen. Neben der Kirche steht ein Bronzedenkmal für die tapferen Radler. Ein modernes Radsportmuseum wurde vor einigen Jahren eröffnet, lohnt wegen des hohen Eintrittspreises aber wohl nur für wirkliche Enthusiasten.

● *Öffnungszeiten/Preise* **Museo del Ciclismo**, Di–Fr 9.30-17.30, Sa/So 9–18 Uhr, Mo geschl. Eintritt ca. 10 €, Stud., Frauen und Senioren über 65 J. 6 €. ✆ 031/965885, www.museodelghisallo.it.

● *Übernachten* **B & B Il Paraguay**, Via Garibaldi 11, Magreglio, nette Unterkunft mit Garten. DZ mit Frühstück ca. 66–72 €. ✆/✉ 031/965117, www.ilparaguay.it.

Camping Madonna del Ghisallo, Strada Valassina, Civenna, nördlich unterhalb von der Wallfahrtskirche, leider großteils von Dauercampern belegt. ✆ 031/963432, ✉ 210060.

Bellagio siehe S. 267.

Am Lago di Piano zwischen Menaggio und Porlezza

Luganer See (Lago di Lugano)

italienischer Teil

Der größte Teil des verwinkelten Luganer Sees – in Italien nach seinem lateinischen Ursprung „Ceresio" genannt – gehört zur Schweiz. Italienisch sind lediglich ein kleines Stück des Westufers und der östliche Seearm, der wie eine lange Zunge in lombardisches Gebiet hineinragt. Letzterer liegt landschaftlich reizvoll inmitten hoher, bewaldeter Hänge, trotzdem ist das Gebiet insgesamt eine eher ruhige Ecke mit nur einer Handvoll bescheidener Orte.

Das Wasser des Ceresio gehört nicht zu den saubersten der Oberitalienischen Seen. Da er keinen großen Zufluss besitzt, sondern nur mehrere kleine Flüsschen, vollzieht sich der notwendige Wasseraustausch recht zögerlich. Zudem gibt es nur wenige Kläranlagen am See, sodass immer wieder Badeverbote ausgesprochen werden.

Umfassende Informationen zum Schweizer Ufer – u. a. zum mondänen Lugano, zu Montagnola, wo Hermann Hesse 43 Jahre lang lebte, und zum touristischen Aushängeschild Morcote mit dem berühmten Gartenparadies Parco Scherrer – finden Sie in unserem Titel „Tessin" (→ Verlagsprogramm).

Von Menaggio nach Porlezza

Vom Comer See ist es nur ein Katzensprung nach Porlezza, dem östlichsten Ort am Luganer See. Auch Busse pendeln auf dieser Strecke, sodass man auch bequem einen Tagesausflug machen kann. Unterwegs kommt man am idyllischen, kleinen Lago di Piano vorbei, an dessen Ufer drei ruhige Zeltplätze liegen.

▶ **Lago di Piano**: Der völlig unbebaute See liegt malerisch im üppig grünen Naturschutzgebiet Riserva Naturale Lago di Piano. Er ist z. T. mit Seerosen bedeckt und Nistgebiet zahlreicher Wasservögel, besitzt aber auch mehrere reizvolle Badezonen, außerdem kann man Ruderboote leihen. Auf der Halbinsel Brioni steht das *Castel San Pietro*, eine befestigte Häusergruppe aus dem Mittelalter.

● *Übernachten* ** Camping Ranocchio**, Via Lago 7, beliebter Platz mit schönem Pool und schattiger Badezone am Ufer. Sanitäranlagen sauber. Anfahrt beschildert ab Piano di Porlezza. ✆/✉ 0344/70385, campeggioranocchio.campe@tin.it.
* **Camping Costa Azzurra**, Via Lago 2, gleich in der Nachbarschaft vom Camping Ranoccio. ✆ 0344/70024.

** **Camping O.k. La Rivetta**, Via Calbiga 30, in der südwestlichen Ecke des Sees, Zufahrt an der Straße nach Porlezza kurz nach Carlazzo beschildert. Schöner Platz mit Strandwiese, Pool und Kinderbecken. ✆ 0344/70393, ✉ 70715, www.campingoklarivetta.com.

Porlezza   (ca. 4100 Einwohner)

Hauptort des Sees auf italienischem Gebiet, schon von den Römern gegründet. Das Kleinstädtchen mit seiner luftigen Promenade und nettem Altstadtkern bietet einen schönen Seeblick, sonst aber nichts Spektakuläres. Die Kirche *San Vittore* ist üppig mit Fresken und Stuck verziert. In der Fußgängerzone findet man gut bestückte Delikatessenläden. Drei beliebte Campingplätze liegen am Seeufer südlich vom Ort im Grünen.

● *Anfahrt/Verbindungen* **SPT-Bus C12** fährt von und nach Menaggio (Comer See) und Lugano (Schweiz).
● *Übernachten* *** Europa**, Lungolago Matteotti 19, großes, gepflegtes Haus an der Uferstraße, Restaurant mit Terrasse, Zimmer mit Sat-TV, eigener Anleger, Garage und Parkplatz. DZ mit Frühstück ca. 90–120 €. ✆ 0344/61142, ✉ 72256, www.hoteleuropaitaly.com.
** **Darna**, seit 50 Jahren in Familienbesitz, schön gestalteter Pool, große Pizzeria, im Sommer Animation. ✆ 0344/61597, www.campingdarna.com.

** **International Sport**, weitläufiger Platz mit Ristorante/Pizzeria, dazu gehört das große Schwimmbad Acquapark mit Hydro-Massage und Rutschbahn, außerdem ein Tennisplatz. ✆ 0344/61535, ✉ 618529, www.intersportcamp.it.
*** **Camping La Sbianca**, wird besonders wegen seiner freundlichen Platzleitung gelobt. ✆/✉ 0344/62271.
● *Shopping* **Markttag** ist Samstag.

Nordufer

Die Straße durchquert einen längeren Tunnel, bevor sie *Cima di Porlezza* erreicht. Etwas außerhalb vom Ort liegt die barocke Wallfahrtskirche *Santuario della Madonna della Caravina*, die der Kardinal Carlo Borromeo im 16. Jh. erbauen ließ (→ S. 353).

Es geht in kurviger Fahrt auf teilweise sehr enger und im Sommer viel befahrener Straße weiter in Richtung Schweizer Grenze. Von den Orten sind das sich den Hang hinaufstaffelnde *San Mamete* und *Oria* kurz vor der Grenze am reizvollsten. In letzterem war der Dichter Antonio Fogazzaro (1842–1911) zu Hause, dessen Roman „Piccolo Mondo Antico" in Italien recht bekannt ist. Im Hinterland kann man einen Ausflug ins malerische *Valsolda* mit seinen kleinen Bergdörfern machen.

● *Übernachten* **** Parco San Marco**, oberhalb der Norduferstraße, kurz nach dem Tunnel. Großzügige Anlage mit weitläufigem Garten und dreistöckigen Wohneinheiten in Südhanglage, durch eine Unterführung kommt man zum Kiesstrand am Seeufer. Aufmerksame Schweizer Leitung, gepflegte und nette Atmosphäre. Zahlreiche Einrichtungen: mehrere Restaurants, Swimmingpool, Tennis, Wellnesscenter mit Indoorpool,

Whirlpool, Dampfbad, Sauna, Bootsanlegeplatz und Slipanlage. Man wohnt in komfortablen Zwei-Raum-Suiten und Apartments. Auch über Reiseveranstalter. ✆ 0041/91/9234086, ✉ 9242141, www.parco-san-marco.com.

• *Essen & Trinken* **Il Crotto del Lago**, Via Fontanella 3, in der Località Caravina am Ortsende von Cima, schöne, schattige Seeterrasse, Fisch aus dem See. ✆ 0344/69132.

Südufer

An der Straße nach Ostено passiert man einen kleinen Wasserfall, dort kann man die für den Publikumsverkehr erschlossene *Grotte di Rescia* gegenüber vom gleichnamigen Campingplatz besichtigen.

Ostено ist ein winziges, hübsch am See gelegenes Dorf, in dem die Ruhe zu Hause ist. Camping „Lido Ostено" liegt gleich in der Nachbarschaft. Die Pfarrkirche oberhalb vom Ort besitzt eine eindrucksvolle Marmorskulptur „Madonna mit Kind" vom einheimischen Künstler Andrea Bregno (1464).

Ausflüge ins malerische *Intelvi-Tal* (→ S. 286) bieten sich von hier aus an, man kann aber auch bis *Campione d'Italia* weiterfahren.

• *Öffnungszeiten* **Grotte di Rescia**, Ostern bis Ende Sept. 14–18 Uhr. Info beim Campingplatz, ✆ 0344/75520.

• *Übernachten* Beide Zeltplätze liegen am See, * **Camping Grotte di Rescia** (✆ 0344/75520, ✉ 72766) und ** **Camping Lido Ostено** (✆ 0344/65224).

Campione d'Italia:
italienische Enklave am Schweizer Ufer des Luganer Sees

Das nur wenige Quadratkilometer große Gebiet gehörte fast 1000 Jahre lang dem Kloster von Sant'Ambrogio in Mailand. Erst Napoleon gab es im Zuge der Säkularisation der Lombardei zurück, nach seiner Niederlage bestätigte der Wiener Kongress die Transaktion. Die Betonarchitektur des Dreitausend-Einwohner-Dorfs ist nicht erhebend, doch besitzt Campione einen Anziehungspunkt besonderer Art: das Spielcasino *Casinò Municipale*, das kürzlich durch einen imposanten Neubau des Stararchitekten Mario Botta Europas größtes Casino wurde. Zehn Stockwerke hoch sind die beiden Zentralbauten, die in Form einer Stimmgabel gen Himmel streben, umgeben sind sie von zwei halbkreisförmigen Seitenflügeln, alles ist mit toskanischem Sandstein verkleidet. Parken und Eintritt sind gratis, der Ausweis ist vorzulegen. Für die Roulette-Säle („French Rooms") sind Jackett und Krawatte Pflicht, zum „American Room" mit 600 Slot-Machines hat man Zutritt mit legerer Kleidung. Weiterhin gibt es ein elegantes Terrassenrestaurant namens "La Boule" mit herrlichem Seeblick, das Ristorante „Stratosphere" im siebten Stock und mehrere Bars. Wer also seine Reisekasse verspielen möchte – auf der Autobahn ist man von Como aus in einer halben Stunde in Campione. Jedoch Vorsicht: Wer keine Vignette am Auto hat, muss an der Schweizer Grenze auch für dieses kurze Autobahnstück den vollen Betrag lösen, in diesem Fall also besser die Staatsstraße nehmen.

Information *Azienda Turistica Campione d'Italia*, Via Volta 3, ✆ (004191-)6495051, ✉ 6499178, www.campioneitalia.com; *Casinò Municipale*, ✆ (004191-)6401111, ✉ 6401112, www.casinocampione.it
Übernachten ** **La Palma**, Piazza Boromini, Hotel/Restaurant 2 km südlich direkt am See, im historischen Zentrum des Fischerdorfs Bissone. Panoramaterrasse, vielfältige Küche, eigene Bootsanlegestelle. DZ mit Frühstück ca. 90–110 €. ✆ (004191-)6498406, ✉ 6496769.

Luganer See

Schön zum Bootfahren, zum Baden nur bedingt geeignet: Lago di Varese

Seen im Varesotto

Die kleinen Seen im Hügelland zwischen Comer See, Luganer See und Lago Maggiore stehen natürlich ganz im Schatten der großen Nachbarn, bieten aber viel Ruhe und, abgesehen vom Lago di Varese, auch Bademöglichkeiten.

Lago di Varese

Südwestlich von Varese liegt der etwa 9 km lange und nur 26 m tiefe See in flacher Hügellandschaft, die Ufer sind größtenteils verschilft. Wegen der jahrzehntelangen Einleitung von Abwässern und der damit verbundener Europhierung (übermäßige Nährstoffzufuhr) war er nahezu „umgekippt", Baden war lange verboten.

Mittlerweile befindet er sich auf dem Weg zur Besserung. Schon vor längerem hat man eine Ringkanalisation installiert und unter dem schönen Namen „Progetto di Vita" wurden große Mengen von Sauerstoff in den See gepumpt,. Zum Prädikat „Badesee" hat es zwar bislang noch nicht gereicht, doch immerhin darf seit 2004 an zwei Stellen im See wieder gebadet werden: bei *Schiranna*, von Varese aus der seenächste Punkt und gegenüber bei *Cazzago Brabbia*, wo mit dem Brabbiakanal auch der einzige Zufluss in den See liegt. Ob die Situation stabil bleibt, wird genau kontrolliert. Seit Kurzem gibt es auch einen 28 km langen Radweg, der den See komplett umrundet.

Hauptort ist *Gavirate* am Nordende des Sees. Ein nettes Plätzchen ist dort das Albergo/Ristorante „Lido" direkt am See, am flachen, baumbestandenen Ufer davor kann man sich in Ruhe sonnen. Das *Museo della Pipa* in der Via del Chiostro ist mit seiner umfassenden Sammlung von mehr als tausend handgeschnitzten Pfeifen einen Besuch wert.

Etwas südlich von Gavirate versteckt sich am Ostufer im Örtchen *Voltorre* das ehemalige Benediktinerkloster *San Michele* aus dem 12. Jh. Es besitzt einen schönen

Kreuzgang, der aus 46 Säulen mit behauenen Kapitellen besteht, und einem Campanile, der eine der ältesten Glocken Italiens sein Eigen nennt. Eine umfassende Restaurierung wurde kürzlich abgeschlossen.

Von *Biandronno* am Westufer kann man per Boot zur winzigen Insel *Isolino Virginia* übersetzen, wo eine mehr als dreitausend Jahre alte Pfahlbausiedlung aus dem Neolithikum entdeckt wurde. Ein Museum zeigt Funde und gibt einen Überblick über die Entwicklung der Siedlung, die bis in römische Zeiten existierte. Die Insel bietet sich für ein ruhiges Picknick an, es gibt aber auch ein kleines Restaurant. Tipp: Von Gavirate zur Anlegestelle südlich von Biandronno kann man am Ufer entlang bequem zu Fuß gehen, das dauert ca. 1 Std. 15 Min. Unterwegs findet man Informationstafeln zur Entstehung des Sees sowie zur Flora und Fauna.

● *Öffnungszeiten* **Museo della Pipa**, April bis Okt., nur nach Vereinbarung mit Signore Alberto Paronelli, ✆ 0332/743334.

Abbazia San Michele, April bis Sept. Di–So 10–17 Uhr, übrige Zeit 10–12, 14–17 Uhr. ✆ 0332/743914.

Museo Preistorico (Isolino Virgina), April bis Anfang Nov. Sa/So 14–18 Uhr, Eintritt 2 €. Ansonsten mit Reservierung im Museo Civico Archeologico di Villa Mirabello von Varese, ✆ 0332/255485; ✆ 281460, villa.mirabello@comune.varese.it.

● *Information* **Associazione Pro Gavirate**, Via Lungolago Isola Virginia 3, ✆ 0332/744707, www.progavirate.com.

● *Übernachten/Essen & Trinken* * **Lido**, Via Lido 22, gemütliches Albergo mit großem Speiseraum und Terrasse am Seeufer bei Gavirate, an Wochenenden oft Treffpunkt

der gesamten Region. Geführt von Adamo mit Familie, freundlicher Service, gutes und günstiges Essen, Spezialität sind die *spaghetti napolitana*. DZ ca. 42–50 €, Frühstück extra. ✆/✆ 0332/743443.

Isolino Virginia, Via Isola Virgina 33, lustige Osteria auf der Isolina Virginia, direkt am See, Betreiber ist der Kustos des Museums. Eigener Bootsservice! Üppige Leckereien aus allerlei Süßwassergetier. Di geschl. ✆ 0332/766268.

Area Camper, 15 Stellplätze für Wohnmobile beim Tourist Info am Lido di Gavirate (Nähe Parco della Folaga Allegra), Ver- und Entsorgung von Wasser, Kinderspielplatz benachbart.

● *Shopping* Ein großer **Markt** findet am Freitag in Gavirate auf der Piazza Mercato und dem Viale Garibaldi statt.

▶ **Lago di Biandronno**: Der unter Naturschutz stehende „See" ist eigentlich ein verlandetes Torfmoor mit einigen Tümpeln. Das 130 ha große Gebiet liegt landeinwärts von Biandronno und ist fast völlig von Schilf überzogen. Von Biandronno hat man einen schönen Überblick.

▶ **Lago di Monate**: Der nur 2,5 qkm große See ist 34 m tief und gehört, da seine Ufer weitgehend in Privatbesitz sind, zu den saubersten Gewässern der Region. Badestellen gibt es mehrere, z. B. beim Campingplatz am südwestlichen Ufer und in *Cadrezzate*, wo man auf einer Wiese mit kleinem Strand, Snackbar und Bootsverleih Liegestühle und Sonnenschirme leihen kann. Sehr schön sitzt man im nahen Restaurant „Ninfea" (✆ 0331/953282) direkt am See.

Übernachten ** **Camping Lago di Monate**, ruhiger Platz am südwestlichen Ufer des gleichnamigen Sees, mit Bar/Restaurant, Sanitäranlagen okay, Ver-/Entsorgung für Womos. Ganzjährig. ✆/✆ 0331/968566.

▶ **Lago di Comabbio**: Etwas größer als der Lago di Monate, dafür nur 7,70 m tief – im Winter friert er deshalb häufig zu und wird zur großen Eislaufzone. Am Ostufer hat man Reste von Pfahlbauten aus der Bronzezeit entdeckt, bei *Mercallo* am Westufer eine römische Nekropole. Baden kann man z. B. beim Campingplatz.

● *Übernachten* *** **Camping La Madunina**, Via dei Martiri 12, ebenfalls ruhiger Platz am nördlichen Ostufer des Lago di Comabbio, bei Varano Borghi. Strand, Bar/Restaurant,

Pool, Kinderspielplatz, Fußball, gute Sanitäranlagen, Waschmaschinen. Ganzjährig. ✆/✆ 0332/960361, www.campinglamadunina.com.

▶ **Lago di Ghirla**: winziger See nördlich von Varese, zu erreichen über die SS 233, unter Umständen lohnender Halt bei der Anreise über Bellinzona und Lugano. Den Camping „Trelago" (**, ✆ 0332/716583, 📠 719650), ein hübsches Wiesengelände mit kleinem Pool, findet man gleich beim Strandbad. Das Ristorante „Piccolo Lago" liegt ebenfalls am See (am Wochenende mit Disco).

Varese   (ca. 88.000 Einwohner)

Die große und wohlhabende Stadt ist zentraler Knotenpunkt der hoch industrialisierten Hügelregion Varesotto.

Wer Brescia kennt, wird Ähnlichkeiten feststellen, denn auch Varese wurde während der faschistischen Epoche grundlegend umgestaltet. Vor allem auf der zentralen Piazza Monte Grappa und in ihrer Umgebung wurde jegliche historische Architektur den glatten, monumental aufragenden Granitwänden des „Facismo" geopfert. Das benachbarte Altstadtviertel zeigt sich dagegen mit seinem großen Fußgängerbereich, der aus dem von Laubengängen flankierten Corso Matteotti und vielen gewundenen Seitengassen besteht, durchaus angenehm. An warmen Sommertagen flaniert hier die halbe Stadt auf und ab oder sitzt in den kleinen Straßencafés.

● *Anfahrt/Verbindungen*   In und um die Stadt verkehren die Busse von **AVT** (www.avtvarese.it) und **Sila** (www.sila.it).

● *Information*   **IAT**, Viale Carrobio 2, an der Ecke der zentralen Piazza Monte Grappa. ✆/📠 0332/283604, www.vareselandofturism.it, iatvarese@provincia.va.it.

● *Übernachten/Essen & Trinken*   ***** Bologna**, Via Broggi 7, im historischen Zentrum, Nähe Piazza Carducci, nur wenige Meter zur Fußgängerzone. Das Hotel ist Teil eines Klosterkomplexes, der vor einigen Jahren restauriert wurde. Familienbetrieb seit über vierzig Jahren, freundlich geführt, Zimmer mit TV im

schlicht-eleganten Design, nettes Restaurant mit Plätzen im Hof. Eigener Parkplatz. DZ mit Frühstück ca. 95 €. ✆ 0332/232100, 📠 287500, www.albergobologna.it.

Vecchia Trattoria della Pesa, Via Cattaneo 14, Nähe Piazza Carducci. Schönes Lokal im alten Stil, traditionelle Küche mit vielen hausgemachten Zutaten, besondere Hausspezialität ist *bollito misto*. So abends u. Mo geschl. ✆ 0332/287070.

Gelateria del Corso, die Eisdiele am Beginn des Corso Matteotti ist an heißen Tagen dicht umlagert.

Sehenswertes: Durch ein Tor im Laubengang des Corso Matteotti erreicht man die *Basilica San Vittore*, umgeben von historischen Palazzi. Die mächtige klassizistische Fassade mit dem 77 m hohen Glockenturm steht im Kontrast zum etwas niedrig und gedrungen wirkenden Innenraum, der aber mit Fresken, Stuck und Gemälden verschwenderisch ausgestattet ist, insbesondere der vollständig ausgemalte Altarbereich. Unmittelbar benachbart steht das große romanische *Battisterio di San Giovanni*, das allerdings nur selten geöffnet ist.

Nur wenige hundert Meter entfernt kann man die ausgedehnten *Giardini Estense* besuchen, die sich hinter dem gleichnamigen Palast erstrecken, heute Sitz der Stadtverwaltung. Die Anlage wurde im 18. Jh. nach dem Vorbild des Habsburger Schlosses Schönbrunn in Wien angelegt. Auf breiten Wegen zwischen abgezirkelten Rasenflächen mit kunstvoll, im Stil des Rokoko beschnittenen Bäumen und Sträuchern kommt man zur *Villa Mirabello* mit den städtischen *Musei Civici*, die u. a. Dokumente zum Risorgimento, Werke lombardischer Malerei, außerdem archäologische und naturhistorische Funde der Region beherbergen.

Ein ganz besonderer Leckerbissen für Kunstliebhaber ist schließlich die *Villa Menafoglio-Litta-Panza* in einem großen Park auf dem Hügel Biumo Superiore nördlich vom Zentrum, wo noch mehrere prächtige Villen stehen. Der heutige gräfliche Eigentümer Giuseppe Panza und sein Vorgänger Litta haben hier im stilvollen Rahmen der stuck- und freskenverzierten und mit historischem Mobiliar ausgestatteten Villa neben afrikanischen und vorkolumbianischen Stücken auch eine große Sammlung zeitgenössischer Kunst zusammengetragen, die erst vor kurzem der Öffentlichkeit zugänglich gemacht wurde. Ein Schwerpunkt liegt bei amerikanischen Künstlern.

• *Öffnungszeiten/Preise* **Giardini Estense**, tägl. 8 Uhr bis Sonnenuntergang, im Juli/ August länger, Eintritt frei.
Musei Civici Villa Mirabello, Juni bis Sept. Di–So 9.30–12.30, 14–17.30 Uhr, übrige Zeit 9.30–12.30, 14–17 Uhr, Mo geschl.; Eintritt ca. 2,60 €. ✆ 0332/281590.
Villa Menafoglio-Litta-Panza, Piazza Litta, Di–So 10–18 Uhr (letzter Einlass 1 Std. vor Schließung), Mo geschl.; Eintritt ca. 8 €, Kinder (4–12 J.) ca. 4,50 €. Werktags Parkplatz gegen Gebühr. Wegbeschreibung: 20 Min. zu Fuß ab Zentrum, ab Stazione Ferrovie dello Stato (Bahnhof) an der Piazza Trieste östlich vom Centro storico fährt Bus A zur Villa, sonntags gibt es außerdem einen Pendelbus ab Ippodromo in der Nähe der Villa, in dessen Umkreis mehrere Parkplät-

Sommer in der Fußgängerzone von Varese

ze liegen. ✆ 0332/283960, ✎ 498315, www.varesegallery.com/villapanza oder www.fondoambiente.it.

Sacro Monte di Varese

Etwa 8 km nordwestlich der Stadt erstreckt sich der hüglige und dicht bewaldete Naturpark Campo dei Fiori, der im 1226 m hohen Monte Campo dei Fiori gipfelt. Auf einem 883 m hohen Nebengipfel – genannt Sacro Monte di Varese – thront der pittoresk übereinandergestaffelte Ort Santa Maria del Monte sopra Varese mit einem alten Marienheiligtum. Mit acht weiteren ähnlichen Anlagen in Lombardei und Piemont gehört der Sacro Monte seit 2003 zum Weltkulturerbe der Unesco.

Die Anfahrt ist ab Varese ausgeschildert. Man kann mit dem Auto oder mit der Funicolare (Standseilbahn) hinauffahren – oder in etwa 45 Min. zu Fuß gehen. Bei klarer Sicht reicht der Blick über den Campo dei Fiori bis zu den Viertausendern um den Monte Rosa. Aber die schöne Aussicht ist es nicht, die die zahlreichen Besucher anzieht – der Berg ist vielmehr seit Jahrhunderten ein traditionsreiches Ziel für Pilger, die der altehrwürdigen „Madonna Nera" ihre Aufwartung machen wollen und den schweißtreibenden Fußweg zum Gipfel begehen. Mittlerweile ist er aber auch ein populäres Ausflugsziel für Jedermann geworden – Wanderer, Touristen und Liebespaare erklimmen den Berg und an Sommerwochenenden ist die Funicolare unermüdlich in Betrieb.

Seinen Ausgang nahm der Marienkult mit der Einsiedlerin Caterina Moriggia aus Verbania-Pallanza am Lago Maggiore, die sich 1452 im Alter von 15 Jahren (!) auf dem einsamen Berg niederließ, der damals schon seit Jahrhunderten im Zeichen der Marienverehrung stand. Zwei Jahre später kam Giuliana Puricelli und bald waren es schon fünf Frauen, die hier streng nach der Regel des Augustinus in Klausur

Seen im Varesotto
Karte Seite 312

lebten. Aus diesen Anfängen entstand unter Papst Sixtus IV. zunächst eine Wallfahrtskirche (Santuario), dann eine Klosteranlage der Augustinerinnen, die die Madonna del Rosario in den spirituellen Mittelpunkt ihres kontemplativen Lebens stellten. Im Zeitalter der Gegenreformation erhielt die Marienverehrung im Katholizismus einen noch höheren Stellenwert, größter Förderer war der Mailänder Bischof Carlo Borromeo (→ S. 353). So ging man um 1605 daran, das Gedenken an die heilige Jungfrau mit einem würdigen Bauensemble zu unterstützen, inspiriert von den Ideen des Kapuzinerpaters Gian Battista Aguggiari: Zur Bergspitze mit dem Santuario legte man einen Pilgerweg mit 14 Kapellen an, in denen die Wundertätigkeit Marias mit lebensgroßen Figurentableaus nachgestellt wurde. Jede Kapelle ist dabei einem Geheimnis des Rosenkranzes gewidmet. Die fünfzehnte Kapelle ist schließlich das Santuario selbst.

▶ **Aufstieg**: Der breite, grasbewachsene, allerdings auch reichlich steile Weg zieht sich mit mehreren Kehren bis zur Spitze. Er ist 2 km lang und 300 Höhenmeter sind zu überwinden (ca. 45 Min. hinauf, 30 Min. hinunter). Der Beginn liegt bei der *Chiesa dell'Immacolata (*Kirche der unbefleckten Empfängnis), danach passiert man vierzehn Kapellen, ausgeschmückt mit Werken der bekanntesten lombardischen Maler und Bildhauer des 17. Jh., drei prachtvolle Torbauten sowie kurz vor dem Gipfel linker Hand die *Villa Pogliaghi*, in der die eigenwillige Sammlung des Bildhauers Lodovico Pogliaghi präsentiert wird, der bis 1950 dort lebte, darunter auch ägyptische und griechisch-römische Exponate. Die Kapellen sind verschlossen, man kann aber durch die Fenster ins Innere blicken. An der Außenfassade der dritten Kapelle ist die "Flucht nach Ägypten" von Renato Guttuso aus dem Jahr 1983 zu sehen.

▶ **Santuario di Santa Maria del Monte**: Oben auf der Höhe erreicht man schließlich die Wallfahrtskirche mit der Statue der „Schwarzen Madonna" aus dem 14. Jh. und den Reliquien der Ordensgründerinnen (in den Seitenkapellen rechts). Die Kirche stammt in ihrer wesentlichen Substanz vom Ende des 15. Jh., die Innenausstattung wurde jedoch in der Barockzeit mit Stuck, Ölgemälden und Fresken stark verändert. Auf dem Vorplatz steht eine eindrucksvoll-bizarr gestaltete Bronzestatue von Papst Paul VI., errichtet 1986. Das kleine *Museo Baroffio* an einer Terrasse unterhalb der Kirche zeigt mittelalterliche Handschriften und barocke Gemälde von lombardischen Meistern.

▶ **Santa Maria del Monte sopra Varese**: Um das Santuario zieht sich ein labyrinthisch anmutendes Hügeldorf mit engen, teils überwölbten Gassen. Dort findet man einige Hotels und die Station der Standseilbahn.

• *Öffnungszeiten* Santuario di Santa Maria del Monte, tägl. 8–12, 14–18 Uhr.
Museo Baroffio, März bis Okt. Do, Sa u. So 9.30–12.30 und 15.30–18.30 Uhr, Eintritt 3 €, Pers. unter 18 und über 65 ca. 1 €. ✆ 0332/212042, www.museobaroffio.it.
Die **Villa Pogliaghi** ist seit längerem wegen Restaurierung geschl.

• *Anfahrt/Verbindungen* Bus C fährt etwa 2 x stündl. ab Corso Aldo Moro und Via Vittorio Veneto im Stadtzentrum von Varese zur Talstation Vellone der **Funicolare**. Diese ist nur Sa 14–19.25 u. So 10–19.25 Uhr in Betrieb (Fahrten alle 10 Min., einfach ca. 1 €).

• *Übernachten* **** **Colonne**, Via Fincarà 37, älterer Palazzo mit gepflegten Zimmern zwischen Santuario und Funicolarestation, Highlight ist die wunderbare Restauranterrasse mit weitem Blick in die grüne Hügellandschaft. DZ ca. 140–180 €. ✆ 0332/222444, ✉ 223012, www.hotelcolonnevarese.com.

**** **Al Borducan**, Via Beata Caterina Moriggi 43, seit 1924, ebenfalls zwischen Santuario und Funicolare, liebevoll restauriertes Haus mit zehn Zimmern im Liberty-Stil, alle verschieden eingerichtet, schöne Café-/Restauranterrasse. DZ mit Frühstück ca. 95–130 €. ✆ 0332/222916, ✉ 222412, www.borducan.com.

Panoramablick vom nördlichen Ostufer des Lago Maggiore

Lago Maggiore   italienischer Teil

Der westlichste der drei großen italienischen Alpenseen ist nach dem Gardasee der zweitgrößte, 66 km lang und bis zu 12 km breit. In Italien wird er nach seinem früheren lateinischen Namen „Lacus Verbanus" Verbano genannt, den eingedeutschten Begriff „Langensee" verwendet kaum jemand. Der nördlichste Zipfel – etwa ein Fünftel des gesamten Sees – gehört noch zum Schweizer Tessin.

In seiner touristischen Struktur ähnelt der Lago Maggiore dem Comer See. Im Nordwesten treffen sich die (deutschsprachigen) Camper, in der Seemitte prangt herrliche Vegetation mit Palmen und üppigen botanischen Gärten. Touristisch stärker frequentiert als die ruhige lombardische Osthälfte des Sees ist das von der Belle Époque geprägte Westufer, das bereits zur Region Piemont gehört. Zu den schönsten Orten zählt dort das relativ weit im Norden gelegene *Cannobio*, während *Stresa* seit dem 19. Jh. Sinnbild für die gehobenen Urlaubsfreuden der italienischen und angelsächsischen „upper class" wurde. Sogar gekrönte Häupter wie Queen Victoria reisten zur Sommerfrische an – nicht zuletzt angezogen durch den Ruf der einzigartigen *Borromäischen Inseln*, die vollendet stilvoll in der Seemitte vor Baveno und Stresa ruhen, darunter vor allem die weltberühmte *Isola Bella*, die bereits im 17. Jh. zu einer fast märchenhaft anmutenden Palastinsel gestaltet wurde.

Umfassende Informationen zum Schweizer Abschnitt des Lago Maggiore – u. a. zu den beiden weltberühmten Urlaubsorten Locarno und Ascona, dem Monte Verità, Anfang des 20. Jh. Refugium für Aussteiger, Weltverbesserer und Utopisten, sowie den Isole di Brissago mit ihrem berühmten Botanischen Garten – finden Sie in unserem Titel „Tessin" (→ Verlagsprogramm).

Anfahrt/Verbindungen

• *PKW*   Von Norden kommend ist die Schweizer Autobahn N 2 durch den Gotthard-Tunnel die ideale Anfahrt, Abfahrt zur Nordspitze in Bellinzona. Von der Westschweiz über Brig und durch den Simplontunnel, von Domodossola ist es nicht mehr weit.

• *Bahn*   Das Westufer ist von der Schweiz auf der **Lötschberg/Simplon-Strecke** über Brig und Domodossola zu erreichen, unterwegs wird der neue, 34,6 km lange Lötschberg-Basistunnel durchquert. Die Bahnstrecke trifft bei **Baveno** an den See und führt am südwestlichen Ufer entlang (auch Verbania hat einen Bahnhof, dieser liegt allerdings mehrere Kilometer außerhalb). Nach dem Ersten Weltkrieg machte der legendäre Simplon-Orient-Express zeitweise in Stresa Station.

Den Osten kann man, von Norden kommend, auf der **Gotthard-Bahn** anfahren, wobei man in Bellinzona in der Regel umsteigen muss. Die Bahn fährt das gesamte Ostufer entlang.

Von Mailand kann man mit der privaten **Ferrovia Nord Milano (FNM)** über Varese nach Laveno Mobello am mittleren Ostufer fahren und vom Flughafen **Malpensa** kommt man mit Umsteigen in Busto Arsizio sowohl zum West- wie auch zum Ostufer.

• *Bus*   Auf der lombardischen Seite des Sees verkehren die Gesellschaften **Sila** (www.sila.it), **Nicora & Baratelli**, **Attilio Baldioli** (www.baldioli.it) und **Autolinee Varesine**, am Piemontufer **VCO** (www.vcoinbus.it) und **SAF** (www.safduemila.com). **Alibus** pendelt 5 x tägl. in beiden Richtungen auf der Strecke vom Flughafen Malpensa nach Arona, Stresa, Baveno, Feriolo, Verbania Pallanza und Verbania Intra.

• *Schiff*   Alle wichtigen Orte werden von den Personenfähren und Tragflügelbooten der **Navigazione sul Lago Maggiore** angelaufen. In der Seemitte zwischen **Laveno** (Ostufer) und **Intra** (Westufer) verkehren von 5 bis 24 Uhr 2–3 x stündl. Autofähren (PKW je nach Länge 6,40–10,90 €, Wohnmobil 14 €, Motorrad 4,80–6,40 €, Fahrrad 3,90 €, Pers. 2,70 €, Kind 4–11 J. 1,60 €), Dauer der reizvollen Überfahrt ca. 20 Min.

Fahrpläne gibt es an allen Anlegestellen mit Ticketverkauf sowie in vielen Informationsbüros. Weitere Infos unter ℡ 0322/233200 o. 800-551801 (gratis, aber nur in Italien), www.navigazionelaghi.it.

Das Ungeheuer des Lago Maggiore

Das Monster im Langensee führt ein Schattendasein – im Gegensatz zum Lariosaurus vom Comer See sind ihm keine Bücher gewidmet, auch kein Film wie dem Monster vom Gardasee. Dennoch wird es mit schöner Regelmäßigkeit beobachtet – aber jede Sichtung selbst in den örtlichen Medien als etwas nie zuvor Dagewesenes behandelt.

Schon zu Anfang des 20. Jh. soll ein Fischer einen Riesenfisch bemerkt haben, der bei Meina sein Boot rammte, sodass es fast kenterte. Schlagzeilen in aller Welt machte dann ein Bericht vom Januar 1934 über eine „Seeschlange mit Pferdekopf, die sich von Fischen ernährt", die in der Tessinmündung am Nordende des Sees aufgetaucht sei. In den 1940er Jahren wurde mehrmals von großen und ungewöhnlichen Fischen erzählt, aber erst am 11. Juli 1962 kam es zur ersten konkreten Sichtung. Damals ging der Ingenieur Leonello Boni am Ufer des italienischen Teils des Lago Maggiore entlang, als er eine Schaumspur im Wasser bemerkte, die sich parallel zum Ufer fortbewegte. Darunter schwamm „eine große und dunkle Masse, die einem Wal glich". Kurioserweise hielt Boni das nicht für ein Seeungeheuer, sondern für ein Unterwasser-UFO! Ein Jahr später soll dann „ein geheimnisvolles großes Tier" im Tessin bei Golasecca gesehen worden sein. Der Name des Zeugen allerdings – Donald und seine drei Neffen – verrät, dass es sich nur um eine Comicgeschichte handelt, „Peperino e il terrore di Golasecca" (Onkel Donald und der Schrecken von Golasecca), eine Story in der italienischen Ausgabe der „Micky Maus".

Ab dem 13. Juli 1994 waren dann tatsächlich große Meerestiere im Lago Maggiore unterwegs: zwei Seelöwen, die aus einem Zirkus bei Ascona ausgerissen waren. Die letzte der beiden Robben kam am 21. Juli 1994 in Golasecca an Land. Ein Kaiman, der angeblich Anfang Juni 2000 im See bei Verbania gesucht wurde, hat dagegen nie existiert: Die Carabinieri lösten damals eine illegale Zucht bei Fondotoce auf und die Bevölkerung fürchtete, dass einzelne Exemplare in den See gelangt sein könnten. Gesehen wurde ein solches Reptil aber nie, obwohl die Presse das berichtete.

Im Zeitalter des Internet folgte eine wahre Sichtungswelle. In deutschen und italienischen Diskussionsforen über unidentifizierte Tiere werden mit schöner Regelmäßigkeit Berichte über Monsterbegegnungen im Lago Maggiore veröffentlicht. So will eine Frau 2002 beim Baden in einer Bucht mit ihrem Mann und Kindern plötzlich „etwas wie der Rücken von einem Fisch kurz aus dem Wasser" tauchen gesehen haben. „Es war riesig! Das Tier befand sich von uns aus gesehen mitten im See und der See ist groß, aber es machte gewaltige Wellen, selbst als es nicht mehr zu sehen war. Also, ich hab mal einen Wal im Mittelmeer vor Korsika auf einem Segelboot gesichtet und dieses Tier war bestimmt nicht kleiner. Ich schätze vier bis fünf Meter bestimmt." Andere Diskussionsteilnehmer konnten eigene Berichte beitragen, so eine Sichtung eines ähnlichen Rückens im Jahr 2000 oder 2001 oder die Geschichte eines Onkels, der etwa 1990 von einem Boot aus „etwas ganz Großes" vorbeischwimmen sah: Es war „halb unter Wasser, sehr schnell und riesengroß, hat aber nicht viel Lärm gemacht. Es soll nicht fischähnlich ausgesehen haben, er hat einen Hals gesehen. Die Farbe war grünlich, es wirkte nicht schuppig."

Der Schweizer Ungeheuerforscher Andreas Trottmann sichtete am 26. Juni 2003 von Ronco sopra Ascona aus „ein längliches Objekt knapp unter der Wasseroberfläche, welches sich ungefähr 500 m vom Ufer entfernt sowie ca. 200 m nördlich der Brissagoinseln in Richtung Ascona befand. Das Objekt war stationär, hell und manchmal schienen sich die Wellen darüber zu brechen. Obwohl ein Motorboot in unmittelbarer Nähe vorbeifuhr, bewegte sich das Objekt nicht." Er hielt es für ausgeschlossen, dass es sich um einen treibenden Baumstamm gehandelt habe. Nach 30 Minuten verschwand der Spuk. Das Objekt selbst war wohl circa 8–10 Meter lang und an der breitesten Stelle circa 80 cm breit.

Der jüngste Bericht stammt vom 22. August 2004. Der italienische Zeuge machte einen Bootsausflug bei Luino und bemerkte etwa 100 m entfernt „einen dunklen Streifen vor dem Boot, bei dem es sich um eine Welle handeln konnte. Es war aber seltsam, dass sie nicht normal war, sondern sich in der gegensätzlichen Richtung zu den anderen Wellen bewegte, sie schien am Platz zu bleiben (es war also kein Kielwasser). Als nach 20, 30 Sekunden das Schiff die Stelle passierte, war die Welle nicht mehr da. Aber an ihrer Stelle sah man eine Reihe von kleinen konzentrischen Ringen mit Luftbläschen im Zentrum. Es war der typische Strudel, der erzeugt wird, wenn etwas untertaucht."

Seitdem hat niemand mehr Spuren eines Monsters gesehen. Aber immerhin gibt es nun bereits ein Denkmal für das Ungeheuer – an der Seepromenade von Baveno ringelt sich die riesige, 20 m lange Marmorstatue einer Seeschlange über einen Kinderspielplatz (→ S. 378).

(Text und Recherche: Ulrich Magin)

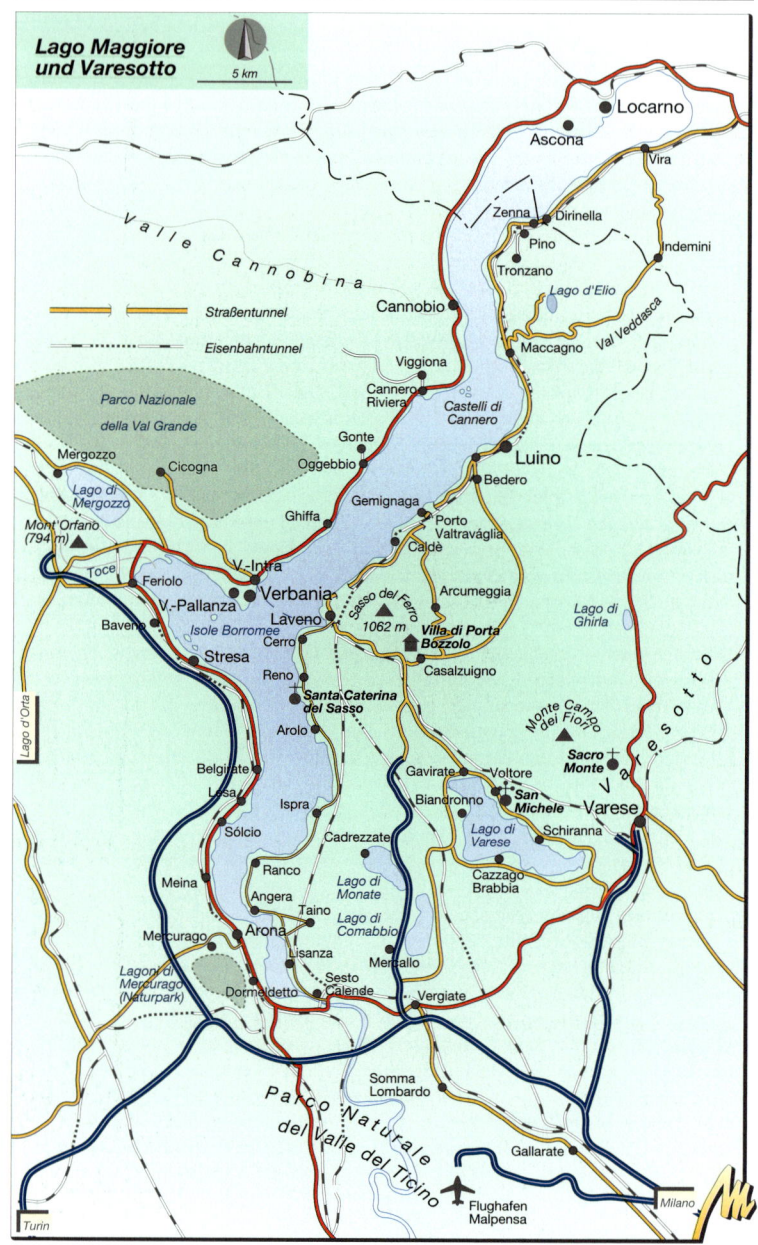

Lago Maggiore und Varesotto

5 km

Straßentunnel

Eisenbahntunnel

Valle Cannobina

Parco Nazionale della Val Grande

Locarno
Ascona
Vira
Zenna
Dirinella
Pino
Indemini
Tronzano
Lago d'Elio
Cannobio
Val Veddasca
Viggiona
Maccagno
Cannero Riviera
Castelli di Cannero
Gonte
Oggebbio
Luino
Bedero
Mergozzo
Cicogna
Lago di Mergozzo
Ghiffa
Gemignaga
Mont'Orfano (794 m)
Porto Valtravaglia
Caldè
Arcumeggia
Toce
V.-Intra
Feriolo
Verbania
Sasso del Ferro 1062 m
Lago di Ghirla
V.-Pallanza
Laveno
Villa di Porta Bozzolo
Bavena
Cerro
Isole Borromee
Stresa
Reno
Casalzuigno
Santa Caterina del Sasso
Monte Campo dei Fiori
Arolo
Sacro Monte
Belgirate
Gavirate
Voltore
Varese
Lisa
Biandronno
San Michele
Ispra
Schiranna
Sólcio
Lago di Varese
Cadrezzate
Meina
Ranco
Cazzago Brabbia
Angera
Taino
Lago di Monate
Mercurago
Arona
Lago di Comabbio
Lisanza
Mercallo
Lagoni di Mercurago (Naturpark)
Dormelletto
Sesto Calende
Vergiate
Lago d'Orta
Parco Naturale del Valle del Ticino
Somma Lombardo
Gallarate
Turin
Flughafen Malpensa
Milano
Varesotto

Ostufer (Nord nach Süd)

Das nördliche Stück gehört noch zur Schweiz, danach folgt eine im Gegensatz zum Westen wenig verbaute und ruhige und naturbelassene Uferlandschaft – im Norden eher bewaldet, im Süden auch viel Schilf.

Bis auf Luino und Laveno gibt es nur kleine Orte ohne spezielle Sehenswürdigkeiten. *Maccagno* kurz nach der Schweizer Grenze ist beim deutschsprachigen Publikum als Badeort beliebt, einladende Bademöglichkeiten findet man aber auch um *Castelveccana*. *Luino* ist stolz auf seinen berühmten Mittwochsmarkt, einer der größten in Oberitalien. In *Laveno* kann man zur Spitze des Monte Sasso del Ferro hinaufgondeln oder die prächtigen, etwas landeinwärts liegende *Villa di Porta Bozzolo* besuchen. Ein wenig weiter südlich erreicht man kurz die pittoresk am Seeufer gelegene Einsiedelei *Santa Caterina del Sasso* und das Städtchen *Angera* im Süden des Sees wird überragt von einer stolzen Burg mit berühmtem Puppenmuseum. Schön baden kann man zwischen Ranco und Angera sowie im Örtchen Lisanza.

> **Schweizer Ufer**: *Vira* besitzt einen verwinkelten, alten Ortskern, der mit modernen Wandmalereien verziert ist. An der Straße zwischen Piazzogna und Vairano liegt der berühmte *Parco botanico del Gambarogno* am Hang oberhalb vom See (Eintritt ca. 5 sFr, werktags 9–18 Uhr, www.eisenhut.ch). Besonders schön ist der Strand von *San Nazzaro*.

Dirinella, Zenna und Umgebung

Bei *Dirinella* erreicht man die italienische Grenze. Unmittelbar nach dem Übergang folgt Zenna. Der kleine Ort am Ausgang des *Valle Molinera*, aus dem ein Flüsschen im See mündet, besitzt eine gepflegte Strandzone und wird als Badeort geschätzt.

500 m von Zenna entfernt liegt das verwinkelte *Pino sulla sponda orientale del Lago Maggiore* – der Ort mit dem längsten Namen in Italien – auf einem Felsvorsprung über dem Lago Maggiore. Herrlich ist der Blick auf den See, auf Locarno, Ascona und Brissago mit den davorliegenden Inseln sowie auf die umliegenden Berge. Eine alte Mulattiera führt bis Tronzano und dann durch den Wald zum Stausee Lago d'Elio hinauf.

Ein wenig südlich von Zenna befindet sich unterhalb der Uferstraße SP 69 eine schöne Liegewiese mit Badezone, der Wind- und Kitesurfschule „La Darsena" und dem Restaurant „Grotto Mazzardit" (✆ 0332/566493, Do geschl.).

● *Übernachten* **Osteria Confine da Marco**, sympathischer Übernachtungsplatz in Dirinella, etwa 50 m vor der italienischen Grenze. Mit Bistro und Bar, Terrasse mit herrlichem Seeblick, freundlich geführt, gute Küche. DZ mit Frühstück ca. 70–90 €. ✆ 091/7941319, ✉ 7942025, www.confine.ch.

TIPP! * **Villa delle Palme**, in Zenna, Corso Europa 23, gleich nach der Grenze. Die beliebte Frühstückspension von Klara Michel, die aus Deutschland stammt, ist von der Straße her unscheinbar, doch die gemütliche Villa steht direkt am Wasser, davor erstrecken sich eine hübsche Liegewiese und ein schmaler Kiesstrand. Wichtig: Zimmer zum See muss man auf jeden Fall vorreservieren. Mit Parkplatz. DZ mit Frühstück ca. 75–95 €. ✆/✉ 0332/566238.

Ferienhäuser in Zenna findet man z. B. unter www.lago-reisen.de.

• *Sport* **La Darsena**, die Wind- und Kite-surfschule wird geführt von Tiziano Ariolo, Kurse gibt es auf Englisch. Der Hauptspot von La Darsena namens Pino Tronzano liegt 200 m weiter nördlich, unterhalb von Pino. ☏ 339-2962927, www.ladarsenawindsurf.com.

Maccagno

Das freundliche Örtchen liegt an einem Landvorsprung unter turmhohen Felsen, der kräftige Fiume Giona mündet hier in den See und teilt die Gemeinde in Maccagno Inferiore (südlich) und Maccagno Superiore (nördlich). Es gibt eine geräumige und schön begrünte Badezone mit neu angelegter Promenade, wo z. T. hohe Bäume Schatten spenden. Viele deutsche Gästen bevölkern die zahlreichen Ferienwohnungen und zwei ansprechenden Campingplätze.

In Maccagno Inferiore wird der alte Hafen von der so genannten *Torre imperiale* überragt – Kaiser Otto der Große soll hier bei seinem zweiten Italienfeldzug 962 in Seenot geraten sein und wurde von den Fischern freundlich aufgenommen. Daraufhin verlieh er dem Ort das Münzrecht und eine unabhängige Gerichtsbarkeit. Der Ortsteil um den Hafen heißt deshalb bis heute „La Zecca" („Die Münze"). Ein wenig südlich vom Hafen thront die Kirche *La Madonnina* pittoresk auf einem Felsen über dem Wasser.

Avantgardistisch kühn ist das „Brückenmuseum" *Civico Museo Parisi Valle* über den Fluss Giona gebaut, ein moderner Komplex mit einer umfangreichen Sammlung von Stücken des einheimischen Gründers Giuseppe Vittorio Parisi, ergänzt durch zahlreiche weitere Werke der italienischen Kunst des 20. Jh.

Ausflugsmöglichkeiten gibt es einige: Die steile und enge Serpentinenauffahrt zum Stausee *Lago d'Elio* beginnt mitten im Ort und führt durch *Campagnano* mit der beliebten Trattoria „Al Pozzo" (→ unten), mitten im Ort beginnt auch ein Fußweg zum Stausee (Auskunft im Tourist Info). Und das reizvolle *Valle Veddasca* führt in vielen Serpentinen über die Schweizer Grenze nach *Indemini*, das mit seinem engen Gassenlabyrinth und den hohen Natursteinhäusern als eins der unverfälschtesten Bergdörfer des Tessin gilt.

Wer nicht an den großen Uferzone von Maccagno ins Wasser springen möchte, findet etwas nördlich vom Ort an der SP 69 einen Parkplatz, wo man zu schönen, schattigen Badeplätzen auf Klippen hinuntersteigen kann.

• *Öffnungszeiten/Preise* **Civico Museo Parisi Valle**, im Sommer 10–12, 16–19 Uhr, Mo geschl., sonst 10–12, 15–18 Uhr, Mo geschl. Eintritt ca. 2,60 €, ermäß. 1,60 €. ☏ 0332/561202, www.museoparisivalle.it.

• *Anfahrt/Verbindungen* **Bahn**, der Bahnhof liegt in Maccagno Superiore an der Durchgangsstraße.

Bus, Busse von Attilio Baldioli (www.baldioli.it) fahren nach Zenna (Schweizer Grenze) und Luino. Busstopps gibt es an der Durchgangsstraße in Maccagno Superiore und Maccagno Inferiore sowie beim Hafen von Maccagno Inferiore.

Schiff, Anlegestelle beim alten Hafen von Maccagno Inferiore. Mehrmals tägl. Verbindungen nach Luino, Cannobio, Cannero Riviera u. a.

• *Information* **Pro Loco**, Via Garibaldi 1, an der Durchgangsstraße beschildert. Di–Sa 9.30–12.30, 16.30–19.30, So 9.30–12.30 Uhr. ☏ 0332/562009, www.prolocomaccagno.it.

• *Übernachten* * **Paradiso**, Via Verdi 5, an der Zufahrt zum Camping Lido, gemütliche Pension mit Liegewiese und kleinem Pool im Garten, 5 Min. zum See. Das hauseigene Ristorante hat eine hübsche Terrasse, Parkplatz, für Gäste kostenloser Fahrradverleih. DZ mit Bad und Frühstück ca. 60–70 €. ☏/☎ 0332/560128, www.pensioneparadiso.it. Mehrere Häuser mit Ferienwohnungen stehen im Grünen an der Zufahrtsstraße zum „Azur Parkcamping", z. B. die **Casa Arber** (Via Berti 30, ☏ 0332/560215), die **Casa Mar-**

Beliebt bei Familien: der Strand von Maccagno

tha mit kleinem Pool (www.casa-martha. de) und die **Casa Sabina** (Via Corsini 3, ✆ 0332/560203), die neben dem Campingplatz nur 30 m vom Wasser entfernt ist und z. B. über www.oberitalien.info gemietet werden kann.

*** **Azur Parkcamping**, sehr beliebter Platz südlich vom Fluss Giona am Seeufer unter hohen Laubbäumen, gehört zur selben Gesellschaft wie der Camping Azur Idro Rio Vantone am Idro-See. Deutsche Leitung. ✆ 0332/ 560203, ✆ 561263, www.azur-camping.de.

** **Camping Lido**, auch dieser gepflegte Platz nördlich vom Fluss liegt direkt am See, holländische Leitung. ✆/✆ 0332/ 560250.

● *Essen & Trinken* **Bar Lido**, Via Berti 33, schön gelegenes Restaurant neben Camping Azur, Seeblick. ✆ 0332/560498.

La Gabella, Gartenlokal mit holzbefeuertem Pizzaofen in der Nachbarschaft vom Jachthafen. ✆ 0332/560327.

La Conchiglia, gegenüber der Pension Paradiso, geräumiges Terrassenlokal, oft bis auf den letzten Platz gefüllt, was für Qualität spricht, flinker und aufmerksamer Service. ✆ 0332/561429.

Al Pozzo in Campagnano (→ Lago d'Elio).

● *Sport* **Fun Water**, Verleih von Windsurfbrettern, Motorbooten (ohne Führerschein) Kanus und Tretbooten am Strand. ✆ 3200-862588, www.barchelagomaggiore.com.

Lago d'Elio

Der Stausee in 930 m Höhe ist von Maccagno auf einer 9 km langen, äußerst schmalen, steilen und kurvenreichen Straße mit herrlichen Seepanoramen zu erreichen – vorsichtig fahren! Der See besitzt an beiden Seiten eine Staumauer und ist eine hocheffektive Pumpspeicheranlage. Mit preiswertem Nachtstrom wird vom Lago Maggiore Wasser heraufgepumpt, das tagsüber wieder hinunterflutet und die Turbinen des Stromkraftwerks Ronco Valgrande antreibt.

Anfangs durchquert man einige Hangdörfer, darunter *Campagnano* mit einer lohnenden Trattoria (→ Essen & Trinken), danach geht es durch dichten Laubwald bis zu einem Sattel oberhalb vom See. Hier hat die Käserei „Caseificio Lago d'Elio" einen schönen Rastplatz eingerichtet. Ein wenig weiter erreicht man einen beliebten Picknickplatz mit Seeblick und großen Grillvorrichtungen, wo sich an Wochenenden oft hunderte von Ausflüglern aus den umliegenden Dörfern treffen. Die Straße führt noch weiter bis zum rustikalen Albergo/Ristorante „Diana" oberhalb vom Nordende des Sees. Auf einem Fußweg kann man den See bequem umrunden.

> Die Legende berichtet von einem Dorf am Grund des Lago d'Elio, das einst einem Fremden die Gastfreundschaft verweigerte und zur Strafe von den Fluten verschlungen wurde. In dunklen, stürmischen Nächten soll man die Glocken des versunkenen Campanile hören, die die umliegenden Dörfer zu Hilfe rufen.

• *Übernachten* *** Diana**, auf der großen Terrasse sitzt man schön mit Blick auf Locarno und den Schweizer Norden des Lago Maggiore, die einfachen Zimmer sind korrekt, ebenso das Essen. Sehr ruhig und außer im Sommer einsam. DZ ca. 45–55 €, Frühstück extra. Mitte März bis Ende Okt. (Sept./Okt. bitte vorreservieren). ✆ 0332/566102, www.albergo-diana.com.

• *Essen & Trinken* **TIPP! Al Pozzo**, Piazza Solera 2, die urig-altmodische Trattoria in Campagnano ist unbedingt einen Abstecher wert. Von den zwei Speiseräumen (einer davon mit weit offenen Fenstern im Stil einer Loggia) und der Terrasse genießt man einen traumhaften Seeblick. Man genießt Primi Piatti und dazu Hauswein. Täglich mittags und abends geöffnet. ✆ 0332/560145.

• *Shopping* **Caseificio Lago d'Elio**, große Auswahl an Ziegen- und Kuhkäse verschiedener Reifegrade und Herstellungsweise. Juli/August tägl., April bis Juni und Sept./Okt. nur sonntags. ✆ 0332/509013, www.caseificiolagodelio.it.

▶**Colmegna**: Das vom Durchgangsverkehr geprägte Örtchen liegt an der Mündung des gleichnamigen Gebirgsflüsschens und ist Standort des bekannten „Camin Hotel

Picknick am Fluss Colmegna

Colmegna", eines umgebauten Jagdschlösschens des 17. Jh. mit einem prächtigen, 10.000 qm großen Park. Das steinige, im Sommer großteils ausgetrocknete Bett der Colmegna bietet reizvolle Bademöglichkeiten in Gumpen.

● *Übernachten* **TIPP! *** Camin Hotel Colmegna**, das höchst aufmerksam und freundlich geführte Haus direkt am See ist zweifellos eine der besten Adressen am Ostufer. Es liegt zwar mit der Rückseite unmittelbar zur Straße, zum See hin ist davon aber kaum etwas zu spüren. Schöner, grüner Garten, mehrere Terrassen, Panorama-restaurant, eigener Strand, Seepromenade, Gewächshaus und kleiner, mauergefasster Bootshafen. DZ mit Frühstück ca. 130–170 €, auch Junior Suiten und Apartments. Ferienwohnungen mit Badebucht etwa 300 m entfernt. ✆ 0332/510855, ✉ 501687, www.camin-hotels.com.

Luino
(ca. 15.000 Einwohner)

Größerer Ort mit lebendigem Zentrum. Unbehelligt vom Verkehr zieht sich landeinwärts jenseits der Durchgangsstraße das mit roten Steinen einheitlich gepflasterte Altstadtviertel einen Hügel hinauf zur Pfarrkirche.

Jeden Mittwoch findet im Stadtzentrum von 8 bis 16 Uhr der riesige *Mercato di Luino* statt, der in seinen Ursprüngen bis 1541 zurückgeht und jedes Mal zehntausende von Besuchern anzieht. Hauptsächlich Bekleidung und Schuhe werden verkauft, wobei die kulinarischen Stände weitaus imposanter sind: eingelegte Gemüse, Paprika und Oliven, Käsespezialitäten, Olivenöl, Wein u. v. m. – ein Fest für Auge und Gaumen. Achtung, an diesem Tag sind weiträumig keine Parkplätze vorhanden – entweder frühmorgens oder erst ab 13 Uhr kommen.

Wer baden will, findet ein großes Strandbad am südlichen Ortsende, in der Nähe der Flussmündung.

● *Anfahrt/Verbindungen* **Bahn**, der Bahnhof liegt an der Piazza Marconi im südlichen Stadtbereich.

Bus, Busse von Attilio Baldioli (www.baldioli.it) fahren ab Bahnhof und Viale Dante über Maccagno nach Zenna (Schweizer Grenze), ins Hinterland und nach Lugano (Schweiz), Busse von Sila (www.sila.it) und Nicora & Baratelli ab Anlegestelle und Bahnhof über Caldé und Porto Valtravaglia nach Laveno (FNM-Bahnhof).

Schiff, die Anlegestelle liegt zentral an der Durchgangsstraße. Mehrmals tägl. Verbindungen nach Maccagno, Cannobio, Cannero Riviera u. a., 2 x tägl. bis Locarno (Norden) und Arona (Süden).

● *Information* **IAT**, Via Piero Chiara 1 (Rathaus), schräg gegenüber der Schiffsanlegestelle. Mo–Sa 9–12 (Mi 9–13), 14.30–18.30 Uhr. ✆/✉ 0332/530019, iatluino@provincia.va.it.

● *Übernachten* ***** Camin Hotel Luino**, prächtige Jugendstilvilla im südlichen Ortsbereich an der Durchgangsstraße, gediegene Einrichtung, Deckenmalereien, bunte Bleiglasfenster, schöner Garten mit gemütlichem Café. DZ mit Frühstück ca. 140–170 €. ✆ 0332/530118, ✉ 537226, www.caminhotelluino.com.

*** Ancora, Piazza Libertà 7, korrekt geführtes Hotel mit solidem Standard direkt am eingefassten Hafenbecken, nahe der Fähranlegestelle. Schönes Haus mit Säulengang, Restaurant mit Seeterrasse, Lage ein wenig vom Verkehr beeinträchtigt. DZ mit Frühstück ca. 70–100 €. ✆ 0332/530451, www.hotelancoraluino.com.

● *Essen & Trinken* **Tre Re**, Via Alessandro Manzoni 29, in der Altstadt, gemütliches Restaurant mit schöner Terrasse nach hinten, ruhig, durchschnittliche Küche, auch Pizza (nur abends). Mo geschl. ✆ 0332/531147.

La Tavernetta, Via Cavallotti 53, neben der Pfarrkirche in der Altstadt, nette Pizzeria mit kleiner, offener Terrasse an der Gasse. Di geschl. ✆ 0332/532969.

TIPP! Al Cantinone, Via Cavallotti 32, urgemütliche Osteria wie aus dem Bilderbuch, erstmalig bereits Anfang des 19. Jh. in Betrieb (Garibaldi soll Gast gewesen sein), nach mehrjähriger Schließung kürzlich wieder eröffnet. Auf der Gasse stehen pittoreske Tischchen mit Ölbäumen, drinnen sitzt man wie im Wohnzimmer. Freundlicher Service durch Fernando und seinen Sohn. Täglich wechselnde Speisen, z. B. *supreme di tacchino arrosto* (Truthahn) oder *toma d'elio*

con verdure grigliate (Käse vom Elio-See mit gebratenem Gemüse), danach den hausgemachten Limoncello kosten. Auch Weinverkostung/-verkauf. Mo geschl. ✆ 0332/535706.
La Trebedora, Via Lugano 35, 800 m nach dem Ortsausgang in Richtung Ponte Tresa. Eine Pizzeria, die den Weg lohnt, Empfeh-

lung für die mit Spargel und Steinpilzen belegte Pizza „Casa de Trebedora". ✆ 0332/532386.
Panperfocaccia, Via 15 Agosto 9, anstatt eines uniformen Hotelfrühstücks bietet sich diese fantastische Bäckerei an.

Von Luino nach Laveno

Nachdem man das geschäftige *Germignaga*, einst ein wichtiges Zentrum der Textil- und Seidenherstellung, durchquert hat, folgt eine schöne Strecke immer dicht am Ufer entlang. Bis Porto Valtravaglia gibt es hier eine ganze Reihe von guten Badeplätzen, z. B. *Belmonte*, *Monte Sole*, *Frigo* und *Tavella*.

▸ **Porto Valtravaglia**: Der Ort selbst hat nicht allzu viel zu bieten, aber an den beiden Enden der Bucht gibt es reizvolle Badestellen – vor allem die schöne *Punta Molino* im Süden lädt mit ihren mächtigen Bergzedern und Rasenflächen zu einem verträumten Nachmittag ein.

● *Übernachten* **Parco Belmonte**, nördlich von Porto Valtravaglia, größere Wohnanlage mit mehreren Ferienhäusern im Grünen über dem See. Es gibt einen großen Pool mit Kinderbecken sowie ein eingezäuntes Strandbad, das nur den Gästen der Wohnsiedlung offen steht, außerdem Tennis, Tischtennis und Kinderspielplatz. Zufahrt beim Restaurant „I Sgaritt". Weitere Infos unter
www.lagomaggiore-casa-vacanze.de.
● *Essen & Trinken* **I Sgaritt**, elegante Weinbar, Restaurant und Pizzeria in einem Haus nördlich von Porto Valtravaglia direkt an der Uferstraße. Bademöglichkeit auf einer betonierten Plattform. ✆ 0332/531394.

Castelveccana

Der Abstecher in den kleinen Porticciolo (Hafen) von Caldé lohnt vor allem wegen der schönen Bademöglichkeiten. Die ruhige Bucht liegt im Schatten des mächtigen Felsenkaps Rocca di Caldé (373 m), benannt nach den Ruinen einer Visconti-Burg. Es gibt ein Trockendock für Motorboote und einige Bars bieten Sitzmöglichkeiten mit Seeblick.

Wenn man den in den See mündenden Fluss Froda auf der Holzbrücke nach Norden überquert, kommt man in ein malerisches Badegebiet mit abgestuften Terrassen, Klippen, Rasenflächen und

Badespaß in Castelveccana

schattigen Bäumen. Besonders reizvoll wird es, wenn man die beiden großen, alten Kalkbrennöfen „Le Fornaci" erreicht. Der Zugang ist zwar offiziell verboten, doch kaum jemand hält sich daran. Auch im Südteil der Bucht gibt es einen Badestrand aus Kies (zu erreichen über die Uferpromenade) und an der SP 69 nach Laveno ist die Badestelle *Cinque Arcate* beschildert, eine malerische Bucht mit schattigen Bäumen, Fels und Kies.

Wer bleiben will, findet an der Landseite der Rocca di Caldé mehrere kleine Siedlungen, in der *Località San Pietro* versteckt sich das nette „Albergo da Pio". Auf unbefestigtem Weg erreicht man von dort auf der „Via Capitano Barassi" die Überreste der Visconti-Burg mit einem eindrucksvollen Denkmal für die Gefallenen aller Kriege und herrlichem Seeblick.

● *Übernachten* TIPP! ** Albergo da Pio, in der Località San Pietro, wenige Schritte vom Kirchenplatz. Von Familie Rossi seit 1868 in nunmehr vierter Generation geführt. Das nette Haus besitzt eine schöne Terrasse, ordentliche Zimmer und vor allem ein gutes Ristorante mit täglich frischem Fisch. Mit Parkplatz. DZ mit Frühstück ca. 100–120 €. ☎ 0332/520511, ✆ 522014, www.albergodapio.it.

● *Essen & Trinken* Ristobar Sunset Grotto, Piazza al Lago 3, Porticciolo di Castelveccana. Weinbar im schlichten modernen Stil, der langhaarige Wirt hat ein Faible für gute Weine. Man kann an Zweiertischchen an

Urig: die winzige Osteria von Arcumeggia

der Uferpromenade sitzen und – wie der Name sagt – den Sonnuntergang genießen. Dazu gibt es Leckeres zu essen. Di geschl. ☎ 0332/521307.

Ausflug ins Hinterland

Über handtuchschmale Straßen kommt man von Caldé durch dichten Wald ins ehemalige Künstlerdorf *Arcumeggia*. In den 1950er Jahren, als der Lago Maggiore begann, touristische Karriere zu machen, zogen sich einige Maler in das Örtchen zurück und verkleideten die Hauswände mit farbenfrohen Malereien, die jedoch mittlerweile stark verblichen sind. Die wenigen Gässchen hat man schnell durchbummelt und kann dann in der winzigen „Osteria del Bocc" einkehren, in der gerade mal drei, vier Tische Platz haben, „polenta e cinghiale" genießen und dazu den leckeren offenen Rotwein kosten (☎ 0332/624318, www.osteriadelbocc.it).

Vom hoch gelegenen Arcumeggia führt die Straße in steilen Kurven ins Tal hinunter nach Casalzuigno mit der wunderbaren Villa di Porta Bozzolo, deren Besichtigung sehr lohnt (→ Kasten, Laveno/Umgebung).

Lago Maggiore
Karte Seite 312

Laveno

(ca. 9000 Einwohner)

Ruhiges, unspektakuläres Städtchen, überragt vom bewaldeten Sasso del Ferro. Schöne Seepromenade, ein Strand, eine Handvoll Ristoranti und Bars, kaum Hotels – dafür viele Tagesausflügler, denn in Laveno legen die Autofähren aus Intra vom gegenüberliegenden Seeufer an.

Im 19. Jh. war Laveno bekannt für seine Keramikfabriken. Heute sind fast alle geschlossen, ein großes Fabrikareal nördlich vom Zentrum (an der Ausfallstraße nach Luino, kurz vor dem Tunnel) wurde erst kürzlich abgerissen und wartet auf neue Erschließung, wahrscheinlich touristischer Art. Ein Keramikmuseum kann man im Nachbarort Cerro besichtigen (→ unten).

● *Anfahrt/Verbindungen* **PKW**, ein sehr großer, im Hochsommer gebührenpflichtiger Parkplatz liegt südlich vom Hafen (noch jenseits der FNM-Bahnstation).

Bahn, die **FS-Station** liegt ein Stück landeinwärts, Züge fahren u. a. nach Mailand, Novara, Bellinzona und Locarno (Schweiz). Die private **Ferrovia Nord Milano (FNM)** bietet über Varese häufige Verbindungen von und nach Mailand (Stazione Milano Nord) und hat ihren Bahnhof gleich beim Hafen.

Bus, Busse von Sila und Nicora & Baratelli fahren ab FNM-Bahnhof etwa stündl. nach Ispra (Süden) und Luino (Norden).

Schiff, Fähren mit Autotransport und Tragflügelboote fahren von 5 bis 24 Uhr etwa 2–3 x stündl. ins gegenüberliegende **Verbania-Intra** und zurück.

Fahrrad, Verleih neben dem FNM-Bahnhof, halber Tag ca. 8 €, ein Tag 16 €.

● *Information* **IAT**, im L-förmigen Rathaus unter den Arkaden an der zentralen Piazza Italia, etwas nördlich der Anlegestelle der Fähren. Di u. Do–So 10–12, Mi 10–15 Uhr, Mo geschl. ✆ 0332/668785, www.prolocolavenomombello.com.

● *Übernachten* ***** Il Porticciolo**, Via Fortino 40, südlich der Anlegestelle unterhalb der Uferstraße direkt am See, das beste Hotel/Ristorante am Ort (von Michelin empfohlen), mit schöner Speiseterrasse und ausgezeichneter Küche (Mi-Mittag und Di geschl.). Gepflegte Zimmer mit Teppichböden und TV, Seeblick, Parkplatz auf dem Dach. DZ mit Frühstück ca. 100–120 €, Junior Suite 180 €. ✆ 0332/667257, ✆ 666753, www.ilporticciolo.com.

*** Poggio Sant'Elsa, an der Bergstation der Seilbahn (→ Monte Sasso del Ferro).

B & B Calianna, Via Tinelli 9, fünf saubere und moderne Zimmer in der gleichnamigen Trattoria (→ Essen & Trinken). DZ mit Frühstück ca. 80–120 €. ✆ 0332/667315, www.calianna.it.

● *Essen & Trinken* **Porto Vecchio**, Piazza Matteotti 1, gepflegtes Lokal in zentraler Lage, verglaste Loggia, gute Küche und etwas höhere Preise. ✆ 0332/669034.

Calianna, Via Tinelli 9, von der Piazza Italia die Ausfallstraße nach Norden nehmen, nach wenigen Metern rechts. Gediegene Trattoria mit schönem Innenraum, aber auch Plätze im Freien hinter dem Haus. Di geschl. ✆ 0332/667315.

Café Vela, schattige Pergola mit Ventilatoren an der ruhigen Promenade, die von der zentralen Piazza Italia nach Nordwesten verläuft, schöner Seeblick. Es werden auch Primi Piatti und Pizza serviert. An derselben Straße noch mehrere Bars mit den gleichen Vorzügen der Lage.

Il Linguaccione, Via Rebolgiane 66, gute Pizzeria im hoch gelegenen Ort Mombello. ✆ 0332/666031.

● *Shopping* **Markttag** ist Dienstag.

Monte Sasso del Ferro

Der 1062 m hohe Hausberg von Laveno ragt unmittelbar hinter dem Stadtzentrum empor. Herrlich ist der Ausflug mit originellen offenen Seilbahngondeln, in denen zwei Personen Platz haben, bis kurz unterhalb der Spitze.

Die Talstation liegt zentrumsnah (beim Restaurant Calianna um die Ecke und noch hundert Meter weiter), die Fahrt dauert 16 Min. Die Bergstation befindet sich auf dem Plateau *Poggio Sant'Elsa*, angeschlossen ist das gleichnamige Albergo/Ristorante, von der großen Panoramaterrasse hat man einen prächtigen Blick auf See und Alpen. Gleich dahinter liegt ein ausgebauter Startpunkt für Drachenflieger und Paraglider, die hier oft in Mengen die Lüfte bevölkern – wie eine Sprungschanze ins Nichts wirkt die Plattform. Zum Gipfel kann man von hier in ca. 30 Min. aufsteigen.

Den recht reizvollen Fußweg hinunter nach Laveno bewältigt man in etwa 1 Std. 15 Min. Er beginnt gleich unterhalb vom Albergo und ist leicht zu verfolgen. Auf breitem Waldweg, hin und wieder mit Geröll, geht es bis zum Weiler *Casere* (ca. 25

Villa di Porta Bozzolo:
Traumhaus für Musiker, Dichter und Denker

Die edle Villa derer „von Porta" findet sich in *Casalzuigno*, etwa 10 km östlich von Laveno. Errichtet wurde sie bereits während der Renaissance im frühen 16. Jh., erweitert im 17. und 18. Jh. Schon am monumentalen Eingang fällt der Blick auf den üppig grünen Barockgarten, der sich mit großzügigen Freitreppen, Terrassen und Brunnen einen bewaldeten Hügel hinaufzieht.

Linker Hand durchquert man zunächst die Wirtschaftsräume mit Geräteschuppen, Weinkeller, riesiger Weinpresse und einem Loch im Boden, das als Kühlraum diente. Die Villa selbst ist L-förmig angelegt und besitzt wunderbare Zimmerfluchten mit Parkett oder Terracottafliesen. Türen, Decken und Wände sind mit blumigen Fresken des 18. Jh. bemalt. Schon nach einem kurzen Rundgang steht fest: Hier möchte man wohnen. Alles ist da: Wohnzimmer, Salon, Esszimmer, Musikzimmer, Spielzimmer (mit Billardtisch) und – etwas abgeschirmt im hinteren Bereich – ein Arbeitszimmer mit gigantischem Schreibtisch nebst separater Bibliothek. Die Erben haben das riesige Anwesen 1989 der Stiftung FAI (Fondo per l'Ambiente Italiano) mit der Auflage geschenkt, einige Räume noch als Ferienwohnungen nutzen zu dürfen.

Öffnungszeiten/Preise März bis Sept. 10–18, Okt. bis Mitte Dez. u. Febr. 10–17 Uhr, Mo/Di geschl., außerdem Jan. und die beiden letzten Dezemberwochen. Eintritt ca. 4,50 €, Kinder (4–12 J.) 2,50 €. ☎ 0332/624136, 📠 624748, www.fondoambiente.it.

Mit dem Korblift auf den Monte Sasso del Ferro

Min.). Dort wendet man sich nach links und folgt einer ehemaligen „Mulattiera", deren Pflasterung noch teilweise erhalten ist. Durch Waldstücke mit Lichtungen und üppig grüne Wiesen wandert man in Richtung Laveno, bis man Asphalt erreicht (ca. 30 Min. ab Casere). Auf der Teerstraße geht es weiter steil hinunter und durchs Dorf bis zur Anlegestelle (ca. 20 Min.).

● *Verbindungen* **Funivie del Lago Maggiore**, im Sommer Mo-Fr 11–17.30, Sa 11–22.30, So 10–22.30 Uhr, in der Nebensaison nur Sa/So; hin und zurück ca. 8,50 € (einfach 6 €), Familie (Erw. 8 €, Kind 2 €). ✆ 0332/668012, www.funiviedellagomaggiore.it.

● *Übernachten/Essen & Trinken* *** **Poggio**

Sant'Elsa, direkt an der Bergstation der Seilbahn, die Panoramaterrasse ist das Beste, ansonsten ein wenig in die Jahre gekommen. Korrekte Zimmer mit Balkonen und weitem Blick zu günstigem Preis. DZ mit Frühstück ca. 50–60 €. ✆ 0332/610303, www.funiviedellagomaggiore.it.

Wanderung zu den Wasserfällen von Cittiglio

Wenige Kilometer östlich von Laveno liegen am Hang des Sasso del Ferro nördlich von Cittiglio drei Wasserfälle, genannt *Parco delle Cascate*, die im Sommer ein erfrischendes Ausflugsziel sind. Anfangs bequeme, dann sehr steile Wanderung, Aufstieg ca. 1 Std.

Anfahrt Mit dem Auto von Laveno die Hauptstraße Richtung Varese, nach ca. 4 km in Cittiglio links dem Wegweiser **Cascate** folgen, Parkplatz an der Piazza degli Alpina.

▶ **Wegbeschreibung**: Vom Parkplatz gehen wir links über eine Brücke, dann rechts in die Via Pianella (Wegweiser Valle Cascate). Ab jetzt führt der Weg am Bach S. Giulio entlang. Nach etwa 300 m beginnt der *Parco delle Cascate* mit ausführlichen Infotafeln auf Italienisch. Nach weiteren 200 m trifft man auf einen großen Picknick- und Veranstaltungsplatz. Über zwei Holzbrücken geht es am Bach entlang, das Rauschen des ersten Wasserfalls nimmt allmählich zu, nach ca. 300 m kommt er in Sicht (Fallhöhe 43 m). Er fällt ab in ein Flussbett voller riesiger, glatt gewaschener Steine, in dessen Mitte sommers nur ein Bächlein plätschert.

Für den weiteren Aufstieg zurück über die zweite Holzbrücke zu einem ausgeschilderten Bergpfad (Baumzeichen „2te, 3te"). Es geht auf ehemals ausgebautem Pfad steil hinauf, der Aufstieg wird erschwert durch umgestürzte Bäume, gelockerte Halteseile und Regenabtrieb. Nach ca. 20 Min. bietet sich ein erster Blick auf den

zweiten Wasserfall, der aus 53 m Höhe ungebrochen hinabstürzt. 5-minütiger Abstieg zum Fuß des Wasserfalls, wo sich ein großes Becken gebildet hat und zum Schwimmen einlädt.

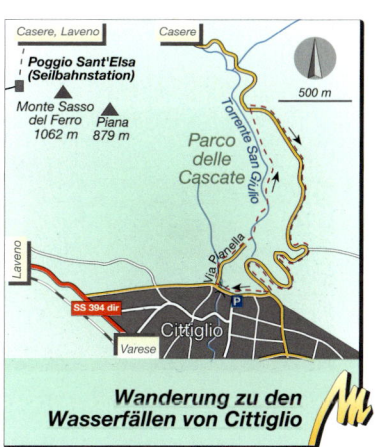

Für den weiteren Aufstieg zurück bis zum Steinzeichen „3te", dann dem weiterhin nicht leicht zugänglichen Bergpfad folgen. Nach etwa 15 Min. erreicht man den dritten und größten Wasserfall (56 m Fallhöhe).

Wer für den Rückweg eine andere Strecke wählen möchte, geht 50 m zurück und links den Pfad an einem kleinen Bach hoch bis zur Bergstraße Cittiglio – Vararo. Bergab erreicht man jetzt bequem in etwa 35 Min. Cittiglio, wendet sich gleich am Ortseingang nach rechts und kommt zum Parkplatz.

Von Laveno nach Angera

Teils schöne Strecke durch die bewaldete Uferlandschaft namens „Brughiera". Kleine Abfahrten führen zu versteckten, allerdings oft verschilften Stränden, besonders gute Bademöglichkeiten gibt es an der Uferstraße zwischen Ranco und Angera. Größte Sehenswürdigkeit ist die Einsiedelei *Santa Caterina del Sasso*.

▶ **Cerro**: 3 km südlich von Laveno, ein verwinkelter Ort mit engen, steilen Gassen und einem Sandstrand (!) mit Duschen und Bootsverleih, der an Sommerwochenenden aus allen Nähten platzt. Achtung: die Straße zum Strand hinunter ist eine Sackgasse, unten gibt nur wenige Parkmöglichkeiten. Das *Museo della Terraglia* im schönen Palazzo Perabò (Lungolago Perabò 5) besitzt eine umfassende Keramiksammlung des 19. und 20. Jh.

● *Öffnungszeiten/Preise* **Museo della Terraglia**, Di–Do 14.30–17.30 (Juli/August 15.30–18.30), Fr–So auch 10–12 Uhr, Mo geschl.; Eintritt ca. 2 €. ✆ 0332/666530.

● *Übernachten* ** **Il Porto di Cerro 1896**, Via dei Pescatori 2, einfaches Albergo in sehr schöner Lage direkt am Wasser, daneben der Strand. Unten Freiluftbar, im ersten Stock das Restaurant, darüber die Zimmer, zwei davon vorne raus mit vollem Seepanorama. DZ ca. 70 €, Frühstück extra. ✆/✉ 0332/668342.

▶ **Reno di Leggiuno**: Auch hier findet sich eine schöne Uferzone mit Kiesstrand, wo nicht ganz soviel Betrieb herrscht wie in Cerro. Das Albergo Riva bietet eine Kaffeeterrasse mit Panoramablick.

● *Übernachten* **TIPP! *** Riva**, Via Lungolago 14, ruhige Lage direkt am Strand, schöne Außenterrasse unter Bäumen, Zimmer mit Balkon und tollem Blick auf See und Monte-Rosa-Massiv. Kein Ristorante, aber Barbetrieb. DZ mit Frühstück und Seeblick ca. 80–90 €, ohne Blick ca. 70 €. ✆ 0332/647170, www.lagomaggiore-reno.it.

Lago Maggiore
Karte Seite 312

Pittoresk: die ehemalige Einsiedelei Santa Caterina del Sasso

Santa Caterina del Sasso: Einsiedelei am Lago Maggiore

Wenig südlich von Reno erreicht man eins der beliebtesten Ausflugsziele am Lago Maggiore. Eine in ihren Ursprüngen bis ins Mittelalter zurückreichende Kirche mit ehemaligen Klostergebäuden schmiegt sich hier wenige Meter über dem Wasserspiegel an die steile Felswand des Ufers. Vom Parkplatz oberhalb steigt man über Stufen hinunter zu dem versteckten Komplex, dessen Entstehung Ende des 12. Jh. seinen Anfang nahm. 1170 war ein reicher Kaufmann namens Albertus Besozzi auf dem See in einen heftigen Sturm geraten und schwor der heiligen Caterina von Alexandrien, er wolle im Fall seiner Errettung fortan als Eremit zu ihren Ehren in einer Uferhöhle leben. Dies tat er auch tatsächlich, entsagte seinem gesamten Besitz und wurde von der Bevölkerung bald als Heiliger verehrt. Als 1195 die Pest den Lago Maggiore heimsuchte, erschien dem Einsiedler ein Engel und forderte die Errichtung einer Kirche vor der Höhle. Damit war der Grundstein für das Heiligtum gelegt, das fortan mehrfach erweitert und seit dem 14. Jh. von Mönchen bewohnt wurde.

Durch die Räume des ehemaligen Klosters, in dessen *Kapitelsaal* noch schöne Freskenreste erhalten sind, erreicht man zunächst einen Hof mit einer alten Traubenpresse, wo die Mönche die Erträge ihrer Güter verarbeiteten. Der folgende *Conventino* ist ein parallel zur Uferlinie erbauter Bogengang. An den Wänden sieht man hier noch einen recht verblassten, aus zehn Bildern bestehenden Totentanz-Zyklus des 17. Jh. Rechts vor der Kirche liegt eine *Grotte*, eine von vielen in dieser Uferregion, die z. T. schon in der Antike bewohnt wurden. Danach betritt man durch einen Säulengang mit Heiligendarstellungen des 16. Jh. die Kirche, deren Bau ins Jahr 1587 fällt. Man versuchte damals, die hier bereits stehenden Kirchen und Kapellen in einem einzigen Raum zusammenzufassen. Zur Landseite hin liegen drei Kapellen nebeneinander, in der *Cappella San Nicolà*, der ersten neben dem Altar, sind noch frühe Fresken des 14. Jh. erhalten, darunter an der Wand eine erst 1991 unter späteren Malereien entdeckte Kreuzigung, außerdem im Gewölbe Christus in der so genannten Mandorla, umgeben von den Symbolen der vier Evangelisten. Am Südende der Kirche liegt auf tieferem Niveau die *Kapelle des heiligen Albertus*, wo der mumifizierte Leichnam des Einsiedlers aufgebahrt ist. Dahinter befindet sich noch tiefer die *Gedächtniskapelle*, die wohl bereits 1195 entstand und der älteste Teil der gesamten Anlage ist. Sie ist nicht zugänglich, man kann nur durch vergitterte Fenster ins Innere blicken. Nach der Legende soll sie dieselben Maße gehabt haben wie das Grab der heiligen Caterina auf dem Berg Sinai. An der zum Kirchenraum gerichteten Wand sieht man ein Fresko der Heiligen, wie sie von Engeln auf den Berg Sinai getragen wird. *Albertus' Höhle* lag unmittelbar südlich dieser Kapelle.

Öffnungszeiten April bis Okt. tägl. 8.30–12 und 14.30–18 Uhr, März tägl. 9–12 und 14–17 Uhr, Nov.bis Febr. Sa/So 9–12 und 14–17 Uhr; 23. Dez. bis 6. Jan. tägl. 9–12 und 14–17 Uhr. ✆ 0332/647172.

Ispra   (ca. 4700 Einwohner)

Der von Touristen nur wenig frequentierte Ort liegt etwas erhöht und ist vom See durch einige Villen mit großen, ummauerten Parkanlagen getrennt. Beim Schiffsanleger steht lediglich ein modernes Apartmenthaus mit Bar.

An der Promenade nördlich vom Anleger gibt es eine besandete Badeplattform und das Ristorante „Lido" mit Seeblick. Auf einem Uferweg kann man hier noch ein Stück weiter am Ufer entlang in Richtung *Punta d'Ispra* gehen, doch endet er bald und man steigt über einen alten Treppenweg zum Ortskern hinauf. Südlich vom Hafen führt eine lange Uferpromenade am schönen Badestrand entlang nach *Quassa*, unterwegs kommt man am neuen *Porto dei Galli* vorbei. Etwas oberhalb vom See steht das von einem Park umgebene *Mausoleo Castelbarco*, eine verkleinerte Kopie der berühmten Villa Rotonda von Palladio in Vicenza, erbaut 1865 als Grabmal einer Gräfin.

Bekannt ist Ispra vor allem als Standort des weiter landeinwärts gelegenen „Joint Research Centre" von Euratom (JRC, http://ec.europa.eu/dgs/jrc), eines europäischen Atomforschungszentrums, das schon Mitte der fünfziger Jahre gegründet wurde und in dem sich mehr als 2000 Mitarbeiter aus vielen europäischen Ländern mit Fragen der Reaktorsicherheit und Umweltproblemen der Atommeiler beschäftigen.

• *Anfahrt/Verbindungen* **Bahn**, Bahnhof liegt etwas außerhalb in der Nähe der Durchgangsstraße.

Bus, Busse von Sila und Nicora & Baratelli fahren etwa stündl. zum FNM-Bahnhof in Laveno, Busse von Autolinee Varesine nach Angera.

Schiff, Anlegestelle zentral unterhalb vom Centro storico. Mehrmals tägl. Verbindungen nach Stresa, Angera und Arona, 1 x tägl. mit vielen Zwischenstopps bis Locarno.

• *Information* **Ufficio Turistico** am Lungolago Vespucci, wenige Meter vom Fähranle-

ger. Di u. Do 14–18, Mi 9–13, Fr 10–14, 15–18, Sa/So 10–14, 15–19 Uhr, Mo geschl. ✆ 0332/ 782294 o. 3943882, www.proloco-ispra.it.

• *Übernachten* *** **Camping International Ispra**, Via Giosuè Carducci 11, gut ausgestatteter Platz unter dichten Bäumen, mit Restaurant/Pizzeria, Pool und Sportmöglichkeiten (u. a. Fußball, Tennis, Beachvolleyball). ✆ 0332/780458, 784.882, www.internationalcampingispra.it.

*** **Camping Lido Monvalle**, Via Montenero 63, bei Monvalle, nördlich von Ispra (Zufahrt zum Camping beschildert). Ordentlicher

Platz direkt am Wasser, der Chef wirkt anfangs ein wenig rau, ist aber nett, wie überhaupt der ganze Platz. Restaurant mit Bar, die große Terrasse ist abends allgemeiner Treffpunkt, im Sommer gibt es Kinderanimation, Tanz etc. Hübsche Liegewiese am See, Kinderspielgeräte. ✆/✇ 0332/799359, www.campinglidomonvalle.com.

• *Essen & Trinken* **Schuman**, Via Piave 49, beliebt bei den üppig alimentierten Euratom-Nuclearisti, ambitionierte Küche zu recht selbstbewussten Preisen, Michelinbesterntes Menü ab ca. 60 €. So-Abend und Mo geschl. ✆ 0332/781981.

Lido, Lungolago Vespucci 4, nördlich der Fähranlegesteller, nett zum Sitzen mit Seeblick. ✆ 0332/780888.

Ispra/Umgebung

Etwas nördlich landeinwärts von Ispra liegt der kleine Ort *Brebbia* mit seiner romanischen Basilika *Santissimi Pietro e Paolo* (12. Jh.), die allerdings im Barock stark umgestaltet wurde. Einige Fresken aus dem 13.–15. Jh. sind jedoch erhalten geblieben. Im Pfeifenmuseum der 1947 gegründeten Firma „Brebbia Pipe" im Ortsteil Bosco Grosso kann man nach Anmeldung tausende verschiedener historischer Tabakspfeifen aus Wurzelholz und Porzellan betrachten.

Der hübsche Badesee *Lago di Monate* liegt etwa 5 km landeinwärts von Ispra (→ S. 305).

Information   **Museo della pipe di Brebbia**, Località Bosco Grosso, Via Piave 21, ✆ 0332/770286, www.brebbiapipe.it.

Ranco   (ca. 1200 Einwohner)

Idyllisches Nest am See, Tipp für einen ruhigen und erholsamen Urlaub. Neben dem kleinen Sporthafen liegt der *Giardino Comunale* mit herrlichem Seeblick. Es gibt drei Hotels und verstreute Ferienhäuser, eine nette Abendbar am Wasser und verschiedene Bademöglichkeiten, vor allem an der Straße in Richtung Angera.

Im Museo del Trasporto von Ranco

Für Schlechtwettertage lohnt ein Besuch im *Museo del Trasporto Ogliari*. In akribischer Klein- und Großarbeit hat hier Professore Francesco Ogliari einen Teil seines großzügigen Familienanwesens mit Exponaten aus der Mobilitätsgeschichte völlig zugestellt: Lokomotiven, Zahnradbahnen und sogar eine U-Bahnstation finden sich in dem labyrinthischen Sammelsurium.

- *Öffnungszeiten* **Museo del Trasporto Ogliari**, der Beschilderung in Ranco folgen, Di–So 10–12 und 14–16.30 Uhr, Mo geschl., Eintritt frei. www.hcs.it/varese/aptv/apt-ogli.html.
- *Übernachten/Essen & Trinken* **TIPP!** ***** Belvedere**, sympathisches Mittelklassehaus, etwas zurück vom Wasser, seit 1865 im Besitz der Familie Merzagora, freundlich geführt. Restaurant mit schöner, oft bis auf den letzten Platz belegter Terrasse unter Weinlaub und mit wunderbarem Seeblick (Mi geschl.). Gut eingerichtete Zimmer mit Sat-TV. DZ mit Frühstück ca. 100–130 €. ☏ 0331/975260, ✆ 975773, www.hotelristorantebelvedere.it.
*** Conca Azzurra, funktional gestaltetes Haus im Stil der Siebziger, schöner, großer Garten mit Pool direkt am Wasser, eigener Strand, große Terrasse mit herrlichem Seeblick, sehr ruhig. DZ mit Frühstück ca. 90–144 €. ☏ 0331/976526, ✆ 976721, www.concazzura.it.
**** Il Sole di Ranco, Piazza Venezia 5, Luxusrestaurant im gleichnamigen Hotel, geführt seit über 150 Jahren von Familie Bovelli, ein Michelinstern ist der Lohn für die kreative Küche. Hervorragende Fischgerichte, Spezialität ist die Lasagne mit Scampi. Terrasse mit Seeblick. Menü ab ca. 75 €. Mo-Mittag und Di geschl. ☏ 0331/976507, ✆ 976620, www.relaischateaux.com.
- *Unterhaltung* **TIPP! Molo 203**, gemütliches Weinlokal/Bar am See, man sitzt an rustikalen Holztischen im Freien. Zum Wein werden Käse und Wurstwaren gereicht. Geöffnet mittags bis 1 Uhr nachts. ☏ 0331/975190.

Angera

(ca. 5700 Einwohner)

Ruhige Kleinstadt in der grünen Uferlandschaft des südlichen Lago Maggiore, der hier wie ein breiter Fluss wirkt. Die ausgedehnte und von ausladenden Bäumen beschattete Uferzone bietet herrliche Blicke aufs gegenüberliegende Arona, an der Promenade kann man genüsslich bummeln.

Über Angera thront die gut erhaltene Burg *Rocca di Angera* mit weithin sichtbarem Wehrturm, großem Innenhof und hohen, gewölbten Sälen, deren Wände alte Fresken schmücken. Die mittelalterliche Burg wurde im 13. Jh. von den Visconti übernommen und umfassend erneuert, ging aber schon 1449 in den Besitz der Borromäer über. Im Inneren ist heute das hübsche *Museo della Bambola e Museo della Moda Infantile* untergebracht, das historische Puppen, Spielzeug und Kinderkleidung aus verschiedenen Epochen und Kulturen zeigt – eine ehemalige Privatsammlung der Prinzessin Bona Borromeo. Dazu gibt es automatische Figuren und Roboter, die Vorläufer der heutigen elektronischen Spielzeuge, sowie italienische und amerikanische Comics und eine Druckpresse des 18. Jh. In den ehemaligen Stallungen im Hof steht eine mächtige Weinpresse, ein Museumsshop verkauft Puppen. Von der Brüstung vor der Burg genießt man einen herrlichen Rundblick über den Süden des Sees.

Badestrände findet man unterhalb der Alleestraße, die am See entlang nach Ranco führt. Der dortige „Chiosco La Noce" ist eine nette Strandbar mit Terrasse. Neben dem Hotel Lido (→ Übernachten) liegt ein 100 m langer Kiesstrand mit dekorativen Weiden und Blick hinüber nach Arona.

- *Öffnungszeiten/Preise* **Rocca di Angera**, Mitte März bis Mitte Okt. tägl. 9–18.30 Uhr; Eintritt ca. 7,50 €, Kinder (6–15 J.) ca. 4,50 €. ☏ 0331/931300, www.borromeoturismo.it.
- *Anfahrt/Verbindungen* **Bahn**, der Bahnhof liegt östlich außerhalb.
Bus, Busse von Autolinee Varesine fahren nach Ispra und weiter über Besozzo und

Gavirate (Lago di Varese) nach Varese. Um nach Laveno zu kommen, steigt man in Ispra oder Besozzo vom Bus in die Bahn oder in einen Bus von Nicora & Baratelli bzw. Sila um.

Schiff, die Anlegestelle liegt an der Piazza della Vittoria, wenige Meter von der Piazza Garibaldi, dem zentralen Uferplatz.

• *Information* **IAT**, Piazza Garibaldi 10, im Rathaus am lang gestreckten Uferplatz. So, Mo u. Fr 10–12, Di u. Mi 10–12, 15–18, Sa 9– 12 Uhr. ✆ 0331/960256.

• *Übernachten* **★★★ Lido**, Viale Libertà 11, Uferstraße von Angera nach Ranco . Großes Haus mit schönem Garten direkt am See, vor dem Haus schmaler Kiesstrand. Im großflächig verglasten Restaurant mit Panoramaterrasse und Seeblick wird u. a. Sushi vom See serviert. Gelegentlich sind Hochzeits-

Blick von der Rocca di Angera auf das südliche Seeende

gesellschaften etc. im Haus, dann wird es laut. DZ mit Frühstück ca. 102 €, HP ca. 75 € pro Pers. ✆ 0331/930232, 🖷 932044, www.hotellido.it.

★★★ Pavone, Via Borromeo 14. Gepflegtes Haus mit dem gutem Ristorante/Pizzeria „Vecchia Angera" in einer Seitengasse der Piazza Garibaldi. ✆ 0331/930224, www.hotelpavone.it.

★★★★ Camping Città di Angera, großer Platz südlich vom Ort am See, schöne Liegewiese, schattige Stellplätze, ca. 100 m langer Strand, großer Pool und Kinderbecken, Ristorante/Pizzeria. Holprige Anfahrt über eine Staubpiste, im Sommer Animation. ✆ 0331/ 930736, 🖷 960367, www.campingcittadiangera.it.

• *Essen & Trinken* **TIPP! Verbano**, Viale Pietro Martire 2, begrüntes Terrassenlokal gegenüber der Fähranlegestelle. Von einem älteren Ehepaar freundlich geführt, es wird gut Deutsch gesprochen, die Dame des Hauses bedient fürsorglich. Gute Fischgerichte, auch Pizza, mittlere Preise. Do geschl. ✆ 0331/930240.

Mignon, Piazza Garibaldi 22, beliebte Pizzeria in zentraler Lage an der Uferstraße, wird schnell voll. ✆ 0331/930141.

TIPP! Agriturismo La Rocca, Via Castello 1, an der Auffahrt zur Burg (beschildert). Umgebauter Bauernhof mit großem Speisesaal und Außenterrasse, schön zum Sitzen und gute Auswahl. Im Sommer mittags und abends geöffnet. Di abends und Mi geschl. ✆ 0331/930338.

Nettare di Giuggiole, Via Maria Greppi 43, nette, kleine „Enoteca con cucina" in der Altstadt von Angera, benannt nach den süßen, olivengroßen Früchten „Giuggiole", deren Saft man hier neben solider Küche und Weinen ebenfalls erhalten kann. ✆ 0331/932037.

• *Shopping* **Markttag** ist der Donnerstag. Jeden zweiten Sonntag im Monat findet ein **Floh- und Antiquitätenmarkt** statt.

▸ **Lisanza**: Im äußersten Süden des Lago Maggiore liegt dieses kleine Dorf mit gut geführtem Campingplatz und sympathischer Uferzone – Rasen, Sand-/Kiesstrand, Kiosk und Vermietung von Liegen. Besonders schön ist hier der Blick auf den See und die Berge dahinter.

• *Übernachten* **★★★★ Camping Lido Okay**, Via per Angera 115, direkt am See, netter Platz mit zwei Pools und Vermietung von Bungalow und Mobil Homes. ✆ 0331/974235, www.camping-okay.com.

• *Essen & Trinken* **La Vela**, Piazza Cristoforo Colombo 1, wenige Meter oberhalb

vom Strand, hier kann man angenehm und gut essen, entweder im gepflegten Innenraum oder auf der Terrasse neben dem Haus. Spezialität ist natürlich Fisch, sowohl aus dem See wie vom Meer. Etwas teurer. ✆ 0331/974000.

Westufer (Nord nach Süd)

Der Westen war seit jeher die Vorzeigeseite des Sees. Schon seit dem Anfang des 19. Jh. zogen sich die reichen Mailänder Adelsfamilien hierher zurück, später entstanden die großen Paläste und Jugendstilvillen reicher Großindustrieller.

Während sich im Norden um das schöne Städtchen *Cannobio* zahlreiche Camping-plätze ballen, bietet die Seemitte dank ihres milden Klimas Belle-Époque-Atmos-phäre mit prunkvollen Palasthotels, botanischen Gärten, Palmenpromenaden und der Erinnerung an zahlreiche berühmte Gäste aus Adel und Politik. In *Stresa* und im benachbarten *Baveno* waren sie alle – Queen Victoria, Hemingway, George Bernard Shaw und die Zarenfamilie, heute gefolgt von russischen, deutschen und amerikanischen Pauschaltouristen. Der obligate Ausflug zur *Isola Bella* hat sich leider während der Hochsaison zum Massen„event" entwickelt, doch kann man auch rasch den insgesamt eher ruhigen *Lago d'Orta* besuchen, dessen touristischer Hauptort *Orta San Giulio* trotz seiner zunehmenden Bekanntheit eher beschaulich wirkt.

Schweizer Ufer: Natürlich lohnt ein Stopp im schweizerischen *Locarno*, dessen Altstadt sich weitflächig die Hänge hinaufzieht. An der weiten Piazza Grande, umgeben von Laubengängen und mit runden Kieselsteinen gepflastert, kann man schön Kaffee trinken – aber fast noch besser an der weltberühmten Promenade im benachbarten *Ascona*. Das nahe *Centovalli* ist ein populäres Ausflugsziel. Details zu den Zielen in der südlichen Schweiz finden Sie in unserem Führer „Tessin".

Cannobio   (ca. 6000 Einwohner)

Das absolute Camperzentrum am See, gut acht Plätze liegen in der Ebene des Cannobino-Flusses nördlich vom Ort. Dort erstreckt sich auch ein langer und sehr breiter Kiesstrand namens Lido – einer der beliebtesten Badeplätze am Lago. Aber das ist nicht alles: Cannobio besitzt nämlich außerdem viel Atmosphäre.

Zum See hin reihen sich an der breiten Promenade pastellfarbene Hausfronten mit schmiedeeisernen Balkonen und wunderschön unverbautem Seeblick. Die Uferstraße wird abends zur Fußgängerzone, an der gemütliche Restaurantterrassen zum Essen einladen. Gleich dahinter dann der krasse Gegensatz: Hier krümmen sich dunkle und enge Treppenwege mit überwölbten Durchgängen, Kieselwege ziehen sich zwischen hohen Mauern – architektonisch so reizvoll, wie man es hier im „hohen Norden" Italiens in dieser Ausgeprägtheit nicht erwartet. Die Bummelgasse *Via Umberto I* beginnt an der Promenade, zieht sich mit vielen Läden bis zur Durchgangs-straße hinauf und verläuft als *Via Antonio Giovanola* an der großen Pfarrkirche *San Vittore* vorbei landeinwärts weiter durch den alten Ortskern.

Die Bademöglichkeiten sind vielfältig: Der lange Strand am See besteht weitgehend aus Kies, es gibt aber auch Sand, z. B. an der Mündung des Cannobino. Der Fluss führt im Hochsommer nur wenig Wasser, sodass man an der Mündung schön herumwaten kann. Hinter dem Ort beginnt das *Valle Cannobina*, das sich den Fluss entlang

Lago Maggiore
Karte Seite 312

in die Berge zieht. Dort findet man wunderschöne Flussbadestellen und sogar einen kleinen Sandstrand, auch Paddler finden reichlich Betätigung.

All diese Vorzüge machen Cannobio zu einem der angenehmsten und begehrtesten Orte am See mit viel deutschsprachigem Stammpublikum.

Santuario della Santissima Pietà: Blutspritzer von Jesus Christus

Wenige Meter von der Anlegestelle entfernt steht in Cannobio das bedeutendste Heiligtum der westlichen Seehälfte. Erbaut wurde die mit Stuck, Gold und Fresken überreich ausgestattete Kuppelkirche nach einem wundersamen Ereignis vom 8. Januar 1522. Damals flossen Blut und Tränen aus der Pietà, einem kleinen ikonenartigen Bildnis, das Jesus zusammen mit Maria und Johannes zeigt (linker Hand vom Altar). Das Blut wurde mit Tüchlein aufgefangen, die in einem gläsernen Reliquienschrein unter dem Hauptaltar aufbewahrt werden. Wie es heißt, wurden die Aussagen der Zeugen dieses Wunders durch zwei Notare bestätigt. Beachtenswert ist außerdem das große, figurenreiche Altarbild von Gaudenzio Ferrari (ca. 1475–1546), das den „Gang nach Golgatha" darstellt.

---

*A*nfahrt/*V*erbindungen/*I*nformation

● *Anfahrt/Verbindungen* **PKW**, im Ort gibt es mehrere ausgeschilderte, allerdings in der Regel kostenpflichtige Parkplätze.

Bus, etwa stündl. fährt VCO über Cannero Riviera, Cannobio und Brissago (Schweiz) nach Locarno sowie über Cannero Riviera nach Verbania. Abfahrt im Zentrum an der Durchgangsstraße.

Schiff, mehrmals tägl. nach Ascona und Locarno sowie in Richtung Süden und hinüber nach Maccagno und Luino am Ostufer. Außerdem gibt es Rundfahrten zu den Borromäischen Inseln.

Ein **Touristenzüglein** bietet in den Sommermonaten täglich Rundfahrten durch den Ort.

● *Information* **IAT**, Via Antonio Giovanola 25, im Rathaus am Anfang der Hauptgasse durch den Ortskern, neben der Kirche. Reichhaltiges Prospektmaterial, Hilfe bei der Quartiersuche. Mo–Sa 9–12, 16.30–19 Uhr, So 9–12 Uhr. ✆/℡ 0323/71212, www.procannobio.it.

*Ü*bernachten *(siehe *K*arte *S*. 333)*

Sehr gutes Niveau der Hotels, praktisch alle haben auch ein Ristorante. Cannobio ist ein eher teures Pflaster, für die Hochsaison sollte man frühzeitig buchen, das gilt auch für die Campingplätze.

**** Cannobio (10), Traditionshaus direkt am Wasser, nach erfolgtem Umbau nun zu Recht in gehobener Kategorie, toller Blick, hauseigenes Ristorante in schöner Lage am See, Garage (ca. 15 €). DZ mit Frühstück ca. 170 €. ✆ 0323/739639, ℡ 739596, www.hotelcannobio.com.

*** Pironi (11), 500 Jahre altes Bürgerhaus (zeitweise Kloster) im Ortskern, unter der Leitung eines bekannten Bildhauers gekonnt restauriert, Balkendecken, schönes Mobiliar, Speiseraum mit Wand- und Deckengemälden, jedes Zimmer ist unterschiedlich eingerichtet. DZ mit Frühstücksbuffet ca. 125–160 €. ✆ 0323/70624, ℡ 72184, www.pironihotel.it.

*** Villa Belvedere (16), etwas außerhalb vom Ort (am südlichen Ortseingang landeinwärts abbiegen). Schönes, repräsentatives Anwesen mit großem Garten und Swimmingpool. Die meisten der komfortablen Zimmer sind in einer lang gestreckten Residence mit Seeblick untergebracht. DZ mit Frühstück ca. 100–140 €, Superior bis 160 €. ✆ 0323/70159, ℡ 71991, www.villabelvederehotel.it.

Immer gut besucht: der Lido von Cannobio

*** Antica Stallera (6), Via Paolo Zaccheo 7, ruhige Lage zwischen Durchgangsstraße und Uferpromenade, traditionelles Haus mit interessanter Architektur, früher lange als Poststation geführt. Moderne Zimmer, gutes Restaurant, Garten und Parkplatz. DZ mit Frühstück ca. 85–95 €. ☎ 0323/71595, 📠 72201, www.anticastallera.com.

** Elvezia (5), freundliches Albergo im Ort, fünfzehn Zimmer mit teils geräumigen Balkonen, unten ein gepflegter Speisesaal, hinten ein großer Garten. DZ mit Frühstücksbuffet ca. 70–90 €. ☎/📠 0323/70142, www.hotelelvezia.it.

• *Bed & Breakfast* **Casa Arizzoli (8)**, Via Antonio Giovanola 92, aufwändig restauriertes altes Stadthaus mit alten Holzbalkendecken und Malereien im hinteren ruhigen Teil der langen Hauptgasse. Drei Zimmer und zwei Zwei-Zimmer-Wohnungen mit Sat-TV, hinten Gemeinschaftsterrasse und kleiner Garten. Mit Parkplatz. DZ mit Frühstück ca. 75–90 €. ☎/📠 0323/72001, www.casa-arizolli.com.

Villa Palmira (15), Via Domenico Uccelli 24, 2006 eröffnet, historischer Palazzo mit schönem Park, allerdings direkt an der Durchgangsstraße und von dieser durch eine Mauer getrennt. Im Park alter Baumbestand, Palmen, Azaleen, Rhododendron und Liegewiese. Gut eingerichtete Zimmer mit Terrassen, Parkplatz, Gästefahrräder

kostenlos. DZ mit reichhaltigem Frühstücksbuffet ca. 80–130 €. ☎/📠 0323/72347, www.villapalmira.it.

Antico Sempione (14), Casali Sempione 3, etwas erhöht über der Straße ins Valle Cannobina. Ein altes, seit langem leer stehendes Gasthaus wurde von einer freundlichen, jungen, italienisch-deutschen Familie mit zwei Kindern im schönen traditionellen Stil renoviert, schöne, alte Balkendecken, Cottonböden, warme Farben. Vermietet werden sieben Ferienwohnungen in verschiedenen Größen und zwei Zimmer mit Frühstück. Weitläufiger Garten mit vielen ruhigen Ecken, Kinderspielplatz und Planschbecken, dazu ein beliebtes Ristorante. ☎ 0323/71920, 📠 739260, www.ferienwohnungitalien.com.

• *Camping* Die Plätze **** Riviera (1)** (☎/📠 0323/71360,   www.riviera-valleromantica.com), **** Internazionale Paradis (1)** (→ unten), **** Campagna**   (☎ 0323/70100,   📠 738991, www.campingcampagna.it), **** Gelsi** (☎ 0323/71318), *** Pedro** (☎ 0323/72336 o. 335-7027966) und *** Nosetto** (☎ 0323/71392) liegen einer neben dem anderen am langen Strand, ca. 3 km nördlich vom Ort, und sind fest in deutscher Hand, viele Stammgäste. Reichlich Schatten durch verschiedene Laub- und Nadelbäume, die platzeigenen Ristoranti einfach und gemütlich (vor allem

Campagna). Preiswertes Essen, das auf deutsche Geschmäcker zugeschnitten ist, herzhaftes Frühstück.

TIPP! ** Camping Internazionale Paradis (1), sehr gepflegter Platz mit wahrer Blütenpracht, dazu gehört auch die komfortable *** Villa delle Palme (1)** mit elf Zimmern (DZ ca. 100–120 €). ℡ 0323/71227, ✆ 72591, www.campinglagomaggiore.it.

Wenn alle Plätze belegt sind, bietet * **Camping Fiume (2)** an der landseitigen Straßenseite meist noch einige Stellplätze. Im angeschlossenen Hotel kann man außerdem einige recht ordentliche Zimmer mit Balkon mieten (DZ mit Frühstück ca. 85–100 €, www.hoteldelfiume.net). ℡ 0323/70192, ✆ 739104, delfiume@libero.it.

TIPP! ** Camping Valle Romantica (12), im Valle Cannobino, einige Kilometer hinter Cannobio. Üppig grüner und wunderbar bepflanzter Platz unter Schweizer Leitung, existiert seit 1956 und ist damit der älteste Platz am Ort. Pool mit Planschbecken, Kinderspielplatz, sehr gutes Restaurant (→ Essen & Trinken), gleich benachbart liegen schöne Flussbadeplätze, dort kann man auch gut Kanu fahren. Zur Vermietung stehen auf dem Platz mehrere mietbare Landhäuser, außerdem gibt es Wohnwagen und Mobil Homes. Mitte März bis Mitte Sept. ℡/✆ 0323/71249, www.riviera-valleromantica.com.

Wohnmobilstellplatz am Fluss Cannobino im hinteren Ortsbereich, 55 Stellplätze, Du/WC, drei Tage Maximalaufenthalt, ca. 12 €/Tag, ganzjährig geöffnet.

*E*ssen & *T*rinken

Cannobio entpuppt sich geradezu als Dorado der guten Küche. Vermeiden sollte man allerdings eher die Touristenlokale an der Uferpromenade mit den fotoillustrierten Speisekarten – das Essen ist mäßig, der Service bestenfalls routiniert.

Scalo (7), Piazza Vittorio Emanuele III, Nähe Anlegestelle, zwar ebenfalls ein Freiluftlokal an der Uferfront, jedoch wird hier eine interessante und vielseitige Küche serviert, abends ist es deshalb schnell voll. Von Michelin empfohlen, gehobene Preise. Di-Mittag und Mo geschl. ℡ 0323/71480.

Porto Vecchio (10), im Hotel Cannobio, stilvoller Kiesgarten mit historischer Balustrade am See, ebenfalls sehr ambitionierte Küchenleistungen, aber auch Pizza. Service ein wenig förmlich und preislich ein wenig gehoben, aber durchaus noch im Rahmen. ℡ 0323/739998.

Antica Stallera (6), im gleichnamigen Hotel, stimmungsvoller Innengarten mit flackernden Windlichtern auf den Tischen. Zwischen Palmen und unter Weintrauben kann man internationale Küche mit regionalem Einschlag genießen. ℡ 0323/71595.

Della Streccia (9), Via Merzagora 5, kleines, gepflegt-rustikales Ristorante einige Meter von der Uferpromenade zurückgesetzt in einer engen Treppengasse. Gute Küche, man kann aber nicht draußen sitzen. Do geschl. ℡ 0323/70575.

XII Colonne (13), Piazza 27/28 Maggio 12, an der südlichen Uferpromenade, schöne Terrasse, günstige und gute Pizza (auch mittags) und Foccace, gegenüber kann man vom Kai ins Wasser hüpfen. Mo geschl. ℡ 0323/72582.

Giardino (4), Viale Vittorio Veneto 24, oben an der Durchgangsstraße (durch eine Glasscheibe vom Verkehr getrennt), hauptsächlich junge Leute von den Campingplätzen essen hier, prima Pizzen, Kommunikation ist angesagt – lockere Atmosphäre mit Unterhaltungen zwischen den Tischen. ℡ 0323/71482.

• *Etwas außerhalb* **TIPP! Antico Sempione (14)**, Casali Sempione 3, kleines, feines Restaurant etwas erhöht über der Straße ins Valle Cannobina (→ Bed & Breakfast). Zwei hübsche Innenräume, draußen eine nette Terrasse unter Weinlaub, wenn auch etwas vom Verkehr beeinträchtigt. Freundlich geführt. Menü in mehreren Varianten für ca. 25 €. ℡ 0323/71920.

TIPP! Vino Divino (12), Strada della Valle Cannobina 1, hinter Cannobio am Eingang zum Valle Cannobina, direkt neben dem Camping Valle Romantica. Gemütliche Osteria im Grünen, die Gaststube ist mit Flaschen dekoriert, draußen kann man unter Kastanienbäumen stimmungsvoll essen. Auf einer Tafel am Eingang steht fein säuberlich das kulinarische Angebot des Tages, gerne werden Meer-, See- und Bergküche miteinander kombiniert, dazu gibt es bei Paolo auch ein leckeres Angebot an Käse und hochwertigen Wein. In der NS Mo–Mi geschl. ℡ 0323/71919.

Locarno

Lago Maggiore

SS 34

Tennis

P.zza Martiri della Libertà

Spiel-platz

Santuario della Santissima Pietà

Santa Marta

San Vittore

Rathaus

Piazza Vittorio Emanuele III

S. Ambrogio

Pizza 27-28 Maggio

Cannero Riviera, Verbania

Cannobio

100 m

Camelia, Pizzeria bei den Campingplätzen, preiswert und immer voll, die Terrasse zur Durchgangsstraße ist mit dichtem Laubwerk geschützt. ☎ 0323/71486.

Besonderer Tipp ist außerdem das Restaurant **Del Lago** in Carmine, wenige Kilometer südlich (☐dort).

Sonstiges

- *Eis* Die große und schön aufgemachte **Gelateria Lago** liegt neben den Schmiedeeisenläden im nördlichen Bereich der Promenade.

- *Feste* **Sacra Costa**, am 7. Januar erinnert

eine große Lichterprozession durch die Altstadt an das Wunder von 1522 im Santuario della Pietà. Viele Tausende von Kerzenlichtern werden dann in den Gassen und Häusern entlang des Wegs entzündet, aber

Auch am Fluss hinter Cannobio kann man wunderbar baden

auch in den Mauernischen des Campanile und auf den Booten draußen.

● *Internationale Zeitungen/Zeitschriften* an der Uferpromenade, Nähe Hotel Cannobio.

● *Kinder* Großer **Spielplatz** am Viale delle Rimembranze im nördlichen Ortsbereich zwischen SS 34 und See.

● *Shopping* Jeden So großer und viel besuchter **Markt** im Ortskern und an der Uferpromenade, reichhaltig ist vor allem das kulinarische Angebot.

Mehrere Enoteche liegen im Ortskern und an der Uferpromenade, z. B. **Isolino** (neben Rest. Scalo) und **Le Corti** in der Via Umberto I 32, außerdem gibt es die nette **Cantina Ferro** an der Straße bei den Campingplätzen. Selbstversorger mit kulinarischen Ambitionen finden im seeabgewandten Teil der Altstadt ausgezeichnete **Salumerie, Macellerie und Pasticcerie**.

Am Nordende der Promenade bieten drei Läden nebeneinander jede Menge **schmiedeeiserner Objekte**: Lampen, Töpfe, Glocken, Gartenzubehör, Briefkästen, Papierkörbe ...

● *Sport* **Tomaso Sail & Surf (3)**, Windsurf- und Segelschule am Strand, außerdem Verleih von Booten aller Art. ✆ 0323/72214, www.tomaso.com.

Weiterhin kann man **Beach-Volleyball, Tennis** und **Minigolf** spielen, sogar einen **Fußballplatz** mit **Leichathletikanlage** gibt es.

● *Unterhaltung* An der Seepromenade gibt es in der Hochsaison Livemusik und Tanz bis Mitternacht.

▶ **Valle Cannobina**: Das lange Wildbachtal windet sich eng, steil und kurvenreich durch raue Berglandschaften und kleine Dörfer zum Val Vigezzo und Centovalli hinüber – eine beliebte Strecke für Motorradfahrer, die leider sehr risikobereit die Kurven schneiden und überholen, erhöhte Vorsicht an Wochenenden! Ein besonders schönes Ausflugsziel ist hinter Traffiume die spektakuläre Klamm *Orrido di Sant' Anna* mit dem gleichnamigen Kirchlein, dem Lokal „Grotto Sant'Anna" (✆ 0323/ 70682, www.ristorantesantanna.com) in bestechender Lage und prima Badestellen. Hinweis: die urige, gut vierzig Jahre alte Hängebrücke bei *Traffiume* wurde 2007 abgerissen, eine neue Brücke wird gebaut.

▶ **Carmine**: nur eine Handvoll Häuser am See, etwa 3 km südlich von Cannobio, dazu ein sehr einfacher und uriger Campingplatz direkt am See. Hier kann man testen, ob das berühmte Ristorante „Del Lago" seine Michelin-Gabeln zu Recht trägt.

● *Übernachten/Essen & Trinken* *** **Del Lago**, direkt an der Straße, gepflegtes Restaurant mit wunderbarer Terrasse und angeschlossener Enoteca, Menü ca. 40 € aufwärts. Der Garten reicht bis zum See hinunter, dort gibt es eine private Badestelle. Es werden zehn komfortable Zimmer vermietet, DZ mit Frühstück ca. 90–120 € (Restaurant Mi-Mittag und Di geschl.). ✆/📠 0323/70595, www.enotecalago.com.

Osteria al Sasso, preiswertere Alternative, etwas erhöht auf der Landseite der Straße. Der Campingplatz gehört dazu. ✆ 0323/ 71392.

Camping Nosetto, verstecktes Terrassengelände mit nur 25 Stellplätzen unterhalb der Straße, viele Bäume, davor ein schmaler Strand (Eintrittsgebühr für Nichtcampinggäste). ☏ 0323/71392.

Cannero Riviera

(ca. 1100 Einwohner)

Ein gepflegter Ort mit Stil, mit seinen langen Treppenwege duckt er sich unterhalb der Seestraße ans Ufer. Dort findet man eine gediegene, verkehrsfreie Promenade und gehobene Hotellerie mit Tradition. Wegen seiner Südlage auf dem Delta des Rio Cannero und dem schützenden Hang dahinter kann sich Cannero eines besonders milden Klimas erfreuen, daher der Beiname „Riviera".

Beim Spaziergang auf dem Lungolago kommt man am Hafen vorbei, der von einer modernen Time-Sharing Anlage von Hapimag umgeben ist. Danach überquert man den Rio Cannero und erreicht eine ausgesprochen schöne Badezone, die genau nach Süden ausgerichtet ist, mit langem Kiesstrand und liebevoll angelegter Grünfläche, Oleander, Fächerpalmen und Weiden – als einziger der Strände am Lago Träger der „Blauen Fahne" (Bandiera Blu), die sauberes Wasser und Umweltfreundlichkeit bewertet. Ein Campingplatz liegt gleich dahinter und zieht vor allem Familien an, die hier eine ruhige und erholsame Seeecke vorfinden.

Das *Museo Etnografico e della Spazzola* wurde von der örtlichen Mittelschule gegründet. Die Schüler sammelten bei den Ortsbewohnern alte Stücke aus der Vergangenheit und stellten sie in der Villa Laura in der Via Dante aus. Außerdem ist dort eine historische Küche nachgebildet und ein Raum widmet sich der Bürstenproduktion, die im 19./20. Jh. die wichtigste Industrie war.

Im Hinterland kann man die steile Straße nach *Viggiona* hinauffahren, den Seeblick genießen und im Ristorante „La Luna" am Ortseingang einkehren.

Zum Sundown ein „Aperitivo" auf dem Catamarano Solare

Lago Maggiore
Karte Seite 312

● *Öffnungszeiten* **Museo Etnografico e della Spazzola**, nach Vereinbarung unter ☎ 0323/788091 o. 788039.

● *Übernachten* **TIPP! **** Cannero**, seit 1902 dient dieses wunderschön nostalgisch und komfortabel eingerichtete Hotel mit den beiden nebeneinander liegenden Häusern seinen Gästen als behagliches Domizil. Viele Stammgäste, freundlich geführt von Signora Gallinotto. Parkplatz, Restaurant mit Terrasse und Seeblick, Swimmingpool, Solarium. DZ mit Frühstück ca. 110–146 €. ☎ 0323/788046, 🖷 788048, www.hotelcannero.com.

*** Il Cortile, Via Massimo d'Azeglio 73, wenige Meter hinter der Promenade, nur neun Zimmer, schick aufgemacht in einem restaurierten Haus aus dem Mittelalter, das exquisite Restaurant im Innenhof. DZ mit Frühstück ca. 110–120 €. ☎ 0323/787213, www.cortile.net.

B & B Casa Banano, Via Marconi 30, gehört zum Restaurant Sano Banano. Schlicht möblierte Zimmer mit Terrasse im Ortskern. DZ mit Frühstück ca. 74–80 €. ☎ 0323/2153073, 🖷 787356, www.casabanano.com.

TIPP! Camping Lido, beliebter Platz mit genügend Schatten direkt am Strand. Kinderspielplatz, Sportplatz, Tennis, Basketball, Tischtennis, Bootsvermietung, Tretboote, Fahrräder. März bis Okt. ☎/🖷 0323/787148, www.campinglidocannero.com.

● *Essen & Trinken* Im Ortskern findet man einige nette Lokale.

Sano Banano, Via Marconi 30, ca. 50 m landeinwärts der Anlegestelle. Originelles Lokal – drinnen ein langes Boot als Bar, hin-ten ein überwachsener Hof, nett zum Sitzen, gute lokale Küche. Mit Zimmervermietung. ☎ 0323/788184, www.sanobanano.com.

Trattoria da Gino e Gabi, Via Dante 12, gemütliches Terrassenlokal in einem schönen Garten. Kleine, aber feine Speisekarte. Nur abends, sonntags auch mittags (außer Juli/August). ☎ 0323/788160.

Piccadilly, Via d'Azeglio 32, solide Trattoria im oberen Ortsbereich, der Gastgarten gleich unterhalb der Durchgangsstraße, Paolo kocht leckeres Risotto, manchmal auch Fondue, aber auch die Pizzen sind zu empfehlen. ☎ 0323/787510.

Ca' Bianca, ein wenig nördlich von Cannero, postkartenreif am Wasser gelegenes Restaurant, Blick auf die vorgelagerten Burginseln, eigener Bootsanleger und Strandzone. Mi geschl. ☎ 0232/788038.

La Luna, in Viggiona, gemütliches Terrassenlokal, leider ohne Seeblick, trotzdem beliebt, gute lokale Küche. ☎ 0323/788050.

● *Bars* In der **Bar** neben der Anlegestelle sitzt man direkt am Wasser und kann kleine Gerichte zu vergleichsweise günstigen Preisen sich nehmen.

TIPP! Catamarano Solare, die beim Strand auf dem Wasser schaukelnde, hölzerne Katamaranbar ist einzigartig auf dem Lago – „der" Platz für den Sundown-Cocktail.

● *Sonstiges* **Markttag** ist Freitag; **Internationale Zeitungen/Zeitschriften** bei der Fähranlegestelle.

● *Feste* **Madonna del Carmelo**, eindrucksvolle Lichterprozession am zweiten Sonntag im Juli entlang der Seepromenade.

▶ **Castelli di Cannero**: Nördlich von Cannero liegen direkt vor dem Ufer zwei befestigte Inseln wie verwunschene Burginseln in einem schottischen „Loch". Im Mittelalter hausten hier fünf Raubritterbrüder namens Mazzardi (genannt „I Mazzarditi"), kontrollierten den Handel mit der Schweiz und tyrannisierten die gesamte Seeregion. Ihre besondere Vorliebe galt der Entführung junger Frauen, doch als sie die Töchter des Podestà von Cannobio raubten, hatten sie den Bogen überspannt. 1414 zerstörte Filippo Visconti ihre Befestigungen und ließ sie hinrichten. Die heutigen Bauten stammen aus dem 16. Jh. und wurden von den Borromäern als Bollwerk gegen die Schweizer Eidgenossen erbaut.

Wer über ein Boot verfügt, kann die kleinere der beiden Inseln anfahren (in Cannero werden auch Überfahrten angeboten). Dort steht nur ein Turm und es gibt eine schöne Wiese, die zum Picknick oder Sonnenbaden geeignet ist. Die größere Insel ist vollständig ummauert und durch ein schweres, eisernes Tor versperrt.

▶ **Oggebbio**: Den auf den Landkarten südlich von Cannero eingetragenen Ort wird man an der Uferstraße vergeblich suchen. Er besteht aus mehr als einem Dutzend Weilern, die bis weit hinauf in die Berge verstreut sind. Einen traumhaften Seeblick

Wo einst die Raubritter hausten: Castelli di Cannero

hat man hier überall, aber die Straßen sind steil, eng und kurvig und so hat man oft mehr mit dem Fahrzeug zu tun als mit dem Genuss der Landschaft. Unten am See gibt es bei der Residence „Casa e Vela" eine Badezone mit künstlicher Liegewiese und Liegestühlen, Bar, Boots- und Fahrradverleih. Beim Ristorante „Al Lago" liegt ein Uferkai mit Wiese und Leitern ins Wasser.

Verstreut stehen in Ufernähe und an den Hängen prächtige Jugendstilvillen – in der Villa del Pascià soll Verdi zu seiner Oper „Aida" inspiriert worden sein. In *Gonte*, etwas oberhalb der Uferstraße, erhebt sich die Kirche *San Pietro* mit dem höchsten Glockenturm am Westufer des Lago Maggiore (42 m).

• *Übernachten* **Casa e Vela**, Via M. Oggebbiesi 21, Residenzhaus mit zweckmäßig eingerichteten Studios und Apartments direkt über der Uferstraße, jeweils mit Balkon. Solarium und Parkplatz. Zum Strandbad überquert man die Straße, dort gibt es eine künstliche Liegewiese, ein Restaurant mit Panoramaterrasse und die Bar „Lido". Im Sommer Verleih von Motorbooten, Wasserscootern, Kanus, Tretbooten und Fahrrädern. Auch einen Bootsanlegeplatz gibt es. Zu buchen z. B. über www.fewotraum.de oder tourist-online.de. ✆ 0323/ 48272.

*** **Villa Margherita**, Via G. Polli 11, bei Gonte, hoch über der Uferstraße. Mit gewohnter Schweizer Professionalität wird die schöne alte Villa über dem See geführt. Terrassenpark mit Swimmingpool, exklusiv eingerichtete Zimmer mit Marmorbad und Whirlpool, Restaurant. DZ mit Frühstück zur Seeseite 260 €, mit Balkon 310 €, nach hinten (Blick auf Gonte) ca. 150 €. Eine Oase der Ruhe, deshalb Kinder unerwünscht. ✆ 0323/491006, 🖷 491928, www.villa-margherita.it.

TIPP! *** **Bel Soggiorno**, Via P. Caremoli 114, einfaches Mittelklassehaus am südlichen Ortseingang von Gonte. Fantastischer Blick über den Lago, Restaurantterrasse unter Platanen, bekannt leckere Pizza. Zimmer ordentlich, ohne Extravaganzen. Parkplatz. DZ mit Frühstück ca. 90 €. ✆/🖷 0323/ 48114, www.albergobelsoggiorno.it.

** **Sole**, Via Nuova per Cassino 8, wenige Meter oberhalb der Uferstraße, toller Seeblick, sehr nett und familiär geführt, hübsche Sonnenterrasse. DZ mit Frühstück ca. 60–80 €. ✆ 0323/788150, www.albergosole.it.

** **Camping La Sierra**, zwischen Oggebbio und Ghiffa in Terrassen über der Straße, unterhalb liegt ein Badestrand. Mit Restaurant und Seeblick, die Straße kann etwas störend sein. ✆ 0323/59420, 📠 590712, www.campinglasierra.it.

• *Essen & Trinken* **TIPP! Lago**, Via Nazionale 86, bei einem größeren Parkplatz an der Uferstraße, von Vito und Familie freundlich geführt, gute Küche, frischer Fisch und erfreulicher Service. ✆ 0323/48105.

▶ **Ghiffa:** Die Uferstraße durchtrennt die Gebäude der ehemaligen, 1881 gegründeten Hutfabrik Panizza & Co. Den landseitigen Komplex hat man als *Museo dell'Arte del Cappello* der Öffentlichkeit zugänglich gemacht. Die Herstellung von Filzhüten unter Verwendung von natürlichem Tierfellhaar war in dieser Gegend seit dem 18. Jh. ein bedeutender Wirtschaftszweig.

Oberhalb von Ghiffa liegt inmitten eines ausgedehnten Naturschutzgebietes um den Monte Cargiago (713 m) der *Sacro Monte della Santissima Trinità di Ghiffa*, ein barockes Heiligtum mit Wallfahrtskirche, drei großen Kapellen und einem Laubengang mit Kreuzwegbildern aus dem 16. Jh. Das waldreiche Naturschutzgebiet bietet sich für Spaziergänge und Wanderungen an. Beim Santuario kann man parken, dort gibt es auch einen Fitness-Parcours und ein an Wochenenden oft recht volles Restaurant.

• *Öffnungszeiten* **Museo dell'Arte del Cappello**, April bis Okt. Sa/So 15.30–18.30 Uhr, Juli/August auch Di u. Do, Sept./Okt. Di. Mit Führung, Eintritt frei. ✆ 0323/59174, museocappelloghiffa@libero.it.

• *Übernachten/Essen & Trinken* ** **Villa Gioiosa**, Corso Risorgimento 236, Località Frino. Alte Villa mit Park in schöner Lage über dem See, familiär geführt, besondere Sorgfalt wird der Küche gewidmet. DZ mit Frühstück ca. 70–80 €. ✆/📠 0323/59218, hotelvillagioiosa@tiscali.it.

TIPP! Zi' Rosaria, Corso Belvedere 26, Ristorante/Pizzeria mit Zimmervermietung unmittelbar unterhalb der Durchgangsstraße direkt am Wasser, schöne, grün überwucherte Terrasse, unkomplizierter und flinker Service, Fisch, Risotto und Pizza. Die Zimmer liegen in einem Nebengebäude und sind nur als Stop-over geeignet. DZ mit Frühstück ca. 40–70 €. ✆ 0323/59277.
SS. Trinità, großes Ausflugslokal beim Santuario, Mi geschl. ✆ 0323/59300.

Verbania

Die größte Stadt am See besteht aus den beiden Ortsteilen Intra und Pallanza, die durch eine Landzunge getrennt sind. Sie besitzt nicht unbedingt die Muße eines Urlaubsorts, sondern ist eher etwas zum Durchbummeln im Rahmen eines Tagesausflugs.

Im nördlichen Ortsteil *Intra* befindet sich die Anlegestelle der Autofähren, die alle 20 Minuten ans gegenüberliegende Ufer nach Laveno pendeln. Es gibt eine große, ufernahe Piazza, wo man sich abends bei Livemusik in den Cafés trifft. Dahinter zieht sich ein labyrinthisches Altstadtviertel einen leichten Hügel zum großen Dom *San Vittore* mit freistehendem Glockenturm hinauf.

Viel besucht sind die *Giardini di Villa Taranto* auf der Landzunge Punta della Castagnola zwischen Intra und Pallanza. Der 16 ha große Park mit einer Unmenge prächtiger exotischer Pflanzen und Bäume sowie verspielten Wasserbecken, Brunnen und Terrassen wurde 1931 vom schottischen Captain Neil Boyd McEacharn gegründet, der den Ehrgeiz hatte, hier einen der besten botanischen Gärten der Welt anzulegen. Seit 1964 ist er in einem Mausoleum auf dem Gelände begraben.

Westlich der Landspitze liegt der hübschere Ortsteil *Pallanza*. Von der langen Promenade, die parallel zur Uferstraße mit ihren gediegenen Palazzi verläuft, hat man einen schönen Blick hinüber nach Stresa und auf die nahen Isole Borromee (→ S.

350), auf die von hier auch Boote hinüberfahren. Die Einkaufsstraße Via Ruga führt durch die Altstadt hügelaufwärts. Am Ende (Ecke Via Cavour) liegt das besuchenswerte *Museo del Paesaggio* im imposanten Palazzo Dugnani. Im Untergeschoss zeigt eine Gipsothek Skulpturmodelle und Bronzefiguren des in Verbania geborenen Bildhauers Trubetzkoj, danach folgt eine ansprechend präsentierte Sammlung archäologischer Funde. In den schön bemalten Sälen im ersten Stock sind Gemälde lokaler und oberitalienischer Künstler des 19. und 20. Jh. ausgestellt, darunter das monumentale, 6,50 m lange „Alla Vanga" von Arnaldo Ferraguti (1862–1925), das im Stil des so genannten Sozialistischen Realismus (Verismo sociale) die harte Arbeit der Landleute darstellt. Die romanische Basilika *Madonna di Campagna* wurde unter Bramante umgebaut und ist im Inneren mit Fresken des 16. Jh. ausgestattet (von der Uferstraße beim Kreisverkehr mit dem Palazzo di Giustizia landeinwärts auf die Via G.. Azari abbiegen).

Auch baden kann man in Verbania, das kommunale Strandbad liegt im Ortsteil Suna, von Pallanza aus in Richtung Stresa.

Parco Nazionale della Val Grande

Das größte Wildnisgebiet Italiens erstreckt sich in den Bergen oberhalb von Verbania. Im Ersten Weltkrieg verlief hier die so genannte Cadorna-Verteidigungslinie mit mehreren Festungen, von denen noch Reste erhalten sind. Nach dem Zweiten Weltkrieg wurden die kleinen, schwer zugänglichen Dörfer nicht wieder besiedelt und mit der Konstituierung des Nationalparks 1967 wurde das Gebiet völlig verlassen. Die seitdem praktisch unbewohnte Region erreicht man auf einer sehr schmalen Straße nach *Cicogna*, wo sich in der ehemaligen Schule ein Besucherzentrum befindet und mehrere Wanderwege beginnen. Für erste Einblicke sind die „Sentieri Natura" geeignet, das sind einfach zu begehende Wege von etwa 1 bis 3 Std. Dauer, an denen Hinweistafeln zu Naturphänomenen stehen. Informationen dazu unter www.parcovalgrande.it und im örtlichen Buchhandel.

Besucherzentrum Cicogna Mai Sa 9–13, 15–18.30, Juni, Sept. u. Okt. Sa/So 9–13, 15–18.30, Juli Fr 15–18.30, Sa/So 9–13, 15–18.30, August Di–So 9–13, 15–18.30 Uhr.

Verwaltung Ente Parco Nazionale della Val Grande, Villa San Remigio, 28922 Verbania Pallanza, ✆ 0323/557960, ✉ 556397, www.parcovalgrande.it.

*A*nfahrt/*V*erbindungen/*I*nformation

• *Anfahrt/Verbindungen* **Bahn**, der Bahnhof liegt einige Kilometer außerhalb am Fuß des Mont'Orfano, etwa stündl. fahren Regionalzüge nach Stresa und weiter nach Arona, außerdem gehen Züge zum Flughafen Malpensa (mit Umsteigen in Busto Arsizio).

Bus, SAF fährt etwa stündlich über Stresa, Feriolo und Baveno nach Arona, außerdem gibt es auf dieser Strecke Verbindungen mit VCO. Ebenfalls etwa stündl. fährt VCO über Cannero Riviera, Cannobio und Brissago nach Locarno (Schweiz). Alibus fährt 5 x tägl. über Feriolo, Baveno, Stresa und Arona zum Flughafen Malpensa. Abfahrt in Intra u. a. am Piazzale Aldo Moro und an der Anlegestelle der Autofähren, in Pallanza an der Piazza Gramsci.

Schiff, Fähren mit Autotransport und Tragflügelboote fahren ab **Intra** von 5 bis 24 Uhr etwa 2–3 x stündl. ins gegenüberliegende **Laveno** und zurück. Außerdem gibt es von Intra und Pallanza fast stündliche Verbindungen nach Stresa (mit Stopps auf den Borromäischen Inseln) und z. T. weiter nach Arona sowie mehrmals tägl. über Cannobio nach Locarno und hinüber zum Ostufer.

- *Information* **IAT** in Pallanza, Corso Zanitello 6/8. ℡ 0323/503249, 🖂 507722, www.distrettolaghi.it; Via delle Magnolie 1, ℡/🖂 0323/557676, www.distrettolaghi.it.
- *Öffnungszeiten* **Giardini di Villa Taranto**, Ende März bis Ende Okt. tägl. 8.30–18.30 Uhr (Okt. bis 17 Uhr), Eintritt ca. 8,50 €, Kinder (6–14 J.) 5,50 €. ℡ 0323/556667, www.villataranto.it.

Museo del Paesaggio, April bis Okt. Di–So 10–12, 15.30–18.30 Uhr, Mo geschl., Eintritt ca. 4 €. ℡ 0323/556621.

*Ü*bernachten

**** Grand Hotel Majestic, Via Vittorio Veneto 32, prächtig renovierter Belle-Époque-Palast an der Zufahrt zu den Giardini di Villa Taranto. In der ersten Hälfte des 20. Jh. eins der Tophotels Europas, die Duse, Toscanini und Debussy gehörten zu den Gästen. An diese alten Zeiten versucht man wieder Anschluss zu finden. Mit Wellness Center und Hallenbad, schöne Terrasse zum See. DZ mit Frühstück ca. 190–290 €. ℡ 0323/504305, 🖂 356379, www.grandhotelmajestic.it.
*** Belvedere, Viale Magnolie 6, komfortables Haus bei der Anlegestelle in Pallanza, schöne Zimmer mit Seeblick. DZ mit Frühstück ca. 100–130 €. ℡ 0323/503202, 🖂 504466, www.pallanzahotels.com.
** Villa Azalea, Via San Remigio 4, alte Villa mit Atmosphäre, etwas versteckt in einem großen Park oberhalb vom historischen Zentrum. Das Frühstück wird bei schönem Wetter im Park eingenommen. DZ mit Frühstück ca. 66–80 €. ℡ 0323/556692, 🖂 508062, www.albergovillaazalea.com.
* Villa Tilde, Via Vittorio Veneto 63, alte Villa an der Zufahrt zu den Giardini di Villa Taranto. Alles schon etwas in die Jahre gekommen. Toller Blick auf den See, Frühstück im Garten. DZ mit Frühstück ca. 50–70 €. ℡/🖂 0323/503805.
TIPP! Agriturismo Il Monterosso, Via al Monterosso 30, über allerengste Haarnadelkurven geht es hinauf zu dem über hundert Jahre alten Turmhaus im dicht bewaldeten Gebiet hoch über Pallanza. Der Agriturismo umfasst 250 ha, es werden Ziegen, Schafen und andere Kleintiere gehalten. Bei Iside Minotti und ihrer Familie gibt es funktionale Zimmer (am schönsten im Turm) und Apartments in einem Neubau, aber auch allerüppigste piemontesische Menüs zu erfreulichen Preisen (ca. 20 €), die weitgehend aus eigenen Produkten zubereitet werden, z. B. leckeres *risotto al funghi* – sehr begehrt bei den Bewohnern von Verbania und deshalb im Sommer oft sehr voll. DZ mit Superfrühstück ca. 60–74 €. Fahrradverleih. Anfahrt: von der Uferstraße beim Kreisverkehr mit dem Palazzo di Giustizia landeinwärts abbiegen, auf der Via G. Azari an der Kirche Madonna di Campagna vorbei, 500 m weiter beginnt links die Auffahrt (ca. 5 km). ℡ 0323/556510, 🖂 519706, www.ilmonterosso.it.
Centro Pastorale San Francesco, Via alle Fabbriche 8, große „Casa per Ferie" der Diözese von Novara. Geräumige und saubere Zimmer mit Etagendusche, Auto kann man kostenlos vor dem Haus parken, Supermarkt um die Ecke, Sportmöglichkeiten, 2 Min. vom Seeufer. Fast nur Italiener als Gäste. DZ ca. 35–40 €. ℡ 0323/519568, 🖂 408542, www.centropastoralesanfrancesco.com.
- *Jugendherberge* **Ostello Verbania**, Via alle Rose 7, Jugendherberge in einer schönen, alten Villa, 85 Betten, Übernachtung mit Frühstück ca. 14,50 € pro Pers., DZ ca. 38 €. März bis Okt. ℡ 0323/501648, 🖂 507877, www.ostellionline.org.

*E*ssen & *T*rinken/*S*HOPPING

TIPP! Osteria del Castello, besonders hübsche Osteria an der gleichnamigen Piazza im Stadtkern von Intra, geführt von jungen Leuten. Vor der Tür große überdachte Steintische, drinnen Weinregale. Pasta, deftig-leckere Imbisse und gute Weinauswahl. Besonderer Tipp ist die vierzig Jahre alte Espressomaschine hinter der Theke! Mittlere Preise. So geschl. ℡ 0323/516579.
Hostaria il Cortile, Via Albertazzi 14, in Pallanza, etwas oberhalb vom Zentrum an der Uferstraße. Gemütliche Osteria im alten Stil in einem Innenhof. Man sitzt an einfachen Holztischen und kann die solide Hausmannskost genießen. Mi geschl. ℡ 0323/502816.
Osteria del Lago, Via Tacchini 2, in Pallanza, kleine Osteria in zweiter Reihe, etwas versteckt hinter dem Municipio an der Uferfront. Hauptsächlich Einheimische kehren hier ein und genießen die sorgfältig zubereiteten Gerichte. Keine Plätze im Freien. Mo geschl. ℡ 0323/504503.

TIPP! Hosteria Dam a Traa, Via Troubetz-koy 106, Ortsteil Suna, an der Uferstraße in Richtung Stresa. Großes Weinlokal mit warmer Küche, im Sommer oft Livemusik, viele junge Leute. Mo geschl. ✆ 0323/557152.

• *Shopping* **Markttag** in Intra ist Sa (9–16 Uhr), in Pallanza Fr (8–12 Uhr).

Mündung des Toce

Südlich von Verbania bildet der Fluss Toce eine große, flache Niederung mit reichem Baumbestand und viel Grün.

Neben Cannobio (→ S. 329) ist hier ein weiteres Campingzentrum mit mehreren großflächigen Zeltplätzen entstanden, u. a. Isolino, Conca d'Oro, Lido Toce und Holiday (alle **), die trotz ihrer Größe in den Sommermonaten oft bis auf den letzten Platz belegt sind. Seit einigen Jahren ist der Pflanzen- und Tierpark „Fattoria del Toce" ein Anziehungspunkt für Familien. Dort findet man zwischen Kamelien, Azaleen und Rhododendren über 40 Kaninchenrassen und zahlreiche weitere Haustiere aus aller Welt wie Pferde, Esel, Schweine, Ziegen und Schafe.

Im Mündungsgebiet des Toce liegt außerdem das Naturschutzgebiet *Riserva Naturale Fondotoce*, angelegt zum Schutz des größten Schilfröhrichtgebiets am Lago Maggiore, das sich auf etwa 30 ha erstreckt.

• *Öffnungszeiten* **Fattoria del Toce**, März bis Anfang Nov. Di–So 9–12, 14.30–18 Uhr. ✆ 0323/404089, www.fattoriadeltoce.it.

• *Essen & Trinken* **TIPP! I Gutt D'oli**, Via Piano Grande 52, gut versteckt, aber bei den Einheimischen wohlbekannt. Schön rustikal eingerichtet, unten Bar, oben das Ristorante mit Bruchsteinwänden und Holzbalkendecke. Leckere regionale Küche, Fisch und Fleisch gleichermaßen, ausgezeichnete Pasta. Anfahrt: aus Verbania kommend in Fondotoce in Richtung Stresa fahren und hinter der Brücke über den Toce rechts abbiegen. ✆ 0323/496483.

• *Shopping* **Sergio Tacchini**, Via 42 Martiri, Outlet-Center mit Sportmode und entsprechenden Accessoires. Anfahrt: von Verbania kommend vor dem Fluss rechts ab in Richtung Verbania, kurz nach dem Bhf. am Fuß des Mont'Orfano. Mo–Fr 15–19, Sa 10–12.30, 15–19 Uhr. ✆ 0323/406928, www.sergiotacchini.it.

▸ **Feriolo**: Das hübsche Örtchen wird von der Seeuferstraße im Bogen umgangen und bietet so Platz für eine breite Uferpromenade, wo zwischen Gelaterie und den im Sommer völlig überlasteten Restaurants die Einwohner abends in ihren blühenden Vorgärten sitzen. Übernachten kann man im Hotel „Oriente" (✆/✉ 0323/28143, www.meubleoriente.it), das allerdings recht nah an der Straße liegt. Der ehemalige Schaufelraddampfer „Il Batello del Golfo" ist am Ufer festgemacht und beherbergt ein schickes Restaurant (Di geschl., ✆ 0323/28122).

Über Gravellona Toce kommt man von hier schnell zum nahen Lago d'Orta (→ S. 355).

Lago di Mergozzo

Der kleine, ruhige Badesee war einst ein Seitenarm des Lago Maggiore, wurde aber im Mittelalter durch Ablagerungen des Flusses Toce vom Hauptsee abgetrennt. Dank seiner Tiefe und der geringen Besiedlung gehört er zu den saubersten Seen Oberitaliens. Motorboote sind verboten und nicht zuletzt deshalb ist der Lago di Mergozzo ein wichtiger Austragungsort für internationale Kanuwettkämpfe geworden.

Die Ufer sind üppig grün und weitgehend unbesiedelt, lediglich drei Campingplätze gibt es. Das Städtchen *Mergozzo* liegt am Westende des Sees, besitzt den netten Badestrand *la Quartina* und einen Hauptplatz mit hübschen, bunten Fassaden um den geschwungenen Hafen, leider führt der Verkehr wie durch ein Nadelöhr mitten durch den Ort.

Lago Maggiore
Karte Seite 312

An der Spiaggia la Quartina bei Mergozzo

Am Südufer verläuft eine Bahnlinie, dahinter trennt der dicht bewaldete *Mont'Orfano* (794 m) den See vom Tal des Toce. Die Häuser von *Montorfano* liegen abgeschieden auf einem Granitmassiv am südlichen Seeende. Jahrhundertelang wurde dort und in der Umgebung Granit gebrochen wurde und über Toce, Lago Maggiore, Ticino und den Naviglio Pavese nach Mailand verschifft, wo man ihn z.B. für die berühmte Einkaufspassage Galleria Vittorio Emanuele verwendete. In schöner, einsamer Lage steht hier auch die stilvolle Kirche *San Giovanni Battista* (11. Jh.), einer der besterhaltenen romanischen Sakralbauten der Region, erbaut natürlich aus Granit. Ein *Museo Archeologico* in der Casa del Predicatore verwahrt Funde aus dem Umkreis der Kirche. Von einem nahen Aussichtspunkt überblickt man den Borromäischen Golf.

Wandertipp: Von Mergozzo kann man den „Sentiero Azzurro" nach Montorfano nehmen. Dieser Weg wurde früher von den Steinbrucharbeitern benutzt, die zu ihren Arbeitsplätzen gingen. Nachdem man Mergozzo verlassen hat, geht es parallel zur Bahnstrecke am See entlang. Nach 20 Min. erreicht man die Quelle *Sorgente del Munaste*. Der Weg steigt im Folgenden leicht an und stößt nach etwa 15 Min. auf eine Asphaltstraße, die bald Montorfano erreicht.

Öffnungszeiten **Museo Archeologico**, Juni bis Mitte Sept. Di–So 17–20 Uhr, sonst nur Sa 16–18 u. So 15–19 Uhr. ✆ 0323/80291, museomergozzo@tiscali.it.

● *Anfahrt/Verbindungen* Ein großer **Park-platz** liegt am Ortsende von Mergozzo.

● *Übernachten* ***** Due Palme**, Via Pallanza 1. Älteres, aber modernisiertes Haus direkt an der Piazza, mit Restaurantterrasse und kleiner Liegewiese am See, von der Lage her ein wenig verkehrsbeinträchtig. DZ mit Frühstück ca. 90–120 €. In der Gasse dahinter liegt die Dependance **** Bettina**, dort kostet ein DZ ca. 80–105 €. ✆ 0323/80112, ✆ 80298, www.hotelduepalme.it.

*** La Quartina, Via Pallanza 20, am Ortseingang, schmuckes Haus mit Restaurant und einladender, blumengeschmückter Terrasse zum See, davor Badestrand mit Liegewiese. DZ mit Frühstück ca. 95–115 €. ✆ 0323/80118, ✆ 80743, www.laquartina.com.

** **Camping Continental Lido**, Via 42 Martiri 156, großer schöner Platz am Südufer, kleiner Sandstrand und seit 2006 neue Poolanlage mit Strömungskanal und Wellenbad, Ristorante/Pizzeria. ✆ 0323/496300, ✆ 496218, www.campingcontinental.com.

** **Camping La Quiete**, Via Filippo Turati 72, an der Uferstraße nach Mergozzo, beliebter und gepflegter Platz in schöner Lage am See. ✆ 0323/496013, ✆ 496139, www.campinglaquiete.it.

** **Lago delle Fate**, netter, kleiner Platz neben dem Restaurant La Quartina, beliebte Badezone. In 5 Min. kommt man auf schö-nem Uferweg in den Ort. ✆ 0323/80326, ✆ 800916, www.lagodellefate.com.

● *Essen & Trinken* **Piccolo Lago**, Via Filippo Turati 87, großes, verglastes Feinschmeckerlokal direkt am See, zwischen Camping La Quiete und Mergozzo. Marco Saccos Küche wurde bereits von Michelin gewürdigt. Mit Zimmervermietung und großer Liegewiese/Badezone. ✆ 0323/586792, www.piccololago.it.

La Nuova Posta, nettes, kleines Lokal am Ortsende, unprätentiös geführt, leckere Küche zu günstigen Preisen, auch Pizza. ✆ 0323/80641.

Baveno

Ruhiger und eleganter Urlaubsort, wie das südlich benachbarte Stresa bereits im 19. Jh. vom Adel entdeckt. Von der palmengesäumten Uferpromenade hat man einen ausgesprochen schönen Blick auf die Isole Borromee (Borromäische Inseln). Auf einem Kinderspielplatz am Südende schlängelt sich das Ungeheuer des Lago Maggiore durch den Sand.

Im alten Ortskern oberhalb der Uferstraße liegen die Pfarrkirche *Santissimi Gervasio e Protasio* mit hohem Campanile, die in ihren Ursprüngen bis in die Romanik zurückreicht, und ein achteckiges Baptisterium aus der Renaissance. Im Laubengang neben der Kirche sind martialisch-dramatische Fresken erhalten.

● *Information* **IAT**, Piazzale Dante Alighieri 14. ✆/✆ 0323/924632, www.baveno.org.

● *Übernachten* **** **Lido Palace**, Strada Statale del Sempione 30, prächtiger Palast aus dem 18. Jh. oberhalb der Straße nach Stresa, bestes Haus am Platz. Sehr einla-

Blick auf die Uferzone von Baveno

Lago Maggiore
Karte Seite 312

dend, mit schönem Restaurant, weitläufigem Garten und Pool. DZ mit Frühstück ca. 135–250 €. ☎ 0323/924444, 📠 924744, www.lidopalace.com.

*** **Rigoli**, Via Piave 48, gut geführtes Mittelklassehaus direkt am Strand, etwas nördlich vom Zentrum an einer wenig befahrenen Straße. Eigener Strandabschnitt, schöne Terrasse, ansprechend eingerichtete Zimmer und gutes Restaurant. DZ mit Frühstück ca. 100–113 €. In der **Villa Ortensia** stehen mehrere Ferienwohnungen zur Vermietung. ☎ 0323/924756, 📠 925156, www.hotelrigoli.com.

*** **Al Campanile**, Via Monte Grappa 16, stilvolles Haus in schöner, erhöhter Lage neben der Kirche, gutes Restaurant mit elegantem Speisesaal. DZ mit Frühstück ca. 70–80 €. ☎ 0323/922377, www.baveno.org/alcampanile/index.htm.

*** **Villa Azalea**, Via Domo 6, ebenfalls bei der Kirche. 1999 umfassend renoviert, ordentliche Zimmer mit Mini-Bar und TV, Solariumterrasse mit kleinem Pool. DZ mit Frühstück ca. 84–100 €. ☎ 0323/924300, 📠 922065, www.villaazalea.com

TIPP! * **La Ripa**, Strada Statale del Sempione 11, schräg gegenüber vom großen Lido Palace Hotel, älteres Haus mit Garten direkt am Strand, allerdings führt an der Rückseite die Durchgangsstraße vorbei. Hauseigenes Restaurant und Parkplatz. DZ mit

Etagendusche ca. 65–75 €, mit eigenem Bad ca. 85–90 €, jeweils mit Frühstück. ☎ 0323/924589, 📠 916266, www.laripahotel.it.

** **Camping Parisi**, Via Piave 50, kleiner Platz mit aufgeschüttetem Kies-/Sandstrand mit Restaurant direkt am See, etwa 150 m nördlich der Fähranlegestelle. April bis Sept. ☎ 0323/923156, 📠 924160, www.campingparisi.it.

** **Camping Tranquilla**, großer, schöner Platz am Hang oberhalb von Baveno. Zwar etwa 2 km vom See, trotzdem sehr beliebt. Gute Ausstattung, Pool und Kinderspielgeräte. Mitte März bis Mitte Okt. ☎ 0323/923452, www.tranquilla.com.

● *Essen & Trinken*   **Al Campanile**, Via Monte Grappa 16, alter Palazzo neben der Kirche, man kann draußen oder im edlen Speisesaal sitzen. Spezialität ist natürlich Seefisch. ☎ 0323/922377.

● *Unterhaltung* **Il Chiosco**, großes Freiluftcafé am südlichen Ortsausgang direkt am See, daneben der erwähnte Kinderspielplatz mit dem Ungeheuer des Lago Maggiore, abends oft Livemusik, herrlicher Blick. **Lido**, Via Piave 66, angesagter Beach Club im nördlichen Ortsbereich am Strand, tagsüber Badebetrieb, abends Restaurant und Nachtclub mit Disco – der Tipp für junge Leute. ☎ 0323/922856.

● *Shopping* **Markttag** ist Montag.

Stresa

Keimzelle und bis heute Mittelpunkt des Fremdenverkehrs am Lago Maggiore. Gewaltige Hotelpaläste des 19. Jh. säumen das Ufer, in perfekt ausgestatteten Tea-Rooms nimmt man seine Drinks, Kristallleuchter sind ein Muss.

Vor allem durch den pittoresken Blick auf die Isola Bella und die anderen Borromäischen Inseln inspiriert, entdeckte die englische Oberschicht, darunter viele Literaten, am Ende des 19. Jh. Stresa als Ausgangsbasis für ihre Italienreisen. Sogar der berühmte Orient Express hielt auf seiner Reise von Paris nach Istanbul zeitweise in Stresa. Die Architektur ihrer Epoche brachten die Briten gleich mit und so prägen bis heute mächtige viktorianische Kästen die luxuriöse Uferpromenade, die zum Großteil als gediegener Park eingerichtet ist. Zwar hat die dominierende Fremdsprache gewechselt – heute sind es vor allem Russen, die mit ihrem kürzlich erworbenen Reichtum die Erholung im angenehm milden Klima des westlichen Seeufers suchen – die Pracht am Lungolago ist jedoch geblieben. Weniger Betuchte können aber auch in einer Reihe einfacherer Häuser im Ortszentrum unterkommen und es mit einem Longdrink in der mit Stuck und Blattgold üppig ornamentierten Bar des „Regina Palace" bewenden lassen oder *Scones und Tea* in den knietief gepolsterten Sesseln des „Grand Hotel des Iles Borromées" einnehmen.

Abseits der pompösen Promenade ist Stresa weitaus bescheidener geblieben. In der Altstadt ist von Grand Hotels und Belle Epoque nichts mehr zu bemerken, hier

Per Schiff erreicht man von Stresa alle größeren Orte am See

wirkt alles schlicht und bodenständig. Die Fußgängerstraße Via Mazzini beginnt neben dem Rathaus gegenüber der Anlegestelle und führt zur zentralen Piazza Cardona mit mehreren gut besuchten Restaurants.

Da im näheren Ortsbereich die Küstenlinie fast vollständig mit Ufermauern und Anlegestellen versiegelt ist, muss man zum Baden nach Süden ausweichen. Ebenfalls am südlichen Ortsausgang liegt der große Park der *Villa Pallavicino* mit altem Baumbestand, Botanischem Garten, Tiergehegen, Picknickstellen, Kinderspielplatz und Restaurant (Eine Leserin zeigte sich empört über die z. T. unangemessene Tierhaltung in Einzelkäfigen ohne Auslauf).

Öffnungszeiten **Villa Pallavicino**, tägl. 9–18 Uhr, Eintritt ca. 9 €, Kind (4–14 J.) 6 €, www.parcozoopallavicino.it.

> Im April 1935 fand die so genannte **Konferenz von Stresa** statt, auf der sich Frankreich, Großbritannien und Italien über die Expansions- und Kriegspolitik des Deutschen Reichs berieten, das kurz zuvor die Wehrpflicht wieder eingeführt und so gegen den Versailler Vertrag verstoßen hatte. Tagungsort war – ganz standesgemäß – der Borromeopalast auf der vorgelagerten Isola Bella.

*A*nfahrt/*V*erbindungen/*I*nformation

● *Anfahrt/Verbindungen* **PKW**, großer, gebührenpflichtiger Parkplatz an der Uferstraße um den Fähranleger.
Bahn, der Bahnhof liegt ein Stück landeinwärts bergauf in der Via Principe di Piemonte. Mehrmals tägl. Verbindungen über Domodossola und Simplon-Pass in die Schweiz sowie nach Mailand, Turin und Venedig, etwa stündl. nach Verbania und Arona, außerdem zum Flughafen Malpensa (mit Umsteigen in Busto Arsizio).

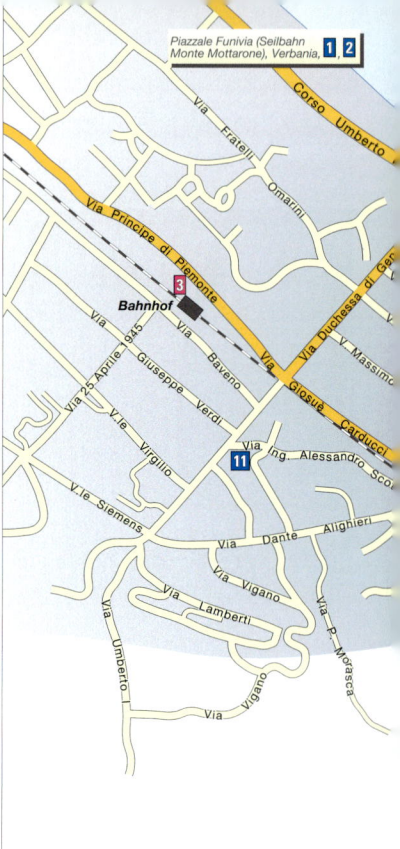

Piazzale Funivia (Seilbahn Monte Mottarone), Verbania,

Bus, SAF fährt etwa stündlich über Feriolo und Baveno nach Arona sowie nach Verbania, außerdem gibt es auf diesen Strecken Verbindungen mit VCO. Alibus fährt 5 x tägl. über Arona zum Flughafen Malpensa. Abfahrt jeweils vor der Kirche an der zentralen Piazza Marconi (Anlegestelle). Zusätzlich fährt VCO vom Bahnhof aus etwa 10 x nach Gignese und 5 x nach Orta San Giulio am Lago d'Orta.

Schiff, fast stündliche Verbindungen nach Verbania (mit Stopps auf den Borromäischen Inseln) und z. T. weiter über Cannobio nach Locarno und hinüber zum Ostufer, ca. 6 x tägl. zum dortigen Kloster Santa Caterina del Sasso. Außerdem mehrmals tägl. nach Arona.

Motorboote auf die Isole Borromee fahren ab Fähranleger und Piazzale Funivia (auch: Piazzale Lido), nördlich vom Zentrum. Infos zu den Motorbooten beim „Consorzio Motoscafisti delle Isole Borromee", ✆ 0323/ 31358, ✆ 31176, www.isoleborromee.com.

● *Information* **Ufficio Turistico**, Piazza Marconi 16, direkt an der Fähranlegestelle. Im Sommer tägl. 10–12.30, 15–18.30 Uhr. ✆ 0323/ 30150, ✆ 32561, www.distrettolaghi.it, www. stresa.org, proloco.stresa@libero.it.

*Ü*bernachten

Es macht Spaß, die glitzernden Prunkpaläste im nördlichen Ortsbereich zu bewundern, allen voran das *Grand Hôtel des Iles Borromées*, außerdem *Regina Palace*, *La Palma*, *Astoria* und *Grand Hotel Bristol*. Ein wenig nördlich außerhalb steht außerdem oberhalb der Uferstraße die *Villa Aminta*, ein wahrer Jugendstiltempel, von einer begüterten Textildynastie aus dem Trentino vor fünf Jahren erworben und wunderbar restauriert. Mit Zimmerpreisen weit jenseits der 300 € (lediglich La Palma und Astoria sind günstiger) sind diese 4- und 5-Sterne-Herbergen zum Wohnen wohl etwas zu teuer, wenngleich man mit Pauschalarrangements großer Reiseveranstalter durchaus deutlich günstiger wegkommen kann. In vielen Hotels herrscht im Sommer Pensionspflicht.

*** Moderno (5), Via Cavour 33, im Zentrum an einer belebten Fußgängergasse mit mehreren Ristoranti, kürzlich renoviert, unten spiegelnder Granit und Kronleuchter, hinten Innenhof. Komfortable Zimmer mit Sat-TV. DZ mit Frühstück ca. 70–120 €. ✆ 0323/933773, ✆ 933775, www.hms.it.

*** Primavera (4), Via Cavour 39, benachbart, ebenfalls renoviert, sauber und solide ausgestattet, Zimmer mit TV. DZ mit Frühstück ca. 70–110 €. ✆ 0323/31286, ✆ 33458, www.stresahotels.net/primavera.htm.

TIPP! *** La Fontana (1), Via Sempione

Nord 1, nördlich vom Zentrum an der Durchgangsstraße. Ältere, repräsentative Villa mit schönem, großem Garten und Springbrunnen, unten ein wenig altmodisch, Zimmer aber ansprechend, in den oberen Stockwerken Seeblick. DZ mit Frühstück ca. 95 €. ✆ 0323/32707, 32708, www.lafontanahotel.com.

** Villa Mon Toc (11), Via Duchessa di Genova 67, schön über der Stadt gelegenes Haus mit Garten, gepflegtes Innenleben, Zimmer mit Sat-TV. DZ mit Frühstück ca. 80–90 €. ✆ 0323/30282, ✆ 933860, www.hotelmontoc.com.

Übernachten
1 La Fontana
2 La Locanda
4 Primavera
5 Moderno
7 Luina
10 Elena
11 Villa Mon Toc

Essen & Trinken
3 Orient Express
6 La Botte
8 Piemontese
9 La Piazzetta
12 Osteria degli Amici
13 Gastronomia da Pietro

** Luina (7), Via Giuseppe Garibaldi 21, zwischen Uferstraße und einer Gasse dahinter, zu erreichen durch eine schmale Passage von der Uferstraße. Einfach eingerichtet, sieben Zimmer (vorher ansehen), unten ruhiges Ristorante an der Gasse. Die ältere Besitzerin spricht Deutsch. Gegenüber die kleine Enoteca „Da Giannino". DZ mit Frühstück ca. 55–80 €. ✆/✉ 0323/30285, luinastresa@yahoo.it.

* Elena (10), kleines Stadthotel an der Piazza Cadorna am Ende der Fußgängerzone Via Mazzini. Alle Zimmer mit Balkon (Blick auf die Piazza) und Sat-TV. DZ mit Frühstück ca. 70–85 €. ✆ 0323/31043, ✉ 33339, www.hotelelena.com.

* La Locanda (2), Via G. Leopardi 19, Nähe nördlicher Ortsausgang in einer schmalen Seitengasse, landeinwärts der Durchgangsstraße, recht ruhig. Ordentliche Zimmer mit TV. DZ mit Frühstück ca. 55–75 €. Eigener Parkplatz. ✆/✉ 0323/31176, www.stresa.net/hotel/lalocanda.

B & B Vecchio Tram, Via per Vedasco 20, in Vedasco, etwa 1,5 km oberhalb vom Zentrum, liegt diese sympathische Adresse an der Trasse der Zahnradbahn, die einst auf den Monte Mottarone fuhr. Vermietet werden drei DZ mit nostalgischem Touch, Balkon und schönem Blick. Die Trattoria im Erdgeschoss ist den Abstecher ebenfalls wert (→ Essen & Trinken). ✆ 0323/31757, www.vecchiotram.net.

● _Camping_ ** Sette Camini, Via Pianezza 7, Gignese. Schöner Bergplatz im Grünen an der Straße zum Monte Mottarone, Nähe Mittelstation Alpino (ca. 800 m ü. d. M.). Ganzjährig, keine Reservierung möglich (und auch nicht nötig). ✆ 0323/20183.

- *Wohnmobile* kleines Gelände mit zehn Stellplätzen nahe der Bootsanlegestelle **Carciano** und der Seilbahnstation, unter- halb einer Tankstelle. Kostenlos, aber keine Ver-/Entsorgung möglich.

Essen & Trinken/Unterhaltung/Shopping

Piemontese (8), Via Mazzini 25, gepflegtes Ristorante an der Fußgängerzone in der Alt- stadt, hinten Garten. Fleisch und Seefisch werden gleichermaßen serviert. Ange- schlossen ein Salon de Thé. Menü 35–50 €. Mo geschl. ℘ 0323/30235.

La Piazzetta (9), Freiluftlokal an der Piazza Cadorna, dem zentralen Platz der Altstadt. Ist abends immer als erstes voll. ℘ 0323/31651.

Osteria degli Amici (12), Via Anna Maria Bolongaro 31, am Ende der Fußgängerzo- ne, überdachter Hof abseits vom Rummel, bodenständige Küche und freundlicher Ser- vice, auch Pizza aus dem Holzofen. Mi geschl. ℘ 0323/30453.

TIPP! La Botte (6), Via Mazzini 8, am Beginn der Fußgängerzone, rustikale Trattoria mit umfangreicher Speisekarte, u. a. *Gulasch con polenta*, Fisch aus dem See und *bac- calà*. Coperto wird nicht berechnet, güns- tige Preise. Do geschl. ℘ 0323/30462.

Orient Express (3), Piazzale Stazione 8, ge- pflegte und beliebte Pizzeria im Bahnhof, Pizza aus dem holzbefeuerten Ofen auch mittags. Mo geschl. ℘ 0323/30541.

Gastronomia da Pietro (13), Via Anna Maria Bolongaro 28, um die Ecke der Osteria degli Amici bietet im Sommer ein Feinkostge- schäft für wenig Geld Primi Piatti, dazu ei- nen Becher Vino. Ein paar Tische stehen draußen, man isst von Plastikgeschirr.

- *Außerhalb* **TIPP! Vecchio Tram**, Via per Vedasco 20, nette Osteria in Vedasco, etwa 1,5 km oberhalb vom Zentrum. Serviert wird hauptsächlich See- und mediterrane Mee- resküche, die je nach Jahreszeit verschie- den ist. Innen wie außen sitzt man gemüt- lich. ℘ 0323/31757, www.vecchiotram.net.

- *Unterhaltung* Viele Bars und Cafés ver- gnügen im Sommer ihre Gäste mit musizie- renden Alleinunterhaltern.

Gigi Bar Pasticceria, Corso Italia 30, eine Legende an der Durchgangsstraße, Café- bar und Konditorei, im Sommer abends Pi- ano Bar mit Livemusik. ℘ 0323/30225.

Al Buscion, Via Principessa Margherita 18, nette Weinbar mit großem Angebot, wo man auch leckere Kleinigkeiten bekommt. ℘ 0323/854772.

Ansonsten findet das Nachtleben von Stre- sa in den Cafépubs **L'Idrovolante** und **Isla Bonita** am Piazzale Funivia statt (bei der Abfahrtsstelle der Seilbahn auf den Mot- tarone). Man sitzt auf der großen Außenter- rasse mit schönem Seeblick, es gibt Res- taurantbetrieb (auch Pizza), Internetzugang und gelegentlich Livemusik. ℘ 0323/31384.

- *Shopping* **Markttag** ist Freitag.

Monte Mottarone

Am Nordende von Stresa liegt der Piazzale Funivia (auch: Lido) mit der Ab- fahrtsstelle der Motorboote zu den Borromäischen Inseln. Am gleichen Platz befindet sich auch die Talstation der Funivia (Seilbahn) auf den 1491 m hohen Monte Mottarone, die in zwei Etappen zum Gipfel fährt.

Zunächst erreicht man die Mittelstation Alpino in 800 m Höhe. Wenige Fußminu- ten entfernt liegt hier der schöne *Giardino Botanico Alpinia* mit herrlichem See- blick und zahlreichen alpinen Pflanzenarten, aber auch Raritäten aus China, Japan und dem Kaukasus.

Der Gipfel ist auch auf einer etwa 20 km langen Panoramastraße mit dem Auto oder per Fahrrad zu erreichen, die letzten Kilometer sind mautpflichtig (Auto ca. 5,50 €, Motorrad 3 €, bei mehreren Fahrten deutlicher Rabatt, Fahrrad frei). Es geht durch Waldgebiete steil hinauf, unterwegs passiert man viele schöne Picknickstel- len und den Campingplatz „Sette Camini".

Vom Parkplatz unterhalb des Gipfels steigt man noch etwa 5–10 Min. zu Anten- nenturm und Gipfelkreuz mit dem berühmten Sieben-Seen-Blick hinauf: Lago

Panoramablick vom Gipfel des Monte Mottarone

Maggiore, Lago d'Orta, Lago di Mergozzo, Lago di Monate, Lago di Varese, Lago di Comabbio und Lago di Biandronno. Ringsum hat man einen Blick auf zahlreiche Alpengipfel, sogar das Monte-Rosa-Massiv ist an klaren Tagen gut sichtbar. Es gibt Skipisten und Schlepplifte, aber auch eine Sommerrodelbahn (www.mottaroneski.it) und Fahrradverleih sowie mehrere Lokale und immerhin drei Hotels.

Nach Stresa zurück lockt viele Radler der steile Downhill. Wanderer können auf der Trasse der ehemaligen Zahnradbahn absteigen, die hier Anfang des 20. Jh. herauffuhr – bequemer ist es bis zur Mittelstation zurückzufahren, dort zum Botanischen Garten zu gehen und ca. 500 m danach auf dem gut markierten Sentiero 1 über Levo und Carciano nach Stresa hinunterzuwandern.

● *Öffnungszeiten/Preise* **Giardino Botanico Alpinia**, April bis Okt., tägl. 9.30–18 Uhr, Eintritt ca. 2 €. ✆ 0323/30295, www.giardinoalpinia.it.

● *Verbindungen* **Seilbahn**, Abfahrten etwa alle 20 Min., mittags eine Stunde Pause, ca. 15 € hin und zurück, Kinder (4–12 J.) 9 €, bis Mittelstation Alpino ca. 10 €, Kinder (4–12 J.) 6,50 €. Interessant ist folgende Variante: rauf mit der Funivia, runter mit dem Leihfahrrad (ca. 22 €), Auskunft in der Talstation. Rückfahrkarten berechtigen zum kostenlosen Eintritt im Botanischen Garten. ✆ 0323/30295, www.stresa-mottarone.it.

Und wenn es mal regnet ...

Im kleinen Örtchen Gignese an der Bergstraße von Stresa zum Lago d'Orta (→ unten) steht am Ortseingang linker Hand das weltweit einmalige Regenschirm-Museum *Museo dell'Ombrello e del Parasole* mit über tausend Einzelexemplaren und einer alten Werkstatt.

Öffnungszeiten/Preise April bis Sept. Di–So 10–12, 15–18 Uhr, Mo geschl.; Eintritt ca. 3 €, erm. 1 €. ✆ 0323/208064, www.gignese.it/museo.

Lago Maggiore
Karte Seite 312

Einzigartiges Gesamtkunstwerk: die Isola Bella vor Stresa

Isole Borromee (Borromäische Inseln)

Die drei Inseln gehören zu den beliebtesten Ausflugszielen am Lago Maggiore, schon im Frühsommer herrscht unglaublicher Rummel. Vom Piazzale Funivia am Nordende von Stresa pendeln Motorboote ständig hinüber (Hin- und Rückfahrt Isola Bella ca. 3,40 €, Isola dei Pescatori 6,40 €, Isola Madre 8,20 €, Isola Bella und Isola dei Pescatori 7,40 €, alle drei Inseln 11,40 €). Etwas teurer sind die Fahrten mit regulären Linienschiffen von der Fähranlegestelle in Stresa, Baveno und Pallanza (etwa stündl.), außerdem gibt es Fahrten von Laveno am Ostufer. Tipp: Morgens mit dem ersten Boot kommen (7.10 Uhr ab Stresa), dann ist man auf den Inseln noch weitgehend alleine.

▶ **Isola Bella**: Die „Schöne Insel" ist von Stresa aus die nächste und meistbesuchte. Im 17. Jh. ließ Carlo III. aus dem mächtigen Geschlecht der Borromäer auf der damals kahlen Felseninsel einen riesigen Palast mit prachtvollen Gartenanlagen erbauen. Er benannte ihn nach seiner Frau Isabella, woraus schließlich „Isola Bella" wurde. Spätere Generationen bauten weiter an den Anlagen und seitdem präsentieren sich Insel und Palastanlage als wahres Gesamtkunstwerk, das von weitem gesehen gerne mit einem vor Anker liegenden Schiff verglichen wird. Noch heute wird im Sommer ein Flügel des riesigen Anwesens von den Erben bewohnt.

Ein Rundgang macht vertraut mit dem Lebensstil des Adels der Epoche. Die zahlreichen Säle und Wandelhallen beherbergen barocken Prunk vom Feinsten: mächtige Gobelins, Gemälde, wertvolle Möbel, Statuen von Antonio Canova, eine alte Bibliothek. Im Untergeschoss gibt es einige künstliche Grotten. Die üppigen Gärten sind mit abgezirkelten Beeten, Statuen und Brunnen in zehn Terrassen übereinander angelegt. An der Spitze prunkt ein reich verzierter Steinbau mit Grotten, Muscheln und bizarren Plastiken aus der Mythologie, darunter das Einhorn, das Wappentier der Borromäer. Eine besondere Attraktion sind die weißen Pfauen, die die Borromäer hier ansiedelten und die auch heute noch unbefangen zwischen den Besuchern umherlaufen.

Öffnungszeiten/Preise Mitte März bis Ende Okt. tägl. 9–17.30 Uhr; Eintritt ca. 11 €, Kinder (6–15 J.) 4,50 € (Sammelticket für Isola Bella und Isola Madre ca. 16 €, Kinder 7,50 €). ✆ 0323/ 932483, www.borromeoturismo.it.

▶ **Isola dei Pescatori**: Die einzige der drei Inseln, die nicht den Borromäern gehört, besitzt keinen Palast, sondern ein „idyllisches Fischerdorf", das allerdings die Grenze zum Kitsch schon überschritten hat. Touristenmassen strömen zwischen bunten Souvenirshops, Snackbars, Cafés und Restaurants mit teils schönen Seeterrassen durch die engen Gassen. Ein Besuch lohnt tagsüber nur, wenn man so etwas mag – abends wird es dagegen ruhig und romantisch auf der Insel der Fischer. Und wer sich nicht mehr losreißen kann, findet sogar zwei Hotels. Eine kleine Badestelle liegt an der baumbestandenen Landzunge im Inselnorden, genannt „Coda" (Schwanz). Eigentlich heißt die Insel „Isola Superiore dei Pescatori" (im Gegensatz zur Isola Inferiore = Isola Bella). Sie war die erste, auf der sich Menschen ansiedelten, und heute gibt es etwa 60 ganzjährige Bewohner – allerdings fischen nur noch einige von ihnen und dies auch nur als Hobby. Nach heftigen Regenfällen in Frühjahr und Herbst wird die Inselpromenade oft überschwemmt, doch die Hauseingänge sind an der Rückseite hoch gelegt, sodass das Wasser nicht eindringen kann.

● *Übernachten/Essen & Trinken* ***** Verbano**, an der Südspitze der Insel, Blick hinüber zur Isola Bella. Schöne Restaurantterrasse (stets frischer Fisch), sehr geschmackvoll eingerichtete Zimmer, abends kostenloser Bootsservice nach Stresa. Die Romantik hat ihren Preis: DZ mit Frühstück ca. 150–180 €. ✆ 0323/30408, ✇ 33129, www.hotelverbano.it.
*** Belvedere, die etwas günstigere Wahl liegt im Norden der Insel. Acht Zimmer, sechs davon mit Balkon, Blick zur Isola Madre. Großes Restaurant. DZ mit Frühstück ca. 100–150 €. ✆ 0323/32292, ✇ 30685, www.belvedere-isolapescatori.it.

La Pescheria, Via Lungolago 6, das schöne Gartenlokal im Südteil der Promenade ist aus dem einzigen Fischgeschäft der Insel hervorgegangen, das seit Anfang der dreißiger Jahre in Betrieb war – Erfahrung aus Tradition also. Täglich frischer Fisch, z. B. Felchen, Seeforellen und Barsch. ✆ 0323/ 933808.

● *Feste* Größtes Inselfest ist **Ferragosto** am 15. August, dann gibt es eine Lichterprozession mit Fischerbooten um die Insel, die die Statue der "Maria Assunta" (Mariä Himmelfahrt) mit sich führt. Am Vorabend großes Feuerwerk auf der Coda.

▶ **Isola Madre**: weit draußen im See, die größte und ruhigste der drei Inseln. Auch hier steht ein eleganter, allerdings im Gegensatz zur Isola Bella deutlich kleinerer *Palazzo Borromeo*, der zahlreiche Porträts der Borromeo-Familie, eine Keramikausstellung und eine große Marionettensammlung besitzt. Er ist umgeben von einem prachtvollen Garten mit Azaleen, Rhododendren und Kamelien, in dem weiße Pfaue, Papageien und Fasane leben. Bar und Ristorante bei der Anlegestelle.

Öffnungszeiten/Preise Zeiten wie Isola Bella, Eintritt ca. 9 €, Kinder (6–15 J.) 4,50 €. ✆ 0323/932483, www.borromeoturismo.it.

Von Stresa nach Arona

Südlich von Stresa wird die Küste flach. Die Villenorte *Belgirate*, *Lesa*, *Sólcio* und *Meina* sind reine Wohnregionen mit stolzen, mauerbewehrten Villen, vom Tourismus werden sie aber nur wenig beachtet. Selbst in der Hochsaison ist es hier manchmal fast menschenleer, während in Stresa das Leben tobt. An Wochenenden kommen allerdings zahlreiche Kurzurlauber aus der Poebene. Ein Tipp für Camper ist

„Camping Sólcio" am Rand des gleichnamigen Orts (📞 0322/7497, 📠 7566, www. campingsolcio.com).

Südlich von Arona ist die Seeregion stark bebaut und zum Urlaub machen nicht mehr attraktiv.

Arona
(ca. 15.000 Einwohner)

Größerer Ort und wichtigstes Wirtschaftszentrum im Süden des Sees, nicht in erster Linie touristisch, sondern ein unverfälschtes italienisches Städtchen mit Atmosphäre.

Direkt am See liegt die großzügige Piazza del Popolo mit der *Casa del Podestà*, dem ehemaligen Statthalterpalast, der Renaissancekirche *Madonna di Piazza* mit einer Kopie der „Santa Casa" von Loreto und dem arkadengeschmückten *Palazzo di Giustizia* vom Ende 14. Jh. Hier hat man einen besonders schönen Blick auf die imposante Burg von Angera am nahen Ostufer und kann durch eine lange, schmale Fußgängerzone das Centro storico durchqueren. An der Seeseite der Altstadt verläuft eine Autostraße mit Fußweg, der z. T. überdacht und schön mit Pflanzen berankt ist – beliebter Treffpunkt für Romantiker, frisch Verliebte und Seegucker.

• *Anfahrt/Verbindungen* **Bahn**, Bahnhof am Piazzale Duca d'Aosta, stündliche Verbindungen nach Stresa und Verbania und zum Flughafen Malpensa (mit Umsteigen in Busto Arsizio).

Bus, SAF fährt etwa stündlich über Stresa nach Verbania, außerdem gibt es auf dieser Strecke Verbindungen mit VCO, Abfahrt vor dem Bhf. und an der Piazza de Filippi.

Schiff, während der Saison 2 x tägl. Verbindungen über Angera, Stresa, Verbania, Luino, Cannobio und Ascona nach Locarno.

• *Information* **IAT**, Piazzale Duca d'Aosta (Bahnhof), 📞 0322/243601, 📠 243601, www.distrettolaghi.it.

• *Übernachten* ***** Giardino**, Corso della Repubblica 1, zentral am See gelegen, Verkehr gibt es hier einigen, trotzdem zu

Von Arona bestens zu sehen: die Burg von Angera in der Abendsonne

empfehlen, da moderne Ausstattung und gute Zimmer mit TV. DZ mit Frühstück ca. 95–100 €. ✆ 0322/45994, ✆ 249401, www.giardinoarona.com.

Ein halbes Dutzend **Campingplätze** liegt südlich von Arona um Dormelletto, wird aber hauptsächlich von Dauercampern und italienischen Wochenendgästen frequentiert.

• *Essen & Trinken* Arona besitzt eine Vielzahl von Restaurants.

Taverna del Pittore, Piazza del Popolo 39, verglastes Verandarestaurant direkt am See, elegant, gehobene Preise. Mo geschl. ✆ 0322/243366.

Del Barcaiolo, Piazza del Popolo 23, schöne Lage an der großen Piazza, Tische im Laubengang und draußen auf dem Platz, reichhaltige Speisekarte, Preise etwas höher. Mi mittags und Do geschl. ✆ 0322/243388.

Osteria del Triass, Lungolago Marconi 59, nett aufgemachte Osteria/Pizzeria mit gläsernem Vorbau an der seeseitigen Umgehungsstraße um den alten Stadtkern. ✆ 0322/243378.

Il Grappolo, Via Pertossi 7, am Südende der Piazza del Popolo den Hang hinauf. Moderne und geschmackvoll gestaltete Osteria – Piemontweine, dazu Käse und Wurstplatten, aber auch ganze Menüs. ✆ 0322/47735.

La Monna Lisa, Via Poli 18, günstiges und nett geführtes Lokal mit schönem Seeblick, auch Pizza. Do geschl. ✆ 0322/46332.

TIPP! Campagna, Via Vergante 12, Località Campagna, etwas außerhalb in der Nähe der Statue des San Carlone (→ Kasten). Slow-Food-Lokal mit leckerer, vielseitiger Küche, draußen sitzt man hübsch auf einer kleinen Terrasse. Mo abends und Di geschl. ✆ 0322/57294.

• *Shopping* **Markttag** ist Dienstag.

San Carlone: Der Kardinal über der Stadt

Ein ungewöhnlicher Anblick ist das allemal. Fährt man nach Ghevio hinauf, sieht man sich auf einmal hoch über dem See einer mächtigen Kupferstatue gegenüber. Ende des 17. Jh. hat man auf diese Weise den Kardinal *Carlo Borromeo* verewigt, den einzigen der borromäischen Adelsfamilie, der die kirchliche Laufbahn eingeschlagen hatte. Er war einer der entschiedensten, wenn nicht fanatischsten Initiatoren der Gegenreformation. Er wurde 1538 in der – unter Napoleon zerstörten – Festung von Arona geboren und starb 1584. Sein Grab befindet sich an zentraler Stelle im Mailänder Dom, 1614 wurde er vom Papst heilig gesprochen. Die Höhe der Statue beträgt 23 m (mit Sockel 34,50 m), der Arm ist 9 m lang, der Daumen 1,40 m, der Zeigefinger 1,95 m. Der Heilige hebt segnend die rechte Hand und hält mit der linken die Schlussakte des Konzils von Trient (1545–1563). Man kann bequem bis zur Aussichtsplattform auf dem Sockel hinaufsteigen und – weniger bequem und äußerst platzangstfördernd – auf steiler Leiter in Inneren der Statue bis zum Kopf klettern und aus den Augen auf den See blicken.

Öffnungszeiten/Preise April bis Okt. tägl. 9–12.30, 14–18.30 Uhr, Okt. nur bis 17 Uhr, März, Nov. u. Dez nur Sa/So 9–12.30, 14–16.30 Uhr; Eintritt zu Park und Terrasse ca. 2 €, zur Statue ca. 3,50 € (Kinder 2,50 €), Kinder unter 8 J. frei. ✆ 0322/249669.

Naturpark Lagoni di Mercurago

Das liebevoll ausgeschilderte Erholungsgebiet mit zahlreichen Spaziermöglichkeiten liegt wenige Kilometer südwestlich von Arona.

Über eine Fläche von 470 ha erstreckt sich der stille, weitgehend bewaldete Naturpark mit archäologischen Fundstätten und kleinen Seen, in denen es Nistgebiete von über hundert Vogelarten gibt. Auf den Weideflächen dazwischen sieht man Vollblutpferde der Rasse „Dormello-Olgiata", die vom gleichnamigen Reitstall ge-

Lago Maggiore
Karte Seite 312

züchtet werden. Aufgewachsen ist hier auch das legendäre Rennpferd Ribot (1952–1972), eine Legende im italienischen Reitsport und seinerzeit das unumstritten schnellste Pferd der Welt – aus seinen Nachkommen ist inzwischen eine eigene Rasse entstanden.

Für folgenden Fußweg entlang der archäologischen Fundstätten und des größten Sees „Il Lagone" braucht man etwa 2,5 Std., Startpunkt ist der Parkplatz bei der Parkverwaltung. Die Stra di Pianèl führt über mehrere Kreuzungen hinweg etwa 1 km weit bis zu einem Grabfund aus der Bronzezeit. Der Kurzaufstieg links hinauf zu den restaurierten Gräbern ist sehr zu empfehlen. Weiter geht es die Stra di Pianèl ca. 400 m geradeaus, dann links in die Stra di Sèl, an der zweiten Kreuzung rechts in die Sente' dal Fòs, die am Rand eines Sumpfgebietes verläuft. Nach etwa 300 m rechts Aufstieg zu einer archäologischen Fundstelle (römische Gefäße) und weiter hinauf (podesti) zu Gräbern aus der Eisenzeit. Nun geht es zurück und rechts in die Sente dal Custón. Nach 300 m führt links die Stra d'la Buscarola durch Weideland zum See. Den See umgeht man links herum und biegt dann rechts in die Stra dal Mot ein, die durch Waldgebiete zurück zum Parkplatz führt.

● *Anfahrt* ab **Arona** die SS 142 Richtung Torino nehmen, dann den braunen Hinweisschildern **Parco Naturale di Lago di Mercurago** folgen. In Mercurago rechts ab zum Parkplatz neben der Parkverwaltung. An Wochentagen Imbiss und Informationsstand.

● *Öffnungszeiten* April bis Sept. 6–22 Uhr, übrige Zeit 7–19 Uhr.

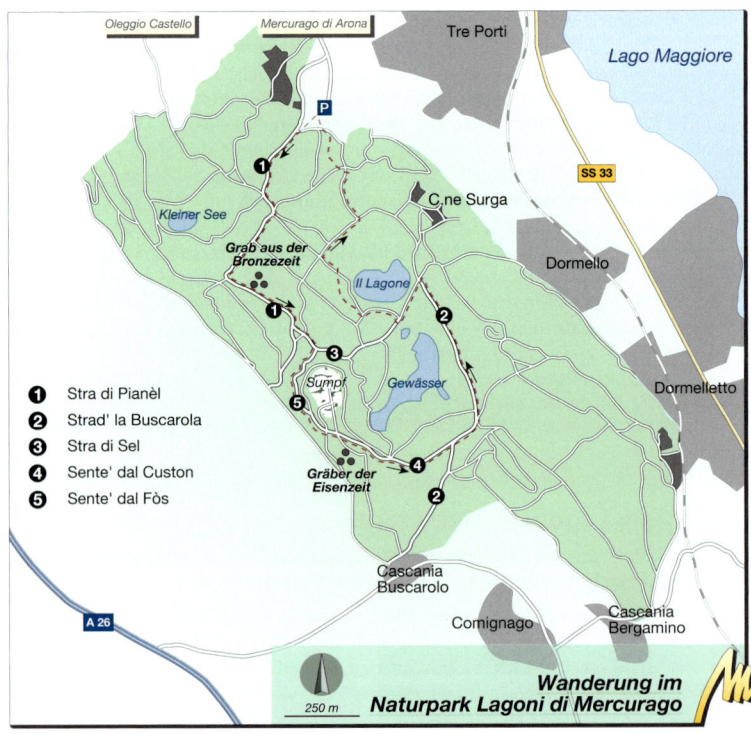

● Stra di Pianèl
● Strad' la Buscarola
● Stra di Sel
● Sente' dal Custon
● Sente' dal Fòs

Wanderung im Naturpark Lagoni di Mercurago

250 m

Im Stadtzentrum von Omegna

Lago d'Orta

Der 13 km lange See – nach den ersten Siedlern, den Usii, auch Cusio genannt – versteckt sich westlich vom Lago Maggiore hinter hohen Hügelketten. Es gibt nur wenige Ortschaften und eine durchgehende Küstenstraße verläuft nur am Ostufer. Das Westufer ist teils dicht bewaldet und steil und für Urlauber nur wenig erschlossen. Im Süden des Sees gibt es keinen Abfluss – ein Unikum unter den oberitalienischen Seen.

Der Hauptort *Omegna* liegt am Nordufer. Das benachbarte *Crusinallo* ist ein Ballungsraum für Hersteller hochwertiger Küchengeräte, die hier alle Fabrikverkauf betreiben – ein begehrtes Ziel für Schnäppchensucher. Schönster und vom touristischen Standpunkt her einzig reizvoller Ort ist *Orta San Giulio* auf einer weit in den See ragenden Halbinsel am Ostufer – ein kleines Juwel, das allein die Anfahrt lohnt, mittlerweile aber auch stark überlaufen ist. Einige Campingplätze liegen am Ostufer.

„Die Nigoglia fließt aufwärts und wir machen unsere eigenen Regeln", so lautet der stolze Sinnspruch der Bewohner von Omegna. Tatsächlich tritt hier die kleine Nigoglia aus dem Orta-See und fließt als einziger Fluss Norditaliens in Richtung Norden, um später im Lago Maggiore zu münden.

● *Anfahrt/Verbindungen* **PKW**, vom Lago Maggiore entweder über Verbania in der Seemitte, über Stresa oder über Arona im Süden zu erreichen.
Bahn, der Orta-See liegt an der Strecke von Brig über Domodossola nach Novara, Stationen gibt es u. a. in Omegna und Orta San Giulio.
Bus, VCO-Busse verkehren mehrmals täglich zwischen Stresa (Bhf.) und Orta San Giulio (Piazzale Prarondo).

Schiff, die Fähren der **Navigazione Lago d'Orta** pendeln tägl. mehrmals von Omegna nach Orta und fahren auch hinüber zur Isola San Giulio. Info unter ☎ 0322/844862, 🖷 846465.

Omegna

(ca. 16.000 Einwohner)

An der Nordspitze liegt die größte Stadt am See – geschäftig und stark vom motorisierten Verkehr geprägt, obgleich der Durchgangsverkehr mittlerweile durch einen langen Straßentunnel geleitet wird. Doch gibt es auch ein paar Fußgängergassen im Zentrum. Am See verläuft eine Promenade, dort verlässt das Flüsschen Nigoglia den See und fließt in den Lago Maggiore. Den Flusslauf landeinwärts führt ein hübscher Fußweg zwischen blumengeschmückten Häuserfronten.

Omegna ist seit langem ein Zentrum der Herstellung von hochwertigen Haushaltsgeräten und Kücheneinrichtungen. Hervorgegangen ist dieser weltweit erfolgreiche Industriezweig aus Stahlwerken, die hier im 19. Jh. u. a. Armierungen für Beton herstellten. Die meisten Unternehmen, z. B. Alessi (www.alessi.com), Lagostina (www.lagostina.com), Piazza (www.piazza.it) und Bialetti (www.bialetti.com), haben sich nördlich der Stadt angesiedelt, sodass Omegna heute mit dem benachbarten *Crusinallo* praktisch eine Einheit bildet. Im Fabrikverkauf kann man hier die begehrten Produkte günstig erstehen.

●*Shopping* Donnerstags findet ein großer **Markt** auf der Seepromenade statt.
Die folgenden Fabrikverkäufe bieten Rabatte zwischen 20 und 50 %.
Alessi, Via Privata Alessi 6, Crusinallo di Omegna. Geschmackvoll aufgemachtes Outlet im Fabrikgelände – Kochtöpfe, Porzellan, Pfeffer- und Salzmühlen, Espressokocher u. a., alles im edlen Design. Anfahrt: Von Gravellona die Via IV Novembre in Richtung Omegna, etwa 500 m nach dem Ortsschild Crusinallo im spitzen Winkel schräg rechts in die Via Casale hinein (Achtung: etwas unbequemer Abzweig). Mo–Sa 9.30–18 Uhr. ☎ 0323/868611, www.alessi.com.
Lo Spaccio by Jo.Ka.Ma–Bialetti, Via IV Novembre 106, Crusinallo di Omegna. Espressokocher und elektrische Kaffeemaschinen von Weltruf. Anfahrt: Von Gravellona in Richtung Omegna, direkt rechts an der Straße. Mo–Sa 9.30–12.30, 15.30–19 Uhr. ☎ 0323/6531, www.bialetti.com.
Fratelli Piazza Effepi, Via IV Novembre 242, Crusinallo di Omegna. Hochwertiges Edelstahlgeschirr, Bestecke, Zangen, Töpfe u. a. Mo–Sa 9–12.30, 15–18.30 Uhr. ☎ 0323/643595, www.piazza.it.
Lagostina, Via IV Novembre 39, Crusinallo di Omegna. Edelstahltöpfe und Pfannen, Dampfkochtöpfe, Kleingeräte für die Küche, Espressokocher u. a. Di–So 9–12.30, 15.30–19.30 Uhr. ☎ 0323/652255, www.lagostina.com.

Sehenswertes: Die mehrfach umgebaute Pfarrkirche *Chiesa di Sant'Ambrogio* ist mit ihrem hohen, romanischen Glockenturm weithin sichtbar. Bedeutendstes Kunstwerk ist das Polyptychon "Jungfrau mit Kind und Heiligen" von Fermo Stella im Chor. Gegenüber der Kirche steht das ebenfalls ursprünglich romanische *Oratorio di San Giovanni Battista*.

Wer sich für Design und Entstehung der weltberühmten italienischen Küchengeräte interessiert, sollte dem *Forum Omegna* einen Besuch abstatten. In einer umgebauten Fabrikanlage wird hier die Entwicklung ab 1900 dokumentiert – ausgestellt sind Kaffeemühlen, Dampfkochtöpfe, elektrische Küchengeräte u.Ä., darunter auch die legendäre, 1933 von Alfonso Bialetti erfundene „Bialetti Moka Express", quasi der Prototyp aller Kaffeekocher und mit über 300 Millionen Exemplaren der meistverkaufte Aluminium-Espressokocher der Welt. Das Forum Omegna ist im Zentrum von Omegna beschildert, es gibt dort außer der Ausstellung auch einen Shop und ein Café.

Öffnungszeiten **Forum Omegna**, Di–Sa 9–12.30, 14.30–18, So 14.30–18 Uhr, Mo geschl., Eintritt frei. ☎ 0323/866141, www.forumomegna.org.

Hier starten die Boote zur Isola San Giulio

Orta San Giulio

(ca. 1200 Einwohner)

An der Spitze einer lang gestreckten, grünen Halbinsel ein Meer von grauen Schindeldächern, unmittelbar davor eine runde Insel mit schlossartigen Gemäuern – perfekte Filmkulisse für eine Mischung aus „Graf von Monte Christo", „Name der Rose" und „Weißes Rössl am Wolfgangsee".

Orta San Giulio ist ein echtes Bilderbuchstädtchen und hat sich zum populären Tagesausflugsziel entwickelt. Im Sommer schwärmen oft hunderte von Tagesausflüglern durch die Gassen. Über Treppen steigt man hinunter in den Ort – ein hübscher Spaziergang durch enge, dunkle Gassen mit Kieselsteinpflaster und hohen barocken Gemäuern, die oft erstaunliche Innenhöfe und Säulengänge verbergen. Plötzlich steht man auf der weiten, offenen Piazza Mario Motta mit dichten Baumreihen am See, umgeben von malerischen alten Patrizierhäusern mit Blick auf die geheimnisvolle Insel gegenüber. Landeinwärts kann man hier zur Pfarrkirche und zum berühmten *Sacro Monte di San Francesco* aufsteigen.

Anfahrt/Verbindungen/Informations

• *Anfahrt/Verbindungen* **PKW** müssen oberhalb von Orta auf einem der großen – in Spitzenzeiten trotzdem viel zu kleinen –Parkplätze abgestellt werden (ca. 1,50 €/Std.). In wenigen Minuten gelangt man von dort zu Fuß in den Ortskern. Wer ein Hotel im Centro storico gebucht hat, geht am besten zunächst zu Fuß runter und fragt nach der Zufahrt.

Der **Bahnhof** liegt etwa 2 km außerhalb. Die **Busse** fahren ab Piazzale Prarondo, wo auch die PKW-Parkplätze liegen.
• *Information* **Pro Loco**, Via Bossi 11, im Palazzo Comunale, kurz vor der zentralen Piazza Motta. Mo, Mi, Do u. Fr 11–13, 14–18, Sa/So 10–13, 14–18 Uhr. ✆ 0322/90155, accoglienza2003@libero.it.

Lago d'Orta

Übernachten

**** San Rocco (1), ehemaliges Kloster direkt am See, edle Herberge mit 74 komfortablen Zimmern, große Seeterrasse, Innenhof mit Kreuzgang, schönem Pool, Wellness-Center und Gourmetküche. Zum Haus gehört die Villa Gippini, in der Kunstausstellungen stattfinden. Eigene Hotelzufahrt. DZ mit Frühstück ca. 190–290 €. ✆ 0322/911977, ✎ 911964, www.hotelsanrocco.it.

**** Villa Crespi (10), Via Fava 8/10. Die große Villa eines Textilunternehmers des 19. Jh., ein origineller Bau im orientalischen Stil, steht mit ihrem minarettähnlichen Turm unübersehbar an der Zufahrtsstraße in den Ort, gleich nachdem man von der SS 229 abzweigt. Äußerst komfortables Innenleben, vermietet werden üppig ausgestattete Zimmer und Suiten, dazu gibt es ein hochklassiges Restaurant und einen kleinen Wellnessbereich. DZ mit Frühstück ca. 190–280 €, Suite ab 230 €. ✆ 0322/911902, ✎ 911919, www.hotelvillacrespi.it.

*** Orta (8), Traditionshaus an der Südseite der Piazza Motta, seit über hundert Jahren von Familie Bianchi-Oglina geführt, Einrichtung schon etwas älter, aber insgesamt gut ausgestattet. Aufenthaltsraum mit Kamin,

Piazza und historisches Rathaus von Orta San Giulio

verglastes Restaurant zum See, Zimmer mit TV, teils Balkon, im ersten Stock große Terrassen, je nach Hausseite schöner Blick auf den Platz oder auf den See mit Isola San Giulio. DZ mit Frühstück ca. 90–115 €. ✆ 0322/90253, ✎ 905646, www.hotelorta.it.

*** La Contrada dei Monti (2), Via Contrada dei Monti 10, Seitengässchen der Via Olina, die zur zentralen Piazza führt. Edler Stadtpalazzo des 18. Jh., schön restauriert, ruhiger, kleiner Innenhof, Aufenthaltsraum mit Kamin. Zimmer nett im historisierenden Stil eingerichtet, jeweils TV. DZ mit Frühstück ca. 100–110 €, Suite 150–160 €. ✆ 0322/905114, ✎ 905863,

www.orta.net/lacontradadeimonti.

** Piccolo Hotel Olina (4), Via Olina 40, in der schmalen Altstadtgasse, die zur Piazza Motta führt. Ristorante mit Zimmervermietung (→ Essen & Trinken), 16 modern und geschmackvoll ausgestattete Zimmer, an den Fenstern Blumen. DZ mit Frühstück ca. 85–105 €. ✆ 0322/905656, ✎ 90377,

www.orta.net/orta.

• *Ferienwohnungen*   Das **Piccolo Hotel Olina** vermietet mehrere schön gelegene Ferienwohnungen im Zentrum und außerhalb, direkt am See.

Weitere Ferienwohnungen und Villen kann man über **Mariella Orlandini** in der Via Giovanetti 34 buchen, die auch Deutsch spricht. ✆ 0322/90242, www.ortalakeflats.com.

• *Camping* **** Orta**, großes Wiesengelände mit Bäumen in Terrassen am Beginn der Halbinsel von Orta San Giulio, ca. 1,5 km nördlich vom Ort, ein Teil mit schönem Badestrand direkt am See, der andere auf der Landseite der SS 229 (Fußgängertunnel). 1959 gegründet und damit der älteste Platz am See. Ganzjährig geöffnet. ✆/✎ 0322/90267, www.campingorta.it.

** Miami, 3 km südlich vom Ort, durch die Straße vom Wasser getrennt, dort ein richtiger kleiner Sandstrand, Ristorante und Bar ebenfalls vorhanden. ✆/✎ 0322/998489.

Area Attrezzata, Wohnmobilstellplatz im Parco del Sacro Monte (beschildert).

Essen & Trinken/Sonstiges

Villa Crespi (10), Via Fava 18, im gleichnamigen Hotel (→ Übernachten), Restaurant der edlen Sorte mit Deckenmalereien, Stuck und Parkettböden, fantasievolle mediter-

rane Küche, vom Michelin mit einem Stern gelobt. Menü um die 50 € aufwärts. Di geschl. ✆ 0322/911902.

Antico Agnello (3), Via Olina 18 (führt zur Piazza Motta), mit Glyzinien völlig zugewachsenes Haus an einer schmalen Piazza an der Hauptgasse, bekannt für gute traditionelle Küche und leckere Fischgerichte. Di geschl. ✆ 0322/90259.

Ristoro Olina (4), Via Olina 40, gehört zum „Piccolo Hotel Olina" (→ Übernachten). Gut geführtes Ristorante direkt an der zentralen Altstadtgasse, große Karte, allerdings zumindest in der Saison recht gehobene Preise. In der Nebensaison Mi geschl. ✆ 0322/905656.

La Campana (9), Via Giacomo Giovanetti 41, ordentliche Pizzeria an der Gasse südlich vom Hauptplatz, leider nicht mehr so günstig wie früher. ✆ 0322/90211.

Sacro Monte (7), in schöner Lage auf dem Sacro Monte d'Orta (→ Sehenswertes), gute piemontesische Küche, angenehmes Ambiente, mittlere Preise. Di geschl. ✆ 0322/90220.

● Enoteche **TIPP! Enoteca Re di Coppe (6)**, Piazza Motta 32, schöne, alte Osteria am Beginn der Piazza, zwei Tische vor der Tür, drinnen ein gemütlicher Raum, hinter der Theke ein Lager für Rotwein. So richtig geschaffen für ein Gläschen zu zweit. ✆ 0322/915871.

Lago d'Orta

Antica Osteria al Boeuc (5), Via Bersani 28, ein wenig versteckt in einem Parallelgässchen zur Hauptgasse (Hinweisschild beachten). Urig und uralt ist dieses Weinlokal, dessen Entstehung bis ins Mittelalter zurückreicht und das vor einigen Jahren wiedereröffnet wurde. Zum Wein lässt man sich Bruschette schmecken. Nur abends. Di geschl. ✆ 0322/915854.

• *Shopping* Jeden Mi findet auf der Piazza Motta ein **Markt** statt.

Zwei hübsche Lebensmittelgeschäfte liegen am kleinen Platz Largo de Gregori, kurz vor dem Hauptplatz am See: **Da Gino** und **Fratelli Rovera** – luftgetrocknete Schinken, großes Angebot an Salami von Pferd und Esel und diverse Grappa-Sorten.

Idea Dolce, Via Olina 7, bemerkenswerte Auswahl an Qualitätsschokoladen und Kakaos.

• *Internet* **Welc@me Point**, Via Antonio Traumatologo 13, Internetzugang und Fahrradverleih, gehört zum Piccolo Hotel Olina. ✆ 0322/905188.

Sehenswertes: Blickfang an der zentralen Piazza Mario Motta ist der freistehende *Palazzo della Comunità* aus dem 16. Jh., das ehemalige Rathaus, mit verblassten Wandmalereien. Im Untergeschoss besitzt er eine nach allen vier Seiten offene Loggia, über eine Außentreppe kommt man in den Versammlungssaal im ersten Stock, in dem den Sommer über häufig Ausstellungen stattfinden. An der Seeseite der Piazza starten die Motorboote zur gegenüberliegenden Isola San Giulio, landeinwärts thront am Ende einer steilen Pflastergasse die Pfarrkirche *Santa Maria Assunta* voll barockem Zierrat.

Überragt wird Orta San Giulio vom *Sacro Monte di San Francesco*, zu erreichen am besten im Rahmen eines halbstündigen Spaziergangs ab Piazza Motta, zunächst zur Pfarrkirche, dann rechts die Via Gemelli hinauf (es gibt auch eine ab Ortseinfahrt beschilderte Straße, Parkplätze sind aber oben äußerst knapp). Die bekannte Wallfahrtsstätte hat nur einen einzigen Bezugspunkt: Franz von Assisi (1181–1226). Auf einem Andachtsweg mit 21 Kapellen wird die Vita des Ordensgründers in aufwändigen, zum Teil frappierend lebendig wirkenden Skulpturentableaus nachgestellt.

Aufstieg zur Pfarrkirche

Beinahe 200 Jahre vergingen zwischen Beginn und Fertigstellung des Ensembles (1590–1785), ein großer Teil der insgesamt 376 Skulpturen stammt von Dionigi Bussola, der auch mit zahlreichen Werken im Mailänder Dom vertreten ist. Die weniger auffälligen, jedoch nicht minder meisterlichen Fresken malten u. a. die Brüder Fiamminghini und Giuseppe Nuvolone. Neben dem hagiografischen Aspekt vermittelt der Sacro Monte d'Orta so einen interessanten Überblick über die verschiedenen Kunstepochen von Spätrenaissance bis Klassizismus, die hier mit ihren ganz spezifischen Mitteln das gleiche Thema bearbeiteten. Den krönenden Abschluss bildet die *Chiesa di San Nicolao* mit ihren schönen Altargemälden neben der XX. Kapelle. Es gibt natürlich auch ein Franziskanerkloster, in dem zur Zeit fünf schon recht betagte Minoriten nach den Regeln des Franz von Assisi leben. Wegen seines einzigartigen alten Baumbestandes ist der Sacro Monte außerdem als Naturreservat eingestuft.

Öffnungszeiten/Preise **Andachtsweg** mit Kapellen tägl. 8.30–18.30 Uhr (Winter 9–16.30 Uhr), **San Nicolao** 10–12 und 14.30–17 Uhr, Eintritt frei (www.sacromonte.it).

Skulpturen zu Ehren des Franz von Assisi

Isola San Giulio

Die kleine, ovale Insel ist fast vollständig bebaut, durch schmale Gassen kann man einmal rundum schlendern, begleitet von viersprachigen Sinnsprüchen, die sich hauptsächlich um Stille und Selbsterkenntnis drehen.

Die Inselsilhouette wird beherrscht vom mächtigen ehemaligen Bischofspalast (heute Priesterseminar) und der *Basilica di San Giulio*, deren Gründung auf einen wundertätigen Griechen namens Julius zurückgeht, der die Insel im 4. Jh. von Drachen und Schlangen befreit haben soll. Später wurde die Insel zur schweren Festung ausgebaut, die aber im Lauf der Jahrhunderte verfiel. Anstelle der Burg errichtete man 1844 das Priesterseminar am höchsten Punkt der Insel (abends gelegentlich klassische Musikkonzerte). Die romanische Basilika ist üppig barock ausgestattet, einige ältere Freskenreste sind erhalten. Eindrucksvoll thront vor der Altarschranke die prächtige romanische Kanzel aus schwarzem Marmor, die mit großen Reliefs verziert ist: kämpfende Fabeltiere, Adler und Heiligenfiguren. In der Krypta ruht Julius mit Goldmaske in einem gläsernen Schneewittchensarg.

Verbindungen In der Saison fahren ständig Motorboote von der Piazza Mario Motta zur Insel, ca. 4 € hin/rück.

Lago d'Orta

▸ **Vacciago**: In diesem kleinen Ort südlich von Orta hat die *Collezione Calderara* ihren Sitz in der Villa, in der der Maler Antonio Calderara (1903–78) lebte. Er malte hauptsächlich wunderschöne Seeansichten, sammelte aber auch die Werke von über 130 anderen Künstlern der Moderne, die nun hier zusammen auf zwei Stockwerken ausgestellt sind, hauptsächlich aus den fünfziger und sechziger Jahren (Konkrete Kunst, Kinetik, Op Art u. a.).

Öffnungszeiten **Collezione Calderara**, Mitte Mai bis Mitte Okt. Di–So 10–12, 15–18 Uhr, Mo geschl. Eintritt frei, Spende erwartet. ☎ 0322/998192, www.fondazionecalderara.it.

▸ **Lido di Gozzano**: viel besuchter Badestrand am südlichen Seeende.

▸ **Torre di Buccione**: Der weithin sichtbare langobardische Wachturm aus dem 4. Jh. steht südlich vom See bei Gozzano. Man kann durch ein Naturschutzgebiet in etwa 15 Min. hinaufsteigen und den herrlichen Seeblick genießen. Seine Glocken sollen so laut gewesen sein, dass er bei Gefahr die gesamte Bevölkerung um den Lago d'Orta warnen konnte.

Westufer

Es gibt keine durchgehende Uferverbindung, sondern die Straße windet sich hoch hinauf zur Wallfahrtskirche *Madonna del Sasso*, die von ihrem hohen Granitfels ein fantastisches Seepanorama bietet. Im Inneren ist sie mit Fresken von Lorenzo Peracino geschmückt, verehrt werden hier die Reliquien des Märtyrers San Donato (gest. um 200), der aus der Callisto-Katakombe in Rom hierher gebracht wurde.

Auch die Abfahrt in Richtung Omegna bietet viel fürs Auge, die pittoreske Isola San Giulio ist dabei immer im Blickfeld.

Übernachten/Essen & Trinken ***** Panoramico**, Via Frua 31, der Logenplatz schlechthin am Ortasee, 10 ordentliche Zimmer und wunderbare Restaurantterrasse mit fürstlichem Seeblick. Die Straße danebn ist nur wenig befahren. DZ mit Frühstück ca. 75–90 €. ☎ 0322/981312, ☏ 981313, www.hotelpanoramico.it.

Etwas Italienisch

Aussprache

Einige Abweichungen von der deutschen Aussprache:

c: vor e und i immer „*tsch*" wie in *rutschen*, z. B. *centro* (Zentrum) = „*tschentro*". Sonst wie „*k*", z. B. *cannelloni* = „*kannelloni*".

cc: gleiche Ausspracheregeln wie beim einfachen **c**, nur betonter: *faccio* (ich mache) = „*fatscho*"; *boccone* (Imbiss) = „*bokkone*".

ch: wie „*k*", *chiuso* (geschlossen) = „*kiuso*".

cch: immer wie ein hartes „*k*", *spicchio* (Scheibe) = „*spikkio*".

g: vor e und i „*dsch*" wie in *Django*, vor a, o , u als „*g*" wie in *gehen*; wenn es trotz eines nachfolgenden dunklen Vokals als „*dsch*" gesprochen werden soll, wird ein i eingefügt, das nicht mitgesprochen wird, z. B. in *Giacomo* = „*Dschakomo*".

gh: immer als „*g*" gesprochen.

gi: wie in *giorno* (Tag) = „*dschorno*", immer weich gesprochen.

gl: wird zu einem Laut, der wie „*lj*" klingt, z. B. in *moglie* (Ehefrau) = „*mollje*".

gn: ein Laut, der hinten in der Kehle produziert wird, z. B. in *bagno* (Bad) = „*bannjo*".

h: wird am Wortanfang nicht mitgesprochen, z. B. *hanno* (sie haben) = „*anno*". Sonst nur als Hilfszeichen verwendet, um c und g vor den Konsonanten i und e hart auszusprechen.

qu: im Gegensatz zum Deutschen ist das u mitzusprechen, z. B. *acqua* (Wasser) = „*akua*" oder *quando* (wann) = „*kuando*".

r: wird kräftig gerollt!

rr: wird noch kräftiger gerollt!

sp und **st**: gut norddeutsch zu sprechen, z. B. *specchio* (Spiegel) = „*s-pekkio*" (nicht *schpekkio*), *stella* (Stern) = „*s-tella*" (nicht „*schtella*").

v: wie „*w*".

z: wird teils *ts* und teils *ds* gesprochen. z. B. *zio* (Onkel) = „*tsio*", *zero* (Null) = „*dsero*".

zz: wird wie das deutsche „*z*" ausgesprochen: z. B *pizza, ragazzo*.

Die Betonung liegt meistens auf der vorletzten Silbe eines Wortes. Im Schriftbild wird sie bei der großen Mehrzahl der Wörter nicht markiert. Es gibt allerdings Fälle, bei denen die italienischen Rechtschreibregeln Akzente als Betonungszeichen vorsehen, z. B. bei mehrsilbigen Wörtern mit Endbetonung wie *perché* (= weil, warum).

Elementares

Frau …	*Signora*	Danke!	*Grazie/Mille grazie/ Grazie tanto*
Herr …	*Signor(e)*		
Guten Tag, Morgen	*Buon giorno*	Entschuldigen Sie	*(Mi) scusi*
Guten Abend	*Buona sera*	Entschuldige	*Scusami/Scusa*
(ab nachmittags!)		Entschuldigung, können Sie mir sagen …?	*Scusi, sa dirmi …?*
Guten Abend/ gute Nacht	*Buona notte*	Entschuldigung, könnten Sie mich durchlassen/ mir erlauben …	*Permesso …*
(ab Einbruch der Dunkelheit)			
Auf Wiedersehen	*Arrivederci*	ja	*si*
Hallo/Tschüss	*Ciao*	nein	*no*
Wie geht es Ihnen?	*Come sta?/ Come va?*	Ich bedaure, tut mir leid	*Mi dispiace*
Wie geht es dir?	*Come stai?*	Macht nichts	*Non fa niente*
Danke, gut.	*Molto bene, grazie/ Benissimo, grazie*	Bitte!	*Prego!*
		(im Sinne von *gern geschehen*)	

Bitte	*Per favore ...*
(als Einleitung zu einer Frage oder Bestellung)	
Sprechen Sie Englisch/Deutsch/ Französisch?	*Parla inglese/ tedescso/ francese?*
Ich spreche kein Italienisch	*Non parlo italiano*
Ich verstehe nichts	*Non capisco niente*
Könnten Sie etwas langsamer sprechen?	*Puo parlare un po` più lentamente?*
Ich suche nach ...	*Cerco ...*
Okay, geht in Ordnung	*va bene*
Ich möchte/Ich hätte gern	*Vorrei*
Warte/ Warten Sie!	*Aspetta/ Aspetti!*
groß/klein	*grande/piccolo*

Es ist heiß	*Fa caldo*
Es ist kalt	*Fa freddo*
Geld	*i soldi*
Ich brauche ...	*Ho bisogno ...*
Ich muss ...	*Devo ...*
in Ordnung	*d'accordo*
Ist es möglich, dass ...	*È possibile ...*
mit/ohne	*con/senza*
offen/geschlossen	*aperto/chiuso*
Toilette	*gabinetto*
verboten	*vietato*
Was bedeutet das?	*Che cosa significa?*
Wie heißt das?	*Come si chiama?*
zahlen	*pagare*
Ich möchte gern zahlen	*Il conto, per favore*

Fragen/Smalltalk/Orientierung

Gibt es/Haben Sie ...?	*C'è ...?*
Was kostet das?	*Quanto costa?*
Gibt es (mehrere)	*Ci sono?*
Wann?	*Quando?*
Wo? Wo ist?	*Dove?/ Dov'è?*
Wie?/Wie bitte?	*Come?*
Wieviel?	*Quanto?*
Warum?	*Perché?*
Ich heiße ...	*Mi chiamo ...*
Wie heißt du?	*Come ti chiami?*
Wie alt bist du?	*Quanti anni hai?*
Das ist aber schön hier	*Meraviglioso!/Che bello!/Bellissimo!*
Von woher kommst du?	*Di dove sei tu?*

Ich bin aus München/Hamburg	*Sono di Monaco/ di Amburgo*
Bis später	*A più tardi!*
Wo ist bitte ...?	*Per favore, dov'è ..?*
... die Bushaltestelle	*... la fermata*
... der Bahnhof	*... la stazione*
Stadtplan	*la pianta della città*
rechts	*a destra*
links	*a sinistra*
immer geradeaus	*sempre diritto*
Können Sie mir den Weg nach ... zeigen?	*Sa indicarmi la direzione per ...?*
Ist es weit?	*È lontano?*
Nein, es ist nah	*No, è vicino*

Bus/Zug/Fähre

Fahrkarte	*biglietto*
Stadtbus	*bus*
Überlandbus	*pullman*
Zug	*treno*
hin und zurück	*andata e ritorno*
Ein Ticket von X nach Y	*un biglietto da X a Y*
Wann fährt der nächste?	*Quando parte il prossimo?*
... der letzte?	*... l'ultimo?*

Abfahrt	*partenza*
Ankunft	*arrivo*
Gleis	*binario*
Verspätung	*ritardo*
aussteigen	*scendere*
Ausgang	*uscita*
Eingang	*entrata*
Wochentag	*giorno feriale*
Feiertag	*giorno festivo*

Auto/Motorrad

Auto	*macchina*	Reifen	*gomme*
Motorrad	*moto*	Kupplung	*frizione*
Tankstelle	*distributore*	Lichtmaschine	*dinamo*
Volltanken!	*Il pieno, per favore!*	Zündung	*accensione*
Bleifrei	*benzina senza piombo*	Vergaser	*carburatore*
Diesel	*gasolio*	Mechaniker	*meccanico*
Panne	*guasto*	Werkstatt	*officina*
Unfall	*incidente*	funktioniert nicht	*non funziona*
Bremsen	*freni*		

Baden

See	*lago*	sauber	*pulito/netto*
Strand	*spiaggia*	tief	*profondo*
Stein	*pietra*	Ich gehe schwimmen	*Faccio il bagno*
Kies	*ghiaia*	braungebrannt	*abbronzata (f)/ abbronzato (m)*
schmutzig	*sporco*		

Bank/Post/Telefon

Geldwechsel	*cambio*	Brief	*lettera*
Wo ist eine Bank?	*Dove c' è una banca*	Briefpapier	*carta da lettere*
Ich möchte wechseln	*Vorrei cambiare*	Briefkasten	*buca (delle lettere)*
Ich möchte Rei- seschecks einlösen	*Vorrei cambiare dei traveller cheques*	Briefmarke(n)	*francobollo/francobolli*
Postamt	*ufficio postale*	Wo ist das Telefon?	*Dov' è il telefono?*
ein Telegramm aufgeben	*spedire un telegramma*	Ferngespräch	*communicazione interurbana*
Postkarte	*cartolina*		

Camping/Hotel

Haben Sie ein Einzel-/Doppel- zimmer?	*C'è una camera singola/doppia?*	mit Dusche/Bad	*con doccia/ bagno*
Können Sie mir ein Zimmer zeigen?	*Può mostrarmi una camera?*	ein ruhiges Zimmer	*una camera tranquilla*
Ich nehme es/wir nehmen es	*La prendo/ la prendiamo*	Wir haben reserviert	*Abbiamo prenotato*
Zelt	*tenda*	Schlüssel	*la chiave*
kleines Zelt	*canadese*	Vollpension	*pensione (completa)*
Schatten	*ombra*	Halbpension	*mezza pensione*
Schlafsack	*sacco a pelo*	Frühstück	*prima colazione*
warme Duschen	*docce calde*	Hochsaison	*alta stagione*
		Nebensaison	*bassa stagione*
Gibt es warmes Wasser?	*C'è l'acqua calda?*	Haben Sie nichts Billigeres?	*Non ha niente che costa di meno?*

Zahlen

der erste	il primo	halb	mezzo
zweite	il secondo	ein Viertel	un quarto di
dritte	il terzo	ein Paar	un paio di
einmal	una volta	einige	alcuni
zweimal	due volte		

0	zero	12	dodici	40	quaranta
1	uno	13	tredici	50	cinquanta
2	due	14	quattordici	60	sessanta
3	tre	15	quindici	70	settanta
4	quattro	16	sedici	80	ottanta
5	cinque	17	diciassette	90	novanta
6	sei	18	diciotto	100	cento
7	sette	19	diciannove	101	centuno
8	otto	20	venti	102	cento e due
9	nove	21	ventuno	200	duecento
10	dieci	22	ventidue	1.000	mille
11	undici	30	trenta		

Uhr & Kalender

Uhrzeit

Wie spät ist es?	Che ore sono?
mittags	mezzogiorno
	(für 12 Uhr gebräuchlich)
Mitternacht	mezzanotte
viertel nach	... e un quarto
viertel vor	... meno un quarto
halbe Stunde	mezz'ora

Tage/Monate/Jahreszeit

Tag	giorno
Woche	settimana
Monat	mese
Jahr	anno
halbes Jahr	mezz'anno
Frühling	primavera
Sommer	estate
Herbst	autunno
Winter	inverno

Wochentage

Montag	lunedì
Dienstag	martedì
Mittwoch	mercoledì
Donnerstag	giovedì
Freitag	venerdì
Samstag	sabato
Sonntag	domenica

Monate

Januar	gennaio
Februar	febbraio
März	marzo
April	aprile
Mai	maggio
Juni	giugno
Juli	luglio
August	agosto
September	settembre
Oktober	ottobre
November	novembre
Dezember	dicembre

Gestern, heute, morgen

| heute | oggi |
| morgen | domani |

übermorgen	*dopodomani*	jetzt	*adesso*
gestern	*ieri*	der Morgen	*la mattina*
vorgestern	*l'altro ieri*	der Nachmittag	*il pomeriggio*
sofort	*subito*	der Abend	*la sera*
später	*più tardi*	die Nacht	*la notte*

Maße & Gewichte

ein Liter	*un litro*	100 Gramm	*un etto*
ein halber Liter	*un mezzo litro*	200 Gramm	*due etti*
ein Viertelliter	*un quarto di un litro*	Kilo	*un chilo, due chili*
ein Gramm	*un grammo*		

Einkaufen

Haben Sie ...	*Ha ...?*	Touristen-information	*informazioni turistiche*
Ich hätte gern ...	*Vorrei ...*	Schreibwarenladen	*cartoleria*
etwas davon	*un poco di questo*	Supermarkt	*alimentari, supermercato*
dieses hier	*questo qua*		
dieses da, dort	*questo là*		
Was kostet das?	*Quanto costa questo?*		

Drogerie/Apotheke

Seife	*sapone*
Tampons	*tamponi, o.b.*
Binden	*assorbenti*
Waschmittel	*detersivo*
Shampoo	*shampoo*
Toilettenpapier	*carta igienica*
Zahnpasta	*pasta dentifricia*
Schmerztabletten	*qualcosa contro il dolore*
Kopfschmerzen	*mal di testa*
Abführmittel	*lassativo*
Sonnenmilch	*crema solare*
Pflaster	*cerotto*

Geschäfte

Apotheke	*farmacia*
Bäckerei	*panetteria*
Buchhandlung	*libreria*
Fischhandlung	*pescheria*
Laden, Geschäft	*negozio*
Metzgerei	*macelleria*
Reinigung (chemische)	*lavanderia/lavasecco*
Reisebüro	*agenzia viaggi*

Arzt/Krankenhaus

Ich brauche einen Arzt	*Ho bisogno di un medico*	Fieber	*febbre*
Hilfe!	*Aiuto!*	Durchfall	*diarrea*
Erste Hilfe	*pronto soccorso*	Erkältung	*raffreddore*
Krankenhaus	*ospedale*	Halsschmerzen	*mal di gola*
Schmerzen	*dolori*	Magenschmerzen	*mal di stomaco*
Ich bin krank	*sono malato*	Zahnweh	*mal di denti*
Biss/Stich	*puntura*	Zahnarzt	*dentista*
		verstaucht	*lussato*

Im Restaurant

Haben Sie einen Tisch für x Personen?	*C'è uno tavolo per x persone?*
Die Speisekarte, bitte	*Il menu/la lista, per favore*
Was kostet das Tagesmenü?	*Quanto costa il piatto del giorno?*
Ich möchte gern zahlen	*Il conto, per favore*
Gabel	*forchetta*
Messer	*coltello*
Löffel	*cucchiaio*
Aschenbecher	*portacenere*
Mittagessen	*pranzo*
Abendessen	*cena*
Eine Quittung, bitte	*Vorrei la ricevuta, per favore*
Es war sehr gut	*Era buonissimo*

Speisekarte

Extra-Zahlung für Gedeck, Service und Brot	*coperto/pane e servizio*
Vorspeise	*antipasto*
erster Gang	*primo piatto*
zweiter Gang	*secondo piatto*
Beilagen zum zweiten Gang	*contorni*
Nachspeise (Süßes)	*dolci*
Obst	*frutta*
Käse	*formaggio*

Getränke

Wasser	*acqua*
Mineralwasser	*acqua minerale*
mit Kohlensäure	*con gas (frizzante)*
ohne Kohlensäure	*senza gas*
Wein	*vino*
weiß	*bianco*
rosé	*rosato*
rot	*rosso*
Bier	*birra*
hell/dunkel	*chiara/scura*
vom Fass	*alla spina*
Saft	*succo di ...*
Milch	*latte*
heiß	*caldo*
kalt	*freddo*
(einen) Kaffee (das bedeutet Espresso)	*un caffè*
(einen) Cappuccino (mit aufgeschäumter Milch, niemals mit Sahne!)	*un cappuccino*
(einen) Kaffee mit wenig Milch	*un latte macchiato*
(einen) Eiskaffee	*un caffè freddo*
(einen) Tee	*un tè*
mit Zitrone	*con limone*
Cola	*coca*
Milkshake	*frappè*
(ein) Glas	*un bicchiere di ...*
(eine) Flasche	*una bottiglia*

Alimentari/Diversi – Lebensmittel, Verschiedenes

aceto	*Essig*	pane	*Brot*
brodo	*Brühe*	panino	*Brötchen*
burro	*Butter*	saccarina	*Süßstoff*
marmellata	*Marmelade*	salame	*Salami*
minestra/zuppa	*Suppe*	salsiccia	*Frischwurst*
minestrone	*Gemüsesuppe*	l'uovo/le uova	*Ei/Eier*
olio	*Öl*	zabaione	*Wein-Eier-Creme*
olive	*Oliven*	zucchero	*Zucker*

Erbe – Gewürze

aglio	*Knoblauch*	prezzemolo	*Petersilie*
alloro	*Lorbeer*	rosmarino	*Rosmarin*
basilico	*Basilikum*	sale	*Salz*
capperi	*Kapern*	salvia	*Salbei*
origano	*Oregano*	senape	*Senf*
pepe	*Pfeffer*	timo	*Thymian*
peperoni	*Paprika*		

Preparazione – Zubereitung

affumicato	*geräuchert*	frutta cotta	*Kompott*
ai ferri	*gegrillt*	cotto	*gekocht*
al forno	*überbacken*	duro	*hart/zäh*
alla griglia	*über Holzkohlefeuer*	fresco	*frisch*
con panna	*mit Sahne*	fritto	*frittiert*
alla pizzaiola	*Tomaten/Knobl.*	grasso	*fett*
allo spiedo	*am Spieß*	in umido	*im Saft geschmort*
al pomodoro	*mit Tomatensauce*	lesso	*gekocht/gedünstet*
arrosto	*gebraten/geröstet*	morbido	*weich*
bollito	*gekocht/gedünstet*	piccante	*scharf*
alla casalinga	*hausgemacht*	tenero	*zart*

Contorni – Beilagen

asparago	*Spargel*	finocchio	*Fenchel*
broccoletti	*wilder Blumenkohl*	insalata	*allg. Salat*
carciofo	*Artischocke*	lattuga	*Kopfsalat*
carote	*Karotten*	lenticchie	*Linsen*
cavolfiore	*Blumenkohl*	melanzane	*Auberginen*
cavolo	*Kohl*	patate	*Kartoffeln*
cetriolo	*Gurke*	piselli	*Erbsen*
cicoria	*Chicoree*	polenta	*Maisbrei*
cipolla	*Zwiebel*	pomodori	*Tomaten*
fagiolini	*grüne Bohnen*	riso	*Reis*
fagioli	*Bohnen*	spinaci	*Spinat*
funghi	*Pilze*	zucchini	*Zucchini*

Pasta – Nudeln

cannelloni	*gefüllte Teigrollen*	fettuccine	*Bandnudeln*
farfalle	*Schleifchen*	fiselli	*kleine Nudeln*

lasagne	*Schicht-Nudeln*	tortellini	*gefüllte Teigtaschen*
maccheroni	*Makkaroni*	tortelloni	*große Tortellini*
pasta	*allg. Nudeln*	vermicelli	*Fadennudeln*
penne	*Röhrennudeln*	gnocchi	*(Kartoffel-) Klößchen*
tagliatelle	*Bandnudeln*		

Pesce e frutti di mare – Fisch & Meeresgetier

aragosta	*Languste*	polpo	*Krake*
aringhe	*Heringe*	razza	*Rochen*
baccalà	*Stockfisch*	salmone	*Lachs*
calamari	*Tintenfische*	sardine	*Sardinen*
cozze	*Miesmuscheln*	seppia/totano	*großer Tintenfisch*
gamberi	*Garnelen*	sgombro	*Makrele*
merluzzo	*Schellfisch*	sogliola	*Seezunge*
muggine	*Meeräsche*	tonno	*Thunfisch*
nasello	*Seehecht*	triglia	*Barbe*
orata	*Goldbrasse*	trota	*Forelle*
pesce spada	*Schwertfisch*	vongole	*Muscheln*

Carne – Fleisch

agnello	*Lamm*	lingua	*Zunge*
anatra	*Ente*	lombatina	*Lendenstück*
bistecca	*Beafsteak*	maiale	*Schwein*
capretto	*Zicklein*	maialetto	*Ferkel*
cinghiale	*Wildschwein*	manzo	*Rind*
coniglio	*Kaninchen*	pollo	*Huhn*
fagiano	*Fasan*	polpette	*Fleischklöße*
fegato	*Leber*	trippa	*Kutteln*
lepre	*Hase*	vitello	*Kalb*

Frutta – Obst

albicocca	*Aprikose*	lamponi	*Himbeeren*
ananas	*Ananas*	limone	*Zitrone*
arancia	*Orange*	mandarino	*Mandarine*
banana	*Banane*	mela	*Apfel*
ciliegia	*Kirsche*	melone	*Honigmelone*
cocomero	*Wassermelone*	pera	*Birne*
dattero	*Dattel*	pesca	*Pfirsich*
fichi	*Feigen*	pompelmo	*Grapefruit*
fragole	*Erdbeeren*	uva	*Weintrauben*

Verlagsprogramm

Ägypten
- Ägypten
- Sinai & Rotes Meer

Baltische Länder
- Baltische Länder

Belgien
- *MM-City* Brüssel

Bulgarien
- Schwarzmeerküste

Cuba
- Cuba

Dänemark
- *MM-City* Kopenhagen

Dominikanische Republik
- Dominikanische Republik

Deutschland
- Allgäu
- Altmühltal & Fränkisches Seenland
- Berlin & Umgebung
- *MM-City* Berlin
- Bodensee
- *MM-City* Dresden
- Franken
- Fränkische Schweiz
- *MM-City* Hamburg
- Mainfranken
- Mecklenburgische Seenplatte
- *MM-City* München
- Nürnberg, Fürth, Erlangen
- Oberbayerische Seen
- Ostfriesland und Ostfriesische Inseln
- Ostseeküste – von Lübeck bis Kiel
- Ostseeküste – Mecklenburg-Vorpommern
- Pfalz
- Südschwarzwald
- Rügen, Stralsund, Hiddensee
- Schwäbische Alb
- Usedom

Ecuador
- Ecuador

Frankreich
- Bretagne
- Côte d'Azur
- Elsass
- Haute-Provence
- Korsika
- Languedoc-Roussillon
- *MM-City* Paris
- Provence & Côte d'Azur
- Südfrankreich
- Südwestfrankreich

Griechenland
- Athen & Attika
- Chalkidiki
- Griechenland
- Griechische Inseln
- Karpathos
- Kefalonia & Ithaka
- Korfu
- Kos
- Kreta
- Kykladen
- Lesbos
- Naxos
- Nördl. Sporaden – Skiathos, Skopelos, Alonnisos, Skyros
- Nord- u. Mittelgriechenland
- Peloponnes
- Rhodos
- Samos
- Santorini
- Thassos, Samothraki
- Zakynthos

Großbritannien
- Cornwall & Devon
- England
- *MM-City* London
- Südengland
- Schottland

Irland
- Irland

Island
- Island

Italien
- Abruzzen
- Apulien
- Adriaküste
- Chianti – Florenz, Siena, San Gimignano
- Dolomiten – Südtirol Ost
- Elba
- Friaul-Julisch Venetien
- Gardasee
- Golf von Neapel
- Italien
- Kalabrien & Basilikata
- Lago Maggiore
- Ligurien – Italienische Riviera, Genua, Cinque Terre
- Liparische Inseln
- Marken
- Mittelitalien
- Oberitalien
- Oberitalienische Seen
- Piemont & Aostatal
- *MM-City* Rom
- Rom & Latium
- Sardinien

- Sizilien
- Südtirol
- Südtoscana
- Toscana
- Umbrien
- *MM-City* Venedig
- Venetien

Kanada

- Kanada – der Westen

Kroatien

- Istrien
- Kroatische Inseln & Küste
- Mittel- und Süddalmatien
- Nordkroatien – Kvarner Bucht

Malta

- Malta, Gozo, Comino

Marokko

- Südmarokko

Neuseeland

- Neuseeland

Niederlande

- *MM-City* Amsterdam
- Niederlande

Norwegen

- Norwegen
- Südnorwegen

Österreich

- *MM-City* Wien
- Wachau, Wald- u. Weinviertel
- Salzburg & Salzkammergut

Polen

- *MM-City* Krakau
- Polen
- Polnische Ostseeküste

Portugal

- Algarve
- Azoren
- *MM-City* Lissabon
- Lissabon & Umgebung
- Madeira
- Nordportugal
- Portugal

Schweden

- Südschweden

Schweiz

- Genferseeregion
- Graubünden
- Tessin

Serbien und Montenegro

- Montenegro

Slowakei

- Slowakei

Slowenien

- Slowenien

Spanien

- Andalusien
- *MM-City* Barcelona
- Costa Brava
- Costa de la Luz
- Gomera
- Gran Canaria
- *MM-Touring* Gran Canaria
- Ibiza
- Katalonien

Lanzarote

- Lanzarote
- La Palma
- *MM-Touring* La Palma
- Madrid & Umgebung
- Mallorca
- Nordspanien
- Spanien – gesamt
- Teneriffa
- *MM-Touring* Teneriffa

Tschechien

- *MM-City* Prag
- Südböhmen
- Tschechien
- Westböhmen & Bäderdreieck

Tunesien

- Tunesien

Türkei

- *MM-City* Istanbul
- Türkei
- Türkei – Lykische Küste
- Türkei – Mittelmeerküste
- Türkei – Südägäis von İzmir bis Dalyan
- Türkische Riviera – Kappadokien

Ungarn

- *MM-City* Budapest
- Westungarn, Budapest, Pécs, Plattensee

Zypern

- Zypern

Aktuelle Informationen zu allen Reiseführern finden Sie im Internet unter
www.michael-mueller-verlag.de

Michael Müller Verlag GmbH, Gerberei 19, 91054 Erlangen

Tel. 0 91 31 / 81 28 08-0; Fax 0 91 31 / 20 75 41; E-Mail: info@michael-mueller-verlag.de

Register